U0557027

经时济世

继往开来

贺教育部

重大攻关项目

成果出版

季羡林

时年九十有八

教育部哲学社會科学研究重大課題攻關項目

矿产资源有偿使用制度与生态补偿机制

RESEARCH ON PAID USE SYSTEM AND ECO-COMPENSATION MECHANISM OF MINERAL RESOURCES

李国平
等著

经济科学出版社
Economic Science Press

图书在版编目（CIP）数据

矿产资源有偿使用制度与生态补偿机制/李国平等著.
—北京：经济科学出版社，2013.10
（教育部哲学社会科学研究重大课题攻关项目）
ISBN 978-7-5141-3963-1

Ⅰ.①矿… Ⅱ.①李… Ⅲ.①矿产资源-资源利用-补偿性财政政策-研究-中国 Ⅳ.①F426.1

中国版本图书馆CIP数据核字（2013）第263891号

责任编辑：刘 茜 庞丽佳
责任校对：刘欣欣
责任印制：邱 天

矿产资源有偿使用制度与生态补偿机制
李国平 等著
经济科学出版社出版、发行 新华书店经销
社址：北京市海淀区阜成路甲28号 邮编：100142
总编部电话：010-88191217 发行部电话：010-88191522
网址：www.esp.com.cn
电子邮件：esp@esp.com.cn
天猫网店：经济科学出版社旗舰店
网址：http://jjkxcbs.tmall.com
北京季蜂印刷有限公司印装
787×1092 16开 39.75印张 760000字
2014年5月第1版 2014年5月第1次印刷
ISBN 978-7-5141-3963-1 定价：99.00元
（图书出现印装问题，本社负责调换。电话：010-88191502）
（版权所有 翻印必究）

课题组主要成员

首席专家　李国平

主要成员　萧代基　张海莹　李恒炜　曾先峰
杨　洋　王金南　丁岩林　郭　江
宋文飞　武瑞杰　屈小娥

编审委员会成员

主　任　孔和平　罗志荣

委　员　郭兆旭　吕　萍　唐俊南　安　远

文远怀　张　虹　谢　锐　解　丹

刘　茜

总　序

哲学社会科学是人们认识世界、改造世界的重要工具，是推动历史发展和社会进步的重要力量。哲学社会科学的研究能力和成果，是综合国力的重要组成部分，哲学社会科学的发展水平，体现着一个国家和民族的思维能力、精神状态和文明素质。一个民族要屹立于世界民族之林，不能没有哲学社会科学的熏陶和滋养；一个国家要在国际综合国力竞争中赢得优势，不能没有包括哲学社会科学在内的“软实力”的强大和支撑。

近年来，党和国家高度重视哲学社会科学的繁荣发展。江泽民同志多次强调哲学社会科学在建设中国特色社会主义事业中的重要作用，提出哲学社会科学与自然科学“四个同样重要”、“五个高度重视”、“两个不可替代”等重要思想论断。党的十六大以来，以胡锦涛同志为总书记的党中央始终坚持把哲学社会科学放在十分重要的战略位置，就繁荣发展哲学社会科学作出了一系列重大部署，采取了一系列重大举措。2004 年，中共中央下发《关于进一步繁荣发展哲学社会科学的意见》，明确了新世纪繁荣发展哲学社会科学的指导方针、总体目标和主要任务。党的十七大报告明确指出：“繁荣发展哲学社会科学，推进学科体系、学术观点、科研方法创新，鼓励哲学社会科学界为党和人民事业发挥思想库作用，推动我国哲学社会科学优秀成果和优秀人才走向世界。”这是党中央在新的历史时期、新的历史阶段为全面建设小康社会，加快推进社会主义现代化建设，实现中华民族伟大复兴提出的重大战略目标和任务，为进一步繁荣发展哲学社会科学指明了方向，提供了根本保证和强大动力。

高校是我国哲学社会科学事业的主力军。改革开放以来，在党中央的坚强领导下，高校哲学社会科学抓住前所未有的发展机遇，紧紧围绕党和国家工作大局，坚持正确的政治方向，贯彻“双百”方针，以发展为主题，以改革为动力，以理论创新为主导，以方法创新为突破口，发扬理论联系实际学风，弘扬求真务实精神，立足创新、提高质量，高校哲学社会科学事业实现了跨越式发展，呈现空前繁荣的发展局面。广大高校哲学社会科学工作者以饱满的热情积极参与马克思主义理论研究和建设工程，大力推进具有中国特色、中国风格、中国气派的哲学社会科学学科体系和教材体系建设，为推进马克思主义中国化，推动理论创新，服务党和国家的政策决策，为弘扬优秀传统文化，培育民族精神，为培养社会主义合格建设者和可靠接班人，作出了不可磨灭的重要贡献。

自2003年始，教育部正式启动了哲学社会科学研究重大课题攻关项目计划。这是教育部促进高校哲学社会科学繁荣发展的一项重大举措，也是教育部实施“高校哲学社会科学繁荣计划”的一项重要内容。重大攻关项目采取招投标的组织方式，按照“公平竞争，择优立项，严格管理，铸造精品”的要求进行，每年评审立项约40个项目，每个项目资助30万~80万元。项目研究实行首席专家负责制，鼓励跨学科、跨学校、跨地区的联合研究，鼓励吸收国内外专家共同参加课题组研究工作。几年来，重大攻关项目以解决国家经济建设和社会发展过程中具有前瞻性、战略性、全局性的重大理论和实际问题为主攻方向，以提升为党和政府咨询决策服务能力和推动哲学社会科学发展为战略目标，集合高校优秀研究团队和顶尖人才，团结协作，联合攻关，产出了一批标志性研究成果，壮大了科研人才队伍，有效提升了高校哲学社会科学整体实力。国务委员刘延东同志为此作出重要批示，指出重大攻关项目有效调动了各方面的积极性，产生了一批重要成果，影响广泛，成效显著；要总结经验，再接再厉，紧密服务国家需求，更好地优化资源，突出重点，多出精品，多出人才，为经济社会发展作出新的贡献。这个重要批示，既充分肯定了重大攻关项目取得的优异成绩，又对重大攻关项目提出了明确的指导意见和殷切希望。

作为教育部社科研究项目的重中之重，我们始终秉持以管理创新服务学术创新的理念，坚持科学管理、民主管理、依法管理，切实增强服务意识，不断创新管理模式，健全管理制度，加强对重大攻关项目的选题遴选、评审立项、组织开题、中期检查到最终成果鉴定的全过程管理，逐渐探索并形成一套成熟的、符合学术研究规律的管理办法，努力将重大攻关项目打造成学术精品工程。我们将项目最终成果汇编成“教育部哲学社会科学研究重大课题攻关项目成果文库”统一组织出版。经济科学出版社倾全社之力，精心组织编辑力量，努力铸造出版精品。国学大师季羡林先生欣然题词：“经时济世　继往开来——贺教育部重大攻关项目成果出版”；欧阳中石先生题写了“教育部哲学社会科学研究重大课题攻关项目”的书名，充分体现了他们对繁荣发展高校哲学社会科学的深切勉励和由衷期望。

创新是哲学社会科学研究的灵魂，是推动高校哲学社会科学研究不断深化的不竭动力。我们正处在一个伟大的时代，建设有中国特色的哲学社会科学是历史的呼唤，时代的强音，是推进中国特色社会主义事业的迫切要求。我们要不断增强使命感和责任感，立足新实践，适应新要求，始终坚持以马克思主义为指导，深入贯彻落实科学发展观，以构建具有中国特色社会主义哲学社会科学为己任，振奋精神，开拓进取，以改革创新精神，大力推进高校哲学社会科学繁荣发展，为全面建设小康社会，构建社会主义和谐社会，促进社会主义文化大发展大繁荣贡献更大的力量。

教育部社会科学司

前　言

中国国民经济快速、持续、稳定的增长，依赖于矿产资源供给的持续、快速增长。中国92%以上的一次能源、80%的工业原料、70%以上的农业生产资料均来自于矿产资源，中国经济的“增长奇迹”以及快速推进的工业化与城镇化正是建立在对矿产资源大量地开发利用的基础之上。国家统计局的数据显示，2002年国内煤炭消费量为108.4亿吨标准煤，到2011年提高至239.3亿吨标准煤，年均增长率高达9.2%。2011年，在一次能源生产结构中占80%的煤炭资源的外贸依存度为14%，石油资源的外贸依存度为55.3%，天然气资源的外贸依存度为24%。这表明，2011年中国能源消费总量中86%的煤炭、76%的天然气和44.7%的石油来自于国内矿产资源的开采。

非再生能源资源的开采主要集中在中国资源富集区，这些地区大规模的开发利用矿产资源不仅给当地也给全国带来了严重的负面影响。

一是这些地区在为国家经济增长提供大量非再生能源资源的同时，却陷入了资源禀赋的比较优势陷阱，多数资源富集省份因产业结构单一而经济增长缓慢，与东部沿海地区的收入差距不断扩大。按照矿产资源开采业产值占地区GDP的份额最高的前五个省份分别为：山西、内蒙古、陕西、新疆和青海。以新疆和浙江为例，浙江人均GDP在1978年约为新疆的1.06倍，到2009年扩大到2.2倍，2011年的差距虽有所缩小，但浙江仍为新疆的1.97倍。

二是资源富集区因采矿而造成环境污染和生态破坏持续恶化。据《人民日报》2010年11月22日文章报道，中国因采矿破坏的土地面积达400多万公顷，最近几年损毁土地面积仍以每年20万公顷的速度递增，而土地复垦率仅为15%左右。根据国土资源部披露的信息，我国煤炭一直是粗放开发，平均开采吨煤排放地下水量为2吨~2.5吨，每采万吨煤沉陷面积4亩~5亩；每采吨煤排放瓦斯4立方米~5立方米，每采万吨煤矿用坑木消耗木材100立方米。中国煤炭工业53年中，累计排放煤矸石46亿~50亿吨，排放矿井水680亿~790亿吨，采煤沉陷土地面积950万亩，形成矸石山2 800余座，积存煤矸石36亿吨，矸石山占地6.5万公顷，露天矿挖损土地1 125万亩，煤炭自燃56个火区，过火面积720平方公里。未来15年中，煤炭开发的重点向生态脆弱地区转移，60%的煤炭产量将集中在山西、陕西、内蒙古地区；煤炭生产能力的增长集中在缺水地区，这将进一步加剧矿区生态环境的恶化趋势。目前仅陕西神木地区就有216个煤矿企业，已形成99.12平方公里的采空区，引发19个矿区塌陷，塌陷面积达27.73平方公里。不少矿区“地陷、水干、树死”，直接影响了当地居民的生产生活。

三是矿产资源开采秩序混乱没有得到有效遏制，产生了高昂的跨代外部成本。2001年全国性的矿业秩序治理整顿工作开展以来，矿区开采秩序混乱局面有所改观，但无证开采、越界开采、私挖盗采、超量开采等非法开采行为并没有得到有效遏制。据国土资源部不完全统计，2001年至2006年9月，全国共查处无证开采168 506起，越界开采12 500起，非法转让矿业权3 033起，吊销勘查许可证92个，吊销采矿许可证6 021个，追究刑事责任3 788人。矿产资源开采秩序的混乱更加剧了资源和环境的破坏。由于大量的无偿、低价开采导致矿产资源的过度开采和耗竭，严重透支了后代人享受矿产资源开采利用所带来的福利，提高了中国矿产资源开采利用的代际负外部成本。

上述问题根源于中国矿业权的规制严重落后。

一方面是对矿产资源开采所涉及的两个核心产权（土地产权和资源产权）规制不协调，不能实现对矿产资源的完全有效开采利用，缺乏对矿产资源财产权利的有效保护使得大量资源被浪费性开采。同时，地方和中央、企业和政府、本地居民和企业等多方面权属规制存在结构性矛盾，使得当地政府在开采活动中出现大量寻租行为，取得采矿权的企业追求开采的短期暴利，没有取得采矿权的企业和个人则千方百计从事非法开采活动，这些情况都严重影响了中国矿产资源的有偿使用。

另一方面是对不同物理属性的矿产资源的矿业权规制严重落后。这尤其表现在对以煤层气和页岩气为代表的新能源领域，传统的探矿权和采矿权规制不能很好地反映上述不可再生能源资源的财产权属性，使得我国在上述新能源领域不能实现企业对不同物理属性的矿产资源的充分开采、有效利用和开采手段的技术进步，严重影响了中国参与当前国际能源革命（页岩气革命）的程度，对国民经济发展和经济转型的掣肘明显。

而与现存的矿业权制度并存的特殊税费制度对矿产资源开采中的外部性问题的规制同样存在突出的问题。

中国的资源税费主要用于补偿矿产资源开采中的代际负外部成本。以煤炭资源为例，2000～2008年中国煤炭开采活动中应交纳的资源税费总额仅能部分补偿1%、3%折现率下煤炭资源的使用者成本。以2008年为例，中国煤炭开采活动中应交纳的资源税费总额是351.46亿元，远低于3%折现率下煤炭资源的使用者成本1 612.38亿元，差额为1 260.92亿元，补偿率仅为21.8%，远低于1%折现率下煤炭资源的使用者成本11 456.50亿元，差额为11 105.04亿元，补偿率仅为3.07%。按照中国煤炭开采中现行资源价款、资源税和资源补偿费的征收标准，煤炭资源使用者成本中至少78%（3%折现率下）的部分不能得到补偿。

将中国煤炭开采现行税费征收标准下应依法交纳的各项生态环境税费与煤炭开采活动所造成的生态环境价值损失进行比较，2008年山西省开采吨煤应交纳的生态环境费用是24元，低于开采吨煤所造成的生态环境价值损失64.23～68.47元，差额为40.23～44.47元，补偿率仅为35.05%～37.37%。也就是说，按照中国煤炭开采现行生态环境费用的征收标准，生态环境负外部成本中至少62%的部分不能得到补偿。中国煤炭资源开采中的外部成本没有得到相应补偿已出现了严重的赤字，若要实现煤炭资源自身价值与生态环境价值损失的充分补偿，以2008年为例，煤炭开采中资源税的征收标准应由目前的从量0.3～5元/吨（约从价1%）提至从价10%；开采吨煤应交的生态环境费用标准应由目前的24元/吨提至64.23~68.47元/吨，即每吨提高40.23~44.47元。综合资源税和生态环境税费的提高幅度，煤炭开采活动中的特殊税费水平应提高约21~22个百分点。

上述中国矿产资源开采利用方式和由此造成的生态环境损害的重大问题在2003年已引起了本课题组的高度关注，与理论界对资源富集区出现的“富饶的贫困”现象进行的纯经济学的大多数研究不同，本课题组以跨学科的视角，依托国家自然科学基金的资助（编号：40471054），以“非再生能源资源环境成本效益空间异置及利益补偿机制”为研究主题，探讨和提出了估算中国资源富集区矿产资源开发的两个外部成本的理论框架和计算方案，并以陕北地区为例进行了验证和扩展分析，对作为资源输出地的资源富集地区和作为资源输入地区的经济发达地区之间的益本空间影响的机理及利益补偿方式进行了理论研究和实证分析，这是本书的前期研究基础。

本书共五篇三十三章。第一篇的七章内容主要是关于矿产资源产权制度与价格形成机制的研究，分析了中国资源产权制度的非效率特征，以及由此引致的矿产资源定价机制的扭曲。提出以矿产资源开发的真实成本为基础的矿产品定价机制改革的方向与路径。第二篇的八章内容主要是矿产资源开发中资源环境价值损失的测算，为跨代外部成本与环境外部成本的内部化提供理论参照和定量标准。第三篇的十章内容主要是研究矿产资源开发的税费制度和绿色矿税改革研究，探讨将资源开采中的跨代外部成本、生态环境外部成本充分内部化的途径与方式，从整体税费改革的视角，通盘考虑多重约束条件下的一般税费和特殊税费改革的现实可行性，给出中国矿产资源税费改革变动的可承受幅度，勾勒出中国矿产资源有偿使用制度和生态补偿机制的总体思路。第四篇的五章内容是中国矿产资源开发的土地复垦制度研究，主要探讨将土地复垦制度作为资源开发中生态环境外部成本内部化的途径与方式，提出了完善中国矿区土地复垦制度的基本框架。第五篇的三章内容是矿产资源开发的生态补偿制度研究，探讨从完善法律法规的角度建立中国矿产资源生态补偿的基本架构。

主要阶段性成果被国家发展和改革委员会主办的《改革内参》、全国哲学社会科学规划办编发的《成果要报》、新华社内参、新华文摘、人大复印资料等采用，被中央政治局委员批示、陕西省政府和榆林市政府有关部门采纳，产生了一定的社会影响，为我国矿产资源的开发利用方式由浪费资源、损害环境向节约利用资源和保护生态环境的开发模式转变提供了理论基础和决策参考。

感谢台湾“中央研究院”萧代基研究员、国家环境规划院王金南院长为本课题研究所提供的指导。本书的总体框架和内容设置由首席专家李国平教授确定，课题组核心成员张海莹博士（河南农业大学）撰写第十六、十八、十九、二十、二十一、二十二章；曾先峰博士（西安外国语大学）撰写第四、五、六、八及第七章的第三节内容；其他合作者有西北政法大学的丁岩林副教授、西安交通大学经金学院的屈小娥副教授和我的博士生杨洋、李恒炜、郭江、宋文飞、周晨、李潇、武瑞杰、刘涛、赵媛、杨佩刚、张文彬。教育部哲学社会科学基金、西安交通大学社会科学基金为我们的研究提供了资助，在此一并致谢。

李国平
二〇一三年五月于秦润山庄

摘　要

本书的主要贡献是从理论上建立了中国矿产资源开发中的资源折耗和生态环境损害成本内部化的统一分析框架，运用经济学和法学相结合的方法，以财产权理论、外部性理论、资源最优耗竭等理论和方法为工具，围绕矿产资源开采中两个外部成本内部化这一研究目标和主线展开，以中国矿业企业在矿产资源开发中两个外部成本充分内部化作为矿产资源有偿使用制度与生态补偿机制完善的宗旨，对中国矿产资源产权与环境产权、矿产资源定价机制、矿产资源开发中的资源折耗和生态环境价值损失测度、矿产资源开发的税费制度、土地复垦制度、生态补偿制度进行了系统的研究，完成了中国矿产资源有偿使用制度和矿区生态补偿制度的理论研究与实证分析的工作。

本书对中国矿产资源的有偿使用制度与生态补偿机制的法规现状与执行状况、现实问题、关键问题进行了描述和提炼，针对中国矿产资源有偿使用制度与生态补偿机制的症结问题展开研究，在中国矿产资源的有偿使用制度与生态补偿机制的改革思路、目标与路径方面取得了显著的成果。

1. 对中国矿产资源开发中的资源产权与环境产权制度现状及存在问题进行了剖析和界定。特别对现行矿产资源开发中生态补偿的法规的研究现状、法规的执行与演变、内容与缺陷进行了论述，揭示了现行中国矿产资源开发生态补偿的法规政策在法律渊源上不统一、在内容上没有明确的生态补偿的实质规定的问题，提出了建立中国矿产资源开发生态补偿法规的基本架构和政策展望。

2. 运用财产权和外部性理论考察了中国现行矿业权制度。通过对不同法系下西方发达国家矿产资源所有权制度安排的考察，指出中国矿产资源有偿使用制度的结构性缺陷。由于矿产资源依附于土地的特点，土地所有者与矿产资源之间的关系体现为地下权和地表权的关系，西方发达国家在矿产资源的法律体系中对地下权和地表权之间的关系做了详尽的界定，为矿产资源的有偿使用和生态补偿提供了法律保障。中国矿产资源开采秩序混乱源于矿业权有偿与无偿取得并存，矿产资源开采所造成的生态环境破坏与污染问题的治理和补偿不力与环境产权的缺失密切相关，建立真正的矿业权有偿使用制度和环境产权制度是解决问题的关键。

3. 利用现代资源经济学的理论与方法研究了矿产资源的一般税费与特殊税费体系，揭示了采掘业不同于其他产业尤其是工业的整体税费水平和结构比例关系的特殊性，对中国矿产资源的资源税费种类、征收水平、征收依据、计征方式、使用流向进行分析，利用霍特林模型测算了中国矿产资源租金水平，解释了中国采掘业税费制度安排的定性与定量特征。

4. 深入研究了中国矿产资源开发的生态环境税费种类和征收水平，将其与矿产资源开发的生态环境成本进行比较，运用 MVM 和 CVM 等生态环境价值损失评估方法，对中国矿产资源开采活动带来的生态环境破坏和价值损失进行了估算，为生态环境成本充分内部化的环境税费征收提供了定量依据。

5. 系统考察了发达国家在矿产资源开采中对环境治理和生态保护的土地复垦制度，发现这一制度的显著优点在于充分补偿矿产资源开采活动中的生态环境外部成本。而我国的生态补偿费和环境治理保证金制度只能象征性地对生态环境外部成本进行补偿，并且有较高的代理成本，这是我国矿产资源开采中生态环境破坏和环境问题越来越严重的根本原因。在对土地复垦成本内部化的两种途径研究的基础上，提出构建适合我国国情的以企业为主体的“基金 + 保证金”的土地复垦制度框架。

6. 通过大量的实地调研和统计资料的搜集整理，运用修正后的使用者成本法和 CVM 法，以石油、天然气、煤炭、稀土和镍钴为案例，对我国矿产资源开发中的资源折耗成本与环境外部成本进行了价值估算，并对其开采中造成的两个外部成本充分内部化的特殊税费的理论征收水平进行测算，对现行矿产资源特殊税费水平（名义和实际征收水平）与理论水平进行比较，估算出企业在行业平均利润率、两个外部成本内部化和价格双轨制三重约束条件下的现行特殊税费水平提高的合理幅度，为评估和指导我国矿产资源开发的跨代外部成本与当代外部成本的充分补偿提供理论参照和定量标准。

7. 运用考虑环境因素的矿产资源最优耗竭理论，研究中国两个外部成本充分内部化的矿产资源定价机制和定价模式，提出了基于两个外部成本内部化的矿产资源定价机制的理论框架，为中国矿产资源定价机制的改革指出了方向和路径。由于资源产权制度不完善，环境质量产权制度缺失，致使中国矿产品的价格严重扭曲，价格与价值相背离，不能完全反映资源的稀缺性与生态环境损害的成本。基于外部成本内部化理论提出了矿产品的理论价格包括四部分：生产成本、企业的正常利润、使用者成本和环境外部成本，以理论价格为基准，中国矿产品的定价机制改革才能逐步实现矿产品的价格与理论价格趋于一致。

8. 针对中国在矿产资源的国际贸易中长期存在的“高买低卖”现象，研究了中国矿产资源定价权的影响因素以及矿产资源定价机制与定价权的关系，指出中国矿产资源定价权的缺失与定价机制的扭曲密切相关。在两个外部成本没有充分内部化的矿产品价格扭曲的条件下，如果不征收关税，中国矿产品的出口价格小于理论价格，矿产品的低价出口实质上是以国内的资源耗损和环境污染为代价向国外提供隐形补贴，属于发展中国家向发达国家的补贴。而中国实施出口管制政策（如增加出口关税，对出口实行配额制等）虽然在一定程度上校正了矿产品出口价格扭曲的程度，但是不符合 WTO 规则。以稀土为例的研究结果显示，保护资源和环境，避免国内福利净流失的关键是获取国际市场定价权，这需要两阶段的战略步骤才能完成。

9. 综合研究了中国矿产资源矿业权制度、特殊税费制度、一般税费制度改革的总体思路和可行性条件。中国矿产资源有偿使用制度的税费体系改革需要同时推进特殊税费的提升、一般税费的结构性减税，即特殊税费和一般税费同时调整的整体税费改革措施，而不是简单地对有偿使用税费和生态补偿税费的局部改革；基于企业承受能力的约束和实行整体税费负担“中性”原则，计算出中国矿产资源税费改革的可能承受的变动范围，总体上刻画出中国矿产资源有偿使用制度与生态补偿机制的基本框架。

Abstract

The main contribution of this research is the establishment of a unified analysis framework of resource depletion and internalization of environmental cost in the process of mineral resources exploitation in China. Targeting at internalization of two external costs of mineral resources exploitation, the research employs the theories and approaches of both Economics and Law, such as property right theory, externality theory and optimal depletion of exhaustible resources. Moreover, the improvement of the paid use system of mineral resources and eco-compensation mechanism are aimed at completely internalizing these two kinds of external cost raised by mining companies during exploitation. Based on this principle, both the theoretical and empirical researches on paid use system of mineral resources and eco-compensation mechanism in mine lot have been carried out, which covers a systematic research on property right of mineral resources and environment, pricing mechanism of mineral resources, measurement of resource depletion and environmental value loss during exploitation, taxes and fees system of resources exploitation, land reclamation system, and eco-compensation system.

This book consists of 5 parts and 33 chapters. The law and regulation of paid use system of mineral resources and eco-compensation mechanism is described and refined in terms of its current status and implementation, practical issues and key problems. The research is targeted on the critical issues of paid use system of mineral resources and eco-compensation mechanism, and gains notable results on the reform thinking, objective and path of paid use system of mineral resources and eco-compensation mechanism.

1. Analyze and define the existing problems in the current states of property right of resource and environment. Special interest has been paid on the current states, implementation, evolution, contents and defect of the laws and regulations of eco-com-

pensation. Our research reveals that the problems in the current laws and policies are the lack of a unified legal source and substantial contents on eco-compensation. Therefore, establishing a basic framework under policy foresight of regulations of Chinese mineral resources exploitation is required.

2. Investigate the mining right institution in China by using property right theory and externality theory. The investigation of the intuitional arrangement of mineral resources proprietary right in developed countries under different legal systems, points out the structural defects of Chinese paid use system of mineral resources. Since the mineral resources are attached to the land, the relationship between land owners and mineral resources represents the relationship between subsurface right and surface right. In the developed countries, the legal foundation of paid use system of mineral resources and eco-compensation relays on a detailed definition of the subsurface right and surface right. As to the situation in China, the chaos in mineral resources exploitation is due to the coexistence of obtaining mining right in charge and without charge. The environmental disruption and pollution which are caused by exploitation is closely related to the ineffective compensation and the lack of environmental property rights. Thus, the key to solve the problem is to set up the real paid use system of mineral resources and property right system of environment.

3. Investigate the system of general taxes and special taxes by using the theory and approach of modern resource economics. The results reveal the specialty of the overall level and structure of taxes and fees in extractive industry in compare to manufacture. The tax types, level, basis, collection methods and usage have been analyzed. The rent level of Chinese mineral resources has been estimated according to *Hotelling Model*. The research also explains the qualitative and quantitative features of taxes and fees arrangement in extractive industry.

4. Thoroughly investigate the overall level and types of environmental taxes and fees during exploitation and compare it to the environmental cost. The environmental disruption and value loss caused by exploitation has been estimated by using approaches such as MVM and CVM, which can be used as a quantitative basis for internalizing the external cost of environment by taxation.

5. After a paid use system of mineral resources systematically investigating the land reclamation system for environmental management and protection in developed countries, remarkable advantages have been identified as this system can sufficiently compensate the external cost during exploitation. However, the eco-compensation fee and

environmental management deposit system can only symbolically compensate the external cost. Besides, the agency cost is relatively high. The above are the primary causes for the deterioration of the environment disruption and environment problem in China. By studying two paths to internalize the reclamation cost, this research proposes a "fund + deposit" reclamation system framework, in which the enterprises are the main body, in order to suit the conditions in China.

6. By conducting abundant on-site investigation and statistic data collection, the modified user cost approach and CVM have been used to estimate the cost of resource depletion and external cost of environment in cases of oil, natural gas, coal, rare-earth, cobalt and nickel. The theoretical level of special taxes and fees regard to the internalization of the two kinds of external cost during exploitation has been estimated as well. The result has been compared to current nominal and real level of special taxes and fees. Further, it estimates the reasonable extent of increment on current level of special taxes and fees under the constraints of the industry average profit rate, internalization of two external cost and double-track price system. The above provide a theoretical reference and quantitative criterion for completely compensation to both the inter-temporal and temporal external cost.

7. The pricing mechanism and pricing model for the internalization of two external costs have been investigated by using the optimal depletion of exhaustible resources theory which takes environment factors into consideration. It provides a theoretical framework of mineral resource pricing mechanism based on the internalization of two external costs, and points out the directions and path to the reform of mineral resources pricing mechanism in China. Due to the imperfection of property right of resources and the lack of environment quality property right, the price of Chinese mineral production is seriously distorted. The price is deviated from its value, thus it cannot completely reflect the scarcity of resources and the cost of environment loss. Based on the internalization of external cost, the research deems that the theoretical price of mineral product should contain manufacturing cost, normal profit, user cost and external cost. The reform of price mechanism of Chinese mineral product that lead by theoretical price, can only gradually achieve the consistency of the real price and the price in theory.

8. Focusing on the "buy high sell low" phenomenon which has long existed in China's international trade of mineral resources, the factors that affect the Chinese mineral resource pricing right and the relationship between pricing mechanism and pricing right have been studied. The result indicates that the defects of mineral resource pricing

right is closely related to the pricing mechanism distortion in China. Under the condition that the price of mineral production is distorted due to insufficient internalization of the two external costs, if tariff is not imposed, the export price of Chinese mineral product is less than its theoretical price. The low export price of mineral production virtually becomes hidden subsidies offered to foreign countries at the expense of the domestic resource depletion and environmental pollution. It belongs to the subsidy that provided by developing countries to developed countries. However, the export control (e. g. increase the export tariff, export quotas etc.) corrects the price distortion of export mineral production to some extent, but it contradicts the WTO rules. The results from a case study on rare earth trading indicate that the key to protect resources and environment and avoid domestic net welfare loss is to obtain the pricing right of the international market which requires two stages of strategic steps to be implemented.

9. A comprehensive research has been conducted on general thoughts and feasible conditions of reform on China's mining right system, special taxes and fees system, and general taxes and fees system. Taking mineral resources rent as theory foundation, the reform of taxes and fees system of paid use system of mineral resources requires simultaneously conducting the promotion on special taxes and fees and structural reduction on general taxes and fees, rather than the partial reform on paid use and eco-compensation taxes and fees. Based on the restraint of endurance of enterprises and tax neutrality principle, the possible variation range that can be accepted by the reform of paid use system of mineral resources is computed. A basic framework of paid use system of mineral resources and eco-compensation mechanism in China is characterized.

目录

Contents

Contents

Part 2

Estimating the Loss of Environment Value in Mineral Development 119

Part 3

第一篇

矿产资源产权制度与价格形成机制

矿产资源开发的产权制度研究包括矿产资源产权和矿产资源开发中的生态环境产权的界定、配置、交易、转让和利益实现等问题，由此决定了矿产资源开发的成本构成要素、成本构成水平、成本的实现方式。基于完全成本和完全成本水平之上的矿产资源的价格形成与决定机制才是科学的、能够可持续发展的定价机制。

第一章

我国矿产资源产权制度安排

“十二五”期间中国经济发展中的不平衡、不协调、不可持续问题依然突出，经济增长的资源环境约束强化就是其中主要因素之一。在破解日益强化的资源环境约束难题时，需要重点审视作为社会经济运行基础因素的矿产资源产权制度的有效性。本章主要研究我国矿产资源的产权制度与其效率问题。第一节分析矿产资源产权制度效率的内涵，并探讨我国矿产资源产权制度的基本框架；第二节从确定性与开放性、完备性与耦合性两个层面出发，分析我国矿产资源产权制度法规体系的运行效率；第三节基于制度经济学视角分析造成我国矿产资源产权制度法规体系非效率的制度根源。研究发现，导致我国矿产资源制度法规体系非效率的根源，在于国家层面的非正式、正式规则有限的治理水平。

第一节　产权制度效率与矿产资源产权制度的基本框架

一、产权制度效率相关文献综述

（一）产权制度效率的内涵

经济学的视野里，制度存在的唯一意义是其衡量标准—效率（李怀，1999）。

按照诺斯（1994）的解释，制度效率是指在一种约束机制下，由参与者的最大化行为所引致的产出增加。有效率的制度能够在约束条件下实现社会收益的最大化。制度效率的根本性特征在于制度能够提供一组有关权利、责任和利益的规则，从而为人们的行为提供一定的规范，以最小的投入取得最大的产出，使生产、交换和消费实现帕累托最优。埃瑞克·G·菲吕博顿和鲁道夫·瑞切特（Eirik G. Furubotn、Rudolf Richter，1998）提出如果在任何一个时期里制度创新导致了社会整体福利增加，那么它就是合乎需要的。换句话说，人们能够接受那些能够带来帕累托改善型的制度变迁。根据奥利弗·E·威廉姆森（Oliver E. Williamson，2003）的观点，这种对制度结果的理解是"第二层面"制度效率的含义，其内容在于不断进行的边际调整。亦即帕累托改善是一个连续渐进的过程，制度效率分析的终极目标是通过一系列微调的帕累托改善实现帕累托最优。实现了帕累托改善或最优的制度，其结果就是要在实践中逐渐消除外部性，最终实现要素、交易、产品三个边际条件（朱善利，1992）。

高鸿业（2000）指出利用帕累托最优标准状态，可以对资源配置状态的任意变化做出"好"与"坏"的判断。卢现祥（2003）从制度所产生的结果是什么来理解制度效率的，当制度变迁产生了帕累托改进的结果时，就使制度达到了均衡，也就是实现了"帕累托最优"。他认为制度均衡就是人们对既定制度安排和制度结构的一种满足状态或满意状态，因而无意也无力改变现行制度。从供求关系来看，制度均衡是指在影响人们的制度需求和供给的因素一定时，制度的供给适应制度的需求。

（二）产权制度效率的判断标准

埃瑞克·G·菲吕博顿和鲁道夫·瑞切特（Eirik G. Furubotn、Rudolf Richter，2006）从制度本身入手做了卓有成效的研究，拓展了原有的观点。他们认为由于有限理性，制度安排的不完全是必然的，需要在最初就做好准备，即制度安排要有充分的弹性和开放性，以便快速且低成本地调整到新的环境中去。同样，柯武刚和史漫飞（2000）强调在人性的认知局限和其他局限既定的情况下，制度要富有效率，就必须易于理解，有效率制度的本质特征：一是制度应该具有一般有效性规则，即在可认识的（显明的）和对未来的环境提供可靠的指南这两种意义上具有确定性；二是制度应当具有开放性，以便允许行为者通过创新行动对新环境做出反应。这种制度效率的含义与早先 Leoni（1961）、Epstein（1995）提出制度的普适性原则是基于同样的论断，强调一般而抽象的（针对具体事件的）、确定的（明了而可靠的）和开放的制度，能用于无数的情境，且简单规则大都比复杂规则更易于了解，能更好地发挥它们的功能。

袁庆明（2003）在对由多个制度安排形成的制度体系效率研究时指出，表征其他相关制度安排实现其功能完善程度的制度完备性，以及消除了制度体系中制度冲突与制度真空、实现了制度最佳配置的制度耦合性，是有效率的复杂制度体系形成的根本特征。胡川（2006）则深入分析了影响宏观产权制度效率水平的制度完备性因素。

然而，制度特征层面的普适性、开放性以及完备性、耦合性的含义，与结果的帕累托最优一样，只是揭示了制度效率的判断标准问题。至于如何形成制度普适性、开放性的特征，最终产生帕累托改善或最优的结果，国内外的学者分别从交易成本、契约、产权以及国家等结构要素的角度进行了探讨和研究，并逐步形成共识：降低交易成本、完善契约、清晰产权和国家要素治理是形成有效率制度的根本方法和路径，也是制度效率结构要素层面的本质。

首先，奥利弗·E·威廉姆森（Oliver E. Williamson，2003）指出，“第一层面”效率分析的内容，是在以非连续方式存在的不同治理结构之间做出选择的过程，这些治理结构包括市场、企业和官僚体制。而这种从制度本身的选择去看制度效率的“第一层面”的分析正是新制度经济学所关注的。其后，克劳德·梅纳尔（Claude Ménard，2003）清楚地指出制度效率来源于制度本身。丹尼尔·W·布罗姆利（2006）更是直接认定制度效率的来源在于制度结构，并将效率和最优的概念以及有关的判断建立在现存的制度结构之上，认为制度结构决定了什么是成本以及由谁来承担，是制度的规范性内容，因为它是有效率的或最优的经济政策的基础。

有效率的（制度）选择是由假定的制度结构决定的，包括科斯、克劳德·梅纳尔、丹尼尔·W·布罗姆利在内的许多经济学家都从制度结构入手对制度效率进行了大量的更为细致更为缜密的研究。威廉姆森（2003）从合约的角度研究了兼并、协约和策略行为下的反托拉斯问题；阿维纳什·K·迪克西特（Avinash K. Dixit，2004）从选择交易成本角度对经济政策的制定进行了研究；阿兰·斯密德（Allan A. Schmid，2004）则是通过建立状态—结构—绩效范式（SSP），在分析了政治制度、宏观经济制度、劳动力制度等过程中，突出了制度结构在制度效率中的价值。

国内学者中，林毅夫（1989）认为撇开国家的作用，在生产和交易费用给定的情况下，能提供较多服务的制度安排就是较有效率的制度安排，从而强调了制度结构中交易成本对于制度效率的作用。袁庆明（2003）也有过类似的论述，认为制度的效率有两种表示方法：一种是假定制度所提供的服务或实现的功能为既定，则选择费用较低的制度是更有效的制度；另一种是假定制度选择的费用给定，那么能够提供更多服务或实现更多功能的制度是更有效的制度。可见，国内对制度效率研究成果也是源于制度结构可分可细化的特点和制度结构各部分间的有机联系。卢现祥（2003）认为国家可以通过对产权施加影响来提高制度的效率，其途径有两条：一是国家可以直接优化产权结构来提高制度效率，包括在全社会实现所有权、降低产权界定和转让中的中介费用、改变介入产权安排的方式和程度等；二是利用法律和宪法制约利益集团的间接方式优化产权来提高制度效率，包括建立有约束机制的政治体制、建立宪法秩序、完善法律制度等。胡川（2006）分析了制度中政权与产权的关系对宏观产权制度效率水平的影响。赵德起、林木西（2007）提出了制度效率的“短板理论”，分析了交易成本、契约、产权和国家等四种要素治理对制度效率的作用机理。

综上所述，制度效率包括制度结果的帕累托改善或最优，制度自身特征的普适性、开放性、完备性、耦合性，以及制度结构中交易成本、契约、产权、国家四要素的治理等三个层次的内容。国内外学者围绕三个不同层面的探讨与认识，既显现了制度效率研究由表及里、逐层深入的演化历程，又勾画出制度效率形成过程中“要素—特征—结果”的内在逻辑关系。

二、矿产资源产权制度的基本框架

我国矿产资源产权制度的基础是以《宪法》为约束，以《矿产资源法》及其配套的行政法规为主体，以《煤炭法》、《物权法》、《环境保护法》、《土地管理法》、《民法通则》等法律为有效补充，配合《矿产资源勘查区块登记管理办法》、《矿产资源开采登记管理办法》、《探矿权采矿权转让管理办法》三个国务院法规，以及国土资源部发布的一系列矿产资源的法规，财政部、中国人民银行、环境保护部等国务院其他部委出台的有关矿业权价款征收减免、矿产资源环境保护等方面的配套政策，逐渐形成了在国家大法、部门法规和地方法规三个层次上不断完善的法规体系。

现行的《矿产资源法》（1997）第一章总则部分开宗明义，通过第三条、第五条、第六条、第七条的规定，界定了我国矿产资源国家所有的基本属性，明确了我国矿产资源勘探、开发过程中的制度选择。其中，第三条“勘查、开采矿产资源，必须依法分别申请、经批准取得探矿权、采矿权，并办理登记”和第五条“国家实行探矿权、采矿权有偿取得的制度”表明在国家出让（宏观层面）、企业取得（微观层面）矿产资源勘查、开采权利的矿业权一级市场中的机制选择——矿业权许可证制度；企业之间矿业权的流转遵循第六条“除按下列规定可以转让外，探矿权、采矿权不得转让”的制度；第七条“国家对矿产资源的勘查、开发实行统一规划、合理布局、综合勘查、合理开采和综合利用的方针”标志着矿产资源规划制度的建立。

《矿产资源法》的余下部分，连同实践中被广泛称为《矿产资源法》“三个配套法规”的《矿产资源勘查区块登记管理办法》（1998）、《矿产资源开采登记管理办法》（1998）、《探矿权采矿权转让管理办法》（1998），以及之后、甚至之前国务院、国土资源部等相关职能部门出台的一系列国家层面、行业领域的行政法规、政策、文件等，进一步对矿产资源规划制度、矿业权许可证制度、矿业权流转制度作了界定和释解，形成了我国矿产资源勘探开采活动中发挥基础性作用的产权制度的框架结构（见表1－1）。

表1－1　我国矿产资源勘探开采活动中发挥基础性作用的产权制度框架结构

制度架构 法律法规	规划制度	一级市场出让制度（许可证制度）	二级市场转让制度
国家法律	《宪法》（2004年修改），《矿产资源法》（1997），《环境保护法》（1997年修订），《物权法》（2007），《土地管理法》（2004年修订），《民法通则》（1986），《水土保持法》（2011年修订），《煤炭法》（2011年修订）		
国务院法规	《中华人民共和国矿产资源法实施细则》（国务院，1994），《国务院关于全国矿产资源规划的批复》（国函［2001］39号）	1997：《矿产资源补偿费征收管理规定》，1998：《矿产资源勘查区块登记管理办法》《矿产资源开采登记管理办法》，2005：《关于全面整顿和规范矿产资源开发秩序的通知》，2006：《关于同意深化煤炭资源有偿使用制度改革试点实施方案的批复》，2011：《土地复垦条例》	1998：《探矿权采矿权转让管理办法》，2005：关于全面整顿和规范矿产资源开发秩序的通知
行业法规	《矿产资源规划管理暂行办法》（国土资源部，1999），《矿产资源规划实施管理办法》（国土资源部，2002），《矿产资源储量评审认定办法》（国土资源部，1999），《国土	2000：《探矿权采矿权使用费减免办法》的通知，2003：《探矿权采矿权招标拍卖挂牌管理办法（试行）》，2004：《探矿权采矿权价款转增国家资本管理办法》，2005：《关于	

续表

制度架构 法律法规	规划制度	一级市场出让制度（许可证制度）	二级市场转让制度
行业法规	资源部关于开展省级矿产资源规划工作的通知》（国土资发［2001］39号），《省级矿产资源规划编制指南》（国土资发［2001］39号），《市、县级矿产资源规划编制指导意见》（国土资发［2002］152号），《国土资源部关于省级矿产资源规划会审办法》（国土资发［2001］227号），《国土资源部关于省级矿产资源规划审批办法的通知》（国土资发［2001］211号），《关于开展矿产资源规划中期评估工作的通知》（国土资发［2005］83号）	规范勘查许可证采矿许可证权限有关问题的通知》，2006：《关于深化探矿权采矿权有偿取得制度改革有关问题的通知、以折股方式缴纳探矿权采矿权价款管理办法（试行）》、《关于进一步规范矿业权出让管理的通知》，2008：《矿业权评估管理办法（试行）》关于规范矿业权评估报告备案有关事项的通知，2009：《关于进一步规范探矿权管理有关问题的通知》，2010：《关于建立健全矿业权有形市场的通知》	1998：关于印发《探矿权采矿权转让审批有关问题的规定》的通知，2008：《矿业权评估管理办法（试行）》、《关于规范矿业权评估报告备案有关事项的通知》，2009：《关于进一步规范探矿权管理有关问题的通知》，2010：《关于建立健全矿业权有形市场的通知》
地方法规	2008：《陕西省矿产资源管理条例》，2000：《陕西省矿产资源储量管理办法》，1997：《新疆维吾尔自治区矿产资源管理条例》	2008：《陕西省矿产资源管理条例》，1994：《陕西省矿产资源补偿费征收管理实施办法》，1997：《新疆维吾尔自治区矿产资源管理条例》	2008：《陕西省矿产资源管理条例》，1997：《新疆维吾尔自治区矿产资源管理条例》，2011：《新疆维吾尔自治区矿业权交易规则（试行）》

我国矿产资源产权制度的运作机制是以矿产资源的规划制度为基础，确定矿产资源勘查、开采的方向、重点和战略，以矿业权的许可证制度为核心、转让制度为补充，实现规划所要达到的各项目标。整个矿产资源产权制度的运行效率，既取决于三大制度各自在经济学、管理学意义上的科学性，也取决于三大制度之间运作过程中互为依托、互为支撑的良好协调。三大制度本身的不足和缺陷，不仅影响自身效率的发挥，也会引致其他两种制度有效性的降低，从而削弱矿产资

源产权制度整体功效的发挥。而三大制度之间衔接的瑕疵和问题对矿产资源产权制度的局部乃至整体效用的实现都有消极的影响。

我国矿产资源产权制度存在着国家治理不到位、矿业权界定不清、交易成本高等问题，从“结果—特征—要素”三个层次研究矿产资源产权制度法律法规体系的效率问题，有利于追本溯源，找出症结，为矿产资源产权制度法规体系的完善提供理论依据。

第二节　我国矿产资源产权制度法规体系的非效率分析

运行结果的帕累托非优，法规建设中的无法可依、有法难依、有法乱依的问题，使我国矿产资源产权制度法规体系自身特征上可能的、潜在的缺陷初露端倪，运用制度效率的特征标准检验、判别现行我国矿产资源产权制度法规体系势在必行，因为这是修订、完善法规体系的前提。

现行矿产资源产权制度法律、法规体系有效性如何，既取决于体系内各个单一法律、法规的有效性，更决定于整个产权制度“束”，即法规体系内各法律、法规在结构、内容和功能上的耦合水平。

一、各单项法的确定性与开放性

表1-2是基于柯武刚、史漫飞的制度效率取决于制度的“普适性”这一论断，分析《矿产资源法》、《矿产资源勘查区块登记管理办法》以及《矿产资源开采登记管理办法》以及《探矿权采矿权转让管理办法》等基础性法律、法规普适性效率，包括确定性和开放性的分析结果。

表1-2　　矿产资源产权制度基础性法律、法规的“普适性”非效率因素

法律法规名称	普适性		
	一般性	确定性	开放性
《矿产资源法》		各种处罚额度的不确定性 矿业权有偿取得制度的相关规定不明确，减免办法不具体	“禁止将探矿权、采矿权倒卖牟利”的不合时宜

续表

法律法规名称	普适性		
	一般性	确定性	开放性
《矿产资源勘查区块登记管理办法》		"探矿权可以通过招标投标的方式有偿取得"指向不明 缺少关于可申请探矿权区块地质条件的相关规定 缺少关于虚假投资的相关规定	10万元及5万元罚款的有效性（各类数据）
《矿产资源开采登记管理办法》		"采矿权可以通过招标投标的方式有偿取得"指向不明	采矿权使用费1 000元/平方公里·年（各类数据）
《探矿权采矿权转让管理办法》		"擅自转让探矿权、采矿权的，由登记管理机关责令改正" "非国家出资形成的矿业权相关规定"缺失 "新设探矿权"含义不清 "主管部门规定的其他情形"含义不清	10万元以下的罚款

表1-2的分析表明，这些基础性的法律法规在确定性、开放性方面存在明显缺陷，并将直接导致制度实施过程中的低效率水平。国家级法律法规如此，部门法规、地方法规受立法水平、职能权限、地方利益等因素的制约，这类非效率问题更加严重。

二、制度体系的完备性与耦合性

制度"束"是由不同制度安排构成的系统，它的效率除了取决于构成这一结构的各单项制度安排的效率，还受到制度配置状况的影响。制度配置是指在一个制度系统中各项制度安排之间应当相互协调和匹配，以使整个制度系统能够发挥最大的功效。制度"束"中单个制度安排的结合状态有三种情形，即制度耦合、制度冲突与制度真空。制度耦合是一种制度结构系统高度有序、各种制度安排之间协调一致的状态，而制度冲突与制度真空则是制度结构中存在大量矛盾和漏洞的状态。要提高制度结构的绩效与效率，关键之一在于做好制度配置，克服制度冲突与制度真空，实现制度耦合。

从现行矿产资源产权制度法规体系内各单项法颁布、实施的时间看，最早的是1986年的《民法通则》，最近的是2011年的《煤炭法（修订）》、《水土保持法（修订）》和《土地复垦条例》，整个矿产资源产权制度法规体系时间跨度逾二十年，多项法规各自分布在完全不同的立法时空上，因此需要关注这些不同时段中制定的法律法规在内容上的相容性、一致性，以及功能上的耦合性等问题。

通过矿产资源产权制度的基本功能、现行法律法规体系的内容与功效，以及这一制度体系运行的实践等三方面的比对，发现矿产资源产权制度法规体系存在着如表1-3所示的非效率因素。

表1-3　　矿产资源产权制度法规体系的耦合性非效率因素

非效率方式	所涉及法律法规	具体表现
制度真空	《矿产资源法》及其配套法规	《矿产资源法》实施前无偿出让的矿业权的流转制度 小型、小小型矿的产权制度 矿山企业承包制中产权制度
	《环境保护法》	环境产权制度
	《土地管理法》	矿地产权与其他土地产权的优先顺序
制度冲突	《民法通则》与《探矿权采矿权转让管理办法》、《探矿权采矿权招标拍卖挂牌管理办法（试行）》	前者：只规定了采矿权，探矿权作为一种民事权并未在立法上予以承认 后者：探矿权具有事实上的民事权属性
	《矿产资源法》与《地质资料管理条例实施办法》	前者：矿床勘探报告及其他有价值的勘查资料，按照规定实行有偿使用 后者：探矿权人有汇交地质资料的义务

矿产资源产权制度需要实现三重功效，即矿业权市场配置的帕累托最优，跨代外部成本的内部化、最小化，以及环境外部成本的内部化、最小化。具体分析现行的矿产资源产权制度的法规体系，考察其运行的实践过程，发现现行制度在环境外部成本内部化的功效上表现最为微弱。究其原因，在于“环境利益=环境公益=国家环境公益”的认识误区，以及重“环境污染防治”、缺乏充分自然资源保护的制度规定。根据钭晓红（2011）的理解，解决这一难题最有效的方法是：修订现行的《环境保护法》，建立环境资源产权的界定、交易制度，让环境资源作为再生产的要素进入生产成本，形成环境利益平衡机制的多元化形态。

法律法规体系中存在的有关“小型和小小型矿的产权、矿山企业承包制中产权、矿地产权与其他土地产权的优先顺序、《矿产资源法》实施前无偿出让的矿业权的后期流转”等制度的真空状态，以及不同层次法律、法规（即“上位法”与“下位法”）之间的矛盾，则与前面所论及的单一制度的非效率因素一起，引致了其他两重功效的不足，具体表现为矿业产权流动性较差、矿产资源利用率较低。

第三节　我国矿产资源产权制度法规体系非效率的根源

哪些原因滋生了矿产资源产权制度法规体系非效率特征和非最优的帕累托结果？诺斯（1994）的国家理论和意识形态理论为找到有说服力的答案提供了线索。诺斯指出：理解制度结构的两个主要基石是国家理论和产权理论；国家界定产权结构，具有根本性质的国家理论关键在于解释由国家界定和行使的产权类型以及行使的有效性，而有挑战性的是解释产权结构及其行使的变迁历史；国家既提供仲裁与执行规则的框架，又颁布行为规则，以此降低政治结构中的服从费用和经济部门中的交易费用。刘诗白（1998）的“主体产权论”，以政府代表国家，也有同样的论述：“市场经济中主体财产权不是‘绝对的’和真正‘为所欲为’的，它是从属于社会约束的，政府主导的、有限制的产权是现代主体产权制度的特征”。他们的论断既揭示了国家理论在制度效率研究中的基础地位，又明确了国家要素对产权制度效率的重要作用。

在研究国家正式规则如政治权力、制度变迁方式等对产权制度效率的影响之外，诺斯（1994）还描述了国家意识形态层面的非正式规则，即一个社会的认知、风俗、伦理、道德与习惯等作用于产权制度效率的机制。在产权确立前，通过制定者对一个民族的这些非正式规则的了解，来影响产权安排的选择；通过产权实施绩效的反馈，促使国家修正产权安排进而影响产权的运作效率。

在我国矿产资源产权制度的要素结构中，国家作为政治制度、法律制度的集合，其正式的、非正式的规则及其影响因子通过不同的机理、以不同的程度制约着矿产资源产权制度法规体系的各项构成和内容，并从根本上决定了矿产资源产权制度的效率。

一、矿产资源产权制度法规体系有限效率的客观原因

国家层面对矿产资源开发利用的现实与未来不完全的认知，以及对产权制度本质内容的有限理解，形成了有限理性的国家意志，最终导致作为国家意志表现形式的矿产资源产权制度法规体系的有限效率。例如，对矿产资源可耗竭性、外部

性的有限认知就是有偿使用制度不健全、环境产权缺失、开放性不足的原因之一。

在我国，从古至今，经济社会的运行高度依赖行政权力，“官本位”的思想淡化了“依法治国”的立法理念，渗透在全民的认知、惯例和意志中，最终成为国家意志体现在矿产资源的法规体系上。矿产资源产权制度法规体系中诸多模糊、不确定的条款充分保证了行政权力的作用空间，隐现国家权力认知和权力意志的影子。

二、次优的国家目标与国家意志成为矿产资源产权法规体系效率的基础

在政府主体与非政府主体参与制度安排的社会博弈中，由于政府主体在政治力量的对比与资源配置权力上均处于优势地位，它的制度供给能力和意愿是决定制度变迁的方向、深度、广度、形式的主导因素。政府通过制度创新所追求的目标是双重的：一是通过降低交易费用使社会总产出最大化；二是通过使权力中心及它所代表的利益集团的垄断租金最大化实现政治支持最大化（诺斯，1981）。政府主体获取的潜在制度收益大于零并不一定导致每个行为主体的净收益或社会净收益大于零。我国矿产资源产权制度中环境产权的缺失，与特定背景下重经济增长轻社会发展的目标选择和国家意志相关，而这些目标和意志在经济学意义上是次优的。

政府对产权制度约束的基本手段是通过立法和司法机制，根据各类资源占有主体的性质和社会职能，确定（资源）主体财产权的界限，规定其行使产权的方法，监督（资源）主体行使产权的行为，用法律、行政等手段对各种非理性的侵权行为进行惩罚，进而实现对主体产权行为的政府约束。在我国矿产资源产权制度法规体系形成过程中贯彻的是等级、分权的原则，代表国家不同层次的政府及其管理部门有着不同的立法权限。不尽相同的认知、不尽相同的目标选择以及不同的利益导向，通过各自制度选择进入法规体系，条款上的冲突在所难免。

三、供给主导型的制度变迁方式难以满足矿产资源产权制度的实际需求

制度变迁方式的选择主要受制于一个社会的利益集团之间的权力结构和社会的偏好结构（樊纲，1993）。制度变迁大致上可区分为需求诱致型与供给主导型两种方式，我国目前所选择的是一种政府主导型制度变迁方式（杨瑞龙，

1993），即政府主体借助行政命令、法律规范在一个金字塔式的行政系统内自上而下地规划、组织、实施、监控制度创新。这样的选择忽略了自下而上的制度演化模式，难以满足矿产资源产权制度的实际需求，现实中矿业权承包制在法规体系中的缺失，充分反映了这种单一制度变迁方式的缺陷。

总而言之，我国矿产资源制度法规体系非效率的根源在于国家层面的非正式、正式规则有限的治理水平，正如林毅夫（1994）所说，无效率的制度安排和国家不能采取行动可以看成是政策失败，原因在于政治家偏好、有限理性、意识形态刚性、官僚政治、集团利益冲突以及社会科学知识等方面的局限等。

另外，非效率的产权制度运行结果凸显了我国矿产资源产权制度法规体系有限效率的特征，即为普遍存在的单一法规在确定性、开放性方面的缺陷，以及法规体系完备性、耦合性的不足。

政府的治理水平是有限的，即有限的理性认知、权力迷信的文化、次优的目标选择和国家意志，分权型立法制度、政府主导型制度变迁方式等国家层面的非正式、正式规则是我国矿产资源产权制度法律法规体系非效率的根本原因。

这些结论的政策含义是，为保证《十二五规划纲要》有关矿产资源开发利用中资源节约、环境保护以及可持续发展等思想主旨的贯彻实施，提高国家要素层面非正式、正式规则的治理水平，是修订、清理、补充与完善我国矿产资源产权制度相关法律法规、改变其自身特征的前提条件，更是矿产资源开发利用实现帕累托最优、消除外部性的根本所在。

小　结

产权分析方法的核心是要表明产权的内容如何以特定的和可以预期的方式来影响资源的配置和使用。制度效率是产权分析方法的重要内容。有效率的产权制度具备普适性、开放性和完备性。运用这些判断标准对中国矿产资源产权制度效率的分析发现，现行各单项法在确定性与开放性上存在缺陷，制度体系尚不完善，制度的耦合性不足。

导致我国资源环境产权非效率有三个原因：一是因有限理性的国家意志；二是因为次优的国家目标；三是供给主导型的制度变迁方式。要完善矿产资源开发过程中的资源节约、环境保护以及可持续发展等思想，需要进一步提高国家层面的治理水平，修订、清理、补充与完善我国矿产资源产权制度相关法律法规。

第二章

西方发达国家矿产资源所有权制度比较

本章从不同的法系视角下，分析了西方发达国家的矿产资源所有权制度的历史传统、各自特点以及不同体系，发现西方发达国家的矿产资源所有权制度不仅仅是单一的初始产权制度安排，而是一个内容丰富的体系，不同法系对西方发达国家矿产资源所有权制度安排的约束是通过对地表权和地下权的制度安排来实现。在此基础上，从地表权和地下权结合或分离的角度，对西方发达矿业国家的矿产资源所有权制度类型进行了划分。

分析矿产资源所有权制度的目的在于理顺矿产资源开采中的矿业税费设置和各种利益分配关系，建立合理的矿业权市场，进而形成科学合理的矿产品价格形成机制，进一步解决好矿产资源开发中的代际外部性和生态环境外部性问题，促进矿产资源开采模式向资源节约型和环境友好型的模式转变。本章探讨西方不同权利规制下的矿产资源所有权制度，以期对我国的矿业权制度改革提供有益的参考。

第一节 不同法系西方发达国家的矿产资源所有权制度

当今世界各个国家的矿产资源所有权制度不是完全相同的，根据各国所实行的不同法系、历史发展的特殊性，各国的矿产资源所有权制度相应地存在差别，要理解西方国家的矿产资源所有制，首先要理解其法律特点，然后才能对不同法系下的所有权形式进行清晰的划分。

一、西方发达国家的法律体系

Zweigert 和 Kötz（1998）根据各国的历史背景、法律事务中的思维模式、独特的制度、法律渊源、意识形态等方面，将世界主要的法系分为：罗马法系（Romanistic Family）、日耳曼法系（Germanic），盎格鲁 - 美利坚法系（Anglo - American），北欧法系（Nordic），远东法系（Far East）和宗教法系（包括伊斯兰法系 Islamic，印度教法系 Hindu family）。Van Hoecke 和 Warrington（1998）根据各国法律的概念、社会中法律所扮演的角色、法律处理冲突的方式等方面的不同，将各国的法系划分为：非洲的、亚洲的、伊斯兰的以及西方（主要包括欧洲、美洲和大洋洲）的法系四种。David 和 Brierly（1985）将主要的法律系统分为：罗马 - 日耳曼法系（Roman - Germanic Family），普通法系（Common Law）和社会主义法系（Socialist Laws）。另外还包括小的法系：穆斯林法系（Muslim），印度法系（Hindu），犹太法系（Jewish）和远东法系（Far East）等。维基百科（Wiki）对主要法律体系的划分综合了上述几种观点，认为主要的法系分为：普通法系、大陆法系（成文法）、社会主义法系和伊斯兰法系。根据维基的分类，实行普通法的国家主要包括：澳大利亚、英国（不含苏格兰）、爱尔兰、美国（不含路易斯安那）、加拿大（不含魁北克）、巴基斯坦、印度、马来西亚等；实行大陆法的国家主要是：除英国外的所有欧盟国家（但包含苏格兰）、爱尔兰、美国的路易斯安那、巴西、日本、墨西哥、加拿大的魁北克、瑞士、土耳其等；社会主义法系的代表是苏联；伊斯兰法系主要包括：巴基斯坦、沙特阿拉伯、阿富汗、伊朗、利比亚、苏丹等国。可见，西方发达市场经济国家实行的法系主要是普通法系和大陆法系，因此，本章研究西方的矿产资源制度，将主要集中讨论西方国家实行的普通法和大陆法系下的矿产资源所有权制度。

二、西方财产权、矿产资源所有权制度架构

西方国家对矿产资源所有权（Ownership of Mineral Resources）的相关法律制度都从本国的财产权利制度、历史传统、经济发展水平等国情出发，形成了各具特色的矿产资源所有权制度。中世纪以来西方国家在普通法（Common Law）和成文法（Statutory Law）基础上，逐渐形成了盎格鲁—美利坚传统、法国传统、萨克森—波西米亚传统等特点鲜明的矿产资源所有权制度，进入 20 世纪以来，不同的法系开始融合，导致原先差异明显的矿产资源所有权法律制度互相融合，

大多数国家的矿产资源所有权法律制度都兼容了其他类型的某些重要特点。

梳理西方关于矿产资源所有权制度的概念、内涵和构成，要从西方法律对财产权的相关定义入手。

西方法律定义了两种基本类型的财产（Property）。一个是真实的或不可移动的（Real/Immovable）财产（又称不动产，Real Estate），这种财产是指土地或永久的附着于土地之上的财产，这类财产可以是自然的也可以是人造的，例如水、树木、矿产，以及人造的建筑、道路等。另一个是个人的或可移动（Personal/Movable）的财产（又称动产，Personal Estate），它是指上述真实的或不可移动的财产以外的所有财产。

基于对不动产和动产的划分，西方法律体系对不动产（或土地）又进行了划分，划分为完整产权（Freehold Estate）和非完整产权（Non-freehold Estate）两大类。完整产权指在持续期内，所有权不受限制。而非完整产权既受时间制约，又受条件限制的产权，例如，木材开采者在林地所有者的土地上，为期25年的木材开采权就是一种典型的非完整产权。

完整产权包括以下三种类型：普通采邑制（Fee Simple Estate，完全所有权），有限制继承产权（Determinable or Conditional Fee Estate），终身财产权（Life Estate）。普通采邑制指的是一种土地上的所有权形式，土地所有者控制了地表（Surface）、地下（Subsurface）和地上空间（Air）的完整产权，所有者享有了销售（Sale）、租赁（Lease）、赠予（Gift）和遗赠（Bequest）的自由；有限制继承产权是指在销售、赠予、遗赠、租赁等方面受到限制的土地所有权形式；终身财产权则是在财产所有者生命周期内对土地拥有所有权，而不能被继承的一种权利。这三种完整产权的区别在于，普通采邑制是最高形式的财产权所有制形式，有限制继承产权限制了让渡权或交易权，终身财产权是仅限于所有者生命周期内的完全所有权，不具备继承权。目前在矿产资源所有权领域，英美国家主要实行的是普通采邑制，以美国为典型的国家实行的是一种与土地所有制（Land Ownership）挂钩的矿产资源所有制规制框架，形成了地表不动产（Surface Estate）和矿产资源不动产（Mineral Estate），矿产资源不动产也称为地下不动产（Subsurface Estate），其矿产资源所有权及相关规制与地表的所有权紧密相连，地表所有权的规定与矿产资源所有权的规定相统一，而这也正是普通法系下矿产资源所有权制度同大陆法系下的法国传统、萨克森－波西米亚传统的矿产资源所有权制度的最大不同，大陆法系下的两种传统实行的是对地表所有权和矿产资源所有权分离的初始制度安排。

西方发达国家财产权视角下的矿产资源所有权制度构架见图2－1。

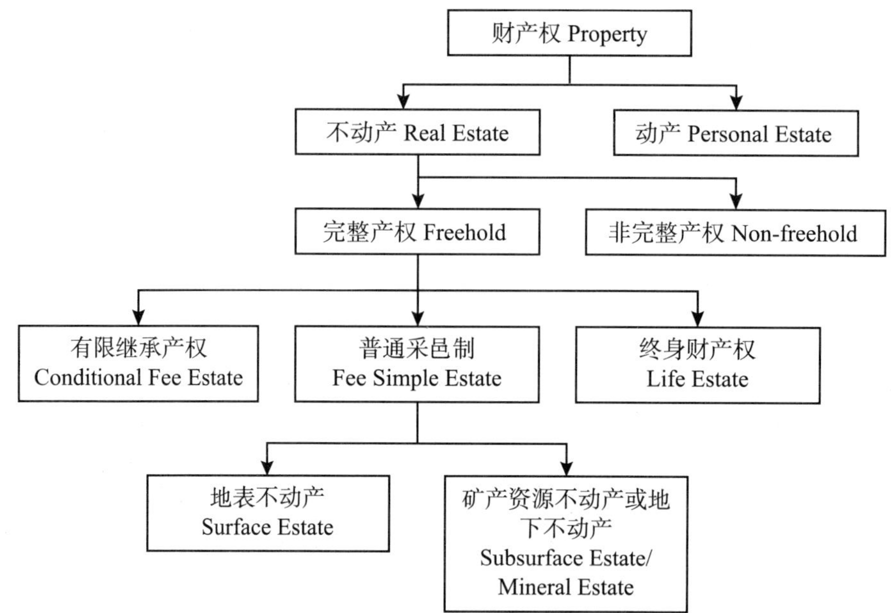

图 2－1　西方发达国家财产权视角下的矿产资源所有权制度构架

三、西方发达国家不同法系下的矿产资源所有权类型

国外众多学者对西方发达国家的矿产资源所有权类型进行了研究，早在1950年，Hoover等人就将矿产资源所有权类型划分为四种：一是领主（Overload）所有，例如国王、女王、主教等所有；二是国家或政府所有；三是土地所有者（Landowner）所有；四是矿山的开采者（Operator）或发现者（Discoverer）所有。后来的研究者，例如E.、Wälde、T.和Warden－Fernández（2004），Elizabeth Bastida（2004）等人大多也继承了这一划分。但Hoover等人并没有将矿产资源所有权类型的四种划分放在西方发达国家的法律体系框架下研究，因此没有得出更加一般性的结论。

Eva Liedholm Johnson（2001，2010）根据各国财产法、矿业法等法律体系的不同，将西方发达国家的矿产资源所有权制度分为三种主要类型：土地所有制（Land Ownership）体系；特许权（Concession）体系；要求权（Claim）体系。

第一种体系：土地所有制（Land Ownership）体系。直接来源于罗马法，这一体系下使用与开采矿产资源的权利与土地所有权完全统一。这个体系的基本原则在于，矿产资源属于所依附的土地的所有者，即地表权与地下权相统一，土地不论归私人、国家还是国王所有，地下权都归土地所有权人所有。这个体系是盎格鲁－美利坚国家通行的矿产资源所有制形式。美国是彻底实行这一体系的国家，南非在2002年以前实行的也是这一体系。大多数英联邦国家规定，重要的矿产资源名义上属于女王所有，但仍有部分矿产资源实行的是地表权与地下权的统一，例如，在英国，非能源矿产品一般隶属于地表权所有者。

第二种体系：特许权（Concession）体系。实行的是一种地下权与地表权相分离的制度安排，这种体系的国家授予并控制了矿业权，矿产资源属国家所有。该体系发轫于法国大革命，强调的是国家对矿产资源的所有，不论土地资源属于国家还是私人，矿产资源所有权都属于国家所有。同时，这种所有制强调对矿产资源的勘探和开采等活动也需要国家的授权（Authority）。法国、比利时、葡萄牙是典型的实行特许权体系的国家。需要指出的是，在很多实行特许权体系的国家，虽然主要实行地表权和地下权的分离，但少部分矿物仍实行地表权和地下权统一的政策，例如，在瑞典，没有列入矿产法（Minerals Act）的矿产资源，包括石灰石、长石、沙土和砂砾等矿种，实行的是地表权与地下权统一的政策；例如，芬兰、爱尔兰、葡萄牙、德国都有少部分矿产品实行的是地表权与地下权统一的政策。

第三种体系：要求权（Claim）体系。该体系是指任何一个合法主体都可以在公共土地（Public Lands）上对其最先发现的矿产资源获得单一的采矿权利。这种要求权体系发源于德国，出现于15世纪晚期到16世纪早期的萨克森－波西米亚的“采矿顺序”（Mining Order）。这种体系来源于两种更早期的所有权制度形式，即Regalian和Res-nullius。根据Regalian形式，国家或政府将矿业权授予要求权人。根据Res-nullius形式，矿产资源在被发现之前不属于任何人，当被发现之后，矿产资源的产权属于一种占有权（A Kind of Right of Occupation）形式，发现者对矿产资源拥有占有权。要求权体系实际上鼓励了对新矿藏的勘探活动。矿业权授予给最先发现矿产资源的人，要求权体系的首要原则就是赋予第一个矿产资源发现者以优先权。从要求权体系可以看出，它是一个自由进入的体系（Free Entry System），它是针对在公共土地（Public Lands）上的自由进入权，以对探明矿藏拥有相关的采矿权。目前，加拿大、新西兰、澳大利亚等国的公共土地或联邦土地上实行的是强烈带有这一特征的制度。

Eva Liedholm Johnson对矿产资源所有权制度的上述三种类型的划分与Hoover等人的四种划分并不矛盾，Eva Liedholm Johnson只是在Hoover的工作基础上，在普通法和大陆法系的背景下，结合欧美各国近代以来的矿产资源所有权制度的历史沿革，对矿产资源所有权制度的类型进行了提炼。

另外，可以看出，一方面，西方发达国家的矿产资源所有权制度由于处在不同法系下而体现出截然不同的特点；另一方面，通过对西方发达国家财产权制度的一般性特征可以看出，地表权和地下权的分离与结合体现在矿产资源产权的初始制度安排中，造成了各个法系下矿产资源所有权制度的不同特征。因此，不同法系对西方发达国家矿产资源所有权制度安排的约束是通过对地表权和地下权的制度安排来实现。

第二节　基于地表权和地下权的矿产资源所有权制度类型

由于地表权和地下权的重要性，在西方发达国家矿产资源法律体系当中，对这两种权利作了详尽的界定。*Business Dictionary* 对地表权和地下权作了如下的概括：地表权（Surface Rights）指的是土地所有者对土地以外或以上部分（排除了法律规定的矿产资源）、水、地下部分中不属于矿产资源部分的所有权。地下权（Subsurface Rights），即矿业权（Mineral Rights），它是一种从销售地表或地下蕴藏的石油、天然气以及其他有价值矿产资源的行为中获利的权利，矿业权（Mineral Rights）能够在独立于土地所有权（Land Ownership）的条件下被销售或租赁。

由于矿产资源依附于土地的特点，土地所有者与矿产资源之间的关系体现为地下权和地表权的关系，据此可以将目前世界上通行的矿产资源所有权制度分为三大类。

一、以英美为代表的完全所有权（Complete Ownership）模式：地表权和地下权的结合

在这种模式下，不动产的基本所有制为普通采邑制。普通采邑制这一称呼常见于英美法系国家（如美国、澳大利亚等）的财产法、土地法对不动产的相关法律条文、法律概念的解释当中。实际上这种完全所有权的思想直接来源于罗马法，罗马法中对普通采邑制（Fee Simple）的表述是：土地所有人的所有权包括土地上空及地下（cujus est solum，ejus est usque ad coelum et ad inferos）不动产的所有权。

从对国际上主要法律文献对普通采邑制的解释来看，普通采邑制（Fee Simple）适用于土地资源、矿产资源等。普通采邑制在矿产资源的所有权制度上的表现就是地表权（Surface Rights）和地下权（Subsurface Rights）的完全统一。实行普通采邑制的国家从法律上规定，矿产资源依附于土地，土地所有权人天然的拥有地表或地下的矿产资源所有权。在美国实行普通采邑制的所有制条件下，

土地所有权人包括联邦政府、州政府、印第安保留地政府和私人，权利金的获得体现的是拥有地表权（Surface Rights）的人转让矿业权（Mineral Rights）的收益。例如，美国密歇根州政府环境质量部地理调查局规定，密歇根州实行普通采邑制。同时，矿产资源地表所有者在产权初始分配上拥有地下权（即矿业权），而这种矿业权属于一种财产权利，具有其他财产权利所具有的相似权利，可以独立于地表权被销售。

以澳大利亚油气资源为例，根据 *The Seas and Submerged Lands Act 1973*（*Cth*）规定，澳大利亚的路上和海上油气资源在初始分配上，属于英女王所有，同时，*Section 248 of the Offshore Petroleum Act 2006*（*Cth*）和 *Petroleum*（*Submerged Lands*）*Act 1982*（*WA*）又规定，在获得了许可情况下，许可权人（Permittee, Licensee）也可以拥有油气资源的所有权。因此对于澳大利亚油气资源而言，初始所有权属于英女王，但在所有权分配过程中，其他团体或个人也可以拥有矿产资源所有权。并且澳大利亚实行的也是普通采邑制。

二、以德、法、巴西等国为代表的矿产资源国家所有权模式：地表权和地下权的分离

《德国民法典》第903条（“所有权”章第1条）：“在不与法律或者第三人的权利相抵触的限度内，物的所有人可以随意处置该物，并排除他人的一切干涉。”同时，德国《矿藏法》规定，土地所有权人只对依附于土地的指定矿藏或矿物有先占权利（主要是土、沙子、石头等少部分非重要的矿种），其他矿藏一律为国家所有。

《法国民法典》第544条（“所有权”编第1条）：“所有权是最绝对地享用和处分物的权利，但法律或条例禁止的使用除外。”法国《矿业法》规定，土地所有权人不享有某些地下矿藏开采权利，它们属于国家，露天矿藏虽然属于所有权人，但也需通过国家授权才能行使开采和转让的权利。

巴西的《宪法》和《矿业法》也对其矿产资源的地表权和地下权的关系作了相关界定，明确规定其矿产资源属于国家所有，而地表权存在私有和国有两种性质。

上述国家都承认地表所有权的国家、集体或私人所有，但矿产资源所有权基本上都规定属于国家所有。世界上大多数国家实行类似产权制度。

三、以南非为代表的地表权与地下权的有限结合的模式

南非法律规定某些地区允许存在对某些矿种的私人或部落所有制，这些地区

限定某些矿种的地下权与地表权相统一，拥有该地区地表权者亦享有地下的规定范围内的矿种所有权。但这种统一是有限统一，只限于少数地区和少数矿种。大多数地区的大多数矿产资源属于州政府所有，州政府仍然掌握着绝大部分矿产资源的财产权，但土地的所有权存在私有和州政府所有两种形式，在私人所有的土地上，地表权和地下权是分离的，而在州政府所有的土地上，地表权和地下权的初始配置都属政府所有，两权合一。

南非地表权与地下权有限统一的模式的形成与发展历史有关，作为较早的殖民地国家、较早被开发的矿业大国以及英联邦国家，其特殊的矿产资源所有制经历了荷兰殖民期、英国殖民期、各省独立期、联盟期以及共和国时代，最后形成了现在具有鲜明特色的矿产资源所有制形式。

南非的矿产资源地表权与地下权的形式主要包括四种：

第一，私人所有土地（Private Land），在这种所有制下矿产资源随土地所有者私有，地表权与地下权相统一。

第二，州政府所有的土地（Sate Land），在这种所有制下矿产资源归州政府所有，地表权与地下权相统一。

第三，被转让的州土地（Alienated State Land），在这种所有制下矿产资源仍归州政府所有，但地表权可以归私人所有。同时，开采矿产资源需要州政府的允许，但地表权的私人所有者也拥有巨大的权利，地表权所有者拥有是否同意在地表进行探矿的权利，地表权与地下权相分离。

第四，信托土地（Trust Land）或部落土地（Tribal Land），这种所有制的特点就是部落土地的地表权和地下权初始配置归部落所有，但部落一般都委托州政府对地下权进行管理，州政府对矿产资源实际拥有勘探权和采矿权，在这种情形下，地表权仍归部落，但地下权由政府进行管理，地表权与地下权相分离。

小　结

通过上面的分析可以看出，西方国家财产权、土地产权经过上百年的发展，形成了不同的传统，同时这些产权制度对地表权和地下权的规制各有其特点，形成了成熟的矿产资源所有权制度。面对这些不同的法系以及不同的地表权、地下权组合状态产生出各个国家各具特点的矿产资源所有权制度，本章得出以下几点结论和启示：

第一，法系的不同，决定了在各法系下地表权与地下权组合状态的不同。具体来讲，对于普通法系而言，普通法系的地表权与地下权是一个复杂的体系，其最基本框架奠定于 1925 年英国的《财产法》，普通法国家的地表权、地下权与土地所有制紧密相关，这些国家实行的是地表权与地下权相统一的制度。对于大陆法系（或成文法系）而言，矿产资源的所有权通常属于政府，表现出地表权与地下权的分离状态。

第二，在相同的法系、相同的地表权和地下权的结合状态下，不同的国家由于地理的、历史的、民族的、经济发展水平的不同特点，其矿产资源所有权制度也存在差别。以美国和澳大利亚为例，虽然美、澳是普通法系国家，并且其财产法或地产法都实行普通采邑制，但美国的地下权紧紧依附于地表权，表现为一种彻底的普通采邑制，即地表权所有者天然的拥有地下权；澳大利亚作为英联邦国家，它的地下权（或矿业权）在初始安排上体现为英女王所有，同时，澳大利亚联邦法律 *Offshore Petroleum Act 2006*（*Cth*）以及相关的州（例如西澳洲）法律等又规定，在得到许可的情况下，被许可的人在许可区域内所发现的矿产资源属被许可的人所有，而这种许可的权利是由州政府的相关部门授予，海上矿产资源的许可权是由州政府或联邦政府授予。因此，对于澳大利亚而言，其名义上的初始矿产资源所有权属于英女王所有，但通过后续的矿产资源管理部门的相关制度规定，实现了其他主体所有的产权安排。

第三，我国当前的矿产资源地下权归国家所有，但地表权的产权主体不清晰。按照 1998 年的《中华人民共和国土地管理法》对于矿产资源所依附的地表权的规定，在转为矿业使用时，都是作为国有土地进行使用，而这种国有土地必须通过出让的方式使用，对于那些蕴藏有矿产资源，同时原本属于农村集体所有的土地，首先由县级以上人民政府通过相关程序获得土地，再进行出让，因此哪一级政府有权通过相关程序获得集体所有土地，哪一级政府就能在出让中获得土地的相关出让收益。也就是说我国实际行使地表权或土地所有权的主体在不同的地区、不同的矿藏所在地可能不尽相同，有可能是中央政府、省级政府、市级政府甚至是县级政府。而体现地表权和地下权收益的资源税、矿产资源补偿费、矿业权价款、矿业权使用费、石油特别收益金、矿区使用费等则很难体现出不同的地表权主体和地下权主体的产权关系。因此，造成了我国矿产资源有偿使用税费在设置上的理论依据不清晰、税费标准不合理、计征方式不完善、所规制的产权体系与实际补偿对象不一致等现象。

第三章

我国矿业权的产权界定与交易

政府可以通过界定产权来影响社会的净财富量，并提高国民收入水平。如何界定矿产资源的产权，使之既能体现国家的所有者地位，又能保障矿业权主体的各种权利，并实现矿产资源的可持续开发利用，始终是我国政府和学界关心的焦点问题之一。矿产资源产权制度改革开始后，对矿产资源产权界定问题的研究以更广阔的视野、更深的层次展开。基于此，本章在分析我国矿产资源产权界定研究的基础上，探讨矿产资源所有权和矿业权的界定问题，并提出未来矿产资源产权研究的方向和重点。

第一节　矿产资源产权界定的文献综述

产权（Property Rights）是当代西方经济理论研究中的一个重要概念。西方关于产权理论的研究始于科斯 1960 年发表的“社会成本问题”一文，科斯指出，“产权安排确定了每个人相对于物时的行为规范，每个人都必须遵守与他人之间的相互关系，或承担不遵守这种关系的成本”。对此，菲吕博滕和配杰威齐（1972）进一步解释到：产权不是指人与物之间的关系，而是指由物的存在及关于它们的使用所引起的人们之间相互认可的行为关系，产权制度就是一系列用来确定每个人相对于稀缺资源使用时的地位的经济和社会关系。阿尔钦（1994）把产权看作是人们在稀缺资源条件下使用资源的权利与规则。他指出，产权是一个社会所强制实施的选择经济品的使用的权利。德姆塞茨（1967）则从社会整体出发考察产权关系，把个人产权跟外部性效应联结起来，指出产权是一种社会工具，可以界定人们如何受益及如何受损，帮助人们形成与其他人交易时的合理预期。诺斯（1994）认为，产权是人口增长压力引起的一种制度安排，本质上是一种排他性的权利。

西方学者虽然对于产权的定义各有侧重，但一般都认同产权是寄托于物上，但又体现了超越于物之外的人与人之间的社会关系。产权的功能在于它能够确定人们和经济组织在遵循行为规范的前提下运营财产，实现所有者以及利益相关者对财产未来收益和受损的合理预期，明确市场经济活动中不同主体的权利和义务关系，以及在社会财产流转过程中谁给谁以补偿。

矿产资源产权的界定依赖于对产权的清晰认识。产权由一组权利束构成，矿产资源产权也不例外。我国矿产资源产权权利束的内容包括矿产资源所有权和矿业权，其中矿业权是由所有权派生的，包括探矿权和采矿权。

一、矿产资源产权界定的理论基础

所谓产权（Property Rights），Demsetz（1967）认为它是一种使人们受益或受损的权利。首先应界定人们“受益”或“受损”的某种权利，然后，获得权利的主体就有权对自己拥有的资源自由处置，并获取与其权利地位对等的收益。当人们相信权利界定行为的收益超过成本时，就会界定产权，相反，若不足以弥补成本，就不会界定产权。经济条件总是处于不断变化之中，产权的界定也随之发生变化。在产权的界定过程中，产权通常被分割（Partitioned），从而构成一组权利束（Bundles of Rights）。Scott（1988）认为，产权是一个多维变量，每一维变量就是权利的一个属性。《牛津法律大辞典》指出“产权不是一种单一权利，而是若干不同权利的集束（Bundles），其中的一些权利甚至许多权利可以在不丧失所有权的情况下让与。”在经济学中则经常讨论拥有完整权利束的所有者和只拥有部分权利的使用者之间的区别和联系。

历史上关于产权的讨论，最早源于对土地产权的分析，然后发展到对自然资源产权的研究。国外学者较为集中地研究了自然资源的产权界定问题，并且把其界定为一组权利束。这些研究对认识和理解自然资源产权做出了较大的贡献。就矿产资源产权的界定而言，世界银行（2009）的报告《矿藏产权清册》（Mineral Rights Cadastre）作了一个较好的总结，该报告认为各国对矿产资源产权的界定通常基于两个核心原则：（1）矿产资源属于国家所有；（2）探矿权和采矿权可以以许可证或租契等形式出让给公司或个人。事实上，绝大多数矿业大国都采用这种方式界定矿产资源的产权。

国内学者则对矿产资源产权界定问题进行了广泛而深入的研究。钱玉好和李伟（2004）把矿产资源的产权界定为在矿产资源这一特定“物”上所产生的权利总称，并结合矿产资源法及其配套法规探讨了矿产资源产权的结构，认为矿产资源产权是法学上一个“种”的概念，包括了所有权和矿业权，是一组权利束。吴垠（2009）认为矿产资源的产权就是矿产资源的财产权利，不是指矿产资源的所有权，而是包括所有权和矿业权的一个权利集合。其中，所有权是矿产资源产权的核心，它体现的是一个国家的主权；矿业权是矿产资源所有权的派生权利或衍生权利，且矿业权可以转让。还有学者认为矿产资源产权是指所有和使用矿产资源的权利。这里，“所有”和“使用”矿产资源的权利构成了一组权利束。

国内外学者的研究表明，矿产资源产权不是单一权利，而是一组有着丰富内容的权利束，权利束的合理界定有利于构建一个有效率的矿产资源产权制度。因此，研究权利束究竟包括哪些权利，就显得尤为重要。

二、我国矿产资源产权界定

我国矿产资源产权的权利束究竟由哪些权利构成，理论界的认识经历了一个由模糊到逐步清晰的过程。陈希廉（1992）、徐嵩龄（1995）等人把矿产资源产权分为：“所有权，勘查权与发现权，转让权与开采权，处置权，经营权与收益权；且勘查权、发现权与转让权属勘查单位，而开采权、处置权和经营权则属开采企业。”他们较早的把矿产资源产权视为一组权利束。但是，这种界定矿产资源产权的方式表面上是一组“权利束”，但基本上属于一种并列式的划分方法，不能完全反映出矿产资源产权中所有权和矿业权的内在逻辑关系，也难以适应矿产资源管理中对矿产资源产权界定清晰、完整的基本要求。

伴随矿产资源产权制度改革的深入，学界对矿产资源产权的认识逐渐统一，即倾向于权利束应包括所有权和矿业权。熊艳（2000）提出矿产资源产权是由矿产资源所有权及其派生的矿业权组成的权利束。其中，矿业权包括探矿权和采矿权。矿产资源所有权是国家主权的体现，矿业权则是经济主体从矿产资源所有者那里取得的勘探、开采矿产资源的权利。夏佐铎和姚书振（2002）认为矿产资源产权是法定所有权在经济上的表现形式，包括终极财产所有权和一般财产所有权。终极财产所有权包括占有、使用、收益和处分权，是国家主权的体现；一般财产所有权体现的是法人企业的财产权，目前主要是指矿业权。总之，矿产资源产权是由矿产资源所有权及由所有权派生的矿业权等权利组成的权利束的观点，逐渐成为国内学界的主流。

在承认矿产资源产权的权利束包括所有权和矿业权的基础上，矿产资源产权的权利束可以进行更为细致的区分。胡文国（2009）以煤炭资源为例，首先依据法学上的产权概念，把煤炭资源产权界定为占有、使用、收益和处分煤炭资源的权利，然后进一步指出，煤炭资源的所有权是指煤炭资源的归属权及其引申权利，主要包括归属权、规划审批权和监管权；煤炭资源的矿业权则包括探矿权、采矿权、经营权和抵押权。这里，煤炭资源的矿业权增加了经营权和抵押权，这两种权利实际上是由探矿权和采矿权衍生出来的，即可以更明确的表述为探矿权的经营权和抵押权、采矿权的经营权和抵押权。这一区分方法既保证了国家的资源所有者地位，又明确了国家的审批和监管职能，同时也界定清楚了矿业权主体的各种权利，有利于明晰煤炭资源的所有者、勘探者和开采者之间的权、责、利关系。

总之，矿产资源的产权是一组权利束，包括矿产资源的所有权及由所有权派生出来的矿业权等权利，其中矿业权是指探矿权和采矿权。但是，我国矿产资源产权制度改革仍在进行，矿产资源产权的界定也处于变化之中。在这一变化过程中，我们应以矿产资源产权的权利束包括所有权和矿业权作为基础，界定清楚各个权利主体的权利范围，保证权利主体获得与其地位对等的收益。

第二节　矿产资源产权界定中的所有权问题

权利界定的基本要义就是确定权利主体，合法权利的初始界定会对经济制度的运行效率产生重要影响。所有权是矿产资源产权的核心，它体现的是一个国家的主权，其界定属于产权的初始界定。我国的矿产资源归国家所有，意味着中华人民共和国是我国全部矿产资源的唯一所有权主体。关于矿产资源所有权主体的界定主要有以下三个方面的讨论：

一、矿产资源所有权的主体

世界上几乎所有发展中国家都明确规定矿产资源属于国家所有。梳理我国有关矿产资源所有权界定的法律法规，矿产资源的国家所有地位从来都没有改变过。1951 年颁布的《中华人民共和国矿业暂行条例》第一条规定："全国矿藏，均为国有"。《中华人民共和国宪法》第九条规定："矿藏……自然资源，属于国家所有，即全民所有"。1986 年出台、1996 年修订的《中华人民共和国矿产资源法》第三条规定："矿产资源属于国家所有，由国务院行使国家对矿产资源的所有权。地表或者地下的矿产资源的国家所有权，不因其所依附的土地的所有权或者使用权的不同而改变。"这些法律从根本上奠定了我国矿产资源的国家所有地位。2007年出台的《中华人民共和国物权法》第五章"国家所有权、集体所有权和私人所有权"中，第四十七条规定"矿藏……属于国家所有"，这从物权意义上确定了矿产资源的国家所有权。可见，我国的国家性质和法律体系决定了矿产资源的国家所有地位是不可动摇的。

但是，仍有学者提出在不打破矿产资源国家所有的主导地位前提下，对一些非紧缺而且没有规模开发效应的小矿山，国家可通过拍卖等方式把其所有权出售给企业或其他经济组织。这种观点既缺乏必要的理论基础，也不符合世界绝大多数矿业国家管理矿产资源的实际情况。一方面，把矿产资源的所有权出售给企业等经济组织的产权安排并不一定是最有效的。Barnes（2009）就指出经济体中所有人都理性、自利并追求利润最大化的假定是有争议的，矿产资源非国有的产权安排并不能保证资源的有效利用。李胜兰和曹志兴（2000）认为矿产资源所有权的多元化不仅不会提高矿产资源的利用效率，反而会进一步加快矿产资源的浪费和耗竭速度。另一方面，矿产资源具有明显的可耗竭特性，对于这类特殊的资源，世界上绝大多数国家都通过立法确认其作为社会财富归国家所有，个人与社会组织可以依法取得勘探和开采矿产资源的权利，国家有责任保护权利主体的合法权益，在我国亦然。

二、矿产资源所有权"分权"的问题

我国矿产资源分布于全国各地，所有权由地方政府管辖和代理。因此，在实践中，始终存在中央政府和地方政府的收益分配问题以及所有权虚置问题。这种产权制度安排，不可避免的产生了中央政府与地方各级政府的权利划分问题。

实际上，矿产资源的真正所有者只能是依附于中央政府的中央级矿山企业（国有）与依附于地方政府的地方级矿山企业（国有或民营）。吴垠（2009）认为矿产资源产权制度改革的核心是矿产资源的所有权问题，而所有权则包含了"中央与地方分权问题"，这种分权主要体现为中央企业与地方企业、中央政府与地方政府的分权问题。他用U型组织与M型组织模型分析了我国矿产资源所有权制度中的"分权"问题。研究结果表明：改革开放以后我国的分权结构特征是以M型分权结构为主的混合型分权结构，即凡是涉及国家安全、自然垄断的国有矿山企业归中央政府及相关部委所有，其他多数矿山企业归地方政府特别是省一级政府所有、控制，前者（指中央所属矿山企业）是服从U型分权管理模式的；而后者（地方所属矿山企业）则是服从于M型分权结构管理的。可见，矿产资源所有权的“分权”问题归根结底是要理顺中央、地方政府所属企业的产权关系。

总之，中央和地方的分权问题归根结底是为了清晰、完整的界定矿产资源产权，既要保证国家作为矿产资源的最终所有者的地位，也要明确地方各级政府作为矿产资源的直接管理者获得相关收益的权利。

三、矿产资源所有权和土地所有权的关系

我国实行的是地表权与地下权完全分离的模式，即我国矿产资源的国家所有权不会随着其所依附的土地所有权或使用权的不同而改变。这种完全分离的模式虽然明确了矿产资源的国家所有权，却造成了矿产资源所有权和土地所有权主体的冲突。按照《中华人民共和国土地管理法》对于矿产资源所依附的土地所有权的规定，在土地转为矿业使用时，都是作为国有土地进行使用，而这种国有土地必须通过出让的方式使用；对于那些原本属于农村集体所有的土地，首先由县级或县级以上政府通过相关程序获得土地，再进行出让。也就是说，我国行使地表权或土地所有权的实际主体在不同的地区、不同的矿藏所在地可能存在差别，有可能是中央政府、省级政府、市级政府甚至是县级政府。

蕴藏有矿产资源的土地所有权主体的不同，会导致各级政府争夺在矿产资源开发利用过程中产生的相关收益，这种争夺体现在两个方面，第一，极力争取矿产资源勘探和开采的相关收益；第二，极力推脱矿产资源勘探和开采过程中的环境保护责任。这既造成了矿产资源的收益分配不合理，也造成了矿区的环境污染与生态失衡问题，“矿竭城衰”的现象屡有发生。

总之，我们不能把“政府管理和国家所有权本身会保证矿产资源以符合大多数公众福利及利益的方式运作”当作公理。我国矿产资源的国家所有权是毋庸置疑的，但是，这种权利界定方式却产生了中央与地方的权利划分冲突。并且，由于我国实行的是地表权和地下权完全分离的模式，储藏有矿产资源的土地所有权在实际操作中存在不合理的地方。所有这些问题都值得进一步的探讨。

第三节　矿产资源产权界定中的矿业权问题

矿业权是探矿权和采矿权的统称，是由矿产资源所有权派生的一种权利。矿

业权是矿业权主体进行勘探和开采活动的依据和保障。同时，矿业权是一种财产权，要保护矿业权主体的探矿权或（和）采矿权，使之获得与其权利地位对等的收益。

一、矿业权的主体

通过总结我国矿产资源相关法律法规，可以发现，我国矿业权的主体（矿产资源的勘探者和开采者）原则上为在中国境内从事采矿业的法人和个人，同时也允许外国公司、企业和其他经济组织以及个人，依照中国的法律、行政法规的规定，在中国领域及管辖的其他海域投资勘查、开采矿产资源。

理论上，矿业权主体是一种民事主体，在法律关系中矿业权主体的各种类型应当具有平等的法律地位。但实际上，矿业权主体在享有权利的过程中并不完全遵循民法上主体地位平等的规则，具有一定的特殊性。田峰（2010）认为矿业权主体由于其权利的产生方式、行使方式和权利客体等方面的特性，而具有不同于一般民事法律关系主体的三个特征：（1）矿业权主体资格的享有受时间和地域的限制。由于矿产资源的稀缺性和不可再生性，为了实现对自然环境的保护以及经济的可持续发展，规定矿业权主体享有矿业权的时间和地域范围就成了实现这种控制的有效手段。（2）矿业权主体行使其矿业权受法律规定的限制。根据所有制性质的不同，国家对不同所有制性质的矿业权主体可以勘探和开采的矿种做出了明确的规定。（3）矿业权主体的责任受公共利益的限制。即要兼顾环境保护、耕地保持和矿区人员安置等诸多问题。

若矿业权主体的权利较弱，权利保护不力，就会造成矿区开采布局不合理，小矿布点过多，导致互相争抢资源、纠纷不断，还会导致严重的侵权与安全隐患问题。因此，要强化矿业权主体的权利保护。要做到这一点，须确保矿产资源的探矿权和采矿权拥有足够长的有效期，并能较容易的延续。根据世界银行（2009）的研究报告，世界主要矿业大国矿产资源采矿权的有效期一般为25年到50年，且可以多次更新并延续。而我国的采矿权有效期最长仅为30年，最短则不到10年，远远低于其他矿业大国。同时，小型矿山矿主对矿产资源的采矿权也弱于大型矿山矿主，小型矿山矿主的采矿权得不到应有的保护。Fabian等（2011）考察了发展中国家的小型采矿企业，发现这些采矿企业均不同程度的带来了一些环境和社会问题，而产生这些问题的根源就在于小型采矿企业的采矿权得不到有效保护。矿业权主体的权利得不到足够的保护，会造成矿业权主体的短视行为，即在探矿或采矿许可证有效期内以最低成本尽快勘探和开采完矿区内的资源，以获取最大利益。

二、矿业权的财产权属性

我国学者在对矿业权的财产权属性进行探讨时，多是把探矿权和采矿权捆在一起讨论。归纳来说，基本上出现过矿业权属于债权、准物权、用益物权的观点。随着学界对矿业权认识的进一步深入，逐渐倾向于矿业权属于用益物权。2007 年 6 月，我国通过的《中华人民共和国物权法》第三编“用益物权”，第一百二十三条明确规定“依法取得的探矿权、采矿权……受法律保护。”至此，探矿权和采矿权在国家法律层面上正式确定为用益物权。

虽然众多学者以及国家法律都将矿业权纳入了用益物权的范畴，但仍有一些学者分别讨论了探矿权和采矿权的财产权属性问题。用益物权的重要特征是用益物权人仅享有占有、使用、收益的权利，而不能对物进行处分，用益物权消灭后标的物以原状返回到所有权人。对于这一点，探矿权可以实现，并且探矿过程基本不会消耗矿产资源，所以将探矿权定为用益物权存在一定合理性。钱玉好和李伟（2004）认为由于矿产勘查一般分为普查、详查、勘探三个阶段，这三个阶段都是研究性工作，是寻找、发现矿产资源储量信息的过程，而由此形成的勘查报告是对信息进行加工处理的结果，是一种创造性的智力劳动成果。因此，探矿权可以说是一种知识产权。对于采矿权，钱玉好和李伟（2004）认为其属于限定物权，但不应定为用益物权。朱晓勤和温浩鹏（2010）认为采矿权包括矿产资源开采权和矿产品的所有权，不应定为用益物权，而是债权与所有权的组合体。

综上所述，国家法律法规对矿业权的主体做出了较为明确的规定，学界的分歧也较少。但是，我国学界对探矿权和采矿权属性的认识尚存在较大分歧。国内学者大多把探矿权和采矿权属性放在矿业权这一概念框架下探讨，但探矿权和采矿权是性质迥异的两类权利，将它们作为一个整体即矿业权来分析判断其属性是不科学的。因此，应当跳出矿业权概念的局限，以探矿权和采矿权为核心分析其财产权属性问题。

第四节　采矿权的结构与采矿权交易

一、逐步形成多层次的采矿权产权体系

我国的《矿产资源法》从未对矿业权的物权属性进行过界定和说明，而采

矿权负外部性内部化的主要途径是清晰地界定产权。矿产资源配置效率低下，主要是矿产资源在市场外交易而产生的经济外部性。采矿权负外部性主要是采矿权人不为损害别人付出代价，在经济的外部性领域里，采矿权负外部性的程度和范围惊人。

清晰地界定采矿权的产权。首先研究初始的财产权的明确界定。然后，要研究通过对产权界定后内化外部性效果的考核而创新界定内容和方式，并以公共政策或法律的形式固定下来以逐步形成合理的产权制度。产权不是指人与物的关系，而是指物的存在及关于它们的使用所引起的人们之间相互认可的行为关系。它是一系列用来确定每个人相对于稀缺资源使用时的地位的经济和社会关系。产权界定就是要在各种稀缺资源上设定产权，使之由特定的主体支配和承担，并且明确规定权利的内容及效力。在稀缺的矿产资源上设定产权以内化其负外部性，不仅要完成产权的初始界定，还要认同采矿权产权安排以及影响外部性内部化的重要性，其基础性工作是全面弄清被界定对象的采矿权结构状况。

在国家所有的前提下，我国是通过诸如类似于承包制等制度安排方式将矿产资源的使用权（探矿权和采矿权）转让给各种类型的企业。但这种制度安排难以激励企业进行资源保护方面的投资，也不能使企业内部化跨代的外部性，继而造成矿产资源的掠夺式开采，难以实现可持续发展。因此，要在矿产资源公有产权的实现形式上大胆创新，建立结构合理、多层次的产权体系，探讨将矿产资源的使有权完全转让给企业的可行性以及具体的执行办法，并且需要解决通过何种措施（比如如何征收权利金）来体现国家对矿产资源所有权的经济价值。

二、采矿权及其价值实现过程

采矿权及其价值实现过程由三个块状结构组成：净采矿权、采矿权为主的矿山企业与采矿权各环节的交易。一是对净采矿权的客体界定：特定而可分的矿产；二是对矿山企业以采矿权为主的财产权利束的界定；三是对发生在众多环节的采矿权交易的权利属性的研究。采矿权交易根据其交易的权利属性可分为四种类型。第一，采矿权的初始取得。研究国有矿产资源转化为私人矿产资源资产，实现矿产资源国家主体唯一性以及客体完整性的分解过程。第二，私人采矿权的流转。初始采矿权持有人根据其条件不能进入开采，或者开采达不到利用最大化时，便向最有能力开采的人转移。第三，以采矿权为主的矿山企业流转。这不是净采矿权的流转，而是所有财产权的流转和负外部性制造者的变更，包括买卖、承包、租赁等自物权或他物权的重新安排。第四，价值最终实现的矿产品转让。从矿产资源到矿产直至矿产品进入生产组织的各个环节都是采矿权的交易体现。

采矿权属自物权的产权安排对物权立法及其自然资源的开发是一个重大调整，是遏制乱挖滥采、内化采矿权人耗竭他人矿产资源外部性的关键。第一，是采矿权价格与价值相吻合的关键。支配交易的真正基础是物品或资源所有者对它所拥有的权利状态，价格是对于这一物品上权利的衡量。它只有能向交易当事人表达正确的激励信息时，才能有效地引导资源的配置。第二，是效用最大化的关键。明确采矿权属采矿权人对矿产具有所有权的私人产权安排，改变权利分配带来不同的激励和约束机制，保障采矿权的稳定性、排他性和对抗性效力充分发挥。采矿人可以通过持有、转让、股份合作等选择最有效用的方式自主地处置采矿权。

小　结

矿产资源产权的界定是一个复杂问题，也是我国矿产资源产权制度改革的关键问题之一。综合众多学者的研究，可以得出以下几点结论：（1）矿产资源产权是一组权利束，包括所有权和由所有权派生的矿业权，矿业权是探矿权和采矿权的统称。（2）矿产资源属于国家所有，其国家所有权是非常明确的。（3）矿业权可以出让给国有矿山企业、集体矿山企业和个人等矿业权主体，矿业权主体依法拥有勘探、开采矿产资源的权利。

但是，仍存在以下重点与难点问题需要我们继续深入研究：

第一，如何清晰、完整的界定矿产资源产权。由于产权界定不清晰，权利主体的各项权利得不到充分的保护，由矿产资源带来的收益有相当一部分落入到“公共领域”，一方面造成当前收益分配不合理；另一方面为资源所有者和矿业权主体提供了寻租的空间。因此，如何合理界定矿产资源产权，并保护权利主体的各项权利，是未来矿产资源产权研究的核心问题之一。

第二，矿产资源产权界定过程中的分权问题。我国中央政府和地方各级政府是矿产资源勘探和开采活动的监督和管理主体，国有企业更是直接参与矿产资源的勘探和开采，这些主体的行为特征在矿产资源产权制度改革过程中具有特殊而重要的作用，不能忽略这些主体的行为产生的影响。同时，储藏有矿产资源的土地所有权的界定不清晰也导致不同权利主体的利益冲突。中央和地方的分权问题将是未来矿产资源产权研究的一个重点与难点。

第三，探矿权和采矿权财产权属性的界定。虽然学界主流对矿业权的财产权属性问题的研究较多，但是，这种将探矿权和采矿权合为矿业权探讨其财产权属性的思路缺乏对探矿权、采矿权理论上的科学性和实践中的有效性的反思。因此，应当跳出矿业权概念的局限，分别分析探矿权和采矿权的财产权属性。

第四，如何完善矿产资源法律体系。西方发达国家矿业立法的发展历程表明，完善的矿业法律体系是矿产资源勘探与开采业良性发展、促进经济增长的有效保证。因此，应该结合矿产资源开发利用的现实情况，整合学界对矿产资源产权的认识，努力为矿产资源法的新一轮修正及相关配套法律法规的完善提供理论支持。

第四章

矿产资源开发中环境产权的配置

从国家层面应确定基本的“由谁补偿”的原则，也就是确定应该将环境产权分配给谁的问题。我国基本是按照“谁破坏，谁补偿”的原则来处理相关的问题，但是一直没有清晰的产权界定做基础，缺乏具体的执行办法，造成各地方政府在执行生态补偿征税（或费）时甚至与相关的法律法规抵触的现象。环境为全民所有、全民使用，任何政府、企业、个人都享有使用环境的权利，同时也负有爱护环境、保护环境、建设环境的责任。为利用经济和法律杠杆保护和发展环境，应按照“环境有价”的理念，建立现代环境产权制度，特别是产权界定和交易制度，来规范、约束不同利益主体的环境行为。关键是要确立相应的环境产权利益补偿机制，包括环境外部经济的贡献者和受益者之间直接的“横向利益补偿机制”，以及以国家为主体的间接“纵向利益补偿机制”。

当前，在我国矿产资源开采过程中，面临的最突出问题依然是资源开采地的生态环境持续恶化的态势没有得到有效遏制。在中国的经济增长对矿产资源存在刚性依赖的情况下，针对矿资源开采环节尽快建立生态补偿机制，已经成为理论和实践中迫切需要解决的重大社会问题。早在 1988 年先后实施的《中华人民共和国水法》以及《土地复垦规定》在某种意义上就已经具有生态补偿的性质。1997 年实施的《中华人民共和国矿产资源法实施细则》对矿山开发中的水土保持、土地复垦和环境保护又进一步作了具体规定，政府开始从制度层面考虑矿产资源开发的环境保护问题。2011 年 2 月国家又出台了《土地复垦条例》，对矿区土地复垦原则与方案作了具体规定。

同时，在全国性环保制度的基础上，一些资源富集地区针对当地矿资源开采中的环境保护和生态恢复也进行了积极的探索。如陕西省榆林市神木县于1997年制定实施的《神木县采煤塌陷损害补偿暂行办法》，陕西省2009年出台实施的《陕西煤炭石油天然气资源开采水土流失补偿费征收管理办法》，2003年实施的《安徽省矿山环境保护管理办法》，2006年4月19日，山西省开展煤炭工业可持续发展政策措施试点，表明我国正式开始探索建立煤炭矿区生态补偿机制，2007年山西省陆续出台了《煤炭可持续发展基金征收管理办法》、《矿山环境恢复治理保证金提取使用管理办法（试行）》、《煤矿转产发展基金提取使用管理办法（试行）》等。据不完全统计，与矿山环境治理修复相关的法律法规（全国与地方性的合计）就有70余部（件）。尽管各级政府如此重视，但私采滥挖、无序开采，破坏生态环境的现象依然普遍存在。边治理、边破坏，再加上沉重的环境历史欠账，致使原本就极其脆弱的矿区生态环境持续恶化，有演变为生态危机的风险。我们认为，造成这一现象的直接原因是矿产资源开发的产权主体、利益主体和生态补偿责任主体三者脱节，而根源在于生态环境方面的制度安排缺位，最根本的制度就是环境质量的产权制度。

第一，“谁破坏，谁恢复”的矿区生态补偿原则因没有清晰的环境质量产权界定而流于形式。现有矿区生态补偿形成了以矿业企业、中央政府、地方政府等多头参与的补偿体系。但实际上，与生态补偿有关的税费均为地方税种，其对以中央企业为主体的采矿权人约束力较弱而难以落实。在地方政府自有资金不足的情况下，作为监管者和所有者的中央政府事实上代替破坏者履行生态修复治理责任。结果导致补偿资金不足、补偿主体错位，无人真正为矿区生态环境损害负责。

第二，现行的与矿资源开发生态补偿相关的税费制度主要有生态补偿费、矿山环境治理保证金和土地复垦制度，但由于环境质量产权缺位，造成相关的税费制度缺乏严格的法律依据，征收标准不明且不统一，许多地方的生态补偿费由于依据不足而被取消。

第三，环境质量产权缺位影响了被西方发达国家普遍采用的专门的环境损害赔偿责任制度的立法，从而对事后的环境侵权行为缺乏相应的约束机制。另外，环境产权缺位使得采矿权人无激励机制从源头上对环境进行事前保护和绿色开采。因此，难以从根本上改变被动补偿和无人为矿区环境损害负责的困局。

第四，环境质量产权缺位，环境污染的外部成本不计入企业的生产成本，采矿权人的私人成本与社会成本背离，导致掠夺式开采、盗挖滥采以及吃菜心式开采屡禁不止，使中国经济的可持续发展面临着资源耗竭和环境恶化的双重约束。

构建适合中国国情和发展阶段的环境质量产权制度，对于彻底改变现实中无人为矿区生态损害负责的乱象，使“谁破坏，谁恢复”的补偿原则落到实处，对于充分发挥产权的激励功能和约束功能，变被动补偿为主动补偿，变末端治理为全过程污染控制具有重要的理论意义和现实意义。遗憾的是，当前的理论界特别关注了矿产资源本身的产权制度安排，忽略了对环境质量产权的研究。少数学者如国家发改委宏观经济研究院的常修泽（2007，2008，2011）认识到建立完整的环境质量产权制度对于从根本上解决环境问题的至关重要性，但对于环境产权的概念、属性、界定方式与产权实现方式等基础研究尚未涉及。

本章分析环境质量的公共属性，在此基础上分析环境质量的概念以及初始产权的界定，以及矿资源开发中环境质量产权的实现方式和途径。本章其余部分安排如下：第二部分是有关环境质量产权的文献综述，第三部分讨论环境质量的公共属性及环境质量产权的概念，第四部分是矿产资源开发中环境质量产权的界定与实现方式，本章的最后是全文的简单总结。

第一节　矿产资源开发中环境质量产权的属性与界定

一、环境质量产权相关文献综述

（一）环境权与环境产权

在环境质量资源领域，目前的环境法中只有环境权，没有环境产权。1960年，原西德的一位医生率先提出了环境权概念。在随后更广泛讨论的基础上形成了环境权是人权的基本组成部分的观点，认为“公民享有在良好的环境中生活的权利”。环境权仅指出了人类对环境质量资源享有的基本权利，但却没有考虑应通过什么样的途径实现这一权利。环境问题产生于理性人对环境质量资源这一公共物品的过度使用，“本质在于它们涉及了外在性和公共财货”（帕尔格雷夫经济学大辞典，1996）。而解决这一“组合”问题的有效途径就是对环境质量这一公共物品进行产权界定，使外部性内部化。需要在环境权的基础上进一步研究环境产权的制度安排。

产权源于稀缺性，产权是一个历史范畴，产权制度和产权形式处于不断演进和完善的过程中。在工业化以前，人类的经济活动规模较小，所排放的废弃物远低于环境容量和环境净化能力所允许的范围。因此，经济学家将相对于人类需求几乎无限丰富的环境资源（环境容量、环境承载力、生态系统的产出和服务功能）看成是取之不尽、用之不竭的免费取用物品，因此无需对环境资源的使用做出限制和选择，从而将其排除在经济研究的视野之外。但工业革命以来，社会生产规模急剧扩大，人口数量迅速增加，经济密度不断提高，在一些国家和地区，废弃物的排放已经接近、甚至超过环境容量和净化能力所许可的限度，出现了全球性的资源耗竭和严重的环境污染和破坏问题。环境资源相对于大规模的经济活动正日益表现出稀缺性，从而需要对环境资源的不同用途做出限制和选择，需要构建能表达环境质量资源稀缺性的新的产权表现形式。在经济学意义上，产权被定义为一组稀缺资源和物品使用权的规则（弗鲁博特恩和佩乔维克，1972），而环境产权则详细表明了所有的人必须遵守的与“环境质量”这一客体相对应的行为准则，明确规定人们可以做什么与不可以做什么（配杰威齐，1998）。

另外，人为的环境污染又进一步加剧了经济社会与自然环境之间的矛盾。环境污染是典型的外部性问题。科斯认为，外部性的原因不在于一方或另一方，而在于双方以不一致的方式使用相同的稀缺资源的愿望（Demsetz，1998）。外部性的解决并不需要政府的干预，而是要通过产权重新分配得到解决。在交易费用为零的条件下，只要清晰地界定产权，那么双方可以通过自愿谈判与交易来自动地达到帕累托最优。这就是科斯定理。从产权的角度看，环境污染产生的根源是环境资源的产权没有得到明确的界定，或者虽然有明确规定但无法有效实施，出现对环境资源的自由进入和过度使用。因此，一个社会可以通过建立合理的环境产权制度来从根本上解决环境问题。

但是，目前对于环境产权尚没有权威的定义。Farber（2010）认为环境产权（Environmental Property Rights，EPRs）是阻止环境质量下降，或者是限制损害环境的权利。该定义仅仅明确了环境产权的目标。王雅俊、王书斌（2011）等认为，生态资源环境产权表现为每个社会成员（当代和后代）对生态资源环境的所有和使用权。这一定义中认为环境质量资源为公共物品的观点值得商榷，如像土地等就不一定是完全的公共物品。另外这一定义还忽视了环境产权权能分离的可能性。余元州（1999）、姚从容（2004）、曾文慧（2005）等认为环境产权是对环境财富或环境产品的所有权、占有权、支配权、使用权和（或）享用权等。这一概念将环境产权类似于财产权，是一系列权利束的集合，但没有指出如何实现这些罗列的权利。

从特征上看，环境质量资源有四个特征（王雅俊、王书斌，2011）：（1）非排他性，向每个使用者开放，允许其自由进入，平等分享；（2）代际共享性，当代人在使用资源时必须考虑后代人的生存基础和福利，实现环境质量资源代际公平分配；（3）全域环境产权与局域环境产权，环境质量资源的产权具有一定的地理融合性，能够跨越地域，形成全域的环境产权。另外，由于经济活动（污染源）总是位于一定的地理范围内，因此，环境问题又有明显的空间尺度范围，存在着局域性的环境产权；（4）可分割性，环境质量资源产权可以在一定条件下分割，即所有权与使用权、处置权的分离，使用权与收益权等权能的进一步分解。产权的可分割性为使用市场化手段解决环境问题提供了前提条件。

（二）环境产权的理论基础是环境资源的稀缺性与科斯定理

人们很早就意识到，财产权利的属性、范围以及配置显著的影响资源的有效利用。早在14世纪，古希腊哲学家亚里士多德就睿智地指出，更多人分享的公共品，得到的关心最少。但直到20世纪，有关产权和资源耗竭之间关系才得到了经济学们的普遍而持久的关注。Warming（1911）、Gordon（1954）、Scott（1955）等学者研究了在产权缺失情况下自由进入渔场的拥挤问题。Hardin（1968）则对公共品使用上的扭曲做了更正式的分析，并提出了“公地悲剧”的命题。Hardin指出，在一个信奉公地自由的社会里，每一个追逐个人利益最大化的行为最终会使全体走向毁灭，“公地自由毁掉一切”，人们“被锁定在毁灭自己家园的路径上（Fouling Our Own Nest）”。

Hardin关于“公地悲剧”的理论为研究环境质量资源的产权问题提供了一个有用的分析框架。根据“公地悲剧”理论，环境污染源于产权缺失，非排他性的自由进入的制度安排提供了对稀缺的环境质量过度使用的激励。避免“悲剧”发生的根本途径是对“自由进入”做出某种限制。为此，Hardin提出了两种解决方案，一是将公地的产权界定为私有，二是继续将公地作为公共资源，但需要通过政府对进入公地的权利进行分配。本质上，Hardin的解决方案均涉及了对公共品产权的重新界定，即变公地的自由进入（无产权）为私有、集体或政府（共有）产权（Cole，1999），是以产权为基础（Property-based）的环境保护措施（曾文慧，2005）。

如果解决环境污染问题的根本出路在于重新界定环境质量的产权，那么应该如何界定环境质量的初始产权？当前在理论界主要有三种观点。一种观点认为环境质量在消费上具有非排他性和非竞争性特征，是典型的“纯公共品（Pure Public goods）”（Stavins，2011）。因此，主张将环境质量界定为共有产权配置给全体居民，并委托政府代为行使环境质量产权。如Pigou（1920）提出了通过政府对制造污染的企业征收“庇古税”的方法解决环境外部性问题就隐含的将环境质量的初始产权配置给全体居民。经济合作与发展组织（OECD）于20世纪70年代提出的“污染者付费”原则则是庇古思想的延续。事实上，为了应对全球性以及区域性的环境危机，世界上大多数国家都对污染环境行为进行某种程度上的管制，其背后隐含着环境质量是共有产权的主张（Cole，1999）。

Coase（1960）则反对庇古关于解决环境损害问题的传统。他认为，外部性的原因不在于一方或另一方，而在于双方以不一致的方式使用相同的稀缺资源的愿望（Demsetz，1998），特别是，外部性问题具有“相对性”。据此，他提出在交易费用为零的条件下，只要产权界定清晰，那么双方可以通过自愿谈判与交易来自动达到帕累托最优。而在有正的交易费用时，产权初始界定影响最终的资源配置效率。科斯对环境产权的配置是以帕累托效率作为标准。这意味着，只要资源使用能实现最高的产出，那么，可以将污染的权利配置给企业，也可以将享受清洁空气的权利配置给居民。在这个意义上，除了环境质量的共有产权外，私人产权也成为界定环境质量归属的一种可能选择。

实践中，Dales（1968）首次将科斯的产权思想引入到环境领域，认为污染实际上是政府赋予排污企业的一种私有产权，这种产权可以通过市场转让的方式来提高环境资源的使用效率。目前，已有美国、欧盟、加拿大、澳大利亚、新西兰、日本等众多发达国家采用排污权交易制度作为环境保护的主要手段（Stavins，2011）。1997 年 12 月，在《联合国应对气候变化框架公约》基础上通过的《京都议定书》催生了国际上碳交易市场的发展，已成为国际社会应对全球气候变暖的主要手段（Aldy，2011）。

在科斯理论的基础上，自由市场环境保护主义者（Free Market Environmentalism）则走得更远。他们不否认环境问题源于负外部性所导致的市场失灵，但对传统福利经济学有关市场失灵的根源以及政府干预的合理性提出了挑战。根据自由市场主义者的观点，市场失灵的原因在于环境质量产权没有得到完全的界定，而完全界定的产权可以消除负外部性，从而避免市场失灵（Anderson 和 Leal，2001）。因此，唯一正确而有效地应对环境危机的途径就是将环境质量产权配置给私人所有（包括个人所有和集体所有）（Anderson 和 Leal，1991）。他们认为，共有产权在处理环境污染问题上是缺乏效率的，政府跟私人拥有者一样，有着最大化其自身利益的动机。但与私人产权相比，政府（共有）产权不需要承担因决策失误而带来的损失。同时，政府行为往往出于政治上的考量，在面对选举周期时，政府更倾向于对资源的使用提供补贴，以获取更多的财政收入和更好的政治影响，而对资源浪费和环境质量的下降则漠不关心。从这个意义上讲，政府自身已经成为环境问题的原因（Baden 和 Stroup，1990），政府管制“公地悲剧”的历史演化成为“政治公地悲剧（Tragedy of the Political Commons）”的历史（Borcherding，1990）。而完全的私有产权则意味着私人所有者在利润最大化条件下进行环境决策，并对市场条件的变化做出及时充分的反应。私有产权的激励结构更适合于资源与环境的管理，而且市场价格能够促使私人所有者采取更长远的眼光（Stroup 和 Goodman，1992）。自由市场环境主义者坚信，私人产权能够消除环境负外部性和市场失灵。因此，政府管制既无必要，也不合理。

上述文献表明，人们对通过界定产权从而根本上解决环境问题已达成了普遍共识，但争议的焦点在于将环境质量的初始产权界定给谁？对自由市场环境保护主义的批评主要来自于四个方面。一是部分公共品如土地、森林、国家公园等排他性的技术可行，容易分割并配置给私人拥有。但另外一些公共品如清洁的空气，排他性技术本身不可行，或者即便排他性技术可行，但排他的成本较高，以至于超过了设置排他性产权所带来的收益，则不能转换为私人物品；二是自由市场环境保护主义者片面地强调了环境质量产权私有化带来的效率改进，忽略了因产权界定而产生的交易费用；三是自由市场环境保护主义者强调借助普通法保护环境质量产权，从而有效治理环境问题。但批评家指出，没有理由认为同为官僚机构的司法机关比政府能做得更好；四是（也可能是最关键的一点）自由市场环境主义者的政策主张缺乏可操作性，以至于批评家称之为制度上的“幻境”（Institutional Fantasyland）（Menell，1992）。美国里根政府在 20 世纪 80 年代对公有土地实行的私有化改革，最终在利益集团的压力下和反自由主义者的批评声中无疾而终。

正如 Cole（1999）所指出的，一个好的有关环境质量的产权制度应该考虑各种所有可能的产权界定方式以及政府管制的解决方案。要认识到，任何一种单一的产权制度都不可能对所有情境下、所有的环境产品发挥作用。而且，完全的私有产权、政府产权以及集体产权也仅仅是一个概念，其内涵具有很大的灵活性（Demsetz，1988）。因此，重要的且有意义的是界定在特定的产权制度规范下，人们可以做什么（权利界定）？相应的责任又是什么（责任界定）？权利和责任的组合会因环境产品属性的不同而不同，即便是同一种环境产品，不同的产权制度安排也会产生不同的权利责任组合。

实践中，当今许多发达国家对环境质量采取的是混合产权制度的安排，对于那些政府监管成本较高，而排他性成本较低的环境产品赋予私有产权或集体产权，而对那些排他成本较高，政府监管成本较低的环境产品赋予共有产权。

二、环境质量产权的概念与特征

现代产权理论体系中，虽然各国针对土地、森林等少数环境产品设计了不同的产权制度，但并没有明确提出一个统一的环境质量产权概念（常修泽，2011）。在实践中，美国、德国、澳大利亚、英国等发达国家已经使用排污权交易制度应对碳排放和空气污染问题，排污权交易在界定环境质量产权方面迈出了实质性的一步。当前亟须总结实践中的经验和做法，结合中国的实际从理论上阐释环境质量产权的概念、属性及特征。

（一）环境质量产权的概念

定义环境质量产权的概念首先需要明确的是环境质量的内涵。日本学者宫本宪一（2004）将“环境”与“资源”作了区分，认为“资源”能够在经济活动的内部作为经济财富被利用，而环境主要以大气、河川、湖泊、绿地、景观为中心，虽是人类活动的基本条件，但不是直接的经济财富。霍斯特·西伯特（2001）将环境理解为限定人类生活空间的所有自然条件，并将“环境”划分为自然资源和公共环境物品两类。《中国人民环境保护法》中对“环境”的定义为：“影响人类生存和发展的各种天然的和经过人工改造的自然因素的总体”，显然，法律上的这一界定更加宽泛，既包括了自然条件，又包括了人工改造的自然。从上述三种有代表性的定义中不难看出，对“环境”内涵的界定并不一致，差异集中地体现在是否包括经济形态的“自然资源”。由于矿藏、土地等经济形态“自然资源”与大气、河川等公共环境物品在产权的界定以及实现方式上有很大差别，基于本文的研究目的，我们将“环境质量”界定为公共环境物品，而不包括本身就是经济财富的矿藏、土地等环境产品。

环境质量产权的界定依赖于对产权的清晰认识。产权（Property Rights）是当今学界界定使用最广泛、争议也最激烈的范畴之一。现代产权学派的奠基者Coase（1960）认为，“产权安排确定了每个人相对于物时的行为规范，每个人都必须遵守与他人之间的相互关系，或承担不遵守这种关系的成本”。对此，Furubotn和Pejovlch（1972）进一步解释到：产权不是指人与物之间的关系，而是指由物的存在及关于它们的使用所引起的人们之间相互认可的行为关系，产权制度就是一系列用来确定每个人相对于稀缺资源使用时的地位、经济和社会关系。Alchlian（1994）把产权看作是人们在稀缺资源条件下使用资源的权利与规则。他指出，产权是一个社会所强制实施的选择经济品的使用的权利。Demsetz（1967）则从社会整体出发考察产权关系，把个人产权跟外部性效应联结起来，指出产权是一种社会工具，可以界定人们如何受益及如何受损，帮助人们形成与其他人交易时的合理预期。North（1994）认为，产权是人口增长压力引起的一种制度安排，本质上是一种排他性的权利。Sunderlin（2008）则从产权主客体的视角界定产权，认为产权是一定条件下，谁拥有和控制何种资源并决定其利用方式的权利。

西方学者虽然对于产权的定义各有侧重，但一般都认同产权是寄托于物上，但又体现了超越于物之外的人与人之间的社会关系。产权的功能在于它能够确定人们和经济组织在遵循行为规范的前提下运营财产，形成所有者以及利益相关者对财产未来收益和受损的合理预期，明确市场经济活动中不同主体的权利和义务关系，以及在社会财产流转过程中谁应该给谁以补偿。

透过西方学者对产权的阐释，基于本文所界定的“环境质量”的内涵，我们认为，“环境质量产权”就是人们在利用稀缺的环境质量资源时应遵守的权利和规则，这一权利和规则可以使自己受益或受损。更具体的，凡是提高环境质量的有利的行为，应该获得来自于环境质量产权主体的支付，而对那些破坏环境质量的不利行为应该支付相应的赔偿。通过环境质量产权的界定规范人与稀缺的、有价值的环境质量之间的社会和法律关系，明确市场经济活动中利益相关者之间围绕环境质量的权利、义务与行为规范，清晰界定受损者与受益者的范围，以及谁应该给谁以补偿，能够使人们对自己的行为负责，激励有利于环境质量的行为，约束对环境质量的拥挤使用。

（二）环境质量产权的性质与特征

1. 环境质量产权的主、客体

大气、水、动植物等环境资源是典型的公共品，消费时表现出非排他性、非竞争性和供给的不可分性，其所有权为全体公民所有，属于共有产权。这里需要说明的是，在经济学意义上环境物品可以分为两类，一类是纯公共环境物品，如清新的空气、多样性的动植物、适宜的生存环境等，这类物品在消费时具有非排他性、非竞争性和不可分割性，这些环境物品任何人都可以免费享用，并且增加一个人的享用不会影响其他人的效用。将这种纯公共环境物品界定为共有产权是世界各国的普遍做法，并不会引起争议。但还有一类带有区域性的环境物品，如牧场、池塘等是由区域内的特定人群消费的，区域外的公民事实上被排除在此类环境物品的消费之外，具有部分排他性，Starrett（2003）将这类公共环境物品界定为集体产权。本文认为，区域性环境物品虽然由该区域内的特定人群消费，区域内的公民具有实际上的所有权，但这类环境物品的生态属性是一种公共资源，任何个人或者团体都无权单独占有，而且也无法单独占有。如水体对一定污染物质的降解能力，树木吸收二氧化碳的能力等。在生态属性上，环境质量物品是相互关联的整体，具有整体性，这类环境物品仍然属全体公民所有，全体公民享有环境质量的最终权威占有权（土地资源除外）。

在法律上，将环境质量的初始产权界定给全体公民符合《宪法》、《民法通则》、《中华人民共和国环境保护法》等法律法规所赋予公民的在良好的环境中生活的权利，体现了国家对公民环境权利的尊重和保护。

另外，环境质量如空气、河川等具有自我更新、自我恢复的功能，当外部冲击在生态环境自净能力之内时，环境质量在较长时期内具有稳定性。从这个意义上讲，环境质量的产权主体除了当代的社会成员外，还包括后代的社会成员、不同代际的社会成员共享环境质量资源。

环境质量产权的全民所有并不意味着每个公民要均等的行使所有权。在环境质量资源产权的界定和实施中，政府（包括地方政府）的地位特殊，其实际上扮演了双重角色。一方面，政府是公民环境质量产权的所有者代表，代表全体公众享有利用、分配环境质量资源的权利，实际上是就形成了关于环境质量产权的委托—代理关系。另一方面，政府作为行政管理者，通过制定法律、法规保证公民环境质量产权的实现，并最大限度地保证环境质量资源的公平分配。

与其他环境质量资源不同，土地这种环境质量资源在历史上已经进行过清晰的产权界定。我国现行的法律中对土地权也有明确界定，土地的所有权属于全民所有和集体所有（二元地权），因此，地权的产权主体包括全体公民和社区居民两类。

需要强调的是，对于作为废弃物容纳场所使用的环境资源产权一直没有界定。因此，市场不能履行配置功能，结果导致环境质量资源生产和消费结构的扭曲。而界定环境产权的最大障碍在于环境公共物品的不可分割性或其过高的分割成本。但在一定条件下（如排他性的技术可行），环境产权可以在进行某种程度上的分割。产权分割即包括了所有权、使用权、收益权、处置权的分离，而且还包括了使用权、收益权等的进一步分解。产权分割并清晰界定后，“环境质量”这一公共品就转换为私人物品，那么在客观上就存在私人拥有部分环境产权权能的可能性，从这个意义上说，在未来随着排他性技术的进步，拥有部分环境产权权能的私人也有可能成为环境产权的主体。

从产权的客体看，环境质量产权的客体就是公共环境物品，如大气、河川、草原等是人类用来与生存、生活和生产所必需的未凝结人类劳动的自然条件和资源。

2. 环境质量产权的特征

环境质量产权具有如下三个特征。第一个特征是环境质量产权具有可分割性。在环境质量所有权的基础上可以派生出使用权和处置权。环境质量产权的目的是保护生态环境，保护环境并非是消极的保存环境，而是建立在对环境基本生态规律认识的基础上的合理开发和利用。环境质量的自我修复和自我调整功能（吕忠梅，2000），使其可以作为“废弃物的容纳场所”被利用。另外，作为“废弃物的容纳场所”，在利用上又不能超过其承载力。因此，“环境纳污能力”本身就是一种稀缺资源。“环境质量的使用权”就是在环境质量所有权基础上派生出来的，是在环境承载力的约束条件下由环境质量的所有者分配给环境利用者的占有、使用环境容量资源，并借以取得收益的权利。进一步的，环境质量的使用权是用益物权，是他物权的一种。行使环境质量使用权的主体既可以是自然人，也可以是法人。法人在生产经营中要排放一定的废弃物，实际上是利用“环境的纳污能力”。环境使用权可以流转，从而为市场化手段解决环境问题提供了前提条件。

第二个特征是环境质量产权具有代际共享性。当代人在使用资源时必须考虑后代人的生存基础和福利，实现环境质量资源的代际公平分配。

第三个特征是存在全域环境产权与局域环境产权。环境质量资源的产权具有一定的地理融合性，能够跨越地域，形成全域的环境产权。另外，由于经济活动（污染源）总是位于一定的地理范围内。因此，环境问题又有明显的空间尺度范围，存在着局域性的环境产权（王雅俊、王书斌，2011）。

第二节　矿产资源开发中环境产权（使用权）的界定与配置

一、矿产资源有偿使用制度与环境质量使用权

矿产资源的有偿使用制度是以完整的资源产权与环境质量产权为基础的。2006 年国务院批复的财政部、国土资源部、国家发展和改革委《关于深化煤炭资源有偿使用制度改革试点的实施方案》中，资源有偿使用制度的核心包括两个方面：一是煤炭资源探矿权、采矿权有偿取得制度；二是建立煤矿矿山环境治理和生态恢复责任机制。这一试点方案的最大突破在于，除煤炭资源本身的有偿取得制度外，首次提出了矿山“环境质量”有偿使用的理念，彻底颠覆了环境无价的传统思想。

矿产资源作为由地质作用形成的天然富集物，本身就是自然环境的组成部分，对矿产资源的开发就是对自然环境的改变。同时，矿产资源开发开采还会对矿山及周边生态环境造成严重的负外部性。因此，矿产资源的有偿使用制度事实上涉及两种资源的产权，即矿产资源自身的产权以及与之相关的环境质量资源产权。对于资源产权，国家法律法规有明确的界定，但对于环境质量资源，我国尚没有从法律层面进行界定。

由于长期以来，我国环境质量产权制度缺位，环境质量资源作为公共品被无偿使用和过度使用，导致开采区生态环境持续恶化，因矿资源开发而导致的大量

耕地、建设用地和自然地貌景观遭到破坏，频繁发生的地质灾害以及重大生态环境责任事故，已经成为危及社会稳定和经济可持续发展的重大经济社会问题。亟须实现将环境质量资源由无价到有价、从无偿使用到有偿使用的转变。这一转变既是矿产资源有偿使用制度的内在要求，同时也是可持续发展思想的本质体现。

实现环境质量资源从无价到有价转变的关键是要界定矿产资源开发环节的环境质量产权。如果没有环境质量产权的制度基础，资源的有偿使用就不可能真正实现。

产权由一组权利束构成。环境质量产权是以所有权为中心的一组权利束，包括使用权、收益权和处置权。我国《宪法》、《中华人民共和国环境保护法》、《矿产资源法》等法律法规明确将环境质量的所有权界定为全体公民所有，但缺失对环境质量使用权的明确界定。而使用权是环境质量产权束的核心。环境质量的使用权就是对稀缺的环境容量资源的配置。本质上，环境质量使用权的界定既是全体公民所有权的实现方式，又是对环境质量这一稀缺资源价值的确认和保护，是将矿产资源开采环节中的环境外部性内部化，实现矿产资源有偿使用的两个基本点之一。在我国基本法律法规下探讨环境质量使用权界定的理论基础，以及矿产资源开采这一复杂情形中环境质量使用权的界定，对于建立和完善矿区生态补偿机制，彻底改变现实中无人为矿区生态损害负责的乱象；对于真正落实环境质量资源的有偿使用制度和“谁破坏、谁恢复”的生态补偿原则，以及充分发挥产权的激励功能和约束功能，变被动补偿为主动补偿，变末端治理为全过程污染控制；对于形成科学的矿产资源定价机制以及我国发展方式的转型具有重要的理论价值和现实指导意义。

当前的理论界特别关注了矿产资源自身的产权制度安排，忽略了对环境质量产权的研究。少数学者虽然认识到建立完整的环境质量产权制度对于从根本上解决矿山环境问题至关重要，但对于在国家基本法律规定的环境质量为全民所有条件下环境质量使用权的概念、理论基础以及实现方式等基础研究尚未涉及。

二、环境质量使用权界定的理论基础

界定环境质量使用权首先需要明确环境质量的内涵。日本学者宫本宪一将“环境”与“资源”做了区分，认为“资源”能够在经济活动的内部作为经济财富被利用，而“环境”主要以大气、河川、湖泊、绿地、景观为中心，虽是人类活动的基本条件，但不是直接的经济财富。霍斯特·西伯特将环境理解为限定人类生活空间的所有自然条件，并将“环境”划分为自然资源和公共环境物品两类。《中国人民环境保护法》中对“环境”的定义为：“影响人类生存和发展的各种天然的和经过人工改造的自然因素的总体”。在这三种有代表性的定义中不难看出，对“环境”内涵的界定并不一致，差异集中体现在是否包括经济形态的“自然资源”。由于地下矿藏等经济形态“自然资源”与大气、河川、山地等环境物品在产权的界定以及实现方式上有很大差别，基于本文的研究目的，我们将“环境质量”界定为不包括本身就是经济财富的地下矿藏以及使用权被明确界定的土地以外的所有的环境物品。

（一）环境质量使用权的概念

环境质量资源是人类赖以生存和发展必不可少的条件。在生态学意义上，环境质量具有整体性与稳定性的特征。第一，环境质量资源具有整体性。空气、阳光、水、动植物等都是生物圈不可缺少的组成部分，其中任何一个成分的变化都会影响到其他成分甚至环境质量整体的变化。因此，环境质量作为一个整体，任何人都不能独占，也不能进行排他性消费。第二，当人类对生态环境的使用强度被控制在一定范围之内时，环境质量资源具有稳定性。一方面，环境质量具有自净能力，当污染发生时，在一些自然过程和生物的作用下，环境质量可以逐步恢复到原来的状态。环境质量的这一特殊功能使得其可以作为废弃物的容纳场所使用。但环境质量的自净能力有一定的容量，当污染物数量超过了环境纳污容量时，生态系统的稳定性就被破坏。另一方面，根据环境地质学，地质环境容量表明地质结构、地形地貌等地质环境也具有相对的稳定性。但当人类生产活动带来的地质环境的影响超过其容量时，就会带来地质环境破坏（包括地质破坏与生态破坏），造成环境质量的下降。本文将环境纳污容量以及地质环境容量统称为环境容量。

在经济学意义上，环境容量有一定的阀值，当对环境质量的损害超过之一阀值时就会带来环境质量的恶化。因此，环境容量是一种稀缺资源。而稀缺就意味着竞争性使用，客观上就产生了优化配置和有效利用环境容量的要求，这就是环境质量的使用权。本质上，环境质量的使用权就是对环境容量资源的配置。

长期以来，环境容量被作为公共资源无偿使用，导致过度使用和有利于高污染部门的结构扭曲，从而带来环境质量的下降。要有效配置和利用环境容量资源，必须收取一个稀缺物品的价格。其中对于环境纳污能力，引入价格并重新界定使用权的方式主要是环境税和排污权制度，这也是当前界定环境质量使用权普遍适用的制度安排。在某些特定的生产活动中还会产生地质环境破坏，地质环境容量使用权通常采用土地复垦制度界定。这里主要分析具有普适意义的以环境税与排污权制度界定环境质量使用权的理论基础。

（二）庇古（环境）税

环境税最早由庇古（Pigou）提出。Pigou 认为，在经济活动中，当企业给其他企业或整个社会造成不需付出代价的损失时就产生了外部不经济。单纯依靠市场力量不能解决外部性（即市场失灵），必须借助于政府干预。政府应采取的政策是，对边际私人净产值与边际社会净产值之间的差额进行征税或者补贴，实现外部效应的内部化，这种政策建议被称为“庇古税”。在本质上，庇古税就是使用环境纳污能力所支付的价格。

在庇古税制度下，环境质量所有权的主体被界定为全体公民，同时，污染者有使用环境质量纳污能力资源的权利，也即环境质量的使用权归污染者，当污染者行使使用权而对生态环境造成了负外部性时，按照外部性内部化的要求，污染者必须对生态环境的损害以及因此而造成的对其他个人的损失进行价值补偿。由于污染者补偿的对象为环境质量。因此，由作为全体公民环境质量所有权代表的政府与污染者进行谈判，征收与生态环境损害相一致的补偿额。在这个意义上，环境税就是使用环境质量纳污能力这一稀缺资源的价格。由于环境税是对损害的生态环境的补偿。因此，环境税应专门用于环境质量的修复和治理上。

1. 庇古税的适用条件

在理想环境中，对外部性行为征收庇古税的最佳税率等于外部性被校正后社会最优产出点上的边际净损失，此时，庇古税将产生帕累托最优的资源配置结果。但这一结论有其适用条件。首先是完全竞争的市场结构，在这一假设下，消费者追求效用最大化，而厂商的目标是利润最大化。同时在市场上存在大量外部效应的制造者以及大量的外部效应的消费者，他们只能接受既定的价格和税率而不能施加影响。个体的理性选择将维持一种帕累托最优的竞争性均衡。已有研究表明，适合于完美市场的排污税率并不能促使次优市场下的垄断者实现帕累托最优。庇古税在纠正了外部性行为的同时，使得垄断者原本就过低的产出进一步降低，社会计划者面临着外部性带来的福利损失与过低产出水平导致的福利损失之间的权衡取舍，而对垄断厂商施加庇古税的最终净效应可能导致社会福利总水平的降低。

其次，实践上庇古税的执行需要较完备的信息。一是有关污染排放量的信息，该污染排放量必须是可测量的，且测量成本是适当的；二是消费者的效用函数信息；三是有关资源帕累托最优配置下的私人边际成本与社会边际成本的信息；四是由于不同的污染源对环境质量的损害不同，帕累托最优要求庇古税要个别地适应每一个污染源，对每个外部效应制造者的污染排放征收的单位税必须与该污染者造成的边际社会净损失相对应。但不同的污染源产生的边际损害是不同的，这样，社会计划者就需要为千千万万的污染者制定千差万别的税率。

要完全获得上述信息不仅在实际上是不可能的，即便可能也需要耗费巨大的信息搜寻成本。并且，社会边际成本的确定是一个从污染的物理性损害转换到人们对这种损害的主观感受，并用货币价值来计量的过程。这些转换过程非常复杂，因此在实际中确定社会边际成本十分困难。而私人边际成本涉及企业自身的生产规模、生产技术以及污染治理的技术水平。企业自身没有动力去向政府如实通报这些信息，政府也没有能力去了解每个企业的边际成本。这些信息搜寻方面的困难影响了理想状态下的庇古税的运用。一种在实践上具有可操作性的替代方案，该方案放弃了所谓的最佳税收政策，而是事先由社会计划者提出一个环境质量标准，然后通过税率的反复迭代调整以产生合意的税率水平和环境保护标准。经过不断的修正与调整后，税率与环境质量的标准最后均有可能收敛于最佳水平，而且在适当的条件下，单位税收是实现既定环境质量目标中成本最低的一种方法。

最后，庇古税要求经济系统的价格要稳定，否则持续的通货膨胀会侵蚀庇古税的真实价值。

2. 成本—收益分析

通过庇古税界定环境质量的使用权，一方面，为污染者提供了减少污染排放的激励，环境质量提升，从而提高了整个社会福利水平；另一方面，污染者为减少污染排放需要支付额外的成本，同时社会计划者为了使污染者遵守规定需要支付执行成本。也即社会计划者面临着因污染减少而带来的福利增加与执行庇古税产生的额外成本之间的权衡取舍。因此，对庇古税的成本—收益分析就成为界定环境质量使用权的关键一步。

成本—收益分析是从整个社会的视角评价公共政策或计划的工具，其基本原理是比较执行一项政策或计划后可获得的总收益（B）与为了执行此政策所需要付出的总代价（C），如果总收益大于总成本，则意味着该项政策带来的总收益在弥补了由此产生的社会总损失后还有剩余，则该项政策可行。进一步的如果由获利者给予受损者以希克斯－卡尔多（Hicks－Kaldor）补偿，那么，则该项政策的执行就不会有人受损，社会整体的福利水平就会提高，该项政策的执行带来了整个社会的帕累托改进（Pareto Improvement）。

关于庇古税的成本与收益在理论界存在较大争议，一方面是由于对环境质量的变化进行估价本身较困难，另一方面，社会计划者对税收的不同支出方式更增加了分析的复杂性。在最优经济中（in the First-best Economies）（也即没有扭曲性税收的情况），庇古税的征收以边际环境损害为标准，其收益来自于污染成本内部化后因纠正了资源配置扭曲而带来的收益，成本来自于执行庇古税的交易成本（包括信息搜寻成本与事后的干预成本），收益与成本之差的净收益就是庇古税的基本福利效应。

在次优经济（Second-best Economies）中，经济系统先前就存在独立于环境税的扭曲性税收（如所得税、消费税、资本税等），此时的最优环境税小于最优经济下的庇古税。假定社会计划者执行收入中性的税收政策，那么，征收环境税会产生两种效应。首先，以环境税收入抵消先前的扭曲性税赋，这样就提高了税后的劳动所得，就业率增加。同时，扭曲税的削减还提高了税制的整体效率，并带来了社会整体福利水平的提高，这种效应称为收入—循环效应（Revenue-recycling Effect）；其次，环境税间接地提高了相对于要素价格的最终产品价格与成本，使得要素的实际报酬减少，要素供给的减少将导致社会整体福利水平的下降，这种效应被称为税收交叉影响效应（Tax-interaction Effect）。这样，次优经济中的环境税的净福利效应就由三部分组成：基本福利效应、正的收入循环效应以及负的税收交叉影响效用。其中，基本福利效应为环境税的第一份绿色红利（Green Dividend），第二及第三部分的加总如果为正，就产生了环境税的第二份蓝色红利（Blue Dividend）。对于能否产生第二份蓝色红利，学者们并没有达成一致的结论。普遍的观点是，在大部分情况下，税收交叉的负效应在数量上要大于收入循环的正效应，蓝色红利并不能产生。

另外，已有研究还表明，市场结构、要素之间的替代弹性、要素流动性、非自愿失业、工资与价格刚性，尤其是环境税收带来的税赋重新分布等因素均会影响到双重红利的研究结果。

（三）科斯定理与排污权制度

科斯提供了与庇古传统迥然不同的另一种思路来解决外部性问题。科斯认为，外部性的产生是产权界定不清的结果，由于产权界定不清，无法确定谁应该为外部性承担后果以及谁应该得到补偿。在交易费用为零的条件下，只要清晰地界定产权，那么污染者与受害者可以通过自愿谈判与交易来自动达到帕累托最优。本质上，科斯方案是基于产权界定之上的协商定价。

Dales 首次将科斯的产权思想引入到环境领域，认为污染实际上是政府赋予排污企业的一种产权，这种产权可以通过市场转让的方式来提高环境资源的使用效率。更正式的，排污权被界定为对环境纳污能力资源使用的一种权利规定，是在环境质量资源全民所有基础上衍生出来的使用权。与科斯在《社会成本问题》中所设想的解决外部性的方案不同，在环境质量的初始产权界定为全民所有后，排污权制度排除了受损者向受益者进行逆补偿的可能性。

排污权是对环境质量纳污能力的一种使用权，但这种使用权是一种不完全的使用权，使用者排放的污染不能超过计划者规定的上限。同时，使用权还可以在市场上进行交易，从而形成了排污权市场。这样，排污权在执行程序上就分为了两个步骤：初始排污权的分配和排污权的交易。第一，计划者作为环境质量全民所有者的代表拥有决定最大排污规模的权利，并将这一权利以许可证的方式无偿或拍卖给使用者，从而实现了对使用权初始权利的配置。第二，使用者拥有排污权的流转权。排污权交易实质上是环境质量的使用权在边际减排成本不同的污染者之间的再分配，交易一直持续到所有污染者的边际减排成本相等为止。排污权交易制度能以最有效的方式实现既定的环境质量目标。边际减排成本高的污染者向低的污染者支付的市场交易价格反映了排污权的稀缺性，体现了环境外部性的内部化以及环境质量纳污能力资源的商品化。

1. 适用条件

排污权制度的适用条件包括：（1）从所要求的市场条件看，排污权交易制度在充分竞争的市场条件下才能发挥作用。不完善的市场竞争会阻碍排污权交易的实施。（2）需要的信息条件，如排污许可总量的确定、污染者的历史排污信息，以及实施排污权制度后污染者实际的排污量等信息。（3）污染权制度适合于那些具有区域性污染特征，但与污染源分布状态不密切的一类污染问题，且污染物必须适合于使用排放总量控制政策，具有均质扩散特点的污染物。（4）不存在交易成本，此时的边际减排成本与排污权的市场价格相等，并实现了以最小成本实现既定的环境质量目标。

2. 成本—收益分析

理论上排污权交易市场是一个无摩擦的市场，但西方发达国家的实践证据表明，在排污权交易制度市场上普遍存在交易成本，包括交易双方寻找交易对象的成本、协调成本等。另外，克服污染者的机会主义倾向还需要支付监督成本。监督成本与交易成本的加总就是排污权制度的基本成本。通过实施排污权将污染总量控制在一定的可接受范围之内，提高了环境质量，因污染减少带来的收益就是实施排污权制度的基本收益。基本收益与基本成本之和就构成了排污权制度的基本福利效应。

排污权制度是否存在额外的成本或收益，取决于初始排污权的分配。在次优经济中，当初始排污权无偿分配时，由于计划者不能通过排污权的分配取得收入，因此，类似于庇古税中的收入循环效应就消失了，但对社会福利有负向影响的税收交叉效应依然存在，这样，排污权制度的最终福利效应就取决于基本福利效应与税收交叉效应的数量关系。对美国的经验的研究证明，在完全禁止污染时，庇古税与排污权制度的最终社会福利效应相似。这是由于当执行庇古税时，污染排放为零的情况下计划者不能获得税收收入，从而也不能实现收入循环效应，并因此导致了与排污权制度相同的福利结果。

计划者还可以以拍卖方式配置初始排污权，这种情况下，如果计划者将拍卖收入用以削减先前存在的扭曲性税收，则产生对社会福利有正影响的收入循环效应，再加上税收交叉效应，则最终的福利净效应类似于收入中性下的庇古税。

事实上，排污权制度涉及两个市场：产品市场与排污权的交易市场。传统的排污权制度没有考虑这两个市场之间的相互作用问题，但最新研究表明，在不完全竞争的市场中，排污权的初始分配会影响排污权交易制度的效率。在排污权交易市场上如果存在一个占主导地位的污染者，该污染者可能会进行排他性操作（Exclusionary Manipulation），通过囤积排污权提高竞争对手在产品市场的成本，使潜在竞争对手退出或阻碍新的进入者进入，从而会导致产品市场上的市场结构发生改变，使原先竞争性的产品市场可能演化为垄断或寡头垄断，引致了排污权交易市场与产品市场的双重失灵，并最终引致新的社会福利损失。

（四）两种界定环境质量使用权的比较

庇古税与排污前制度是界定环境质量使用权并将环境外部性内部化两种主要方式。理论上，在完美状态（产权清晰、完全信息和完全竞争）下，两种环境质量使用权界定方式是等价的，对于实现既定的环境质量目标，计划者可以制定庇古税，也可以发放可交易的排污权。但现实中，庇古税率以及有效的排污总量规模的核算均非常困难，而且由于市场扭曲、非完全信息以及交易成本的存在，最优经济中的最优解并不一定就是次优经济中的最优解。再加上估算环境质量货币价值的固有困难，基于成本—收益分析的对两种界定方式孰优孰劣的准确判断几乎是难以完成的任务。

但我们仍然可以大致比较两种界定环境质量使用权方式的优点与缺陷。一是在实现同一个环境质量目标的情况下，两种界定方式的成本不同。实证研究显示，庇古税需要更高的执行成本。如一项针对美国的研究表明，将美国二氧化碳的排放量减少10%的情况下，采用次优经济下的最优环境税的成本是祖父条款（A Grandfathered Carbon Permits Case）下污染权交易的5倍。

二是在庇古税制度下，污染的价格是确定的，但污染的量、企业控制污染的费用以及最终的环境质量是不确定的。在排污权制度下，污染总量是由计划者决定的，最终的环境质量是确定的，但地区的总排放率、污染者符合排污许可体系下的费用是不确定的。对庇古税与可转让的排污权的选择，实际上就是对排放或是成本不确定性的一种选择。

三是要以最低的成本实现既定的环境质量目标，必须考虑地区间过去累积的污染浓度的差异，根据污染者的地理位置收取差异性的环境质量使用价格就非常重要，但庇古税在处理跨地区污染问题上办法不多，而排污权制度则能以一种大家接受的方式处理污染的空间尺度问题。另外，与庇古税相比，排污权制度不会因为新污染者的进入而影响最终的环境质量标准。

四是具体选择何种环境质量使用权的界定方式，取决于外部因素以及限制条件、应用背景、经济效率准则、环境效果准则和可接受性准则。在计划者风险中立，以及追求福利最大化的前提下，庇古税与许可证制度的相对效率取决于边际收益曲线与边际成本曲线的相对倾斜度，当边际收益曲线更加陡峭时应选用许可证制度。相反的情况就应该选择庇古税。Stavins 研究发现，当边际收益与边际成本正向相关时应选用排污权制度。Pindyck 认为，对庇古税与许可证制度的选择，实际上就是对排放量或者成本不确定性的一种选择。当边际控制成本相对恒定，而污染对环境的损害只有当达到某一临界值时才会显著的条件下应采用许可证制度。相反，当边际控制利益相对固定，而边际控制成本不确定且随控制程度显著提高时应采用庇古税。当面临不确定性时，混合政策工具要优于单一政策工具，混合政策工具的设计不仅取决于边际收益与边际成本曲线，还取决于不确定性的程度。

上述研究表明，从成本、适用性以及可操作性的角度上，通过排污权制度界定环境质量使用权是一种更可行的方法。但我们必须注意到，任何一种单一的使用权界定方式不可能在面对所有情况下均能产生有效率的结果。在面对较多不确定性、污染点多且因污染物相互交织而不易区分责任、涉及多种环境损害的复杂情况下，计划者应该采用多种方式为日益稀缺的环境质量纳污能力使用权进行定价，混合的使用权界定方式（命令—管制、庇古税以及排污权制度中其中的两种或三种的不同组合）比单一的使用权界定方式更加有效。

三、矿产资源开采下环境质量使用权的界定与生态补偿

（一）矿产资源开采中环境质量使用权的界定

1. 矿产资源开采对环境质量使用的特殊性与复杂性

与一般制造业相比，矿产资源开采除带来环境污染外，还会产生地质环境的破坏，其对环境与生态的影响更加复杂。这种特殊性与复杂性主要体现在以下四个方面。

一是对环境质量的损害具有持久性和不可逆性。矿产资源作为由地质作用形成的天然富集物，本身就是环境质量资源的组成部分，对矿产资源的开采就是对环境质量的改变，由于矿产资源的形成需要漫长的过程，这样，因资源开采而对

环境质量造成的影响就具有持久性和不可逆性。

二是对环境质量的损害往往难以精确测度。矿产资源开采对环境质量的损害主要有环境污染（气相、固相与液相废弃物）与环境破坏。环境破坏又主要包括地质破坏（如地震、泥石流、土体坍塌等）和生态破坏（如荒漠化、水土流失）。对这些损害的价值评估存在固有的困难而难以精确测度。

三是对环境质量的损害既具有局域性又有全域性。局域性损害如土体塌陷、地质灾害、固相废弃物的堆积等。另外，产生的废气、粉尘等随大气飘散，对环境质量的损害又具有了全域性特征。

四是对环境质量的损害具有更大的不确定性。首先，矿产资源的储量是不确定的。通过勘查技术对矿山可开采量的估测可能与实际的可开采量存在差异，若差异超过一定范围，将会对矿业企业的生产经营和财务状况带来风险。其次，由于矿业权的取得与延续具有一定的时效性，因此，在企业经营过程中，存在由于矿业权变更、延续而形成的不确定性。再次，矿产资源的开采还会遇到矿场坍塌、恶劣天气、地下水渗漏、瓦斯爆炸等其他突发性事故风险。最后，矿产资源开采还面临监测污染物排放及其对环境质量影响的不确定性、减污技术的不确定性、计划者矿业管制政策的不确定性等。

2. 矿产资源开采中环境质量使用权的界定与生态补偿

矿产资源作为由地质作用形成的天然富集物，本身就是自然环境的组成部分，对矿产资源的开发就是对自然环境的改变。同时，对矿产资源开发还造成了如下损失：对矿产资源的开发破坏土地、森林等可再生资源；带来了塌陷、泥石流等；造成水、空气及土地的污染；为恢复环境需要大量的成本。矿产资源开采就会造成其环境质量的损害，带来环境问题。

当前，与矿产资源开采相关的治理环境问题的法律法规主要包括生态补偿费，矿山环境恢复治理保证金与土地复垦制度。生态补偿费是由国家根据矿产资源吨矿或一定销售收入比例征收，并用于修复矿产资源开发造成的生态环境损坏的费用。矿山恢复治理保证金是采矿权人用以矿山生态环境和水资源保护、地质灾害防止、污染治理和环境恢复整治的而交存的保证资金。该项制度目前已经试行的有30个省（市、区），在具体的操作上各地不尽相同，如辽宁省规定，采矿权人在履行完环境恢复治理义务后，保证金将如数返还。而山西省则是按照吨煤征收保证金，并按项目将保证金拨付采矿权人。在我国的《土地复垦规定》中将土地复垦定义为“对生产建设过程中因挖损、塌陷、压占等造成破坏的土地，采取整治措施，使其恢复到可供利用状态的活动。”

这三项治理矿区环境问题的措施均是基于国际上通行的“污染者付费”原则，并由政府以规章制度的形式颁布并强制执行的，这相当于国外对环境污染控制的命令—控制措施。在这一过程中，政府扮演的是行政管理者的角色。政府对环境问题的干预措施虽然具有行政成本低、容易操作等优点，但缺陷也显而易见。政府规制产生低效率，容易产生寻租和腐败，而且，由于忽略了市场作用，因此也不能形成反映资源稀缺程度的市场价格，使得无论是费还是保证金的征收都缺乏科学的理论基础。显然，我国当前的环境治理过分的突出了政府管制的作用，而忽视了市场机制对生态系统重建和恢复的积极作用。

矿区环境治理资源产权的界定。要发挥市场机制的作用，首先需要对矿区环境治理的资源进行界定。矿区的环境质量资源产权的所有者是全体公民，但实际的使用者是当地居民（包括了当地住民，也包括政府工作人员、产矿权人、采矿企业的职工等）。当地居民享有环境不受污染的权利，同时采矿权人有在圈定的区域范围内实施采矿生产活动的权利。这样，独立行使各自不同权利的当事者双方就产生了冲突。为了解决这些冲突，就必须对各自权利的行使有一定限制。

矿区环境质量产权界定的方式包括土地复垦制度、环境税与污染许可证。

矿产资源开采活动是在一定的地理区域内进行的，对所占用的土地，需要采矿权人向地权的所有者（全民所有和集体所有）购买土地使用权。同时，开采活动也造成矿区周边土地生产力下降、地面塌陷、植被破坏、山体滑坡和泥石流等，则由土地所有权人制定复垦标准，采矿权人根据复垦标准对矿区周边的土地进行复垦，恢复土地的价值。

矿产资源开采的废气污染已经严重影响了大气质量。当空气污染超过大气自净能力或者环境容量时，就会破坏当地生态系统，产生负外部性。解决这种负外部性的一种方法就是政府设立排放权许可证。在环境容量许可的范围内，将排污权以拍卖的形式分配给采矿权人，所得费用即为矿业企业对大气污染的补偿。在排污权交易市场上，矿业企业从其自身利益出发，自主决定其污染程度，从而买入或卖出排污权。排污权可以从源头上刺激矿业企业进行绿色开采，从而有利于提高治理环境问题的效率，促进矿业企业的可持续发展。

矿业企业生产过程中向周围环境排放废水、废渣等废弃物，同样是开采过程中的外部性问题。这类废弃物与空气污染不同，容易在物理上进行计量。因此，可以采用环境税的方法将外部性内部化为矿业企业的生产成本。环境税也被称为庇古税，是以保护环境为目的，针对污染和破坏环境的行为征收的专门税种，其主要目的是要为污染物质排放引入一个稀缺价格。蓝虹（2004）认为，庇古税是政府拥有对环境质量资源的全部产权，也就是说政府兼行四重职能：所有者职能、使用者职能、支配者职能和占有者职能。

矿产资源开采对环境质量的使用的特殊性与复杂性说明需要采取混合的环境质量使用权界定方式。首先，因污染而对环境纳污容量的使用权采用环境税与排污权制度界定。其中液相、气相废弃物会通过径流和大气飘尘，对周边区域的土地、水域和大气造成破坏，其对生态环境的影响已经远远超过废弃物堆积地所在的地域和空间。因此，需要通过设立排污权制度对环境质量标准进行严格控制。使用排污权制度界定环境质量对液相、气相纳污能力的使用权有以下三方面的优势：一是我国分别在 1989 年和 1990 年实施了水污染排放许可证以及大气污染许可证的试点工作，这两种污染者物适合于使用排污权制度，并且在制度设计方面有比较成熟的经验可供矿产资源开采的实践利用；二是矿产资源开采区如西部地区都是生态环境比较脆弱，环境承载能力小。排污权制度能够将污染量控制在既定的范围，能有效地避免矿区环境的持续恶化态势，同时规避了为达到一定的环境质量目标而对环境税税率的不断试错行为。三是排污权制度能够运用市场激励手段，鼓励矿业企业加大绿色开采技术的使用，变末端被动环境治理为事前主动的环境保护，能够实现在达到一定的环境质量标准下减排成本的最低化。政府需要在矿产资源开采富集区设定这两种污染物的排放标准，并建立这两种污染权的交易市场。

固相废弃物除了占用土地外，还对堆置地的原有生态造成损害。其中占用的土地应由土地的所有者（或使用权人）与采矿权人通过谈判解决补偿问题，因堆放对土地造成的损害应采用土地复垦措施，并由采矿权人负责实施。对固相废弃物对周边生态环境的损害，由于不同的地理环境下固相废弃物的成分可能差异比较大，且污染物不具匀质扩散特点，因此应采用使用环境税制度界定使用权。

对于当前在个别省份试点征收的矿区生态补偿费，应进行税费改革。用“环境税”取代对固相废弃物征收的生态补偿费，用排污权制度取代对气相、液相废弃物征收的生态补偿费。所得税收收入与拍卖的排污权所得应全部用于矿区环境污染的治理。

其次，对于环境破坏中的地质损害，主要使用土地复垦与环境治理保证金制度界定使用权。2011 年 2 月 22 日颁布实施的《土地复垦条例》中将土地复垦定义为“对生产建设活动和自然灾害损毁的土地，采取整治措施，使其达到可供利用状态的活动”。对于矿产资源开采中损毁的土地，能够区分损毁责任的，应该依照“谁损毁，谁复垦”的原则，由采矿权人负责复垦，土地复垦费用列入矿业企业的生产成本，实现了环境外部性内部化。由于历史原因无法确定损毁责任的，由地方政府负责复垦。

实践上，目前我国有 27 个省、直辖市和自治区在执行土地复垦制度的同时征收矿山环境恢复治理保证金。矿山环境恢复治理保证金（有的地区也称之为“土地复垦保证金”）是为了确保矿区土地复垦工程的完成而缴纳的保证金，在性质上是一种担保行为，其目的是约束土地复垦义务人主动按照规定的标准进行土地复垦，完成复垦工程且经验收合格后予以返还。

对于因矿产资源开采而造成的突发性或然性地质灾害（如泥石流、山体滑坡、地震等），一方面由于生产作业与地质灾害之间间隔时间可能较长，而且难以划分责任，另一方面当灾害发生时，单靠企业自身难以承担全部损失。因此，需要由矿业企业、矿产资源的使用者、中央政府与地方政府按照一定的分担比例设立地质灾害防治基金界定环境质量的使用权。

最后，对于矿区生态破坏（如荒漠化、水土流失）是因资源开采常年累积的环境损害引发的，难以划分污染责任，而且生态破坏的治理需要大量的资金。因此，需要由矿业企业、矿产资源的使用者、中央政府与地方政府按照一定的比例设立生态修复基金，并由地方政府负责实施矿区生态破坏的修复与治理。

对于矿区的地质损害，我国在借鉴国外经验的基础上推行了土地复垦和矿山环境质量保证金制度。后续应该按照2011年新出台的《土地复垦条例》对土地复垦和保证金制度进行规范，同时要建立地质灾害防治基金与生态修复基金专门用于对可能出现的地质灾害与生态破坏进行修复治理。

上述对矿产资源开采中环境质量使用权的界定方式见图4－1。

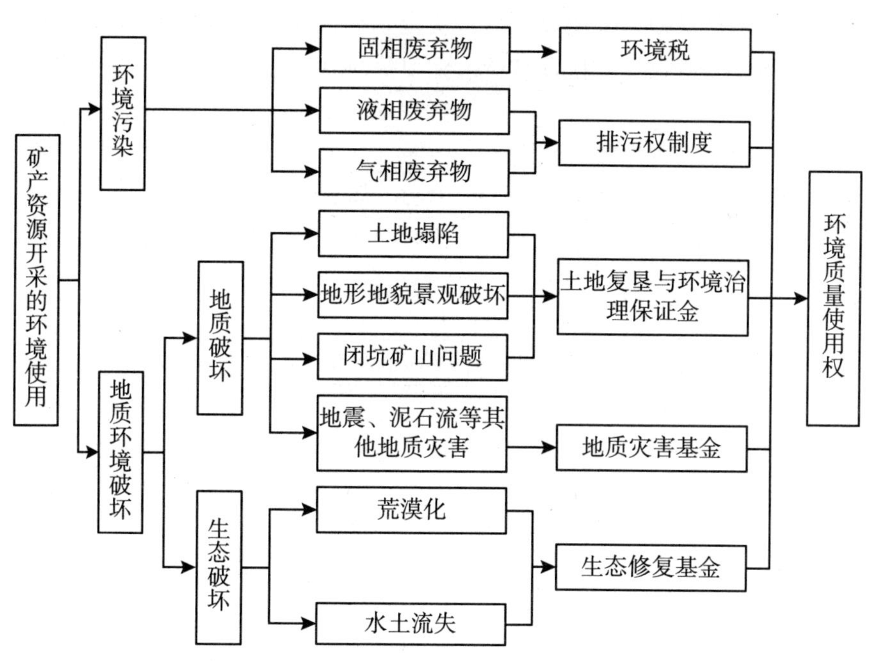

图4－1　矿产资源开采中环境质量使用权界定

（二）环境质量使用权与矿区生态补偿

在资源开采中，对环境质量的使用会产生负外部性，进而产生了对环境质量损害进行补偿的要求，另外，环境质量使用权的界定又规定了生态补偿的实现方式。

当前，与矿区生态补偿最直接相关的税费制度主要有生态补偿费、矿山环境恢复治理保证金与土地复垦制度三种。保证金具有担保性质，实际用于生态补偿的只有补偿费与土地复垦。存在的问题是补偿方式单一，地方政府制定的税费制度因对以国有企业为主体的采矿权人约束力不强而流于形式。亟须在矿区环境质量使用权界定的基础上，通过国家立法形成强制性的多种补偿形式相互补充的生态补偿体系。

首先是补偿标准。理论上，矿区生态补偿的标准应根据受损者以一个竞争性的市场价格出卖其初始禀赋的意愿作为补偿的市场价值。通过生态补偿，使得对于受影响者而言，开采前的矿区生态环境价值不会因开采行为而减少，环境负外部效应就好像没有发生一样。实践当中，主要是通过市场价值评估法与替代市场价值评估法估算生态环境的损失，并以此作为补偿的标准。

其次，环境质量使用权的界定方式决定了矿区生态补偿的方式。换句话说，在生态补偿方式上应该与矿区环境质量使用权的界定方式相对应（见图4－2）。

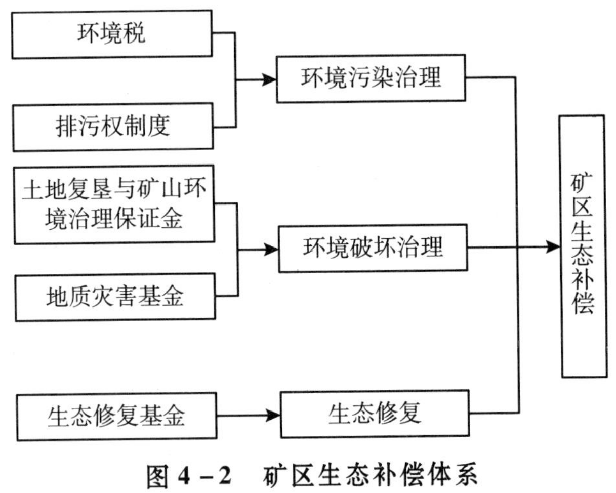

图4－2　矿区生态补偿体系

上述多种生态补偿方式以及保证金制度相互补充，构成完整的矿区生态补偿体系，以实现矿区生态环境的充分补偿。

小　　结

矿产资源开发面临的核心问题是源于资源开发的收益分配，以及矿区环境质量保护成本的分担。而解决这一核心问题的关键是建立归属清晰、权责明确、保护严格、流转顺畅的矿产资源开发的完整的系统性的产权制度安排。

矿产资源开发的生产过程中，必然会对矿区周边的生态系统产生影响（甚至有些改变是不可逆转的），如土地生产力、水质和大气质量的下降，地面塌陷、植被破坏、动物群落的减少或灭绝等。本文将土地、水、大气、动植物等因素视为矿产资源开发中的环境质量因素。也就是说，矿产资源开发不仅涉及矿产资源本身，而且还涉及受生产活动外部性影响的矿区环境质量。因此，在逻辑上，矿产资源开发中的产权关系就包括了矿产资源本身的产权和资源开发的外部性而引起的环境质量产权两部分。

由于自然资源和环境的特殊性、复杂性和极端重要性，我们必须在所有权公有的基础上，构建国际社会、国家、中央政府、地方政府、集体、企业、私人等多层次、复合式的资源和环境产权制度结构体系。

在环境质量产权的所有权上探讨实行国有制，辅以集体所有制。为保证国家所有权的有效行使，要详细界定中央政府与地方政府以及地方政府之间在矿产资源开发、环境保护方面的责权利。在矿产资源的使用权上，研究国有、集体、私人等多元产权，如私营矿主可获得某种矿产的开采权，形成国家产权、中央政府产权、地方政府产权、集体产权、企业产权、私人产权等多层次、复合式的产权结构。也就是说，国家、中央政府、地方政府、农村集体组织、农民、不同所有制企业乃至公民个体，都将作为不同的产权主体，在明细的产权激励和约束中融入矿产资源的开发利用和环境的保护之中。

清晰界定中央政府与地方政府以及地方政府间在行使所有权过程中的权责利关系；明确各级政府对矿产资源的实际占有权与国家所有权的关系；明确界定中央政府与地方政府以及地方政府间在矿产资源开发利用、监管、环境保护中的权责利关系，并建立相应的实现形式和收支体制。

第五章

矿产资源的定价机制与理论价格

——以碳酸稀土为例

本章提出了一个符合新古典经济学范式的反映可耗竭资源完全成本，并且有具体实现方法的矿产资源理论价格核算框架。使用这一框架核算碳酸稀土的理论价格，并将理论价格与出口价格进行了比较。研究发现，第一，新一轮的针对稀土产业的管制措施使碳酸稀土的出口价格逐渐趋近于理论价格，部分的修正了两种价格之间的严重背离；第二，现行的矿产资源定价机制仍然不合理，价格构成中没有充分反映矿产资源生产过程中的使用者成本与环境外部成本。按照两个外部成本内部化的要求改革和完善矿产资源价格形成机制已成为当务之急。

稀土作为现代工业、国防与高新技术应用中极为重要的功能材料，是一种极其珍贵的战略性资源。2009 年《科学》杂志将稀土列为具有重要战略意义的稀有金属之一。美国、日本等发达国家则将稀土列为发展高新技术产业的关键元素和国家战略物资。中国是世界上稀土储量最多的国家。据统计，到 20 世纪 70 年代之前，中国稀土储量占世界储量超过 90%。经过近 30 年的密集开采，到 2009 年中国稀土储量占世界储量的比重下降到 36.52%。中国同时还是世界最大的稀土供应国，2009 年，中国稀土占据全球市场份额的 97%。而居世界稀土储量前四位的其他三个国家俄罗斯、美国、澳大利亚则停止了稀土的生产。

但在稀土供给市场上具有绝对垄断地位的中国长期以来却无法掌握稀土的国际定价权，资源优势没有转变成经济优势，宝贵的资源被贱卖。1990～2005 年，中国稀土年出口量翻了 9 倍，平均价格却下降了 55% 以上。2009 年中国稀土出口平均价格为 7 060 美元/吨，仅是 20 世纪 90 年代稀土出口价格 1.37 万美元/吨的51%。稀土价格与其内在价值长期严重背离，“贱卖之痛”是中国这个稀土大国遭遇的一个尴尬现实。

自2009年以来，中国对稀土产业的管制措施陡然密集出台，对内收紧稀土矿开采总量计划指标，提高行业准入门槛和稀土资源税税率，争论已久的环境税的征收也正式提上日程。对外逐步缩减稀土出口配额，加征和提高部分稀土产品的出口关税。特别是2011年5月出台的《国务院关于促进稀土行业持续健康发展的若干意见》对稀土开采、加工冶炼、出口配额、资源税、环保、行业准入原则六个方面提出了具体的指导意见，并明确将稀土整合提升至国家战略的高度。这些管制措施使得稀土国内价格与出口价格爆发式上涨。2010年氧化钕价格上涨了104%，在此基础上2011年1~10月又上涨了302%。2010年稀土出口平均价格为2.542万美元/吨，比2009年上涨了260%。2011年1~10月，稀土出口平均价格更是攀升到15.39万美元/吨，是2010年平均价格的5倍。

稀土价格的恢复性上涨使其市场价格与内在价值之间的背离得到了部分修正。但带来的新问题是稀土价格过山车式的暴涨暴跌。以碳酸稀土的国内价格为例，2011年1月的平均价格为2.05万元/吨，而在2011年6、7、8月三月最高价格达到10.25万元/吨，上涨幅度高达400%。此后，碳酸稀土价格又开始直线下跌，到10月的最低仅为7.5万元/吨，比最高价下降了27%。

稀土价格与其内在价值长期背离的原因有三个方面。一是一些地区私采滥挖、非法开采、监管不力，企业超计划指标开采以及稀土走私泛滥等问题严重。特别是开采环节的乱象使得稀土产业链条的上游产品稀土精矿、碳酸稀土等价格被极度扭曲，并导致整个稀土产业价格体系的紊乱。二是稀土行业准入门槛低，企业各自为政，管理混乱以及无序竞争导致稀土被竞相贱卖。第三个最根本的原因是现行的矿产资源的价格形成机制不合理。中国现行的稀土资源价格是在直接开采成本的基础上，经过仓储、运输、销售等各环节层层加价形成的。这一价格形成机制的要害在于，产品价格仅仅反映了其生产成本，稀土开采中的资源损耗以及环境成本未能充分体现。

在国际上，虽然中国对稀土产业规制政策的立足点是可持续发展和保护环境（中国商务部发言人姚坚，2010年12月15日），但缩减出口配额和提高关税的一系列措施仍然引起了欧盟、美国和日本等稀土进口大国的不满。2011年7月5日，世界贸易组织（WTO）对美国、欧盟、墨西哥诉中国九种原材料出口限制措施案做出了不利中国的判决，而在2012年1月30日，WTO上诉机构发布裁决报告，维持此前专家组报告意见。稀土很可能也面临类似的贸易争端。事实上，中国的出口管制政策是我国矿产品价格市场化的一种手段。中国的矿产品长期以来以极低的价格出口，出口价格既不反映资源的稀缺性，也不反映资源开采所带来的生态环境损害，其实质上是中国以资源消耗和环境污染为代价向国外提供了隐形的补贴，而且出口产品越多，价格越低，补贴就越高。出口管制政策虽然在一定程度上补偿了两个外部成本，但问题在于，这种政策造成了国内消费者与国外消费者在购买中国矿产品时存在价格差异，容易引致国际贸易争端。这就使得中国对矿产品的出口政策陷入了避免福利流失与歧视性贸易政策之间的两难困局。而化解这一困局的根本途径是按照两个外部成本内部化的要求改革现行的矿产资源的价格形成机制。

改革和完善现行的矿产资源定价机制也受到了中国决策部门的高度重视。2007年12月24日出台的《国务院关于促进资源型城市可持续发展的若干意见》，以及2009年1月7日颁布的《全国矿产资源规划》（2008～2015年）中均明确指出了完善资源型产品价格形成机制的方向，就是要逐步形成能够反映资源稀缺程度、市场供求关系、环境治理与生态修复成本的资源型产品价格形成机制。在理论界，矿产资源的价格形成机制问题也成为当前研究的重点和热点问题。我国国有资产管理局评估中心的专家（1995）从实务的视角提出了矿产资源的价值构成，他们认为矿产资源的净价值包括五个方面：采矿权益（资产底价）、生态环境破坏补偿费、对资源耗竭的补偿费、勘探投入补偿费、矿产发现权益补偿费，并相应的给出了矿产资源资产底价的理论估算模型。

章铮（1996）和雷明（1999）以西方经济学中的机会成本概念和资源价值说为范式，指出在完全竞争的市场上，矿产资源的价格应等于其边际机会成本，后者反映了矿产资源的真实价值，其由三部分组成：边际生产成本、边际使用者成本与边际外部成本。

张复明、景普秋（2006）指出矿产资源开发中不仅仅包括开采成本，还包括外部成本、转型成本、安全成本，这些成本合称为完全成本。景普秋（2010）基于新古典经济学要素收入分配理论、外部性理论与代际均衡理论将矿产资源价格分解为三部分：私人成本、社会成本和稳定基金。其中私人成本包含生产成本与资源租金，社会成本包括安全成本、外部成本和转型成本。

上述研究对于从不同视角理解矿产资源的价格构成与形成机制提供了有益的借鉴。但已有研究中，张复明与景普秋所定义的矿产资源价格均包括转型成本，并将转型成本界定为“用于补偿资产专用性及其沉淀成本”。我们认为，将转型成本包含在资源价格中不符合有关价格构成的新古典范式，结果会高估资源价格。因为投资于矿产资源开发所形成的资产固然有其专用性，但在生产过程中已经以折旧的形式体现在企业的私人成本中。章铮、雷明等学者提出的矿产资源价格构成反映了可耗竭资源的完全成本，但将资源价格理论应用于实践当中则存在操作上的困难。

本章提出了一种符合新古典经济学范式的反映可耗竭资源完全成本，并且有具体实现方法的矿产资源理论价格核算框架，使用这一框架测算了稀土产业价值链条中的上游产品碳酸稀土的理论价格。本章其余部分安排如下：第二部分是矿产资源理论价格构成的理论框架，指出矿产资源的理论价格应由四部分组成：生产成本、正常利润、使用者成本和环境外部成本。第三部分使用这一理论框架核算碳酸稀土的理论价格。第四部分将碳酸稀土的理论价格与其出口价格进行了比较，发现2010年以前，稀土出口价格远低于理论价格的下限，稀土及稀土产品的大量出口给我们国家造成巨大的财富损失。但2011年以来，稀土产品的出口价格已经逐步接近理论价格，在这个意义上，政府对稀土产业的宏观调控取得了一定的效果。第五部分是简要结论，并提出了相应的政策建议。

第一节　矿产资源的理论价格：一个理论框架

矿产资源的自然属性是其价格形成的重要前提条件之一。矿产资源的定价在以下两个方面不同于一般商品价格。首先，矿产资源是一种可耗竭性的天然资源，一旦被开采利用，资源的实物形态开始逐渐减小，直至完全耗尽。可耗竭性意味着当代人与后代人在消费矿产资源上具有此消彼长的替代关系，当代人多消耗一单位的矿产资源，必将给后代人的福利造成机会损失，为了保证代际之间的收入和效用水平保持不变，实现代际之间的帕累托最优，应将可耗竭资源的开采租金储蓄，并转化为生产性投资（Hartwick，1977）。基于代际公平思想，EI Serafy（1981）进一步提出了使用者成本（User Cost）的概念，并用使用者成本反映当代人多消耗一单位可耗竭资源而给后代人造成的机会损失（Daly，1989），而“后代（的机会损失）应得到由于现代人的行为导致资源捐赠减少的补偿”（Rosen，1974）。因此，从可持续发展以及代际公平的意义上，对后代人的补偿应该反映在矿产资源的价格上。

其次，矿产资源的开采产生了严重的环境污染和生态破坏，构成了开发中的生态环境外部成本。根据经济学中外部成本内部化的要求，矿产资源的价格中应该包括环境外部成本。因此，矿产资源的理论价格构成就应该包括四部分：生产成本、企业的正常利润、使用者成本与环境外部成本，用公式表示为：

$$P = C + B + D + E \tag{5-1}$$

上式中生产成本为 C，B 为正常利润，D 为使用者成本，E 为环境外部成本。

生产成本取决于资源开采企业的技术、地质开采条件等因素。企业的正常利润由工业行业的平均利润率决定，只有获得工业行业的平均利润率，才能吸引到投资于从事矿产资源开采的投资。而对使用者成本与环境外部成本的核算一直都是矿产资源成本价格核算的难点问题，本章主要讨论这两个外部成本的核算。

一、使用者成本的计算

对可耗竭资源的使用者成本，国内已有一些研究，如李国平、杨洋（2009），李国平等（2009），李国平、吴迪（2004）等对煤炭资源和石油天然气资源的使用者成本的估算。已有的研究均采用传统的使用者成本法，但我们发现，传统的使用者成本法本身存在两个缺陷有待完善。其一，没有考虑资源开采过程中的耗损问题，造成的结果可能低估使用者成本。其二，没有考虑通货膨胀因素，其造成的后果不确定。另外，现有的研究中对资源的可开采年限使用的静态估算法，还有的研究中简单的假定资源的开采年限不变，从而会造成使用者成本的低估。本章研究发现，由于资源开采量在年度之间并不是均匀分布，具有很大的方差。因此，矿产资源的剩余可开采年限并不是简单的线性递减关系。使用动态开采年限的估算更能反映资源耗竭的速度，对使用者成本的核算也更加准确。

基于上述讨论，我们对传统使用者成本法作了三方面修正，即考虑了资源耗损问题和通货膨胀因素，并且采用了动态开采年限法。具体的修正后的使用者成本法见第八章第一节的说明。

（一）传统的使用者成本法

设 r 为利率（即折现率），R 表示不可再生资源在有限的开采期间内扣除开采成本的年毛收入（假定为常数），X 为真实收入，表示将不可再生资源开采的毛收入转换成无限期收入流时的年收入，则无穷期真实收入流 X 的现值 V_0 为：

$$V_0 = \sum_{t=1}^{\infty} \frac{X}{(1+r)^t} = \frac{X}{r} \tag{5-2}$$

对于给定的某种非再生资源，在其有限的开采年限（T）内，毛收入 R 的现值 W_0 为：

$$W_0 = \sum_{t=1}^{T} \frac{R}{(1+r)^t} = \frac{R}{r}\left(1 - \frac{1}{(1+r)^T}\right) \tag{5-3}$$

显然，$R > X$。按照 EI Serafy，真实收入 X 是开采不可再生资源可用于消费的部分，而将 $R-X$ 部分进行投资，以保证获得无穷期限的真实收入流。当投资发生时，毛收入 R 的现值 W_0 与真实收入流 X 的现值 V_0 相等。将式（5-2）和式(5-3)代入并整理可得：

$$R = X + \frac{R}{(1+r)^T} \tag{5-4}$$

EI Serafy 定义使用者成本（User Cost）为毛收入 R 与真实收入 X 之差。则在理论上，对某一给定资源，设其使用者成本为 D，则有：

$$D = \frac{R}{(1+r)^T} \tag{5-5}$$

式（5-4）即为估算使用者成本的基本公式，EI Serafy 将式（5-4）称为折耗因子（Depletion Factor）。

（二）对使用者成本法的修正

使用式（5-4）计算使用者成本时，首先需要估算出开采资源的毛收入 R。当年开采非再生资源的毛收入可用下式计算：

$$\begin{aligned} R &= \text{销售收入} - \text{工资总额} - \text{正常资本回报} - \text{中间成本} \\ &= Y - S - K - M \end{aligned} \tag{5-6}$$

式（5-5）中的毛收入 R 是名义值，没有考虑通货膨胀因素。设 R' 为不变价表示的毛收入，则式（5-6）进一步变为：

$$R' = \frac{Y}{P_1} - \frac{S}{\pi} - K' \times \varphi - \frac{M}{P_2} \tag{5-7}$$

式（5-7）中，P_1 表示非再生资源的价格指数，π 为通货膨胀率，K' 为不变价的资本存量，φ 为正常资本回报率，P_2 为中间投入价格指数。则 $\frac{Y}{P_1}$、$\frac{S}{\pi}$、$K' \times \varphi$、$\frac{M}{P_2}$ 分别表示不变价的销售收入、工资总额、正常资本回报和中间成本。

另外，传统的使用者成本方法没有考虑开采不可再生资源的耗损问题。在测算我国不可再生资源使用者成本过程中，其价值不仅应包括已出售资源的价值，也应包括在开采中所浪费的资源价值，进而测算出的资源使用者成本才是完整的和真实的。假设开采单位不可再生资源的耗损量为 η（即耗损系数），结合式（5-5）、式（5-7），使用者成本为：

$$D = \eta \times \frac{R'}{(1+r)^T} \tag{5-8}$$

式（5-8）就是修正后的使用者成本核算公式。

二、环境外部成本

环境经济学已经提出了许多估算生态环境经济价值损失的方法，主要包括直接市场法、替代市场法、假设市场法等。这些方法的主要思想是从环境质量产生的效益和预防环境恶化的费用两个角度来评价计算（Roca，2003）。其中直接市场法是应用最广、最容易理解的价值评估技术。直接市场法主要是利用市场价格（或影子价格），赋予环境损害以价值，或评价环境改善所带来的效益。在操作上，直接市场法通过观察环境质量的物理变化，估计这种变化对商品和服务造成的经济影响。本文主要采用直接市场法估算资源开采所带来环境损失的经济价值。

第二节　矿产资源定价机制的应用：以碳酸稀土为例

稀土作为战略性稀缺资源，其价格的高低与波动受到了全国上下的普遍关注。那么，稀土的完全理论价格应该是多少？市场价格的波动是逐步接近理论价格，还是相背离的程度更加严重？本章以矿产资源的定价机制为依据核算2008～2010年碳酸稀土的理论价格①。

碳酸稀土的生产以稀土精矿为原料，生产1吨碳酸稀土约需投入1.062吨稀土精矿（苏文清，2009）。因此，碳酸稀土的理论价格中应该包括稀土精矿的使用者成本以及稀土精矿生产环节的环境外部成本。在具体核算时，假设稀土精矿与碳酸稀土一体化生产，则碳酸稀土的理论可以用式（5-9）表示：

$$\begin{aligned}P_{碳酸稀土} &= 1.062 \times C_{稀土精矿} + C_{碳酸稀土} + B + 1.062 \times D_{稀土精矿} + 1.062 \times E_{稀土精矿} + E_{碳酸稀土} \\ &= C_{碳酸稀土} + 1.062P^{*} + B + E_{碳酸稀土} \qquad (5-9)\end{aligned}$$

上式中 $C_{稀土精矿}$ 与 $C_{碳酸稀土}$ 分别表示稀土精矿与碳酸稀土两个生产环节的生产成本（辅助材料、分工费用等）$D_{稀土精矿}$ 表示轻稀土精矿的使用者成本，$E_{稀土精矿}$ 与 $E_{碳酸稀土}$ 分别表示轻稀土精矿与碳酸稀土两个生产环节的环境外部成本，B 为完整的一体化生产的正常利润，式（5-9）第二行的 P^{*} 为轻稀土精矿的成本价格。

① 需要说明的是，在稀土的产业链条上，稀土的上游产品（原材料产品）包括稀土矿石、稀土精矿、碳酸稀土和氯化稀土等。但2007年7月以后，包钢稀土公司不再单售稀土精，因此无法进行理论价格与市场价格的比较，故本章以碳酸稀土为例展开研究。

一、稀土精矿成本价格核算

根据式（5-9），首先核算稀土精矿的成本价格。稀土精矿的成本价格包括了稀土精矿的生产成本、使用者成本与环境外部成本。我们先核算稀土精矿的使用者成本。

（一）稀土精矿的使用者成本

根据式（5-8）核算稀土精矿的使用者成本还需要以下数据：销售收入、工资总额、正常资本回报、中间成本、贴现率以及剩余开采年限。其中销售收入为稀土精矿的开采量与其国际价格的乘积。使用通货膨胀率指标将销售收入名义值换算到2000年不变价。

1998~2007年稀土开采业的工资总额数据来源于中国工业企业数据库，2008~2010年根据有色金属开采业平均工资增长率与年均从业人员总数核算得到。使用通胀率指标将名义值转换到2000年不变价的值。

正常资本回报的核算需要资本回报率以及资本存量数据。正常资本回报率选用CCER“中国经济观察”研究组（2007）所估算的中国工业企业投资回报率年度数据，选用指标为“固定资产存量的总回报率”，其中2007~2009年的数据采用相同的办法补齐。这里需要指出的是，在一些文献中，如李国平等（2009），正常资本回报率采用了“一年期存款实际利率”的指标，但在使用这一指标时，存在的问题是一些年份的“一年期存款实际利率”为负值，从而得到的正常资本回报也为负值，显然，负的资本回报是不合适的。而本文采用工业平均资本回报率反映了对资源开采业投资时所本应当获得的投资回报率，这一指标没有负值，也更符合“正常资本回报”的科学含义。不变价的资本存量使用永续盘存法估算，固定资产投资价格指数的选取和计算采用张军等（2004）的方法。

中间成本是稀土开采业的总产值与增加值之差，并用“原材料、燃料、动力购进价格指数”平减为2000年不变价。

贴现率。式（5-8）中，贴现率处于指数形式的底数位置，对于一定的开采年限，使用者成本的量对贴现率的变化非常敏感。在实际应用过程中，往往考察不同折现率下使用成本的变化，采取对若干不同贴现率值进行分别计算再对比其损失量，并且一般把折现率取值在0~10%。

剩余开采年限。已有的核算使用者成本的文献中，大多使用静态估算法。如李国平（2009）将煤炭开采年限设定为100年，石油天然气开采年限为37年。

但由于任意一年中资源的开采数量差异较大，静态估算法往往不能捕捉资源开采量的动态变化。为此，本文使用动态估算法。具体方法是，假设稀土精矿的资源存量为 ϕ，当年的开采量为 φ，则剩余开采年限为：

$$T=\frac{\phi}{\varphi} \tag{5-10}$$

2010 年 7 月，美国能源政策分析家 Marc Humphries 向该国国会提交的一份名为《稀土元素：全球供应链条》的报告称，2009 年年底，中国稀土探明储量为 3 600 万吨。同时，苏文清（2009）提供的数据显示，我国稀土储量中，北方轻稀土占 97%，南方中重稀土占 3%。根据这两个数据，推知 2010 年，我国轻稀土储量约 3 492 万吨，中重稀土储量约 40.3 万吨。根据式（5－10）可知，以 2010 年的储量和开采量为依据，我国轻稀土还可开采 47 年，而中重稀土还可开采 26 年。采用同样的方法，根据历年两种稀土的开采量倒推可知每种稀土的储量和剩余可开采年限（见表 5－1）。

表 5－1　　中国轻稀土、中重稀土剩余可开采年限

年份	轻稀土储量（万吨）	轻稀土开采量（万吨）	剩余开采年限	中重稀土储量（万吨）	中重稀土开采量（万吨）	剩余开采年限
1998	4 340	5.30	82	102.44	1.20	85
1999	4 287	5.70	75	100.03	1.30	77
2000	4 230	5.35	79	97.43	1.95	50
2001	4 176	6.14	68	93.53	1.92	49
2002	4 115	6.84	60	89.69	2.00	45
2003	4 047	6.90	59	85.70	2.30	37
2004	3 978	6.83	58	81.10	3.00	27
2005	3 910	7.47	52	75.10	4.40	17
2006	3 835	8.73	44	66.29	4.52	15
2007	3 748	7.57	49	57.26	4.51	13
2008	3 672	8.84	42	50.82	3.61	14
2009	3 584	9.19	39	45.66	3.75	12
2010	3 492	7.37	47	40.30	1.55	26

不可再生资源耗损系数。对于轻稀土，据中国科学院院士徐光宪介绍，包头主东矿年开采铁矿石 1 000 万吨中含稀土 50 万吨，其中利用 10%，浪费 10%，

其余80%进入尾矿坝。包头稀土研究院原院长马鹏起提供的数据表明，白云鄂博矿累计探明的稀土工业储量为4 350万吨。自1958年开发以来，随铁矿采出的稀土资源至今已达1 250万吨左右，实际利用的仅有120万吨左右，利用率不足10%。根据这些资料，本文设定轻稀土的耗损系数为10。对于中重稀土，苏文清（2009）提供的数据是，生产40万吨稀土精矿，消耗的稀土储量约57万吨，折合耗损系数为1.43。

根据上述数据，本章计算的1998～2007年两种稀土在不同贴现率下的使用者成本见表5-2。

表5-2　　1998～2010年我国轻稀土、中重稀土的使用者成本（2000年价格）

单位：万元

年份	轻稀土				中重稀土			
	1%	3%	5%	7%	1%	3%	5%	7%
1998	20.44	4.10	0.848	0.18	2.06	0.39	0.075	0.02
1999	21.81	4.99	1.174	0.28	2.28	0.51	0.115	0.03
2000	19.73	4.19	0.915	0.21	3.74	1.40	0.536	0.21
2001	21.61	5.70	1.541	0.43	3.42	1.31	0.515	0.21
2002	23.28	7.16	2.251	0.72	3.25	1.35	0.568	0.24
2003	22.05	6.98	2.260	0.75	3.71	1.79	0.873	0.43
2004	17.33	5.53	1.806	0.60	3.77	2.22	1.317	0.79
2005	21.01	7.52	2.748	1.02	4.07	2.91	2.096	1.52
2006	23.96	10.13	4.352	1.90	3.74	2.80	2.115	1.60
2007	21.65	8.21	3.169	1.25	2.50	1.95	1.523	1.20
2008	33.33	14.76	6.639	3.03	3.91	2.96	2.261	1.73
2009	17.63	8.21	3.876	1.86	1.72	1.36	1.074	0.85
2010	20.60	8.14	3.271	1.34	3.36	2.02	1.223	0.75

（二）稀土精矿的环境外部成本

对于轻稀土，以包头白云鄂博矿为例，生产1吨稀土精矿，需要矿石12.5吨，产生的废弃物以及环境外部成本见表5-3。

表 5-3　　生产单位轻稀土精矿的环境外部成本估算

污染物		污染量	排污费征收标准或污染当量数	排污费（元）
废水		40 吨	1 500 元/吨	60 000
废气	化学需氧量	8 138.75 克	22.7885 当量	
	汞	0.00425 克		
	镉	0.02375 克		
	铅	0.05625 克		
	砷	0.2125 克	0.014745 当量	
	工业粉尘	2.3375 克	4.7952 当量	
	废气当量合计		27.6 当量	33.1
固废	尾矿	10.625 吨（含放射性金属钍 0.0055 吨）	1 000 元/吨	10 625
	废石	12.5 立方米	25 元/吨	325
合计				70 983.12

资料来源：污染物及污染量来源于《第一次全国污染源普查工业污染源产排污系数手册》第一分册，排污费征收标准与污染物折合当量数来源于《排污费征收管理办法》。需要说明的是，《排污系数手册》中的“三废数量”对应的是每吨原矿的排污数量，而生产 1 吨稀土精矿需 12.5 吨原矿。因此，生产 1 吨稀土精矿的排污数量要在《排污系数手册》的标准上要乘以 12.5。每当量污染废气征收标准按照目标值 1.2 元征收。

表 5-3 的数据表明，我国生产稀土精矿的环境外部成本约 7.1 万元/吨。国外学者曾估算稀土的环境成本为 5 600 美元/吨，本文估算的环境外部成本相对较高。

对于中重稀土，生产 1 吨离子型稀土精矿，消耗稀土储量 1.43 吨，产生的“三废”数量如下：

产生废水 65 吨，每吨 1 500 元经济损失，生产 1 吨稀土精矿的损失合计 22 500 元/吨；

废气：化学需氧量：98 250 克/吨；氨氮：913 克/吨。

其中化学需氧量折合当量为 98.25，每当量污染收费 1.4 元，总计 137.55 元/吨；氨氮折合当量为 1.14，每当量污染收费 1.4 元，共计 1.6 元；废气损失合计 99.85 元/吨。

综上，生产 1 吨离子型稀土精矿产生的“三废”污染损失经济价值合计 97 737.4 元/吨。

根据苏文清（2009），包钢稀土公司生产1吨稀土精矿的生产成本在2005年约为1 370元，根据通胀率折合成2000年不变价的生产成本为1 281.2元/吨。则2008～2010年轻稀土精矿的成本价格见表5－4。

表5－4　　轻稀土精矿的成本价格（2000年不变价）　　单位：万元/吨

年份	1%	3%	5%	7%
2008	40.48	21.91	13.79	10.18
2009	24.78	15.36	11.03	9.01
2010	27.75	15.29	10.42	8.49

根据表5－4，在不同贴现率下稀土精矿的成本价格差异较大。如在2010年，1%贴现率下的稀土精矿成本价格分别是3%、5%和7%贴现率下的1.81倍、2.7倍和3.3倍。因此，在核算矿产资源的成本价格时确定一个合适的社会贴现率就显得至关重要。社会贴现率指能够恰当地将整个社会未来的成本和收益折算为真实的社会现值的贴现率。较高的社会贴现率，意味着人们倾向于当前消费，鼓励人们较早地消耗掉自然资源。而较低的社会贴现率有利于资源在代际间的公平分配，也有利于环境保护。

普遍的观点是，时间跨度越长，社会贴现率越低。如在研究影响全球气候变化的政策效应时，Stern（2007）采用的社会贴现率为1.4%，Garnaut（2008）采用的是1.35%和2.65%。本文所研究的稀土为可耗竭资源，结合我国当前还处于发展中大国的现实，我们取1%～3%的社会折现率。于是，稀土精矿的成本价格在2010年的上限为27.75万元/吨，下限为15.29万元/吨（均为2000年不变价）。

二、碳酸稀土生产中的环境外部成本估算

使用直接市场法估算以稀土精矿为原料生产碳酸稀土过程中产生的环境外部成本，估算结果见表5－5。

表5－5　　生产1吨碳酸稀土产生的污染物以及环境外部成本

污染物		污染量	排污费征收标准或污染当量数	排污费（元）
工业废水量	化学需氧量	73 740克	73.74	103.24
	氨氮	368 730克	460.91	645.28
	铅	62.7克	2.51	3.51
	氟化物（液）	149 470克	298.94	418.52
	总磷	733.4克	2.93	4.11

续表

污染物		污染量	排污费征收标准或污染当量数	排污费（元）
废气量	烟尘	97 810 克	44.87	53.84
	二氧化硫	513 740 克	540.78	648.93
	氟化物（气）	156 900 克	180.34	216.41
固废	工业固体废物（冶炼废渣）	0.8079 吨	25 元/吨	20.20
	HW14 危险废物（新化学品废物）	1.328 吨	1 000 元/吨	1 328.00
合计				3 442.03

资料来源：污染物及污染量来源于《第一次全国污染源普查工业污染源产排污系数手册》第八分册，排污费征收标准与污染物折合当量数来源于《排污费征收管理办法》。

根据表 5－5，生产 1 吨碳酸稀土的环境外部成本为 3 442.03 元，由于排污费的征收标准是 2003 年制定的，折算到 2000 年不变价的环境外部成本为 3 404.9 元/吨。

三、碳酸稀土的理论价格

根据苏文清（2009），碳酸稀土环节的生产成本（辅助材料、人工费用等）为 1 390 元/吨（2005 年价），折合成 2000 年不变价为 1 300 元/吨。另外，稀土开采企业必须获得工业部门的平均利润率才能吸引到投资进行生产活动。利用《中国统计年鉴》2009～2011 年卷中有关工业生产数据，计算出 2008～2010 年工业行业平均主营业务利润率分别为 6.1%、6.4% 和 7.6%，我们假设稀土精矿与碳酸稀土为一体化生产，那么根据碳酸稀土的市场价格与稀土精矿的开采量就可以估算碳酸稀土生产的主营业务，进一步，结合工业行业的平均主营业务利润率可得三年的正常利润分别为 997 元/吨、722 元/吨和 1 293 元/吨（2000 年不变价）。根据以上数据，本文计算 2008～2010 年碳酸稀土的理论价格见表 5－6。

表 5－6　　碳酸稀土的理论价格（2000 年不变价）　　单位：万元/吨

年份	1%	3%	5%	7%
2008	43.56	23.84	15.21	11.38
2009	26.87	16.85	12.25	10.11
2010	30.07	16.83	11.67	9.61

根据表5－6，在1%～3%的社会贴现率下，碳酸稀土的理论价格（2000年不变价）在2010年的上限为30.07万元/吨，下限为16.83万元/吨。

第三节　碳酸稀土理论价格与出口价格的比较

2010年以来，碳酸稀土的国内市场价格与出口价格快速上涨，并且剧烈波动。人们尤其感兴趣的是，当前的价格水平下，出口价格是否达到了充分弥补两个外部成本的理论价格水平？新一轮的政府管制实施后，两种价格之间的背离是否已经消除？出口价格与理论价格的对比具有重要的意义，如果出口价格已经接近或者超过理论价格，说明出口价格在量上已经能够充分补偿两个外部成本。相反，如果出口价格小于理论价格，则表明出口价格不能完全补偿包含了两个外部成本的理论价格，出口稀土相当于中国以自己的资源成本和环境污染成本为代价向国外的进口企业提供了隐性补贴。

一、碳酸稀土理论价格与出口价格的比较

表5－7显示了碳酸稀土的理论价格（上限与下限）与其出口价格的数量关系。

表5－7　　碳酸稀土的理论价格、国内市场价格与出口价格

年份	碳酸稀土理论价格上限（万元/吨）	碳酸稀土理论下限（万元/吨）	碳酸稀土国内价格（万元/吨）	碳酸稀土出口价格（含税，万元/吨）	碳酸稀土出口价格（不含税，万元/吨）	出口价格（含税）/理论价格（上限）	出口价格（含税）/理论价格（下限）
2008	43.71	23.99	1.44	2.86	2.57	6.54%	11.9%
2009	27.02	17.01	0.83	1.74	1.47	6.42%	10.2%
2010	30.23	16.99	1.73	5.42	4.61	17.94%	31.9%

资料来源：国内碳酸稀土价格来源于Wind资讯，碳酸稀土出口价格来源于中国海关总署。

表5－7显示，2008～2010年，碳酸稀土的出口价格远远小于补偿了两个外部成本的理论价格，出口含税价格与理论价格下限的差距分别达到21.41万元/

吨、15.53 万元/吨和 12.38 万元/吨。出口价格与理论价格上限的差距更高。从 2007 年 6 月 1 日开始，我国对稀土盐类产品征收 10% 的出口关税，2008 年 11 月，该类产品的出口关税上调至 15%。在 2008 年度碳酸稀土的出口价格分别占理论价格上限和下限的比例为 6.54% 和 11.9%。到了 2009 年，由于金融危机的影响，资源类产品的价格出现大幅度下跌，当年碳酸稀土的出口价格占理论价格上、下限的比例又回落至 6.42% 和 10.2%。

2010 年，随着国家对稀土资源保护力度的不断加大、监管措施的日益加强，以及全球经济复苏和我国经济增长持续向好带来的新一轮需求拉动，国际国内稀土价格暴涨，2010 年碳酸稀土的出口价格（含税）较 2009 年上涨了 227.94%，出口价格占理论价格上、下限的比例上升到 17.94% 和 31.9%。

进一步计算，在 2008~2010 年，因碳酸稀土的出口价格背离理论价格（下限）而造成中国的外汇损失分别为 1.32 亿美元、1.15 亿美元和 1.37 亿美元，仅碳酸稀土出口一项三年就使中国外汇损失合计高达 3.83 亿美元。碳酸稀土的出口价格不能完全补偿包含了两个外部成本的理论价格，出口碳酸稀土相当于中国以自己的资源成本和环境污染成本为代价向国外的进口企业提供了隐性补贴。由于中国稀土的出口目的地主要集中于日本、美国、欧盟等发达国家。因此，出口低价格实质上是发展中国家对发达国家的补贴，是国民福利的净损失。

碳酸稀土理论价格与出口价格产生严重背离的直接原因有两个。一是在国内生产中，作为碳酸稀土上游产品的稀土精矿的价格扭曲，稀土精矿中的使用者成本与环境外部成本没有得到充分补偿。2011 年 4 月以前，稀土金属矿没有单独的资源税率，执行“其他有色金属矿原矿”税目，即从量的资源税征收标准是 0.50~3.00 元/吨或立方米。2011 年 4 月国家开始对稀土资源税的从量计征水平提高，轻稀土，包括氟碳铈矿、独居石矿 60 元/吨；中重稀土，包括磷钇矿、离子型稀土矿 30 元/吨。按照轻稀土 60 元/吨，中、重稀土 30 元/吨的新标准计算，以 2010 年为例，1% 和 3% 贴现率下轻稀土的使用者成本分别为 20.6 万元/吨和 8.14 万元/吨，补偿率分别为 0.03% 和 0.07%，中、重稀土在 1% 和 3% 贴现率下的使用者成本分别为 3.36 万元/吨和 2.02 万元/吨，补偿率分别为 0.09% 和 0.15%。对于轻稀土精矿的环境外部成本，本文估算为 70 983 元/吨，而企业实际缴纳的约为 177.21 元/吨，补偿率仅为 0.25%。有报道称新的环境税征收方案下将稀土的环境税提高至每公斤 4.3 元[①]。如果按照新的标准，那么企业应缴纳的环境税为 4 300 元/吨，环境外部成本的补偿率也仅为 6.06%。

二是碳酸稀土的生产过程中，其环境外部成本没有被充分补偿。本章计算的

① 《经济观察报》，2010-9-3。

碳酸稀土的环境外部成本为 3 442 元/吨，而包钢稀土公司在 2010 年生产 1 吨稀土产品（包括碳酸稀土、稀土氧化物和稀土金属）缴纳的环境税费合计约 136 元/吨，按照这个标准，环境外部成本的补偿率仅为 3.9%。

在假定稀土精矿与碳酸稀土两个环节一体化生产的条件下，2010 年碳酸稀土产品的使用者成本上限和下限分别为 21.88 万元/吨和 8.64 万元/吨，企业实际缴纳的资源税标准为 63.72 元/吨，补偿率分别为 0.03% 和 0.07%。环境外部成本（稀土精矿与碳酸稀土两个生产环节）合计为 78 825.95 元/吨，企业实际缴纳的环境税费合计 313.21 元/吨，补偿率仅为 4%。在国内稀土及稀土产品的生产中，使用者成本以及环境外部成本不能在价格中充分的显性化，对两个外部成本的补偿不完全，再加上出口秩序混乱，企业压价竞相出口，结果致使稀土的出口价格小于理论价格。

进入 2011 年以来，国家对稀土产业的出口管制效果逐渐显现，稀土及稀土产品的出口价格大幅度上涨。上海关口数据则显示，2010 年稀土及其制品出口平均价格为 2.54 万美元/吨，而 2011 年 1～10 月的平均价格上涨至 15.39 万美元/吨，上涨了 505.9%。2011 年 1～4 月，山东口岸碳酸铈的出口价格较 2010 年均价上涨了 464.89%，碳酸镧的价格上涨了 1 326.23%，其他碳酸稀土的价格则上涨了 811.39%，三种碳酸稀土产品的加权平均价格为 7.65 万美元/吨，折合成 2000 年不变价格为 38.06 万元/吨，这一价格已经超过了 2010 年理论价格的上限①。

2011 年 6 月以后，稀土出口价格从历史最高点开始回落。根据中国海关总署的统计数据计算，2011 年 11 月碳酸铈出口价格为 30 美元/千克，折合 2000 年不变价为 14.76 万元/吨，这一价格也已经接近 2010 年碳酸稀土理论价格的下限。这说明，进入 2011 年以来，由于稀土价格的暴涨，稀土的出口价格已经逐渐逼近其理论价格，出口价格在量上已经能够补偿两个外部成本，稀土价格的暴涨带有恢复性上涨和弥补历史欠账的性质。

二、进一步讨论

以上计算结果表明，2010 年以前，稀土出口价格（含税）过低，不足以弥补两个外部成本带来的损失，稀土出口的低价格造成了我国国民福利的大量流失。2011 年以后，稀土的出口价格在数量上已经接近于充分补偿两个外部成本

① 中国社会科学院经济学部主任陈佳贵在《人民日报》2011 年 9 月 5 日刊登的一篇社论中称，今年下半年中国物价涨幅虽有可能趋缓，全年通货膨胀率仍可能达到5%以上。本章假定 2011 年的通胀率为 5%。

的理论价格，提高关税以及缩减配额是稀土出口价格市场化的手段之一。但另一方面，由于定价机制不合理，稀土高价带来的收益完全转化成了企业的利润，资源开采中的深层次矛盾，即使用者成本补偿不足导致的代际不公，以及环境外部成本补偿率低所导致的资源开采地生态环境危机并没有缓解。

以从事稀土开采冶炼为主要业务的包钢稀土公司为例，表5－8是该公司2008～2010年部分财务数据。

表5－8　　包钢稀土公司2008～2010年部分财务数据

年份	营业收入（亿元）	利润总额（亿元）	净资产收益率（%）	每股收益（元）	实际缴纳资源税（万元）	实际缴纳排污费（万元）
2008	32.25	2.59	10.2	0.207	6.95	—
2009	25.93	1.73	3.29	0.069	3.54	20
2010	52.58	18.42	31.07	0.93	31.8	20

注：“—”代表相关资料缺失。

资料来源：《内蒙古包钢稀土（集团）高科技股份有限公司年度报告》（2008～2010年）。

表5－8的数据显示，包钢公司的利润总额在2008～2010年的增长率分别为398.1%、－33.2%和964.7%。公司的净资产收益率、每股收益的变化与利润的变动幅度大体相当。而实际缴纳的资源税占利润总额的比例在这三年分别为0.027%、0.02%和0.017%，变化幅度并不大。而实际缴纳的排污费在2009～2010年基本不变，长期偏低的使用者成本与环境外部成本补偿率并没有因企业利润的增加而提高。

现行稀土资源定价机制不合理体现在两个方面。从使用者成本角度，稀土资源开采与消费付出了巨大的使用者成本代价，存在着严重的代际不公平问题。由于开采中的巨大浪费导致资源使用者成本高企，而资源税费长期偏低。一方面应缴资源税费水平长期低于使用者成本充分补偿的要求，另一方面，资源税计征依据的设计上完全忽略了稀土开采中的巨大浪费。从环境外部成本的角度，稀土开采中环境负外部成本补偿率非常低，一方面原因在于缺乏对稀土开采中环境损失的价值估算，另一方面在于缺乏全国统一的环境税费征收标准和实施细则。

吸取WTO对我国九种矿产品出口限制不利裁决的经验教训，化解稀土低价出口导致的国民福利流失以及因出口管制导致的国际贸易争端的两难困局，关键在于要为稀土及稀土产品制定一个合理的市场价格，这一市场价格一方面能充分补偿使用者成本，实现稀土资源使用的代际公平，另一方面还能充分补偿稀土开采利用中的环境外部成本，实现生态环境的代内公平。同时，还能够消除国内外企业在购买稀土资源时在价格方面的差异，符合WTO非歧视性的基本原则。进一步要完全内部化稀土的使用者成本与环境外部成本，这两个外部成本必须在市场价格中显性化，相应的，稀土产品的特殊税费征收标准要做较大幅度的调整。按照本文所估算的下限值，要完全补偿碳酸稀土的使用者成本，资源税应该由当前的60元/吨提高到8.62万元/吨。对于碳酸稀土的环境外部成本，环境税应由计划方案的4 300元/吨提高到78 684元/吨①。要完全补偿两个外部成本，相应税费的征收标准应分别调高1 437倍和18.3倍。显然，在企业和整个社会的承受能力为外部约束条件时，特殊税费标准的大幅度调整绝不可能一蹴而就，合理的做法应该是分阶段、分步骤实施资源特殊税费制度改革，使稀土产品的市场价格逐渐与理论价格接轨。

小　　结

矿产资源的市场价格应由资源性产品的真实成本来决定，使价格能够真实反映资源开采过程中的环境外部成本和使用者成本，实现两个外部成本的充分内部化。但我国现有的资源价格形成机制不合理，仅仅反映了生产成本和部分的外部成本，资源的使用者成本与环境外部成本没有得到充分的补偿。以提高出口关税和缩减出口配额的管制措施在一定程度上提高了稀土及稀土产品的出口价格，部分的修正了出口价格与理论价格的背离，是稀土价格手段市场化的一种手段。但由于稀土定价机制的不合理，稀土出口价格的上涨并没有使稀土开采环节资源快速耗竭，以及开采区生态环境持续恶化的境况得到根本性改变，而且还带来了市场价格大幅波动的不利影响。按照两个外部成分充分内部化的要求改革和完善矿产资源的价格形成机制已经成为当务之急。为此：

第一，首先科学量化矿产资源开采中的使用者成本和环境外部成本。

第二，规范不同矿产资源环境税费的征收依据、征收标准和计征办法，分阶段逐步实现当代环境成本的充分内部化，激励矿业企业实行绿色开采，节约资源，彻底扭转资源开采中生态环境持续恶化的困局。

第三，资源税的调整不仅是税率或水平的调整，更重要的是要解决矿产资源开发中对资源的节约和有效利用，应当将现有矿产资源补偿费中的回采率系数考虑进去。同时，对于不同品位的矿产资源，应当根据其具体品位，设置相应的单

① 生产碳酸稀土的全部环境外部成本是提取稀土精矿环境外部成本与碳酸稀土生产流程中环境外部成本的和。

位税额。

第四，在确定矿产资源特殊税费时，要考虑矿业企业的一般税费水平以及整体税负水平的承受能力，在提高资源特殊税费征收标准的同时，对一般税费水平进行结构性减税。

第五，配额和出口关税是稀缺资源价格市场化的一个途径。对于当前市场价格尚没有调整到位的矿产资源，继续缩减配额和征收高的关税可以部分的补偿两个外部成本，校正出口价格与理论价格的背离，减少国民福利的净损失。

第六，国家应设立矿产品的保护价格，若低于保护价格，企业应该减产或者由政府收储。保护价格应该逐步提高，以逐渐纠正出口价格与理论价格的背离。

第六章

矿产资源的定价机制与理论价格

——以焦炭为例

矿产品出口政策的调整已成为中国政府亟待解决的难题。本章构建了一个核算矿产品理论价格的框架，利用此框架核算了焦炭的理论价格，并进一步比较了焦炭的理论价格与出口（含税）价格。研究发现，如果没有出口关税，焦炭的出口价格将低于理论价格，我国以自己的资源成本和环境成本为代价向国外企业提供了隐形补贴。当关税提高至40%后，焦炭的出口价格在补偿了两个外部成本后还有剩余，表明出口关税已经成为校正我国矿产品价格扭曲的一个手段。但高关税带来的收入并没有转化为对资源成本与环境外部成本的充分补偿，而且容易引致国际贸易争端。中国矿产品出口政策的调整的关键是按照两个外部成本内部化的要求改革矿产品的定价机制。矿产品的出口价格应以内化了两个外部成本的市场价格为基础。

第一节　研究问题的提出

一、焦炭进出口贸易现状

自加入WTO以来，中国矿产品的国际贸易迅速发展，矿产品的进出口贸易额在2010年达到7 125亿美元，是2001年的6.8倍，2001~2010年的年均增长速度高达27.7%。中国长期将出口作为创造外汇收入和拉动经济增长的主要手段。因此，一直奉行“重出口，轻进口”、“奖出限进”的外贸政策。这种粗放型的贸易政策带来了一系列新的问题和矛盾。对国内经济而言，由于我国在世界分工格局中处于产业链的低端，虽大量出口但获利有限。另外，高污染、高消耗、低附加值的低端出口品消耗了国内大量的资源，加剧了国内资源的紧张和环境恶化的矛盾。在国际上则诱发了诸多贸易争端，使中国处于不利地位。

自2004年开始，中国对矿产品的出口政策开始调整，由鼓励出口转变为控制出口。以焦炭出口为例，2003年以前，我国主要通过逐步提高出口退税政策鼓励出口，2004年1月1日，将焦炭的出口退税率由15%下调到5%，继而在当年5月取消出口退税政策。2006年11月，开始对焦炭征收5%出口关税，到2008年8月20日，焦炭出口关税提高至40%。

中国焦炭贸易政策的调整引起了长期使用中国焦炭国家的恐慌，并引发了一系列贸易争端。2004年，欧盟就中国限制焦炭出口问题威胁要上诉到世贸组织（WTO），2009年6月23日，美国、欧盟正式在WTO框架内向中国提出贸易争端请求，称中国对铝土、焦炭、萤石、镁、锰、金属硅、碳化硅、黄磷和锌共9种原材料，采取出口配额、出口关税和其他价、量控制，违反了中国2001年加入WTO时的承诺，造成世界其他国家在钢材、铝材及其他化学制品的生产和出口中处于劣势地位。墨西哥于8月21日也以类似的理由，提出了贸易争端请求。2011年7月，世界贸易组织认为中国不能提供证据证明出口管制是与国内原材料生产和消耗管制结合进行以达到保护资源的目的，并据此裁定中国以环保等理由限制9种原材料出口违反贸易协定。2011年8月31日中方就出口限制案上诉WTO，而在2012年1月30日，WTO上诉机构就美国、欧盟、墨西哥诉中国9种原材料出口限制措施世贸组织争端案发布裁决报告，维持此前专家组报告意见。世贸组织上诉机构的报告在世贸组织争端解决机构通过后，将成为生效裁决。

事实上，由于资源环境产权制度缺失以及认识上的局限，中国的矿产品一直缺乏合理的定价机制，国内市场上矿产品价格的形成机制不完全，既不反映不可再生资源的稀缺性（代际之间的使用者成本），也不反映资源开采所产生的生态环境损害（代内环境外部成本），矿产资源的两个外部成本没有充分补偿，矿产品价格扭曲，价格低于其真实的完全成本。在鼓励出口外贸政策的指引下，中国矿产品长期以零关税或极低的税率出口，出口价格远低于真实成本，造成事实上中国以稀缺资源的耗损和生态环境的损失为代价向国外提供隐形的补贴，而且出口产品越多，价格越低，补贴就越高。由于焦炭进口国大多是发达经济体，所以本质上是发展中国家对发达国家的补贴。矿产品的出口给中国带来了资源与环境损失，以及国内福利净流失的双重损失。

中国设置出口配额和关税政策是校正我国矿产品价格扭曲的一种手段，目的是为了保护资源和环境，避免和减少矿产品出口中的双重损失。但这种政策造成了国内消费者与国外消费者在购买中国矿产品时存在价格差异，带有违反 WTO 规则的歧视性政策的风险，容易引致国际贸易争端。美国、欧盟、墨西哥三方指责中国“推高了国际市场原料价格，并使中国相关企业在国际竞争中获得了‘不公平优势’”。因此，在国内矿产资源定价机制不合理的情况下，我国主要矿产品的出口政策面临避免“双重损失”与违反 WTO 贸易规则之间的两难困境。我们认为，在世贸组织对 9 种原材料出口做出不利于我国的裁决后，亟须改革和完善我国矿产品的定价机制，以便从源头上化解我国矿产资源在生产以及出口贸易方面面临的现实困境。

二、研究思路

本章在构建我国矿产品理论价格核算框架的基础上对主要矿产品出口管制政策调整的依据进行探讨。本章的第一部分是矿产资源理论价格核算框架的构建，第二部分估算了焦炭 2007 ~2009 年的理论价格，第三部分将焦炭的理论价格与出口（含税）价格进行比较，第四部分探讨了中国矿产品在生产和出口方面的政策改革取向，本章的最后是简要总结。

第二节　焦炭资源理论价格的估算结果

当前，我国焦炭价格形成的基础是焦炭生产的直接成本，主要包括炼焦煤等原材料、工资、电力消耗、折旧、维检费、销售和管理费用以及行业平均利润。焦炭的价格构成不完全，主要体现在两个方面，一是焦炭以炼焦煤为主要原材料，但炼焦煤自身的价格构成中对焦煤的使用者成本与环境外部成本的补偿不充分；二是在焦炭的生产环节没有考虑环境外部成本。在焦煤的生产环节通过征收税费的形式对两个外部成本进行了部分补偿，但补偿不完全，需要将差额部分计入焦炭的理论价格中。同时，焦炭自身的生产环节对环境外部成本的补偿也不充分，没有补偿的部分也应该计入焦炭的理论价格。另外，由于 1 吨炼焦原煤大约能提炼 0.75 ~0.85 吨焦炭，这里取中间值 0.8，也就是说生产 1 吨焦炭要损耗掉 1.25 吨炼焦煤炭。基于此，在式（5 -1）的基础上，焦炭的理论价格用公式表示为：

$$\text{焦炭的理论价格} = \text{焦炭的现价} + 1.25 \times \text{焦煤生产环节未补偿的两个外部成本} + \text{焦炭生产环节未补偿的环境外部成本} \quad (6-1)$$

一、焦煤生产环节未补偿的使用者成本与环境外部成本

（一）焦煤生产环节未补偿的使用者成本

1. 焦煤使用者成本

焦炭生产主要原材料是炼焦原煤，使用式（5－8）计算2007～2010年原煤在不同贴现率下的使用者成本见表6－1。

表6－1　2007～2009年我国吨煤使用者成本、应缴资源税总额与吨焦炭未补偿的使用者成本（2000年不变价，元/吨）

年份	贴现率					应缴资源税费总额	未补偿的使用者成本
	0	1%	3%	5%	7%		
2007	1 361.44	504.24	70.84	10.35	1.57	10.81	616.79
2008	2 247.72	832.49	116.95	17.09	2.59	11.59	1 026.13
2009	662.10	245.22	34.45	5.04	0.76	11.99	291.54
2010	870.68	322.47	45.30	6.62	1.00	12.67	387.25

资料来源：计算使用者成本所需要的原煤产量、工资总额、中间成本、固定资产净值均来源于《中国统计年鉴》（2008～2011年各卷），国际原煤价格来源于《BP世界能源统计》（2011年卷），正常资本回报率按照CCER（2007）“中国经济观察”研究组提供的方法计算得到。

2. 与使用者成本相对应的应缴资源税费总额

目前，我国煤炭资源开采中应依法缴纳的资源税费主要是资源价款、资源税和资源补偿费，这三项税费具有补偿资源耗竭的性质，在这个意义上相当于对使用者成本的补偿。本文根据山西省平均吨煤缴纳资源价款6元的标准，由全国原煤出采量计算出2000～2009年我国煤炭资源开采活动中应缴纳的资源价款总额。煤炭资源税征收标准由各省区资源开采的难易程度、品质的不同而不同，本文取各省煤炭资源税征收标准的中位数（即2.50元/吨）作为全国煤炭资源税的平均征收标准，进而根据全国原煤出采量计算出2000～2009年我国煤炭开采活动中应缴纳的资源税总额。矿产资源补偿费根据1994年2月国务院发布的《矿产资源补偿费征收管理规定》计算，其计算公式为：

$$矿产资源补偿费 = 矿产品销售收入 \times 补偿费费率 \times 开采回采率系数 \quad (6-2)$$

其中开采回采系数为实际回采率/核定开采回采率，费率按矿种进行分档，其中煤炭资源补偿费费率为1%。由于各矿区核定回采率和实际回采率数据难以获取，本文假定核定开采回采率和实际开采率相等，即将开采回采率系数定为1，进而根据全国原煤销售收入计算出2007～2010年我国煤炭资源开采活动中应缴纳的资源补偿费总额。

3. 未补偿的使用者成本

由于不同的贴现率下资源的使用者成本差异较大，因此，确定一个合适的社会贴现率就显得至关重要。社会贴现率指能够恰当地将整个社会未来的成本和收益折算为真实的社会现值的贴现率。较高的社会贴现率，意味着人们倾向于当前消费，鼓励人们较早地消耗掉自然资源。而较低的社会贴现率有利于资源在代际间的公平分配，也有利于环境保护。结合我国当前的实际情况，我们取1%的社会贴现率。那么，用1%贴现率下的使用者成本扣减掉已缴纳的资源税费，就可以计算出吨煤未补偿的使用者成本。据此可计算1吨焦炭的生产中未补偿的使用者成本。

（二）原煤生产环节的环境外部成本

原煤开采环节带来的生态环境损害主要包括“三废”带来的环境污染以及地质塌陷、水土流失、地震等地质损害。茅于轼等（2007）的测算结果表明，在开采环节，吨煤的环境外部成本约69.47元。李国平等（2009）采用MVM法测算的陕北地区煤炭开采造成的生态环境损失为34.63元/吨，李国平和张海莹（2011）的后续研究表明，2003～2008年，山西省开采单位煤炭的生态环境恢复治理成本在10.99～38.81元之间。但我们认为，李国平和张海莹以山西省实际投入的治理成本来测算吨煤的生态环境损害不完全，实证上实际投入的治理成本与规范上应该投入的治理成本之间有差异，结果可能会低估吨煤开采对生态环境的损害。山西省环保局《山西省煤炭开采环境污染和生态破坏经济损失评估研究报告》得出山西省在2003年吨煤开采造成的生态环境价值损失约64.23元。

本文以茅于轼和山西环保局估算结果的平均值66.85元/吨作为山西省原煤开采的生态环境外部成本。值得注意的是，资源开采中生态环境价值损失是动态变化的，在量上并不可能精确测算。

根据李国平、张海莹（2011），2007～2010年山西省开采吨煤应缴纳的生态环境费为24元/吨，据此可计算生产1吨炼焦煤未补偿的生态环境外部成本为42.85元。那么，生产1吨焦炭未补偿的生态环境外部成本为53.56元。

根据以上分析，可知生产 1 吨焦炭需要补偿的炼焦煤的使用者成本与环境外部成本在 2007 ~ 2010 年分别为 670.35 元、1 079.69 元、345.1 元和 440.81 元。

二、焦炭生产环节的环境外部成本

炼焦是高污染行业，冯科（2010）的估算表明，生产单位焦炭所造成的生态环境损失的经济价值大约为 76 元/吨。本文根据 2010 年山西省炼焦企业炭化室高度（4.3 米以上占 3%，2.8 ~ 4.3 米占 76%，2.8 米以下占 21%）比例以及山西省《关于我省焦炭生产排污费暂行收费标准及有关问题的通知》中有关焦炭生产排污费收费标准，估算出山西省生产每吨焦炭应交排污费为 103.6 元。

山西省对炼焦行业实际征收的排污费在 2007 ~ 2010 年分别为 18.5 亿元、16.88 亿元、9.52 亿元和 7.2 亿元，而焦炭产量分别为 9 897.27 万吨、8 295.87 万吨、7 705.83 万吨和 8 502.1 万吨。则可折算出生产每吨焦炭实际缴纳排污费分别为 18.69 元、20.34 元、12.35 元和 8.47 元。据此可以计算出 2007 ~ 2010 年，焦炭生产环节未补偿的环境外部成本分别为 84.91 元、83.25 元、91.25 元和 95.13 元。

三、焦炭的理论价格

根据式（6 - 1）计算焦炭的理论价格具体结果见表 6 - 2。

表 6 - 2　　焦炭的理论价格　　单位：元/吨

年份	焦炭出厂含税平均价格	焦煤生产环节未补偿的两个外部成本	焦炭生产和未补偿的环境外部成本	焦炭理论价格	焦炭理论价格（2000 年不变价）
2007	1 575	670.35	84.91	2 330.26	2 048.76
2008	1 382	1 079.69	83.25	2 544.94	2 112.85
2009	1 680	345.1	91.25	2 116.35	1 769.42
2010	1 848	440.81	95.13	2 383.94	1 929.53

资料来源：焦炭价格数据来源于《十一五（2006 ~ 2010 年）我国焦炭市场报告》。

根据表 6 - 2，焦炭的现价远低于理论价格，2007 ~ 2010 年，焦炭现价占理论价格的比例分别为 67.6%、54.3%、79.4% 和 77.5%。表明了焦炭的价格构成不完全，没有完全补偿焦炭产品中内涵的使用者成本与环境外部成本。

第三节 焦炭出口价格（含税）与理论价格的比较

一、焦炭出口价格小于理论价格

将焦炭出口价格（含税）与理论价格进行对比。首先看焦炭的出口情况，表 6－3 是 2007～2010 年焦炭出口情况。

表 6－3　　2007～2009 年焦炭出口情况

年份	出口数量（万吨）	出口金额（万元）	出口关税额（万元）	出口价格（含税，现价）	出口价格（含税，2000 年不变价）
2007	1 530	2 330 174	932 070	1 523	1 339. 01
2008	1 213	4 036 121	1 614 450	3 327	2 762. 45
2009	54	137 411	54 964	2 544	2 127. 50
2010	335	942 768	377 107	2 814	2 277. 81

资料来源：《中国统计年鉴》2008～2011 年。

根据表 6－3 的数据计算出焦炭的出口含税价格在 2007～2009 年分别是 1 523 元/吨、3 327. 39 元/吨、2 544. 65 元/吨和 2 814. 23 元/吨。进一步剔除通货膨胀因素的影响，将出口价格折算到 2000 年不变价，则 2007～2010 年焦炭的出口含税价格分别为 1 339. 01 元/吨、2 762. 45 元/吨、2 127. 5 元/吨和 2 277. 81 元/吨。

二、焦炭出口关税对两个外部成本的补偿

表 6－4 是焦炭的出口价格（含税）与理论价格的比较。

根据表 6－4，首先比较焦炭理论价格与不含税的出口价格，结果发现，焦炭出口的不含税价格小于包含两个外部成本的理论价格，2007～2010 年焦炭出口不含税价格分别少于理论价格 1 245. 4 元/吨、455. 4 元/吨、492. 91 元/吨和 562. 84 元/吨。出口不含税价格分别占理论价格的 39. 2%、78. 4%、72. 1% 和 70. 8%，表明如果不征收关税，焦炭出口的价格不能完全补偿包含了两个外部成

本的理论价格，焦炭的出口价格被严重扭曲，在这种情况下出口焦炭相当于中国以自己的资源成本和环境污染成本为代价向国外企业提供了隐性补贴。

表6-4　焦炭资源的理论价格与出口价格比较（2000 年价格）

年份	理论价格（元/吨）	出口价格（不含税，元/吨）	出口价格（含税，元/吨）	出口价格（不含税）/理论价格	出口价格（含税）/理论价格	出口价格（不含税）-理论价格	出口价格（含税）-理论价格
2007	2 048.76	803.41	1 339.01	0.392	0.654	-1 245.35	-709.75
2008	2 112.85	1 657.47	2 762.45	0.784	1.307	-455.38	649.60
2009	1 769.42	1 276.51	2 127.50	0.721	1.202	-492.91	358.08
2010	1 929.53	1 366.69	2 277.81	0.708	1.180	-562.84	348.28

其次将焦炭的理论价格与出口含税价格进行比较，结果发现，在 2007 年，按照 25% 的出口税率，焦炭出口价格小于理论价格约 709.75 元/吨，表明征收关税部分的校正了焦炭出口价格的扭曲，但出口价格依然小于理论价格，仍然没有充分补偿焦炭生产过程中的两个外部成本。2008 年 8 月 20 日后，我国焦炭出口关税由 25% 提高至 40% 后，使当年焦炭出口价格高于理论价格 649.6 元/吨，在 2009～2010 年，焦炭出口价格高出理论价格分别为 358.08 元/吨和 348.28 元/吨，表明提高关税后，焦炭出口价格在补偿了两个外部成本后还有剩余。

第四节　矿产品出口政策调整：进一步讨论

一、对矿产品出口价、量控制的缺陷

中国对矿产品出口的管制制度在本质上是一种行政控制的非市场化行为，其目的主要是保护资源和环境。在当前缺乏矿产品合理定价机制的条件下，非市场化的行政调控手段是校正扭曲的资源价格的次优选择。但仅在出口环节对矿产品不充分的价值进行保护的行政控制措施治标不治本。第一，对矿产品出口的价、量控制容易引发国际贸易争端，使中国处于不利地位。通过提高出口关税和降低出口配额的政策限制出口，政府既获得了较高的关税收入，同时又有效地减少了出口数量，保证了国内经济增长对非再生能源的有效需求。但这种计划管制措施

对国内市场与国际市场提供了具有差异性的价格信号，违反了WTO的非歧视性原则。这也是2009年美国和欧盟等国对我国就9种原材料出口提出贸易争端请求的主要诱因。

第二，对矿产品出口的价、量控制措施不能从源头上解决当前矿产资源开采中生态环境损害，以及使用者成本不能充分补偿这两个根本性问题。首先，这种行政控制措施并没有走出对资源开采中的生态环境损害进行“事后治理”的老路，“事后治理”的生态补偿制度又由于缺乏产权制度的保障而最终流于形式。其次，来自于行政管制的租金最终成为政府的关税收入和出口企业的利润，出口价格的提高并没有转化为对资源开采中使用者成本的充分补偿。因此，政府对外宣称的以提高关税方式实现保护资源和环境的目的难以实现，从而也为发达国家提出贸易争端提供了条件。

相关数据显示，在2007年，中国出口焦炭1 530万吨，实现出口关税收入为93.2亿元人民币，在2008年提高出口关税税率后，出口数量降低到1 213万吨，但实现出口关税收入提高到161.45亿元。从使用者成本角度，2007年2月，国家对焦炭征收的资源税提高到8元/吨。在1%贴现率下，对焦炭使用者成本的补偿率在2007～2010年分别为1.3%、0.8%、2.7%和2.1%，距离完全补偿使用者成本的要求还有较大差距。再看焦炭生产环境外部成本的补偿，以对焦炭生产排污费征收标准最高的山西省为例，山西省从2007年开始对焦炭生产征收18～200元不等的排污费，在2008年，山西省焦炭行业共征收排污费16.88亿元，而当年该省焦炭产量为8 235万吨，平均每吨提取的环境税（费）为20.34元，补偿率仅为17.9%。2009年，山西省调低了焦炭排污费征收标准，当年征收焦炭排污费总额约9.52亿元，而焦炭产量约7 700万吨，平均每吨提取的排污费降低到12.35元，补偿率下降到10.79%，在2010年，吨焦炭提取的排污费进一步下降到8.47元，补偿率下降到8.18%。可见，通过价、量控制措施提高焦炭出口价格所带来的额外收入并没有转化为对两个外部成本的充分补偿，特别是对环境损害补偿率还有下降的趋势。

二、对矿产品出口关税税率的设置缺乏科学依据

对矿产品出口关税税率的设置缺乏科学依据。虽然我国政府声明，提高焦炭出口关税税率的目的是保护资源和环境，但为什么税率是40%而不是其他？因此，需要政府匡算每种矿产品的使用者成本与环境外部成本，并以此作为关税税率设置的依据。根据本文的计算，在2010年，以焦炭出厂价格为基础，将当前的焦炭出口关税税率由40%下调到29%，即能使出口价格达到理论价格水平。

在理论上，这一税率水平下的出口价格能够完全补偿焦炭生产中的两个外部成本，避免国内福利的净流失。

三、两个外部成本的测算是确定矿产品理论价格的关键因素

在2012年WTO裁定中国包括焦炭在内的9种原材料出口限制措施违规后，中国矿产品出口政策的调整方向成为国内外密切关注的焦点，也是中国政府迫切需要解决的难题。我们认为，资源浪费与矿区生态环境破坏等在生产环节积累的矛盾应该在生产而不是出口环节解决。保护资源和环境，避免国内福利对外流失的关键是按照两个外部成本内部化的要求改革矿产资源的价格形成机制。这是破解困局，从源头上化解资源与环境矛盾的基础条件。

四、矿产品出口关税调整的数量标准

第一，为每一类矿产品估算其使用者成本和环境负外部成本，以此为依据设立基于矿产品真实成本的理论价格，并以此价格作为价格基准形成矿产品的市场价格。

第二，在科学量化矿产资源两个外部成本的基础上，确定矿产资源特殊税费的计征依据、计征标准和计征方式。同时改革矿产资源开采企业的一般税费水平，将矿产资源综合配套税费改革与矿业企业的可承受力相结合改革，建立实现两个外部成本的内部化的配套制度。

第三，在资源性产品定价机制改革完成前的过渡阶段，应该逐步减少资源型产品出口的数量限制，并按照完全补偿两个外部成本的要求设置出口关税税率。关税税收原则上应用于对资源使用者成本与环境外部成本的补偿上。最终，资源性产品的出口价格应以内化了两个外部成本的市场价格为基础，使我国资源型产品的出口政策符合WTO规则。

小　　结

在2012年1月，WTO裁定我国对中国9种原材料出口限制违规后，对矿产品出口政策进行战略性调整已经成为中国政府迫切需要解决的难题。本章以焦炭为例的研究发现，如果不征收关税，焦炭的出口价格小于理论价格，焦炭的低价

出口实质上是以资源耗损和环境污染为代价向国外提供隐形补贴。当关税提高到40%时，出口（含税）价格高于理论价格，表明征收关税是校正矿产品出口价格扭曲的一种手段，但关税收入并没有转化为对使用者成本与环境外部成本的充分补偿，过高的出口关税税率还容易引致国际贸易争端。从源头上化解我国矿产资源开采及出口所面临的内忧外困，关键是对矿产品定价机制按照两个外部成本内部化的要求进行市场化改革，矿产品的出口价格应该以内化了两个外部成本的市场价格为基础。本章的研究将为中国矿产品出口政策的调整提供理论上的依据。

第七章

矿产资源的定价机制与定价权

价格机制是市场经济正常运行的核心。但我国现行的矿产资源的价格构成不完全反映其真实成本，政府主导的定价机制不仅造成矿产资源的浪费使用和掠夺式开采，而且造成矿产资源上下游产品价格体系的混乱，以及矿产资源的上游产品因低价出口而带来的国民福利净流失。本章主要研究矿产资源的定价机制及定价权问题。第一节分析我国现行矿产资源价格形成机制存在的主要问题及其特征；第二节以稀土资源为例，在对稀土定价权缺失的现实根源进行探讨的基础上，阐释了我国稀土定价权缺失的理论机理；第三节分析矿产资源定价权的影响因素，以及定价权的实现方式；第四节提出了我国获取稀土定价权的政策建议。

第一节　矿产资源价格形成特征

一、现行矿产资源定价机制及其存在问题

在现行体制下，我国矿产资源的价格是由矿业企业生产经营成本以及运输成本构成。矿产资源的价格形成机制不仅没有反映资源耗竭、生态环境损害等外部成本，而且还导致下游产品价格体系混乱、资源浪费和低效利用，是制约科学发展和可持续发展的根源所在。

第一，矿产资源价格构成不完全，不能反映资源耗竭成本与环境外部成本。矿产资源的价格只反映了开采成本与运输成本，而不反映因当代人对资源开采利用对后代人带来的机会成本损失（即使用者成本），也没有反映资源开采对矿区生态环境的损害。定价问题反映的是产权问题。矿产资源定价机制不合理的根源在于资源环境产权制度的缺失。由于矿产资源产权相关利益主体权责不明，收益分配关系不合理，资源的国家所有权权益不能充分实现。环境质量产权缺失，以及生态补偿机制缺位，导致稀缺的资源环境被无偿使用，矿产资源的价格被严重扭曲。

第二，推进资源价格形成的市场化进程，矫正扭曲的利益分配。加快推进资源价格形成的市场化进程，进一步扩大招标、拍卖和挂牌等市场竞争性出让资源方式的使用范围。对于现存的资源价格“双轨制”，应加快实现并轨的步伐。

第三，矿产资源的特殊税费制度不合理，与矿产资源价值构成不匹配。现行矿产资源税费存在的问题是在性质上相互重叠，计征标准过低。首先，在征收的税费种类上与矿产资源的价值构成不匹配。资源价值构成中的生态环境外部成本目前尚没有全国统一的税费相对应。而与使用者成本相对应的税费主要包括资源税、资源补偿费和探矿权采矿权使用费，这三种税费在性质上相互重叠，而且在资源税制度设计本身存在缺陷。其次，税费的计征标准过低，不能完全实现对资源价值的补偿，矿产资源收益在资源所有者、矿业权人以及资源开采地之间的合理关系被扭曲，也不能平衡资源输入地与资源输出地的利益关系。如美国对资源损耗的补偿主要通过耗竭补贴和权利金制度实现，对生态补偿通过保证金制度和环境税实现。与我国实行单一的资源税费——环境税费模式相比，这种复合补偿模式在方式上比较灵活，而且更有利于对使用者成本与环境外部成本的充分足额补偿。实证显示，美国开采企业负担的两个外部成本是我国煤炭开采企业的 7 倍。

第四，矿产资源之间的比价相背离。由于矿产资源的定价机制不合理，导致资源之间的比价相背离。如按热值折算，国际通用的煤炭、石油、天然气比价关系大致为 1∶1.5∶1.35，而我国实际大致为 1∶4∶3，在我国，煤炭、天然气与石油相比，煤炭价格严重偏低，天然气次之。而石油价格与国际市场接轨，表明煤炭和天然气价格要低于国际价格。资源比价关系不合理，不利于优化资源配置、转变发展方式和建设资源节约型社会。

第五，目前资源定价机制使得出口政策面临两难选择。中国对主要矿产品长期以来以较低的价格对外出口，实际上是以国内的资源损耗和生态环境损害为代价向国外提供了隐形补贴，造成了国民福利的净流失。2004 年以后，为了保护资源和环境，中国对原材料实施出口管制政策，如提高关税、实行出口配额等政策，但这些政策造成国内外企业在购买原材料时价格上存在差异，带有违反

WTO规则的歧视性政策的风险，容易引致国际贸易争端。2009年美国、欧盟、墨西哥等国就我国对9种原材料出口限制在WTO框架内向中国提出贸易争端请求，2012年1月30日，WTO上诉机构就美国、欧盟、墨西哥诉中国9种原材料出口限制措施世贸组织争端案发布裁决报告，裁定中国以环保等理由限制9种原材料出口违反贸易协定。一波未平一波又起，2012年3月13日，美国总统奥巴马宣布美国已联合欧盟和日本向WTO提起一项针对中国限制稀土出口的贸易诉讼。矿产资源的定价机制不合理，价格没有完全反映两个外部成本，导致中国矿产品的出口面临避免国民福利流失和违反WTO贸易规则之间的两难困境。

二、矿产资源价格形成的特征

矿产资源是我国快速工业化的重要支撑，但现行的矿产资源定价机制不合理，价格构成不完全，不反映其真实成本，不仅造成资源浪费和使用低效，而且造成下游产品相对价格的混乱，以及因资源性产品低价出口而带来的国民福利净流失。改革和完善矿产资源定价机制，理顺各类资源价格关系，既是促进资源节约和有效利用的本质要义，也是贯彻科学发展观和转变经济发展方式，进一步推进和完善市场经济的重要内容。

矿产资源的自然属性是其价格形成的重要前提条件之一。矿产资源的定价在以下三个方面不同于一般商品价格。

第一，矿产资源开采过程中具有严重的负外部性。普通制造业商品在生产过程中也有外部性，但其外部性比较单一。而矿产资源开采中的外部性具有复杂性、不确定性、动态性以及影响的广泛性等特征。

首先，矿产资源是一种可耗竭性的天然资源，一旦被开采利用，资源的实物形态逐渐减小，直至完全耗尽。可耗竭性意味着，当代人与后代人在消费矿产资源上具有此消彼长的替代关系，当代人多消耗一单位的矿产资源，必将给后代人的福利造成机会损失，这一机会成本被称为“使用者成本”。为了保证代际之间的收入和效用水平保持不变，实现代际之间的帕累托最优，应将可耗竭资源的开采租金储蓄，并转化为生产性投资（Hartwick，1977），以补偿使用者成本，实现代际公平。这也意味着必须将对使用者成本的补偿计入当期的生产成本中。但使用者成本本身是隐性的机会成本，既无法观察其真实值，也无法直接测算其对后代人的福利损失，对使用者成本的完全补偿成为理论和现实的难点问题。新探明的资源储量、人们对后代人利益的关心程度（即社会贴现率）、矿产资源产权制度安排等因素对使用者成本都有广泛而深刻地影响，而这些影响因素具有较大的不确定性，从而使用者成本，以及矿产品的价格呈现出不确定性和动态特征。

其次，矿产资源的开采导致了严重的环境污染和生态破坏，构成了开发中的生态环境外部成本。根据经济学中外部成本内部化的要求，矿产品的价格构成中应该包括环境外部成本。但内化环境外部成本依赖于对资源开采对生态环境损害价值的准确度量。与一般制造业相比，矿产资源开采除带来环境污染外，还会产生地质环境的破坏，其对环境与生态的影响更加复杂。这种特殊性与复杂性主要体现在以下四个方面。(1) 是对环境质量的损害具有持久性和不可逆性。矿产资源作为由地质作用形成的天然富集物，本身就是环境质量资源的组成部分，对矿产资源的开采就是对环境质量的改变，由于矿产资源的形成需要漫长的过程，这样，因资源开采而对环境质量造成的影响就具有持久性和不可逆性。(2) 是对环境质量的损害往往难以精确测度。矿产资源开采对环境质量的损害主要有环境污染（气相、固相与液相废弃物）与地质环境破坏。地质环境破坏主要包括地质破坏（如地震、泥石流、土体坍塌等）和生态破坏（如荒漠化、水土流失等）。对这些损害的价值评估存在固有的困难而难以精确测度。(3) 是对环境质量的损害既具有局域性又具有全域性。局域性损害如土地塌陷、地质灾害、固相废弃物的堆积等。另外，产生的废气、粉尘等随大气飘散，对环境质量的损害又具有了全域性特征。(4) 是对环境质量的损害具有较大的不确定性。首先，矿产资源的储量是不确定的。通过勘查技术对矿山可开采量的估测可能与实际的可开采量存在差异，若差异超过一定范围，将会对矿业企业的生产经营和财务状况带来风险。其次，由于矿业权的取得与延续具有一定的时效性。因此，在企业经营过程中，存在由于矿业权变更、延续而形成的不确定性。再次，矿产资源的开采还会遇到矿场坍塌、恶劣天气、地下水渗漏、瓦斯爆炸等其他突发性事故风险。最后，矿产资源开采还面临监测污染物排放及其对环境质量影响的不确定性，减污技术的不确定性、对矿业管制政策的不确定性等。矿产资源在开采中对环境质量损害的复杂性和不确定性，导致了环境外部成本以及矿产品的价格也具有较大的不确定性。

第二，矿产资源市场不完善。价格机制是市场经济正常运行最重要的作用机制。普通的制造业商品基本上是通过完善的市场机制形成价格机制，市场价格反映了买卖双方对商品的客观评价。但我国的矿产资源市场还不完善，突出的体现在以下两个方面：

一方面，资源环境的产权市场不完善，使矿产品市场价格的形成缺乏制度基础。矿产资源开采环节涉及的产权关系既包括矿产资源自身的产权，还包括环境质量产权。矿产资源产权的所有权为国家所有，而矿业权与所有权分离，允许矿业权出让和流转。但在矿业权的一级市场上，资源有偿出让占比较低，国家划拨仍占有相当大的比例，致使矿产资源的所有者权益难以真正实现。在矿业权的二级市场，国家对转让进行严格控制，使市场中权利的流动性被阻断，矿业权市场发育不良，市场价格被扭曲，无法实现资源的有效配置，进一步又影响的矿产品在市场上形成合理的价格。对环境质量产权，国家尚没有从法律上界定其使用权，也没有完善的矿区生态环境补偿机制，造成稀缺的环境质量在事实上被无偿使用，矿产品的生态环境外部成本没有进入企业的生产成本，导致矿产品价格被扭曲。

另一方面，政府直接干预矿产品的市场价格（如电煤价格长期实行计划价格），使得矿产品的市场价格被人为扭曲，既不反映其稀缺性和内在价值，也不反映市场真实供求关系，并引起了整个价格体系的混乱。

第三，由于市场机制不完善以及严重的负外部性，需要政府通过建立和完善有偿使用制度搭建科学合理的矿产品价格形成机制的制度基础。通过矿产品价格形成机制的改革，实现矿产资源开发利用中两个外部成本的内部化。

第二节　稀土定价权缺失的理论机理及制度解释

中国虽然拥有稀土资源储量优势，但是却没有定价权。本章在对稀土定价权缺失的现实根源进行探讨的基础上，重点阐释了稀土定价权缺失的理论机理，指出稀土定价权缺失问题的关键原因是稀土出口市场呈“买方垄断”的市场结构特征。并进一步对解决稀土定价权缺失的渠道进行了探讨：指出政府可以通过征收环境税、提高稀土企业进入标准、规制稀土价格的措施提高稀土定价权；提出形成稀土出口市场“双寡头”结构的对策，获取金融定价权及加大稀土产品技术创新力度的建议。

一、问题的提出

稀土作为不可再生资源有“工业味精”、“工业维生素”、“新材料之母”、“工业粮食”的称号，在科技、国防建设、新能源建设等众多领域有着极为重要的作用，是国民经济可持续发展不可缺少的重要战略资源。从稀土资源的世界分布来看，稀土资源主要集中于中国，近几十年来，中国供应了世界稀土的大部分产量需求，但是与中国稀土资源储量优势形成反差的是中国稀土生产企业稀土定价权的缺失。2009 年，稀土产品出口价仅为 8.59 美元/公斤，相比 30 年前，增加不到 2 美元。低廉的稀土出口价格完全偏离了稀土本身的价值，价值不菲的稀土资源在中国手中却卖了“白菜价”。与中国微薄的出口创汇形成鲜明对比的是美国、日本、欧盟等西方发达国家以低廉价格进口稀土产品后所获取的巨额利益。为什么会出现这样的反差呢？实际上，西方发达国家早就有着通过打压中国稀土出口价格，争夺稀土资源来压制中国经济发展的战略计划。一方面，西方发达国家在中国稀土大量出口的同时停止国内稀土生产，进行稀土资源储备，不断地削弱中国稀土资源储量优势。据测算，按现在的开采规模，中国已探明的南方离子型稀土资源仅能开采 14 年，包头矿的枯竭期约为 50 年（郭茂林，2009）。另一方面，他们利用各种途径，甚至结成同盟，压制中国稀土出口价格，维持其在稀土资源领域的定价优势。近年来，中国已经认识到了稀土定价权缺失问题，陆续采取了一系列整顿、限制出口、限制生产总量等提升稀土价格的措施，这触痛了西方发达国家的神经，双方针对稀土资源展开了新一轮争夺与反争夺的战略角逐。在此博弈中，中国稀土定价权缺失的原因及理论机理是什么？中国应该如何逐步取得稀土定价权，改变当前不利地位呢？

目前学术界对中国稀土定价权缺失的探讨很少，主要集中于稀土定价权缺失的定性分析，对稀土定价权缺失的政策建议研究（苏振锋，2011；邓炜，2011 等），却缺乏对稀土定价权缺失的现实根源和理论机理进行深入探讨。只有在理清稀土定价权缺失的现实根源及理论机理的基础上，才能为我国彻底改变稀土定价权缺失问题提供正确的理论支撑。本文围绕稀土定价权缺失问题探究其现实根源，并在此基础上进行理论机理分析，进而对解决稀土定价权缺失问题的渠道进行了探讨和分析，对引入环境税制、政府规制价格等多方面重要问题进行了思考。

二、稀土定价权缺失的现实根源

要理解稀土定价权缺失的理论机理，首先需要探究其产生的现实根源。现有的文献对稀土定价权缺失的原因进行了一定的探讨。如张平（2006）认为稀土产品供大于求、稀土技术落后是稀土产品市场低迷的原因；李文龙（2011）认为稀土产业结构不合理、稀土出口产品附加值低是稀土产业可持续发展的制约因素等。但大多学者并没有针对原因进行深入分析，缺乏系统的理论概括。本文认为稀土定价权缺失问题存在着以下几方面的现实根源：

第一，稀土定价权缺失的根本原因是稀土出口的买方垄断市场结构[①]。中国稀土出口价格大部分为合同价格，即稀土生产企业通过与西方垄断企业谈判签订

① 按照 Blair 和 Harrison（1993）的界定，买方垄断是市场中存在唯一买方，使购入的中间品价格低于竞争价格，并且具备保持这种价格的市场结构。

协议价格。但是，中国稀土企业较为分散，谈判能力不高，稀土出口价格实则为西方垄断企业所控制。Noll（2005）、Kirkwood（2005）、Chen（2007）等认为如果零售商能将供应商的产品价格压低到市场竞争结构价格水平之下时，是具备买方垄断实力的，这应产生于买方垄断的市场结构。在买方垄断市场结构下，中国的稀土产品出口价格始终在低位徘徊。在西方发达国家买方垄断势力较强的情况下，中国稀土企业抗衡能力不高，导致国内稀土企业整体出口利润不高，甚至出现亏损现象，如Schumacher（1991）研究发现买方市场集中度与供应商利润率之间存在负相关关系。

第二，稀土定价权缺失的内部原因是稀土生产的无序状态。中国稀土生产企业较为分散，没有形成稀土生产的规模化经营，稀土企业进入门槛低，稀土生产处于过度竞争状态。在此情形下，虽然中国作为稀土主要出口国满足了世界稀土大部分产量需求，但是也造成了中国稀土产品供大于求，稀土生产过剩的不利局面。而在稀土产品的出口市场上，中国一味以初级产品的低价优势占有国际市场，虽然取得了微薄的创汇收入，但是中国在这过程中也付出了相当大的代价，如稀土过度生产导致稀土资源的浪费、生态环境的破坏等问题，更为重要的是，这种无序状态导致了在稀土出口市场上国内企业的稀土定价形不成合力，稀土出口价格被国外垄断厂商控制，形成了内部无序竞争、外部买方垄断的被动局面。

第三，稀土定价权缺失的重要原因是中国没有形成实现稀土产品增值的技术创新网络。从稀土生产的源头来看，中国稀土企业进入门槛低，稀土企业获得采矿许可证没有严格的技术标准。这就为稀土生产的无序状态埋下了隐患。稀土生产企业多且分散，不能形成一个统一的创新体系，导致了稀土生产企业的落后状态，进而影响了稀土产品的科技含量。从稀土的产业链条来看，中国没有形成针对稀土产业链条特点的产、学、研创新体系，这直接导致了稀土产业链条较为分散、产业结构不够合理、产品创新能力不足、缺乏国际竞争力等问题，进而在一定程度上抑制了中国稀土定价权的获取。

第四，稀土定价权缺失与不合理的矿产资源税制结构息息相关。中国矿产资源税制问题主要表现在“税费并存”的特征。“税费并存”的问题使得我国矿产资源国家所有权权益蒙受损失，主要表现在矿产资源的损耗、浪费及生态环境的破坏。在矿产资源开发中“税费”的错位乱用，没有很好地体现矿产资源的国家所有权权益，尤其是没有把矿产资源开发中的“两个外部成本”[①] 计入在内，使得生态环境问题日益突出，引起社会福利的损失。因此，有学者提出“费改税”的建议，并征收环境税。税制结构的不合理反映在稀土生产环节上表现为

① 指矿产资源开发对环境造成的负外部成本，包括当代成本和代际成本。

稀土生产标准低，使得稀土生产带来的一系列负的外部成本没有考虑在内。中国没有严格的法制体系来提升稀土的生产标准，这使得稀土生产无序、过度生产的状况较为严重，进而影响了稀土定价权的获得。

第五，稀土定价权缺失反映了国际金融秩序的不合理。中国相对于西方发达国家并没有高度完善的金融体系，实现稀土产品货币增值的空间很小。现实的情况是，国际金融寡头操控和掌握了大宗商品的国际市场，他们具有强大的市场影响力。而稀土国际市场的“买方垄断”结构是与国际金融市场的不合理秩序紧密相关的。中国并没有形成一个规模庞大的稀土垄断企业与之相抗衡，在稀土产品出口谈判及稀土高端产品的引进上并没有足够的筹码。

第六，稀土定价权缺失的本质是垄断资本对经济发展中国家的经济掠夺。全球化条件下的垄断资本是资本高度集中形成的超大规模的资本集合，具有强大的综合优势和强烈的独霸偏好，主导与控制了全球的贸易、投资、市场和技术。垄断资本在全球范围配置与控制资源要素，通过跨国公司这个重要载体，长期攫取垄断超额利润（齐兰，2009）。中国处于世界稀土产业链条的底端，稀土生产和出口产品大多为初级产品，发达国家凭借技术优势和跨国公司的垄断优势，控制了稀土高端产品市场，在压制中国稀土产品出口价格的同时，掌控稀土产品定价权，攫取超额垄断利润。Porter（1985）、Kogut（1985）等认为企业生产活动在不同的价值链上有不同的价值增值率，跨国公司处在稀土产业链条高端，实现着远比产业链条底端高的价值增值率。

从以上几个层面原因的分析，我们看出稀土定价权缺失是一个复杂、系统的问题，需要在各个层面的基础上把握其内在关联，深入地分析其形成的内在机制。而许多学者对中国稀土定价权缺失原因探讨大多偏于定性分析，并没有形成一个综合的脉络，原因是并没有一个关于稀土定价权缺失的深入理论阐释，进而给出的政策建议也缺乏针对性。因此，在下文我们将构建关于稀土定价权的理论模型，以更好地阐明稀土定价权缺失的理论机理。

三、稀土定价权缺失的理论机理

为了分析的方便，假设只有两个国家，以两个典型代表中国和美国表示，且中国只生产稀土初级产品，美国只出口具有高附加值的稀土高端产品。进一步假定，中国稀土企业数目为 m，这些企业规模较小，处于无序竞争状态；美国拥有一家规模庞大的寡头企业 B，它垄断了中国稀土初级产品的大部分出口，且是稀土高科技产品的主要出口企业。

（一）中国稀土生产厂商的利益分析

中国稀土总产量用 $Q=\sum_{i=1}^{m}q_i$ 表示，其中 q_i 为每个企业的稀土初级产品生产量。每个稀土企业的稀土生产能力是一定的，总产量 Q 随着企业数目 m 增加而增加，稀土企业数目越大，稀土市场过度竞争的情况就越严重。在以下的分析中，我们假定稀土总产量是企业数目的函数，用 $Q(m)$ 表示，我们可知 $\frac{dQ}{dm}>0$。中国稀土产品一部分用于国内消费，另一部分用于出口，满足世界需求，因此：

$$Q=Q_d+Q_e \tag{7-1}$$

式中，Q_d、Q_e 分别表示国内对稀土产品的需求产量和 B 的需求产量。国内稀土产品价格为 P_d，稀土产品的出口价格为 P_e。根据购买力平价理论，$P_e=EP_d$，即从理论上讲出口价格应该等于国内价格与实际汇率 E 的乘积，然而，实际上并非如此：一方面，由于 B 垄断因素的存在往往导致 $P_e<EP_d$；另一方面，P_d 受到政府调控，不能很好地反映国内市场供需关系，实际价格水平低于正常的市场价格，进而导致出口价格进一步被压制。我们分别用如下形式表示 P_d 和 P_e：

$$P_d=f^1(Q_d(m))^{\varphi} \tag{7-2}$$

$$P_e=f^2(Q_e(m))^{\xi} \tag{7-3}$$

在完全竞争的市场条件下，价格是产量的反应函数，分别用 f^1 和 f^2 表示反应函数。但是，P_d、P_e 的形成还受到其他因素的限制，如政府调控、垄断因素的存在，因此我们加入了限制参数：φ、ξ。其中，φ 表示国内稀土生产厂商对国内稀土市场价格的掌控程度，$\varphi\in(0,1)$，当 Q_a 时，表示政府掌控力度最大，国内厂商完全没有国内价格定价权；$\varphi=1$ 则表示完全竞争情况下定价方式；同样 ξ 是出口企业对出口价格的掌控参数，$\xi\in(0,1)$。φ、ξ 的取值反映了两种价格的不同形成机理。国内价格的形成服从于国家对经济宏观调控的大局，基于稀土资源的重要性，国家适当的调控有利于经济社会的稳定；出口价格的形成受制于垄断企业 B 的控制，是一种买方垄断市场结构的反映。为了便于分析，假设国内每个稀土生产企业的生产能力是一定的，用 $\overline{q_i}$ 表示，稀土生产产量只是企业数目的函数，对价格函数求导得：

$$dp_d=\varphi f^1(Q_d)^{\varphi-1}\times\left(\frac{df^1}{dQ_d}\times\frac{dQ_d}{dm}\right) \tag{7-4}$$

$$dP_e=\xi f^2(Q_e)^{\xi-1}\times\left(\frac{df^2}{dQ_e}\times\frac{dQ_e}{dm}\right) \tag{7-5}$$

一般而言，随着企业数目的增多，稀土价格下降，即 $\frac{df^1}{dQ_d}\times\frac{dQ_d}{dm}<0$，$\frac{df^2}{dQ_e}\times$

$\frac{dQ_e}{dm}<0$。价格的波动还受 φ、ξ 的影响。国家一般倾向于稳定国内价格，即选择合理的政策参数 φ 使得国内稀土价格波动较为平稳；B 不希望价格上升，会根据情况选择掌控参数 ξ 以压低稀土出口价格，对 B 而言，企业数目 m 越大越好，这样就会加大掌控稀土产品出口定价权的筹码。在实际的中国稀土产品出口过程中，由于中国稀土企业数目多，而稀土出口市场基本被美国、日本等发达国家垄断，在稀土出口价格谈判中，中国厂商往往是被动的，以较低的价格将稀土产品卖掉，有的企业甚至出现巨额亏损现象，如 2009 年上半年，产量占全球一半需求的中国最大稀土企业包钢稀土居然亏损 6 718.71 万元。主要原因是中国出口企业过于分散，没有一个有代表性的垄断企业集中定价，提高出口价格的掌控能力。

国内企业的总利润可以用如下形式表示：

$$\pi_d = Q_d \times P_d + Q_e \times P_e - C \tag{7-6}$$

式中 C 为国内稀土生产企业的总成本，包括生产成本、运输成本等。对式(7-6)两边进行求导，得到：

$$\begin{aligned} d\pi_d = {} & Q_d \times \varphi f^1(Q_d)^{\varphi-1} \times \left(\frac{df^1}{dQ_d} \times \frac{dQ_d}{dm}\right) + P_d \times \frac{dQ_e}{dm} \\ & + P_e \times \frac{dQ_e}{dm} + \xi f^2(Q_e)^{\xi-1} \times \left(\frac{df^2}{dQ_e} \times \frac{dQ_e}{dm}\right) \times Q_e - dC \end{aligned} \tag{7-7}$$

当利润达到最大时，边际利润 MR_d 等于边际成本 MC。边际利润 MR_d 可以表示为：

$$\begin{aligned} MR_d = {} & Q_d \times \varphi f^1(Q_d)^{\varphi-1} \times \left(\frac{df^1}{dQ_d} \times \frac{dQ_d}{dm}\right) + P_d \times \frac{dQ_d}{dm} \\ & + P_e \times \frac{dQ_e}{dm} + \xi f^2(Q_e)^{\xi-1} \times \left(\frac{df^2}{dQ_e} \times \frac{dQ_2}{dm}\right) \times Q_e \end{aligned} \tag{7-8}$$

要使国内外市场稀土产品价格达到帕累托最优状态，且根据利润最大化原则，我们令 $MR_d = MC = 0$，此时稀土国内外市场价格达到均衡状态。进一步假定：

$$\begin{cases} MR_1 = Q_d \times \varphi f^1(Q_d)^{\varphi-1} \times \left(\frac{df^1}{dQ_d} \times \frac{dQ_d}{dm}\right) + P_d \times \frac{dQ_d}{dm} = 0 \\ MR_2 = P_e \times \frac{dQ_e}{dm} + \xi f^2(Q_e)^{\xi-1} \times \left(\frac{df^2}{dQ_e} \times \frac{dQ^e}{dm} \times Q_e = 0\right) \end{cases} \tag{7-9}$$

即稀土企业国内市场总利润为 $MR_1 = 0$，同时出口市场利润 $MR_2 = 0$，这时稀土市场达到均衡状态，均衡价格为：

$$\begin{cases} P_d = -Q_d \times \varphi f^1(Q_d)^{\varphi-1} \times \frac{df^1}{dQ_d} \\ P_e = -Q_e \times \xi f^2(Q_e)^{\xi-1} \times \frac{df^2}{dQ_e} \end{cases} \tag{7-10}$$

当价格非均衡时，存在帕累托改进的可能性。实际上，中国稀土市场也并非帕累托最优状态，表示为 P_3 或 $P_d \neq -Q_d \times \varphi f^1(Q_d)^{\varphi-1} \times \frac{df^1}{dQ_d}$。出口价格往往在均衡价格之下，$P_e < -Q_e \times \xi f^2(Q_e)^{\xi-1} \times \frac{df^2}{dQ_e}$，此时厂商承受边际利润损失，部分利润被垄断企业 B 所榨取，根本原因是中国稀土产品出口厂商没有定价权。

$$\begin{cases} P_d \to -Q_d \times \varphi f^1(Q_d)^{\varphi-1} \times \frac{df^1}{dQ_d} \\ P_e \to -Q_e \times \xi f^2(Q_e)^{\xi-1} \times \frac{df^2}{dQ_e} \end{cases} \tag{7-11}$$

式（7-11）揭示了稀土产品国内外价格的动态调整过程。其中，如何调整 φ 和 ξ 使得稀土产品国内外价格更为合理是我们需要考虑的问题。

（二）美国垄断企业 B 的利益分析

第一，加强稀土资源储备，削弱中国稀土资源储量大国的地位。美国等西方国家将稀土视为重要的战略资源，实行了一揽子的战略储备计划。如作为世界第二大稀土储量大国的美国，早看到了中国稀土产品价格的低廉①，将国内最大的稀土矿芒廷帕斯矿封闭，停止生产稀土产品，转而从我国大量廉价进口，加大了稀土储备力度。美国进行稀土资源储备，一方面，是为了充分利用中国丰富的稀土初级产品为自己攫取巨额利润；另一方面，也是其作为抑制中国经济发展的策略之一。事实上，经过了近 20 年的稀土战略储备，已慢慢地削弱了中国稀土资源大国的地位，据 2003 年 1 月美国地质调查局公布的世界稀土储量，我国稀土工业储量占世界稀土总储量的比例已从 43% 下降为 31%。

第二，利用科技优势和金融优势攫取高额利润的同时获取稀土定价权。在 2008～2009 年金融危机期间，没有稀土资源的日本却对世界 800 多种稀土产品享有定价权，原因是日本拥有稀土科技优势。具体来讲，垄断企业 B 通过进口稀土初级产品生产稀土高附加值产品从而攫取高额垄断利润。B 是稀土生产技术的垄断者，而中国缺乏足够的创新能力冲破这一局面，这样就形成了稀土高科技产品卖方垄断的局面。B 掌握了稀土高科技产品的定价权，在稀土出口中占据了有利地位。低廉稀土初级产品价格在 B 那里变成了“黄金”，价格成倍增长，如在军工市场上，日本、美国等国以技术优势掌控稀土精材，导致提炼于稀土的金

① 如资料显示：从 1990 年到 2005 年，中国稀土的出口量增长了近 10 倍，可是平均价格却被压低到当初价格的 64%。除了 1989 年和 2007 年的特殊情况之外，中国稀土出口平均价格基本都在 10 美元/公斤左右的低价徘徊，2004 年甚至降到了不足 6 美元/公斤的历史最低点。

属钕、金属镧、金属镝、金属铽等稀有金属的粗材与精材的纯度每提高 1 个百分点，价格就几乎翻一倍。不仅仅如此，B 还依靠本国的金融市场优势，将稀土产品进一步拿到金融市场，如期货市场进行炒作，使得稀土价格波动增加了许多虚拟成分，在此过程中 B 又获得了额外的巨大利益。经过 B 生产加工的稀土产品进一步出口到中国，这不仅仅是通过垄断稀土生产技术专利攫取巨额利润的有效方式，更是利用金融工具压制中国、剥夺中国国民财富的重要手段。

B 进口的稀土初级产品全部来自于中国。出口产品有 n_1 部分用于美国自己国内需求，n_2 部分是用于产品加工出口到中国的。假设 B 生产函数采取 CES（不变替代弹性）形式，初级产品作为中间投入品投入到 B 企业的生产过程中：

$$Q_{e1} = \left[\int_0^{n_1} q_i^{\rho-1/\rho} d_i\right]^{\rho/\rho-1} \tag{7-12}$$

$$Q_{e2} = \left[\int_0^{n_2} q_{\varepsilon i}^{\rho-1/\rho} d_{\varepsilon i}\right]^{\rho/\rho-1} \tag{7-13}$$

出口产品中 $Q_1 \to Q_{e1}$，$Q_2 \to Q_{e2}$，$Q_e = Q_1 + Q_2$。ρ 为初级产品之间的替代弹性，ρ 值越小，意味着稀土高科技产品对稀土初级产品的依赖程度越高。美国国内稀土产品产量为：

$$Q_{ue} = \left[\int_0^{n_1} q_i^{\rho-1/\rho} d_i\right]^{\rho/\rho-1} + \left[\int_0^{n_2} q_{\varepsilon i}^{\rho-1/\rho} d_{\varepsilon i}\right]^{\rho/\rho-1} \tag{7-14}$$

同中国一样，美国自身稀土产品的国内价格与出口价格是有区别的。假设国内稀土产品统一价格为 $\overline{P_i}$，$i=1, 2, \cdots, n_1$；出口价格为 $P_{\varepsilon i}(A, \varepsilon)$，它是国内稀土生产技术 A 和金融冲击变量 ε 的函数，它是在稀土初级产品出口价格的基础上考虑技术专利、金融定价能力而形成的价格：

$$P_{\varepsilon i}(A, \varepsilon) = P_e \times E(A, \varepsilon) \tag{7-15}$$

$E(A, \varepsilon)$ 为期望值。B 垄断稀土技术专利，因此 $\frac{dE}{dA} > 0$；至于 ε 是由国内金融发展程度决定的。美国等西方发达国家拥有发达的金融体系，金融市场定价能力强。一般而言，ε 是由国际利率差 $\hat{r}$、投资者的风险偏好程度 v、汇率变动 e 和社会心理、政治稳定等一系列社会因素 s 决定的，用 $\varepsilon(\hat{r}, e, v, s)$ 表示。作为拥有世界货币地位的美国希望 $\frac{d\varepsilon}{de} < 0$，因为美元贬值可以推动美国稀土产品出口价格的提升，让中国等发达国家缴纳一定的“铸币税”。美国经常采取扩张性的货币政策，其目的就是利用金融定价能力转移风险到别国，获得货币贬值带来的好处；其他的如 $\frac{d\varepsilon}{dv}$、$\frac{d\varepsilon}{ds}$、$\frac{d\varepsilon}{d\hat{r}}$ 反映了世界投资者在美国金融市场的“虚拟”供需关系的变化。作为世界金融中心的美国希望更多的资本流入，推动金融市场的“虚拟繁荣”，这样作为金融寡头的 B 便有更多的赚钱机会。B 的角色不仅仅是

稀土高科技产品的生产者，也是稀土金融定价的推动者和操控者。由于美国拥有强大的金融系统，在金融定价的过程中 B 往往会得到巨大的金融利益。

B 企业稀土产品的出口价格的波动可以用如下形式表示：

$$dP_{\varepsilon i} = P \times dE(A,\ \varepsilon) = P_e \times \left[\frac{dE}{dA} + \frac{dE}{d\varepsilon} \times \left(\frac{d\varepsilon}{d\hat{r}} + \frac{d\varepsilon}{de} + \frac{d\varepsilon}{dv} + \frac{d\varepsilon}{ds}\right)\right] \quad (7-16)$$

式（7-16）清楚地刻画了 B 稀土产品出口价格的形成机理。它是在稀土初级产品出口价格的基础上，以稀土技术专利垄断优势、金融市场优势取得的定价。它不仅反映了产品的实物供求关系，同时也反映了资本的虚拟供求关系，且后者在产品定价中的作用越来越大。如果美国出现金融危机，那么金融市场的不良反应必然会影响到 B 的金融利益，使其利润下降，并进一步会影响到中国稀土初级产品的出口价格，如 2008 年，由于金融危机的影响使稀土市场大幅萎缩，稀土价格大幅回落就是一例证。

B 的利润可以用如下形式表示：

$$\pi_f = \overline{P_i} \times \left[\int_0^{n_1} q_i^{\rho-1/\rho} d_i\right]^{\rho/\rho-1} + P_{\varepsilon i} \times \left[\int_0^{n_2} q_{\varepsilon i}^{\rho-1/\rho} d_{\varepsilon i}\right]^{\rho/\rho-1} - P_e \times Q_e - C_f \quad (7-17)$$

式（7-17）刻画了 B 企业利润形成的过程，它由初级产品进口后的国内利润 π_{f_1} 和出口利润 π_{f_2} 组成。它反映了 B 获取巨额利润的两种渠道：一是获得 $\max\pi_{f_1}$，B 要做的是压低中国稀土产品出口价格，从而攫取最大利润；二是获得 $\max\pi_{f_2}$，B 要做的是继续维持其技术专利垄断优势和金融优势。在此过程中，中国始终处于被动地位。由于稀土定价权的缺失，中国稀土产品出口创汇受到限制，甚至出现倒退，如 2009 年我国出口金额为 31 000 万美元，比 2008 年下降了 34.92%。B 企业的意图我们可以用如下形式表示：

$$\max\pi_{f_1} = \overline{P_i} \times \left[\int_0^{n_1} q_i^{\rho-1/\rho} d_i\right]^{\rho/\rho-1} - Q_1 \times P_e - C_{f_1} \quad (7-18)$$

$$\max\pi_{f_2} = P_{\varepsilon i} \times \left[\int_0^{n_2} q_{\varepsilon i}^{\rho-1/\rho} d_{\varepsilon i}\right]^{\rho/\rho-1} - Q_2 \times P_e - C_{f_2} \quad (7-19)$$

其中 B 总利润：$\pi_f = \pi_{f_1} + \pi_{f_2}$，$C_{f_1}$、$C_{f_2}$ 分别为国内生产成本和出口成本。在出口中 B 形成的最大化利润形式为：

$$\max\pi_{nf} = P_{\varepsilon i} \times \left[\int_0^{n_2} q_{\varepsilon_i}^{\rho-1/\rho} d_{\varepsilon i}\right]^{\rho/\rho-1} - Q_e \times P_e \quad (7-20)$$

式（7-20）反映了 B 的出口创汇，也是中国企业出口稀土产品的净福利损失。中国厂商由于数目众多，单个厂商只考虑其生产成本，只要使得其有净利润，它们就会考虑进入稀土生产市场，但是从式（7-20）我们可以看出中国总体福利是有损失的。因此这种盲目、无序的状态必须改变。

四、稀土定价权缺失的应对渠道

（一）渠道一：政府应加强宏观调控

第一，战略性贸易保护政策。中国已经认识到稀土定价权缺失带来的问题，近年来针对稀土采取了一系列战略性贸易保护政策，主要表现在下调或取消稀土出口产品的出口退税和出口配额、提高出口关税、实行稀土产品出口的许可证制度、控制稀土生产总量等。战略性贸易政策实则是政府调整稀土企业价格掌控参数，在提升本土企业定价能力的同时，削弱国外垄断企业对出口价格的垄断力度。

当然，这必然会引起国外的强烈反应。战略性贸易保护政策推动了稀土价格的上升，而美国等西方发达国家为了压低中国稀土出口价格，势必通过各种渠道向中国施加压力。2009 年 6 月 23 日，美国和欧盟同时向 WTO 对中国加强稀土出口的限制进行起诉，墨西哥也于 8 月 21 日以同样理由起诉；除了诉讼之外，2010 年 10 月中旬以来，日本、美国等西方发达国家对中国的做法展开了猛烈攻势，提出严厉批评。西方发达国家再次结成同盟，运用舆论界、学术界、政界及社会其他各界的力量对中国的做法横加干预和指责，不断向中国施加压力。由式（7－18）～式（7－20）我们可知这一切都源自于中国的做法会妨碍美国垄断企业 B 通过压制中国稀土产品出口价格和利用技术专利垄断优势和金融优势攫取最大化利润。另外，这实则是美国等西方发达国家为了抑制中国发展的一种战略。令人担忧的是，中国在 WTO 谈判中的不利地位。2009 年 12 月 21 日，除了美国、欧盟外，阿根廷、巴西、加拿大、智利、哥伦比亚、厄瓜多尔、印度、日本、韩国、挪威、中国台湾、土耳其和沙特阿拉伯以第三方身份对中国稀土出口政策进行了参诉。他们认为中国的出口措施违反了《关贸总协定》（1994）中第八条第十条和第十一条的规定，也违反了《中国入世议定书》第五条、第八条和第十一条的规定。中国该如何应对以上种种压力呢？

我们认为中国现阶段实行的战略性贸易保护政策只能对稀土起到暂时的保护作用，不是根本之策。由式（7－11），我们可知通过战略性贸易政策保护稀土企业出口利益的措施实质上是调整国内稀土企业价格掌控参数值，增强价格控制能力的行为，使得本来被压制的稀土价格向均衡价格靠拢，但是这些参数是外生形成的，政府调控在一定时期会取得一定的效果，同样会面临因国外以非市场化手段为由进行的各种压力而采取妥协政策的境地。现在中国已深深融入经济全球化的过程中，中国的政策已不能不顾国际规则而单独进行，关键是如何在国际规则下保护稀土资源。

第二，内生地调整稀土企业价格掌控参数，改变当前不利的局面是我们必须考虑的问题。从长远来看，政府至少在以下几个方面可以大有作为：

第一方面，引入环境税，改革不完善的矿产资源税制结构，提高稀土生产的环保标准。我国现行的矿产资源税制结构存在诸多不合理的现象，使得矿产资源开发中的环境破坏问题日益严重。有必要征收环境税，加强矿产资源开发的环境监管。我国目前尚没有关于环境税征收的法律依据、法律程序及制度体系，治理环境污染保护环境主要依靠的是征收排污费等环境费的经济调节手段，关于环境税的征收没有系统的制度安排。依靠征收环境费保护环境的方式存在若干弊端：环境费征收依据不清晰；环境费征收标准不明确，且征收力度较少；环境费的征收对象主要针对的是大中型企业，而缺乏对小型污染企业的监管，环境保护的目的收效甚微等。因此，有学者建议“费改税”，征收环境税以改善环境费征收混乱的局面。那么环境税的价值定位应该如何体现呢？首先，环境税的征收主体是政府。就税收的根本属性来看，税收是政府调节社会收入分配、社会生产和实现资源优化配置的主要手段，具有强制性。环境税作为税收的一种，也具备税收的强制性征收功能。其次，环境税的征收对象应为对环境资源的破坏者，也即环境污染主体。唯有如此，才能达到环境保护的目的。最后，环境税的征收应该是履行以保护环境为目的的公共服务职能，收入应为环境污染治理，实现自然环境的可持续利用和经济、社会的可持续发展服务。环境税应区别于其他税制，如资源税、消费税，在目标、定位、功能等都应该界定清晰。撇开目前我国税费混乱的局面不谈，在我国征收税费的理念中缺乏对代际公平的认识。从可持续发展的视角来看，环境税的征收应该有效平衡当代人和后代人在资源上的利用，无论从空间维度还是从时间维度都应该体现“税负公平”的理念。

在关于环境税的法律定位界定清晰的前提下，针对征收环境税不仅仅有利于生态环境的保护，更为重要的是，可以提高稀土产品生产标准，使得稀土生产企业的边际成本上升，根据利润最大化原则，必然要求边际利润上升。由式（7-8）可知，要提高稀土生产企业的边际利润，主要有三种途径：一是提高稀土产品的国内价格；二是减少稀土生产企业的数目，实现规模化经营；三是提高稀土产品的出口价格。在第一种情况下，稀土国内价格上升必然要求出口价格上升，但是，当前由于政府实施的稀土总量限制、战略性贸易保护政策导致国内稀土价格上升，国内价格大于国际价格，形成了新的价格的非均衡局面，主要原因是中国没有稀土产品出口定价权；在第二种情况下，有利于稀土产业集中度的提高，形成垄断市场结构，提升企业稀土定价权能力；因为稀土出口仍然为西方发达国家所垄断，第三种情况的实现是受到限制的。这三种情况中较为可行的是第二种情况。

第二方面，提高稀土生产企业进入标准，推动稀土生产规模化经营。在提高稀土生产企业进入标准的情形下，淘汰一些零散的小企业，改变稀土生产的混乱局面。如 2011 年 4 月 2 日，发改委发布《产业结构调整指导目录（2011 年本)》，加强了对落后的稀土开采、分离工艺及装备的淘汰力度，明确规定了“矿石处理量 50 万吨/年以下的轻稀土矿山开发项目，1 500 吨（REO)/年以下的离子型稀土矿山开发项目必须于 2013 年年底前被淘汰。”由于稀土产品价格随着企业数目的增多而下降，减少稀土企业数量进而控制稀土生产的无序状态是大势所趋。中国没有稀土定价权的关键就是稀土企业太零散，形不成合力，只有改变当前分散的企业分布状态，集中管理，推动企业规模化经营才能逐渐改变稀土企业当前不利的地位。由于稀土等矿产资源属于国家所有，推动稀土企业规模化经营的主动权在国家手里，国外不能干涉。政府可以在发放采矿许可证的时候提高企业进入门槛，扶持稀土龙头企业的发展。

综合第一和第二个方面的措施，我们可以看出政府要彻底改变稀土定价权缺失问题，需要配套改革，在征收环境税推动矿产资源税制改革的基础上，也要出台一系列政策推动稀土产业规模化经营。

第三，政府规制价格。政府规制价格的主要依据，可以从以下几个方面考虑：

第一方面，保护生态环境的需要。按照《关贸总协定》（1994）第二十条（g）项中有关于“环保例外”的条款。由于政府监管不力导致稀土资源的开采严重破坏生态环境，因此政府有必要加强对稀土资源监管。政府规制价格思路就是在针对稀土资源开采中生态环境破坏的现状提出的，目的是在加大稀土生产企业环境成本的基础上给予稀土企业一定的价格扶持，在保护环境的同时，维护稀土生产企业的合法权益。

第二方面，稳定国内经济的需要。《关贸总协定》（1994）第二十条（i）项有关于“国内生产例外”的条款，即如果某种原材料由于政府经济稳定计划，其国内价格低于国际市场价格，为了保证国内产业生产之必须，可以实施出口限制，只要这种限制不是为了增加出口而保护国内产业，并且在其他成员国之间没有歧视。当前稀土国内价格不合理波动，而出口价格低于均衡价格，这对国民经济的稳定是不利的，因此政府有必要实行规制价格。

第三方面，加强稀土资源储备的需要。为了遏制当前稀土资源开采无序造成稀土资源浪费、稀土生产过剩持续的现状，推动稀土资源的可持续利用，政府有必要出面给予稀土生产企业一定的价格优惠，吸纳过剩的稀土产品，这也是加强稀土储备的渠道。从国际上来看，美国等西方发达国家早就有目的的进行了稀土资源储备，从中国进口廉价的稀土产品取代国内生产，在获取巨额利益的同时，也削弱了中国稀土资源大国的地位。对中国而言，有必要加强稀土资源储备，维持稀土资源储量优势。政府可以给出一定的收购价格，储存稀土资源。

但是政府规制价格要在符合国际贸易规则的前提下进行，关键是方式和方法问题。

（二）渠道二：形成稀土出口市场双寡头结构

前文的分析中，我们指出了中国稀土出口定价权缺失导致中国遭受净社会福利损失，原因是中国没有一个代表性的垄断企业可以与 B 抗衡。以澳大利亚掌握铁矿石定价权的实践经验为例对此进行一下说明。进入 21 世纪，国际铁矿业出现了兼并重组的浪潮，澳大利亚在此过程中形成了世界三大铁矿石供应商：力拓公司、必和必拓公司和巴西淡水河谷公司，这三个国际铁矿石垄断企业几乎控制了全球 70% 以上铁矿石供应量，形成了铁矿石卖方垄断市场结构，掌握了铁矿石定价权。在此基础上，2009 年必和必拓公司和力拓公司又进一步合并，建立各自持股 50% 的西澳铁矿石合资公司，使得其铁矿石定价能力进一步提升，主导了铁矿石国际价格走向。中国要逐步掌握稀土定价权也必须改变当前稀土出口买方垄断的不利局面，加快稀土产业兼并重组步伐，形成稀土出口市场双寡头结构，提高出口企业价格掌控参数值的控制能力。中国目前几个较大的稀土生产企业，上游产业的有：包钢稀土、五矿集团、中国铝业公司、江西铜业集团和广晟有色金属集团等；下游产业的有：中科三环、马鞍山鼎泰稀土新材料股份有限公司等，这些企业有着成为寡头垄断企业的实力，但是力量还是较为分散的，各自都有一定的地域背景，地方色彩浓厚。应该打破稀土企业地方割据局面，在各自优势互补的基础上进一步兼并重组，形成稀土生产的合力。

（三）渠道三：获得稀土金融定价权

由式（7－17）我们可以得出，B 企业除了获得稀土技术专利带来的利益之外，还利用金融市场优势获得金融利益。式（7－20）告诉我们这些利益是从中国转移出去的。即使中国在稀土出口市场上拥有了一定的谈判权，但是如果中国没有稀土金融定价权，仍会承受一定的社会福利净损失。美国等西方发达国家金融市场的发达程度远远领先于中国，中国很难从短期内改变落后状态。但是，这不能代表中国不能掌握稀土金融定价权。例如，大连商品交易所与上海铜期货分别成为非转基因大豆和铜的国际金融定价中心。中国具有稀土资源储量优势，有成为稀土国际金融定价中心的可能。中国期货市场的发育尚不成熟，在商品期货交易方式、交易品种、交易程序、产品创新等与西方发达国家有很大的差距，但是，中国可以实现后发优势，借鉴西方发达国家经验，建立自己的稀土期货交易中心。获得金融定价权的另一个问题是美元霸权问题。人民币在短时期内很难与美元抗衡，这是由两国经济实力决定的。但是中国可以逐渐迈出人民币国际化的步伐，先定位于亚洲，实现人民币亚洲化。

（四）渠道四：加大稀土技术创新力度

由式（7－19）、式（7－20）我们知道，B 企业凭借技术垄断优势攫取中国财富。因此，稀土生产企业要逐渐改变稀土技术专利被国外垄断的情况，加大稀土创新投入和完善稀土技术专利保护制度，摆脱稀土产业链条底端的被动地位。2007 年金融危机之后，新能源经济政策已经成为世界各国重点，如何在新的经济形势下，发挥后发优势，促进技术创新，推动稀土产业结构升级，关系着中国未来经济安全和可持续发展的大局。

第三节　矿产资源定价权的影响因素及实现方式

我国在矿产资源的国际贸易中长期存在“高买低卖”现象，即国内稀缺的需要大量进口的矿产资源（如铁矿石）的国际市场价格持续上涨，而一些富裕矿产品（如焦炭、稀土）的出口价格却长期在低位徘徊。这一现象背后的根源在于矿产资源定价权的缺失。（国际）定价权是某地或某个机构在某种商品上的定价能够左右或者影响国际市场价格的能力。定价权的本质是对利润的分配权（严启发，2005）。矿产资源定价权的缺失使得我国的贸易条件不断恶化，国民财富大量流失，给经济社会的可持续发展带来了严重的负面影响。

一、影响矿产资源定价权的因素

定价权包括三个方面的能力和影响力，即在国际贸易合同谈判中影响合同价格的能力，在现有的国际定价机制框架下影响国际基准价格的能力，以及制定修改现行的国际定价机制的能力。现实当中，定价权涉及政府部门、行业、企业、投资者、消费者等多个参与主体。因此，其影响因素也较为广泛，主要包括基本供求关系、市场结构状况、期货市场需求价格弹性与交叉价格弹性、商业周期、政府管制的影响。

（一）基本供求关系

基本的供求关系是影响矿产资源定价权的基础性因素。在现货市场交易中，商品的价格主要由供求关系决定，根据西方经济学理论，当商品供大于求时，市场价格下降；供不应求时，市场价格就上升；供求平衡时，市场便处于均衡状态，并产生一个均衡价格。在期货市场交易中，供求因素是影响期货价格走势的基本因素。从期货交易的特征来看，期货市场是一个具有严密组织制度的规范化市场，具有公开、公正、高效、竞争的运行机制。作为上市期货品种集中交易的场所，期货交易所特有的便利吸引了大批的套保者和投机者参与到交易中来，通过在期货交易所频繁、快捷的买卖操作，他们互相交换着供求信息。于是，众多影响商品价格的供求因素能够被迅速和综合地反映到期货市场内，形成的期货价格具有预期性、连续性、公开性和权威性的特点，具有很强的价格发现功能，预示着现货价格的未来走向。

可见，供求关系是影响矿产资源定价权的重要因素，当该商品出现供求不平衡，供过于求时，商品的需求方处于争取定价权的有利方，而当该商品供不应求时，供应方则处于争取定价权的有利方。

（二）市场结构状况

市场结构是一个行业内部供给方和需求方的数量及其规模分布情况、产品差异化的程度和行业对新企业进入标准的要求高低程度的综合状态，是某一市场之中的各种要素相互间的内在联系及其特征，包括了市场卖方之间（包括替代品）、买方之间、买方与卖方之间以及市场上目前现有的卖方、买方和正在进入该市场的卖方、买方之间的关系。不同的市场结构下买卖双方对矿产资源国际价格的影响能力也不同。西方经济学将市场结构分为两类：竞争性市场和不完全竞争性市场，不完全竞争市场又可以细分为垄断竞争市场、寡头垄断市场及完全垄断市场。

在完全竞争市场中，由于商品的卖方和买方足够多，没有一个单独的买方或者卖方对于商品价格有显著的影响力。也就是说买卖双方都是价格的被动接受者。价格由供求关系决定，二者之间相互影响，相互作用。但是完全竞争的假设条件较为苛刻（如完全的信息、存在大量独立的厂商和消费者以及资源的完全流动性等），在现实市场上不能真正成立。

而现实中矿产资源国际市场经常处于寡头垄断的不完全竞争状态。寡头垄断市场是指少数几家厂商控制整个市场产品的生产和销售的一种不完全竞争的市场。它具有竞争市场的特点，又兼垄断市场的特点，但更接近于完全垄断市场。

当矿产资源的供应方处于寡头垄断时，即众多的买家面对有限的卖家，此时卖方在国际价格形成过程中有较强的话语权，买方只能接受卖方制定的价格；而当矿产资源的需求方处于寡头垄断时，即众多卖家面对有限的买家，此时买方更能影响国际价格的形成，其在国际定价权的争夺中处于有利地位。而在双边寡头垄断市场结构即买方和卖方都只有极少数几个参与者，交易两侧的竞争都不充分时，定价权则取决于交易双方的谈判能力。

可见，寡头垄断是影响国际定价权的重要因素，获取寡占地位也就成为获得国际定价权的有效方法。

（三）期货市场

期货市场具有发现价格和规避风险两大功能，原油等多种矿产资源的价格都是由期货市场的交易价格所决定。国际期货市场之所以在矿产资源的国际价格形成过程中发挥了举足轻重的地位和作用，其原因首先是期货市场具有价格发现功能。期货市场的交易价格能够真实地反映供求关系。其次，期货市场上的交易商大都具有丰富的市场经验和经营知识，熟悉商品的行情，通过竞争形成的价格能够客观的反映未来市场供求和远期价格走势。最后，这些交易所都具有漫长的发展历程，如芝加哥期货交易所是现代期货市场的鼻祖、伦敦金属交易所开创了金属期货交易的先河、纽约商业交易所推出了世界第一份成功上市的石油期货标准合约。由于历史悠久，这些交易所在长期的发展和实践中形成了完善的市场运行机制。成熟的期货市场的交易价格能够很好地反映市场供求关系和未来价格走势，因此多数大宗商品的基准价格都是由较成熟的期货市场如国际定价中心来决定，一国期货市场的发展程度如何，投资者是否广泛参与到期货市场的交易中，决定了其对商品国际价格的影响力，直接关系到大宗商品定价权的争取。

（四）需求价格弹性与交叉价格弹性

需求价格弹性反映了需求量变化对商品自身价格变化的敏感程度，需求交叉价格弹性则反映了该商品需求量的变动率对其他的相关商品价格变动的敏感程度。理论上，当需求价格弹性或交叉价格弹性较大时，一定量的价格变化将带来对商品需求量的较大幅度的变化，相反，当弹性较小时，价格变化所带来的商品需求量的变化也较小。对于定价权而言，当弹性较大时，买方更能影响国际价格的形成，在争夺国际定价权中更具影响力。而当弹性较小时，卖方对商品定价权影响力更大。

由于矿产资源在中短期的可替代性较差，需求的价格弹性也比较低。价格上涨对需求的影响较弱，难以通过降低需求来对价格的上涨做出反应。因此，资源的卖方更容易获得定价权。

（五）商业周期

商业周期通过影响需求间接影响定价权。在商业周期的上升期，对矿产资源的需求增加，这时卖方在国际定价权的争夺中处于有利地位，更能影响资源价格的形成；相反，在衰退周期，买方对资源价格的形成更有影响力，更易获得资源的定价权。

（六）政府管制

许多矿产资源是关系国计民生的国家战略资源，是国家经济安全的重要组成部分。因此，国际定价权的形成往往有政府有形的手在发挥作用。政府影响定价权的方式主要包括组建大的寡头垄断企业的产业政策、发展期货市场等金融手段，以及进出口管制政策等。

另外，除了上述六种主要因素外，完善的信息系统、战略储备体系的建立以及对国际投机的防范也显著影响定价权的分配。

二、矿产资源定价权的实现方式

矿产资源的定价权包含了影响合同价格的能力、影响基准价格的能力和影响定价机制的能力三个层次，但不同的矿产资源由于产地、生产流程以及供需状况存在较大差异而具有不同的特点，它们的国际定价权的构成、定价机制及其运行特征也具有较大的差异。目前，矿产资源定价权的实现方式主要有期货市场定价和现货市场定价两种。

（一）期货市场定价

对于较成熟的期货品种和发达的期货市场的矿产资源来说，其基准价格完全由国际定价中心的期货合约价格决定，然后再根据一定的升贴水幅度确定商品最终交易价格。如铜、铝、铅、锡等金属的价格主要在伦敦金属交易所（LME）确定；对世界原油贸易价格定价最具影响力的是纽约商业交易所（New York Mercantile Exchange，NYMEX）的WTI原油期价和伦敦国际石油交易所的布伦特原油期价。

期货市场上矿产资源定价权的特征表现为资金与信息的博弈。除非依托于一个实质上的资金主力或与期货基金合谋，供货主导方或需求主导方在期货市场上不能占据定价主导地位，但参与博弈的信息一定是源于现货市场的。期货市场上的资金主力会根据现货市场上供货主导方、需求主导方的综合实力，综合相关信息来进行多空资金的博弈。就具体品种来讲，如果在现货市场上供货主导方能够主导某种矿产资源的定价主动权，期货基金主力将会捕捉信息，在期货市场上更多地选择做多，促使价格超涨；如果在现货市场上需求主导方能够主导某种矿产资源的定价主动权，期货基金主力将会捕捉信息，在期货市场上更多地选择做空，推动价格超跌。超涨和超跌都会在短时期内背离现货市场价格的基本面，但长期内会回归现货价格。

（二）现货市场定价

如果某种商品没有完善的期货市场，一般则用国际市场上在一定时期内客观形成的具有权威性或代表性的交易价格来表示。具有权威性或代表性的交易价格通常是指以下几种类型：（1）主要出口国家（地区）的出口价格或主要进口国家（地区）的进口价格；（2）国际贸易中重要集散地的市场价格；（3）在国际贸易中具有权威性的商品交易所的标价；（4）重要拍卖市场的价格；（5）大宗商品的开标价格；（6）国际商品协定或是相关组织规定的价格；（7）在国际博览会或是在国际贸易中非常具有影响力的商品交易会的价格。

现货市场上矿产资源定价权的形成，表现为供货主导方、需求主导方、商品基金三个方面的博弈结果。一般和长期来讲，除非依托于一个实质上的供货主导方或需求主导方，商品基金不能占据定价主导地位，现货市场上的矿产资源价格因品种的不同而主要取决于前两个方面的综合实力对比。具体来讲，一方面是供货主导方的资源控制力和信息控制力，另一方面是需求主导方的需求控制力和信息控制力。资源控制力包括供应调节能力和报价的协调一致性，需求控制力包括需求调节能力和报价的协调一致性，信息控制力包括数据源权威性和信息对抗能力。

供货主导方定价权的影响机制。供货主导方必须同时具备四个条件才能主导现货市场的定价权：第一，能够主导某种矿产资源的供应主动权，对供应总量、供应结构具备实质性的调节能力；第二，能够主导众多供货商报价行动的协调一致性；第三，能够主导相关领域的数据信息统计，具备数据源权威性；第四，能够主导供求信息趋向。隐藏不利信息或制造有利的虚假信息并让市场相信。

需求主导方的定价影响机制。需求主导方必须同时具备四个条件才能主导现货市场定价：第一，能够主导某种大宗商品资源的需求主动权，对需求总量、需求结构具备实质性的调节能力；第二，能够主导众多需求商报价行动的协调一致性；第三，能够主导相关领域的数据信息统计，具备数据源权威性；第四，能够主导供求信息趋向。隐藏不利信息或制造有利的虚假信息并让市场相信。

三、矿产资源定价机制与定价权之间的关系

定价权的基础是价格形成机制，合理的价格形成机制是获得定价权的必要条件。价格形成机制是一套引导生产、流通和消费的价格制定与调整的制度安排，合理的价格形成机制是形成公正合理的商品价格的基础，而定价权重要内容之一就是在形成公正合理的国际市场价格中发挥应有的积极影响力。如果一国内部某种商品的价格形成机制本身不合理，价格不能反映基本的稀缺程度和供求关系，造成价格扭曲和价格体系的混乱，那么势必将丧失对该种商品的国际定价权。因此，合理的价格形成机制是获得定价权的基础与必要条件。

当前我国矿产资源的价格形成机制不完善，主要体现在两个方面，一是当前的矿产资源价格构成中没有充分反映资源的稀缺性。矿产资源是可耗竭资源，当代人多消耗一单位资源就意味着后代人要少消费一单位资源，从而会造成后代人的福利损失，产生跨代外部成本，这种成本也称为使用者成本。为了实现代际公平，在开采收入中要提取折旧或经济税使其等于使用者成本。所提取的折旧或者经济税应该是可耗竭的矿产资源价格中的构成部分。但我们的研究发现，当前的矿产资源价格构成中仅部分的反映了资源的使用者成本（或者稀缺成本），跨代外部性没有充分的内部化。以煤炭资源为例，按照我国煤炭开采中现行资源价款（约相当于吨煤 6 元）、资源税（吨煤 0.3 ~5 元）和资源补偿费（从价 1%）的标准，在 3% 的折现率下，煤炭资源的使用者成本至少有 78% 的部分不能得到补偿（李国平、张海莹、戴卫华，2011）。

二是矿产资源的价格构成中没有充分反映环境外部成本。矿产资源开采业是高污染行业，但由于环境质量产权制度缺失，资源开采企业并没有将全部的环境外部成本内化为企业的生产成本。以山西省煤炭资源开采为例，山西省吨煤应缴纳的生态环境税费合计为 24 元，而开采吨煤造成的生态环境损失价值约 64.23 ~ 68.47 元，差额为 40.23 ~44.47 元，补偿率仅为 35.05% ~37.37%，生态环境的负外部成本中至少有 62% 的部分不能得到补偿。

由于矿产资源的定价机制不合理，导致我国在国际市场的矿产资源贸易中丧失定价权，焦炭、稀土等宝贵的不可再生资源被贱卖。为了避免国内福利净流失而增加的出口关税等管制措施，又遭遇以美国、日本和欧盟等发达国家提起的贸易诉讼，这是我国在矿产品国际贸易中面临的两难困境。要化解当前的两难困境，获得优势资源定价权的关键在于进行矿产资源定价机制的改革。要进一步完善矿产资源产权制度与环境质量产权制度，使矿产资源的价格要完全反映资源的稀缺成本与环

境外部成本。在完善定价机制的基础上解决所有矿产资源的定价权缺失问题。

第四节　我国获得稀土定价权的政策建议

针对我国稀土定价权缺失的问题，提出我国获得稀土定价权的两阶段步骤：第一阶段，获得稀土现货定价权，通过提高稀土生产企业进入标准、推动行业集中度的提高、加强稀土资源战略储备、推行配套体制改革、实行有弹性的战略性贸易保护政策这几个重要战略措施来实现，同时初步尝试推出稀土期货，着重解决稀土期货交易所的选址、稀土期货品种的选择、稀土期货交割仓库网络的建设问题；第二阶段，获得金融定价权，通过推动稀土市场的全面开放，提升稀土市场的全球影响力来实现，最终获得稀土定价权。

一、稀土期货推出的约束条件

中国虽然拥有稀土储量优势，但是没有定价权，其中一个重要的因素是稀土金融定价权缺失。稀土金融定价权的缺失导致稀土产品“低卖高买”，造成国民福利的损失。中国稀土金融定价权缺失的一个重要原因是中国尚没有针对稀土的期货市场。

当前我国推出稀土期货具有一定的有利条件：

第一，矿产品的期货市场不完善，国际通行的按期货价格作为价格基准的矿业产品种类较少，现在比较成熟的只有伦敦金属交易所（LME）的铜、铝、铅、锌、锡、镍六大品种，远远不能覆盖矿产品的交易种类，谈判定价仍是当今矿产类大宗商品价格确定的主流方式。这就为推出稀土期货，建立稀土定价中心留有一定的空间。

第二，中国拥有稀土储量优势。从稀土资源的世界分布来看，稀土资源主要集中于中国，中国拥有稀土储量绝对优势，这就为掌握稀土金融定价权提供了必要条件。

第三，中国具有稀土巨大需求市场，有建立世界性的稀土定价中心的市场潜力。

第四，中国已有一定有影响力的期货市场的成功范例，如大连商品交易所与上海铜期货分别成为非转基因大豆和铜的国际金融定价中心，这为建立稀土国际金融中心提供了经验。

第五，国际金融危机后，西方发达国家经济出现问题，这就为推出稀土期货提供了一种相对好的条件。在西方发达国家经济出现问题时，中国经济的稳定性有利于吸引资本、推动稀土交易市场的繁荣。

但是，推出稀土期货也有许多不利条件。期货交易发现价格和套期保值的功能是需要一定现实条件的，否则就可能变成一个纯粹的投机和炒作。这主要包括：期货交易所所在国的现货市场应该是完全竞争和开放的市场，没有不公正的准入限制和严重的市场垄断行为，供求信息充分，现货市场发达，且没有价格管制，货币在资本项目下可以自由兑换，法律、法规健全等。目前稀土市场是不完善的。一是稀土生产供大于求，稀土供求失衡。内部稀土生产企业恶性竞争，外部稀土价格被动接受，稀土价格体系扭曲；二是金融危机后，贸易保护主义抬头，不利于理顺稀土进出口渠道；三是中国稀土出口政府干预较多，不利于稀土国际市场的完善；四是中国没有关于稀土完善的法律法规，主要表现为知识产权不能得到很好保障、稀土生产环保程度不高等；五是中国稀土生产企业过于分散，生产集中程度不高，不能形成有影响力的国际市场，亦缺少能与国际金融寡头抗衡的大企业；六是资源的高度垄断对下游的买家不利。未来稀土的垄断程度会很高，如果推出期货品种，很可能会出现不活跃的境况，使得价格发现功能无法有效发挥；七是稀土合约流动性较低。稀土并非标准化的商品，17 种元素各有特点且市场需求量不大，开展期货交易的难度较大。再者，由于市场交易量小，容易引发资金炒作，操纵市场的风险会放大。以上不利条件是推行稀土期货的主要阻碍因素。

二、第一阶段的重点：现货定价权的获得

基于利弊两方面的分析，可见中国推出稀土期货需要逐步进行。从短期来看，推出稀土期货可能收效甚微，这需要一个长期的调整和改革过程。从总体上来看，要获得稀土定价权，应该分两个阶段进行战略调整和改革。

第一阶段，以获得稀土现货定价权为工作重心。主要是逐步改变稀土供过于求的现状，在此基础上扭转稀土出口“买方垄断”的情况。

第一阶段的工作主要包括：

一是提高稀土生产企业进入标准。包括环保标准、技术标准、安全标准等，提高稀土生产企业进入门槛，主要解决稀土企业内部恶性竞争的现状。

二是推动行业集中度的提高，加强稀土企业并购、推动稀土生产规模化经营，扶植中国稀土卡特尔寡头企业。可以借鉴澳大利亚掌握铁矿石定价权的经验。打破稀土企业地方割据局面，在各自优势互补的基础上进一步兼并重组，形成全国稀土卡特尔寡头企业。

三是加强稀土资源战略储备。美国等西方发达国家早就有目的的进行了稀土资源储备，从中国进口廉价的稀土产品取代国内生产，在获取巨额利益的同时，也削弱了中国稀土资源大国的地位。中国有必要加强稀土资源储备维持稀土资源储量优势。政府给出一定的收购价格，储存稀土资源，可以考虑建立国家的稀土战略储备库，一则是为了维持稀土储量优势，二则是为争夺稀土金融定价权奠定物质基础。

四是推行配套体制改革。其中有几个问题值得重视：（1）稀土生产的生态破坏问题、乱采乱伐问题、中央与地方利益协调问题、地方整合资源过程中的企业与政府、企业与企业之间的利益纷争问题、稀土整合过程中的企业利益平衡问题，主要是在资源整合中的利益补偿问题。产生以上问题的根本原因是中央尚没有出台针对稀土行业的统一的健全法规，导致地方与政府在实际操作上出现偏离，中央许多决策得不到很好的贯彻，这对稀土资源保护、维护稀土资源储量优势是不利的。建议国家尽快推出关于稀土资源整合的法规，对稀土整合的标准、程序、法律主体、补偿制度、生产标准、环保标准、技术标准等做出统一规定，使得地方政府在具体操作中有法可依。（2）如何转变资源地政绩考核方式，改变资源地单纯依赖资源、粗放利用资源的发展模式是必须考虑的问题。由于稀土资源利润空间较大，是资源地政府税收的主要来源，中央与地方在目标与定位上就会出现矛盾：资源地会加大稀土资源的开采力度，粗放利用稀土资源这与中央政府在整体战略上是有矛盾的，不利于改变稀土产品供过于求的矛盾。解决的方式之一就是基于税制的中央与地方利益分配。将地方政府的利益转移到环境收益、效率收益、技术收益上来，通过引入环境税，改变资源税等税种功能定位不清晰的现状，在计征方式、税种设计等向保护环境靠拢，增加地方环境收益，达到保护生态环境的目的。（3）将稀土资源由国家统一规划，改变稀土资源条条块块的分散局面。由于稀土资源的特殊性和战略性价值，需要成立针对稀土的专门规划部门和监管部门，在统一规划中协调地方与中央的利益。

五是实行有弹性的战略性贸易保护政策。我国获得稀土现货定价权的主要障碍是供过于求。虽然我国已推行了一系列战略性贸易保护政策，提高了稀土价格，但是随着国际经济环境的恶化，国际需求的下降导致 2011 年 6 月以来稀土价格下滑，稀土产品滞销、稀土企业破产，最终不利于整体国民福利的改进。因此战略性贸易保护政策应该根据市场情况自动调整，在兼顾各方利益的基础上推出渐进的合理的保护措施，避免激进的改革方式带来的社会福利损失。以上问题的关键原因是供过于求。从长远来看，改变供过于求的状态是稀土现货定价权获得的关键步骤，也是必须坚持的长期策略。在此过程中，要建立合理的补偿机制，在平衡各方利益中推动稀土规模化经营的平稳有序进行。

以上几个方面的准备工作都是为了改变现行的稀土出口价格机制扭曲的现状，最终目的是利用稀土储量优势，逐步获得稀土现货定价权。

三、第一阶段中初步推出稀土期货的建议

初步推出稀土期货的核心问题是如何引入稀土期货。前提条件是稀土期货交易场所的选址。世界上的金属期货交易主要集中在伦敦金属交易所、纽约商业交易所和东京工业品交易所。尤其是伦敦金属交易所期货合约的交易价格被世界各地公认为是有色金属交易的定价标准。但是，针对稀有金属的期货品种很少。我国的四个期货交易市场：大连商品交易所、郑州商品交易所、上海期货交易所以及中国金融期货交易所，四家期货交易所共计26种上市品种。这四家期货交易所仅上海期货交易所涉及金属期货，但上海期货交易所并没有针对稀有金属的期货品种。

针对中国期货市场的现状，我们提出以下几种方案可供参考：

第一，将稀土期货交易场所选择在上海期货交易所。上海是人民币国际化的试点城市，是中国具有国际影响力的国际大都市，将稀土期货选在上海可以利用上海已有的有利条件提升国际影响力。

第二，将稀土期货交易场所选在天津。2008年天津稀有金属交易市场（下称“稀交市场”）建立起来的平台，有可能使天津成为稀有金属国际交易中心和定价中心。

第三，在四个期货交易市场的基础上，建立稀土期货交易所，可以考虑靠近稀土资源地，如江西、内蒙古等。

从上海铜期货的发展历程来看，从建立稀土期货到成为国际稀土定价中心有一个很长的路要走。需要逐步形成规范、有序、公正、透明的市场规则，力争以完整的市场规则来规范放开后的稀土市场，并在相互磨合中使其尽快成长和完善起来。

在稀土期货市场选择的基础上，面临的问题是如何选择稀土期货交易品种。稀土的17种元素特点不同、各有用途。稀土市场是一个多元化的市场，加上相关的化合物和混合物，产品不计其数。利用中国稀土资源储量优势，推出中国占有优势资源的稀土品种，目前中国稀土出口主要以初级产品为主，可以考虑先推出初级产品的稀土期货品种，从应用较为广泛的镧、铈、镨、钕等轻稀土元素及相关产品入手，因为其有一定的市场需求，相对其他品种来说有一定的优势。但是，在短期内影响甚微，因为中国目前稀土生产供过于求的现状，可能制约稀土期货市场的影响力。

从长远来看，建立全球性的交割仓库网络具有深远的意义。在吸纳全球交易者的基础上推动稀土期货市场发育，从国际金融定价中心发展历程来看，我们可以得出一个结论：一旦期货市场规模足够大，市场份额足够大，就自然成为国际市场定价中心，从而进一步主导了该商品的国际定价权。国际上那些著名的、有着全球商品价格风向标地位的期货交易所无一不是面向全球的开放市场。以伦敦金属交易所为例，其大部分的市场交易者来自英国境外，交割仓库分布于欧美及远东共32个地区，达400多家，形成一个全球性的交割仓库网络。全球交易者的自由竞价和便捷、高效的交割仓库网络有力地保证了伦敦期货价格的真实性和权威性。因此，只有建立全球性的交割仓库网络才能为逐步建成国际稀土定价中心奠定市场基础。

建立稀土全球性的交割仓库网络首先需要选定试点区域，并在此基础上吸引国外期货交易所设立交割仓库，逐步建立全球性的稀土交割仓库网络，推动稀土期货开放水平。具体来讲，试点区域应该满足一系列条件，如易于货物集散、交通发达、对外开放水平高、物流服务好、技术设施等软硬件设施齐全，因此可以考虑天津港、上海港等沿海港口。在选定试点区域的基础上，加强期货交易所与港口的紧密合作，逐步扩大稀土实物交割的辐射范围。从长远来看，唯有建成有全球性影响的交割仓库网络，才能使得稀土期货的价格发现功能得到充分发挥，成为有全球性影响的稀土定价中心。

在稀土期货推出的同时要配以人民币的国际化措施。如何把稀土衍生产品新品种的开发更好地与人民币国际化进程相融合，关系到能否获得稀土金融定价权的重要战略步骤。

四、稀土定价权获得的第二阶段：金融定价权的获得

第二阶段是获得稀土定价权的最终阶段。这一阶段的主要任务是推动稀土市场的全面开放：主要包括：一是降低稀土进出口限制力度，推动稀土贸易自由化。只有充分发展现货市场，才能充分发挥稀土期货的市场调节功能，成为具有影响力的金融定价中心；二是完善稀土期货品种，向稀土高科技产品靠拢。只有打破发达国家稀土高附加值产品的垄断局面，才能真正掌握稀土金融定价权；三是在品种创新、技术创新、合约设计创新、服务创新、交易、交割规则及风险管理制度创新方面争取更大突破，完善相对独立的市场监督机制等。在第二阶段，主要目的是在现货定价权获得的基础上最终争夺金融定价权。在此阶段，主要是推动稀土现货市场的开放和金融市场的完善，推动稀土期货的国际影响力的提升。

总之，由于稀土资源的特殊性，获得稀土定价权需首先从获得稀土现货定价权入手，因为中国拥有稀土储量的绝对优势。可以借鉴澳大利亚争夺铁矿石国际定价权的经验。第一阶段的主要任务是在保护稀土资源、维护稀土资源储量绝对优势的基础上，争取稀土现货定价权。同时，要逐步推出稀土期货，累积经验，为最终争夺稀土金融定价权奠定基础。第二阶段是获得稀土金融定价权阶段，这一阶段需要放开稀土现货、金融市场，全面提升稀土期货市场的国际影响力。

小　结

从长远来看，中国至少可以采取以下几方面的措施掌握稀土资源的定价权。

第一，形成产、学、研一体化的稀土技术创新网络。稀土企业可以与当地的研究机构、高校建立长期稳定的战略合作伙伴关系，形成集人才培养、技术开发、技术创新、技术转移等为一体的稀土技术创新网络。

第二，在地区技术创新网络形成的基础上，加强跨地区的技术创新合作，逐渐形成国内乃至国际上的稀土技术创新中心，形成“统分结合”的稀土创新机制。

第三，提高稀土企业进入的技术标准。稀土企业在获得采矿权许可证时需要达到较高的技术标准，这既是解决稀土企业进入门槛过低，也是推动稀土企业加强技术创新的重要途径。

第四，加强稀土技术创新知识产权保护。要使稀土产品生产者在技术创新中获得创新收益，需要完善的产权体系支撑，其中知识产权占有重要地位。知识产权体系健全与否直接关系到稀土企业技术创新的权益和积极性，是冲破国外稀土技术垄断的关键。

第二篇

矿产资源开发中的资源环境价值损失的测算

矿产资源开采的特殊性决定了其开采过程当中必然造成两个外部性：一是资源的代际外部性；二是环境的代内外部性，如果对两个外部性的损失程度没有科学的测度，就无法得知矿产资源开采多发生的真实的两个外部成本数量水平，这是矿业企业实现两个外部成本内部化的前提，也是两个外部成本充分补偿的关键问题。

第八章

使用者成本法的修正与我国能矿资源开发中的资源折耗

对传统的使用者成本法作了两方面修正，既考虑了资源开采中的耗损问题，又考虑了通货膨胀的影响。使用修正的使用者成本法计算了 1985 ~ 2009 年中国煤炭、石油天然气资源开采的使用者成本。研究发现，煤炭、石油天然气开采中存在严重的跨代负外部性。要完全内部化使用者成本，煤炭的资源税费总额应由当前的 11.99 元/吨提高至 34.45 元/吨，石油天然气的资源税费总额应由当前的 44.56 元/吨提高至 367.78 元/吨。本文的政策含义是，要完全内化非再生资源开采的跨代外部性，需要摆脱单纯调整资源特殊税费强度的简单做法，结合行业一般税赋水平进行综合配套改革。

使用者成本的概念最早由马歇尔提出，在环境与自然资源经济学中，其一方面体现为当代人使用一单位资源而对后代人造成的福利损失，是一种隐含的机会成本；另一方面，它还是外部成本，资源使用者实际支付的私人成本可能与社会成本不相等。使用者成本的充分有效补偿是非再生能源资源可持续利用的关键，但由于其隐含性与外部性，对使用者成本的准确估计又成为补偿问题的一个难点。

笔者长期以来跟踪从事矿产资源，尤其是煤炭资源开采使用过程中价值补偿问题的研究，并分别测算了煤炭资源和石油天然气资源的使用者成本（李国平、杨洋，2009；李国平、吴迪，2004；李国平等，2007）。但由于测算、估值过程是一项非常复杂的系统工程，前面已做过的研究属于阶段性成果，笔者在持续性研究中发现，在对非再生能源资源的使用者成本进行估算时，使用者成本法本身存在两个缺陷有待完善。其一，没有考虑资源开采过程中的耗损问题，造成的结果就是低估使用者成本。其二，没有考虑通货膨胀因素，其造成的后果不确定。另外，已有的研究在指标的选取以及数据处理方面也有待于进一步完善。本文的目的就是在完善上述缺陷的基础上进一步较准确地估算煤炭、石油天然气的使用者成本。

第一节　使用者成本法及修正

一、使用者成本法

使用者成本法（User Cost Approach）是通过测算一种不可再生资源的折旧来计算使用者成本并同时考察其真实收入。这一方法最早由 EI Serafy 于 1981 年提出，并用来考察真实收入，现在则主要被用来估算不可再生资源资产价值损失。EI Serafy（1989）将使用者成本法的主要思想用数学公式做了重新表述。

设 r 为利率（即折现率），R 表示不可再生资源在有限的开采期间内扣除开采成本的年毛收入（假定为常数），X 为真实收入，表示将不可再生资源开采的毛收入转换成无限期收入流时的年收入，显然，$R>X$。无穷期真实收入流 X 的现值 V_0 为：

$$V_0 = \sum_{t=1}^{\infty} \frac{X}{(1+r)^t} = \frac{X}{r} \tag{8-1}$$

对于给定的某种非再生资源，在其有限的开采年限（T）内，毛收入 R 的现值 W_0 为：

$$W_0 = \sum_{t=1}^{T} \frac{R}{(1+r)^t} = \frac{R}{r}\left(1 - \frac{1}{(1+r)^T}\right) \tag{8-2}$$

按照 EI Serafy，真实收入 X 是开采不可再生资源可用于消费的部分，而将 $R-X$ 部分进行投资，以保证获得无穷期限的真实收入流。当投资发生时，毛收入 R 的现值 W_0 与真实收入流 X 的现值 V_0 相等。将式（8－1）和式（8－2）代入并整理可得：

$$R = X + \frac{R}{(1+r)^T} \tag{8-3}$$

EI Serafy 定义使用者成本（User Cost）为毛收入 R 与真实收入 X 之差。则在理论上，对某一给定资源，设其使用者成本为 D，则有：

$$D = \frac{R}{(1+r)^T} \tag{8-4}$$

式（8-4）即为估算使用者成本的基本公式，EI Serafy 将式（8-4）称为折耗因子（Depletion Factor）。

二、对使用者成本法的修正（考虑通胀率与资源损耗）

使用式（8-4）计算使用者成本时，首先需要估算出开采资源的毛收入 R。当年开采非再生资源的毛收入可用下式计算：

$$\begin{aligned} R &= 销售收入 - 工资总额 - 正常资本回报 - 中间成本 \\ &= Y - S - K - M \end{aligned} \quad (8-5)$$

式（8-4）中的毛收入 R 是名义值，没有考虑通货膨胀因素。设 R' 为不变价表示的毛收入，则式（8-5）进一步变为：

$$R' = \frac{Y}{P_1} - \frac{S}{\pi} - K' \times \varphi - \frac{M}{P_2} \quad (8-6)$$

式（8-6）中，P_1 表示非再生资源的价格指数，π 为通货膨胀率，K' 为不变价的资本存量，φ 为正常资本回报率，P_2 为中间投入价格指数。则 $\frac{Y}{P_1}$、$\frac{S}{\pi}$、$K' \times \varphi$、$\frac{M}{P_2}$ 分别表示不变价的销售收入、工资总额、正常资本回报和中间成本。

另外，式（8-4）在计算使用者成本时，没有考虑开采不可再生资源的耗损问题。在测算我国不可再生资源使用者成本过程中，其价值不仅应包括已出售资源的价值，也应包括在开采中所浪费的资源价值，进而测算出的资源使用者成本才是完整的和真实的。假设开采单位不可再生资源的耗损量为 η（即耗损系数），则式（8-4）、式（8-6）可变为：

$$D = \eta \times \frac{R'}{(1+r)^T} \quad (8-7)$$

式（8-7）就是修正后的使用者成本估算模型。

第二节　使用者成本法的应用：以煤炭、石油天然气为例

一、数据收集与说明

采用式（8-7）估算不可再生资源使用者成本时，还需要有关折现率和开

采年限的数据。根据李国平等（2009），本文设定煤炭开采年限为100年，石油天然气开采年限为37年。式（8－7）中，折现率处于指数形式的底数位置，对于固定的开采年限，使用者成本的量对贴现率的变化非常敏感。在实际应用过程中，往往考察不同折现率下使用者成本的变化，采取对若干不同贴现率值进行分别计算再对比其损失量，并且一般把折现率取值在0～10%之间。

使用式（8－6）计算毛收入R。销售收入为不可再生资源开采量与国际价格的乘积，P_1采用煤炭工业和石油工业的工业品出厂价格指数。工资总额为煤炭、石油天然气从业人员平均数与相应行业平均工资的乘积，并用通货膨胀率对名义工资进行平减。

不变价的资本存量K'使用永续盘续法估算，固定资产投资价格指数的选取和计算采用张军（2004）的方法。正常资本回报率φ选用CCER“中国经济观察”研究组（2007）所估算的中国工业企业投资回报率年度数据，选用指标为“固定资产存量的总回报率”，其中2007～2009年的数据采用相同的办法补齐。这里需要指出的是，在一些文献中，如李国平等（2009），正常资本回报率采用了“一年期存款实际利率”的指标，但在使用这一指标时，存在的问题是一些年份的“一年期存款实际利率”为负值，从而得到的正常资本回报也为负值，显然，负的资本回报是不合适的。而本文采用工业平均资本回报率反映了对资源开采业投资时，所本应当获得的投资回报率，这一指标没有负值，也更符合“正常资本回报”的科学含义。

中间成本为总产值与增加值之差，并用“原材料、燃料、动力购进价格指数”平减为2000年不变价。

不可再生资源的耗损系数为η。据山西煤炭产业循环经济发展研究课题组的估计，山西省煤炭资源综合回收率平均为30%～40%，乡镇煤矿煤炭资源综合回收率甚至不足15%。另外，据估算，改革开放20年间，山西煤炭开采80多亿吨，但是消耗的煤炭资源则高达200多亿吨。从以上两组数据，我们可以估算出，山西省每采1吨煤炭，实际上要破坏和消耗煤炭资源2.5吨。山西省作为我国的煤炭资源大省，供应了全国70%的煤炭需求，采用“山西省每采1吨煤炭，实际上共破坏和消耗煤炭资源2.5吨”这个参数来修正我们原来计算的全国煤炭资源使用者成本，也即对于煤炭资源，取$\eta=3.5$。石油天然气资源开采中的耗损较小，可以忽略不计，因此，令石油天然气资源的$\eta=1$。

二、实证研究结果

有了这些数据，就可以根据式（8－6）和式（8－7）估算煤炭、石油天然气的使用者成本。本文估算的时间范围为1985～2009年，具体结果见表8－1。

表8－1　　1985～2009年我国煤炭、石油天然气资源使用者成本（2000年价格）

单位：亿元

年份	煤炭					石油天然气				
	0	1%	3%	5%	7%	0	1%	3%	5%	7%
1985	1 294.0	479.3	67.4	9.8	1.5	878.0	607.6	294.1	144.4	71.8
1986	1 643.8	608.8	85.6	12.5	1.9	395.7	273.8	132.6	65.1	32.4
1987	2 652.9	982.5	138.0	20.2	3.1	653.0	451.9	218.8	107.4	53.4
1988	4 409.5	1 633.2	229.4	33.5	5.1	326.3	225.8	109.3	53.7	26.7
1989	5 005.1	1 853.7	260.4	38.1	5.8	415.7	287.7	139.3	68.4	34.0
1990	6 980.0	2 585.2	363.2	53.1	8.1	1 099.6	760.9	368.4	180.8	90.0
1991	7 313.1	2 708.6	380.5	55.6	8.4	904.1	625.7	302.9	148.7	74.0
1992	6 298.2	2 332.7	327.7	47.9	7.3	788.7	545.8	264.2	129.7	64.5
1993	4 961.2	1 837.5	258.1	37.7	5.7	464.4	321.3	155.6	76.4	38.0
1994	11 749.3	4 351.6	611.3	89.3	13.6	871.2	602.9	291.9	143.3	71.3
1995	16 135.9	5 976.3	839.5	122.7	18.6	1 210.9	837.9	405.7	199.1	99.1
1996	14 090.9	5 218.9	733.1	107.2	16.3	1 558.2	1 078.3	522.0	256.2	127.5
1997	12 052.7	4 464.0	627.1	91.7	13.9	1 345.6	931.2	450.8	221.3	110.1
1998	8 350.7	3 092.9	434.5	63.5	9.6	676.5	468.1	226.6	111.2	55.3
1999	5 099.0	1 888.5	265.3	38.8	5.9	1 072.3	742.0	359.2	176.3	87.7
2000	9 332.4	3 456.4	485.6	71.0	10.8	1 869.0	1 293.3	626.1	307.4	152.9
2001	10 503.6	3 890.2	546.5	79.9	12.1	1 509.9	1 044.8	505.8	248.3	123.5
2002	7 214.3	2 672.0	375.4	54.9	8.3	1 373.2	950.2	460.0	225.8	112.3
2003	13 774.4	5 101.6	716.7	104.7	15.9	1 347.7	932.6	451.5	221.6	110.3
2004	29 257.1	10 836.0	1 522.2	222.5	33.7	2 340.6	1 619.7	784.1	384.9	191.5
2005	23 408.8	8 669.9	1 217.9	178.0	27.0	3 604.8	2 494.5	1 207.6	592.8	294.9
2006	23 594.5	8 738.7	1 227.6	179.4	27.2	4 270.9	2 955.4	1 430.8	702.3	349.4
2007	34 389.9	12 737.0	1 789.3	261.5	39.7	4 167.9	2 884.2	1 396.3	685.4	341.0
2008	62 666.4	23 209.8	3 260.5	476.6	72.3	6 034.0	4 175.5	2 021.4	992.3	493.6
2009	19 684.3	7 290.5	1 024.2	149.7	22.7	2 821.3	1 952.3	945.2	464.0	230.8

图8－1是本章估算的煤炭、石油天然气在5%贴现率下的使用者成本与李国平等（2009）计算结果的比较。

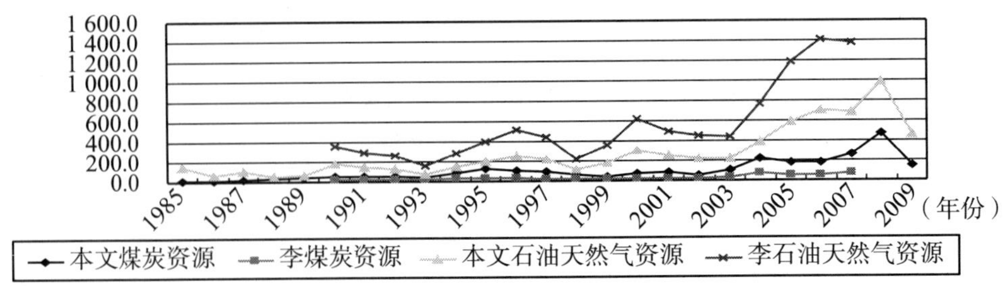

图 8-1　煤炭、石油天然气在 5% 贴现率下使用者成本的比较

图 8-1 显示，对于煤炭资源，本文计算的使用者成本远高于李文的结果，而对于石油天然气资源，本文所计算的使用者成本远小于李文的结果。出现差异的原因有三个方面，一是在计算资本的正常回报时，对正常资本回报率的选取不同。本文采用的指标是全国工业平均资本回报率，而李文采用的是一年期存款实际利率。全国平均资本回报率与一年期存款实际利率见图 8-2。

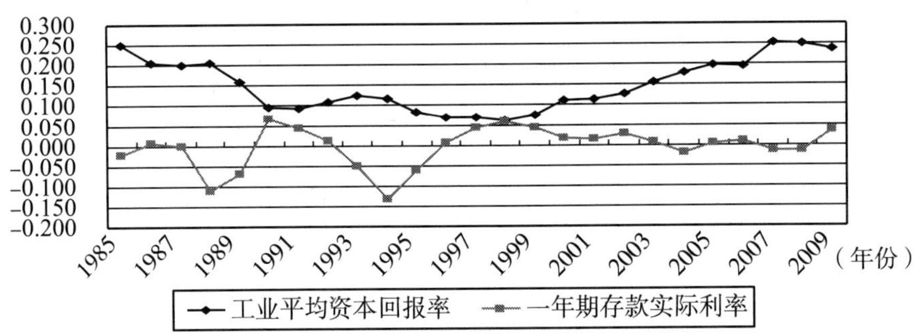

图 8-2　全国平均资本回报率与一年期存款实际利率

根据图 8-2 可知，工业平均资本回报率远大于一年期存款实际利率，而在计算资源的毛收入时，资本回报处于被减数的位置。因此，回报率越大，毛收入越小，使用者成本也越小。对于煤炭和石油天然气资源，本章均使用了工业平均资本回报率的指标，因此，单就正常资本回报之一指标而言，所计算出的使用者成本要小于使用一年期存款实际利率所计算出的使用者成本。

二是本文考虑了煤炭开采中的耗损系数。耗损系数与资源开采毛收入是倍数关系，而煤炭资源的耗损系数为 3.5。在其他因素相同的条件下，考虑了耗损系数的煤炭资源使用者成本要高于不考虑耗损系数的使用者成本。

三是本文计算资源名义销售收入时，采用了资源销售的国际价格，因而在将名义销售收入转换为不变价销售收入时，平减的价格指数选用的是美国的通货膨胀率。李国平等（2009）中在核算不变价销售收入时，虽然也使用了国际价格，但其采用的平减指数为中国的通货膨胀率，也即用人民币通胀率平减用美元表示的销售收入，这有可能造成结果的偏误。

综合上述三方面因素，本章所核算的煤炭资源的使用者成本高于李文的结果，而石油和天然气的使用者成本低于李文的结果。本章对使用者成本的核算结果更准确真实。

第三节　能矿资源使用者成本与应缴纳的资源税费之比较

一、煤炭资源的使用者成本与应缴资源税费的比较

煤炭资源开采中的资源税费制度是保障资源价值补偿的有效手段。按照我国资源有偿取得和有偿使用的制度要求，矿产资源开采人占有、使用国家全民所有的资源，应依法缴纳资源税费，其理论上的征收依据是矿产资源耗竭理论和地租理论。将我国煤炭资源开采中应依法缴纳的各项资源税费与煤炭资源使用者成本进行比较，以考察我国煤炭资源价值损失的补偿状态和差距。目前我国煤炭资源开采中应依法缴纳的资源税费主要是资源价款、资源税和资源补偿费。本章根据山西省平均吨煤缴纳资源价款 6 元的标准，由全国原煤出采量计算出 2000～2009 年我国煤炭资源开采活动中应缴纳的资源价款总额。煤炭资源税征收标准由各省区资源开采的难易程度、品质的不同而不同，本文取各省煤炭资源税征收标准的中位数（即 2.50 元/吨）作为全国煤炭资源税的平均征收标准，进而根据全国原煤出采量计算出 2000～2009 年我国煤炭开采活动中应缴纳的资源税总额。矿产资源补偿费根据 1994 年 2 月国务院发布的《矿产资源补偿费征收管理规定》计算，其计算公式为：

$$矿产资源补偿费 = 矿产品销售收入 \times 补偿费费率 \times 开采回采率系数 \quad (8-8)$$

其中开采回采系数为实际回采率/核定开采回采率，费率按矿种进行分档，其中煤炭资源补偿费费率为 1%。由于各矿区核定回采率和实际回采率数据难以获取，本文假定核定开采回采率和实际开采率相等，即将开采回采率系数定为 1，进而根据全国原煤销售收入计算出 2000～2009 年我国煤炭资源开采活动中应缴纳的资源补偿费总额。2000～2009 年我国煤炭开采活动中应缴纳的各项资源税费额见表 8－2。

表 8 - 2　　2000 ~ 2009 年我国煤炭开采中应缴的资源税费额（2000 年价格）　　单位：亿元

年份 \ 名称	资源价款	资源税	资源补偿费	资源税费总额
2000	77.94	32.48	12.14	122.55
2001	82.28	34.29	14.93	131.50
2002	87.39	36.41	19.63	143.43
2003	102.20	42.58	23.98	168.77
2004	113.79	47.41	36.73	197.93
2005	123.73	51.55	55.29	230.58
2006	131.19	54.66	68.75	254.60
2007	133.25	55.52	84.34	273.12
2008	139.58	58.16	127.15	324.88
2009	149.14	62.14	145.31	356.59

另外，将我国煤炭资源开采活动中应缴纳的资源税费总额与煤炭资源使用者成本进行比较，存在选择何种折现率下的煤炭资源使用者成本作为标准的问题。综合考虑目前我国经济发展所处的阶段以及资源可持续开采利用的压力日趋增大，本文选择正数低值的折现率 1% ~ 3% 下的煤炭资源使用者成本作为比较标准，即将 2000 ~ 2009 年我国煤炭资源开采中应缴纳的资源税费总额与 1%、3% 折现率下的煤炭资源使用者成本进行比较，见图 8 - 3。

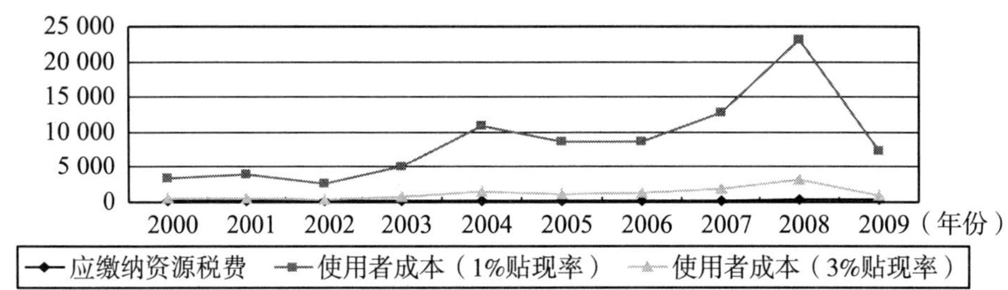

图 8 - 3　2000 ~ 2009 年我国煤炭资源开采中应缴纳的资源税费总额与煤炭资源使用者成本对比

图 8 - 3 显示，2000 ~ 2009 年我国煤炭资源开采活动中应缴纳的资源税费总额仅能够部分补偿 1% 和 3% 折现率下的煤炭资源使用者成本。以 2009 年为例，我国煤炭开采活动中应缴纳的资源税费总额是 356.59 亿元，远低于 3% 折现率

下的煤炭资源使用者成本 1 024.2 亿元，缺口达 667.6 亿元，补偿率仅为 35%；远低于 1% 折现率下的煤炭资源使用者成本 7 290.5 亿元，缺口 6 933.87 亿元，补偿率仅为 5%。由此可见，按照目前我国煤炭资源开采活动中应缴纳的资源价款（约相当于吨煤 6 元）、资源税（吨煤 0.3 ~ 5 元）和矿产资源补偿费（从价 1%）的标准，煤炭资源自身价值损失中至少高达 65% 的比例不能得到补偿，我国煤炭资源的开采利用中存在着严重的跨代负外部性。

二、石油天然气的使用者成本与应缴资源税费的比较

目前，我国石油天然气开采中应缴纳的资源税费包括资源税和资源补偿费两种[①]。资源税应缴纳税额是课税数量与税率的乘积。本文将各地不同的石油天然气资源税税率取中间值作为计算标准。2000 ~ 2005 年，石油资源税税率取 12 元/吨，天然气税率取 8 元/千立方米。2006 ~ 2009 年，石油资源税率取 30 元/吨，天然气取 12 元/千立方米。

资源补偿费按照式（8 - 8）核算，其中石油天然气的资源补偿费费率为 1%，将开采回采率系数定为 1。根据全国石油天然气销售收入计算出 2000 ~ 2009 年我国石油天然气资源开采活动中应缴纳的资源补偿费总额，其结果见表 8 - 3。

表 8 - 3　2000 ~ 2009 年我国石油天然气开采中应缴的资源税费额（2000 年价格）

单位：亿元

年份＼名称	资源税	资源补偿费	资源税费总额
2000	19.78	29.15	48.93
2001	19.78	26.40	46.18
2002	20.32	26.44	46.76
2003	20.46	33.36	53.81
2004	20.42	40.86	61.28
2005	20.74	57.53	78.27
2006	51.73	71.78	123.51
2007	49.87	74.71	124.58
2008	48.12	91.76	139.89
2009	48.39	66.13	114.51

① 这里需要说明的是，与煤炭开采业不同，石油天然气的采矿权和探矿权均由国家无偿分配给国有性质的垄断企业，因此，石油天然气开采业没有矿业权价款。

根据表8－2和表8－3，在2000～2009年，我国石油天然气资源的资源税费总额仅能够补偿较少部分的使用者成本。以2009年为例，我国石油天然气资源的资源税费共计114.51亿元，而当年1%和3%贴现率下的使用者成本分别是1 952.3亿元和945.2亿元，分别补偿了5.87%和12.11%，缺口分别达到1 838亿和830亿元。由此可见，按照目前我国石油天然气资源开采活动中应缴纳的资源税费的标准，石油天然气资源自身价值损失中至少高达87.88%的比例不能得到补偿，我国石油天然气资源的开采利用中同样存在着严重的跨代负外部性。

小　结

根据上文分析，要完全内部化煤炭、石油天然气资源的跨代负外部性，需要进一步提高资源的特殊税费水平。

对于煤炭资源，以2009年为例，假定贴现率水平为3%，要完全内部化跨代负外部性，第一，如果单纯提高资源税（从量），那么资源税应由当前的2.5元/吨提高至24.55元/吨；第二，如果单纯提高资源价款，那么资源价款应由当前的6元/吨提高至27.47元/吨；第三，如果单纯提高资源补偿费，则总的资源补偿费应由当前的145.31亿元提高至812.87亿元，折算为单位开采量，则资源补偿费由当前的4.89元/吨提高至27.34元/吨；第四，如果将资源税费作为一个整体，那么要完全补偿使用者成本，煤炭资源税费总额应由当前的356.59亿元提高至1 024.2亿元，折算到单位开采量，则资源税费总额应由当前的11.99元/吨提高至34.45元/吨。

另外，如果煤炭资源的资源税由从量改为从价，在资源补偿费和资源价款不变时，按照2009年原煤销售价格585元/吨的标准，要完全补偿使用者成本，煤炭资源的资源税率为从价的4.2%。

对石油天然气资源，同样以2009年为例，在3%的贴现率水平下要完全内部化跨代负外部性，那么，第一，如果单纯提高资源税，按照2009年石油天然气均价3 077元/吨计算，那么资源税率应由当前从价的5%提高至从价的11.11%；第二，如果单纯提高资源补偿费，则总的资源补偿费应由当前的66.13亿元提高至895.7亿元，折合成单位开采量，则资源补偿费由当前的25.73元/吨提高至348.5元/吨；第三，将资源税费作为一个整体，要完全补偿使用者成本，石油天然气资源的税费总额应由当前的114.51亿元提高至945.2亿元，折算到单位开采量，则资源税费总额应由当前的44.56元/吨提高至

367.78 元/吨。

对煤炭开采企业，要完全补偿使用者成本，单就资源特殊税费而言，企业的负担净增加 22.45 元/吨。也就是说，煤炭开采的跨代负外部性完全内部化需要企业承担的资源特殊税费总额是目前的 2.87 倍。对于石油天然气开采企业，要完全补偿使用者成本，企业需要增加的资源特殊税费为 323 元/吨。石油天然气资源开采的跨代负外部性要完全内部化需要企业承担的资源特殊税费总额是当前的 8.25 倍。

结合李国平、张海莹（2011）的研究，本书认为，要完全内部化矿产资源开采的跨代负外部性，单一的改革开采企业的资源特殊税费已经远远超出了企业的承受能力，需要结合开采企业的一般税负水平进行综合配套改革。

第九章

使用者成本法的完善与美国使用者成本的估算

本章通过对使用者成本法的关键变量折现率的文献梳理，提出使用社会折现率来消除目前使用者成本法估算中对折现率选取的随意性，在对美国社会折现率估算的基础上，运用使用者成本法对美国油气资源使用者成本进行了估算，发现美国从2000年以来，油气资源使用者成本显著上升。用美国油气资源权利金实缴数据同其使用者成本进行比较，得出美国油气资源权利金的增长速度慢于其使用者成本的增长速度，相关费金对使用者成本的补偿程度在下降。

矿产资源开采的价值折耗和实现代际公平的补偿需要进行科学的定量估计，得出明确的补偿标准。这一估计结果是指导矿产资源开采的代际外部成本补偿的理论依据和国家制定针对矿产资源价值折耗补偿的税费征收的定量标准。因此，探讨规范的、科学的评估矿产资源开采的价值折耗定量方法具有重要的意义。迄今为止，国际上通行的计算矿产资源开采的价值折耗的方法是使用者成本法（User Cost Approach），但是使用者成本法计算中有关参数的选择还具有随意性，如何在使用该方法计算使用者成本时，科学、统一的规范有关参数的选择，成为研究者必须解决的一个重要问题。

本文对EI Serafy（1981，1989a，1989b）的使用者成本法及应用中涉及的折现率参数确定的研究文献进行了梳理，指出目前运用使用者成本法时对其中的折现率参数选取的随意性，提出引入社会折现率的估计方法来消除目前运用使用者成本法时对折现率选取的随意性，以得到确定的年度使用者成本，在此基础上，运用EI Serafy的使用者成本法（User Cost Approach）对美国的油气资源使用者成本进行测算，考察美国的油气资源有偿使用费金（权利金等）对使用者成本的补偿程度。

第一节　使用者成本法及应用中的问题

使用者成本（User Cost）的概念最早由马歇尔（1890）提出，马歇尔认为使用者成本是与弃之不用相比较的当前使用机器设备所造成的额外“磨损和毁坏”。凯恩斯（1936）从企业家时际（利润）机会成本——即牺牲了预期未来的利润是由于今天使用了设备而不是未来才使用设备的角度，将使用者成本定义为“由于使用设备—而不是不使用设备—造成的设备价值的减少”。Hotelling（1925）和 Hicks（1946）从自然资本与可持续收入的思想出发，认为有限存量的不可再生资源和机器设备一样都是资产，在开发的过程中存在折旧的问题，对开采出来的不可再生资源要扣除这部分折旧，实现代际之间的补偿，这种折旧可看作是不可再生资源开发利用中的使用者成本，剩下的收入部分才是实现资源永续利用的消费水平，扣除的这部分折旧将作为后续资源和替代资源的开发。只有这样，才能保证矿产资源的节约利用，代际之间才能实现收入分配的公平。

遵循这一不可再生资源经济学中的重要思想，EI Serafy（1981，1989a，1989b）在 19 世纪 80 年代的联合国环境规划署（UNEP）和世界银行的一系列关于将环境损失引入国民收入核算体系（SNA）的研究工作中，提出使用者成本法（User Cost Approach）来考察不可再生资源的真实收入和价值折耗问题，实现不可再生资源领域的新的国民收入核算方法。EI Serafy（1989a，1989b）明确提到不可再生资源价值折耗的核算与租金（Rent）的问题，有很多学者用使用者成本法对一些国家和地区矿产资源开采领域的使用者成本或租金进行了测算，包括：Adelman（1990）等人用使用者成本法计算大的油气公司的使用者成本，并将其与权利金比较；Young 和 Motta（1995）用使用者成本法计算了巴西几个主要矿种的使用者成本；Blignaut 和 Hassan（2002）估算了南非地下矿产资源的使用者成本；Xuelin Liu（1996）对中国煤炭开采业绿色 GDP 核算中应用该方法对使用者成本进行了核算；李国平等（2004，2009）在国内运用该方法对中国的煤炭、油气资源行业的使用者成本进行了估算，并将我国上述行业的矿产资源有偿使用税费同使用者成本进行了比较，分析了这类税费对使用者成本的实际补偿程度。

绿色 GDP 核算要求将资源开采带来的代际外部性考虑进去。使用者成本法（User Cost Approach）较好地满足了这一要求。

一、使用者成本法对折现率的主观确定

EI Serafy（1989a，1989b）对使用者成本法做了如下假设：

第一，使用者成本（User Cost）或折耗因子（Depletion Factor）仅取决于两个变量：一是储量—开采率（在当前开采率水平下，用时间表示的资源可采储量的生命预期），二是折现率。在折现率不变的情况下，开采时间越长，则使用者成本越低，或者开采时间不变，折现率越高，使用者成本越低。

第二，折现率的数值是主观选择与确定的，虽然该数值与长期市场利率的变化有关，但 EI Serafy 并没有提出精确估算折现率的方法，而是直接推荐大致为 5% 水平的折现率，指出这个水平是主流经济学家常常声称的时间偏好的自然水平。

对于使用者成本法而言，两个关键变量（储藏—开采率和折现率）决定了使用者成本水平。这里将集中讨论折现率的确定，而对储藏—开采率，由于其与资源储量、开采水平、资源开采者或资源所有者对价格的预期、开采成本的动态变化等有关[①]，涉及具体的矿山、矿种的技术经济数据，因此暂不讨论。

二、使用者成本法对折现率的主观确定带来的问题

自使用者成本法提出以来，大多数国内外学者在使用该方法时，往往采用数个折现率水平测算同一对象的使用者成本，对应不同的折现率水平得到不同的使用者成本结果。越来越多的学者指出由于折现率的主观确定与选择所带来的问题：同一对象在不同折现率下的使用者成本的计算结果差距显著，哪一个结果更接近实际的使用者成本，缺乏一个科学和统一的评判标准。

20 世纪 80 年代，经济学的发展对折现率计算方法的研究进展有限，缺乏比较成熟的折现率计算方法，很多研究学者在应用使用者成本法时，对折现率的确定存在较大差异。EI Serafy（1989a）选定 5% 的水平，Neumayer（2000）选定

---

① 对于储量—开采率而言，EI Serafy 在对使用者成本法的解释中指出：第一，储量—开采率也可以随着对新储量的发现而改变；第二，储量—开采率由于资源开采者或资源所有者对未来价格预期的变化而变化，因此不是固定不变的，甚至可以逐年变化；第三，对储量的估计，要考虑到由于在资源逐渐被开采的过程中带来的开采成本的逐渐提高，使得经济可采储量会动态下降，根据每一个不同的案例，可以将这种由于储量下降导致的开采成本的上升对经济可采储量的影响考虑进去。另外，EI Serafy 还指出了替代、技术进步、不确定性等因素对储量—开采率可能存在影响。因此，要对储量—开采率因素做出全面的考察，需要详尽的矿山或矿种数据，这里暂不讨论。

高于4%的水平计算沙特阿拉伯等国的矿产资源使用者成本，对于某些发展中国家，甚至选定高于10%的水平，Xuelin Liu（1996）通过比较0.5%和10%下的中国煤炭行业使用者成本，选定0为中国煤炭行业的折现率水平。林伯强等人（2008，2012）分别测算了6%、8%和12%折现率水平下的中国油气资源使用者成本以及0折现率水平下的中国近20年煤炭行业使用者成本。使用者成本法运用中对折现率选择的随意性使得对使用者成本的测算很难反映真实水平的代际成本，而采用多个折现率水平来模拟真实值，其结果与真实水平的符合程度可能背离，这也成为使用者成本法饱受诟病的一个重要方面。

第二节　折现率的讨论与社会折现率的估计

一、SRTP法

解决对折现率选择的主观性问题就是寻找确定折现率的定量方法。这就涉及一个重要的问题：对不可再生资源开采行业而言，研究微观企业使用者成本所用的折现率和研究行业或国家的使用者成本的估计所用的折现率是否相同。

Cairns（1982）对加拿大的几个镍矿开采企业的租金核算中采用的是私人折现率，而Alex Winter－Nelson（1996）对非洲18国矿业和油气开采行业使用者成本的估计采用的是社会折现率，Adelman（1986），Adelman、Silva、Koehn（1990）等人在研究石油产品使用者成本时，也提到已有研究常使用“社会”折现率变量来考察一个国家石油资源开采的最优折耗水平。可以看出，学者们针对的对象不同，采用的折现率也有所不同。

从使用者成本的理论基础上考察，一方面，Hotelling（1931）在其开创性文章中基于社会福利最大化，对微观开采企业的资源动态开采最优路径做了数理分析，提出了Hotelling Rule。Devarajan和Fisher（1981）明确指出，Hotelling的开创性研究中存在几个暗含的基本假设前提，其中一个至关重要的就是假设私人折现率与社会折现率无差别，即以社会福利最大化为约束条件的Hotelling规则中的折现率实际上是社会折现率。基于Hotelling框架的基本假设，Slade（1982）在建立长期的资源价格模型时明确界定了资源耗竭所涉及的是社会折现率。另一方面，使用者成本的理念来源于Hotelling（1925）和Hicks（1946）的自然资本和可持续收入的思想，其反映的是基于Hicks收入的不可再生资源的经济折旧，而 Weitzman（1976）证明在国民收入层面的 Hicks 收入与社会的时间偏好率有关，如下式：

$$NNP(t) = \rho W(t) \tag{9-1}$$

其中，$NNP(t)$ 是净国民产出，$W(t)$ 是一种在最优利用条件下的租金流的净现值，ρ 则代表社会的时间偏好率，即社会折现率。

因此，Hartwick 和 Hageman（1993）证明在宏观层面，使用者成本法涉及的折现率是一种社会折现率。

M. del Mar Rubio（2005）在研究中明确提到运用使用者成本法计算一个国家的矿产资源价值的折旧时，涉及的折现率是社会折现率。M. del Mar Rubio（2005）用使用者成本法以及社会折现率对委内瑞拉（1920～1985）和墨西哥（1935～1987）的石油资源使用者成本进行了估算。但是，M. del Mar Rubio（2005）对社会折现率并没有提出一个具体的估算模型和估算值，其实证研究中仍然采取设定的社会折现率数值。

近年来，国外学者对社会折现率的定量测算做出了许多尝试。当前对社会折现率估计的主要方法有：（1）社会的时间偏好率（Social Rate of Time Preference，SRTP）；（2）资本的边际社会机会成本（Marginal Social Opportunity Cost of Capital，SOC）；（3）权重平均法（Weighted Average Approach）；（4）资本的影子价格法（Shadow Price of Capital Approach，SPC）。通常用来对代际项目的折现研究的社会折现率的估算方法，基本公认的是 SRTP 法。

SRTP 法是 Kula（2004）、Evans（2004）、Evans 和 Sezer（2004，2005）、Humberto Lopez（2008）基于 Ramsey 公式提出的一个关于社会折现率的计算公式：

$$r = \beta + \varepsilon \times \sigma \tag{9-2}$$

其中，β 是一个纯时间折现率（纯时间偏好），σ 是人均消费量的增长率，ε 是消费的边际效用弹性。

具体来讲，β 定义为一国的人口死亡率（即一年中，每百人死亡人数）；σ 定义为一国的人均最终消费量的增长率；ε 与两个重要的变量有关，即有效的边际税率 t、平均税率 T/Y，ε 与上述两个变量的关系如下：

$$\varepsilon = \frac{\ln(1-t)}{\ln\left(1-\frac{T}{Y}\right)} = \frac{\ln\left(1-\frac{\partial T}{\partial Y}\right)}{\ln\left(1-\frac{T}{Y}\right)} \tag{9-3}$$

其中，t 表示有效边际税率，T/Y 表示平均税率，T 表示收入税，Y 表示收入。

Stern 运用 SRPT 法计算了全球变暖带来的环境破坏的价值损失的社会折现率

是1.4%，Kula（2004）运用SRTP法估算了印度农业领域对资源环境产生跨代影响的项目的社会折现率，Evans（2004）、Evans和Sezer（2004，2005）对法国、澳大利亚、德国、日本、英国、美国、欧盟等国家和地区宏观资源环境产生跨代影响的项目的社会折现率进行了估算，特别是法国的社会折现率，调整之前高达8%的水平，远高于德国和英国的水平，Evans通过社会的时间偏好率对法国的社会折现率重新估算，发现调整后的折现率水平为3.8%，低于之前的一半。Juzhong Zhang等学者（2007）在Evans等人研究的基础上，对1970～2004年亚太地区的印度尼西亚、马来西亚、新加坡和日本宏观资源环境产生跨代影响的项目的社会折现率做了估算，分别是6.1%、7.8%、7.3%、4.5%。Lopez（2008）将SRTP法应用于对发展中国家宏观资源环境产生跨代影响的项目的社会折现率进行了估算，得出2007年拉丁美洲九国的平均社会折现率为3.1%。

这些研究为运用使用者成本法对矿产资源开发所带来的耗竭成本计算时所必需的重要参数（社会折现率）的科学估计提供了研究基础，本书摒弃用使用者成本法对矿产资源开采所带来的耗竭成本计算时对折现率主观确定的传统做法，首先对社会折现率进行科学估算，然后运用使用者成本法对矿产资源开采的使用者成本进行计算。

二、美国油气资源使用者成本的计算

（一）毛收入的计算

根据EI Serafy（1989）的研究，使用者成本为：

$$R - X = \frac{R}{(1+r)^T} \tag{9-4}$$

其中，毛收入R=销售收入－工资总额－正常资本回报－中间成本；

销售收入=非再生能源资源开采量×国际价格；

中间成本=工业总产值－工业增加值；

工资总额=职工平均工资×从业人员总数；

正常资本回报=固定资产净值×正常资本回报率（等于一年期存款利率－通货膨胀率）。

通过计算美国油气行业的销售收入、工资总额、中间成本和正常资本回报，得到美国油气开采行业2000～2008年的毛收入如表9－1所示：

表 9 - 1　　2000 ~ 2008 年美国油气开采行业毛收入　　单位：亿美元

年份	2000	2001	2002	2003	2004	2005	2006	2007	2008
毛收入	742.5963	893.0791	613.495	1 149.421	1 145.953	1 387.639	1 660.83	1 569.54	2 408.956

资料来源：http：//inflationdata.com；http：//www.fedstats.gov/。

（二）开采年限（T）的确定

Neumayer（2000）指出，开采时间的估计是一种根据储量和产出的静态估计，同时开采的路径与霍特林规则（Hotelling's Rule）或最优模型无关。EI Serafy（1989a）和 Lutz（1989b）明确指出，使用者成本计算公式中的年份（n），代表的是当期年份开采率和当期矿产资源探明储量共同决定的开采生命预期。因此，可以用储量和开采率核算开采年限（n）。

油气的总和开采年限可将天然气用热当量换算为原油后进行测算，1 吨原油 = 7.3 桶原油，1 桶原油 = 5 800 立方英尺天然气 = 20.48 立方米天然气（按平均热值计算）。美国 2008 年天然气储量为 806 805 十亿立方英尺①，换算为原油为 190.55 亿吨，同时，美国原油储量为 19 121 百万桶②，约为 26.19 亿吨，即美国的油气资源总量折算成原油为 216.74 亿吨。按照 2008 年美国原油、天然气的消耗速度计算，2008 年，美国开采原油 2.48 亿吨，天然气折算为原油，合计 7.27 亿吨。因此 2008 年，美国的油气资源开采年限约为 30 年。以此向前类推，各年的开采年限相应增加 1 年。

（三）社会折现率（r）的估算

依据式（9 - 2），社会折现率 r 由纯时间偏好 β、人均消费量的增长率 σ、消费的边际效用弹性 ε 三个变量决定。根据世界银行统计数据，确定美国的 β、σ 分别是（见表 9 - 2、表 9 - 3）：

表 9 - 2　　美国人口死亡率 β（纯时间折现率）　　单位：%

年份	2000	2001	2002	2003	2004	2005	2006	2007	2008
人口死亡率（纯时间折现率）	0.9	0.9	0.9	0.8	0.8	0.8	0.8	0.8	0.8

资料来源：http：//data.worldbank.org/。

---

① 资料来源：U. S. Energy Information Administration，http：//www.eia.gov/dnav/ng/ng_enr_sum_dcu_NUS_a.htm。

② 资料来源：U. S. Energy Information Administration，http：//www.eia.gov/dnav/pet/pet_crd_pres_dcu_NUS_a.htm。

表 9-3　　美国人均消费量的增长率 σ　　单位：%

年份	2000	2001	2002	2003	2004	2005	2006	2007	2008
人均消费量的增长率	3.8	2.2	2.1	1.9	2.2	1.9	1.6	1.2	-0.6

资料来源：http://data.worldbank.org/。

根据式（9-3），消费的边际效用弹性 ε 的确定与收入税 T 和收入 Y 有关，2000~2008 年的消费的边际效用弹性，如表 9-4 所示：

表 9-4　　美国消费的边际效用弹性 ε

年份	$t=\frac{\partial T}{\partial Y}$	T/Y	$\ln(1-t)$	$\ln(1-T/Y)$	ε
2000	0.11	0.12	-0.12	-0.13	0.9
2001	0.11	0.12	-0.12	-0.12	1.0
2002	0.11	0.10	-0.12	-0.10	1.2
2003	0.11	0.09	-0.12	-0.10	1.2
2004	0.11	0.10	-0.12	-0.10	1.1
2005	0.11	0.11	-0.12	-0.12	1.0
2006	0.11	0.13	-0.12	-0.14	0.9
2007	0.11	0.13	-0.12	-0.14	0.8
2008	0.11	0.11	-0.12	-0.12	1.0

注：t 由回归得到。

表 9-2、表 9-3 和表 9-4 对 β、σ 和 ε 进行了计算，结合式（9-2），可以对社会折现率 r 进行估算，如表 9-5 所示：

表 9-5　　美国社会折现率 r 的估算结果（2000~2008 年）　　单位：%

年份	β	σ	ε	r
2000	0.9	3.8	0.9	4.3
2001	0.9	2.2	1.0	3.1
2002	0.9	2.1	1.2	3.4
2003	0.8	1.9	1.2	3.1
2004	0.8	2.2	1.1	3.2
2005	0.8	1.9	1.0	2.7
2006	0.8	1.6	0.9	2.2
2007	0.8	1.2	0.8	1.8
2008	0.8	-0.6	1.0	0.2

由表 9－5 可见美国 2000～2008 年的社会折现率在低水平波动，这与 Kula、Evans、Lopez 对不同国家社会折现率的研究相符，即发达国家的社会折现率偏低，而发展中国家的社会折现率常高于 5%。考察各年社会折现率发现，除 2004 年以外，美国的社会折现率基本呈下降趋势，尤其是 2000～2001 年和 2007～2008 年两个年度间，下降幅度显著，前者下降幅度为 1.2 个百分点，后者下降幅度为 1.6 个百分点。具体分析社会折现率的三个自变量 β、σ 和 ε，发现在这几年中，纯时间偏好 β 基本在 0.8% 和 0.9% 的水平不变，消费的边际效用弹性 ε 的值变在 0.8%～1.2% 的水平间变动，这两个变量的变动幅度都很小，而人均消费量的增长率 σ 的变化则较为明显，从 2000 年的 3.8% 到 2008 年的 －0.6%，人均消费量的增长率 σ 的变动趋势基本与社会折现率 r 一致，其在 2000～2001 年和 2007～2008 年两个年度间下降幅度剧烈，下降幅度分别达到 1.6 个百分点和 1.8 个百分点。因此可以看出，美国在近十年中的社会折现率持续下降与人均消费量的增长率持续下降有密切关系。而人均消费量的变动也与近十年中美国的宏观经济表现较为接近，2000 年的网络泡沫破裂、2001～2005 年的宏观经济稳定和肇始于 2007 年下半年的次贷危机。

根据表 9－5 中美国历年的社会折现率，结合毛收入和开采年限，对美国各年的油气资源使用者成本进行估算。

（四）美国油气资源使用者成本的估算结果

从表 9－6 中可以看出，美国从 2000～2008 年，油气资源使用者成本大体呈现出上升的趋势，2002 年使用者成本的小幅下降主要和这一年的油气资源开采行业的毛收入下降和折现率上升有关，2008 年的使用者成本大幅上升则与这一年的毛收入大幅上升和折现率大幅降低有关。

表 9－6　　美国 2000～2008 年油气资源的使用者成本　　单位：亿美元

年份	2000	2001	2002	2003	2004	2005	2006	2007	2008
毛收入	742.5963	893.0791	613.495	1 149.421	1 145.953	1 387.639	1 660.83	1 569.54	2 408.956
开采年限（年）	38	37	36	35	34	33	32	31	30
估计的社会折现率%	4.3	3.1	3.4	3.1	3.2	2.7	2.2	1.8	0.2
使用者成本	185.08	279.94	178.05	382.97	380.52	560.89	809.93	886.84	2 264.28

在表 9 - 7 和图 9 - 1 中，将传统的主观选定折现率下的美国油气资源使用者成本同采用社会折现率估计下的美国油气资源使用者成本进行了比较，发现在 2000 ~ 2005 年，3% 折现率水平上测算的使用者成本同估计的社会折现率下的使用者成本比较接近，而在 2006 年以后，估计的社会折现率下的使用者成本急剧上升，2008 年的使用者成本大大高于 1% 折现率水平下的使用者成本。这一变化趋势同 2000 ~ 2008 年估计的社会折现率的变动趋势一致，2006 年之前的社会折现率大致稳定在 3% 的水平上，而 2006 年以后的社会折现率呈现出快速下降的趋势。

表 9 - 7　美国 2000 ~ 2008 年油气资源的使用者成本：分别采用折现率和社会折现率的结果比较

单位：亿美元

年份	2000	2001	2002	2003	2004	2005	2006	2007	2008
折现率 1%	508. 7924	618. 0151	428. 787	811. 3926	817. 0339	999. 2431	1 207. 928	1 152. 948	1 787. 26
折现率 3%	241. 5117	299. 1663	211. 6757	408. 4851	419. 4703	523. 1763	644. 9618	627. 7958	992. 458
折现率 5%	116. 2946	146. 854	105. 9245	208. 3789	218. 1377	277. 3509	348. 552	345. 863	557. 3781
折现率 10%	19. 85321	26. 26398	19. 84606	40. 90111	44. 85548	59. 74725	78. 66096	81. 77097	138. 0538
估计的社会折现率下使用者成本（亿美元）	185. 08	279. 94	178. 05	382. 97	380. 52	560. 89	809. 93	886. 84	2 264. 28

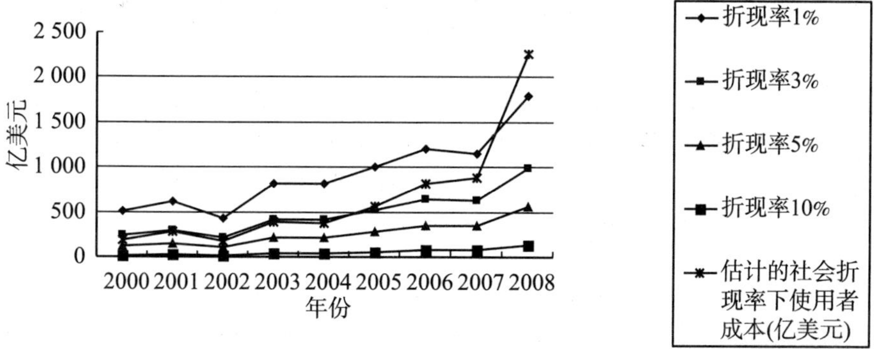

图 9 - 1　美国 2000 ~ 2008 年油气资源的使用者成本：分别采用折现率和社会折现率的结果比较

第三节 美国矿产资源有偿使用费金与使用者成本的补偿

一、从征收的角度：美国矿业权利金的组成与计征水平

美国的矿产资源有偿使用费金制度即矿业权利金制度。美国的矿业权利金依据使用者成本的要求来征收。Otto 等人（2006）定义矿业权利金是一种“关于所有权人在交换开采矿产品权利的有偿支付”。Cordes（1998）指出矿业权利金的数量为系统地补偿发生在代际之间的资源耗竭，在最优开采模式下的矿山生命周期内各个时期缴纳的矿业权利金应当恰好等于资源的净现值。Cawood（2010）在对南非矿业权利金的研究中遵循了 Cordes 对矿业权利金数量的定义。

美国的矿业权利金的主要组成部分见表 9－8。

表 9－8 美国矿产资源（油气资源）权利金制度包含的主要费金项目及其计征水平、计征方式

名称	矿业权利金（Mineral Royalties）	红利（Bonus）	矿业权出让金（递延租 Delay Rental）	最低权利金（Minimum Royalties）	其他矿业特殊税费（Other Revenues）
计征水平	12.5% ~ 16.7%	缺少	陆上租金：3 ~ 5 美元/英亩； 非海洋水下资源租金：10 美元/英亩（按水面面积）	探明后的陆上最低权利金：3 ~ 5 美元/英亩； 非海洋水下资源租金：10 美元/英亩（按水面面积）	缺少

注：美国的其他矿业特殊矿业税费主要包括：移民支付（Settlement Payments）、天然气储备费（Gas Storage Fees）、评估费用（Estimated Payments）、补偿费用（Recoupments）。

资料来源：U. S. Office of Natural Resources Revenue。

从美国矿业权利金设置的名目上可以看出，美国的矿业权利金基本体现的是对稀缺租（使用者成本）、李嘉图级差租和矿地租（地表租）等的征收。在不考虑贸易、市场结构、企业组织、价格波动等外部性条件的情况下，美国的矿业权利金制度反映了上述三种租金，即矿业权利金和红利体现的是稀缺租和李嘉图级

差租，矿业权出让金体现的是矿地租金。同时，美国的矿业权利金制度又分别根据矿业权交易中的一次性价格总付、矿产品开采中的稳定收入流和为了阻止投机者占有矿地进行投机等特点，详细设置和界定了矿业红利、权利金、矿业权出让金等具体项目的计征对象、计征方式、计征水平等内容。

二、从使用流向的角度：美国矿业（油气资源）权利金对“两个外部成本”的补偿

从表9－9可以看出，美国油气资源权利金的流向中不但包含了油气资源开采所带来的耗竭成本的补偿，还包含了对耕地恢复、地表径流保育和历史文化遗迹保护的补偿。因此，不但对“代际外部成本”进行补偿，还具有对“当代负外部成本”的补偿功能。

美国矿产资源权利金流向如表9－9所示。

表9－9　美国联邦所属油气资源的有偿使用费金历年（2002～2008年）流向统计

单位：千美元

年份	HPF	L&WCF	RF	IT&A	SS	U. S. T	Total
2002	150 000	897 980	274 287	62 168	382 239	3 597 087	5 363 761
2003	150 000	899 000	464 706	172 322	652 500	4 652 833	6 991 361
2004	150 000	899 000	620 715	241 269	854 087	4 826 753	7 591 824
2005	150 000	898 870	799 225	339 737	1 084 720	5 494 477	8 767 029
2006	150 000	898 304	1 135 687	425 680	1 516 056	7 044 277	11 170 004
2007	150 000	899 000	988 624	317 735	1 322 054	6 945 353	10 622 766
2008	150 000	896 940	1 380 988	423 928	1 839 709	8 225 688	12 917 253

注：HPF表示Historic Preserve Fund历史保护基金，L&WCF表示Land & Water Conservation Fund水土保育基金，RF表示Reclamation Fund复垦基金，IT&A表示American Indian Tribes & Allotees印第安配额，SS表示State Share州分成，U. S. T表示U. S. Treasury美国联邦政府财政分成。HPF和L&WCF中还包括煤炭和其他矿产资源所缴纳的部分，但由于数据获取的原因，统一将其记为油气资源所缴纳。

资料来源：U. S. Office of Natural Resources Revenue。

美国的矿产资源由联邦、州、印第安部落、私人等主体所有，发生在联邦、州和印第安部落所属的矿产资源的开采活动所缴纳的权利金体现了这三个所有者主体的财产权收益，权利金中流向这三个主体的财政收入旨在对矿产资源开采的“代际外部成本”的补偿。

此外，美国除了上述有偿使用费金，还有耗竭补贴（Depletion Allowance）和采掘税（Severance Tax），担负了对油气资源开采的代际外部成本的补偿功能。油气资源的百分比耗竭补贴率为15%，耗竭补贴通常被用来激励企业进行探矿活动，以达到降低代际成本（使用者成本）的目的；采掘税属于地方税，各州征收情况不一致，通常面向油气资源征收，类似于我国的资源税，具有有偿使用的性质。本文采用印第安配额（IT&A）、州分成（SS）和美国联邦政府财政分成（U. S. T）以及采掘税和耗竭补贴等五个指标之和来作为与"代际外部成本"补偿相对应的有偿使用费金，力图全面的考察美国有偿使用费金对代际成本的补偿程度。

三、美国油气资源使用者成本与其缴纳的有偿使用费金水平的比较

将2002年到2008年间，美国印第安配额（IT&A）、州分成（SS）和美国联邦政府财政分成（U. S. T）的矿业权利金、耗竭补贴以及采掘税等合并计算，并与同期与美国油气资源使用者成本进行比较，见表9－10和图9－2。

表9－10　美国油气资源使用者成本与实缴的有偿使用费金的比较

年份	IT&A＋SS＋U. S. T（亿美元）	耗竭补贴	采掘税（亿美元）	有偿费金合计	使用者成本（亿美元）	补偿比重%
2002	40.4	17.38	18.22	76.00	178.05	42.68
2003	54.8	21.67	25.28	101.75	382.97	26.57
2004	59.2	24.58	29.93	113.71	380.52	29.88
2005	69.2	30.40	38.84	138.44	560.89	24.68
2006	89.9	38.76	52.22	180.88	809.93	22.33
2007	85.9	36.24	51.41	173.55	886.84	19.57
2008	104.9	47.83	92.58	245.31	2 264.28	10.83

资料来源：U. S. Office of Natural Resources Revenue；U. S. Census Bureau，2010 State Government Tax Collections，http：//www. census. gov/govs/statetax/historical _ data _ 2008. html；USGS. 2008 Minerals Yearbook－Statistical Summary，相关数据整理得到。

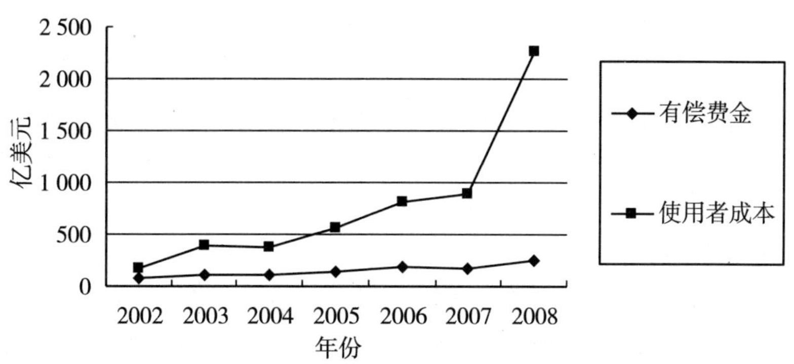

图 9-2　2002~2008 年美国油气资源使用者成本与有偿使用费金比较

由表 9-10 和图 9-2 可见，2002~2008 年，美国油气资源使用者成本上升较快，有偿使用费金虽然也在快速上升，但是上升的速度明显慢于使用者成本的上升，有偿使用费金对使用者成本的补偿比例从 2002 年高位的 42.68% 下降到 2008 年的 10.83%，从过程看，2002~2003 年和 2007~2008 年有急剧的下降。究其原因，主要还是和美国社会折现率的下降有关，社会折现率从 2002 年的 3.4% 下降到 2008 年 0.2%，这直接导致美国油气资源使用者成本的快速上升。同时，也说明美国有偿使用费金的计征缺乏弹性，对使用者成本的变化反应不灵敏，不能充分补偿其油气资源开采的代际外部成本。但要说明的是不能因为美国油气资源的有偿使用费金对使用者成本的补偿程度降低，而得出美国油气资源代际外部成本的补偿水平低的结论。因为，美国对代际成本（使用者成本）补偿的模式是权利金 + 耗竭补贴的模式，本章仅考察了政府征收的有偿使用费金对使用者成本的补偿水平，体现的是政府作为代际外部成本补偿的主体所承担的补偿水平，但美国通过耗竭补贴鼓励企业扩大勘探、增加储量的政策措施促使企业作为代际外部成本的补偿主体消化了大量的代际成本。也就是说，本章的研究仅能说明政府作为补偿代际成本的主体所承担的补偿水平在降低，而企业作为代际成本补偿主体所承担的补偿是另一个重要的部分。这种政府和企业共同承担代际外部成本补偿责任的模式使得美国代际外部成本的补偿受经济波动、价格波动等外部冲击的影响较小，能够保证矿业开采中的代际外部性得到充分的补偿。本章的研究也恰恰证明美国对矿产资源开采代际外部成本的补偿包含政府和企业两个重要主体，这一点与中国仅以政府为补偿行为主体明显不同。

小　结

通过本章的研究，主要得到以下几点结论：

第一，使用者成本法属于绿色 GDP 核算的一种重要方法，但是从创立之初，这种方法面临的一个主要问题就是折现率选择的随意性导致其计算结果与真实情况产生的差异，这一点已经被 Neumayer（2000）等学者指出。因此，对折现率的选择成为优化使用者成本估算结果的一个重要问题。很多学者都指出，可以将社会折现率作为使用者成本法中的“折现率”，社会折现率的估算将给出一个明确的当期社会折现水平值，这对完善使用者成本法有重要的意义。

第二，借鉴 Evans 等人的研究成果，尝试对美国使用者成本的社会折现率参数进行了测算，结果显示，美国在 2000 ~ 2008 年，其社会折现率呈现出较低的水平，这也与 EI Serafy（1989a）、Neumayer（2000）等学者关于使用者成本法中对于发达国家折现率的预言一致。本章以美国社会折现率的估算为基础，进而对美国在 2000 ~ 2008 年间的油气资源使用者成本进行了测算。结果表明，美国的油气资源使用者成本呈快速上升的态势。

第三，美国矿业权利金制度既有“代际外部成本补偿”的功能，也有“当代外部成本补偿”的功能，从权利金使用流向上考察其“代际补偿”的水平，将其中执行代际成本补偿的部分与耗竭补贴、采掘税等合并，并将这一有偿使用费金同美国的油气资源使用者成本进行比较，发现美国油气资源的有偿使用费金对使用者成本的补偿程度在 2002 年较高，之后逐渐降低，意味着美国矿业的有偿使用费金对本国油气资源使用者成本的补偿不足，同时说明其有偿使用费金的计征对使用者成本的变化不敏感。而美国权利金 + 耗竭补贴的补偿模式使得政府和企业共同承担代际外部成本补偿责任，同时避免了政府的有偿使用费金面对经济波动、价格波动而出现的对代际成本补偿不充分的弊端。这对我国矿产资源有偿使用制度的设计和改革具有启示意义。

第十章

矿产资源开发中生态环境价值损失测算的方法

意愿价值评估法（Contingent Valuation Method，CVM）作为评估非市场物品经济价值的有效方法被广泛用于各个领域，在政府公共政策制定及经济效益评估中已发挥出重要作用。通过梳理CVM的演进脉络，着重阐释了问卷引导技术、可能出现的偏差及解决办法，这对于拓宽我国CVM的研究领域，推进如何形成统一、规范、清晰的资源环境价值评估方法标准和技术路线的理论研究具有重要价值。

在经济学意义上，物品可分为市场物品和非市场物品，前者指存在交易市场，可通过真实的市场交易行为来获得该物品的价值；后者指不存在交易市场，无法通过市场交易行为来评估其价值。对于不存在交易行为的非市场物品，只能通过专门的评估方法与技术来估算其价值，经过理论及实践的检验，意愿价值评估法已成为目前国内外普遍公认且广泛使用的评估非市场物品经济价值的有效方法。

意愿价值评估法（CVM）也称为条件价值评估法、权变估值法、调查评价法等。Hanemann指出，该方法以人群调查为技术手段，通过构建模拟市场，设计出合理的调查问卷，直接询问受访者对于环境物品或服务质量改善的支付意愿（Willingness To Pay，WTP），或者对于忍受环境物品或服务质量恶化希望获得的补偿意愿（Willingness To Accept，WTA），利用CVM调查结果可以推知所评估物品效益改善或质量损失的经济价值（Hanemann，1994）。CVM的思想最早源于经济学家Ciriacy－Wantrup（1947），1963年，哈佛大学博士Davis（1963）首次运用该方法评估美国缅因州滨海森林的娱乐价值；20世纪70年代早期，CVM

开始用于各种公共物品及相关政策的效益评估；20 世纪 80 年代，CVM 方法被引入英国、挪威和瑞典；20 世纪 90 年代引入法国和丹麦。近 40 年来，CVM 在西方国家得到了广泛应用，其研究成果用于成本效益评估和环境损害评估，为制定环境公共政策和决策提供依据。CVM 自 20 世纪 90 年代末引入我国，目前已广泛应用于大气污染、河流、生态破坏、野生动植物保护等领域。

由于 CVM 是通过问卷调查来获得被评估对象的 WTP 或 WTA，因此，问卷设计的科学与否将对评估结果产生重要的影响。本文在总结国内外研究现状的基础上，着重介绍了目前西方国家普遍流行并应用的开放式双边界二元选择问卷格式，对于加快国内在此领域的研究进展具有一定的现实意义。

第一节　CVM 的设计技术

在 CVM 理论与实证发展的不同阶段，先后开发出的引导 WTP 或 WTA 的问卷设计技术有连续型（Continuous CV）和离散型（Discrete CV）两大类。连续型问卷包括重复投标博弈（Iterative Bidding Game，IB）、开放式（Open – Ended question format，OE）和支付卡式（Payment Card，PC）。离散型二分式问卷目前已发展出单边界二分式（Single-bounded）、双边界二分式（Double-bounded）、三边界二分式（Triple-bound）、多边界二分式（Multi-bounded）。如图 10 – 1 所示。

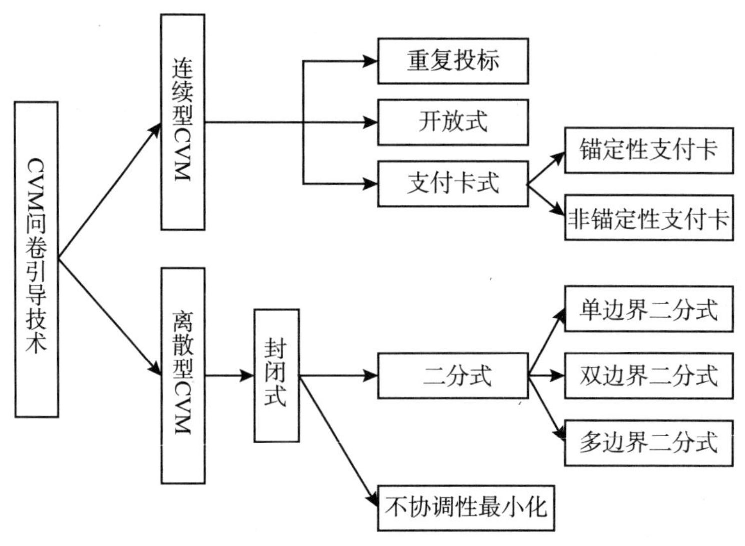

图 10 – 1　CVM 问卷引导技术

一、连续型 CVM 问卷引导技术

（一）重复投标博弈（IB）

重复投标博弈即逐步竞价法，是 CVM 最早出现的一种问卷引导技术，由访问员向被调查者详细描述所需要调查的物品的禀赋及假设市场的基本情况后，从某一个初始投标值 bid_0 开始，反复询问被调查者的 WTP，然后不断提高或降低报价水平，经过多次反复询问过程得到的最终投标值 bid，即为被调查者的最大 WTP 或最小 WTA，这种方法在电话调查和面对面调查中很有效。但针对同一投标值的反复询价会使被调查者产生厌烦而难以获得真实的回答结果；其次，存在起点偏差，起点值有可能对最终的 WTP 或 WTA 产生影响。

（二）开放式问卷（OE）

开放式问卷是最早使用的诱导支付方式之一。这种问卷设计直接询问被调查者的最大 WTP 或最小 WTA，提问比较容易，但对于被调查者来讲要参与其中可能会有一定的困难。因为 CVM 的评估对象大多为不能通过真实的市场交易而获得价值的公共物品，普通的消费者缺乏对此物品赋值的经验，特别是当被调查者面对自己不了解或不熟悉的事物时，很可能出于无法估计自己的 WTP 或 WTA 而拒答，使问卷中拒答率或抗议性答复的比例偏高，由此可能产生大量的不回答，许多的“零支付”，部分 WTP 或 WTA 过大或过小的现象，对评估对象不熟悉时尤为如此（Carson，2001）。此外，该问卷易于引发策略行为（Hanemann，1994），回收率也较低。

（三）支付卡式问卷（PC）

支付卡式问卷在操作层面与开放式类似，是由研究者编制支付卡，在支付卡上显示模拟市场条件下被调查者愿意支付的 WTP 或愿意接受的 WTA，由被调查者自行圈定与自己心中的 WTP 或 WTA 相符的投标值。这种方法保留了开放式问卷的优点及可避免起价点不同所造成的偏误，并能克服封闭式问卷询价仅能获得愿付价格下限值的缺点，所获得的衡量值与逐步竞价法相差四成以上，方法较为严谨。但投标数值的设定有可能对被调查者产生某种暗示作用，存在进入偏差和范围偏差，在使用支付卡有限的发展中国家用途比较有限。

二、离散型 CVM 问卷引导技术

离散型 CVM 采用的是封闭式二分式问题格式（Close-Ended Question Format, CE）。其中，单边界二分式由 Bishop 和 Heberlein 1979 年引入，1985 年，Hanemann 进一步将其扩展为双边界二元选择模式。

单边界二分式问卷格式是在一定数额范围内随机给出一个具体投标值 bid_0，询问受访者是否愿意接受该投标值。双边界二分式问卷根据被调查者对初始投标值的回答结果确定下一个投标值，若被调查者的回答是肯定的，则给出一个高于 bid_0 的投标值 bid_U；若被调查者的回答是否定的，则给出一个低于 bid_0 的投标值 bid_D。被调查者的两次回答为分析 WTP 或 WTA 提供了一个更为精确的范围。二分式问卷引导技术在一定程度上能提供人们讲真话的激励，同时可以减少被调查者高报其估价的可能性（Hoehn，1987；Darwin，2000）。缺点在于设计投标数量的范围和计算支付意愿上存在困难，所确定的报价范围要能使分析人员从支付者的报价中勾勒出支付概率曲线（Loomis，1997）。

第二节　CVM 可能偏差及零值的处理

一、CVM 中可能偏差

CVM 在实际操作中暗含的假设前提是被调查者知道自己的个人偏好，有能力对所要评估的物品进行估价，并且能够诚实地说出自己的 WTP。但实际操作中往往会产生不同的估计偏差。根据相关文献，CVM 中可能出现的偏差大多与 CVM 方法本身有关。根据国际经验，在 CVM 问卷设计及调查实施过程中，可以采取相应方法有效降低和减少有可能出现的偏差。CVM 中可能的偏差及解决办法如下：

第一，策略性偏差（Strategic Bias）。受访者高报 WTP 或 WTA，希望在可能为某种非市场物品或服务而接受补偿或需要支出时，从中获利。Mitchell 和 Carson（1989）认为，有四种方式可以缩小这种搭便车心理造成的偏差：一是排除所有极端值来得到核心投标值；二是不让被调查者知道其他人的 WTP 或 WTA；三是让被调查者知道最终环境品质改善所采取的费用是根据社会总的 WTP 或

WTA出价的；四是强调其他人是确定支出的。Rowe（1980）指出，较积极地做法是在问卷中放入测试有关策略性行为的题目，即提供被调查者其他样本的平均出价，并询问被调查者是否修改原先出价。

第二，假设性偏差（Hypothetical Bias）。由于被调查者对非市场物品（如环境）的消费是处在一个假设市场中，因为没有真实市场交易中的消费经验，这样容易产生许多不确定性，造成所评估物品的WTP或WTA与真实所需的金额有所不同。Mitchell和Carson（1989）指出，消费者其实在这种假设情况下所产生的高估或低估，属于一种合理的随机误差，称不上是系统性偏差。

第三，问卷设计偏差（Questionnaire Design Bias）。由于问卷设计不当而产生的误差。表现在：

一是，信息偏差（Information Bias）。由于CVM通过模拟市场开展调查，必须向受访者提供必要的信息来说明这种模拟市场的情景。因此，CVM调查中参与者拥有的关于模拟市场的信息具有决定性的作用。在问卷设计和实施中，给参与者提供的信息和描述的情景，如果能最大限度地符合所要评估的非市场物品或服务的真实情况，则可以有效减少这种偏差。

二是，支付工具偏差（Payment Vehicle Bias）。即收取人们支付货币的方式（如捐款、交税等）不当而产生的偏误。Hays（1992）在对美国罗德岛民众因海湾水质改善所产生的效益研究中，发现支付工具偏差。建议在预调查中，用各种支付方式设计WTP或WTA问题，以选择“中性”的支付方式；或者提供给参与者各种适当的支付方式，由参与者自由选择合乎自己心意的方式。

三是，起始点偏差（Starting Point Bias）。当参与者没有非市场物品的消费经验时，起始点金额的设定对被调查者会产生牵引效果，对这种偏差的程度目前并无多少研究数据，但可以通过预调查确定起始点值和投标数值间隔及范围，以减小偏差。

四是，调查方式偏差（Survy Mode Bias）。调查方式包括邮寄信函、电话及面访等不同的调查方式。邮寄和电话调查成本低，但问卷的回收率和反应率较低；面对面的访问方式成本高，但问卷回收率也高。Mitchell和Carson、Arrow和Solow领导的高级委员会均认为，面对面的采访调查是CVM最精确的调查方式，调查者的出现为参与者提供了关注调查细节的冲动和精心设计的可视化帮助。

第四，调查员偏差（Interviewer Bias）。调查员未经过严格训练，提供的不当信息导致的偏差，比较客观的做法是提供信息说明卡，使调查员能提供一致的、客观的信息给被调查者；另外，调查员的态度与技巧、对调查内容与方式的认知程度等都有可能使调查结果产生偏差。可以在调查开始前对调查人员进行严格训练，或者使用专业调查人员以减少调查偏差。

二、零值的处理

在 CVM 调查中，往往会出现许多“零”观察值，即 WTP 或 WTA 为“零”的现象，一般将这些出现在 CVM 调查中的“零”观察值，分为真正的“零”观察值和抗议性的“零”观察值。所谓抗议性的“零”观察值，是指被调查者并未对受访议题显示出其心中真正的 WTP 或 WTA，而并非该物品对被调查者没有效益（吴珮瑛等，2004）。

在对样本资料的处理方面，一种方法是先将抗议性答复的样本（即零 WTP 或 WTA）删除后，再对剩下的不含抗议性（被视为合理的样本）样本资料进行分析，通常的分析方法有 OLS 回归、Logit 模型和 Probit 模型。另一种方法是针对有许多“零”观察值的样本资料，采用受限因变量回归模型，即 Tobit 模型进行分析。但删除大量抗议性样本，不但会缩小原样本规模，还可能因为蓄意选择非抗性样本而产生抽样偏差。因此，近年来对于抗议性样本的处理已产生争议。而 Tobit 模型基本上假定所有的被调查者都愿意参与消费，因此对于零观察值的解释有两种：一是真正的零支出，二是非正值的消费支出，即将所有的“零”观察值都视为角解（Corner Solution）。Cragg（1971）认为，“零”观察值的出现，除了可能是角解外，也可能是被调查者对该物品的需求为零，即被调查者选择不参与该消费行为。因此，Cragg 延伸 Tobit 模型，发展出双栏式（Double - Hurdle Model）模型，简称为 D - H 模型。该模型认为，一个消费决策是由“决定是否参与消费”与“决定支付多少金额”两个阶段的结合，只有在两个阶段同时确立的情况下，才会构成一个完整的消费支出决策，这就对问卷设计提出了更高的要求。

开放式双边界二元选择问卷是一种结合开放式（Open-ended）与双边界二元选择（Double-bounded Dichotomous Choice）的一种新的问卷设计技术。其决策过程是：第一阶段提供给被调查者一个投标数额 A_i^1，询问被调查者 i 是否愿意接受；第二阶段以高于 A_i^1 或低于 A_i^1 的投标数额询问受访者 i 是否愿意接受；最后，在第三阶段则以开放的方式引导被调查者自己填写其实际愿付金额 Y_i。受访者的决策过程如图 10 - 2 所示。

假设被调查者 i 当前拥有的环境品质为 Q^0，其支出为 E_i^0，效用水平为 U_i；如果由于环境污染使环境质量下降为 Q^- 时，被调查者欲维持原来的效用水平 U_i，其支出为 E_i^-，则 E_i^0 与 E_i^- 分别为：

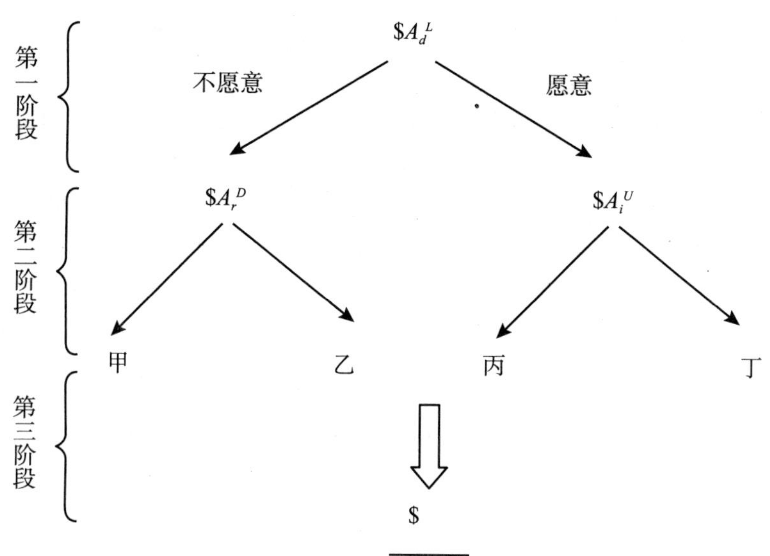

图 10-2　被调查者显示支付意愿的决策过程

$$E_i^0 = y_i^0[Q^0,\ U_i(Q^-,\ y_i^0,\ x_i)] + \varepsilon_i^0 \tag{10-1}$$

$$E_i^- = y_i^-[Q^-,\ U_i(Q^-,\ y_i^0,\ x_i)] + \varepsilon_i^- \tag{10-2}$$

式（10-1）、式（10-2）中，x_i 为被调查者的年龄、性别、受教育程度等社会经济变量，ε_i^0 和 ε_i^- 为相互独立的随机误差项，y_i 为收入。在两种不同的环境品质 Q^0 及 Q^- 下，被调查者为了维持其效用水准 U_i，其支出水平之差为 $E_i^- - E_i^0$，就相当于被调查者心中的愿付金额 Y_i^*，则 $Y_i^* = E_i^- - E_i^0$。若被调查者同意接受给定的 A_i^1，则 A_i^1 一定是小于或等于被调查者维持其效用于 $U_i(Q^-,\ y_i^0,\ x_i)$ 时，其心中最高的 WTP 金额 Y_i^*，即当 $A_i^1 \leqslant E_i^- - E_i^0$ 时，被调查者回答愿意支付的金额 A_i^1；反之，若受访金额 A_i^1 大于其心中最高的 WTP 金额 Y_i^*，则被调查者会选择不愿意。

第二阶段在第一阶段的基础上，接着给定一个高于 A_i^1 的受访金额或低于 A_i^1 的受访金额，询问被调查者 i 是否愿意接受。若被调查者在第一阶段回答“愿意”，则第二阶段给定一个大于 A_i^1 的受访金额 A_i^U；若被调查者在第一阶段回答“不愿意”，则第二阶段给定一个小于 A_i^1 的受访金额 A_i^D。如果被调查者愿意支付较高的受访金额 A_i^U，则 $A_i^U \leqslant E_i^- - E_i^0$；若被调查者面对较低的受访金额 A_i^D 时，仍不愿意接受，则 $A_i^D > E_i^- - E_i^0$。被调查者在经过二个阶段的选择后，最后的 WTP 必然分布于四个区间，即（$A_i^U - \infty$）、（$A_i^1 - A_i^U$）、（$A_i^D - A_i^1$）、（$0 - A_i^D$）中的任意一项。这四个区间的估计结果已包含了整个决策过程。

经过第一阶段与第二阶段的选择过程后，被调查者对于心中的愿付金额会有比较清楚的轮廓，第三阶段则要求被调查者自己填写最高愿付金额 Y_i^*。在三个阶段的决策过程中，如果只选取第一阶段的选择结果“愿意”或“不愿意”进行分析，就是一般的单边界二分式选择；如果综合考虑第一与第二阶段的选择结果“愿意”或“不愿意”进行分析，就是双边界二分式选择分析。被调查者在经过第一与第二两个阶段的选择过程后，第三阶段所填写的受访金额 Y_i^* 就是被调查者经过完整的决策过程后最后的选择结果，此时的愿意支付最少为零。

假设被调查者心中的愿付金额为 Δe_i^t，加上随机误差项 $\Delta\varepsilon_i^t$，记为 Y_i^t，当 Y_i^t 大于零时，被调查者 i 所回答的愿付金额 Y_i^* 等于其心中的 Y_i^t；若被调查者 i 心中的愿付金额 Y_i^t 小于等于零时，被调查者 i 所回答的愿付金额 Y_i^* 全部设为零，即：

$$Y_i^* = \begin{cases} Y_i^t, & \text{当 } Y_i^t > 0 \\ 0, & \text{当 } Y_i^t \leqslant 0 \end{cases} \tag{10-3}$$

此时，所有观察值在大样本下服从正态分布，平均愿付金额的点估计与区间估计分别为：

$$E(Y^t) = \frac{\sum_{i=1}^{N} E(Y_i^t)}{N} \tag{10-4}$$

$$\left[E(Y^t) \pm t_{\alpha/2}\sqrt{\frac{\sigma_t^2}{N}}\right] \tag{10-5}$$

假设 Y_i^* 被调查者的一系列社会经济变量 X_i（包括性别、年龄、受教育程度等）的影响，则被调查者 i 心中的 WTP 金额 Y_i^* 即是 βX_i 加上随机误差项 ε_i 决定，可表示为：

$$Y_i^* = \beta X_i + \varepsilon_i \tag{10-6}$$

式（10-6）中，β 为代估计系数，分析 Y_i^* 时，采用被调查者在第三个选择阶段的回答结果 WTP 进行分析，因为经过被调查者的明显选择过程，被调查者的愿意支付额度 Y_i 的下限值设为零。

第三节　调研方案

一、问卷设计

调研问卷是 CVM 所使用的评价工具，在我国这样一个发展中国家，由于使用问卷调查并不普及，因此，问卷设计对于 CVM 能否成功实施显得尤为重要。在问卷设计方面，目前主要有投标博弈（Iterative Bidding Game，IB），开放式问卷（Open－Ended，OE），支付卡问卷（Payment Card，PC）和封闭式投标制度即二分式问卷（Dichotomous Choice，DC）等多种模式。

第一，投标博弈由 Davis（1963）最先使用，此后便大量应用于公共物品价值评估（Brookshine 等，1982），也广泛应用于发展中国家（Whittington 等，1990），这种方法是先在问卷中设定愿付金额范围，并在范围中设定好起点价，若被调查者愿意接受起点价，则提高问卷金额；反之，若被调查者不愿意接受起点价，则降低设定金额，直到被调查者愿意接受为止。这种方法更容易接近真实市场，可获得最大支付意愿值，但调查成本高，可能会有起始点偏差，调查过程中必须有调查人员在场。

第二，开放式问卷直接询问被调查者对于环境质量改变时心中的最高支付意愿价格，且在事先不予暗示。其优点是简单易行，但被调查者可能缺少参考数值而不易回答，易产生大量的不回答、许多“零”支付，或者部分过大和过小的 WTP 现象，尤其是对调查对象不熟悉时尤为如此（Venkatachalam，2004），此外，该问卷易于引发策略行为（Hanemann，1994）。

第三，支付卡问卷设置一系列由小到大的不同支出金额值，供被调查者选择愿付的最高金额。其优点是可以使被调查者快速了解自己的 WTP 并做出选择。但可能存在进入偏差和范围偏差（Mitchell 和 Carson，1989），在使用支付卡法经验有限的发展中国家用途有限。

第四，封闭式二分式问卷分为单边界二分式和双边界二分式，由 Bishop 和 Heberlein 于 1979 年提出，在 Hanemann（1984）建立了二分式问卷选择与支付意愿的函数关系式后得到广泛应用。其中的单边界二分式问卷是由研究者对所要评估的环境物品设定特定的投标值，询问被调查者是否同意支付；双边界二分式问卷根据被调查者对给定投标值的反应，紧接着询问下一个投标值，若被调查者对第一个问题回答“愿意”，则第二个投标值将高于第一个投标值；反之，若被调查者不愿意接受第一个投标值，则第二个投标值低于第一个投标值。该问卷更能模拟真实市场，便于被调查者回答，也克服了开放式问卷中常见的没有回应的问题（Hanemann，1994）。

其中的开放式问卷和支付卡问卷属于连续型问卷，二分式问卷属于离散型问卷。支付卡问卷由于简明易懂，在被调查者对资源环境模拟市场存在认知困难的发展中国家应用广泛，和二分式问卷相比，支付卡问卷的优势还在于可以计算平均支付意愿值。

为了获得资源开发区居民对资源开发中环境破坏恢复费用的 WTP 或忍受环

境质量恶化的 WTA，CVM 调查以支付卡问卷为主。在问卷设计上遵循科学性、可行性、有效性原则，在核心估值问题上借鉴国际上比较先进的研究方法，同时兼顾 Tobit 模型和 D－H 模型的结合应用，综合了开放式和双边界二分式两种问卷的优点。

CVM 调查问卷包括三部分：一是被调查者对当地环境问题的认识态度；二是为恢复本地区环境状况，被调查者的 WTP 和 WTA；三是被调查者的社会经济信息。

支付卡问卷设计内容：

第一部分：主要考察被调查者对当地环境问题的认识态度。主要问题为：

（1）您对本地区生态环境现状的满意程度如何？

□1. 非常满意　□2. 比较满意　□3. 尚可
□4. 不太满意　□5. 非常不满意

（2）您认为本地区生态环境问题的严重程度为？

□1. 非常严重　□2. 严重　□3. 尚可
□4. 不存在环境污染　□5. 环境状况良好

（3）您认为本地区最重要的生态环境问题为？（可多选）

□1. 水土流失严重　□2. 噪声污染
□3. 空气污染　□4. 水资源短缺与严重污染
□5. 固体废弃物增多　□6. 土地沙化，盐碱化
□7. 自然灾害频繁　□8. 土地荒漠化，植被覆盖度差
□9. 不知道　□10. 其他

（4）您认为造成本地区生态环境问题的主要原因是？（可多选）

□1. 人们环境保护意识淡薄　□2. 本地区生态环境系统脆弱
□3. 煤炭开发　□4. 石油和天然气开发
□5. 矿产资源开发　□6. 金矿开发
□7. 铜矿开发　□8. 铁矿开发
□9. 工厂生产造成污染　□10. 居民生活产生污染
□11. 汽车尾气污染　□12. 不知道
□13. 其他

（5）您认为当地生态环境破坏给您造成的不良影响为？

□1. 非常大　□2. 比较大
□3. 一般　□4. 比较小
□5. 非常小　□6. 是正面影响

（6）您认为本地区生态环境治理是否具有急迫性？

□1. 非常急迫　□2. 急迫

□3. 一般　　　　　　　　　　□4. 不急迫

□5. 不必改善

第二部分：主要调查为恢复本地区生态环境，被调查者的最大支付意愿。主要问题为：

（1）根据统计资料，当前本地区生态环境问题主要是因为煤炭（石油和天然气、金矿、铜矿、铁矿）开发引起的，生态环境恢复和治理需要大量投资投入。假如可以将本地区生态环境恢复到资源开发前（__________年）的水平，除政府和企业投资外，可能需要其他融资渠道，那么，根据您的实际情况，在环境治理恢复期间，您是否愿意每年拿出一部分钱予以支持？

□1. 愿意　　　　□2. 不愿意

（2）如果需要您每年从您的家庭收入中拿出100元予以支持，您是否愿意？

□1. 愿意　　　　□2. 不愿意

（3）__________元，您愿意吗？

（4）在环境恢复与治理期间，您最多愿意每年为此支付多少元钱？

__________元（请写明具体金额）

（5）您愿意以何种形式支付？

□1. 税收　　　　□2. 捐款　　　　□3. 水费附加

□4. 一次性支付　　□5. 其他形式

（6）您不愿意支付的原因是：

□1. 生态环境质量对我的生产生活影响很小

□2. 收入低，无能力支付

□3. 生态环境破坏由开发企业导致，应该由责任者承担

□4. 生态环境破坏属于公共服务，应由政府承担费用

□5. 对现行体制下环境治理没有信心

□6. 我不是本地户籍，不稳定的生活状态使我没有必要为环境治理付费

□7. 其他

（7）在资源开发过程中，污染空气和水、废弃物占用土地，会影响您的健康、影响您欣赏自然景观等，但是每个人的身体素质和健康状况不同，居住区域不同也会使每个人遭受不同的影响。根据您的具体情况，您认为当地环境污染每年给您造成了多大的损失？

□0 元　　□50 元　　□100 元　　□150 元

□200 元　　□250 元　　□300 元　　□350 元

□400 元　　□450 元　　□500 元　　□600 元

□700 元　　□800 元　　□900 元　　□1 000 元

□1 500 元　□2 000 元　□2 500 元　□3 000 元
□3 500 元　□4 000 元　□4 500 元　□5 000 元
□6 000 元　□7 000 元　□8 000 元　□9 000 元
□10 000 元　□其他（请说明__________元）

（8）如果您对当地生态环境恢复没有信心，愿意继续生活在当前恶劣的环境下，那么，您认为是否应该得到赔偿？

□应该　□不应该　□无所谓

（9）您希望获得多少赔偿来弥补这一影响？

__________元（请写明具体金额）

（10）你不愿意接受赔偿的原因是：

____

第三部分：被调查者的基本信息。

1. 性别：□男　□女

2. 年龄：__________

3. 职业：

□农民　□工人　□商人　□军人　□教师
□国家公务员　□服务业　□学生　□无业　□退休
□其他__________

4. 教育程度：

□未上过学　□小学　□初中　□高中及以上

5. 请问您家庭年收入大概是多少？

□500 元　□1 000 元　□1 500 元　□2 000 元
□2 500 元　□3 000 元　□3 500 元　□4 000 元
□4 500 元　□5 000 元　□6 000 元　□7 000 元
□8 000 元　□9 000 元　□10 000 元　□20 000 元
□30 000 元　□40 000 元　□50 000 元　□60 000 元
□70 000 元　□80 000 元　□90 000 元　□100 000 元
□其他（请说明__________元）

6. 您的家庭共__________人

7. 您的户籍为：

□本地　□外地

8. 您所居住的行政区域为______________________________

二、CVM 调查样本数量的确定

根据 Scheaffer 的抽样公式，计算抽样总数。即：

$$n = \frac{N}{(N-1) \times g^2} + 1 \qquad (10-7)$$

式中 n 为抽样单位数（随机抽取的家庭户），N 为总体单位数（调查区域内总的家庭户数），g 为抽样误差（通常取 5%）。

三、调查方式选取

CVM 调查是基于假想市场设计调查问卷，以面访调查、邮寄调查、电话调查等多种方式进行采访。相比较而言，面访方式虽然费用成本高，但在说明假想市场，陈述要评估的物品和服务、回答被调查者疑虑等方面具有明显的优势；特别是不排除有阅读困难和对环境问题有理解困难的人，因此可以减少样本选择误差的可能性，增加研究结果的有效性和可靠性，有助于获得更高质量的调查结果，还可以保证问卷的回收率。所以，以家庭户为单位的面访调查方式是最佳选择方式。

四、调查技术路线

具体调查时采取整群随机抽样方式，被调查者选取有行为能力的成年人，并尽量抽取不同类型的家庭。入户调查时间选择在周末白天，此时户主大多在家，面访成功率高；另外，应尽量避开休息和吃饭时间，以免引起被调查者的反感或不快。

五、调查员的选取

面访调查要求调查人员必须具有一定的专业技术知识，精通调查技术和问卷设计，并具有良好的素质修养。本次调查中，调查员选取由__________组成，在专业技术、自身修养等方面均能满足调查要求。

六、调查偏差的控制技术

第一，由于通过 CVM 得到的 WTP 是面对假想市场的假想回答，假想支付与真实支付之间的差异称为“假想偏差”，这种偏差难以通过真实的市场行为进行验证。大部分研究结果认为，假想支付低于真实支付（Brown 等，1996），而假想受偿值（WTA）则高于真实受偿值（WTA）；也有一些研究结果则相反（Bishop and Heberlein，1979）。为了消除这种假想偏差，必要时告知被调查者若过分夸大 WTP，真正支付时会无法负担或有可能造成财产损失；若过分减小 WTP，环境质量改善的目标可能就会无法实现。这样就在一定程度上有助于缩小假想 WTP 与真实 WTP 之间的差异。

第二，策略性偏差的控制。CVM 调查中有两类主要的策略性偏差：搭便车和过度承诺（Mitchell and Carson，1989）。搭便车认为如果其他人支付过多时，他自己则无需支付；过度承诺指若个人认为他的 WTP 将影响环境物品的提供时，个人将倾向于夸大 WTP。针对这种偏差，通过调查者与被调查者反复沟通，使被调查者认识到自己的回答结果不仅会关系到自身利益，其结果也会反馈给政府部门，直接影响政府部门恢复和治理当地环境问题的决策。若回答结果偏离真实意愿，则会影响环境质量改善目标的实现，这样诱导被调查者重视自己的回答，从而表达出自己的真实 WTP。

第三，范围偏差的控制。范围问题指在一些研究中，CVM 调查结果对调查范围的大小不敏感。为了消除范围偏差，问卷设计中或者面对面访问时，明确提出或告知被调查者将本地区的生态环境恢复到资源开发前（__________年）的水平，收取资金主要用于本地区环境修复和治理，而不是用于其他地区或其他方面。使被调查者明确环境治理的界定范围，从而消除范围问题对被调查者的支付意愿影响的偏差。

第四，嵌套偏差。对于同一环境物品的 WTP，在单独评估和作为一个更大范围整体的一部分评估时，其结果可能存在相当大的差异。为了消除嵌套偏差，调查者通过不断和被调查者交流，帮助被调查者确认所要评估的物品为本地区的生态环境质量，而不是其他地区或更大范围的环境物品，以消除嵌套偏差的影响。

第五，信息偏差的控制。CVM 结论的有效性依赖于传递给被调查者的有关信息和特性。由于专业技术知识的限制，被调查者可能并不十分掌握回答问题的全部环境信息与知识，有可能会出现错误的 WTP 值。这种偏差除了在问卷设计中尽量提供给被调查者准确而完整的信息外，具有专业技术知识的调查员也会帮助被调查者了解环境物品信息，对其不明白或有疑虑的问题进行解释和回答，最大可能的消除信息偏差。

第六，起始点偏差。调查问卷在设置核心估值问题时，借鉴相关研究及预调查结果反馈，按照从高到低的顺序设置，以便于被调查者根据自己的真实意愿决定支付数额，避免起始点设置对被调查者造成的误导，这样可以消除起始点设置造成的结果偏差。

第七，支付工具选择的偏差。问卷设置中，明确告诉被调查者收取方式为直接的现金支付，支付工具可选择税收、捐款、一次性支付、水费附加等，可以消除支付方式及工具选择的偏差。

第四节 问卷的整理与分析

一、问卷整体分析

对调查回收的问卷，通过计算描述性统计指标，如频数、频率、众数、中位数、四分位数、标准差等，以统计表或统计图的形式直观地反映调查结果的总体情况，便于从整体上把握当地居民对环境问题的认识态度，如居民对环境问题的满意程度、对环境问题的严重性程度、治理态度等，支付比例及原因、不支付的比例及原因，居民愿意接受补偿的意愿及补偿数额大小，被调查者的社会经济特征与 WTP 的相关性等。

二、支付意愿影响因素的实证研究

CVM 是在一定区域内进行的调查，故所调查区域的社会构成方式、经济状况、分配状况、环境意识、居民的个体特征等都将影响 WTP 值的大小。根据调查问卷设计，将影响因素归为四类：一是居民的人口学特征，如性别、年龄、家庭人口数；二是社会经济状况，如收入水平、教育程度；三是地理区域，如居民的行政区划（煤炭产地、石油天然气产地、金产地、铜产地、铁产地等）；四是居民对环境问题的认识态度，如对环境状况是否满意，对环境污染和治理的态度等。

通过对问卷分类整理，根据不同情况采用不同模型，主要分析模型：OLS 回归模型；Tobit 模型；参与方程模型；支出方程模型等各种模型的结合。

三、环境污染损失的价值估算

根据研究结果，模拟计算第 i 个被调查者 WTP 的期望值 $E(y_i)$，得出资源产地平均每人每年的意愿支付值。再根据资源产地人口总数，估算出当地资源开发等造成的环境污染损失值。

第五节　企业税费构成调查

目前，榆林境内矿区企业税费构成主要包括七种税：增值税、资源税、城建税、所得税、印花税、水资源税、教育附加税。增值税部分中央、市、县级次的分配比例为75%、12.5%、12.5%；地方各种税中的所得税由中央、省、市县各级按照60%、20%、20%的比例分成，营业税全留地方；资源税、城建税、印花税、教育附加税等小税种基本上是市、县对半分。在整个税收构成中，增值税占82%以上。

一、采矿企业调查表（见表10－1）

表10－1　　采矿企业现状

1. 矿业权取得方式	招、拍、挂、协议转让
2. 取得金额	有偿，无偿及金额数
3. 矿区类型	大，中，小
4. 企业性质	中央，省，市，县或国家、地方、个人
5. 资源储量	
6. 矿区面积	
7. 资源储量	探明储量，预计储量
8. 设计能力	
9. 实际生产能力	
10. 服务年限	
11. 资源利用率	

二、开发引起的地质环境问题（见表10－2）

表10－2　　煤炭开发引起的地质环境问题统计表

1. 采空塌陷区情况统计	采空区，塌陷面积，占总面积比重（%），受灾人数，影响房屋，损毁房屋，损坏天然植被，损毁农地，损毁道路，输电线路等其他
2. “三废”污染	废气排放：二氧化硫，氮氧化物，总悬浮颗粒
	固体废弃物：废渣、煤矸石，粉煤灰；工业固体废弃物产生量，工业固体废物处置量
	废水排放
3. 地表水及地质水系的破坏	水源枯竭，水位下降，河流断流，泉、井、湖泊干涸等，土地沙化面积
4. 植被破坏	直接占用林、地面积，林地破坏面积，地表植被破坏面积，水土流失面积
5. 人体健康影响	肺心病，慢性支气管炎，肺癌，呼吸系统疾病等其他

三、资源开发地经济损失（见表10－3、表10－4）

表10－3　　环境污染损失估算

大气污染	人体健康经济损失：各种发病率损失
	农业经济损失：蔬菜、粮食、水果
	清洗费用增加
	森林经济损失
水污染	人体健康经济损失
	农作物减产经济损失

表10－4　　税费补偿征收

种类	水土流失补偿	超标排污费	水资源补偿费	计量费	价格调节基金	合计
面煤						
块煤						
焦粉						

四、环境保护和生态建设（见表10-5）

表10-5　　　　环境保护和生态建设

环境保护	城市污水处理及再生利用设施建设，城市生活垃圾无害化处理项目，城区大气污染治理
城市污水处理及再生利用设施建设	建设城市污水处理厂13个，新建或改造排污管网长度306公里，其中一级排污干管90公里
生态建设	沙区治理，水土保持，生态环境建设工程，草地改良与建设项目
采煤沉陷区综合治理工程	采煤沉陷区内学校、医院、市政基础设施、水源、住宅等综合治理
生态环境气候动态监测系统	全市建设25个气候生态环境监测站，对气候生态、湿地生态和农业生态开展监测，候鸟迁入和迁出等生物种类监测，大型水域面积和深度、温度监测等

五、全国矿业权实地核查总体实施方案——国土资源部（见表10-6）

表10-6　　　　矿业权实地核查内容与要求

类别	矿业权基本数据		核查要求
探矿权	重点核查内容	1. 拐点坐标与范围	通过实测勘探工程空间分布核实确认
		2. 勘查面积	根据拐点坐标及实际范围推算
		3. 勘查区块	绘制勘查区块分布图
		4. 勘查矿种	现场调查
		5. 有效期	现场查阅资料或询问发证机关、矿业权人
		6. 勘查许可证号	现场查阅资料或询问发证机关、矿业权人
		7. 发证机关	现场查阅资料或询问发证机关
	一般核查内容	探矿权人及基本信息、项目名称、项目类型、勘查阶段、投资主体、地理位置、其他	现场查阅资料或询问发证机关、矿业权人

续表

<table>
<tr><th>类别</th><th colspan="2">矿业权基本数据</th><th>核查要求</th></tr>
<tr><td rowspan="8">采矿权</td><td rowspan="7">重点核查内容</td><td>1. 拐点坐标与范围</td><td>通过实测开采工程空间分布核实确认</td></tr>
<tr><td>2. 开采标高（矿层或矿体）</td><td>调查或实测</td></tr>
<tr><td>3. 矿区面积</td><td>根据拐点坐标及实际范围推算</td></tr>
<tr><td>4. 开采矿种</td><td>调查、现场鉴定</td></tr>
<tr><td>5. 有效期</td><td>询问、调查</td></tr>
<tr><td>6. 采矿许可证号</td><td>询问、调查</td></tr>
<tr><td>7. 发证机关</td><td>询问、调查</td></tr>
<tr><td>一般核查内容</td><td>采矿权人及基本信息、地质探明储量、开采方式、生产规模、经济类型、地理位置、其他</td><td>现场查阅资料或询问发证机关、矿业权人</td></tr>
</table>

小　　结

矿产资源开发环节的生态环境损害价值损失估算是制定矿区生态补偿标准的基础。由于不存在交易的市场，因此资源开发对生态环境造成损失的经济价值只能通过专门的评估方法与技术进行估值。

当前理论界对生态环境价值损失的主流方法是 CVM。由于 CVM 法主要通过问卷调查获得被评估对象的 WTP 或 WTA。因此，问卷设计的科学与否将对评估结果产生重要影响。本章主要分析了目前西方国家普遍流行并应用于实践的开放式双边界二元选择问卷格式。基于科学性、可行性、有效性原则，综合开放式和双边界二分式的优点，设计出适用于我国实际情况的开放式双向边界问卷调研表，并分析了相关的数据处理问题，为形成规范、清晰的生态环境价值评估方法和技术路线提供了方法论基础。

第十一章

煤炭矿区生态环境改善的支付意愿与受偿意愿的差异性分析

——以榆林市神木县、府谷县和榆阳区为例

CVM 是一种简单、灵活的非市场估价方法。CVM 利用效用最大化原理，在模拟市场的情况下，直接调查和询问人们对某一环境物品变化的 WTP 或 WTA，以辨明人们关于环境品质变化的偏好，进而估算环境效益改善或环境质量损失的经济价值。自 Davis（1963）首次提出并应用 CVM 以来，CVM 已成为评价环境物品经济价值的主流研究方法之一。然而，学术界一直对 CVM 的有效性和可靠性存在争议，其中对于同一种环境物品的 WTP 与 WTA 之间的差异就是引起争论的焦点之一。

CVM 所要调查的 WTP 或 WTA 源自 Hicks 衡量消费者剩余的两个指标：补偿变差（Compensation Variation，CV）和等量变差（Equivalent Variation，EV）。对于环境状态改善的项目或政策，由于效用变化 $\Delta U>0$，CV 是指被调查者为维持个人福利水平不变，而愿意放弃的个人收入即 WTP；EV 则指如果计划的项目未能实现，被调查者愿意接受的收入补偿即 WTA。

虽然，WTP 与 WTA 都可作为测量尺度，用于衡量同一种环境物品变化带来的经济价值变化。但在实际的研究中，同一环境物品的 WTP 与 WTA 很少出现一致，往往表现出较大的差异性。Willig（1976）的研究发现 WTP 与 WTA 之间的差异很小，只受收入的影响。但大多数的研究表明 WTP 与 WTA 之间的差异非常明显，通常 WTA 要超过 WTP 数倍甚至数十倍。Hanemann（1991）的研究认为 WTA 是 WTP 的 5 倍；Brookshire 和 Coursey（1987）的研究表明，WTA 是 WTP

的2.4倍到61倍；L. Venkatachalam（2004）的重复试验表明，WTA是WTP的5倍到75倍。在国内，也有一些学者对WTP与WTA之间的差异进行了研究。如：赵军等（2007）的研究表明，WTA与WTP之间的比值，平均为7.02，最大将近50；张翼飞（2008）的研究显示，WTA与WTP之间的比值，平均为10.4，最大超过100。但由于国内关于CVM的研究起步较晚，因此，这方面的研究还有待于进一步加强。

为了进一步研究WTP与WTA之间的差异性，本章以榆林市的神木县、府谷县和榆阳区为例，研究WTP与WTA在衡量煤炭矿区生态环境改善的经济价值中的差异性。通过实证分析，研究差异的原因，并探讨在中国煤炭矿区应用CVM时的测度指标选择问题。其中神木县和府谷县是神府煤田的所在地，该煤田是我国已探明的最大煤田，占全国探明储量的15%，相当于50个大同矿区、100个抚顺矿区，是世界七大煤田之一；榆阳区横跨榆横、榆神煤田。这三县（区）的资源都以煤炭为主，并都已进入煤炭开采的高峰期，因煤炭开采引起的各种生态环境问题已经充分显现，十分具有调研价值。调查在2010年7月进行，历时15天；调查组一行7人，包括4名博士研究生和3名硕士研究生；具体调研区域：神木县大柳塔镇、店塔镇，府谷县三道沟乡、庙沟门镇，榆阳区麻黄梁镇、牛家梁镇、小纪汗乡等；调查采用随机入户访谈的形式，每户选取一名对家庭情况较为清楚并长期居住在当地的成员作为被调查者；共发放问卷580份，问卷全部收回，得到有效问卷535份，问卷有效率为92.24%。

本章的其余内容安排如下：第二部分：基本数据，包括被调查者的社会经济信息及其WTP和WTA的额度数据；第三部分：WTP与WTA之间差异的实证分析；第四部分：结论。

第一节　基本数据

本次调研采用的CVM问卷由3个部分组成：一是矿区居民对当地生态环境问题的认识态度；二是为将本地区的生态环境改善到资源开发前的状况，当地居民的WTP和WTA调查；三是矿区居民的社会经济信息，如年龄、文化程度、家庭人口数、家庭收入等。对当地居民WTP和WTA调查的引导方式选择了开放式。

一、被调查者的社会经济信息

调查的有效样本中，男性380人，女性155人，男性比例大于女性比例。被调查者的年龄最小16岁，最大88岁，平均年龄39.78岁，被调查者主要集中于21～60岁；文化水平以初中为最多，其次分别为高中、小学、大专及以上和未上学最少；职业以农民最多，商人、工人、学生也有很大的比重；家庭人均年收入集中在3 001～20 000元（见表11－1）。

表11－1　　被调查者的社会经济信息

	选项	样本量（个）	百分比（%）		选项	样本量（个）	百分比（%）
性别	男	380	71.03	年龄	0～20岁	25	4.67
	女	155	28.97		21～40岁	261	48.79
文化程度	未上学	55	10.28		41～60岁	182	34.02
	小学	119	22.24		61岁及以上	67	12.52
	初中	164	30.65	职业	农民	233	43.55
	高中	143	26.73		工人	78	14.58
	大专及以上	54	10.09		商人	105	19.63
家庭人均年收入	小于等于3 000元	93	17.38		公务员	8	1.50
	3 001～6 000元	134	25.05		教师	7	1.31
	6 001～10 000元	135	25.23		学生	63	11.78
	10 001～20 000元	135	25.23		退休	2	0.37
	20 001元及以上	38	7.10		无业	25	4.67
					其他	14	2.62

二、被调查者的支付意愿（WTP）

在被调查的535份有效样本中，个别被调查者虽然表示“愿意”为恢复当地的生态环境而支付一定的费用，但出于家庭收入较低等原因，而回答了零支付，本文在数据处理过程中将这部分样本归为“不愿意”样本，因此，本章中表示愿意支付的被调查者均具有正支付意愿。根据对有效样本的统计，65.98%的被调查者表示愿意支付，即有效样本的支付率为65.98%；WTP主要集中在

100元及以下和101~300元两个档次上，选择这两个档次的被调查者分别占愿意支付人数的30.88%和37.96%（见表11-2）。他们愿意支付的原因主要集中在三个方面，依次是：（1）为了自己的生活环境更好；（2）把良好的生存环境留给子孙后代；（3）保护生态环境是一种社会责任。34.02%的被调查者表示不愿意支付，其中的原因主要集中在三个方面，依次是：（1）家庭收入水平较低而不愿意支付；（2）认为污染企业和政府应承担相应的责任；（3）对生态环境恢复没有信心，担心生态环境恢复不能达到预期的目的。

表11-2　　被调查者的支付意愿（WTP）

	选项	样本量（个）	比重（%）
是否愿意支付	愿意	353	65.98
	不愿意	182	34.02
表示“愿意”的被调查者的支付意愿	100元及以下（不含0）	109	30.88
	101~300元	134	37.96
	301~500元	65	18.41
	501元及以上	45	12.78

三、被调查者的受偿意愿（WTA）

在被调查的有效样本中（见表11-3），77.38%的被调查者表示愿意接受赔偿，其中，26.09%的被调查者的WTA在2 000元及以下；26.81%的被调查者的WTA在2 001~5 000元；25.36%的被调查者的WTA在5 001~10 000元；21.74%的被调查者的WTA大于10 000元。22.62%的样本表示不愿意接受赔偿，其主要原因依次是：（1）根据长期的社会经验，认为获得赔偿是不可能轻易做到的事；（2）认为当地煤炭开发所造成的生态环境破坏损失是无法估量的，对个人及家庭造成影响也是无法修复和补偿的，即使赔偿也无济于事；（3）对当地政府机构不信任，担心拿不到赔偿；（4）只要能将当地生态环境治理好就行，无须赔偿。

表11-3　　被调查者的受偿意愿（WTA）

	选项	样本量（个）	比重（%）
是否愿意接受赔偿	愿意	414	77.38
	不愿意	121	22.62

续表

	选项	样本量（个）	比重（%）
表示“愿意”的被调查者的受偿意愿	2 000 元及以下（不含 0）	108	26.09
	2 001 ~ 5 000 元	111	26.81
	5 001 ~ 10 000 元	105	25.36
	10 001 元及以上	90	21.74

第二节 实证分析

一、WTP 与 WTA 的统计分析

从表 11 - 2 和表 11 - 3 的统计发现，被调查者的 WTP 分布较为集中，主要分布在 100 元及以下和 101 ~ 300 元两个档次；被调查者的 WTA 分布较为分散，在 2 000 元及以下、2 001 ~ 5 000 元、5 001 ~ 10 000 元和大于 10 000 元四个档次呈较为均匀地分布。根据对有效样本的统计（见表 11 - 4），WTP 与 WTA 之间的差异较大，WTA 与 WTP 相比，平均值、中位数普遍偏大。WTP 与 WTA 的平均值的比值为 36.69，中位数的比值为 40，这两个比值与国际研究（Horowitz 等，2002）的一般范围①相符。

表 11 - 4　　　　WTP 与 WTA 的统计

	WTP	WTA
平均值	229.56	8 423.31
中位数	100	4 000

为了反映 WTP 与 WTA 的比值，本文对有效样本进行了必要的调整，即将 WTP 中的零支付进行了剔除，得到样本量 353 份。通过对调整的有效样本进行分析（见表 11 - 5），本文得到，WTA/WTP 比值的均值为 44.99，最大值为 2 000，非零最小值为 0.5，中位数为 13.33。WTA/WTP 比值的分布比较分散，

① Horowitz 等（2002）的研究表明，WTP 与 WTA 的平均值的比值范围为 0.74 ~ 112.67，中位数的比值范围为 1 ~ 42.49。

其中，WTA/WTP 的非零比值主要集中在以下 3 个区间：大于 0 小于等于 5、大于 5 小于等于 10、大于 10 小于 20，分别占调整后样本量的 16.15%、13.60%、14.45%。

表 11－5　　WTA/WTP 比值的统计

比值	样本量（个）	比重（%）
0	71	20.11
0～5	57	16.15
5～10	48	13.60
10～20	52	14.73
20～30	19	5.38
30～40	15	4.25
40～50	24	6.80
50～60	10	2.83
60～70	9	2.55
70～80	2	0.57
80～90	1	0.28
90～100	22	6.23
100～200	10	2.83
大于 200	13	3.68

二、WTP 与 WTA 之间差异的社会经济因素分析

CVM 研究通常选择一些常见的社会经济变量来研究影响 WTP（或 WTA）的因素，如收入、教育等（Freeman，1993；L. Venkatachalam，2004）。本章根据调查的实际情况，并结合国内外应用 CVM 的研究，选定被调查者的社会经济因素，即：家庭人均年收入、受教育程度、年龄、职业状况，以及所在行政区域作为解释变量（见表 11－6），分析 WTP 与 WTA 之间的差异。其中，国内外的相关研究（L. Venkatachalam，2004；赵军等，2007；李国平等，2009）多以家庭年收入作为解释变量，考虑到家庭成员人均年收入比家庭年收入更能反映一个家庭的富裕状况，选择了家庭人均年收入代替家庭年收入作为解释变量。

本部分首先研究影响 WTP、WTA 的社会经济因素，以期对 WTP 和 WTA 的各自变化原因有所了解；在此基础上，进行 WTP 与 WTA 之间差异的社会经济因

素分析。

表 11-6 **解释变量说明**

变量	说明
INCOME	被调查者的家庭人均年收入（元）
EDU	被调查者的受教育程度：EDU=1，未上学；EDU=2，小学；EDU=3，初中；EDU=4，高中；EDU=5，大专及以上
AGE	被调查者的年龄（岁）
FAMER	虚拟变量，被调查者所从事的职业：FAMER=1，农业生产从事者；FAMER=0，非农业生产从事者
PLACE1	虚拟变量，被调查者所在行政区域：PLACE1=1，榆阳区=1；PLACE1=0，其他地区
PLACE2	虚拟变量，被调查者所在行政区域：PLACE2=1，府谷县=1；PLACE2=0，其他地区

（一）影响 WTP、WTA 的社会经济因素分析

对于 CVM 调查样本的实证分析，多采用能够分析受限数据的模型，但零观察值样本被删除，不但缩小了样本的规模，更有可能造成抽样偏差，引起估计结果被高估的倾向。近年来，Tobit 模型被广泛应用于对零观察值的解释，使得 CVM 调查中零观察值的处理有了较好的方法。

Tobit 模型最先由诺贝尔经济学奖获得者詹姆斯·托宾（James Tobin）提出。其基本结构如下：

设某一耐用消费品支出为 y_i（被解释变量），解释变量为 x_i，则耐用消费品支出 y_i 要么大于 y_0（y_0 表示该耐用消费品的最低支出水平），要么等于零。因此，在线性模型假设下，耐用消费品支出 y_i 和解释变量 x_i 之间的关系为：

$$y_i=\begin{cases}\beta^T X_i+\mu & \text{若 } \beta^T X_i+\mu>y_0\\ 0 & \text{其他}\end{cases} \tag{11-1}$$

$$\mu \sim N(0,\ \delta^2),\ i=1,\ 2,\ \cdots,\ n$$

其中，X_i 是（$k+1$）维的解释变量向量，β 是（$k+1$）维的未知参数向量，μ 为残差项。此模型称为截取回归模型（Censored Regression Model）。假设 y_0 已知，模型两边同时减去 y_0，变换后模型的常数项是原常数减去 y_0，由此得到的模型标准形式称为“Tobit 模型”（Tobit Regression Model）：

$$y_i = \begin{cases} \beta^T X_i + \mu & 若\ \beta^T X_i + \mu > 0 \\ 0 & 其他 \end{cases} \tag{11-2}$$

$$\mu \sim N(0,\ \delta^2),\ i = 1,\ 2,\ \cdots,\ n$$

Tobit 模型还可表示为一个潜变量模型：

$$y_i^* = \beta_0 + \beta_i x_i + \mu$$

$$y_i = \begin{cases} y_i^* & 若\ y_i^* > 0 \\ 0 & 若\ y_i^* \leqslant 0 \end{cases} \tag{11-3}$$

$$\mu \sim N(0,\ \delta^2),\ i = 1,\ 2,\ \cdots,\ n$$

其中，潜变量 y_i^* 满足经典线性模型假设，服从具有线性条件均值的正态同方差分布。Tobit 模型的一个重要特征是，解释变量 x_i 是可观测的（即 x_i 取实际观测值），而被解释变量 y_i 只能以受限制的方式被观测到：当 $y_i^* > 0$ 时，取 $y_i = y_i^*$，称 y_i 为"无限制"观测值；当 $y_i^* \leqslant 0$ 时，取 $y_i = 0$，称 y_i 为"受限"观测值。即"无限制"观测值均取实际的观测值，"受限"观测值均截取为 0。由于 y_i^* 正态分布，所以 y_i 在严格正值上连续分布。

据此，本文建立如下 Tobit 模型：

$$Y^* = \beta_0 + \beta_1 \mathrm{INCOME} + \beta_2 \mathrm{EDU} + \beta_3 \mathrm{AGE} + \beta_4 \mathrm{FAMER} + \beta_5 \mathrm{PLACE1} + \beta_6 \mathrm{PLACE2} + \mu \tag{11-4}$$

其中，Y^* 是潜变量，Y 是被调查者回答的 WTP（或 WTA）值，解释变量为被调查者的社会经济指标，包括家庭人均年收入（INCOME）、受教育程度（EDU）等（详见表 11-6），β_0 为截距项，$\beta_1 \sim \beta_6$ 为待估参数，μ 为残差项。

运用 Eviews6.0 软件进行 Tobit 模型分析，其结果详见表 11-7。

表 11-7　　Tobit 模型分析结果

解释变量	被解释变量：WTP		被解释变量：WTA	
	系数	标准差	系数	标准差
C	-442.5092	133.5545	-13 973.60	4 364.910
EDU	94.66920***	24.88363	2 544.603***	813.5493
INCOME	0.007326***	0.002730	-0.036827	0.091953
FAMER	-163.4810***	59.44634	6 057.875***	1 923.635
AGE	6.038647***	1.912096	191.4316***	62.28107
PLACE1	48.26541	52.81421	5 119.036***	1 720.260
PLACE2	31.56775	56.87601	2 167.229	1 895.163

续表

解释变量	被解释变量：WTP		被解释变量：WTA	
	系数	标准差	系数	标准差
Log likelihood	-2 801.320	-4 680.911		
N	535	535		

注：*** 表示在 1% 水平上显著，** 表示在 5% 水平上显著，* 表示在 10% 水平上显著。

从表 11 - 7 的 Tobit 模型分析结果可以看出：

第一，被调查者的 WTP 受其受教育程度、家庭人均年收入、职业状况、年龄的影响，而本文的实证研究没有发现被调查者的所在行政区域对其支付意愿有显著性影响。(1) 被调查者的受教育程度对其 WTP 具有显著的正向影响，受教育程度越高，WTP 越高。(2) 被调查者的家庭人均年收入对其 WTP 也具有显著的正向影响。家庭人均年收入越高，WTP 越高。这反映了被调查者的家庭经济状况是制约被调查者 WTP 的重要因素。(3) 被调查者所从事的职业对其 WTP 具有非常显著的影响，本文发现，农业生产从事者比其他职业从事者的 WTP 低。(4) 被调查者的年龄越大，WTP 越高。从调查的访谈中了解到，年纪大的被调查者对煤矿开发破坏生态环境的认识比较深刻，而且相对于年轻人，年纪大的人更愿意留在当地继续生活，所以他们更愿意支付。

第二，被调查者的 WTA 受其受教育程度、职业状况、年龄及所在行政区域的影响。(1) 受教育程度对被调查者的 WTA 具有显著的正向影响，受教育程度越高，WTA 越高。(2) 被调查者所从事的职业对其受偿意愿具有非常显著的影响，本文发现，农业生产从事者比其他职业从事者的 WTA 高。从调研情况来看，煤矿多处于农村，煤炭开采直接破坏了农村的生产生活设施，出于对未来生活的考虑，农业生产者往往会提出更高的受偿额。(3) 被调查者的年龄对其 WTA 具有显著的正向影响，被调查者的年龄越大，WTA 越高。(4) 榆阳区的被调查者的 WTA 比神木县的被调查者高。但没有足够的证据证明府谷县的被调查者与神木县的被调查者在 WTA 存在显著性差别。(5) 本文的实证研究没有发现家庭人均年收入对被调查者的其 WTA 有显著性影响，这与 Hanemann (1991)、Shogren 等 (1994) 的研究发现一致。

（二）WTP 与 WTA 之间差异的社会经济因素分析

本文以 WTA/WTP 比值作为被解释变量，解释变量为被调查者的社会经济因素，包括家庭人均年收入 (INCOME)、受教育程度 (EDU) 等，应用多元线形回归模型，研究社会经济因素对 WTP 与 WTA 之间差异的影响。回归方程如下：

$$\text{WTA/WTP} = \beta_0 + \beta_1 \text{INCOME} + \beta_2 \text{EDU} + \beta_3 \text{AGE} + \beta_4 \text{FAMER} + \beta_5 \text{PLACE1} + \beta_6 \text{PLACE2} + \mu \quad (11-5)$$

其中，β_0 为截距项，$\beta_1 \sim \beta_6$ 为待估参数，μ 为残差项。

运用 Eviews6.0 软件进行回归，结果详见表 11－8。

表 11－8　　　　多元线形回归模型分析结果

解释变量	系数	标准差	t－统计量	P 值
C	－76.30090	39.82703	－1.915807	0.0562
EDU	11.48880	7.375067	1.557789	0.1202
INCOME	0.000229	0.000959	0.239082	0.8112
FAMER	－35.59205	20.24541	－1.758031	0.0796
AGE	1.946446	0.603355	3.226040	0.0014
PLACE1	49.71288	17.86680	2.782416	0.0057
PLACE2	15.36369	18.27315	0.840780	0.4011
R^2	0.052751			
F－统计量	3.202092			
D－W 值	1.973690			
N	353			

从表 11－8 可以看出：（1）被调查者所从事的职业对 WTP 与 WTA 之间的差异具有显著的影响，本文实证发现，在其他情况相同的条件下，农业生产从事者比其他职业从事者对 WTP 与 WTA 之间差异的影响程度低。（2）被调查者的年龄对 WTP 与 WTA 之间的差异具有非常显著的影响，年龄越大，差异越大。（3）被调查者所在的行政区域对 WTP 与 WTA 之间的差异也具有一定的影响。榆阳区与神木县相比较，WTP 与 WTA 之间的差异相差较大；但本文的实证研究没有发现府谷县与神木县在 WTP 与 WTA 之间的差异上存在显著性差别。（4）本文的实证研究没有发现被调查者的受教育程度和收入状况对 WTP 与 WTA 之间的差异有显著性影响。

三、CVM 在我国煤炭矿区应用中，WTP 与 WTA 的选择问题

WTP 与 WTA 之间存在着明显的差异，因此，在 CVM 的应用中就面临 WTP 与 WTA 的选择问题。对于这一选择问题，学术界存在着较多的争论，目前国内外的大多数文献接受的是美国 NOAA 提出的指导原则，即采用 WTP 而不是 WTA

作为价值测度尺度。考虑到我国国情的特殊性，本章在此对我国煤炭矿区的CVM应用中，WTP与WTA的选择问题作一讨论。

第一，在CVM问卷操作过程中，被调查者对WTP与WTA最直接的反应是：一个需要自己掏钱，另一个是给自己钱。但是长期的社会经验使他们认为不可能轻易地因为生态环境的破坏而获得赔偿，王瑞雪和彦廷武（2006）的研究也论证了这一点；另外，矿区居民对地方政府缺乏信任，认为即使有赔偿款也会被政府部门克扣或挪用，不可能全额到自己手里。因此，在CVM调研中WTA还不能获得居民的认可。反而，长期以来，围绕在中国居民身边的各种名目的税费及摊派使他们更容易适应和接受WTP。

第二，长期以来，矿区形成的利益分配机制，使得矿区居民对政府和煤炭企业的认识产生了扭曲。煤炭开发给开采企业和政府提供高额的利润的同时，给当地的生态环境及居民的生产生活造成了难以估量的破坏和损失。因此，面对WTA时，被调查者很容易产生与政府进行利益博弈的冲动，许多被调查者会故意提高自己的WTA，从而导致估计结果的偏差。

考虑到我国煤炭矿区的实际状况，在我国煤炭矿区的CVM应用中，WTA相对于WTP来说，应用条件还不很成熟。所以，本章建议，目前在我国煤炭矿区的CVM应用中，仍应以WTP作为首选，可以根据矿区的实际情况，考虑将WTA作为WTP的有效补充。

小　结

本章运用CVM，以榆林市神木县、府谷县和榆阳区为调研区域，对煤炭矿区生态环境改善的WTP与WTA进行了研究，发现被调查者的WTP分布较为集中，WTA分布较为分散；WTP与WTA之间的差异较大，WTA与WTP相比，平均值、中位数普遍偏大；WTA与WTP的平均值比值为36.69，中位数的比值为40；WTA/WTP比值的分布比较分散，WTA/WTP比值的均值为44.99，最大值为2 000，非零最小值为0.5，中位数为13.33。

被调查者的WTP受其受教育程度、家庭人均年收入、职业状况、年龄的影响；WTA受其受教育程度、职业状况、年龄及所在行政区域的影响。通过对WTP与WTA之间差异的社会经济因素进行实证分析，发现WTP与WTA之间差异受被调查者的职业状况、年龄及所在行政区域的影响。

限于我国矿区的实际情况，本文建议，在我国煤炭矿区的CVM应用中，应以WTP作为首选，可以将WTA作为WTP的有效补充。

第十二章

煤炭资源开发中的环境价值损失评估

——以陕北为例

本章采用 CVM，通过引进目前国际上最为先进的开放式双边界二元选择问卷设计模式，采用随机面访方式，在陕北煤炭资源开发地 30 个行政村共发放问卷 600 份，对当地居民对改善生态环境的 WTP 进行了研究，以此为基础研究煤炭资源开发造成的环境价值损失。结果表明，由于煤炭资源开发引起的生态破坏和环境污染已经严重影响了当地居民的生产和生活，当地居民对本地区生态环境问题极为关注，并且治理愿望十分迫切，居民家庭年平均 WTP 为 378.05 元。居民受教育程度、收入水平及对环境问题的认识态度等都对支付意愿有着明显的影响。其结论对于资源开发地制定有针对性的生态环境保护政策及法律法规，以及建立科学的生态补偿机制，保持资源开发与社会经济的可持续发展具有重要的现实意义。

陕北地区地处陕、晋、蒙、宁、甘五省交界，是国内外罕见的煤炭、石油、天然气、岩盐等矿产资源富集区。自 1998 年国家批准陕北能源化工基地建设规划以来，经过 10 多年的大规模开发与建设，目前已形成年产亿吨煤炭的生产能力，逐渐成为 21 世纪国家重点能源输出地与煤化工业基地，为支援国家经济建设做出了重要贡献。依托资源优势，陕北地区的经济建设也得到了快速发展。但随之产生的生态破坏、环境污染、水资源破坏、采煤沉陷等一系列生态环境问题，使本来就已经脆弱的生态环境呈现进一步恶化趋势，给当地居民的生产和生活造成了严重影响，也使可持续发展面临严峻挑战。正确评估陕北能源资源开发造成的环境价值损失，不但可以为资源开发地进行生态补偿、修复和保护工作提供定量支持，也为制定科学的生态环境保护政策及法律法规提供科学依据。

第一节 研究进展

一、CVM 改进及应用的文献综述

环境作为一种公共物品，通常没有市场，也缺乏对其进行评价的基础——市场价格，因此对环境污染造成的经济损失进行定量评估就成为环境经济分析的难点。随着世界各国对环境问题的重视，环境经济价值的评估方法也随之得到不断发展与完善。20 世纪 60 年代以来出现的非市场价值评估法（如意愿价值评估法、旅行费用法、满意度评价法等），经过多年的发展与实证研究的检验，CVM 逐渐发展成为目前最有代表性、应用最广泛的评估非市场价值物品的研究方法。

意愿价值评估法（CVM）也称权变估值法、调查评价法等，该方法通过构建模拟市场，直接询问受访者对于某一环境物品效益改善的 WTP，或者对于环境质量恶化希望获得的 WTA，最后以被访者回答的 WTP 或 WTA 来估计环境效益改善或环境质量损失的经济价值。该方法是近 10 多年来国外生态与环境经济学中最重要，也是应用最广泛的关于公共物品价值的评估方法。CVM 以消费者效用恒定的福利经济学理论为基础，在模拟市场中，被调查者被询问为使环境质量得到改善他愿意支付多少钱，或者为了弥补环境恶化造成的损失，他愿意接受多少钱予以补偿，被调查者对 WTP 或 WTA 的选择是个人追求效用最大化的后果，可以用货币的形式反映环境质量改善对消费者福利的影响，从而间接反映环境物品的价值。WTP 与 WTA 分别对应计量的两个指标：补偿变差（Compensating Variation，CV）和等值变差（Equivalent Variation，EV）。

CVM 的思想最早由经济学家 Ciriacy-Wantrup（1947）提出，但直到 1963 年，哈佛大学博士 Davis（1963）首次将该方法应用于研究美国缅因州滨海林地宿营、狩猎的娱乐价值以来，CVM 开始不断被应用于评估自然资源的休憩、娱乐、狩猎和美学的经济价值。Randall（1974）首次将 CVM 引入环境领域；Bishop（1979）则在 CVM 研究中引入封闭式二分式问卷。1983 年，Schulze（1983）应用 CVM 对美国科罗拉多大峡谷能见度提高价值进行评估，其评估结论真正进入政府环境决策。1984 年，美国加州大学农业资源经济系教授 W. M. Hanemann（1984）建立了 CVM 与随机效用最大化原理的有效联系，为 CVM 奠定了经典的经济学基础。1991 年，Hanemann（1991）研究美国 San Joaquin River 增加鲑鱼

数量的价值时，提出多边界多目标的 CVM 研究模式。1986 年，美国内务部（DOI）推荐 CVM 为测量自然资源和环境存在价值和遗产价值的基本方法。20 世纪 80 年代，CVM 研究引入英国、挪威和瑞典，90 年代引入法国和丹麦。1996 年，Whittington（1996）应用 CVM 对菲律宾达沃市河流和海湾水质改善进行了评估，CVM 在发展中国家应用成功。1996 年，Jakobsson（1996）首次应用 CVM 研究澳大利亚维多利亚州濒危野生物种的保护价值，将 CVM 引入物种保护评估领域；2000 年，Loomis（2000）对美国 Platter River 河流生态系统服务恢复的总经济价值进行评估，将 CVM 的研究引入生态系统服务价值评估领域。经过近 40 年的发展，CVM 的研究领域已从最初对环境物品或服务的娱乐价值的研究，发展到目前除广泛应用于各种公共物品及相关政策的效益评估外，还涉及大气质量改善、环境污染、湿地恢复、公共卫生、行政政策等社会政治生活的各个领域，其研究结果已应用于政府政策及决策的制定之中。

CVM 自 20 世纪 80 年代引入我国，迄今为止的研究还处于起步阶段。薛达元（1997）较早运用 CVM 对长白山自然保护区生物多样性的间接使用价值、非使用价值和旅游价值进行了分析与评价，对国内的研究工作起到了重要的推动作用。李莹（2001）、蔡宴朋（2003）、彭希哲（2003）、张明军（2004）、蔡春光等（2007）利用 CVM 评价了大气污染损失及环境质量改善的经济价值。崔丽娟（2002）、徐慧（2004）分别对扎龙湿地和鹞落坪自然保护区非使用价值进行了评估。徐中民（2002）、张志强（2004）、王寿兵（2004）、赵军（2005）、杨凯（2005）、梁勇（2005）、张翼飞（2007）等人对河流生态系统恢复、水质改善的经济价值进行了评估。刘治国（2006）、李国平（2009）等学者则探索性的将 CVM 应用于对资源开发地环境污染的经济损失进行评估。

以上研究结果表明，尽管 CVM 在我国的应用已取得很大进展，但与国外相比，还存在较大的差距。（1）从研究领域看，国外关于 CVM 的研究已深入到自然、社会、经济、公共教育、健康医疗、文化卫生、交通安全等社会生活的各个方面，而我国目前的研究主要集中在自然资源保护、生态系统服务和恢复、环境污染损失和质量改善等三个方面，其研究重点主要集中在生态系统、特别是森林生态系统的服务功能。（2）从研究结果看，国内同类型的研究结果少有用于政府政策及决策的制定之中。（3）从研究方法看，国外 CVM 的问卷引导技术已从早期的开放式、支付卡式和两分式发展到目前较为先进的开放式双边界二元选择问卷引导技术，其引导工具的发展大大促进了 CVM 理论及实证研究的深入。我国目前 CVM 的问卷引导技术主要以支付卡为主，对于国外较为先进的开放式双边界二元选择问卷设计模式，无论从方法引进还是从实证研究的应用来看，均处于空白。我国学者王金南在综合考察了国内外环境价值评估研究现状的基础上，强烈呼吁国内学者要大胆创新，加强 CVM 的理论及实证研究。

和目前国内研究现状相比，我们的研究贡献主要体现在：首先，介绍了国外目前最为先进的开放式双边界二元选择问卷引导技术，为国内研究提供方法论支持；其次，首次探索性的应用开放式双边界二元选择问卷设计技术，对陕北煤炭资源开发地环境价值损失进行评估，拓展了 CVM 的研究领域，填补了国内在此方面研究的空白。最后，从研究结果看，本研究的结论对于非可再生资源开发地制定可续的生态环境保护与恢复计划，以及建立生态补偿机制提供实证支持，也为进行相关的后续研究提供了一个新的研究方法和研究平台。

二、CVM 问卷格式及类型

在 CVM 的发展过程中，先后开发出的问卷格式有连续型和离散型两大类。连续型问卷格式包括重复投标博弈、开放式和支付卡式，离散型问卷格式包括单边界二分式和双边界二分式。其中投标博弈是早期使用的研究模式，目前已很少使用；开放式和支付卡式问卷属于连续型问卷格式，二分式问卷属于离散型问卷格式。开放式问卷直接询问被调查者对所描述物品的 WTP 或 WTA，但如果被调查者对所询问的物品不了解时，则很难确定自己的评估意愿（WTP 或 WTA）。支付卡式问卷虽然能够克服开放式问卷存在的一些困难，但支付卡提供的报价范围及其中点可能影响被调查者的支付意愿。二分式问卷目前已发展出单边界二分式、双边界二分式、三边界二分式等多种问卷格式，其主要缺点表现在设计投标数量的范围和计算支付意愿上的困难。各问卷的主要特征如表 12－1 所示。

表 12－1　　　　CVM 问卷格式

CVM 类型	问卷格式	主要特征
连续型 CVM	重复投标博弈 开放式 支付卡式	不断调整（提高或降低）投标金额，直到获取最大 WTP 直接询问被调查者的最大 WTP 给出一组支付投标值，由被调查者从中选取最大 WTP 或最小 WTA
离散型 CVM	单边界二分式 双边界二元式	给出被调查者一个投标值，询问其是否愿意接受 根据被调查者对单边界二分式投标值的反应，接着询问下一个投标问题，若被调查者同意第一个投标值，则第二个投标值高于第一个；反之，则低于第一个

五种问卷格式中，前三种属于连续型调查问卷，二分式（单边界二分式、双边界二元式）属于封闭式离散型调查问卷。实证研究结果表明，采用不同的问卷引导技术将会得到不同的 WTP（或 WTA）。其中，投标博弈是最早采用的问卷格式，由调查者不断调整（提高或降低）投标数额，直到获知被调查者心中的最大 WTP 或最小 WTA 为止。其特点是可获得最大值，但调查成本高，存在起点偏差，起点值影响最终 WTP（或 WTA），这种博弈技术目前已不常用。

与重复投标博弈相比，开放式问卷直接询问被调查者的 WTP，提问比较容易，不存在起点偏差、中点偏差或范围偏差，对于旨在进行保守估计的研究，这种方法是有效的（Walsh et al.，1984）。但被调查者在回答问题上有一定的难度，特别是当被调查者面对不熟悉的事物时，不太容易确定 WTP（或 WTA）。这会使一部分被调查者放弃或拒绝回答（Carson，1996），或者回答的结果并不能代表他们心中的最大支付意愿（Loomis，1997）。而且被调查者更容易产生策略行为（出于某种目的故意夸大或缩小 WTP）（Hanemann，1994）。此外，开放式问卷隐含的假设条件是：被调查者的 WTP（或 WTA）是个确定的单点值，而这并不符合实际。Hua Wang（2005）认为，把 WTP（或 WTA）看作随机变量可能更符合实际。

支付卡问卷为被调查者提供一定范围内的一系列受访金额，由被调查者从中选出他们的最大支付意愿。支付卡在操作层面上与开放式类似，区别在于支付卡问卷中被调查者可依据物品禀赋选择最接近于他们自己的 WTP，有效降低了被访者为公共物品赋值的难度，在一定程度上提高了问卷的回收率。但支付卡中的投标值由调查者事先设定，这有可能对被调查者产生一定的暗示作用，即存在进入偏差（Entering Bias）和范围偏差（Range Bias）（Mitchell 和 Carson，1989）。这种方法在西方发达国家及部分发展中国家早期的 CVM 实证研究中得到了广泛应用，但在使用支付卡经验有限的发展中国家用途有限。如何剥离支付卡投标值对被调查者 WTP 的影响，从而提高 WTP 的可靠性就成为该问卷设计面临的新困境。

基于开放式和支付卡式问卷面临的问题，Bishop 和 Heberlein（1979）于 1979 年引入了二分式问卷，在 Hanemanne（1984，1999）建立了二分式与支付意愿之间的函数关系式后，这种方法得到了广泛应用。二分式问卷只要求被调查者对给定的投标值选择“愿意”或“不愿意”即可，依据被调查者对不同投标值回答结果的概率建立数学模型，求出 WTP 的估计值。目前二分式问卷已开发出单边界二分式（Single-bound）、双边界二分式（Double-bound）、三边界二分式（Trope-bound）和多边界二分式（Multi-bound）四种类型。单边界二分式中，由调查者向被调查者询问是否愿意为获得一定禀赋的非市场物品支付指定的投标值（bid_0），这个初始投标值（bid_0）为WTP的确定提供了唯一的边界；双边界二分式中，若被调查者对初始投标值（bid_0）的回答结果是肯定的，则给出一个高于bid_0的投标值（bid_u）要求被调查者回答；若回答是否定的，则给出一个低于bid_0的投标值（bid_D）要求被调查者回答。被调查者真实WTP的可能分布区间为（bid_u，+∞）、（bid_0，bid_u）、（0，bid_D）、（bid_D，bid_0）。二分式问卷模拟了消费者熟悉的市场定价行为，Hoehn（1987）等认为，二分式选择问卷能提供人们讲真话的激励因素，同时，由于只要求被调查者回答"是"或"否"，而不要求直接报价，可以降低被调查者高估其报价的可能性。但二分式引导出的并非被访者WTP的定量信息，而是关于WTP可能存在的区间范围，在某一特定区间内，有多少回答者会选择某一报价，则需要借助于特定的数学模型和统计分析技术才可展开计算。此外，所确定的报价范围要能使分析人员从支付者的报价中勾勒出支付概率曲线（Probability of Paying Curve）（Loomis，1997）。

三、CVM问卷设计的最新进展

在CVM调查中，经常会出现大量的"零"观察值，即被调查者的WTP（或WTA）为零，一般将这些出现在CVM调查中的零观察值分为"真正的零观察值"和"抗议性的零观察值"。所谓"抗议性的零观察值"是指被调查者并未对受访议题显示出其心中真正的WTP（或WTA），如认为环境污染应由政府或污染企业解决等，而并非该资源环境对被调查者没有效益（吴佩英、郑琬方、苏明达，2004）。因此，对于有抗议性答复的零观察值WTP（或WTA），一种处理方式是先将抗议性答复的零观察值WTP（或WTA）删除后，再对剩下的非零WTP（或WTA）观察值进行回归。但删除大量的零观察值，不但会缩小样本规模，还会使样本总量减少而产生抽样偏差，导致估计结果也出现偏差。另一种处理方式是采用受限因变量回归模型即Tobit模型（Tobin，1958）。因此，近年来对于含有抗议性零观察值样本的处理方式已逐渐引起争议（Eulàlia，2001；Jorgensen et al.，2000；Jorgensen和Syme，2000；Kotchen和Reiling，2000）。

Crag（1971）延伸Tobit模型，发展出双栏式模型（Double－Hurdle Model，D－H），即D－H模型。该模型认为，一个消费决策应该由"决定是否愿意参与消费"与"决定支付多少金额"两个阶段构成，只有在两个阶段同时确立的情况下，才会构成一个完整的支出决策。Blackwell、Miniard和Engel（2001）也认为，消费行为是人们为获得并使用某一物品而直接参与消费的行为，包括在行为之前决定此种行为的种种决策程序。因此，D－H模型相对于Tobit模型对消费行为的解释更具有一致性。

与 D－H 模型相对应的问卷引导方式则为开放式双边界二元选择诱导模式，这种模式是开放式与双边界二分式的结合。即在问卷的第一阶段提供给被调查者一个起始受访金额（A_i^1），询问被调查者是否愿意支付，再根据被调查者回答“是”与“否”的结果，以决定第二阶段将给予一个更高或更低的受访金额，这一阶段为单边界二元选择；若被调查者在第一阶段回答“是”，则第二阶段将给予被调查者一个更高的受访金额（A_i^U）；反之，若被调查者第一阶段回答“否”，则第二阶段将给予被调查者一个低于 A_i^1 的受访金额（A_i^D），完成这一阶段的选择过程为双边界二元选择；最后，在第三阶段则以开放的方式引导被调查者自己填写其实际愿付金额。被调查者的决策过程如图 12－1 所示。

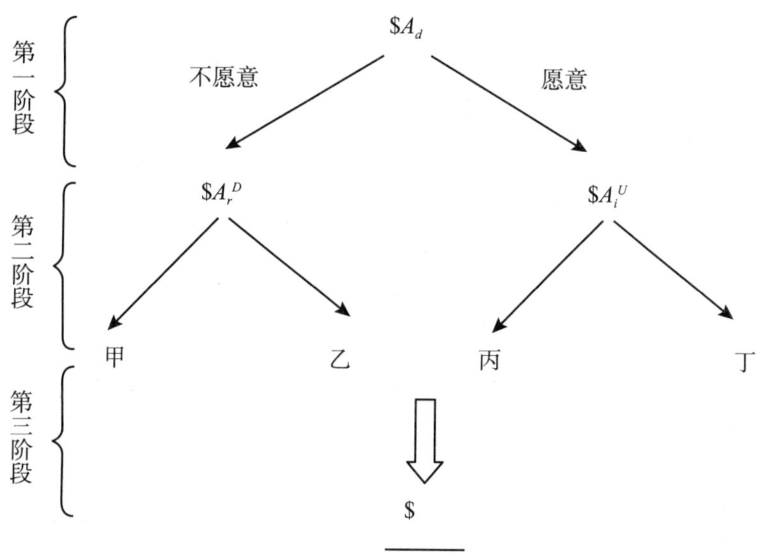

图 12－1　被调查者显示支付意愿的决策过程

由以上决策过程可以看出，开放式双边界二元选择支付模式综合了开放式与二元选择的优点。被调查者在经历两次选择后，最终的选择结果必然分别属于甲、乙、丙、丁四种情形中的一种，而这四种选择组合已综合考虑了第一阶段与第二阶段的所有信息，所以被调查者最后所显示的结果，即是被调查者在接受一连串的信息后经验累积的一个反映（吴佩英、郑琬方、苏明达，2000）。被调查者最后显示出的受访金额则反映了其心中真实的 WTP。此时的选择结果才符合 Tobit 模型的基本思想。

如果假设被调查者最后的受访金额 Y_i^* 受被调查者各种社会经济特征变量的影响，则被调查者 i 的 WTP 金额的大小是由 βX_i 加上随机误差项 ε_i 所决定，可表示为：

$$Y_i^* = \beta X_i + \varepsilon_i \tag{12-1}$$

此时的回归结果才真实地反映了 Tobit 模型的基本含义。能有效降低估值偏差，得到比较理想的估值结果。

目前，这一选择模式已在国外和我国的台湾地区得到了广泛应用。而在我国大陆地区，无论是理论研究还是实证研究均处于空白，这也成为目前生态、资源与环境经济学研究亟待开发的又一个新的领域。

发源于 20 世纪 40 年代的 CVM 在近 40 年的时间里获得了长足发展并得到了广泛应用。从问卷引导技术看，CVM 问卷格式已由早期的连续型问卷格式发展为连续型和离散型两大类，其诱导技术已由开放式→支付卡→单边界二分式→双边界二分式→开放式二元选择模式。从应用领域看，CVM 研究从开始对资源与环境物品娱乐价值的研究发展到目前已广泛应用于水质和空气质量、湿地恢复、自然资源和野生动植物保护、健康风险、环境质量改善的美学价值（Randall，1974）、生态系统恢复（Loomis，2000）等。因此，CVM 在环境经济价值评价和环境政策制定中已渐渐发挥出越来越重要的作用。从实证结果看，如何诱导出被调查者真实的 WTP，使被调查者心中真实的 WTP 与支付金额相符，对评估结果的准确性起着关键的作用。因此，CVM 应用成功与否的关键在于对被调查者偏好的揭示和分析方法的选择。

由于社会体制、生活习惯等多种因素的影响，CVM 在我国应用的案例并不多。CVM 自 20 世纪 90 年代末引入我国后，最近两年的研究案例才逐步增多。但与国外相比，我国 CVM 研究的问卷设计以支付卡为主，张志强（2004）、蔡春光（2007）对双边界二分式问卷的应用填补了国内这一领域的空白。但对于国外普遍应用的较为先进的开放式双边界二元选择诱导模式，无论从理论研究还是实证应用均处于欠缺状态，急需要大量相关研究予以弥补。其次，应用范围狭窄，主要以环境污染的损失评估为主，对自然生态环境和濒危野生动植物保护的价值评估尚处于欠缺状态。最后，缺乏对 CVM 理论研究的深入探讨。

四、开放式双边界二元选择问卷引导技术

开放式双边界二元选择模式是一种结合开放式（Open-ended）与双边界二元选择（Double-bounded Dichotomous Choice）而来的诱导支付模式。其设计模式是，第一阶段提供给被调查者一个愿付价值 A_i 询问被调查者是否愿意接受，接着以更高或更低的金额 A_i^U 或 A_i^D 作为第二阶段的询问金额，在第三阶段则诱导被调查者自行填写其心中最合适的愿付价值 Y_i。其决策过程见图 12－1。

被调查者若同意接受一给定支付金额 A_i，则这一金额 A_i 必然小于或等于被

调查者维持其效用水平不变时，其心中最高的 WTP 金额 Y_i；反之，当受访金额 A_i 大于其心中最高的 WTP 金额 Y_i 时，则被调查者回答“不愿意”。经过第一阶段的询问后，接着询问被调查者是否愿意接受一个比 A_i 更高的支付金额 A_i^U 或比 A_i 更低的支付金额 A_i^D。若被调查者回答“不愿意”接受第二阶段的受访金额，则必然是因为 $Y_i < A_i^U$ 或 $Y_i < A_i^D$，若被调查者回答“愿意”接受第二阶段的受访金额，则必然是因为 $Y_i > A_i^U$ 或 $Y_i > A_i^D$。

被调查者在经过第一阶段与第二阶段的询问选择过程后，对于其心中的 WTP 额度将会有比较清楚的轮廓，进而在第三阶段则要求被调查者自行填写其最高的 WTP 金额 Y_i，这一金额 Y_i 即为被调查者经过开放式双边界二元选择模式所诱导出的最高支付额度（吴珮瑛等，2004）。

CVM 评估法的基本步骤为：（1）构建假想市场；（2）获得被调查者的 WTP 或 WTA；（3）估计平均的 WTP 或 WTA；（4）数据汇总，估计支付意愿/受偿意愿曲线。

获得 WTP 或 WTA 的方法包括面对面的直接访问调查、电话调查和邮寄信函等方式。面对面的访问方式虽然调查成本高，但在说明假想市场、陈述要评价的物品和服务、回答被调查者的疑虑等方面具有明显优势，因而也是最重要和最常用的调查方式。

第二节　实证结果及分析

一、问卷设计及调查实施

本次调查采用目前国际上最为先进的开放式双边界二元选择问卷设计技术。问卷共分三部分，第一部分是被调查者对本地区生态环境问题的认识态度，第二部分是被调查者的支付意愿调查，是问卷的主体和核心部分，第三部分是被调查者个人信息。本次调查的目的是了解陕北煤炭资源开发地居民对改善生态环境的支付意愿，以此测算资源开发造成的经济损失，调查对象为陕北主要煤炭资源开发地府谷、神木、榆林三地。调查采取随机面访方式，于 2010 年 7 月在府谷、神木、榆林三地 30 个行政村共发放问卷 600 份，问卷回收率 100%，剔除信息残缺、错答乱答、前后矛盾等错误样本外，最后得到有效问卷 580 份，占问卷总数的 96.7%。

二、调查结果及分析

(一) 被调查者对当地生态环境问题的认识态度

这一部分主要了解煤炭资源开发过程中对当地居民生产生活造成的影响，如图 12-2、12-3、12-4、12-5、12-6 所示。

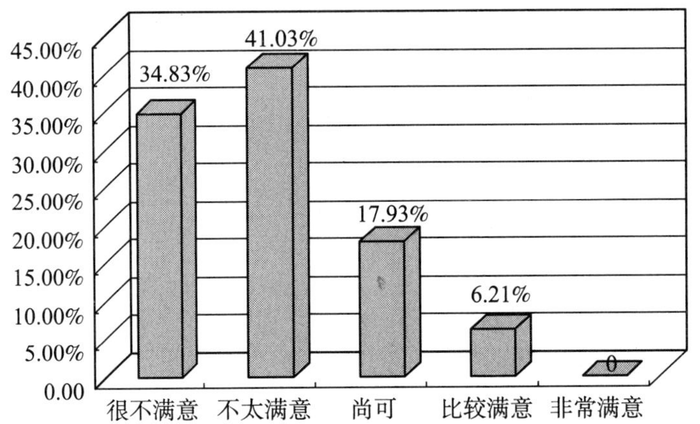

图 12-2　当地居民对生态环境现状的满意程度

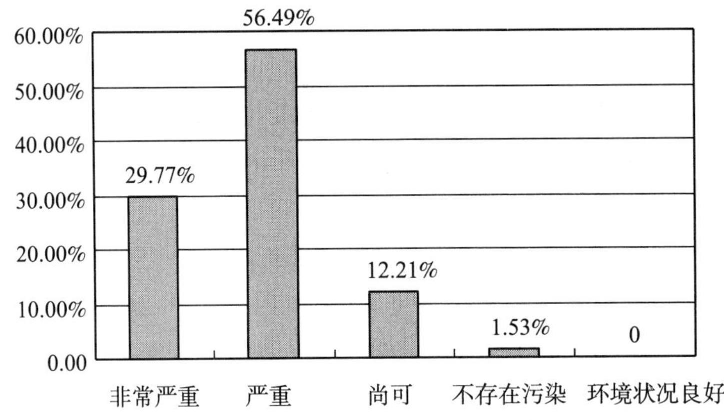

图 12-3　当地居民对生态环境问题的认识态度

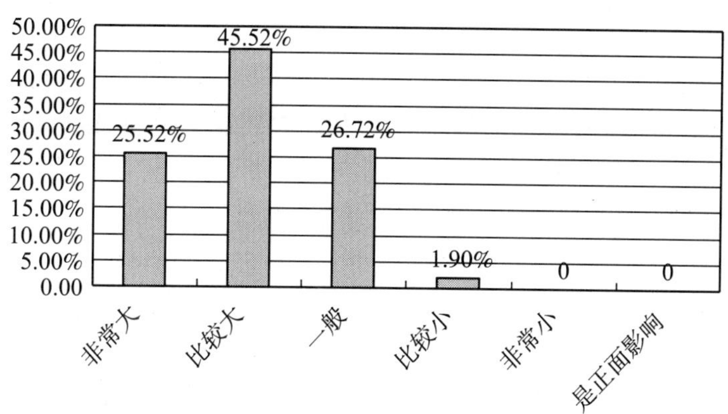

图 12-4　生态环境破坏造成的不良影响程度

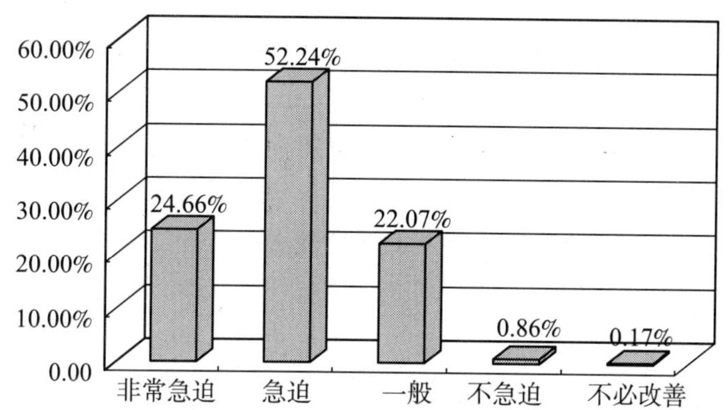

图 12-5　当地居民对本地区生态环境问题的治理态度

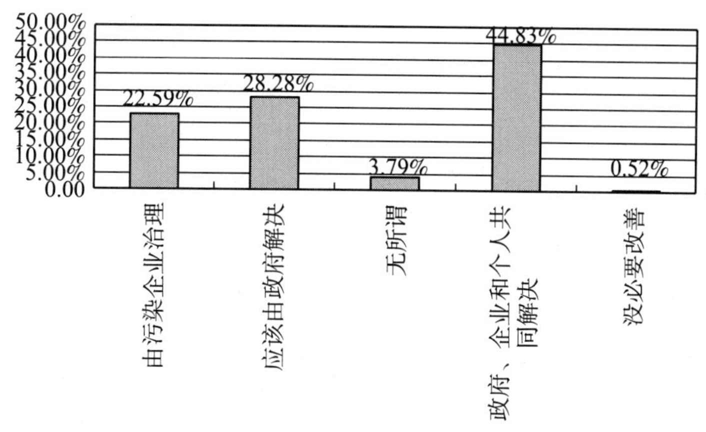

图 12-6　当地居民对改善生态环境的态度

通过调查发现，陕北煤炭资源开发地居民对本地区生态环境问题极为关注，并且治理愿望十分迫切。当地居民对生态环境现状的满意程度以“不太满意”

和“很不满意”为主，两者分别占 41.03% 和 34.83%；对本地区生态环境问题严重性程度的认识以“非常严重”和“严重”为主，两者分别占 29.77% 和 56.49%；由于煤炭资源开发引起的生态环境破坏给当地居民造成的不良影响表现为“非常大”和“比较大”，分别占 25.52% 和 45.52%，当地居民对本地区生态环境的治理态度以“非常急迫”和“急迫”为主，分别占 24.66% 和 52.24%；对改善本地区生态环境的态度以“政府、企业和个人共同解决”为主，占 44.83%。由此可见，由于煤炭资源开发引起的生态环境破坏已经给当地居民的生产生活造成了严重影响，当地居民已经意识到了环境保护的重要性，他们愿意和政府、企业共同投资于生态环境的修复和治理工作，这反映了当地居民对改善生态环境的迫切愿望。

此外，调查过程发现，煤炭资源开发引起的环境问题主要表现为空气污染、水资源破坏和严重污染、固体废弃物增多（如大量尾矿、弃渣、煤矸石堆积等）、地面沉陷、噪声污染等。由于煤炭开采使蓄水层和隔水层遭到破坏，大量矿井废水排入河道等，直接影响了当地居民的生产和生活用水；由于煤炭开采诱发的煤灰、粉尘、烟尘、二氧化碳、二氧化硫等大气污染，使环境质量恶化，导致多种地方性疾病，如肺炎、哮喘、支气管炎、胆结石等疾病发病率比煤炭资源开采前明显增高，由于地下采空、地表塌陷，不但破坏了土层结构和地表形态，给农业生产带来困难，也使矿区居民居住安全受到了严重威胁，有的村庄村民被迫整体搬迁。

（二）被调查者支付意愿和支付水平分析

本次调查以家庭户为单位，在 580 个有效样本中，有支付意愿的样本数 377 个，占 65.0%，无支付意愿的样本数 203 个，占 35.0%。从支付水平看，平均每户每年支付意愿为 378.05 元，即煤炭资源开发地居民为享受环境物品的平均支付意愿（WTP）为 378.05 元/年，这实质上体现了当地居民对本地区生态环境损失的货币价值评估。其支付方式以捐款和一次性支付为主，愿意支付的原因依次表现为，改善生态环境与个人生活息息相关；把良好的生存环境留给子孙后代；保护环境，人人有责等。不愿意支付的原因依次表现为，生态环境破坏由开发企业导致，应由责任者承担；生态环境破坏属于公共事务，应由政府承担费用，这部分属于抗议性支付。仅有 18% 的受访者由于收入水平低、家庭负担重而无能力支付。

另外，在计算中发现，意愿支付的金额越高支付的人数越少，这也正符合 CVM“模拟假设市场”的初衷，即“环境商品的价格越高则购买数量越少”，在环境商品这个虚拟市场中模拟了人们的真实购买行为，这与刘治国、李国平

（2006）的研究结果基本一致。

（三）被调查者个人特征与支付意愿的关系

如表12－2所示，男性支付意愿（WTP＝427.45元）明显高于女性（WTA＝272.23元）。从年龄构成看，随着被访者年龄的增加，支付意愿也随之下降，55岁以上居民支付意愿最低，这部分居民大多为退休、无业或丧失劳动能力者，其有限的收入限制了其对环境物品的购买能力。居民受教育程度与支付意愿呈同步增长态势，大专及以上居民年均支付意愿是小学及以下受教育程度居民的近4倍；从职业构成看，支付意愿最高的是工人（WTP＝541.03元），依次为学生（WTP＝474.74元）、公务员（WTP＝400.83元）和教师（WTP＝400.00元）。被调查者家庭收入是影响支付意愿的最直接的因素，家庭年收入5万元以上居民年均支付意愿（WTP＝652.69元）是1万元以下居民（WTP＝166.61元）的近4倍，因为当人们尚未解决温饱问题时，生态环境的价值和意义很难体现出来，居民为之支付的意愿较小，支付水平也较低；当收入达到一定水平后，居民对环境物品的需求就会更加强烈，支付水平也会随之提高，这也符合经济学的基本原理。从户籍因素看，城镇居民支付意愿（WTP＝474.16元）最高，依次为城乡结合地居民（WTP＝455.17元）、农村居民（WTP＝343.39元），这从另一个方面反映了我国城乡二元户籍制度在影响居民收入的同时，也影响了居民对环境物品的购买和享用。

表12－2　　被调查者个人特征与支付意愿的统计描述

个人特征	项目	样本数（个）	百分比（%）	支付意愿均值（元）
性别	男性	257	68.17	427.45
	女性	120	31.83	272.23
年龄	16～25岁	88	23.87	494.15
	25～35岁	74	19.89	317.77
	35～45岁	83	22.28	391.45
	45～55岁	63	16.98	337.62
	55岁以上	62	16.97	339.69
受教育程度	小学及以下（0～6年）	106	28.65	278.40
	初中（6～9年）	103	27.32	355.05
	高中（9～12年）	122	32.36	312.34
	大专及以上（16年以上）	45	11.94	838.56

续表

个人特征	项目	样本数（个）	百分比（%）	支付意愿均值（元）
职业	农民	144	38.46	295.87
	工人	58	15.38	541.03
	商人	75	19.89	362.00
	公务员	12	3.18	400.83
	教师	5	1.33	400.00
	学生	58	15.38	474.74
	其他	24	6.37	218.33
家庭年收入（元）	10 000 元以下	90	24.40	166.61
	10 000 ~ 20 000 元	51	13.53	295.88
	20 000 ~ 30 000 元	54	14.85	226.30
	30 000 ~ 40 000 元	38	11.41	369.21
	40 000 ~ 50 000 元	41	11.14	346.95
	50 000 元以上	93	24.67	652.69
户籍	城镇	89	23.61	474.16
	农村	262	68.97	343.39
	城乡结合地	29	7.69	455.17

（四）陕北煤炭资源开发地环境价值损失估算

样本调查结果表明，陕北煤炭资源开发造成的环境价值损失为 378.05 元/年，根据抽样推断的基本原理，可以推算整个陕北煤炭资源开发地由于资源开发造成的环境价值总损失。即：

$$N(\overline{wtp}-t\cdot\mu_{\overline{wtp}})\leqslant N\,\overline{WTP}\leqslant N(\overline{wtp}+t\cdot\mu_{\overline{wtp}}) \tag{12-2}$$

上式中，$\overline{wtp}$为样本平均支付意愿，$\overline{WTP}$为环境价值总损失，t 为概率度，$\mu_{\overline{wtp}}$为抽样平均误差。

在 95% 的概率保证程度下，推算陕北煤炭资源开发地环境价值损失的置信区间为［296.22 元，459.85 元］。目前陕北煤炭资源开发地总家庭户数 1 124 669 户，据此推算由于煤炭资源开发造成的环境价值损失区间为［33 314.95 万元，51 717.90 万元］。如果以生态恢复周期 20 年计算，整个陕北地区由于煤炭资源开发造成的环境污染损失价值在 666 299 万 ~ 1 034 358 万元。

第三节 影响居民支付意愿的因素分析

一、变量定义及模型构建

研究居民 WTP 的影响因素，以 WTP 为被解释变量，以影响 WTP 的诸因素为解释变量。在本次问卷调查中，由于存在大量的 0 支付（WTP = 0），若采用一般回归模型进行分析，就会引起估计结果的偏误与不一致，故本文采用受限因变量回归模型，即 Tobit 模型进行回归分析。根据标准 Tobit 模型，建立陕北煤炭资源开发地居民对环境恢复的 WTP 的影响因素分析的模型如下：

$$\begin{cases} y_i = y_i^*, & y_i^* > 0 \\ y_i = 0, & y_i^* \leqslant 0 \end{cases} \tag{12-3}$$

对式（12－3）变换如下：

$$y_i^* = \beta X_i + \varepsilon_i, \quad \varepsilon \mid x \sim (0, \delta^2)$$

即：

$$y_i^* = \beta_0 + \beta_1 \text{Atu1} + \beta_2 \text{Atu2} + \beta_3 \text{Atu3} + \beta_4 \text{Atu4} + \beta_5 \text{Sex} + \beta_6 \text{Edu} + \beta_7 \text{Inc} + \varepsilon_i \tag{12-4}$$

式（12－4）中，y_i^* 表示第 i 个被调查者的 WTP 值，X_i 表示第 i 个被调查者的个人特征。其中，被调查者对环境污染的治理态度（Atu）、性别（Sex）定义为虚拟变量。Atu1、Atu2、Atu3、Atu4 分别表示治理态度“非常急迫”、“急迫”、“尚可”、“不急迫”，其对照变量为“不必改善”；Sex 表示被调查者性别，男性为 1，女性为 0；Edu 表示被调查者受教育年限，小学及以下定义为 0～6 年，初中 6～9 年，高中 9～12 年，大学（包括大专）及以上为 16 年；Inc 表示被调查者家庭年收入；β 为回归系数。

二、回归结果及分析

对式（12－4）采用极大似然法估计参数 β，估计结果如表 12－3 所示。

表 12-3　　　　WTP 回归结果

	方程系数	标准误	Wald 卡方	P 值	95% 置信区间
常数项	-234.0309	234.3806	0.9970	0.3180	-693.4168
治理态度（Atu1）	43.1072	182.8709	0.0556	0.8136	-315.3198
治理态度（Atu2）	-357.0792	198.3860	3.2397	0.0719	-745.9158
治理态度（Atu3）	-622.0316	206.5706	9.0675	0.0026	-1 026.9098
治理态度（Atu4）	-940.0497	249.5194	14.1936	0.0002	-1 429.1078
性别（Sex）	-56.6159	81.0915	0.4874	0.4851	-215.5552
受教育年限（Edu）	34.4751	11.8594	8.4505	0.0036	11.2306
年收入（Inc）	0.0085	0.0012	52.5345	0.0000	0.0062
对数似然函数 L =	-3 162.6100				
对数似然函数 L′ =	-2 817.0892				
正态分布参数 σ =	785.8029				

估计结果显示：第一，从被调查者对环境问题的治理态度看，在其他条件不变的前提下，认为环境治理“非常急迫”的居民比认为“不必改善”的居民平均支付意愿多 43.11 元，但系数检验并不显著，表明治理态度并不是影响支付意愿的重要因素。随着态度层次的下降，被调查者的 WTP 也随之下降，以至于出现负值回归系数，这也符合理论预期。第二，被调查者性别对 WTP 并没有显著影响，该变量的回归系数为 -56.6159，似乎平均来讲男性 WTP 要低于女性，但该变量的回归系数检验结果并不显著，很可能该变量系数为 0。第三，被调查者受教育年限对 WTP 有非常显著的影响，回归系数（34.4751）在 1% 显著水平（P = 0.0036）上高度显著为正，表明居民受教育年限每增加一年，其 WTP 平均提高 34.4751 元。居民对环境治理的 WTP 在某种程度上取决于他们对环境问题的认知程度，而环境物品的非使用价值又不能直接显现，随着居民受教育程度的提高，居民的环保意识也会随之增强，也才能更加意识到环境物品的潜在效用。第四，被调查者的收入与 WTP 呈非常强的正相关关系，回归系数 0.0085，并且 P 值检验高度显著。表明居民收入每提高 10 000 元，其 WTP 平均提高 85 元，说明生态补偿机制的建立，除了要依托于居民良好的环境意识外，还取决于居民的货币支付能力以及他们对环境物品的购买能力，这与普通市场上居民的消费行为接近，也符合经济学的基本原理。

小　结

本章首次采用目前国际上最为先进的开放式双边界二元选择问卷设计模式，采用随机面访调查方式，对陕北煤炭资源开发地府谷、神木、榆林三地共 30 个行政村发放问卷 600 份，以此研究煤炭资源开发地居民对改善生态环境的 WTP，并由此推算由于煤炭资源开发造成的环境价值损失。本次研究工作为以后深入研究我国生态环境恢复问题奠定了一定的方法论基础。主要结论如下：

第一，煤炭资源开发在拉动经济增长的同时，也给资源开发地居民的生产生活造成了严重的影响，当地居民已经意识到了环境保护的重要性，他们对本地区生态环境问题极为关注。70% 以上的居民认为本地区生态环境问题非常严重和严重、生态环境破坏给他们造成的影响比较大、环境治理非常急迫；44.83% 的居民愿意和政府、企业共同投资于当地的环境治理，反映了居民对改善本地区生态环境的迫切愿望。

第二，580 份有效问卷中，有支付意愿的样本数 377 个，占 65.0%，样本平均支付水平 378.05 元/年，即生态环境破坏给当地居民造成的经济损失为 378.05 元/年。根据抽样推断的基本原理，在 95% 的置信区间内，估计整个陕北煤炭资源开发地由于资源开发造成的环境价值损失在 33 314.95 ~ 51 717.90 元。如果以生态恢复周期 20 年计算，陕北地区由于煤炭资源开发造成的环境价值损失在 666 299 万 ~ 1 034 358 万元。

第三，运用 Tobit 模型分析了可能影响居民 WTP 的社会经济因素，结果显示，WTP 与居民性别关系不大，而与居民对环境问题的认识态度、受教育程度和家庭收入情况等关系密切，WTP 随受教育年限和收入水平的提高而增加。因此，重视教育、提高居民的环保意识以及发展经济、提高居民的收入，不失为提高居民为改善环境质量而愿意支付的有效途径。

以上结论的含义体现在：

陕北地区作为我国重要的能源矿产资源基地，其资源开发对支援国家经济建设及拉动本地区经济发展都起到了积极作用，但伴随资源开发力度加大所诱发的生态破坏和环境污染问题越来越突出，虽然政府部门相继出台了一系列政策法规条例，同时也投入大量资金进行生态修复和环境保护工作，但陕北地区整体环境恶化的趋势并没有得到明显的遏制。建立资源开发地生态补偿机制，使当地居民及其后代获得可持续收入，可以从以下几个方面考虑：

一方面，从法律法规上形成对环境成本补偿模式的制度化约束机制及强制执行机制，这是弥补环境损失及治理的根本保证。另一方面，在非可再生资源价格形成中，借鉴国外矿业发达国家的经验，除了考虑资源成本、生产成本外，必须考虑环境成本，制定出包括生态环境成本在内的资源产品价格，使环境成本内部化。另外，陕北地区是我国“西煤东运”、“西电东送”、“西气东输”的重要基地。因此，构建跨区域的生态环境价值补偿机制，促进资源输入地对资源输出地进行环境价值补偿，对于资源输出地的生态保护和环境恢复无疑具有重要的现实意义。

第十三章

榆林煤炭矿区生态环境破坏价值损失研究

——以神木县、府谷县和榆阳区为调研区域

本章以榆林市神木县、府谷县和榆阳区为调研区域，运用榆林煤炭矿区居民为改善当地生态环境 WTP 的调研资料，得出每户每年平均的支出金额介于 229.56～347.92 元，由此推断出榆林煤炭矿区每年因煤炭开发而造成的生态环境破坏价值损失大约在 13 822.09 万～20 948.69 万元。通过运用 D－H 模型和 Tobit 模型对调研资料分别进行分析，发现，D－H 模型对被调查者 WTP 影响因素的分析明显优于 Tobit 模型。D－H 模型的结果显示，被调查者“决定是否参与支付”与“决定支出多少金额”两个行为的影响因素不完全相同。被调查者对当地生态环境状况的满意程度对其“决定是否参与支付”呈负向影响；反映被调查者所在行政区域对其“决定是否参与支付”呈正向影响。被调查者的家庭年收入、受教育状况、年龄、职业状况、对当地生态环境状况的满意程度均对其“决定支出多少金额”具有显著的正向影响；被调查者的家庭人口数、对环境保护政策的了解程度对其“决定支出多少金额”有显著的负向影响。最后，提出了提高当地居民参与生态环境改善活动积极性的一些措施。

随着国民经济的快速发展，各行业对煤炭资源的消费需求不断增加，强力地推进了煤炭资源的开发速度，也促进了煤炭矿区经济的快速发展。榆林市是我国著名的煤炭资源富集区，也是我国正在开发的国际级能源化工基地，2009 年全市煤炭产量达 2.09 亿吨，仅次于相邻的鄂尔多斯市，是我国第二产煤大市。在榆林市的经济结构中，煤炭产业占据着榆林经济的“半壁江山”，煤炭是榆林的资源优势和竞争优势，也是壮大榆林经济实力的资本。近年来，煤炭行业上缴利税一直占到榆林全市财政收入的三分之一左右，是榆林的第一财源（见表 13－1）。

根据榆林的发展规划，在未来20年甚至更远，榆林经济发展仍然将以煤炭等战略资源为主要支柱和主要支撑。

表13-1　　　　煤炭行业上缴利税占榆林财政收入的比重

年份	比重（%）
2003	33.3
2004	26.1
2005	31.7
2006	39.0
2007	36.7

资料来源：《陕北能源化工基地财政收入与城乡居民收入协调增长情况调研报告》。

但是，我们也必须看到，这种高度依赖资源开发的经济发展模式是以当地生态环境的巨大破坏为代价的。据榆林市调查统计，榆林市煤炭采空区达499.41平方公里，每年新增70~80平方公里；已塌陷118.14平方公里，每年新增30~40平方公里；损毁房屋4 500多间、耕地2.4万多亩、林草地65 800多亩。榆林市湖泊由煤田开发前的869个减少到现在的79个；全省最大的内陆湖红碱淖近6年水位下降3米，水面由6年前的10.5万亩缩减到不足7万亩。

随着"陕北跨越式发展"战略的确立，因煤炭开发而引起的生态环境问题必将成为制约榆林矿区社会经济又好又快发展的瓶颈因素。因此，如何处理因煤炭资源开发而造成的生态环境问题已成为榆林矿区亟须解决的事情，而评估煤炭矿区资源开发所造成的生态环境价值损失将是解决这一问题的关键之一。基于此，本章将运用CVM，通过调研榆林煤炭矿区周边居民对改善生态环境的WTP，估算当地因煤炭开采所造成的生态环境破坏价值损失，以期为解决煤炭资源开发而造成的生态环境问题，提供可资参考的文献资料。

自从Randall等（1974）第一次将CVM应用于关于环境质量改善的研究以来，各类相关的文献日渐增多，但应用CVM对矿区生态环境价值损失评估进行研究的文献却相对较少。从目前已有的文献来看，对于矿区生态环境价值损失评估较为著名的文献有：R. D. Rowe等（1985）运用CVM对美国科罗拉多州伊格尔（Eagle）矿危险废物的生态环境破坏价值损失进行评估，得出：恢复期内，全科罗拉多州因伊格尔矿危险废物造成的生态环境破坏价值损失为4 500万美元。D. Damigos和D. Kaliampakos（2003）运用CVM对希腊雅典附近采石场的生态环境破坏价值损失评估，得出：雅典市居民为治理城市附近采石场的WTP为30.75~58.2欧元，因采石场开采每年造成的生态环境破坏价值损失在55.66万~105.34万欧元，他们的研究还表明家庭收入和受教育程度对WTP有显著的正向影响。在国内，CVM 近年来也开始被广泛应用于评估生态环境改善的效益和生态环境破坏的经济损失，但应用 CVM 对矿区生态环境破坏的价值损失进行评估的文章十分少见，具有代表性的文章，如刘治国、李国平（2006）；赵敏华等（2006）。其中，刘治国、李国平（2006）的研究是在我国首次运用 CVM 对煤炭矿区资源开采所造成的生态环境破坏价值损失进行评估，他们运用支付卡式问卷对榆林市神木县大柳塔镇、牛家梁镇的煤炭矿区居民进行了抽样调研，并以陕北煤炭产地人口数为计算单位估算了陕北地区煤炭开发造成的生态环境破坏价值，具体结果为：陕北地区煤炭产地平均每人每年的 WTP 为 131.66 元；陕北地区每年因煤炭开发造成的生态环境破坏价值在 16 693.38 万～34 650.02 万元；他们也分析了可能影响人们 WTP 的社会经济因素，支付金额随被调查者的家庭年收入的增加而增加，随受教育程度的提高而增加。赵敏华等（2006）运用 CVM 测算出了神木县大柳塔镇、西沟乡和榆阳区牛家梁镇 3 个乡镇居民因煤炭开采造成生态环境破坏的 WTA 分别为每户每年 4 634.52 元、2 671.35 元和 4 813.27 元，并发现家庭收入、年龄、受教育程度对被调查对象的 WTA 有一定的影响，但没有最终给出矿区因资源开发造成的生态环境价值损失总量。

对于 CVM 中居民 WTP 影响因素的分析，国内多采用多元线形回归、Logit 模型、Probit 模型等传统的计量分析方法。但是，这些方法在分析 CVM 的调查资料时，存在一个共同的缺陷，即对 CVM 调查中出现的零观察值不能进行合理的分析。在 CVM 调查中出现的零观察值可分为两类：（1）真正的零观察值（Real Zero），即被调查者对受访问题呈支持态度，但由于经济等方面的原因，没有能力支付；（2）抗议性零观察值（Protest Zero），即被调查者对受访问题呈负面的态度，不愿意答复其心中的 WTP，而选择了零支付，并非该环境资源对其没有效益可言。对于含有抗议性零观察值的 CVM 调查资料，传统的处理方式是先将抗议性零观察值样本删除，再对剩余下的视为合理的非抗议性答复样本进行分析。但删除大量抗议性样本，不但将缩小原有样本规模，更有可能引起抽样偏差（Sampling Bias），导致最终的估计结果的偏误。也就是说，原来的样本虽然是随机选择的，但并不意味着删除抗议性样本仍符合随机抽样的条件。为了解决这一问题，学术界采用了能够分析受限（Censored）资料的 Tobit 模型（何忠伟等，2007；李国平等，2009）。Tobit 模型假设所有的被调查者都愿意参与支付，即将真正的零观察值与抗议性零观察值均视为角解（Corner Solution）。

然而，Cragg（1971）认为零观察值的由来，除了可能是角解之外，也有可能是被调查者对该物品的需求为零，也就是被调查者选择不参与该支付行为。于是，Cragg 在 Tobit 模型的基础上发展出了双槛式模型（Double-hurdle Model，D－H 模型）。D－H 模型将被调查者的支付意愿决策分为两个槛，即“决定是否参与支付”的参与决策与“决定支出多少金额”的支付决策。根据 Blackwell 等（2003）对消费行为的定义，消费行为是人们为获取并使用财货所直接参与的行为，包括在行为之前决定该行为的种种决策程序，可以判断 D－H 模型对被调查者支付意愿决策的分解，反映了被调查者做出参与决策和支出决策的先后顺序，符合被调查者在做出支付意愿决策时的心理变化。D－H 模型认为唯有在两个决策行为同时确立的情况下，才会构成一个完整的支付意愿决策。D－H 模型有两个优于 Tobit 模型的特点：一是 Tobit 模型将“决定是否参与支付”与“决定支出多少金额”合并为一个支出决策，即 Tobit 模型忽略了被调查者的参与决策，而直接分析支出决策；D－H 模型将“决定是否参与支付”与“决定支出多少金额”分为两个步骤分别进行研究，且可以比较影响“决定是否参与支付”与“决定支出多少金额”两个行为的因素的差异。二是 Tobit 模型假设所有的零观察值都是角解，而 D－H 模型允许零观察值可以同时有角解与非参与的理由存在。而且相关的文献也已经论证了 D－H 模型较 Tobit 模型对被调查者的支付意愿决策更具解释能力，如 Eulàlia（2001）、吴佩瑛等（2004）、Salvador 和 Pau（2008）。

国内对于矿产资源开发过程中居民 WTP 的研究，具有代表性的是李国平等（2009）对陕北煤炭、油气矿区居民 WTP 的研究。该研究成果运用 Tobit 模型分析了影响矿区居民 WTP 的影响因素，得出了影响居民“决定支出多少金额”这一行为的因素，但没有考虑居民“决定是否参与支付”的行为对支付意愿的影响。因此，分析结果难以对居民支付意愿决定的决策行为做出较为全面的评价。事实上，对于矿区居民改善当地生态环境 WTP 的分析，需要将居民“决定是否参与支付”与“决定支出多少金额”两种行为分别考虑。矿区居民作为资源开采过程中生态环境破坏的直接受害者，由于对生态环境治理主体认识的误区以及对治理效果的疑虑的原因，在接受 CVM 调查时，有可能会对受访问题表现出负面的态度，导致抗议性零观察值样本的出现。面对这种情况，D－H 模型为分析居民的 WTP 提供更为合理的方法，该模型能够对零观察值做出更为合理的解释，更好地反映居民的 WTP。

第一节　研究模型

一、D－H 模型

D－H 模型是 Cragg（1971）对个体消费行为进行研究时提出的，用于分析个体消费决策中两个不同阶段的影响因素。D－H 模型针对每一个消费决策阶段，设立了相应的方程式与之对应，即一个是用来“决定是否参与支付”的参与方程式（participation function），另一个则用来“决定支出多少金额”的支出方程式（expenditure function）。

D－H 模型的形式如下：

$$D_i = \alpha Z_i + v_i \qquad v_i \sim N(0, 1) \tag{13-1}$$

$$Y_i^* = \beta X_i + \varepsilon_i \qquad \varepsilon_i \sim N(0, \delta^2), \qquad i = 1, \cdots, n \tag{13-2}$$

其中：式（13－1）为第一个槛，即参与方程式；式（13－2）为第二个槛，即支出方程式。两个槛的残差项彼此是独立。D_i 为“决定是否参与支付”的虚拟变量，当 D_i 等于 1 时，表示愿意参与支付；当 D_i 等于 0 时，表示不愿意参与支付。Y_i^* 为被调查者心中 WTP 的支出金额；α、β 分别为待估计的解释变量系数；Z_i、X_i 分别为影响参与决策的解释变量；v_i、ε_i 分别为残差项。

只有当被调查者 i 的参与变量 D_i 等于 1 时，且心中 WTP 的支出金额 Y_i^* 大于 0 时，该被调查者回答的 WTP 的支出金额 Y_i^D 将等于 Y_i^*；而在其他情况下，无论被调查者 i 心中 WTP 的支出金额 Y_i^* 是正或是负值，被调查者所回答的 WTP 的支出金额 Y_i^D 均为 0，即

$$Y_i^D = \begin{cases} Y_i^* & \text{当 } D_i = 1\text{，且 } Y_i^* > 0 \\ 0 & \text{其他情况} \end{cases} \tag{13-3}$$

结合式（13－1）、式（13－2）、式（13－3），将可能产生的四种消费决策组合，见表 13－2。

表 13－2　　　　支付决策组合

决定是否参与支付	决定支出多少金额	
	$Y_i^* > 0$	$Y_i^* \leq 0$
愿意，$D_i = 1$	$Y_i^D = Y_i^* > 0$	$Y_i^D = 0$
不愿意，$D_i = 0$	$Y_i^D = 0$	$Y_i^D = 0$

二、Tobit 模型

Tobit 模型假设所有的被调查者都愿意参与消费，因此对于零支付的解释有两种，一类为真正的零支出与另一类非正值的消费支出。近年来，Tobit 模型被广泛应用于对零支付的解释，使得 CVM 调查中零支付的处理有了较好的方法。通过对被调查者的 WTP 进行统计分析，发现存在一些零支付，但并不能确定这部分被调

查者的真实 WTP 就为 0，其中可能包含了抗议性零支付样本，被调查者不愿意支付的原因：第一，认为污染企业和政府应承担相应的责任；第二，担心生态环境恢复不能达到预期的目的，也印证了这一点。因此，本文选用 Tobit 模型来进行实证分析。Tobit 模型的一个重要特征是，解释变量 x_i 是可观测的（即 x_i 取实际观测值），而被解释变量 y_i 只能以受限制的方式被观测到：当 $y_i^* > 0$ 时，取 $y_i = y_i^* > 0$，称 y_i 为"无限制"观测值；当 $y_i^* \leqslant 0$ 时，取 $y_i = 0$，称 y_i 为"受限"观测值。即"无限制"观测值均取实际的观测值，"受限"观测值均截取为 0。

Tobit 模型的形式如下：

$$y_i^* = \beta_0 + \beta_i x_i + \mu, \quad \mu | x \sim N(0, \delta^2) \tag{13-4}$$

$$y_i = \begin{cases} y_i^* & 若\ y_i^* > 0 \\ 0 & 若\ y_i^* \leqslant 0 \end{cases}.$$

其中，y_i^* 表示第 i 个被访问对象回答的 WTP 值，x_i 表示第 i 个被调查者的社会经济条件，μ 为残差项，β_0 为截距项，β_i 为待估参数。

第二节　居民支付意愿的影响因素分析

一、模型估计

CVM 研究通常选择一些常见的特征变量来研究影响 WTP 的因素，如收入、教育、职业等（Freeman，1993；L. Venkatachalam，2004）。本章根据调查的实际情况，并结合国内外应用 CVM 的研究，选定被调查者的家庭年收入、受教育程度、年龄、家庭人口数、性别、职业状况、对当地生态环境状况的满意程度、对环境保护政策的了解程度，以及所在行政区域作为解释变量（见表 13－3）。本文运用 Eviews6.0 软件对影响被调查者的 WTP 的影响因素分别进行 D－H 模型和 Tobit 模型估计，结果见表 13－4。

表 13－3　　解释变量说明

变量	说明
INCOME	被调查者的家庭年收入（元）
EDU	被调查者的受教育程度：EDU＝1，未上学；EDU＝2，小学；EDU＝3，初中；EDU＝4，高中；EDU＝5，大专及以上

续表

变量	说明
AGE	被调查者的年龄（岁）
FAMILY	被调查者的家庭人口数（人）
MALE	虚拟变量，被调查者的性别：MALE=1，男性；MALE=0，女性
FAMER	虚拟变量，被调查者所从事的职业：FAMER=1，农业生产从事者；FAMER=0，非农业生产从事者
ATT	被调查者对当地生态环境状况的满意程度：ATT=1，很不满意；ATT=2，不太满意；ATT=3，尚可；ATT=4，比较满意；ATT=5，非常满意
KNOW	被调查者对环境保护政策的了解程度：ATT=1，不了解；ATT=2，知道一点；ATT=3，了解；ATT=4，很了解
PLACE1	虚拟变量，被调查者所在行政区域：PLACE1=1，榆阳区=1；PLACE1=0，其他地区
PLACE2	虚拟变量，被调查者所在行政区域：PLACE2=1，府谷县=1；PLACE2=0，其他地区

表 13-4　　被调查者支付意愿的影响因素估计结果

解释变量	Tobit 模型估计	D-H 模型估计	
		参与方程	支出方程
C	-488.49	0.5333	-9 550.00
INCOME	0.0037***	1.67E-06	0.0202***
EDU	79.82***	0.0192	1 314.39***
AGE	5.01***	-0.0027	37.89***
FAMILY	-2.47	-0.0329	-175.50**
MALE	-4.01	0.1361	-809.25*
FAMER	-125.30**	-0.0387	1 361.13***
ATT	23.44	-0.1728**	325.24*
KNOW	7.05	-0.2166	-1 096.69***
PLACE1	49.02	0.7929***	-118.84
PLACE2	52.13	0.4114***	-75.36
Log likelihood	-2 778.46	-322.30	-2 381.87
Total obs	535	535	353

注：*** 表示在 1% 的显著性水平，** 表示 5% 的显著性水平，* 表示在 10% 的显著性水平。

表 13 -4 列出了 Tobit 模型和 D - H 模型的估计结果。Tobit 模型的估计结果显示，被调查者的家庭收入状况、受教育程度和年龄对其 WTP 的支出金额有显著的正向影响，这与 D - H 模型中支出方程的估计结果相一致。反映被调查者所在行政区域的两个变量在 Tobit 模型和 D - H 模型的支出方程的估计结果中均不显著。除此之外，其余的变量均表现出了较大差异。其中，Tobit 模型的结果显示，被调查者的家庭人口数、性别、对当地生态环境状况的满意程度、对环境保护政策的了解程度均对其 WTP 的支出金额没有显著性影响，但这些变量在 D - H 模型的支出方程的估计结果中均通过了显著性检验。另外，Tobit 模型中，被调查者的职业状况对其 WTP 的支出金额具有显著的负向影响，但在 D - H 模型的支出方程中，被调查者的职业状况对其“决定支出多少金额”具有显著的正向影响；通过观察 D - H 模型的参与方程，本文发现，被调查者的职业状况对其“决定是否参与支付”呈负向影响，但在统计意义上不显著，这表明被调查者的职业状况对其“决定是否参与支付”这一行为的影响程度非常的微弱。考虑到 Tobit 模型将“决定是否参与支付”与“决定支出多少金额”合并为一个支出方程进行研究，同时 D - H 模型的支出方程在估计过程中对有效样本量进行了必要的选择，本文认为，这些现象属于一种可接受的结果。如同 Jones（1992）对 D - H 模型和 Tobit 模型进行比较后所做出的结论，Tobit 模型的估计结果可能会存在误导的现象，也就是说有些变量的特征是在 Tobit 模型中所无法观测到的，或者说相同的变量在不同的方程中对解释变量的影响方向和影响程度会有所不同。鉴于此，本文根据 Teklewold 等（2006）提出的建议，采用似然比值法来检验 D - H 模型是否比 Tobit 模型在分析支付决策影响因素上更具有效性。似然比值检验可以通过下式计算：

$$\Gamma = -2 \times [\ln L_t - (\ln L_p + \ln L_{tr})] \sim \chi_k^2 \qquad (13-5)$$

式（13 -5）中，L_t、L_p、L_{tr}是分别估算 Tobit 模型、参与方程模型和支出方程的对数似然值，k 是模型中独立变量的个数。假设：H_0 采用 Tobit 模型估算。如果 $\Gamma < \chi_k^2$，则接受原假设，采用 Tobit 模型估算；否则拒绝原假设，采用 D - H 模型进行估算。

在 5% 的显著性水平下，根据式（13 -5）计算得：

$$\Gamma = 148.58 > \chi_k^2 = 18.31$$

因此，拒绝 H_0，证明 D - H 模型对被调查者 WTP 的影响因素的分析明显优于 Tobit 模型。所以，本文采用 D - H 模型来解释被调查者 WTP 的影响因素。

二、结果分析

第一，参与方程式的估计结果表明，被调查者“决定是否参与支付”受其对当地生态环境状况的满意程度和所在行政区域的影响；但没有发现被调查者的家庭年收入、受教育程度、年龄、家庭人口数、性别、职业状况、对环境保护政策的了解程度这些因素对被调查者“决定是否参与支付”有显著性影响。其中，被调查者对当地生态环境状况的满意程度对其“决定是否参与支付”呈负向影响，该变量通过了5%的显著性水平检验，这说明，被调查者对当地生态环境的满意程度越低，其更愿意参与支付，表明了被调查者渴望当地生态环境改善的愿望。反映被调查者所在行政区域的两个变量PLACE1和PLACE2都对被调查者“决定是否参与支付”呈正向影响，且两个变量都通过了10%的显著性水平检验，这意味着，榆阳区和府谷县的被调查者比神木县的被调查者具有更高的参与愿望。

第二，支出方程式的估计结果表明，被调查者“决定支出多少金额”受其家庭年收入、受教育程度、年龄、家庭人口数、性别、职业状况、对当地生态环境状况的满意程度、对环境保护政策的了解程度的影响。其中，被调查者的家庭年收入、受教育状况对其“决定支出多少金额”均具有显著的正向影响，并且分别通过了1%的显著性检验，这与经验判断一致。

被调查者的年龄对其“决定支出多少金额”具有显著的正向影响，且通过了1%的显著性检验。可能的原因是：相对于年轻人，年纪大的被调查者更愿意留在当地继续生活，所以他们更愿意为改善当地生态环境出一份力。被调查者的职业状况也对其“决定支出多少金额”具有显著的正向影响，且通过了1%的显著性检验，这一结论似乎与经验判断不符，但本文认为这一结果具有一定的合理性，可能的原因是：煤田开采对地下水、地表水、土地的破坏直接影响农业生产。因此，农业生产从事者为了自己的工作和生存，更愿意为改善当地生态环境出资。

被调查者对当地生态环境状况的满意程度对其“决定支出多少金额”也具有正向影响，其通过了10%的显著性检验，这一结果似乎也与经验判断不符，但结合参与方程式的估计结果，本文发现，被调查者对当地生态环境状况的满意程度作为唯一影响被调查者“决定是否参与支付”与“决定支出多少金额”两个行为的共同因素，反映了对当地生态环境的满意程度较低的被调查者的一种矛盾心理，即一方面被调查者渴望当地生态环境能够得到改善；另一方面，被调查者又对当地生态环境治理缺乏信心，而在实际的支付中选择较低的金额。这一点也是Tobit模型的结果所不能反映的。

被调查者的家庭人口数对其“决定支出多少金额”具有显著的负向影响，其通过了5%的显著性检验，说明，被调查者的家庭人口数越多，其支付金额就越少；被调查者的性别对其“决定支出多少金额”具有显著的负向影响，并且通过了10%的显著性检验，说明，男性的支付金额比女性的支付金额少。

被调查者对环境保护政策的了解程度对其“决定支出多少金额”具有显著的负向影响，该变量通过了1%的显著性检验，说明，被调查者对环境保护政策越了解，其支付金额越少。这可能与我国当前实行的生态环境治理政策有关，我国目前实行的煤炭行业生态环境治理政策主要遵循“谁开发、谁保护，谁污染、谁治理，谁破坏、谁恢复”的原则，这种原则使得被调查者倾向于认为生态环境治理的责任者应该是开发者、污染者、破坏者。因此，这种倾向在一定程度“挤出”了对环境保护政策较为熟悉的被调查者的愿付金额。

通过对D-H模型估计结果的分析，发现，被调查者“决定是否参与支付”与“决定支出多少金额”两个行为的影响因素不完全相同，这与吴佩瑛等（2004）的研究结论一致。

第三节　榆林煤炭矿区生态环境破坏价值损失评估

目前，运用CVM评估生态环境价值损失的文献几乎都是利用被调查者的平均支付意愿和调查相关区域的居民户数量或人口数的乘积来求得生态环境破坏的总价值损失，如：R. D. Rowe等（1985），D. Damigos和D. Kaliampakos（2003），徐中民等（2003），张志强等（2004），金建君、王志石（2005），刘治国、李国平（2006）等。鉴于此，本章首先需要计算被调查者的平均支付意愿，以此作为榆林煤炭矿区居民每户每年为改善因煤炭资源开发破坏的生态环境的平均支付意愿；其次，结合当地的居民户数量，评估榆林煤炭矿区生态环境破坏价值损失额。

一、支付意愿计算

根据调查资料，本章采用Kristrom的Spike模型对平均支付意愿进行估算，该模型对开放式问卷和二分式问卷均有效。

首先计算被调查者中正支付意愿的平均值：

$$E(\mathrm{WTP})_{\text{正}} = A_i P_i = 347.92\ \text{元}$$

式中：A_i为支付金额，P_i为被调查者选择该数额的概率。

其次，采用Kristrom的Spike模型对平均支付意愿进行修正，经过Spike模型修正后的平均支付意愿$E(\mathrm{WTP})_{\text{非负}}$等于$E(\mathrm{WTP})_{\text{正}}$乘以正支付意愿占全部支付意愿的比例，所以：

$$E(\text{WTP})_{\text{非负}} = E(\text{WTP})_{\text{正}} \times 65.98\% = 229.56\ 元$$

由于选择零支付意愿的被调查者其真实的 WTP 并不一定为 0，因此 $E(\text{WTP})_{\text{非负}}$ 可被认为是对支付意愿的保守估计，$E(\text{WTP})_{\text{正}}$ 则认为是上限。综合以上分析，榆林煤炭矿区居民为改善当地生态环境每户每年的平均支付意愿介于 229.56～347.92 元。

二、煤炭矿区生态环境破坏价值损失估算

根据徐中民等（2003），张志强等（2004），金建君、王志石（2005）等利用支付率对调查相关区域居民户数量的处理方法，本章以调查的支付率与调研区域居民户官方统计数量的乘积，推算矿区愿意为改善生态环境而提供一定资金支持的居民户数量，即有支付意愿的家庭户数。然后，将有支付意愿的家庭户数乘以每户每年的平均支付意愿，就可得到煤炭矿区每年因煤炭开发而造成的生态环境破坏价值损失。

根据《陕西统计年鉴（2009）》的资料，榆林煤炭矿区共有居民 664 184 户，按照本次调研的支付率调整后，应该有 438 229 户愿意为改善当地的生态环境支付一定的费用。据此，本章推断，榆林煤炭矿区每年因煤炭开发而造成的生态环境破坏价值损失大约在 10 059.98 万～15 246.85 万元。如果以生态恢复周期为 20 年，结合当前银行利率计算，榆林煤炭矿区因煤炭开发造成的生态环境破坏的价值损失大约在 208 231.56 万～315 594.60 万元。当然，本章的估算结果与刘治国、李国平（2006）的估算结果相比偏小，其中的主要原因：一是问卷核心问题选择的不同，刘治国、李国平（2006）运用的是支付卡式问卷，本章选择的是开放式问卷。开放式相对于支付卡式问卷避免了因投标值的设定而对被调查者 WTP 形成的偏差。二是计数单位不同，刘治国、李国平（2006）对生态环境破坏价值损失总量的计算是以陕北煤炭矿区（包括榆林矿区）的人口数量为计数单位，本章是以榆林煤炭矿区的居民家庭户为计数单位，而且对家庭户数量按支付率进行了调整。

小　结

本章运用 CVM 对榆林煤炭矿区居民为改善当地生态环境的 WTP 进行了调

研，得出每户每年平均的支出金额介于229.56～347.92元，由此推断出榆林煤炭矿区每年因煤炭开发而造成的生态环境破坏价值损失大约在13 822.09万～20 948.69万元。

通过运用D－H模型和Tobit模型对调研资料分别进行分析，发现，Tobit模型与D－H模型支出方程对被调查者支付决策影响因素的分析存在一定的异同。运用似然比值法对两种模型在分析支付决策影响因素上的有效性进行分析，得出，D－H模型对被调查者支付意愿影响因素的分析明显优于Tobit模型。

本章的政策含义是：第一，政府部门应该通过一些切实可行的工作，从而增强居民改善当地生态环境的信心。第二，进一步加强矿区生态环境治理宣传的力度，增强居民对保护生态环境意义的认识和生态环境治理重要性的认识。第三，大力发展教育事业，切实提高居民的文化水平。第四，政府部门应当根据当地的实际状况，鼓励和引导居民发展多种生产经营，提高收入水平；同时鼓励非农生产从事者积极参与到改善当地生态环境的活动中来。

第十四章

能源资源富集区生态环境治理问题研究

——以榆林为例

从开采企业应缴的生态环境补偿费和政府财政支出两个角度探讨能源资源开采过程中生态环境的补偿费偏少的问题，指出开采企业应缴的生态环境补偿费远远低于煤炭资源开采造成的生态环境损失的水平要求；能源资源富集地地方财政支出结构不合理，限制了生态环境治理经费的支出；现行财税体制的不完善导致地方财政不能满足生态环境治理的要求。提出完善能源资源富集区生态环境补偿费来源渠道的政策建议。

煤炭、石油、天然气等能源资源的开采，往往都是以牺牲能源资源富集区当地的生态环境为代价的，这是一种典型的外部不经济现象。为了有效地矫正能源资源开采过程中的外部不经济现象，通常采取生态补偿的手段使这种外部不经济性内部化，达到保护生态环境的目的。

党的十七大报告要求，建立健全资源有偿使用制度和生态环境补偿机制。国家“十二五”规划提出，加大生态保护和建设力度，从源头上扭转生态环境恶化趋势。能源资源开采过程中的生态环境补偿问题已成为国家发展的战略任务。从我国的实际情况来看，矿山环境恢复治理的实践多属于“抑损”型的生态补偿，是获益的经济系统（主要是矿山企业）对受损的生态环境系统的补偿（丁四保、王昱，2010）。

进行能源资源富集区生态环境补偿，恢复治理因资源开采而破坏的生态环境，需要有大量的生态环境补偿费作为保障。当前我国能源资源富集区的生态环境补偿费主要来自两个途径：一是资源开采企业上缴的生态环境补偿费，二是政府财政拨款。但是补偿费远不能满足资源开采带来的巨大生态环境破坏（张复明，2010）。生态环境补偿费的不足，直接导致能源资源富集区生态环境恢复治理效果难以达到预期效果。

为了进一步研究能源资源富集区生态环境治理问题，本章以榆林市作为研究对象。榆林市位于陕西省的最北部，在陕北黄土高原和毛乌素沙地南缘的交界处，也是黄土高原和内蒙古高原的过渡区。目前，全市已发现8大类48种矿产资源，尤其是煤炭、石油、天然气等能源资源富集一地，拥有世界七大煤田之一的神府煤田，有我国陆上探明的最大整装气田，被誉为“中国的科威特”。随着能源资源的大规模开发，当地的生态环境遭受了巨大的破坏。截止到2010年，榆林市煤炭采空区达499.41平方公里，每年新增70～80平方公里；已塌陷118.14平方公里，每年新增30～40平方公里①。截至2007年，榆林市因煤矿采空区塌陷造成2 805户、9 585人受灾，损毁房屋4 500多间、耕地2.4万多亩、林草地65 800多亩；湖泊由煤田开发前的869个减少到79个②。目前，榆林市的矿区生态环境治理工作已经取得了一些成绩，但仍未达到治理的要求，其中生态补偿费不足是影响生态环境治理工作的关键因素之一。基于此，本章结合榆林市的实际情况，从开采企业应缴的生态环境补偿费和政府财政两个角度探讨能源资源开采中的生态环境补偿费偏少的问题及对策。

第一节　我国矿山生态环境恢复治理过程中的投入现状

一、我国矿山恢复治理投入现状

2008～2009年，全国矿山生态环境恢复治理投入从44.09亿元增加到117.48亿元，增加了166.45%（见表14－1）。其中，政府的矿区生态环境恢复治理财政投入从40.11亿元增加到58.68亿元，增加了46.30%；来自中央财政的投入额从10.88亿元增加到36.06亿元，增加了231.43%；来自地方财政的投入额从29.23亿元减少到22.62亿元，减少了22.61%。虽然，2008～2009年政

① 资料来源：陕西榆林自诩中国科威特，采煤引发地震或再迁移［J/OL］，http：//finance.jrj.com.cn/industry/2011/04/1302109712665－13.shtml，2011－04－11。

② 资料来源：脆弱土地何堪超负荷开发之重［J/OL］，http：//www.stdaily.com/special/2009lianghui/content/2009－03/07/content_54867.htm［J/OL］，2009－03－07。

府的矿区生态环境恢复治理财政投入占全国矿山生态环境恢复治理投入额的比重从 90.97% 下降到 49.95%。但是，财政投入依然是我国矿区生态环境恢复治理投资的主要来源。

表 14－1　　全国矿山生态环境恢复治理投入情况　　单位：亿元

地区	2008 年			2009 年		
	投入资金	其中		投入资金	其中	
		中央财政	地方财政		中央财政	地方财政
全国	44.09	10.88	29.23	117.48	36.06	22.62
北京	0.32	0.32	0	0.55	0.55	0
天津	0.79	0.24	0.55	1.06	0.66	0.40
河北	0.67	0.38	0.29	14.47	1.83	1.03
山西	6.45	0.46	5.99	6.61	1.92	0.35
内蒙古	1.03	0.52	0.51	5.23	1.22	3.43
辽宁	0.95	0.54	0.41	4.20	3.20	1.00
吉林	0.80	0.42	0.38	3.58	1.34	0.23
黑龙江	2.09	0.43	1.48	4.94	2.27	1.96
上海	0.20	0	0.20	0.29	0.06	0.23
江苏	4.23	0.39	3.84	7.15	0.90	3.61
浙江	2.21	0.14	2.03	1.43	0.32	0.80
安徽	1.68	0.21	1.47	2.32	0.62	0.41
福建	1.35	0.30	0.92	4.07	0.29	0.38
江西	0.88	0.43	0.28	2.58	1.01	0.24
山东	5.24	0.49	1.68	8.60	1.64	3.59
河南	0.46	0.40	0.06	4.94	0.99	0.54
湖北	0.99	0.40	0.59	3.25	1.43	0.53
湖南	1.60	0.45	1.15	11.62	3.22	1.03
广东	5.67	0.31	5.36	2.99	1.11	0.30
广西	0.54	0.28	0.21	2.86	1.40	0.26
海南	0.40	0.04	0.36	0.87	0.12	0.10
重庆	0.65	0.30	0.35	0.77	0.62	0
四川	0.70	0.36	0.34	1.39	0.26	0.56
贵州	0.55	0.43	0.09	4.40	0.66	1.01

续表

地区	2008 年			2009 年		
	投入资金	其中		投入资金	其中	
		中央财政	地方财政		中央财政	地方财政
云南	1.04	0.23	0.60	5.30	0.58	0
西藏	0.31	0.31	0	0.31	0.39	0
陕西	0.64	0.45	0.08	2.39	1.31	0.11
甘肃	0.55	0.47	0.08	2.60	1.38	0.33
青海	0.53	0.53	0	3.1	3.1	0
宁夏	0.35	0.35	0	1.31	1.17	0.03
新疆	0.42	0.31	0.11	2.30	0.49	0.14

资料来源：《中国环境统计年鉴》（2009～2010）。

二、我国矿山投入特征

（一）矿山生态环境恢复治理财政投入具有较明显的地域特性

2008～2009 年，北京、河北、辽宁、吉林、江西、河南、广西、西藏及西北地区各省（市、自治区）的矿山生态环境恢复治理投入中，中央财政投入份额均高于地方财政投入。上海、江苏、浙江、福建、山东各省（市）的矿山生态环境恢复治理投入中，中央财政投入份额均低于地方财政投入。说明，中西部地区的财政矿山生态环境恢复治理投入中中央财政处于主导地位，而东部地区的财政矿山生态环境恢复治理投入中地方财政发挥了主导性作用。

（二）中央财政矿山生态环境恢复治理投入增幅较大

2009 年，除上海、福建、四川 3 省（市）之外，其余 28 个省（市、自治区）的中央财政矿山生态环境恢复治理投入均表现出较大幅度的增长。其中，湖南的涨幅最大，达到 615.56%；西藏的涨幅最小，为 25.81%；各主要矿产资源大省的中央财政矿山生态环境恢复治理投入涨幅分别为：辽宁 492.59%、黑龙江 427.91%、山西 317.39%、山东 234.69%、安徽 195.24%、甘肃 193.62%、陕西 191.11%、贵州 152.17%、江西 134.88%、内蒙古 134.62%、新疆 58.06%，说明中央财政对矿山生态环境恢复治理还是比较重视的。

(三) 地方财政矿山生态环境恢复治理投入表现出较大的差异性

2009 年，天津、山西、吉林、江苏、浙江、安徽、福建、江西、湖北、湖南、广东、海南、重庆、云南 14 省（市）的地方财政矿山生态环境恢复治理投入出现了负增长。其中，重庆的降幅最大，达到了 100%；北京、西藏、青海 3 省（市、自治区）的地方财政矿山生态环境恢复治理投入一直是 0；其余各省（市、自治区）的地方财政矿山生态环境恢复治理投入都出现了不同程度的增长。其中，贵州的涨幅最大，达到了 1 022.22%。各主要矿产资源大省的地方财政矿山生态环境恢复治理投入表现出了较大的差异性，其中，投入相比上年呈正向增长的省（自治区）有：贵州，涨幅为 1 022.22%；内蒙古，涨幅为 572.55%；甘肃，涨幅为 312.5%；辽宁，涨幅为 143.90%；山东，涨幅为 113.69%；陕西，涨幅为 37.5%；黑龙江，涨幅为 32.43%；新疆，涨幅为 27.27%。投入相比上年减少的省份有：山西，下降 94.16%；安徽，下降 72.11%；江西，下降 14.29%。

以上表明，政府财政投资依然在我国的矿区生态环境恢复治理工作中发挥着重要的作用。但是，政府的矿区生态环境恢复治理财政投入还需加强。当前，中央矿山生态环境治理的专项资金来源主要是矿产资源补偿费和矿权使用费与价款，但是中央下达的专项资金估计只占三项收费收入的 10% ~20%，占矿山历史所创利税的 1%，可见总体投资量不大。相对于老旧矿山生态环境治理和生态修复实际资金需求，中央投入的资金远远无法满足需要（孔凡斌，2010）。同时，地方财政也难以为矿区生态环境恢复治理提供充足的资金配套。一方面，由于存在生态经济鸿沟，地方政府一般都会选择发展而承受生态损失（丁四宝、王晓云，2008）；另一方面，地方财政收入增长赶不上支出的扩大，妨碍了环境保护类公共产品有效供给的增加（余敏江，2011）。

第二节 能源资源开采企业应缴的生态环境补偿费分析

一、能源资源开采企业应缴的生态环境补偿费

我国能源资源开采企业应缴的生态环境补偿费主要有两类，一是生态环境治理费，二是环境恢复治理保证金。征收生态环境治理费属于事后行为，能源

资源开采企业缴纳生态环境治理费后，政府将代替企业承担起生态环境治理的责任。征收环境恢复治理保证金属于事前行为，该行为一方面能够激励企业认真履行生态环境恢复治理责任，以获得保证金的全额返还；另一方面，约束企业规避生态环境恢复治理责任的行为，使其为忽视生态环境恢复治理付出代价。虽然，生态环境治理费体现了“谁破坏、谁付费”的原则，使得能源资源开采企业为自己的生态环境破坏行为买单。但是，能源资源开采过程中产生的生态环境破坏问题往往治理难度大、周期长，甚至有些破坏是不可逆转的，所以，企业上缴的生态环境治理费可能不能满足整个生态环境恢复治理过程中的费用开支。环境恢复治理保证金作为生态补偿费的有效补充，能有效地激励和约束企业参与生态环境恢复治理行为。生态环境治理费和环境恢复治理保证金能够从事前、事后两个阶段，有效地保证矿区生态环境恢复治理任务的完成。

根据国家、省、市、县各级政府部门的规定，榆林市煤炭开采企业应缴的生态环境治理费和环境恢复治理保证金主要涉及以下名目：水土流失补偿费、煤炭矿井废水处理费、煤矸石排污费、地表塌陷补偿费、煤炭矿山环境恢复治理保证金等。具体标准见表 14 - 2。

表 14 - 2　　榆林市煤炭开采企业应缴的生态环境补偿费

项目		征收标准	依据
生态环境治理费	水土流失补偿费	5 元/吨	2009 年实施的《陕西省煤炭石油天然气资源开采水土流失补偿费征收使用管理办法》规定，得知陕北地区征收水土流失补偿费的标准：原煤 5 元/吨、石油 30 元/吨、天然气 0.008 元/立方米
	矿井废水处理费	0.42 ~ 1.2 元/吨	2005 年国家环境保护总局和国家质量监督检验检疫总局联合颁布的《煤炭工业污染物排放标准》：我国煤矿平均吨煤排放水量为 2.0 ~ 2.5 吨，同时给出酸性矿井水平均处理成本 0.48 元/吨，非酸性矿井水平均处理成本 0.21 元/吨。由以上数据可知，每开采 1 吨煤炭需要缴纳的矿井废水处理费为 0.42 ~ 1.2 元

续表

项目		征收标准	依据
生态环境治理费	煤矸石排污费	0.7元/吨	中国投资咨询网发布的《2007～2008年中国煤矸石工业分析及投资咨询报告》：中国每年生产1亿吨煤炭排放矸石1 400万吨左右，可知平均每生产1吨煤炭的煤矸石排放量为0.14吨。2003年国家发展计划委员会、财政部、国家环境保护总局、国家经济贸易委员会联合颁布的《排污费征收标准管理办法》规定：每吨煤矸石的排污费征收标准为5元。根据以上两项标准，可推算出每生产1吨煤征收煤矸石排污费为0.7元
	地表塌陷补偿费	2～3元/吨	神木县规定：每吨煤应缴纳的地表塌陷补偿费为2元；府谷县规定：每吨煤应缴纳的地表塌陷补偿费为3元
环境恢复治理保证金	煤炭矿山环境恢复治理保证金	3元/吨	2007年陕西省国土资源厅制定的《陕西省煤炭矿山环境恢复治理保证金管理暂行办法》规定：煤炭矿山环境恢复治理保证金缴存标准确定为3元/吨

综上，榆林市每开采1吨煤应缴的生态环境补偿费，即水土流失补偿费、煤炭矿井废水处理费、煤矸石排污费、地表塌陷补偿费、煤炭矿山环境恢复治理保证金合计为11.12～12.9元。

二、能源资源开采中的生态环境破坏的损失水平

煤炭资源开采过程中的生态环境破坏的损失包括煤炭在开采过程中对空气、水体、土地、气候等造成的破坏损失，以及对矿区居民生产生活造成的经济损失。

李国平等（2009）根据煤炭开采给当地矿区大气、水、土壤、植被等造成污染破坏的统计资料，以2003年为计算口径，估计出陕北地区平均每开采1吨煤造成的生态环境损失为34.63元。茅于轼、盛洪、杨富强（2008）以2005年为计算口径，估计全国开采1吨煤炭造成的生态环境破坏损失为69.47元。吴文洁、高黎红（2011）从环境污染损失和生态破坏损失两个方面对榆林能源资源开采的环境代价进行估算，得出，2008年榆林地区平均每开采1吨煤炭会带来

78 元的生态环境破坏损失。

本章以 2009 年为计算口径，分别对李国平等、茅于轼等、吴文洁等的计算结果进行了折算，得出他们三人的估算值分别为：41.40 元/吨、78.52 元/吨、77.45 元/吨。需要指出的是，煤炭开采过程中的生态环境破坏状况的估计的复杂性、计量数据收集的难度和计量方法的差异，是引致以上研究结果存在较大偏差的原因。

三、能源资源开采企业应缴的生态环境补偿费与生态环境破坏损失价值的比较

从当前榆林市煤炭开采企业应缴的生态环境补偿费标准来看，企业应缴的生态环境补偿费远远小于生态环境破坏的损失价值（见表 14-3）。如果以李国平等估算的生态环境破坏损失价值进行衡量，煤炭企业应缴的生态环境补偿费仅能补偿生态环境破坏价值损失的 29% 左右；如果以茅于轼等或吴文洁等估算的生态环境破坏损失价值进行衡量，煤炭企业应缴的生态环境补偿费仅能补偿生态环境破坏价值损失的 15% 左右。

表 14-3　煤炭资源开采企业应缴的生态环境补偿费与生态环境破坏损失价值的比较

生态环境破坏的损失价值		应缴的生态环境补偿费	补偿率
李国平等的测算值	41.40 元/吨	11.12～12.9 元/吨	26.86%～31.16%
茅于轼等的测算值	78.52 元/吨		14.16%～16.42%
吴文洁等的测算值	77.45 元/吨		14.36%～16.66%

虽然李国平等对煤炭开采过程中生态环境价值损失的估计值与茅于轼等或吴文洁等的估计结果存在较大的差异，但是他们的估计结果与煤炭开采企业应缴的生态环境补偿费进行比较后，可以看见一条共同的规律：依据现有的生态环境补偿标准，榆林市煤炭开采企业实际应缴的生态环境补偿费远低于煤炭资源开采造成的生态环境价值损失，煤炭资源开采企业并没对资源开采造成的生态环境破坏进行充分的补偿。

第三节　能源资源富集区生态环境治理的财政支出分析

2007～2009 年，榆林市财政用于生态环境治理的资金在逐年增加（见表

14－4），当地的生态环境治理也取得了一些成绩，但是同毗邻且同为新兴资源大市的鄂尔多斯和延安相比，还处于比较低的水平。以2009年为例，鄂尔多斯市生态环境治理财政支出10.61亿元，占全市财政支出总量的4.58%[①]；延安市生态环境治理财政支出6.02亿元，占全市财政支出总量的3.84%[②]；而榆林市生态环境治理财政支出仅为3.2亿元，占全市财政支出总量的1.87%。

表14－4　　2007～2009年榆林市级财政中生态环境支出情况

		2007年	2008年	2009年
财政支出总额	总支出（亿元）	96.75	123.8	171.1
	生态环境支出（亿元）	0.74	1.7	3.2
	生态环境支出所占比重（%）	0.76	1.37	1.87
财政支出总额中上级政府转移支付	总支出（亿元）	66.71	100.2	133.6
	生态环境支出（亿元）	0.16	0.6	2.5
	生态环境支出所占比重（%）	0.24	0.6	1.87
财政支出总额中本级财政支出	总支出（亿元）	30.04	23.6	37.5
	生态环境支出（亿元）	0.58	1.1	0.7
	生态环境支出所占比重（%）	1.93	4.66	1.87

资料来源：1. 刘洪：关于榆林市2007年财政预算执行情况和2008年财政预算草案的报告，榆林人大网，2008－2－28；2. 卢林：关于榆林市2008年财政预算执行情况和2009年财政预算草案的报告，榆林人大网，2009－2－18；3. 卢林：关于榆林市2009年财政预算执行情况和2010年财政预算草案的报告，榆林人大网，2010－8－18。经整理计算得出。

目前，榆林市的财政支出由两部分构成，一部分是本级财政的支出，另一部分是上级财政的转移支付。2007～2009年榆林市本级财政环境支出在全市财政环境支出中的比重为78.38%、64.71%、21.88%；同期榆林市地方财政收入在全市财政总收入中的比重为31.60%、32.76%、30.39%。这一组数据表明，榆林市本级财政支出承担了与其地方财政收入不相匹配的生态环境支出，上级政府与资源开发地政府在收益与支出之间存在较大的不对等性。因此，上级政府和资源开发地政府之间还需进一步调整各自应在矿区生态环境治理过程中的责任关系，应当做到“收益与责任均等”。

考虑到地方的生态环境治理财政支出并非完全用于能源资源开采所造成的生

① 资料来源：鄂尔多斯市2009年度财政总决算报表。

② 资料来源：延安市三届人大五次会议文件《关于延安市2009年财政预算执行情况和2010年财政预算草案的报告》。

态环境污染治理，本章根据2009年榆林市煤炭开采行业实现的增加值占全市GDP的比重，对该市生态环境治理财政支出进行了折算，以估算出榆林市用于治理煤炭资源开采造成生态环境破坏的财政支出。根据《2009年榆林市国民经济和社会发展统计公报》的数据，计算出榆林市煤炭资源开采行业实现的增加值占全市GDP的比重为30.5%，据此得到榆林市用于治理煤炭资源开采造成生态环境破坏的财政支出为（3.2×30.5%）亿元，即0.98亿元。

根据2009年榆林市的煤炭产量，计算了李国平等、茅于轼等、吴文洁等估计结果分别对应的生态环境破坏损失总量；结合煤炭资源开采企业应缴的生态环境补偿费以及地方政府环境保护支出，发现榆林市的生态环境恢复治理经费存在巨大的缺口（见表14－5）。应当指出的是，这里仅仅计算了煤炭资源开采所造成的生态环境损失，没有将油气等能源资源考虑在内，对榆林市的生态环境恢复治理经费的估算结果偏低。在对资源开采企业征收的生态环境补偿费标准没有调整的前提下，这个缺口只能依靠增加能源资源富集区地方政府的财政支出进行弥补。但是，无论是绝对量还是相对量，榆林市的生态环境财政支出都处于相对较低的水平，很难为当地生态环境的恢复治理提供有效的资金支持。其中的原因：一方面，榆林市财政支出结构不合理，生态环境治理支出所占比重小；另一方面，财政增收能力存在一定的局限，导致地方财政支出资金来源不足。

表14－5　　能源资源富集区生态环境恢复治理费与生态环境破坏损失价值的比较

生态环境破坏的损失价值总量		能源资源富集区生态环境治理费		生态环境恢复治理经费缺口
		煤炭资源开采企业应缴的生态环境补偿费	煤炭资源开采造成生态环境破坏治理的财政支出	
李国平等的测算值	86.53亿元	23.24亿～26.96亿元	0.98亿元	58.59亿～62.31亿元
茅于轼等的测算值	164.11亿元			136.17亿～139.89亿元
吴文洁等的测算值	161.87亿元			133.93亿～137.65亿元

一、榆林财政支出结构不合理，限制了生态环境保护经费的支出

长期以来，榆林市能源资源开采同老百姓的收入增长脱节，工业化进程没有带来人民生活的较快提高，榆林财政支出面临庞大的民生要求。2009年榆林全市12个县（区）中，仍然有10个属于国家级贫困县，28.9万人处于贫困状态，

4 万左右大学生尚未就业[①]。2010 年，榆林城镇居民可支配收入 17 545 元，是全国平均水平的 91. 82%，是关中地区的 92. 15%；农民人均纯收入 5 113 元，是全国平均水平的 86. 38%，是关中地区的 89. 87%。

近年来，榆林市加大了民生事业的财政投入，取得了显著的成绩。2009 年，全市财政一般预算支出 171. 1 亿元，主要支出项目按资金数量排列如下：教育支出 40. 5 亿元，占 23. 67%；一般公共服务支出 30. 8 亿元，占增长 18. 0%；农林水事务支出 22. 1 亿元，占 12. 92%；交通运输支出 14. 4 亿元，占 8. 42%；社会保障和就业支出 13. 8 亿元，占 8. 07%；医疗卫生支出 11. 9 亿元，占 6. 95%；城乡社区事务支出 9. 5 亿元，占 5. 55%；公共安全支出 9. 3 亿元，占 5. 44%；文化体育与传媒支出 4. 7 亿元，占 2. 75%；采掘电力信息等事务 4. 2 亿元，占 2. 45%；环境保护支出 3. 2 亿元，占 1. 87%；科学技术支出 2. 3 亿元，占 1. 34%；粮油物资储备管理等事务 1 亿元，占 0. 58%。从榆林市的财政支出结构来看，支出项目主要集中在教育、水利、交通、社保、医疗等领域，约占财政支出总额的 60. 03%，而与榆林经济发展及民生息息相关的环境保护事业获得的财政支出仅占财政支出总额的 1. 87%，位居主要支出项目排名的倒数第三位，这种财政支出结构显然不合理。按照 2007 年国务院发布的《国家环境保护“十一五”规划》提出的要求，全国环保投资约需占同期国内生产总值的 1. 35%。以 2007 ~ 2009 年的环境保护财政支出数据进行估算，得到“十一五”期间榆林市的环保支出大约为同期国内生产总值的 0. 19%，其中，2009 年榆林市的环保支出大约为同期国内生产总值的 0. 25%，远没有达到国家规定的标准。

二、榆林市地方财政增收能力受限，不能为生态环境治理提供足额资金

榆林市作为新兴的典型资源型城市，财政收入具有明显的资源依赖性，财政收入的来源主要靠煤炭、石油、天然气等能源资源行业来提供，全市来自能源资源性行业的收入占财政总收入的 2/3。近年来，能源需求及价格不断上升给榆林市带来了可观的财政收入，无论财政总收入还是地方财政收入都实现了快速的增长，但是地方财政收入占财政总收入的比重却不断下降。2002 ~ 2010 年，榆林市地方财政收入占财政总收入的比重由 48. 67% 下降到 31. 32%（见表 14 - 6）。

---

① 资料来源：榆林市老区建设促进会：关于设立“榆林能源特别开发区”的建议［J/OL］，http：//yllqjs. xyl. xyl. gov. cn/News_View. asp？NewsID = 74，2011 - 7 - 1。

表 14-6　　榆林市近年财政收入分级次情况表　　单位：亿元、%

年份	2002	2003	2004	2005	2006	2007	2008	2009	2010
财政总收入	19.89	26.00	40.32	67.02	115.07	158.6	213.7	300.00	400.8
地方财政收入	9.68	12.35	19.54	23.84	35.66	50.12	70.01	91.18	125.54
地方财政收入占财政总收入比重	48.67	47.50	48.46	35.57	30.99	31.60	32.76	30.39	31.32

资料来源：《榆林市国民经济和社会发展统计公报》（2002～2010），经整理计算得出。

（一）能源资源富集区地方财政获取的税收份额小

第一，在中央与地方的分配中，地方政府所占份额过小。按照现行的财政税收体制，榆林市能源资源开采企业上缴的增值税中，中央、省、市、县分配比例为75%、7.5%、7.5%、10%；企业所得税中，中央、省、市、县分配比例为60%、20%、10%、10%，资源开采地所占份额偏少。2009 年，中央来自榆林的增值税、消费税收入为105.6 亿元，是1994 年1.4 亿元的75 倍多，比1994～2005 年12 年间榆林“两税”集中于中央的总额75.37 亿元，还要多出30.23 亿元。而按照返税政策，中央对榆林的“两税”返还从1994 年的0.98 亿元增加到2009 年的6.6 亿元，仅增加了5.73 倍。榆林市的税收收益绝大部分被中央财政集中，留给地方财政的份额偏少，制约了地方财政收入的增长①。

第二，资源开采收益在省、市、县之间财政的分配也不尽合理。如，矿产资源补偿费在中央与省的分配比例为5∶5，陕西所得的50%矿产资源补偿费被分成三个部分进行分配，矿产资源管理经费50%，市、县矿产资源保护开发专项经费20%，省财政30%。也就是说，作为资源开采地的市、县政府仅能获得整个矿产资源补偿费的10%，并且这部分资金难以用于矿产资源开采中的外部不经济性治理。

（二）资源税计征方式改革长期滞后

截止到2010 年11 月榆林市煤炭、石油、天然气资源税的计征税率分别为3.2 元/吨、28 元/吨、12 元/千立方米，低于国家规定的煤炭5 元/吨、石油30 元/吨、天然气15 元/千立方米的最高计征标准。虽然，近年来煤炭、石油、天

① 资料来源：1. 榆林市老区建设促进会：关于设立“榆林能源特别开发区”的建议［J/OL］，http：//yllqjs.xyl.xyl.gov.cn/News_View.asp？NewsID=74，2011-7-1。2. 榆林市发展研究中心：关于榆林当前需要积极争取的产业化发展政策研究报告［J/OL］.http：//www.yldy.gov.cn/news_view.asp？newsid=1752，2010-11-29。

然气等能源资源的价格大幅度上涨。但是，由于资源税计征方式和税率设置的不合理，使能源资源富集区无法获得产品价格上涨所带来的税收收益。从2010年12月起，原油、天然气资源税从价计征改革正式在西部12省（区、市）推行，根据榆林市地税局的估计，榆林市将每年增加财政收入近10亿元[①]。根据2011年《国务院关于修改〈中华人民共和国资源税暂行条例〉的决定》的要求，从2011年11月1日起，石油、天然气等能源资源的资源税征收标准调整为销售额的5%～10%，但是在煤炭领域，仅对焦煤的资源税征收标准进行了提高，由原来0.3～5元/吨提高到8～20元/吨，而其他煤炭仍然维持0.3～5元/吨征收标准。

2011年上半年，榆林市原煤产量达到1.3亿吨，焦炭产量0.077亿吨。由于缺乏焦煤产量的统计数据，按照1吨焦煤大约能提炼0.75～0.85吨焦炭的标准进行折算，取中间值0.8，也就是说1吨焦炭需要损耗1.25吨焦煤，据此估算出生产0.077亿吨焦炭大约需要0.096亿吨焦煤。基于以上数据，以所有煤炭5元/吨的资源税计征标准估算，榆林市2011年上半年的煤炭资源税收入为6.5亿元；以焦煤20元/吨和其他煤炭5元/吨计算，榆林市2011年上半年可获得煤炭资源税约7.95亿元；以所有煤炭20元/吨的资源税征收标准计算，榆林市2011年上半年可获得煤炭资源税约26亿元；如果对煤炭资源实施从价征收，按照5%的税率、每吨原煤500元、每吨焦煤1 510元的价格计算[②]，榆林市2011年上半年的煤炭资源税应该在37.36亿元（见表14－7）。通过不同计征标准的比较，可以发现从价计征下煤炭资源税收入水平最高，是所有煤炭5元/吨计征标准下资源税收入的5.75倍，是焦煤20元/吨、其他煤炭5元/吨计征条件下资源税收入的4.7倍，是所有煤炭20元/吨计征标准下资源税收入的1.44倍。所以，煤炭资源税改革还需进一步推进。

表14－7　　不同计征标准下，2011年上半年榆林市的煤炭资源税收入估计

计征标准	资源税收入	
	总额	说明
所有煤炭按5元/吨的标准征收	6.5亿元	焦　　煤：0.48亿元
		其他煤炭：6.02亿元

① 资料来源：姚志伟：资源税改革，榆林年财政收入可增加近30亿元，http://sn.people.com.cn/GB/190199/190216/12184262.html [J/OL]，2010－7－19，并经计算得出。

② 资料来源：中国煤炭资源网，经整理计算得出。

续表

计征标准	资源税收入	
	总额	说明
焦煤20元/吨，其他煤炭5元/吨	7.95亿元	焦　　煤：1.93亿元
		其他煤炭：6.02亿元
所有煤炭按20元/吨的标准征收	26亿元	焦　　煤：1.93亿元
		其他煤炭：24.07亿元
所有煤炭按5%的从价税率计征	37.36亿元	焦　　煤：7.27亿元
		其他煤炭：30.09亿元

（三）资源开采企业税费流失严重

由于长期实行行政划拨和无偿或低价取得矿产资源，中央和省属企业占据绝对优势。截至2008年，市境内已设置的煤炭矿业权资源储量约892亿吨，其中：中央、省属企业占有约798亿吨，占比89.46%；其他企业及地方企业占有约94亿吨，占比10.54%。石油、天然气资源全部由中央和省属企业占有。由于中央、省与地市之间的资源配置不平等，2007年，仅中央企业在煤炭、石油、天然气领域的增值税、所得税、营业税等三个税种，因异地纳税、西部大开发税收优惠政策、资源产品的非市场定价、资源税额偏低且从量计征等四项原因，造成177.95亿元的税收转移和流失①。长庆油田公司在榆林市从事石油开发，只有增值税和资源税参与中央与地方分配，其他规费一律上缴中央、省，而且增值税和资源税由长庆油田公司统一在西安交纳，按照中央与地方75%和25%的比例分配，25%的地方收益部分还需在西北五省再分配，这样划分到资源产地的收益更少。长庆油田公司与延长石油工业集团公司上缴榆林市的税费相比，每吨原油少收入550多元；按照长庆油田公司年产500万吨原油规模计算，榆林市财政年少收27.75亿元②。神华集团在榆林从事煤炭开采，每吨煤炭上缴的地表塌陷补偿费却低于地方企业，神华集团一直沿用20世纪90年代商定的每吨煤炭0.2元的补偿标准，远低于神木县对煤炭企业要求的每吨煤炭2元的地表塌陷补偿费标准；2009年神华集团神东公司煤炭产量为1.5亿吨，如果按照2元的标准计算，神华集团还需要补缴2.7亿元的地表塌陷补偿费。

---

① 榆林市老区建设促进会：关于设立“榆林能源特别开发区”的建议［J/OL］，http：//yl-lqjs. xyl. xyl. gov. cn/News_View. asp？NewsID =74，2011 -7 -1。

② 榆林市石油、天然气资源开发情况调研报告［J/OL］，http：//www. ylzx. gov. cn/News/Show. asp？id =589，榆林政协网，2006 -9 -11。

（四）税收减免导致能源资源企业上缴地方财政的税收减少

国家出台税收减免政策的目的是为了改善西部地区的投资环境政策，促进优势产业的发展，推动地方经济的健康、快速发展。但是该政策的实行将不可避免的对地方财政收入造成负面影响。

2006～2009 年，榆林市国税共减免各类企业税收 78.63 亿元，其中，能源资源企业减免 78.52 亿元，约占减免总量的 99.86%；2006～2010 年，榆林地税共减免各类企业税收 18.37 亿元，其中能源资源企业减免 18.34 亿元，约占减免总量的 99.84%（见表 14－8）。

表 14－8　　榆林市税收优惠减免统计　　单位：户、亿元、%

年份	国税减免税收				地税减免税收			
	企业数量		金额		企业数量		金额	
	各类企业总数	能源资源企业所占比重	各类企业减免总额	能源资源企业所占比重	各类企业总数	能源资源企业所占比重	各类企业减免总额	能源资源企业所占比重
2006	16	100	23.61	100	11	81.82	2.213	99.68
2007	20	95	25.10	99.76	10	80	3.183	99.75
2008	20	95	16.90	99.94	10	80	3.493	99.83
2009	17	94.12	13.02	99.62	10	80	3.246	99.88
2010	—	—	—	—	10	8	6.238	99.89

资料来源：李刘春、杨博望、高立启：关于榆林市实施国家西部大开采税收优惠政策有关问题的建议，榆林市发展和改革委员会网站，2011－6－28。经整理计算得出。

2006～2010 年，地税中的所得税减免涉及省属国有企业 8 户，五年累计减免所得税 17.51 亿元，占地税减免所得税总额的 95%。从税收减免的行业结构来看，五年间，地税减免所得税涉及能源资源开采企业 12 户，五年累计减免所得税 18.26 亿元，占地税减免所得税总额的 99.4%。

能源资源企业成为榆林税收减免政策的唯一受益者。相反，由于 2008 年起中央所属能源资源公司缴纳的企业所得税调整为全额上缴中央国库①，省属企业的所得税全额上缴省财政，因而中央、省属能源资源企业的税收减免政策与采矿

① 2008 年财政部、国家税务总局和中国人民银行联合印发的《跨省市总分机构企业所得税分配及预算管理暂行办法》规定，中国石油天然气股份有限公司等企业总分机构缴纳的企业所得税为中央收入，全额上缴中央国库。

地区的榆林市财政收入无关，并且因为市、县所属能源资源企业及集体所属能源资源企业的税收减免①，导致榆林市的财政收入减少。

第四节　能源资源富集区生态环境问题的治理途径

一、提高中央企业生态环境保护费和补偿费标准，使外部成本充分内部化

提高中央企业生态环境保护费和补偿费标准，使其至少与地方资源开采企业上缴同样的标准。以榆林地区为例，提高中央企业地表塌陷补偿费的征收标准使其至少与地方煤矿一样，即每吨煤应缴的地表塌陷补偿费达到2元。

二、调整财政支出结构，提高生态环境治理支出的比重

调整财政支出结构，将生态环境治理支出调整为地方财政支出的重点内容，保证环保支出占同期国内生产总值的比重不低于国家环境保护规划提出的标准，并做到治理资金专款专用。

三、增强地方财政的增收能力，为生态环境治理提供有力的财政支持

（一）调整能源资源富集区的税费制度

第一，将资源税费的征收办法和分配比例向有利于能源资源富集区的方向改革，提高采矿区政府在资源收益分配中所占的比重，避免资源税收收入过多的集中于中央和省级财政。

第二，考虑到能源资源富集区财政收入的资源依赖性，建议及时调整矿业企业税收减免政策，避免税收减免政策的受益者过多的集中于资源行业，促进采矿

① 1985年《陕西省人民政府批转省财政厅关于实行“划分税种、核定收支、分级包干”财政管理体制的规定的通知》规定，省属企业的所得税为省级财政固定收入、集体企业所得税为地市财政固定收入、地市县所属企业的所得税为省级财政和地市财政共享收入。

区地方财政的增收。

（二）进一步完善煤炭资源的资源税征收标准的改革

2011 年 11 月 1 日起实施的资源税改革对榆林煤炭资源税收入的增加幅度有限，煤炭资源税改革还需进一步深入，如果按照所有煤炭 20 元/吨计征或从价计征，将使能源资源富集区的煤炭资源税收入大幅增加，其中从价计征的煤炭资源税增幅最高。因此可以考虑，一方面逐步将所有的煤炭资源都纳入资源税改革的范畴，另一方面参考油气领域的征收标准，在煤炭领域实施从价计征试点，以进一步增加能源资源富集区的地方财政收入。

（三）开征"煤炭可持续发展专项基金"

借鉴山西开征"煤炭可持续发展专项基金"的经验，完善和推广"煤炭可持续发展专项基金"制度，以缓解能源资源富集区财政支出中生态环境治理资金不足的问题，为能源资源富集区生态环境治理等提供资金支持。

小结

生态环境补偿费的不足，政府财政投资依然在我国的矿区生态环境恢复治理中发挥了重要的作用。由于地方政府难以为矿区生态环境恢复治理提供充足的资金配套，单凭中央政府投入的资金远远不能满足实际需要，结果一方面导致了地区之间的生态经济鸿沟，另一方面还妨碍了矿区环境保护类公共产品的有效供给。

对榆林资源富集区的考察表明，榆林地区存在财政征收能力有限、财政支出结构不合理，以及用于生态环境保护方面的经费支出不足等矛盾，限制了能源资源富集区生态环境恢复治理的进程。本章认为应该从提高中央企业生态环境保护费和补偿费标准、调整地方财政支出结构、增强地方政府财政支出能力三个角度着手，解决矿区生态环境补偿费不足的问题。

第十五章

中美煤炭开采企业两个外部成本负担比较

本章对美国煤炭上市公司 Peabody 和中国煤炭开采企业在煤炭开采中的两个外部成本的负担水平做了比较，发现中美煤炭开采企业对两个外部成本的负担水平差距巨大，这源于美国矿产资源有偿使用和生态补偿实行的权利金＋耗竭补贴、保证金＋环境税的复合模式，而中国仍然实行的是一种单一的有偿使用税费和单一环境税费的模式。

我国矿产资源开采没有实现对开采中产生的两个外部成本的充分补偿，是导致企业对资源掠夺性开采、生态环境破坏不能得到有效治理和恢复的重要原因。建立科学的矿产资源税费制度使开采企业承担合理的两个外部成本水平，一方面需要借鉴发达国家矿产资源税费制度先进经验，另一方面需要科学测算其真实负担的两个外部成本的水平。本章对中美煤炭开采企业的税费制度与两个外部成本的补偿水平进行比较。

第一节　美国矿产资源企业的税费结构

作为世界上主要的矿产资源开采和消费大国，美国的矿产资源税费制度经历了长期的演变和发展。现行的美国矿产资源税费主要由两大部分组成：一是所有工业企业都适用的一般性税费，如公司所得税等，二是矿产资源开采企业特有的税费，包括矿产资源有偿使用的费金和环境税费。

一、美国矿产资源开采企业的一般性税费

美国矿产资源开采企业一般性税费是指美国的矿产资源企业向联邦一级缴纳的公司所得税以及向州一级政府缴纳的公司所得税。其中，联邦一级公司所得税税率在35%左右，各州的公司所得税税率差异较大，个别州不征收公司所得税，其他各州的公司所得税税率介于1% ~12%，但平均来说，美国矿业企业缴纳的公司所得税平均税率为39.3%①。与此同时，还实行了一种独特的矿产资源耗竭补贴（Depletion Allowance）制度，根据不同的矿种，矿产资源开采者可将其纳税收入按一定比例少申报，鼓励矿产资源开采者寻找新矿床，保持和扩大资源的经济可采储量，延长资源的开采时间。根据美国国税局（IRS）披露的数据，对煤炭的百分比耗竭补贴率为10%。耗竭补贴政策影响的主要税种就是公司所得税。

二、美国矿产资源开采企业缴纳的有偿使用费金

美国矿产资源开采企业缴纳的有偿使用费金主要包括矿业权利金（Mineral Royalty）、红利（Bonus）、地表租（Rent）、其他矿业收益（Other Revenues）等。

其中，矿业权利金（Mineral Royalty）是“关于所有权人在交换开采矿产品权利的有偿支付”（Otto，2006），在量上是系统地补偿发生在代际之间的资源耗竭（Cordes，1998），体现稀缺租的要求。

红利（Lease Bonus）是在竞争性出价过程中为赢得矿业权支付的货币数量（美国内政部，2006），是矿产资源的承租者向出租者支付的各种权利（如勘探、钻井、探明矿产开发权等）的转让费用（蒲志仲，1997）。影响红利大小的因素除了矿产资源本身的稀缺性带来的价值以外，还包括诸如矿产资源的品位、开采难易、交通条件、承租者之间的竞争等因素。因此红利除了主要反映稀缺租，还体现级差租等要求。

地表租（Rents），是矿业权承租人向地表权所有者缴纳的矿地租金。

其他矿业收益（Other Revenues）包含最低权利金、移民补偿、天然气储藏费、估计支付、补偿费等，这些税费缴纳量不大。

表15－1列出了美国煤炭资源开采企业缴纳的有偿使用费金标准，由于红利是竞争性招标中讨价还价的结果，受预计产量、承租者间的竞争等各种变化因素的影响，收费从几美元/英亩到几千美元/英亩不等，因此其缺乏统一标准，下表所列主要是权利金和地表租：

① 资料来源：http：//www.taxfoundation.org/news/show/23034.html。

表 15 – 1　美国联邦土地和印第安保留地的煤炭资源权利金、地表租的缴纳标准

<table>
<tr><th>不同类型的土地</th><th>名目</th><th>征收水平</th></tr>
<tr><td rowspan="8">联邦土地的煤炭资源有偿使用收益：1976 年 8 月 4 日以前至今仍在开采的</td><td rowspan="2">权利金率</td><td>地下煤矿，0.15 美元/吨</td></tr>
<tr><td>露天煤矿，0.175 美元/吨</td></tr>
<tr><td>年度地表租及其他费用</td><td>地表租：1 美元/英亩</td></tr>
<tr><td>地表租赁时间</td><td>20 年</td></tr>
<tr><td>地表租赁地块大小</td><td>一州范围内，不得超过 46 080 英亩；全国范围内不超过 100 000 英亩</td></tr>
<tr><td rowspan="2">地表租赁的租金标准</td><td>在没有投产时，不论矿山多大，征收 5 000 美元，或每年征收 1 000 美元</td></tr>
<tr><td>在投产时，要至少缴纳三个月的权利金和保证 2 年的地表租义务</td></tr>
<tr style="display:none"></tr>
<tr><td rowspan="7">联邦土地的煤炭资源有偿使用收益：1976 年 8 月 4 日以后至今仍在开采的</td><td rowspan="2">权利金率</td><td>地下煤矿，从价权利金率 8%</td></tr>
<tr><td>露天煤矿，从价权利金率 12.5%</td></tr>
<tr><td>年度地表租及其他费用</td><td>地表租：3 美元/英亩</td></tr>
<tr><td>地表租赁时间</td><td>20 年，后续续约以 10 为一期</td></tr>
<tr><td>地表租赁地块大小</td><td>一州范围内，不得超过 46 080 英亩；全国范围内不超过 100 000 英亩</td></tr>
<tr><td rowspan="2">地表租赁的租金标准</td><td>在没有投产时，不论矿山多大，一次性征收 5 000 美元，或每年征收 1 000 美元</td></tr>
<tr><td>在投产时，要至少缴纳三个月的权利金和保证 2 年的地表租义务</td></tr>
<tr><td rowspan="7">美国印第安保留地的煤炭资源有偿使用收益</td><td>权利金率</td><td>协商出的权利金率为准，但不能低于地下煤矿 8% 和露天煤矿 12.5%</td></tr>
<tr><td>年度地表租及其他费用</td><td>平均 2 美元/英亩</td></tr>
<tr><td>地表租赁时间</td><td>协商出的地表租赁时间为准</td></tr>
<tr><td>地表租赁地块大小</td><td>无限制</td></tr>
<tr><td rowspan="3">地表租赁的租金标准</td><td>租赁：500 ~ 2 000 美元，由面积决定</td></tr>
<tr><td>州：75 000 美元，由面积决定</td></tr>
<tr><td>国家范围：75 000 美元或有政府决定</td></tr>
</table>

资料来源：Hannah Price etc., Mineral Revenues 2000——Report On Receipts From Federal And American Indian Leases. U. S. Department of the Interior Minerals Management Service. 2000。

三、美国矿产资源开采企业缴纳的环境税费与保证金

根据美国国税局（IRS）“收入统计”（Statistics of Income）对美国的“环境税”的分类，与美国矿产资源开采相关的环境税费见表 15－2。

表 15－2　　　　美国矿产资源开采企业缴纳的环境税费

名称	税率	内容
煤炭税	1.1 美元/吨，地下矿	计入黑肺病补偿基金，上限不超过从价 4.4%
	0.55 美元/吨，露天矿	
企业环境所得税	从价 0.12%	对超过 200 万元营业收入的部分征收

资料来源：Don Fullerton. Why Have Separate Environmental Taxes? [J]. Tax Policy and the Economy, Volume 10. MIT Press. November 7, 1995: 33 - 70; Thomas A. Barthold. Issues in the Design of Environmental Excise Taxes [J]. The Journal of Economic Perspectives, Vol. 8, No. 1. (Winter, 1994), pp. 133 - 151。

除了环境税费，美国对矿产资源开采中的生态补偿还采用了保证金制度，即企业复垦以保证金的形式对采矿活动带来的环境破坏和生态修复给予保护、补偿的货币或物质保证，保证金必须存放在有关管理机构，以确保复垦工作的完成，如果企业没有履行复垦计划，则政府将用这笔保证金来复垦，若企业复垦且验收合格，则予以返还。保证金的征收标准根据各采矿区的地理、水文、地质、植被的具体情况而确定。

第二节　美国本土煤炭企业的税费负担水平

Peabody 能源公司是美国最大的煤炭开采企业，同时在纳斯达克上市，其煤炭开采业务主要集中在美国和澳大利亚。考虑到数据的可获得性，下面对 Peabody 公司在 2009 年美国境内采煤业的税费负担水平进行定量测算。同时，由于是考察企业层面对两个外部性的补偿，税费的具体流向难以估算，因此仅考察企业缴纳的特殊税费（有偿使用费金和环境税费）和保证金的水平，不考虑企业缴纳的一般性税费对两个外部成本的补偿水平。

一、Peabody 公司美国煤炭开采业务缴纳的有偿使用费金计算

Peabody 公司分地区煤炭销售量和销售收益（见表 15－3）。

表 15－3　　Peabody 公司 2009 年分地区煤炭销售量和销售收益

地区	销售收益（百万美元）	销售量（百万吨）
美国西部采煤业	2 612.6	160.1
美国中西部采煤业	1 303.8	31.8
澳大利亚采煤业	1 678	22.3
其他	418	29.4
合计	6 012.4	243.6

资料来源：Peabody2009 年报。

由上表可以计算出 Peabody 公司 2009 年在美国西部地区和中西部地区采煤业的销售价格，分别为 16.32 美元/吨和 41 美元/吨。Peabody 公司 2009 年在美国煤炭业务的销售收入为 39.17 亿美元。

第一，Peabody 公司 2009 年应交权利金的计算。

根据美国内政部披露的材料，美国对于煤炭开采企业征收权利金和地表租的标准依据煤矿开采时间和赋存条件（地表或地下）而定。下面对 Peabody 公司在美国开采煤矿进行梳理，找出各个煤矿使用的权利金率和应交权利金。由于 Peabody 公司在美国开采的煤矿矿山都在 1976 年 8 月 4 日之后，因此其权利金率执行的是地下矿山 8%、地表矿山 12.5% 的水平（见表 15－4）。

表 15－4　　Peabody 公司在美国西部和中西部的煤炭矿山的类型、产量、权利金率和应交权利金

地区、矿山		2009 年销售量单位：百万吨	矿山类型	对应的权利金率%	应交权利金单位：百万美元
Powder River Basin 地区	Caballo	23.3	露天煤矿	12.5	47.5
	North Antelope Rochelle	98.3	露天煤矿	12.5	200.5
	Rawhide	15.8	露天煤矿	12.5	32.2

续表

地区、矿山		2009年销售量 单位：百万吨	矿山类型	对应的权利 金率%	应交权利金 单位：百万美元
Southwest/ Colorado 地区	Kayenta	7.5	露天煤矿	12.5	15.3
	El Segundo	5.4	露天煤矿	12.5	11.0
	Lee Ranch	2.1	露天煤矿	12.5	4.3
	Twentymile	7.7	地下煤矿	8	10.1
Peabody 公司在美国西部地区煤炭业务权利金合计		160.1			
Illinois 地区	Gateway	3.4	地下煤矿	8	11.2
	Cottage Grove	2.1	地表煤矿	12.5	10.8
	Wildcat Hills	0.7	地下煤矿	8	2.3
	Willow Lake	3.5	地下煤矿	8	11.5
Indiana	Air Quality	1.6	地下煤矿	8	5.2
	Bear Run	—	地表煤矿	12.5	
	Farmersburg	3.6	地表煤矿	12.5	18.5
	Francisco	2.0	地下煤矿	8	6.6
	Miller Creek	2.0	地表煤矿	12.5	10.3
	Somerville Central	3.4	地表煤矿	12.5	17.4
	Somerville North	2.0	地表煤矿	12.5	10.3
	Somerville South	1.7	地表煤矿	12.5	8.7
	Viking	1.6	地表煤矿	12.5	8.2
	Other Midwest	4.2			
Peabody 公司在美国中西部地区煤炭业务权利金合计		31.8			
Peabody 公司在全美煤炭业务应交权利金合计		191.9			441.9

注：全美合计的应交权利金不含 Bear Run 和 Other Midwest 的权利金。
资料来源：Peabody2009 年报。

通过计算可以发现，Peabody 公司 2009 年应交权利金为 4.419 亿美元。公司 2009 年年报披露的权利金缴纳额为 4.394 亿美元。

第二，Peabody 公司 2009 年应交地表租金的计算。

Peabody 公司 2009 年年报披露的矿地租面积为 860 000 英亩，按照上面提到的地表租的征收单位额 3 美元/英亩，可以推算出，Peabody 公司 2009 年的地表租金为 2 580 000 美元。因此 Peabody 公司 2009 年权利金和地表租的应交额 = 4.419 + 0.0258 = 4.445 亿美元。

第三，Peabody 公司 2009 年支付的红利。

由于红利是自由竞价产生的，因此，不存在一个支付红利的单位金额，其实际支付金额也就是应交金额。Peabody 公司 2009 年支付的红利是 1.236 亿美元。

第四，Peabody 公司 2009 年有偿使用费金的应交金额总计为 4.419 + 0.0258 + 1.236 = 5.681 亿美元。

根据 Peabody 公司 2009 年在美国煤炭业务的销售收入为 39.17 亿美元，可以得到 Peabody 公司 2009 年的有偿使用税费占公司收益的比重（见表 15 – 5）。

表 15 – 5　　Peabody 公司 2009 年的有偿使用税费占公司收益的比重

	金额（亿元）	占收益比重（%）
权利金	4.419	11.28
地表租	0.0258	0.07
红利	1.236	3.16
合计	5.681	14.5

二、Peabody 公司 2009 年度环境税费缴纳金额的估计

根据表 15 – 3，对 Peabody 公司的环境税费应交金额进行估计。

计算出的环境税费总额为 1.1812 亿美元，因此 Peabody 公司承担的应交环境税费负担占销售收入的比重为 3.02%。

根据美国矿业对当代外部成本的补偿是通过保证金 + 基金的模式，政府将环境税费通过基金进行定向的使用，同时企业通过保证金使补偿当代外部成本的责任内部化。因此，从企业层面还需要考虑流入保证金的部分，才能考察出完整的企业承担的环境成本。由于保证金是根据各采矿区的地理、水文、地质、植被的不同而确定，缺乏统一的标准，根据 Peabody 公司 2009 年统计数据可以得到当年缴纳的复垦保证金为 15.94 亿美元，同时由于公司完成的复垦工作而返还的复垦保证金为 0.35 亿美元，因此 2009 年企业实际承担的复垦保证金为 15.59 亿美元，占公司（在美国境内煤炭业务）销售收入的比重为 39.80%。

从上面的计算，可以发现，Peabody 公司 2009 年向政府缴纳的资源、环境税负总额为 6.86 亿美元，占公司（在美国境内煤炭业务）销售收入的比重为 17.52%（见表 15 – 6）。包含保证金后的企业实际负担的对代际外部成本和当代

表 15－6　Peabody 公司 2009 年煤炭税、企业环境所得税的应交金额

地区、矿山		2009 年销售量（百万吨）	矿山类型	对应的煤炭税税率（从量：美元/吨）	应交煤炭税（百万美元）	企业环境所得税（从价）	应交企业环境所得税（百万美元）	环境税费总额
Powder River Basin 地区	Caballo	23. 3	地表煤矿	0. 55	12. 815	0. 12%	0. 46	13. 27
	North Antelope Rochelle	98. 3	地表煤矿	0. 55	54. 065	0. 12%	1. 93	55. 99
	Rawhide	15. 8	地表煤矿	0. 55	8. 69	0. 12%	0. 31	9. 00
Southwest/Colorado 地区	Kayenta	7. 5	地表煤矿	0. 55	4. 125	0. 12%	0. 15	4. 27
	EI Segundo	5. 4	地表煤矿	0. 55	2. 97	0. 12%	0. 11	3. 08
	Lee Ranch	2. 1	地表煤矿	0. 55	1. 155	0. 12%	0. 04	1. 20
	Twentymile	7. 7	地下煤矿	1. 1	8. 47	0. 12%	0. 15	8. 62
美国西部地区合计		160. 1						
Illinois 地区	Gateway	3. 4	地下煤矿	1. 1	3. 74	0. 12%	0. 17	3. 91
	Cottage Grove	2. 1	地表煤矿	0. 55	1. 155	0. 12%	0. 10	1. 26
	Wildcat Hills	0. 7	地下煤矿	1. 1	0. 77	0. 12%	0. 03	0. 80
	Willow Lake	3. 5	地下煤矿	1. 1	3. 85	0. 12%	0. 17	4. 02

续表

地区、矿山		2009 年销售量（百万吨）	矿山类型	对应的煤炭税税率（从量：美元/吨）	应交煤炭税（百万美元）	企业环境所得税（从价）	应交企业环境所得税（百万美元）	环境税费总额
Indiana	Air Quality	1.6	地下煤矿	1.1	1.76	0.12%	0.08	1.84
	Bear Run	—	地表煤矿	0.55		0.12%		
	Farmersburg	3.6	地表煤矿	0.55	1.98	0.12%	0.18	2.16
	Francisco	2.0	地下煤矿	1.1	2.2	0.12%	0.10	2.30
	Miller Creek	2.0	地表煤矿	0.55	1.1	0.12%	0.10	1.20
	Somerville Central	3.4	地表煤矿	0.55	1.87	0.12%	0.17	2.04
	Somerville North	2.0	地表煤矿	0.55	1.1	0.12%	0.10	1.20
	Somerville South	1.7	地表煤矿	0.55	0.935	0.12%	0.08	1.02
	Viking	1.6	地表煤矿	0.55	0.88	0.12%	0.08	0.96
	Other Midwest	4.2						
美国中西部地区合计		31.8						
全美合计		191.9			113.63		4.49	118.12

资料来源：Peabody2009 年报。

外部成本的总额为 22.45 亿美元，占公司（在美国境内煤炭业务）销售收入的比重为 57.31%（见表 15－7）。

表 15－7　　2009 年 Peabody 公司承担的对两个外部成本补偿水平

	保证金			特殊税费		补偿水平
				有偿使用费金	环境税费	
	缴纳	返还	净缴纳			
绝对值（亿美元）	15.94	－0.35	15.59	5.68	1.18	22.45
占销售收入比重（%）	—	—	39.80	14.5	3.02	57.31

从表 15－7 可以看出美国煤炭资源开采企业对两个外部成本的补偿水平高达其销售收入的一半以上，并且从结构看，保证金对外部成本的补偿占了最大比重，保证金的方式一方面使企业和政府一样承担起对外部成本的补偿责任，另一方面使企业的补偿行为内部化，激励企业对外部成本进行补偿进而获得保证金返还。

三、中美煤炭企业两个外部成本负担水平与补偿模式的比较

对 Peabody 公司（在美国境内煤炭业务）的有偿使用费金和环境税费以及复垦保证金的考察发现美国的煤炭开采企业对两个外部成本的负担水平高达 59.33%，远高于我国煤炭资源开采企业对两个外部成本内部化所承担的负担水平（8.72%）。表 15－8 中，将 Peabody 与中国煤炭开采企业对两个外部成本负担水平进行比较，其中中国煤炭开采企业的资源税率分别采用资源税改革前 2009 年和资源税改革后最新的计征标准分别测算：

表 15－8　　2009 年 Peabody 公司与中国煤炭开采企业对两个外部成本负担水平比较

	Peabody	中国煤炭开采企业
包含的名目	权利金、地表租、红利、煤炭税、企业环境所得税、复垦保证金	资源税、矿产资源补偿费、资源价款、排污费、土地复垦费、水土流失防治费、水资源补偿费等

续表

	Peabody	中国煤炭开采企业	
负担水平	59.33%	2009 年资源税标准①	8.41%
		2011 年最新的资源税标准②	8.72%

比较结果显示，按照2011年11月国家调整后的煤炭资源税率，我国煤炭开采企业对两个外部成本的负担水平提高0.31个百分点，不及美国煤炭企业负担水平的七分之一，这源于两国矿产资源有偿使用制度和生态补偿制度的差异。

小　结

美国一方面实行权利金制度和生态环境税费制度来对矿产资源开采中的代际外部成本和生态环境外部成本进行补偿，同时又采用资源耗竭补贴制度来激励企业技术进步、探寻新的矿藏等，提高耗竭性资源的可开采生命周期和可持续开采，并采用保证金制度使开采企业对生态环境的损害造成的外部性内部化，激励企业在开采中保护环境、修复生态而获得保证金返还。这种权利金 + 耗竭补贴、保证金 + 环境税的复合模式是一种有效的制度安排。

对美国的实证研究表明，美国煤炭企业用于补偿两个外部成本的税费负担率达到60%，远高于我国9%左右的负担率。我国资源税费与环境税费在征收种类与标准上与西方发达国家还存在较大差异。

① 中国煤炭开采企业平均负担水平 =（中国煤炭企业缴纳的有偿使用费金 + 环境税费）/煤炭销售收入，其中，中国煤炭企业缴纳的有偿使用费金为351.46亿元，环境税费缴纳额为单位环境税费 × 煤炭销售量 =716.16亿元，合计为1 067.62亿元，煤炭销售收入为12 695.55亿元，因此中国煤炭开采企业平均负担水平 =8.41%。参见李国平、张海莹：“煤炭资源开采中的外部成本与应交税费比较”，《经济学家》，2011年第1期。

② 2011年9月，国务院通过新的煤炭资源税率，焦炭计征水平调整至8～20元/吨，其他种类煤炭资源税计征水平不变。据此对2009年中国煤炭资源税费做出模拟调整。

第三篇

矿产资源开发的税费制度和绿色矿税研究

绿色矿税是指矿产资源开采企业必须实现两个外部成本内部化，其收益和税费缴纳必须在扣除其完全成本之后的余额之上，由此基础上设计的矿产资源开采税费征收标准、征收数额的流向、收入分配关系以及具体使用等都属于绿色矿税需要研究的内容。

第十六章

中国矿产资源开发绿色税制与税费负担相关研究综述

税费政策是政府对采矿业的外部性进行管制的一种重要手段。国内外理论界对矿产资源的开发成本、代际成本、环境成本的定义、测度与内部化等问题进行了广泛而持久的研究。系统的梳理该领域的研究成果，将为我国矿产资源开发中外部性问题的解决提供坚实的理论基础和管理体制设计的有益参考。本章从五个方面进行文献梳理，第一节是外部性理论与采矿活动中的双重负外部性；第二节是矿产资源边际计划成本理论；第三节是矿产资源自身折耗机制的测度与补偿；第四节是关于采矿活动中生态环境负外部成本的评估与内部化；第五节是我国采矿业税费负担水平与制度改革。

第一节　外部性理论与采矿活动中的双重负外部性

一、外部性理论

对外部性问题的研究可以追溯到英国经济学家、剑桥学派的奠基者亨利·西奇威克（Henry Sidgrwick，1887），西奇威克在对约翰·斯图亚特·穆勒“灯塔”问题（J. S. Mil，1848）的研究中发现，在自由经济中，个人并不是总能够为他所提供的劳务获得适当的报酬。马歇尔（Marshall，1890）最早把外部性作为一个正式的经济学概念提出，“某种外部性是指在两个当事人缺乏任何相关的经济交易的情况下，由一个当事人向另一个当事人所提供的物品束（Commodity Bundle）。”他在《经济学原理》中将有赖于工业的一般发达而使生产规模扩大的经济称为外部经济，而将有赖于企业的资源、组织和效率而扩大生产规模的经济称为内部经济。阿温·杨格（A. Young，1928）在论文“收益递增与经济”中提出了动态外部性概念，所谓动态外部性是指产业增长产生的劳动分工的扩大，出现专门的厂商为其他厂商开发资本设备或为之服务。詹姆斯·E·米德（Meade，1952）对外部性给出了这样一个表述：“一种外部经济（或外部不经济）指的是这样一种事件：它使得一个（或一些）在做出直接（或间接地）导致这一事件的决定时根本没有参与的人，得到可察觉的利益（或蒙受可察觉的损失）。”

庇古（Pigou，1920）最早系统分析了外部性，认为外部性是私人边际成本（收益）与社会边际成本（收益）的差异；在对外部性的修正措施的选择上，庇古强调政府应采取相应的经济政策和措施（即后人所谓的“庇古税”）消除外部性。他指出，鉴于人类具有将过多的资源用于当前服务，而将过少的资源用于未来服务的“自然”倾向，政府方面强化这种倾向的任何人为的干预都会减少经济福利因而受到限制，除非这些干预在分配的公平方面起到补偿作用。因而受到这种条件的限制，在与开支相比较时，所有对储蓄实行差别待遇的税收，一定会减少经济福利。即使在没有差别待遇时储蓄就已经很少了，而有了差别待遇后储蓄就将更少。环境问题是负外部性的结果，而外部性无法完全依靠市场机制加以消除，因此必须借助于政府的作用。由此，庇古建议政府和立法机构出面调解这一矛盾，即应当根据污染所造成的危害对排污者征税，用税收来弥补私人成本和社会成本之间的差距。根据私人边际收益等于边际社会成本，企业会自动把产品产量调整到最佳水平，此时的税收为最优水平，它等于最佳产量时的边际外部成本，后人将这种税称为“庇古税”。但从另一角度看，“庇古税”方案存在着局限性。这不仅是因为增加税收本身在某种程度上损害了经济活动当事人的权利，这里有一个税收的“度”的问题。而且实施“庇古税”，政府必须确切地指导某厂商施加的外部性的成本，这一点实施起来并不容易。

科斯（Coase，1960）在“社会成本问题”一文中认为，对于经济活动中的外部性问题，无需政府干预经济交易，在产权明晰的情况下，市场是最有效的，通过当事人的谈判就能很好地解决外部性的问题，政府需要做的就是界定产权、明晰产权和保护产权。科斯通过建立一整套适当的激励机制引导污染者或受污染者的恶行为，使之向社会最优的方向转化。但其得出的通过契约来解决外部性问题的作用范围极其有限，由于有零交易成本和不存在策略行为的假定，这种方法遭到了理论上和实践上的批评。

此后，许多经济学家从不同角度对外部性问题进行了深入探讨，提出了一些治理外部性的对策。美国环境经济学家威廉·鲍莫尔和华莱士·奥茨在《环境经济理论与政策设计》中对环境外部性问题进行了研究，他们通过建立一般分析模型以寻求污染控制的最优途径，研究结果表明，要使企业排污的外部成本内部化，需要对企业的污染排放征税，以实现帕累托最优状态。

汤姆·泰坦伯格对产权、自然资源的配置规律进行研究后认为，某些自然资源和环境资源具有消费上的非竞争性和排他性的特征，因此是典型的公共物品，例如清新的空气、广袤的公共草场、清洁的水以及物种的多样性。资源的公共物品特征导致资源使用的搭便车现象发生，从而使市场资源配置无效。同时，自然资源在开采过程中会增加社会的环境成本，即负的外部性，这导致了产权结构不明确，使得生产者不承担这些费用。例如可耗竭资源的开采会对环境造成危害，但它并不能完全反映在开采公司所花费的成本上，而且社会本身缺乏外部措施使这项费用公共化。若用政府手段（征税或收费）将环境成本加进去以后，提高了资源的价格，这一方面减少资源需求量，降低资源的消费率，另一方面，较高的边际成本会使可耗竭资源的累计开采数量减少。

国内对外部性的研究起始比较晚，更多的文献是对国外理论的介绍和在中国经济领域内的应用性研究。沈满洪、何灵巧（2002）根据外部性的表现形式，从七个角度对外部性进行分类，并将外部性理论发展分为马歇尔的“外部经济”、庇古的“庇古税”和科斯的“科斯定理”三个阶段。鲁传一（2004）指出，外部性理论是资源与环境经济学的理论基础，外部性理论揭示了市场经济活动中一些资源配置低效率的根源，同时为解决自然资源和环境外部不经济性问题提供了可供选择的思想或框架。徐桂华、杨定华（2004）总结了外部性理论发展的历程，并对庇古、科斯关于外部性的理论进行了概述和比较。黄敬宝（2005）将外部性理论发展的历程分成马歇尔的外部性理论、庇古的外部性理论、杨格的外部性理论、鲍莫尔的外部性理论和“二战”后的外部性理论五个阶段，并分析了外部性理论演进的特征。田清旺、董政（2005）提出，对国家确定外部不经济性价值大小的相应费用支出和相关行为者之间进行市场交易的交易费用大小进行比较，以此来判断市场自由交易的结果与国家行政调节的结果哪种更优。张宏军（2007）梳理了外部性理论发展的脉络，并对西方外部性理论进行了简要评述，认为，庇古与科斯的主要分歧在于是以“政府干预为主”还是以“市场调节为主”的问题，并指出了对外部性研究的两个发展方向：一是对产生正外部性经济主体的补偿研究；二是外部性理论将逐渐与现代经济学的其他理论相结合并将不断向其他学科渗透。李世涌等人（2007）对外部性内部化的方法进行了广泛研究，归纳为庇古税或补贴、政府的直接干预、产权交易和法庭谈判四类。

总结上述对外部性研究的各种不同观点，外部效应是某利益主体的一项经济活动给社会上的其他成员带来好处而他自己得不到补偿，或者给社会其他成员带来危害而他自己却并不为此支付足够抵偿这种危害的成本。根据不同的分类标准，外部效应可以分为不同的类型。根据外部性所发生的领域，外部性可以分为生产的外部性和消费的外部性，所谓生产的外部性是指在物资或非物质产品的创造生产活动中所产生的外部性；所谓消费的外部性是指该种外部性是发生在产品的消费活动中。按照外部性对其他成员影响的性质，可分为正外部性（外部经济、正外部效应）和负外部性（外部不经济、负外部效应），所谓正外部性是指当事人的经济活动给社会上的其他成员带来好处而他自己得不到补偿的情况；而负外部性则是指当事人的经济活动给社会其他成员带来危害而他自己却并不为此支付足够抵偿这种危害成本的情况。从外部性产生的时空可分为当代外部性和代际外部性，所谓当代外部性是指当代经济行为对当代人的影响；所谓代际外部性是指上代人经济行为对下代人所产生的影响。

二、采矿活动中的双重负外部性

矿产资源是由地质历史时期形成的在当前经济技术条件下能为人们利用的岩石矿物资源总称，是赋存于地下或地表的，由地质作用形成的呈固态、液态或气态的具有现实或潜在经济价值的天然富集物。矿产资源开发是征服自然、利用自然和改造自然的生产实践活动，矿产资源的开发利用对外部的影响有多种表现形式，产生出各种各样的外部性问题。根据外部性概念，所谓矿产资源开发的外部性，是指矿产资源开发者的资源开发活动对社会上其他非资源开发者带来好处而他自己得不到补偿，或者给其他人带来危害而资源开发者却并不为此支付足够抵偿这种危害的成本，矿产资源开发的这种私人成本与社会成本，私人收益与社会收益不一致的现象，就是矿产资源开发的外部性。矿产资源开发是生产活动，其产生的外部性是一种生产的外部性。矿产资源开发活动给社会成员带来或正或负的影响，因此存在正外部性和负外部性之分，由于矿产资源开发是一种“破坏性”生产活动，更多的是负外部性。矿产资源开发既有对当代人产生的影响，也有由于资源的耗竭对后代人和未来社会的资源利用和经济发展的影响，因此既有当代负外部性（或即时外部性），也有跨代负外部性（或时滞外部性）。

（一）资源耗竭的跨代负外部性

矿产资源是一种典型的不可再生资源。自然资源可以分为可再生资源和不可再生资源两个部分，其中，不可再生资源包括金属矿物、石油、天然气和煤等；可再生资源包括太阳能、风、大气、动植物和土壤等。对于不可再生资源，其突出的特性是可枯竭性，一方面，总量是有限的；另一方面，资源使用后即被消耗掉，不可再生。矿产资源的耗竭表现在：当期矿产资源开发规模过大，从而导致在短期内资源耗竭；矿产资源开发中的采富弃贫、采主弃副、乱采乱掘等资源浪费现象，同样导致资源耗竭问题。在一定经济技术条件下，人类对矿产资源连续不断地消耗构成一个动态的耗竭过程，当某种一定质的矿产资源的量趋近于零时，或者说，当某种矿产资源丰裕度不断降低，开采成本不断上升，以致需求数量趋近于零时，就达到了资源的耗竭状态。矿产资源耗竭的跨代负外部性是指在矿产资源开发中，由于矿产资源的低偿或无偿使用和缺乏合理规划，导致资源超规划开发和资源浪费，造成矿产资源储量急剧下降，甚至枯竭，从而影响后代人对矿产资源的可持续性利用和未来经济与社会的发展，并由后代人承担资源浪费和资源耗竭成本的情况。当代人多消费一些矿产资源，后代人就要少消费一些，当代人对矿产资源的消费对后代人就存在负外部性。这种当代人对后代人福利的直接影响，不仅仅体现在后代人可能消费的自然资源的数量上，也会影响经济发展的质量。事实上，当代人对自然资源的开采总是先开发容易开采、优质、高附加值的资源，这就增加了后代人对该种资源的开发、生产的成本。对于后代人和未来社会而言，当代人超规模的使用资源，造成资源耗竭，导致后代经济和社会发展缺乏能源基础，承担开发新能源的巨大成本，从而产生资源耗竭的跨代负外部效应。

（二）生态环境污染破坏的当代负外部性

矿产资源开发利用过程中的当代负外部性是指资源开发活动对矿区环境造成的污染，以及对生态的破坏。采矿企业在开发资源过程中给矿区周围环境带来了负面影响，侵害到当地居民的环境权益，威胁到他们的生存权、发展权，产生环境冲突。表现在：随着矿产资源开发强度和延伸速度的不断提高，可能导致沉降和地面塌陷，矿区水位大面积下降；各种废气、废水、矿渣可能会损害矿区居民的身体健康。具体来讲，资源开发所造成的土壤、大气和水污染的成本是由全社会共同承担的，而资源开发的收益却被造成破坏的市场主体采矿企业所独享，由于私人成本小于社会成本，私人活动的水平会高于社会所要求的最优水平，其直接表现就是污染产品的过多生产，生态环境遭到破坏。如图 16－1 所示。

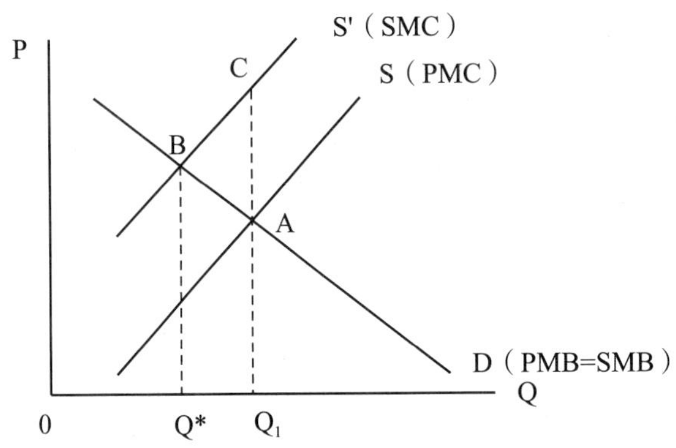

图 16-1　负外部性中的社会福利损失

在图 16-1 中，PMC 为私人边际成本曲线，表示采矿企业开采矿产的资源成本，SMC 为社会边际成本曲线。我们进一步假定，不存在消费的社会溢出现象。因此，PMB = SMB，需求曲线 D 既是 PMB 曲线，也是 SMB 曲线。而衡量社会成本的供给曲线 S′高于衡量私人成本的供给曲线 S，二者之间的垂直距离即为单位产量所造成的外部损失。该企业进行资源开采所造成的社会福利损失为图中三角形 ABC 的面积。此外，从社会角度考虑，社会福利最大化所要求的产量是 Q^*，而企业所生产的产量却是 Q_1，$Q_1 > Q^*$，企业出现了过度生产的行为，造成了社会福利的净损失。

第二节　矿产资源边际机会成本理论

矿产资源是一种资产，具有价值，在资源价值的构成问题上，学者们各抒己见，综合考虑了劳动、效用等在资源价值决定中的作用，其中对确定资源与环境价值最有意义的资源价值构成理论是边际机会成本理论。中国环境与发展国际合作委员（1992），章铮（1996）和雷明（1999）以西方经济学中机会成本和资源价值学说为范式，指出在完全竞争市场上，资源价值等于其边际机会成本（Marginal Opportunity Cost，MOC），由三部分组成，即 MOC = MPC + MUC + MEC。其中，MPC 为边际生产成本（Marginal Productive Cost）或者称为边际直接成本，是采矿企业为获得资源所花费的勘探开采成本、管理成本和企业应得的合理利润。MUC 为边际使用者成本（Marginal User Cost），是资源价值的折耗。MEC 为边际外部成本（Marginal External Cost），是采矿活动对矿区生态环境造成污染与破坏，即生态环境价值的损失。

这三项价值组成部分中，后两项集中反映了资源开发中的外部损失。传统上，生产企业在进行生产决策时，仅考虑自己的生产、销售成本，没有考虑资源和生态环境的价值，也就不会有资金流去补偿这部分价值损失。因此，边际机会成本理论是对传统经济学的一次重大修正，使采矿企业和相关责任主体为资源折耗价值和生态环境损失价值付出代价。也就是说，资源开发中的价值补偿有两个方面：一是对采矿活动中资源自身折耗价值的补偿；二是对采矿活动造成的生态环境损失价值的补偿。从会计学观点看，成本是一个流出的概念，代表某一主体为了实现某种目的或实现某种目标而发生的资产流出或价值牺牲。按照新古典福利经济学对价值概念的理解，"经济价值"和"福利变化"这两个词在使用上是可以互相替代的。福利的提高是效益，而福利的减少是成本。由此，价值补偿与成本补偿是同义语。对采矿活动中资源自身折耗价值和生态环境损失价值的补偿也就是对资源使用者成本和生态环境负外部成本的补偿（内部化）。

资源的边际机会成本理论指出了利用一单位资源时社会（包括采矿企业）所付出的全部代价，反映了资源的真实价值。它启示我们，资源开发中的外部损失必须予以补偿，使采矿企业为资源折耗价值和生态环境损失价值付出代价。只有矿产资源自身的折耗价值和生态环境损失价值得到实现，使用者成本和生态环境负外部成本实现内部化，矿产资源的总价值才能顺利实现，其再生产也才能有序地进行。其中任何一个环节受阻，都会影响矿产资源的可持续供给。

边际机会成本理论是与可持续发展理论框架相容性最大的资源价值构成理论。可持续发展概念的首创者布伦特兰夫人指出，环境公平与可持续性的交点在于，一些群体或是低收入群体，或是子孙后代承担了污染、攫取资源开采等活动的实际成本（Real Cost），却没有得到合理的收益或补偿。矿产资源开发为人类生存和发展提供所需的物质原料，它本身可视为可持续发展的组成部分。然而，由于资源的耗竭性以及开发当中对生态环境造成的污染与破坏，它又可能对可持续发展构成严峻挑战。一方面，要在某种资源耗竭之前成功地向替代资源过渡，当代人必须要构造矿产资源价值补偿的良性机制，采取有力措施，节约利用资源，控制开采速率和资源耗竭速度，为后代人留下足够的资本储蓄，这样才不致因当前开采而给未来消费者留下无法挽回的损失。另一方面，资源开发必然带来生态环境污染与破坏，在不予补偿的情况下，给矿区居民社会福利造成损失。因此，要使矿产资源的开发既满足经济发展需要，又满足人类在生态环境方面的需要，既满足当代人需要，又不对后代人满足其需要的能力构成危害，就必须进行资源自身折耗价值和生态环境损失价值补偿。

第三节　矿产资源自身折耗价值的测度与补偿

一、矿产资源自身折耗价值的测度

1931 年，霍特林（Hotelling）在美国《政治经济学杂志》上发表的“可耗竭资源经济学”（The Economics of Exhaustible Resources）一文中指出，有限存量的矿产资源和工厂使用的机器和设备一样都是资产，都有价值，也都有折旧问题。他认为，矿产资源的价值由开采成本和资源租金两部分组成，在开采成本为零的完全竞争条件下，开发矿产资源的收益都为资源租金。他指出要做到不同时期资源利用净效益的现值最大化，资源租金应以相当于实际利率的速率增长。后人将其称为“霍特林法则”（Hotelling Rule）。他主张对矿产资源的开采者征收经济税（Economic Royalty），以弥补矿产资源资产价值的折耗。

霍特林法则将静态效率的概念扩展到了动态，即它考虑时间对资源开发过程中成本和效益的关系问题，这推动了资源价值折耗问题的研究。但由于霍特林法则对资源开发对后代人造成的效用损失问题讨论较少，于是，希克斯（Hicks，1946）提出了可持续收入的概念。他认为，可持续收入就是指一个人的收入为“可在一个星期内消费的最大值，并且仍可期望他在周末和新一周刚开始时同样宽裕”。这意味着稀缺资源销售中的一部分收入应留出来或再投资以补偿资源资产存量的折旧。后人将这部分折旧称为希克斯收入（Hicksian Income）或使用者成本（User Cost），通过提取，可以不减少资产存量却能够维持无限期的消费水平。哈特维克（J. M. Hartwick，1977）根据希克斯等人对收入的定义，推导出如果将矿产资源的开采租金储蓄下来，再作为生产性资金投入，那么，当该投入大于资源所有者攫取的资源价值部分时，就可保证跨代效用不变，从而实现经济增长的可持续性。这就是后人所说的哈特维克准则（Hartwick Rule）。哈特维克准则赋予霍特林法则了代际公平的含义。该思想被作为矿产资源自身折耗价值测度的理论基础。

测度矿产资源自身折耗价值常用的方法是使用者成本法和净值法。使用者成本法是由塞拉菲（EI. Serafy，1981）最早提出的一种考察真实收入的方法。EI. Serafy 当时讨论了石油是一种可耗竭资源，其开采收入不应完全看作收益，而是资源折耗与增加值之和。其中，资源折耗是用于维护原有资本存量完整的支出，必须从毛收入中予以扣除，剩下的增加值才是真实收入（True Income），即不减少资源资产存量，并能无限期维持的消费水平。

用数学公式表示 EI. Serafy 使用者成本法，如下：

令 r 为利率（即折现率），R 为每年的毛收入（假设为常数），X 为每年的真实收入，则无穷期的真实收入 X 的现值为：

$$V_0 = \sum_{t=1}^{\infty} \frac{X}{(1+r)^t} = \frac{X}{r} \tag{16-1}$$

而对于给定的可耗竭资源，在其有限的开采年限（T）内，每年的毛收入 R 的现值为：

$$W_0 = \sum_{t=1}^{T} \frac{R}{(1+r)^t} = \frac{R}{r}\left(1 - \frac{1}{(1+r)^T}\right) \tag{16-2}$$

根据 EI. Serafy 的假设（把在有限时间内开采可耗竭资源所得到的收入用于投资），令式（16-1）和式（16-2）相等，即得到真实收入 X 为：

$$X = R - \frac{R}{(1+r)^T} \tag{16-3}$$

这里，EI. Serafy 定义使用者成本为毛收入 R 与真实收入 X 之差，因此，对某一给定资源，其使用者成本就等于$\frac{R}{(1+r)^T}$，EI. Serafy 也将该项称为折耗因子（Depletion Factor）。

使用者成本法作为测算和考察资源资产折耗价值的方法，已被广泛应用于耗竭资源自身折耗价值的评估。联合国统计署（UNSTAT，1993、1997、2003）发布的环境与经济综合核算体系（System of Integrated Environmental and Economic Accounting，SEEA）、戴利和科布（Daly&Cobb，1989）提出的可持续经济福利指数（Index of Sustainable Economic Welfare，ISEW）和世界银行（World Bank，1997）倡导的“国内真实储蓄”（National Genuine Savings，NGS）和国民财富（national wealth）等，都基于该方法进行。国内方面，李国平和吴迪（2004）利用使用者成本法分别计算了不同折现率下中国煤炭、油气资源的价值折耗量。冯宗宪和姜昕（2010）利用使用者成本法估算了陕北地区煤炭、油气资源的使用者成本。

二、矿产资源自身折耗价值的补偿

矿产资源在开发利用过程中会发生折耗，表现为实物实体的直接减少以及隐含价值的减少，这就产生了补偿的必要。

一方面，矿产资源的基本特征是初始存量固定，越用越少，这一点不同于太阳能、风能、水能等不可耗竭资源，后者在绝对数量上是无限的、用之不竭的。地理科学的研究表明，目前已探明的具有开采价值的矿产资源储量仅是地壳拥有量的一小部分，新的储量会不断被探明和开发出来；并且，依靠科技进步，可以开发原先不经济的矿化岩石，提高对尾矿、废矿、伴生矿等的利用率。因此，矿产资源存在实体上补偿的可能性。按照牛文元（2003）关于可持续发展的一个判别准则，矿产资源的开采量与其储备保有量之间应保持动态上的平衡。用公式表述为：

$$Q_t = Q_{t-1} + E_t - R_t \tag{16-4}$$

式中：Q_t 为矿产资源存量，E_t 为矿产资源勘探发现量，R_t 为开发利用量，t 为时期。

另一方面，矿产资源实体上的补偿需要以价值量补偿为基础。在储量已知的条件下，对矿产资源现在消费的增加会减少对它将来的消费。因此，从矿产资源的开采和销售中所得利润并非全部是收入，必须从中再提取出足够的折旧，用于补偿折耗的资源价值量，才能维持未来稳定的消费。这种价值补偿可用于两种用途：一是勘探、寻找新的后备资源或替代资源，即用于资源在实体上的补偿；二是投资于其他产业，以维持矿产资源利益相关者（矿业职工、矿区居民等）的收入在长期内不减少。前一用途是就整个国家能源安全而言，后一用途则着眼于资源富集区域的经济发展。

矿产资源作为生产和生活中的必需品，既可以现在开发出来满足当代人的需求，也可以将其留在地下为后代人所使用。因此，矿产资源的开发具有机会成本。现在使用资源所放弃的将来使用它可能带来的纯收益，就是现在使用该资源的边际使用者成本。使用者成本代表了当前资源消耗给后代人所造成的福利牺牲。如果不能充分内部化，就会导致后代人使用资源成本的提高，产生跨代负外部效应。因此，对资源自身折耗价值进行补偿，实现资源使用者成本的充分内部化，这是资源可持续利用的必然要求。

矿产资源自身折耗价值的补偿研究，最早可以追溯到亚当·斯密、李嘉图和马克思的地租理论。他们认为不同的土地会因自然条件的差异导致的成本差别而形成不同的地租，地租分为绝对地租和级差地租两种基本形式，征收地租就是对资源价值的补偿。Hotelling（1931）提出了资源耗竭性内涵，构造了资源耗竭模型，得出当代人在享用耗竭资源所提供的服务同时，有义务对因超额消耗耗竭资源而向后代人的价值损失付费。Mason Gaffney（1967）提出了矿产资源耗竭过程中征税的理论基础。以霍特林的分析为基础，P. Dasgupta（1980）认为，政府应通过制定税收政策影响资源价格的变化速度进而达到控制资源开采速度的目的。Slade（1982）认为补偿矿产资源内在价值的税费形式有：针对采矿企业获得勘探与开采权征收财产税，依据资源产品最终价格征收权利金，根据资源开采数量征收开采税，针对采矿企业获得的超额利润征收特别收益金。Villamor Gamponia（1985）认为，对可耗竭资源来说，收益税最有效，福利损失最小；单位税和财产税最无效，福利损失最大。Margaret E. Slade（1986）认为，设计资源税率时应考虑资源税率的变化率和市场利率的大小：资源税率的变化率大于市场利率会加快人们对资源的开采，相反就会延迟人们对资源的开采，有助于资源保护。David Smith（1998）考察了亚洲各国的矿业立法与政策，指出国家通过出让矿业权并收取权利金，既可以发挥市场主体在矿产资源生产中的积极作用，又可以维护国家的所有者权益。J. Blignaut 和 R. Hassan（2002）将实际征收的制度性权利金（Institutional Royalties）与计算出来的使用者成本进行比较，对南非矿业租金的绩效和可持续性进行评估。Rober F. Conrad 和 R. Bryce Hool（1980）分析了产出型资源税（Output-related Taxes）、利润型资源税（Profit Taxes）及财产资源税（Property Taxes）各自的优势与缺陷。可见，西方的资源和环境经济学家更多关注的是矿租的征收方式和对矿产资源生产、消费和政府收益的影响，而对矿产资源开发中自身折耗价值的补偿问题关注较少。

国内学者从现行资源税费的性质及存在问题的角度出发，提出了一系列补偿措施。白彦锋（2006）结合自2004年以来资源价格大幅上涨后石油石化企业获得巨额超额利润的现实，分析了中国开征石油特别收益金的必要性和可行性。陈丽萍（2004）探讨了中国资源税与矿产资源补偿费的改革方向，提出合并资源税与矿产资源补偿费和以利润为基础计征矿产资源国家所有者收益等措施。刘劲松（2005）指出应将矿产资源税费与矿产资源价值补偿联系起来，分析了中国矿产资源的补偿机制。袁怀雨（2003）从资源性资产保值增值的角度分析了中国对资源价值补偿的具体管理措施，他认为，为了从经济上维护和实现国家对矿产资源的所有权和矿业权收益，必须尽快完成从数量型矿产资源管理向资产型矿产资源管理转变。宋冬林和赵新宇（2006）从中国矿产资源回采率低的现实出发，指出采矿企业在成本限制、市场影响和产权模糊等因素约束下的短期行为产生了生产外部性，导致资源在开采阶段的浪费。这种生产外部性给社会福利带来损失，使经济体系偏离帕累托最优状态。要减少福利损失，弥补价值折耗，可以变按产量或销量征收资源税改为按照储量征收，这样可以使企业树立长期经营理念，从而减少资源浪费。袭燕燕等人（2006）在对中国现有的矿产资源有偿使用收费制度体系所包括的四种收费项目或四种制度因子，即资源税、矿产资源补偿费、矿业权使用费及矿业权价款的关系进一步厘清的基础上，提出了中国矿业权税费制度体系改进的三种方案：以征收权利金为主的方案；仍旧保留资源税，但重新设计矿产资源有偿使用收费体制；将矿业权有偿取得制度（矿业权价款和矿业权使用费，主要指的是矿业权价款）作为现阶段实现矿产资源所有权权益的主干制度。中国生态补偿机制与政策研究课题组（2006）分析了中国矿产资源税费演变和税费征收中存在的问题，指出：资源税、矿产资源补偿费和矿业权使用费都是对资源自身价值的补偿，但从目前看，这些税费在实施中存在单位税额过低、税费减免和欠缴问题严重以及租、税、费关系不清等问题。张云（2006）从理论上分析影响使用者成本补偿的因素，诸如产权安排、不确定性和市场利率等，在此基础上，指出资源开发中使用者成本的补偿途径是征收矿租。冷淑莲和冷崇总（2007）认为资源经济价值补偿的形式是征收地租和税费，其中地租形式有权利金、矿地租金、超额利润税或红利等。杨晓萌（2007）认为，矿产资源价值补偿的内容，分为对资源自身价值的补偿和对在勘探开发过程中负外部成本的补偿，对二者的补偿应依靠政府凭借政治权利来强制实现，其中对资源自身价值的补偿由权利金来实现，对负外部成本的补偿由资源税来实现。林伯强和何晓萍（2008）的研究发现，考虑稀缺性资源耗减问题对后代福利的影响，应对油气开采业应征收20%以下的资源税，以补偿资源自身价值的折耗。

第四节　采矿活动中生态环境负外部成本的评估与内部化

一、生态环境负外部成本评估的理论与方法

由于生态环境所具有的区别于其他资源的特殊性（公共产品性、不可逆性、唯一性、累积性和外部性等），这就使人们对它的经济价值的认识也不同于其他资源。当前，学者已承认生态环境具有使用价值（Use Values）和非使用价值（Non-use Values），而且相信生态环境的非使用价值十分巨大。使用价值是指可直接供人类消费的产品的价值，它包括直接使用价值（Direct User Value）（如环境资源提供的食物、物质等的价值）和间接使用价值（Indirect User Value）（如水土保持、气候控制等的生态价值）；而非使用价值是指独立于人们对它进行使用（消费）的产品的价值，它是相对于使用价值而言的，它相当于生态环境的总价值（或保护的价值，即个人对保护或维持当前状态的生态环境的支付意愿）与其使用价值的差额，包括选择价值（Option Value）、存在价值（Existence Value）和遗传价值（Inheritance Value）等。

从环境经济学的发展来看，生态环境负外部成本测度一直同生态环境经济价

值评估密不可分，因为对生态环境负外部成本的测度是对生态环境的物质影响（如以 ppm 表示的空气污染、水土流失数量等）进行定性的确认与评价，并在可行的情况下转化成货币价值加以量化。对生态环境负外部成本进行货币化定量测度的实质是对生态环境经济价值的评估。

学者们对生态环境经济价值评估的方法主要有三种观点：二分法、三分法和四分法。迪西（J. A. Dixon）提出二分法，将其分为客观评价法和主观评价法；三分法则基于生态环境市场的预设，将其分为直接市场法、替代市场法和意愿调查法等；卡森和米歇尔（Carson&Mitchell）则提出四分法，将其分为直接观察法、间接观察法、直接假设法、间接假设法等。这些划分方法虽形式上存在一定程度的差异，但实质是一致的。在上述方法中，直接市场法是应用最广、最容易被理解的价值评估技术。直接市场法的具体评价方法主要包括生产率变动法（Changes in Productivity Approach，CPA）、人力资本法（Human Capital Approach，HCA）、机会成本法（Opportunity Cost Approach，OCA）、重置成本法（Replacement Cost Approach，RCA）和防护费用法（Preventive Expenditure Approach，PEA）等。直接市场法是将生态环境看作人类所需的一种物品和劳务，从而利用市场价格信息，直接计算该商品和劳务的生态环境价值。对于那些资金技术和资料不允许，没有市场价格信息可以参考，从费用的角度来估算也是一种有效的方法。早在 1925 年，比利时的德诺马克斯（Drumax）就运用野生生物游憩的费用支出作为野生生物的经济价值替代测度方法对野生生物的经济价值进行了评估，开创了生态环境经济价值定量评估的先河。而最著名的运用直接市场法测算生态环境经济价值的案例是 1997 年康斯坦茨（Conatanza）对全球生态系统年平均服务价值的测算，将生态环境经济价值评估推上了高峰。

二、生态环境负外部成本的内部化

矿产资源所依托的生态环境，具有相对独立的功能与价值，因采矿活动而导致的生态环境损失价值无疑存在补偿必要。土地、水、空气等虽具有自我更新、自我净化的功能，但如果污染物总量超出环境承载力及资源的可更新能力，那么，就需要额外投入劳动进行生态恢复与重建。例如，采煤会挖损、破坏土地，需要进行复垦，采油过程中的废弃物可能污染水源，需要进行净化处理。这是实体上的生态补偿。从价值上说，生态环境是采矿企业与矿区居民共同享用的一种资源，采矿企业从资源开发中获取收益的同时，损害了居民享受良好生态环境的权益，只有补偿才能实现经济效率与环境公平。

生态环境负外部性是指由某经济主体的经济活动所引致但尚不能准确计量，

并由于各种原因而没有由该主体所承担的不良环境后果。它表现为人们福利效用的减少。由于矿产资源开发中的生态环境负外部性与其他经济活动造成的生态环境负外部性有许多共同特征，因此，文献大多是从一般意义上讨论生态环境负外部成本的内部化。

早在20世纪20年代，福利经济学的创始人庇古（Pigou）就注意到了外部性现象，他将外部性视为市场失灵的表现，并认为当边际私人收益（成本）与边际社会收益（成本）背离时，不能靠在合约中规定补偿的办法解决矛盾，因为这时市场机制无法发挥作用，即出现市场失灵。在这种情况下，依靠外部力量即市场干预解决外部性就非常重要。他指出，不管外部性的内容如何，“正确合理的政策措施是对外部效应的制造者征收等于边际社会损害又对受害者没有辅助激励的庇古税”。也就是说，政府应该对边际私人成本小于边际社会成本的部门征税而对边际私人收益小于边际社会收益的部门实行补贴，从而将私人收益（成本）与社会收益（成本）背离所引起的外部性影响内部化。庇古税一直是各国环境成本内部化的常用手段。20世纪90年代以来，围绕环境税特别是全球气候变暖和实施碳税的倡议，环境经济学、生态经济学和公共财政学等学科的研究者掀起了一场环境税收研究的热潮。威廉·鲍莫尔和华莱士·E. 奥茨（William J. Baumol&Hulis E. Oates）在《环境经济理论与政策设计》一书中就信息不对称、风险和不确定性情况下的环境税收问题进行了研究；Goulder（1995）围绕由塔洛克（Tullock，1967）提出的征收庇古税产生的“双重红利”进行讨论，进一步区分了“强双重红利”和“弱双重红利”，并指出高于庇古税的最优税意味着“强双重红利”（即引入环境税，有利于增强经济的全面效率）。乔根森和威克森（Jorgensen and Wilcoxen）也发现，当环境税收入被用于削减资本税时，也会得到“双重红利”。征收环境税对提高经济效率、保护和节约利用资源环境有积极效应。

针对采矿活动中生态环境负外部成本的内部化，国内学者也提出了不少观点。王学军等人（1996）在对国内外生态环境补偿费征收情况研究的基础上，指出征收生态环境补偿费是解决中国资源保护和生态环境污染的有效手段之一。李爱年（2001）、贺秋华（2003）也主张征收生态效益补偿费，解决生态环境价值的补偿问题。黄锡生（2006）主张提高矿产资源补偿费征收标准，征收环境补偿费和矿业城市补偿费。国家环境保护局自然保护司在《中国生态环境补偿费的理论与实践》中，分析和总结了国内外生态补偿费征收的实践，对生态环境补偿机制和生态环境补偿费政策框架进行了分析，并对生态补偿费的征收范围、征收标准、征收方式、征收途径及资金管理等进行了探讨。欧阳慧（2007）在对中国石油资源开发的资源和生态环境经济补偿现状分析的基础上，认为有必要开征生态补偿费和石油城市补偿费。张贡生和马衍伟（2007）指出，应在税费设计中充分考虑资源开采利用对生态环境造成的污染和损害。

第五节　我国采矿业税费负担水平与制度改革研究

一、总体税费负担水平

当前国内外学者对采矿业的总体税负水平有较为一致的认识，认为采矿业总体税负水平较重。1994 年中国进行了全面的税制结构性改革和调整，是新中国成立以来税制建设的重要转折点和里程碑。这次税改之后，采矿业的总体税费负担水平大大提高了。

Siegfried（1974）最早对采矿业总体税负进行实证研究，他计算了采矿业和生产行业（按美国国内税务局行业代码）1963 年整个纳税年度的平均有效税率（ETR，Effective Tax Rate）。沿用国外 ETR 的研究思路，王延明（2003）对中国上市公司的 ETR 进行了测算，结果发现：农林牧渔、电子制造业、交通运输、仓储业、木材、家具制造业等行业的 ETR 相对较低，采矿业、食品饮料、石油化工、医药、建筑业、批发和零售贸易、房地产业、社会服务业等行业的 ETR 相对较高。贺正楚等人（2003）通过对 1994 年税制改革前后中国采矿业总体税负的纵向比较以及国际横向比较，认为中国采矿业总体税负水平较重。刘羽羿（2003）、段治平等人（2005）比较了国内外采矿业税费制度和总体税负水平，指出中国采矿业总体税费负担率高于国外 6 个百分点。工信部（2009）对中国冶金矿山的调研发现，国内冶金矿山总体税费负担率在 20% 以上，部分地区甚至达 30% 以上。邹敏珍（2009）的研究发现，2005 ~ 2006 年中国采矿业总体税负率分别是 15.12% 和 15.18%，2006 ~ 2008 年煤炭采选业的总体税负率分别是 9.29%、9.41% 和 9.88%，2006 ~ 2008 年油气开采业的总体税负率分别是 13.89%、12.87% 和 15.99%。

（一）石油开采企业的总体税费负担水平

国家经贸委（1995）对中国陆上石油企业的调查发现，1994 年税制改革后，中国陆上石油企业的税费总额由 1993 年的 65.4 亿元增至 190.2 亿元，净增 124.8 亿元，增长率达 191%。其中，吨油税负由 1993 年的 49.5 元增至 1994 年的143.9元，净增94.4元；税费总额占销售收入的比例由1993年的6.86%增至16.53%。尚胜利（2003）的研究发现，1994年中国税收体制改革后，石油行业的总体税负水平加重了。以胜利油田为例，税制改革前该油田的总体税负率是8.8%，1994年税制改革后提高至12.58%，2000年更高达14.93%。吨油税费也呈上升趋势，1964年该油田吨油税费是2.48元，1993年为39.76元，1994年税制改革后猛增至77.17元，2001年更高达200.15元。庞世君和陈梓萍（2010）的研究发现，中国石油企业的总体税负率是31.11%，而美国石油企业的总体税负率是11.79%，二者相差19.32%，中国石油企业的总体税负水平是美国的2.6倍。

（二）有色金属矿开采企业的总体税费负担水平

余文杰（2004）的研究发现，1993年中国有色金属矿开采企业的总体税费负担率是4.545%，1994年的总体税费负担率是7.851%，1999年、2001年分别是9.327%和9.702%。以江西德兴铜矿为例，1993年该矿的总体税费负担率是4.14%，1994年税改后的总体税费负担率是6.63%，1994～2003年的平均总体税费负担率是6.15%。中南大学商学院、长沙采矿企业研究院课题组（2002）对中国65家有色采矿企业的调查发现，1993年、1994年、1999年、2000年、2001年有色金属矿开采企业的总体税费总体负担率分别是4.95%、7.85%、9.37%、9.86%和9.70%，基本呈逐年提高趋势。

（三）煤炭采选企业的总体税费负担水平

中国煤炭工业协会、中国煤炭经济研究会（2001）对中国18个省（市、自治区）54户国有重点煤炭企业的调查发现，1994～2000年，按纳税总额与含税销售收入的比值计算的中国煤炭企业平均总体税负率是12.39%，比1993年的5.58%，上升了6.81个百分点，增幅122%；按纳税总额与不含税销售收入的比值计算的中国煤炭企业平均总体税负率是14%，比1993年的5.74%，提高了8.26个百分点，增幅143.9%。说明1994年税制改革后，中国煤炭企业的总体税负水平提高了。邱中义、冯莉（2003）的研究发现，2001年沁水县煤炭开采企业的总体税收负担率是4.5%，2002年的负担率是6.5%，增幅2%。从吨煤提供的税收来看，2001年全县煤炭企业吨煤提供地方税收3.8元，2002年吨煤提供地方税收7.9元，增长明显。刘宏（2007）的研究发现，1994年税制改革之后的7年中，原属中央财政的煤炭企业每年的平均纳税金额比税制改革前增加52亿元左右。1994～2005年煤炭企业的总体税费负担率达14%，比1993年的5.74%提高了8.26个百分点。王文平（2008）的研究发现，1992～2004年淮北矿业集团公司的总体税费负担率分别是 5.73%、5.05%、7.01%、5.39%、10.3%、9.41%、8.43%、10.21%、10.66%、11.7%、10.34%、10.1% 和 11.4%，2004 年比 1992 年上升了 5.7 个百分点。13 年来该集团公司的营业收入增长了 3.6 倍，年增长率 13.5%，而应交税费额却增长了 8.2 倍，年平均增长 20.3%，应交税费额年增长率高出营业收入增长率 6.8 个百分点。2000 ~ 2006 年全部国有及规模以上非国有煤炭企业总体税费负担率分别是 9.97%、10.97%、10.86%、11.24%、12.26%、12.89% 和 12.75%，增长趋势明显。梁燕（2011）测算了阳煤集团 2006 ~ 2009 年的总体税负率，分别是 15.10%、15.38%、17.48% 和 18.39%，呈快速递增趋势。吨煤负担也由 2006 年的 47.73 元，猛增至 2009 年的 103.02 元。丁宁（2011）以国泰安数据库中 A 股上市公司 2006 年 1 月 1 日至 2009 年 12 月 31 日的年报数据为基础，以“（支付的各项税费 - 收到的税费返还）/营业总收入”表示采矿企业的税负水平，结果发现，除房地产业（14.70%）、金融业（16.82%）和供应业（11.14%）外，采矿业（8.92%）的总体税负率高于其他行业。同时，采矿行业内部的总体税负率差异也较大，煤炭开采业（18.02%）和石油天然气开采业（15.96%）最高，分别是黑色金属开采业（9.45%）和有色金属开采业（7.43%）的两倍左右。武淑贤（2011）测算了 46 家上市采矿企业的总体税负水平，其中煤炭开采企业 24 家，石油及天然气开采企业 10 家，金属矿开采企业 12 家，结果发现，2007 ~ 2010 年煤炭采选业的总体税负率分别是 14.19%、14.26%、17.4% 和 16.74%，均值是 15.65%；2007 ~ 2010 年石油与天然气采选业的总体税负率分别是 8.75%、8.68%、7.65% 和 10.72%，均值是 8.95%；2007 ~ 2010 年金属矿开采业的总体税负率分别是 10.39%、13.64%、11.46% 和 10.12%，均值是 11.40%。

可见，当前中国采矿业的总体税费负担水平较重。学者们对中国采矿业总体税费负担水平较重的原因展开了讨论，主要原因是采矿企业增值税税负水平重。常克诚（2001）认为，自 1994 年起，按照税制改革要求，国家对煤炭企业取消了产品税，改征增值税。煤炭企业原产品税税率是 3%，改征增值税后税率是 13%，扣抵进项税后净增值税税率约是 8%，是原来产品税的 2 倍多。以大同煤矿集团公司为例，此项改革后每年增加税额约 21 908 万元。尹丽坤（2003）的研究发现，2001 年国有及国有控股煤炭企业的实际增值税税负率是 9.98%，比 1993 年增长 6.28 个百分点。2001 年煤炭企业比 1993 年多交纳增值税额 40.87 亿元，扣除增值税定额返还外，净增 23.77 亿元。陈甲斌（2004）认为，实行生产型增值税，进项税额抵扣少是造成中国采矿企业总体税负水平较重的主要原因。刘羽羿（2003）、段治平等人（2005）认为，占采矿企业税费总额 66.5% 的增值税是造成采矿企业总体税费负担水平较重的主要因素。刘宏（2007）认为，现行税制下，煤炭企业的增值税存在明显的不合理因素。1994 年税制改革将产品税改为增值税后，煤炭企业的税负明显增加，当年全国煤炭企业实际平均总体税负比 1993 年上涨 5.57 个百分点。由于煤炭产品属于自然赋存的矿产资源，没有原材料购进，辅助材料只有采煤用电费用，导致进项税抵扣相对较少，煤炭行业的增值税实际税负水平明显大于其他行业，成为工业领域增值税税负较高的行业之一。王文平（2008）的研究发现，1998～2005 年煤炭企业的平均增值税税负率是 7.7%，比同期全国工业企业的平均增值税税负率 4.2% 高 3.5 个百分点；比 1993 年煤炭企业的产品税税负率 3.4% 高 4.3 个百分点。邹敏珍（2009）的研究发现，2005～2007 年以销售收入为税基计算的增值税税负率，煤炭采选业分别是 7.59%、7.43% 和 7.32%；石油和天然气开采业分别是 9.9%、9.80% 和 8.90%；而同期全国 39 个工业行业的平均增值税税负率分别仅为 3.43%、3.41% 和 3.42%。石红红和汪红（2011）认为，1994 年国家税制改革，对煤炭行业由征收 3% 的产品税改为征收 13% 的增值税，煤炭企业实际税负提高近 6 个百分点，平均吨煤税负提高 4.33 元。此后，煤炭行业的增值税负担率一直在 8.5%～9%，其中 2005 年煤炭行业的增值税税率是 8.35%，是全国工业行业平均税率 3.77% 的 1.21 倍。2009 年中国实施了增值税转型改革，由生产型转变为消费型，同时将煤炭企业的增值税税率调整到 17%，虽然允许抵扣新购固定资产的进项税额，但是相对于税率提高部分，煤炭企业的增值税税负水平实际上进一步加重了。郭敏（2011）的研究发现，矿产品增值税税率由 13% 提高到 17% 后，采矿企业实际增值税负担率达 12%～13%，抵扣固定资产进项税额后的实际增值税负担率仍在 10% 以上，大大高于一般工业企业的 5%。

已有研究从单个采矿行业部门或单个调研企业出发，测算采矿业的总体税负水平，或将 1994 年税制改革前后采矿业的总体税负情况做比较，得出了较为一致的结论，即目前中国采矿业的总体税负水平较重。主要原因有增值税税负水平比较重，以及资源税和资源补偿费的双重征收等因素。已有研究为本文研究提供了很好的经验借鉴，但已有研究没有系统的对采矿整个行业及各部门总体税负水平的测算，并且缺乏与工业其他行业或部门的对比分析。

二、资源税费、生态环境税费负担水平

国内学者从资源地区可持续发展，实现资源合理配置等角度出发，对当前中国采矿业的资源税费负担水平进行了测算，结果发现，中国采矿业的资源税费负担水平偏轻，不能有效发挥资源税费的调节作用。

山西省地方税务局课题组（2004）认为，针对目前煤炭开采活动中的负外

部性问题，较低的资源税税负水平已经弱化了调节资源市场的功能，严重影响了资源地区的可持续发展。张晓东和王蒲成（2004）认为，随着煤炭价格的不断攀升，较低的资源税负不仅不能实现资源收益的合理分配，更导致国内矿难频发和行业收入不均。张捷（2007）对全国资源税占税收总收入的比例进行了测算，指出资源税征收标准较低，在中国税制体系中只是个“小不点”。陆宁等人（2008）指出，偏低的资源税征收标准，限制了资源税调控作用的发挥。安体富（2008）从单位GDP能耗较高的角度指出中国目前资源税税额偏低的现状，建议大幅度提高油气等稀缺资源适用的资源税税率标准。中国矿产资源税费制度改革研究课题组（2008）的研究发现，2002～2006年，中国煤炭采选业、油气开采业、黑色金属矿开采业、有色金属矿开采业、非金属矿开采业销售收入的年均增速分别是38%、24%、51%、34%和24%，销售利润年均增速分别是75%、30%、81%、64%和107%，而同期行业的矿产资源补偿费却很低，煤炭采选业、油气开采业资源补偿费负担率不超过1%，其他采矿行业不超过2%。张举钢和周吉光（2011）对河北省209家主要采矿企业的调研发现，2004～2008年采矿企业资源税负担率分别是0.61%、0.68%、0.97%、1.18%和0.89%，平均约占当年销售总额的0.90%；矿产资源补偿费负担率分别是0.338%、0.353%、0.347%、0.348%和0.37%，平均约占当年销售总额的0.35%；矿业权价款负担率分别是0.76%、1.13%、1.38%、0.76%和1.33%，平均约占当年销售总额的1.10%；矿业权使用费负担率分别是0.0057%、0.0050%、0.0045%、0.0036%和0.0027%，平均约占销售总额的0.004%，对企业的影响基本可以忽略不计。

虽然大多数学者都认为较低的资源税费负担水平，不能有效起到引导资源合理、节约开采利用的作用，应该提高采矿业资源税费负担水平，但已有研究的结论基本都是定性分析，在设计资源税费具体提高幅度、水平方面的定量分析文献不多。另外，已有研究文献主要研究资源税费负担水平，只侧重于采矿活动中的一种外部性，少有文献研究生态环境税费负担水平，更没有文献将资源税费和生态环境税费综合起来进行定性和定量研究。

三、资源税费、生态环境税费制度改革研究

关于采矿业生态环境税费制度改革的研究。围绕资源税和矿产资源补偿费，国内学者主要有三种意见：一部分学者认为资源税的征收违背了其开征的初衷，未起到调节资源级差收益的目的，建议取消资源税；一部分学者认为资源税和矿产资源补偿费作为矿产资源价值的实现形式，均体现了所有者的权益，建议二者

合并；还有一部分学者认为资源税的存在是合理的，但存在征收方式不合理、税率偏低等问题，建议或以资源储量为基础征税，或从价征税并提高税率等。

第一种观点：取消资源税。鲍荣华等人（1998）认为，1994年税制改革后的资源税违背了其开征的初衷，未起到调节资源级差收益的目的，与采矿业的其他税费重复，建议取消资源税或仍保留此税种，但采取零税率征收。关凤峻（1999）认为应取消资源税，并将目前的矿产资源补偿费改称权利金。朱振芳（2000）从国际惯例角度出发，认为应由企业所得税而不是资源税来调整级差收益，国际上只有极少数国家，如澳大利亚开征类似于中国资源税的资源租赁税。袁怀雨和李克庆（2000）认为，资源税是国家以牺牲矿产资源为代价的，是有偿征收的，不符合税收无偿性的本质，所以资源税"名不正"，建议取消，开征权利金。关凤峻（2001）把矿产资源与土地作类比，指出在中国矿产资源属于国家所有的前提下，作为管理者的政府向作为所有者的政府征税，是不合适的，向矿产资源使用者征税也是错误的，资源税缺乏立税理论依据，矿产资源补偿费的理论解释也不清。殷燚（2001）从矿业权角度出发，同样指出资源税立税理论基础的缺位。刘权衡和贺有（2006）认为，应改革目前的资源税为暴利税，将因资源禀赋、开采条件、地理位置等客观条件不同而产生的级差收入纳入到调节范围。柳正（2006）认为，现行资源税已不具有级差调节功能，与矿产资源补偿费相似，建议取消。张举钢等人（2007）从实现国家所有者权益的角度出发，认为中国资源税既没有实现其征收目的，也没有实现国家的所有者权益，建议逐步取消。

第二种观点：合并资源税和矿产资源补偿费。傅鸣珂（2006）认为，资源税具有实现矿产资源国家所有者权益和调节级差收益的双重功能，而征收矿产资源补偿费的目的也是要实现国有所有者权益，二者存在重复，建议合并。肖兴志和李晶（2006）在对税和费辨析的基础上，认为对资源由收费改为征税是大势所趋，应将矿产资源补偿费、水资源费等并入资源税，同时扩大资源税征收范围，调整资源税计征依据和征收办法，提高资源税征收标准。叶建宇（2007）认为，资源税与矿产资源补偿费重复征收，不符合国际惯例，不利于外资进入，建议合并。侯晓靖（2007）认为，资源税的计税依据、方式不合理、税率过低导致严重的资源浪费，建议合并资源税和矿产资源补偿费，同时采用从价计征方式，扩大资源税征收范围。高凌江（2008）、李广舜（2008）建议将现行的资源税、矿产资源补偿费、石油特别收益金和矿区使用费合并，统一征收资源税；同时大幅度提高资源税征收标准，实行从价计征、滑动比例的差别税率。

第三种观点：暂时维持税费分征格局，改革资源税。殷燚和苏迅（2006）认为，征收具有绝对地租性质的矿产资源补偿费，可以实现矿产资源有偿开采；

征收具有级差地租性质的资源税，可以实现采矿企业平等竞争。陈文东（2006）认为，调整资源税费的合理原则应该是，在区分租税性质的基础上，各得其所，各归其位。樊明武和李志学（2007）在分析中国石油企业资源税现状的基础上，以石油资源价值分级结果为依据，指出中国实施级差式资源税的必要性和具体操作方法。孙钢（2007）认为税费的性质、功能不同，主张税费并存，各自发挥不同的调节作用，不能一味地追求税费合一。

关于采矿业生态环境税费制度改革的研究。受经济发达程度的限制和技术手段的制约，中国现行的治污措施仍以超标收费方式为主。在中国采矿业现行税收制度中，虽含有一些具有生态环境保护作用的税收条款。但由于其立法初衷并非保护生态环境，所以生态环境保护功能十分有限。如生态环保性质的税收条款，仅限于资源税、增值税、消费税、城市维护建设税、城镇土地使用税等，这些税种由于开征目的与生态环境保护无关，生态环境保护作用有限。而现行的生态环境保护各费用项目，散见于政府各类行政法律法规条文中，缺少系统性和统一性，地方执行操作随意性大。在各地“唯经济是论”、“唯招商是论”的观念指导下，生态环境保护费用项目的征收标准较低，在减少污染、改善生态环境质量方面的作用十分有限。因此，有人主张，可在现有税制基础上设立环境税、增加生态环境保护行为税收优惠、实行费改税等措施。目前国内学者提出的环境税实施方案主要有：中国环境科学研究院（1999）提出了两种环境税实施方案：其一，按照“受益者付费”原则，对全体公民征收广义的环境税。其二，在目前中国只对污染排放征收排污费的情况下，提出只对污染产品征收环境税。王金南等人（2005）提出了三种环境税实施方案：其一是独立型环境税方案，即设立一个新税种环境税，下设一般环境税、污染产品消费税（含重要资源税、汽车污染税、能源消费税）和污染税（含 SO_2、CO_2、废水排放税）。其二是融入型环境税方案，即不设立环境税税种，通过对资源税、消费税和其他相关税等税种的改革和完善，起到环境税的作用，达到生态环境保护的目的。其三是前两种的综合，即环境税费方案，通过环境税和生态环境收费的共同作用来影响、约束污染者破坏者的生产、消费行为。孙钢（2007）也提出了三种环境税实施方案：一是以筹集收入为主要目的，按照“受益者付费”原则而普遍征收的一般环境税，税基可等同于或依附于现有部分税种的税基，如城市维护建设税、企业所得税等，相当于这些税种的附加；二是依据直接排放的污染物种类，按照“污染者付费”原则征收的污染排放税，如硫税、氮氧化物税、碳税等；三是按照“使用者付费”原则对能源燃料、化肥农药、含磷洗涤剂等具有潜在污染的产品征收的污染产品税。

关于采矿业资源税费、生态环境税费制度改革的研究，已有文献从宏观角度出发，主要集中在资源税和矿产资源补偿费征收依据讨论、征收方式改革，以及环境税方案设计等方面。本文从两个负外部成本内部化这一崭新视角出发，将资源税费和生态环境税费放在统一的理论框架下进行分析，研究基于两个外部成本内部化的采矿业资源税费、生态环境税费制度安排。在定量评估采矿活动中两个负外部成本的基础上，考察采矿业现有资源税费、生态环境税费制度安排对两个负外部成本内部化的实现程度。针对已有研究缺乏微观载体的缺陷，充分考虑了采矿企业的承受力，提出了理想的、合理的采矿业税费制度改革建议。

小　结

中国采矿业现行的资源税费、生态环境税费征收标准过低，是导致资源掠夺式开采、严重浪费和生态环境污染破坏的主要原因。在可持续发展观要求下，亟须改革采矿业现行资源税费、生态环境税费不科学、不合时宜的地方，提高资源税费、生态环境税费负担水平，实现采矿活动所中两个负外部成本的充分内部化。综观已有研究，尚存在以下不足：第一，已有研究没有系统的对采矿整个行业及各个部门税负水平的测算，缺乏与工业其他行业或部门的对比分析。第二，已有研究主要是定性研究，结论停留在政策建议层面，虽然大多数学者都认为应该提高采矿业的资源税费、生态环境税费征收水平，但基本都是定性分析，在设计提高幅度、水平方面的定量分析文献不多。另外，已有研究文献要么单纯地讲资源税费改革，要么单纯地讲生态环境税费改革，少有文献将资源税费和生态环境税费综合起来进行定性和定量研究。第三，分析采矿业税费负担水平影响时往往只考虑宏观经济而忽略矿产资源开发企业的税费承受能力，这使得已有研究结论和建议的适用性不足。第四，从采矿活动的特殊性出发，在提高资源税费、生态环境税费负担水平的同时，考虑增值税、企业所得税等税种综合配套改革的研究文献不多。本文以矿产资源使用者成本、采矿活动中生态环境负外部成本内部化为研究视角，尝试分析中国采矿业资源税费、生态环境税费负担的水平及税费制度综合配套改革。

第十七章

国际矿业企业总体税费负担水平比较研究

目前我国近80%的工业原料、近95%的能源和近70%的农业生产资料取自矿产资源，国民经济对矿产资源的需求巨大，但同时由于矿产资源本身的稀缺性和不可再生性特点，使得矿产资源的可持续供给影响到整个经济社会体系的可持续发展。矿产资源开采业可持续发展的关键就是对矿产资源的跨代外部性和当代外部性进行内部化，而矿业企业的有偿使用税费和环境生态税费执行的就是这种功能。目前，矿业企业税费改革的一个重要方向就是在考虑矿业企业承受能力的前提下，对矿业企业所面临的税费结构进行调整，使有偿使用税费和环境生态税费能更科学合理的体现对两个外部性内部化的功能，普适税费在“整体税负中性”的条件下做出合理的调整。

从1982年1月国务院参照市场经济国家权利金制度，发布了《中华人民共和国对外合作开采海洋石油资源条例》以来，我国的矿产资源有偿使用税费改革就参照的是国外发达的矿产资源大国的税费经验。从早期的参照国外资源租金税（Resource Rent Tax，RRT）概念建立起来的资源税、矿区使用费制度，到1994年税改以后的从量资源税、从价资源补偿费、石油特别收益金、建立在逐步成熟的矿业权一级市场基础上的两权价款和两权使用费，再到肇始于2010年的从价资源税改革，这一路径大致反映出我国的矿产资源有偿使用税费的改革是逐渐向世界通行的矿业税费靠拢。基于这一趋势，有必要对国际矿业企业的总体税费负担水平进行详细的研究，对国际矿业企业面临的一般性税费、有偿使用税费、环境生态税费等做出详尽的分析。

第一节　国际矿业领域的一般性税费的名义税率和环境税费率

一、一般性税费率

国际矿业领域通行的一般性税费包括：所得税（Income Tax）、关税（Export/Import Duties）、销售税（Sale Tax）、增值税（Value Added Tax）、印花税（Stamp Tax）、财产税（Property Tax）等。

所得税（又称为公司税 Corporate Tax 或公司所得税 Corporate Income Tax）是矿产资源部门的最重要的一般性税费之一。所得税制度最重要的两个因素是税率和税基（Otto，2000）。在大多数国家，税收政策更依赖于对税基的调整，而税率通常是对所有的纳税人统一的。当前世界上大多数国家的公司所得税税率不超过 35% 的水平。

关税（进出口关税）通常是政府用来达到一定的政策目标的财政工具。由于矿业部门是一个资本密集型和拥有大量专用装备的行业，因此其生产设备的进口关税对矿业企业的生产经营行为产生了直接的影响。

销售税的征收影响了矿产品的价格。在一个竞争性环境中，销售税的开征将影响特定矿山的开采行为，客观上激励开采者开采高品位矿藏，而放弃对低品位矿藏的开采。因此，世界上大多数国家放弃了向矿业企业征收销售税。

增值税带给纳税人和政府的大量的征税成本，同时，对于矿业等资本密集型行业，对进口设备和服务征收增值税会显著的增加企业负担，因此很多国家对矿业并不征收增值税，或者即便征收增值税，也是通过税收豁免、退税、税收返还、税收延期等方法减免增值税。

印花税主要是在矿业中的矿业权出让或转让阶段中征收。国与国之间，甚至一国内部的各州或省之间的印花税都有可能不同。

财产税主要是地方政府征收的一种面向土地和矿产资源的重要的税收。

表 17－1 是国际上多个国家的矿业领域一般性税费的名义税率。

表 17-1　　国际上矿业领域一般性税费的名义税率

国别	所得税	关税		销售税	增值税	印花税	财产税
		进口关税	出口关税				
阿根廷	35%	平均 15%，矿业设备免征	0	0	18%，出口免征	1%	矿业免征
澳大利亚	30%	5%，对国内没有替代物的矿产品进口免征关税	—	销售税中扣除对矿山的投入	—	—	—
玻利维亚	25%	5%	免征	—	征收	—	—
巴西	15% +10%（超过利润率 20% 以上部分的 10%）	3% ~9%	免征	0	17%，出口免除	免征	—
加拿大	联邦：18%，各省：10% ~16%	免征	—	销售税中扣除矿山设备的投入；或 7% ~10%	—	免征	—
智利	20%	10%，但对本国出口的矿产品行业所进口的设备免征	0	0	18%，资本性产品和出口免征	0	0
哈萨克斯坦	20%	11%	0	0	征收	—	—
墨西哥	30%	0	0	0	0	0	总净价值的 1.8%

续表

国别	所得税	关税		销售税	增值税	印花税	财产税
		进口关税	出口关税				
秘鲁	30%	0	0	—	16%（中央）+2%（地方）	—	总净价值的0.5%
南非	28%	1%	0	—	14%，出口免征	1%	0
美国	35% +各州所得税	—	—	—	—	免征	各州不一样
印度尼西亚	30% ~35%	十年内免征，十年之后征收20%	0~10%	0	0	—	投入资本的0.01%~0.05%
加纳	35%	0	0	—	0	—	0

注："—"代表相关资料缺失。

资料来源：PWC Global Mining Group. Income Taxes，Mining Taxes and Mining Royalties——A Summary of Selected Countries. 2010. 12；James M. Otto. Mining Taxation in Developing Countries. UNCTAD Working Paper. 2000. 11；Cawood，F. T. 1999. "Determining the Optimal Rent for South African Mineral Resources." PhD diss.，University of the Witwatersrand，Johannesburg，South Africa。

二、环境税费率

以美国为例，美国国内税务局（IRS）"收入统计"（Statistics of Income）区分了四种"环境税"：第一，油气税（Petroleum），收入并入原油溢出责任信托基金（OSLTF）和超级基金（Superfund）；第二，化学品存货税（Chemical Feed Stocks），收入并入超级基金；第三，臭氧折耗化学品税（Ozone-depleting Chemicals），收入并入一般基金（General Fund）；第四，机动车燃料税，收入并入泄露的地下储存装置（LUST）基金。

Barthold（1994）对美国51种联邦层面的环境税进行了梳理，Don Fullerton（1996）在Barthold研究的基础上又加入了几种环境税费，在上述研究基础上，选择其中与矿产资源开采相关的环境税费整理见表17－2。

表 17－2　　美国矿产资源开采相关的环境税费

名称	税率	内容
燃料产品超级基金	0.097 美元/加仑原油	计入危险废弃物超级基金
原油溢出税	0.05 美元/加仑原油	计入原油溢出责任信托基金
泄露的地下储存装置基金	0.001 美元/加仑，所有油气燃料	计入泄露的地下储存装置基金
煤炭税	1.1 美元/吨，地下矿	计入黑肺病补偿基金，上限不超过从价 4.4%
	0.55 美元/吨，露天矿	
化学品超级基金	0.22～4.87 美元/吨	税收联合委员会（1993）列出的化学品
臭氧折耗化学品税	4.35 美元/磅（1992 年）	税率逐年增加，臭氧折耗因子的变动范围在 0.1～10
超级基金	0.12%	对超过 200 万美元营业收入的部分征收
百分比耗竭补贴	15%，石油、天然气	面向独立生产商和权利金所有者，以最低税为计算依据
	5%～22%，其他矿产资源	
野生动物保护账户	从价 10%	

资料来源：Don Fullerton. Why Have Separate Environmental Taxes?［J］. Tax Policy and the Economy, Volume 10. MIT Press. November 7, 1995: 33－70; Thomas A. Barthold. Issues in the Design of Environmental Excise Taxes［J］. The Journal of Economic Perspectives, Vol. 8, No. 1. (Winter, 1994), pp. 133－151。

第二节　体现有偿使用的矿业权利金制度与政府分成

国际矿业领域广泛采用的非税措施——体现有偿使用的矿业权利金制度与政府分成。

一、矿业权利金制度

市场经济矿业国家通行的权利金制度主要包含：矿业权利金（Mineral Royalty)、资源租金税（Resource Rent Tax）、矿业权出让金（Rents）、红利（Bonus）、耗竭补贴（Depletion Allowance）等。

（一）矿业权利金（Mineral Royalty）

第一，含义。矿业权利金（Mineral Royalty）是一种非常古老的矿业税费，源于农业地租理论。现代经济学对矿业权利金的定义有两个典型的视角，一个是从矿业权利金体现的所有权角度，另一个是从权利金的数量、征收特点的角度。

从所有权的角度出发，Otto 等人（2006）定义矿业权利金是一种“关于所有权人在交换开采矿产品权利的有偿支付”。Cawood（2009）指出“从本质上讲，矿业权利金是资源所有者在财产使用权与所有权被让渡给其他方而获得的现金与利润的总和”。从数量和征收特点的角度看，Cordes（1998）指出矿业权利金的数量就是系统地补偿发生在代际之间的资源耗竭。他明确指出在矿山生命周期内各个时期缴纳的矿业权利金应当恰好等于资源的净现值。

从上面两种定义可以看出，矿业权利金既体现了财产权让渡带来的收益，又体现了代际补偿的功能，是矿业权人开采和耗竭矿产资源所有权人的不可再生的矿产资源而支付的费用，其实质是对开采和利用国家所有的可耗竭的矿产资源的补偿。

第二，矿业权利金的计征形式。陈丽萍（2004）在整理世界上主要矿业国家矿业权利金内容的基础上，指出矿业权利金的计征方式有三种，分别是从量计征、从价计征以及以利润为基础计征。

Cawood（2009）将矿业权利金的计征方式分为三类，分别是产品权利金（Production Royalties，即从量权利金）、从价权利金（Ad-valorem Royalties）和半权利金（Quasi-royalties）。其中的半权利金指的是双方在市场安排之外形成的权利金，例如固定费、产品分享协议等。

第三，矿业权利金的分配。目前主要有四种形式，如表 17－3 所示。

表 17－3　　矿业权利金的分配形式

内容	代表国家
中央政府征收并用于全国	南非、巴布亚新几内亚
各省（州）征收并用于区域地方	加拿大
中央政府与州政府按不同分成比例征收	印度尼西亚
政府与私人同时征收，分配使用覆盖面狭窄	美国

资料来源：Cawood. F. The south African mineral and petroleum resources royalty act—Background and fundamental principles. Resources Policy（2010）；Nellie James. An overview of Papua New Guinea's Mineral Policy. Resources Policy. 1997. 23（1/2）. 98。

第四，负担水平。目前主要矿业国家权利金征收水平如表17－4所示。

表17－4　　主要矿业国家权利金征收水平

国家	权利金率
巴西	铁矾土、锰、岩盐、钾　3% 铁矿、化肥、煤炭等　2% 黄金　1% 富碳矿物、有色、可切割的岩石类、稀有金属　0.2%
南非	南非的权利金率分成两类，一类是精炼产品的权利金率，另一类是非精炼产品的权利金率。 精炼条件下权利金率＝0.5＋[EBIT/(合计的总销售额×12.5)]×100； 非精炼条件下权利金率＝0.5＋[EBIT/(合计的总销售额×9)]×100； 其中，EBIT为息税前利润，近似于税前利润
澳大利亚（以油气资源为例）	对NWS、西澳洲征收从价权利金10%～12.5%； 对新南威尔士州征收从价权利金0～10%； 对昆士兰州、维多利亚州、北部领地以及南澳洲征收从价权利金10%
美国	对于油气资源：权利金率在12.5%～16.7%； 对于煤炭资源： 1976年8月4日以前获得矿业权的，从量计征，每吨0.15～0.175美元； 1976年8月4日以后获得矿业权的，地下煤炭资源从价计征8%，地表煤炭资源从价计征12.5%； 对于其他矿产资源：大多矿产资源权利金率在2%～15%之间变化

资料来源：美国内政部统计资料；

C A Vilhena Filho. Brazil's mineral policy. Resources Policy. Vol. 23，No. 1/2，pp. 45－50. 1997；

Lindsay Hogan. mineral resource taxation in Australia：an economic assessment of policy options. Australian Bureau of Agricultural and Resource Economics. pp. 13－14. 2007. 1；

F. T. Cawood. The South African mineral and petroleum resources royalty act—Background and fundamental principles. Resources Policy. 2010. 03。

（二）资源租金税（Resource Rent Tax）

第一，资源租金税的一般特征。它是对超过矿企正常收入以上的利润征收的税收，是一种意外利润税。资源超额利润税的征收包含三个基本要素，即门槛利润率、税率和可扣减支出，最主要的是前两个因素（晁坤，矿产资源有偿使用制度架构及评估方法研究，2002），R. Fraser和R. Kingwell（1988、1993、1999、

2001、2002、1997）等学者研究认为门槛利润率、税率的共同作用及事前风险评估对设计最优资源租金税至关重要，并比较了英国和澳大利亚两个不同结构的资源租金税体系。单从三个基本要素来看，我国1994年以前实行的资源税以及目前所实行的石油特别收益金实际上就是一种资源租金税。

第二，国外有代表性的资源租金税实践及负担水平。根据资源租金税以一定门槛利润率为起征点，结合一定税率进行征收，资源租金税可以看作是一种以利润为计征依据的矿业权利金。国内有学者从这一特性出发，将资源租金税定义为一种“超权利金”（张新安、张迎新，国外矿产资源权利金制度概况以及完善我国矿业税收制度的初步建议，2006）。资源租金税特别适用于如下两种情况：大型矿业项目和油气资源开发等。以澳大利亚为例，资源租金税适用于海岸线3海里以外的海上油气资源以及几个具体的项目：Roxby Downs 工作合同和西澳洲巴罗岛的油气资源。表17－5列出了英国、澳大利亚、巴布亚新几内亚等国的资源租金税（Petroleum Revenue Tax/ Resource Rent Tax）门槛利润率和税率。

表17－5　英国、澳大利亚和巴布亚新几内亚资源租金税的门槛利润率和税率比较

国名	门槛利润率	税率
英国	Exceed 30%	45%～75%
澳大利亚（以油气资源为例）	15%～25%	联邦政府对除了NWS和JPDA以外的海上油气资源征收油气资源租金税（PRRT），税率为利润的40%； 对Barrow Island，征收资源租金权利金（RRT），权利金率为利润的40%
巴布亚新几内亚	20%或美国AAA级长期商业债券利率加12%	Na

注：Na表示数据未找到。

资料来源：R. Fraser. An evaluation of the relative performance of alternatively structured resource rent taxes. 2002. 28；Lindsay Hogan. mineral resource taxation in australia：an economic assessment of policy options. Australian Bureau of Agricultural and Resource Economics. pp. 13～14. 2007. 1；晁坤：“矿产资源有偿使用制度架构及评估方法研究”，中国矿业大学，2002年。

表17－6、图17－1列出了英国从1980～2007年的北海油田缴纳的资源收益税（Petroleum Revenue Tax）及资源租金税占整个北海油田税费的比重。

表 17-6　英国北海油田资源收益税 PRRT（资源租金税 PRT）相关数据（1980～2007 年）

年份	资源租金税（单位：百万英镑）	北海油田总的税费额（单位：百万英镑）	资源租金税/总税费额（%）
1980	2 410	3 963	60.81
1981	2 390	6 506	36.74
1982	3 274	7 868	41.61
1983	6 017	8 817	68.24
1984	7 177	12 171	58.97
1985	6 375	11 371	56.06
1986	1 188	4 804	24.73
1987	2 296	4 645	49.43
1988	1 371	3 193	42.94
1989	1 050	2 401	43.73
1990	850	2 343	36.28
1991	-216	1 016	-21.26
1992	69	1 338	5.157
1993	359	1 266	28.36
1994	712	1 683	42.31
1995	968	2 338	41.40
1996	1 729	3 351	51.60
1997	963	3 331	28.91
1998	504	2 514	20.05
1999	853	2 563	33.28
2000	1 521	4 457	34.13
2001	1 307	5 429	24.07
2002	958	4 968	19.28
2003	1 179	4 281	27.54
2004	1 284	5 172	24.83
2005	2 016	9 380	21.49
2006	2 155	9 072	23.75
2007	1 680	7 835	21.44

注：英国油气资源的特殊税费包括资源租金税、权利金、补充性油气资源税、许可证费用、补充税等。

资料来源：Hafez Abdo. The taxation of UK oil and gas production：Why the windfalls got away. Energy Policy. 2010. 05。

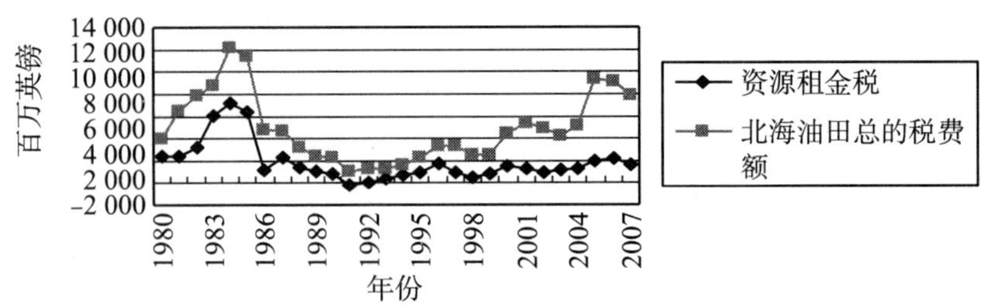

图 17-1 英国北海油田资源收益税 PRRT（资源租金税 PRT）相关数据（1980~2007 年）

（三）矿业权出让金（Rents）

第一，矿业权出让金的一般特征。矿业权出让金又称为矿业权租金、递延租金（Delay Rental）等，是指在矿业活动中，对“以某种方式使用土地的经济活动”的收费，体现的是一种矿地租。这一类的收费通常是逐年征收，并且按照在土地上的活动，将其分为探矿权出让金和采矿权出让金，根据探矿权出让和采矿权出让对应的不同费率乘以土地面积来具体计算矿业权出让金的大小。这一基本特征说明，矿业权出让金的一个重要目的是矿业企业为了保持合同有效而按年支付给出租者的费用，是一种矿业企业为保有其矿业权而缴纳的费用。

各国征收矿业权出让金的另一个重要目的是起到阻止投机者占有土地和排斥合法勘察/采矿公司的作用，使矿业权人尽可能少的占用矿产地，尽可能快的退出没有开发远景的地区。

第二，国外有代表性的矿业权出让金征收实践。表 17-7 是世界上有代表性的矿业国家的矿业权出让金费率。

表 17-7　　各国矿业权使用费统计

国家（地区）	探矿权使用费	采矿权使用费
加纳	1.20 美元/平方公里	2.90 美元/年·平方公里
智利	103 美元/年·平方公里	520 美元/年·平方公里
坦桑尼亚	150 美元/年·平方公里	150 美元/年·平方公里
加拿大（安大略省）	500 加元/平方公里	400 加元/平方公里
澳大利亚（西澳洲）	80 澳元/区块（约 3 平方公里）	9.3 澳元/公顷

续表

国家（地区）	探矿权使用费	采矿权使用费
澳大利亚昆士兰州	81.25 澳元/区块	31.4 澳元/公顷
澳大利亚南澳洲	3 澳元/平方公里	21 澳元/公顷

资料来源：美国科罗拉多矿业学院全球资源政策和管理研究院，国土资源部信息中心译：《全球矿业税收比较研究》（第二版），地址出版社 2006 年版。晁坤：“矿产资源有偿使用制度架构及评估方法研究”，中国矿业大学，2002 年。

第三，美国的矿业权出让金征收水平，如表 17－8 所示。

表 17－8　　美国的矿业权出让金征收水平

名称 / 年份	矿业权出让金（单位：美元）	矿产管理局（MMS）征收的全部矿业税费总额（单位：美元）	矿业权出让金/总额（%）
1986	126 737 723	3 688 991 892	3.44
1987	136 426 389	3 843 437 499	3.55
1988	127 990 570	4 316 399 239	2.97
1989	144 070 952	3 914 970 752	3.68
1990	141 606 541	4 556 696 646	3.11
1991	136 510 793	3 926 358 907	3.48
1992	96 837 548	3 689 322 679	2.62
1993	74 751 577	4 072 320 370	1.84
1994	72 924 538	4 222 357 444	1.73
1995	121 668 163	3 829 672 611	3.18
1996	197 135 800	5 493 985 052	3.59
1997	266 017 564	6 721 786 634	3.96
1998	298 645 651	5 611 424 959	5.32
1999	248 995 621	4 560 192 217	5.46
2000	253 059 006	7 123 762 816	3.55
2001	232 499 288	10 002 788 339	2.32
2002	188 599 060	5 873 533 197	3.21

续表

名称 年份	矿业权出让金（单位：美元）	矿产管理局（MMS）征收的全部矿业税费总额（单位：美元）	矿业权出让金/总额（%）
2003	309 394 719	8 267 237 613	3.74
2004	264 341 965	8 127 879 800	3.25
2005	283 901 707	10 292 803 109	2.76
2006	285 324 618	12 616 328 035	2.26
2007	267 186 001	11 428 640 050	2.34
2008	304 030 259	24 080 015 775	1.26
2009	294 325 484	9 904 629 524	2.97

（四）红利（Bonus）

第一，红利的一般特征。当前世界上只有部分国家实行红利（Bonus）制度，其中有代表性的是美国，这里主要介绍美国的红利制度。

红利又称为租赁红利、租赁定金（Lease Bonus）或现金红利（Cash Bonus）（蒲志仲，1997；李燕花，2006）。红利是承租人为获得矿业权，向出租人缴纳的报酬，一般以面积计价，由双方通过市场行为（通过竞争拍卖方式）出让矿业权，是支付现金标金超出法律规定的权利金的那一部分标金。从所反映的产权关系上看，红利与矿业权利金类似。因此，在美国，红利也被视为一种预先权利金（Advance Royalty）。但它又不同于矿业权利金和矿业权出让金，红利缴纳时间较短，通常是在获得矿业权时，一次性缴纳或分成几次缴纳。类似于国内在矿业权一级市场征收的矿业权价款。

第二，美国的红利征收实践与负担水平。美国联邦政府负责资源管理、矿业权管理和权利金等矿业特殊税费征收工作的是内政部，其中和矿产资源管理直接相关的下设部门是矿产管理局（MMS）、土地管理局（BLM）和地质调查局（USGS）。

矿产管理局负责征收来源于联邦所有和印第安保留地上的矿业权利金（Royalty）、矿业权出让金（Rent）、红利（Bonus）以及其他特殊税费。表 17－9 是矿产管理局（MMS）统计的 1982～2009 年美国联邦政府及印第安保留地的红利缴纳情况。

表 17-9　1986～2009 年美国联邦政府及印第安保留地的矿业权出让金、权利金、红利及其他矿业特殊税费（美元）

名称 年份	红利	矿产管理局（MMS）征收的全部矿业税费总额	红利/(红利+矿业权出让金)%	红利/总额（%）
1986	217 303 809	3 688 991 892	63.16	5.89
1987	531 999 720	3 843 437 499	79.59	13.84
1988	1 318 943 576	4 316 399 239	91.15	30.56
1989	739 107 764	3 914 970 752	83.69	18.88
1990	647 921 490	4 556 696 646	82.06	14.22
1991	381 144 875	3 926 358 907	73.63	9.71
1992	142 970 711	3 689 322 679	59.62	3.88
1993	203 573 631	4 072 320 370	73.14	5.00
1994	428 821 887	4 222 357 444	85.47	10.16
1995	501 035 526	3 829 672 611	80.46	13.08
1996	965 734 373	5 493 985 052	83.05	17.58
1997	1 496 659 928	6 721 786 634	84.91	22.27
1998	1 454 514 764	5 611 424 959	82.97	25.92
1999	439 316 723	4 560 192 217	63.83	9.63
2000	576 174 527	7 123 762 816	69.48	8.09
2001	798 851 858	10 002 788 339	77.45	7.99
2002	330 979 528	5 873 533 197	63.70	5.64
2003	1 398 772 712	8 267 237 613	81.89	16.92
2004	708 560 481	8 127 879 800	72.83	8.72
2005	1 298 142 514	10 292 803 109	82.05	12.61
2006	1 585 601 245	12 616 328 035	84.75	12.57
2007	902 636 218	11 428 640 050	77.16	7.90
2008	10 145 062 109	24 080 015 775	97.09	42.13
2009	1 980 925 442	9 904 629 524	87.06	20.00

注：内政部矿产管理局征收的全部税费分为四类：矿业权出让金、权利金、红利以及其他矿业特殊税费，原文为 Rents、Royalties、Bonus、Other Revenues。其中 Other Revenues 包括：最低权利金（Minimum Royalties）、定居点补偿（Settlement Payment）、天然气存储费（Gas Storage Fees）、评估费用（Estimated Payments）、损失赔偿（Recoupment），同时以上数据充分考虑了海上资源和路上资源缴纳税费的情况。1998 年的其他矿业特殊税费（Other Revenues）统计数据缺失。

资料来源：美国内政部。

（五）耗竭补贴（Depletion Allowance）

第一，耗竭补贴的一般特征。由于矿产资源开采行业是高风险行业，因此耗竭补贴制度建立的目的在于鼓励矿业承租人或矿山经营者寻找新的矿体，以替代正在折耗的资源，保持和扩大探明储量，保证矿山尽可能长地经营下去。这是一种负的权利金。与权利金的不同之处是，权利金补偿给矿产所有人（一般是国家），而耗竭补贴补偿给矿权人，鼓励其积极从事矿产勘查。资源耗竭补贴的计算方法有两种，一是成本耗竭补贴（按勘查成本计算），二是百分比耗竭补贴。

第二，国外有代表性的耗竭补贴的实践。目前世界上有部分国家实行了耗竭补贴制度，包括美国、加拿大、澳大利亚、南非等。其中具有代表性的是美国。

表 17 - 10 是按矿种划分的美国百分比耗竭补贴率。

表 17 - 10　美国百分比耗竭补贴率　　单位：%

<table>
<tr><th colspan="2">矿产资源</th><th>国内公司</th><th>国外公司</th><th colspan="2">矿产资源</th><th>国内公司</th><th>国外公司</th></tr>
<tr><td colspan="2">锑</td><td>22</td><td>14</td><td colspan="2">汞</td><td>22</td><td>14</td></tr>
<tr><td colspan="2">砷</td><td>14</td><td>14</td><td rowspan="2">云母</td><td>碎片及薄片</td><td>22</td><td>14</td></tr>
<tr><td colspan="2">石棉</td><td>22</td><td>10</td><td>薄板</td><td>22</td><td>14</td></tr>
<tr><td colspan="2">重晶石</td><td>14</td><td>14</td><td colspan="2">钼</td><td>22</td><td>14</td></tr>
<tr><td colspan="2">铝土</td><td>22</td><td>14</td><td colspan="2">镍</td><td>22</td><td>14</td></tr>
<tr><td colspan="2">铍</td><td>22</td><td>14</td><td colspan="2">油页岩</td><td>15</td><td>15</td></tr>
<tr><td colspan="2">铋</td><td>22</td><td>14</td><td colspan="2">泥炭</td><td>5</td><td>5</td></tr>
<tr><td colspan="2">硼（硼砂）</td><td>14</td><td>14</td><td colspan="2">珍珠岩</td><td>10</td><td>10</td></tr>
<tr><td colspan="2">溴（卤水井）</td><td>5</td><td>5</td><td colspan="2">磷酸盐岩</td><td>14</td><td>14</td></tr>
<tr><td colspan="2">镉</td><td>22</td><td>14</td><td colspan="2">铂族金属</td><td>22</td><td>14</td></tr>
<tr><td colspan="2">铯</td><td>14</td><td>14</td><td colspan="2">碳酸钾</td><td>14</td><td>14</td></tr>
<tr><td colspan="2">铬</td><td>22</td><td>14</td><td colspan="2">轻石</td><td>5</td><td>5</td></tr>
<tr><td rowspan="4">粘土</td><td>高岭土、块状粘土、膨润土、漂白土、耐火土</td><td>14</td><td>14</td><td colspan="2">石英晶体，电子能</td><td>22</td><td>14</td></tr>
<tr><td>排污管用粘土或页岩，轻骨料</td><td>7.5</td><td>7.5</td><td rowspan="2">稀土元素和钇</td><td>独居石</td><td>22</td><td>14</td></tr>
<tr><td>铝矾土或铝化合物的粘土</td><td>14</td><td>14</td><td>其他</td><td>14</td><td>14</td></tr>
<tr><td>排水和盖屋板用粘土等</td><td>5</td><td>5</td><td colspan="2">铼</td><td>14</td><td>14</td></tr>
</table>

续表

矿产资源	国内公司	国外公司	矿产资源	国内公司	国外公司
煤	10	10	铷	14	14
钴	22	14	金红石	22	14
钶	22	14	盐（氯化钠）	10	10
铜	15	14	沙和砾石：常用品种	5	5
金刚砂	22	14	沙和砾石：石英砂或水晶	14	14
钻石（工业用）	14	14	硒	14	14
硅藻土	14	14	硅：石英岩	14	14
长石	14	14	硅：砂砾	5	5
萤石	22	14	银	15	14
石榴石	14	14	碳酸钠	14	14
宝石	14	14	芒硝	14	14
锗	14	14	石材：筑基用石材、道渣用石材、道路材料用石材等	5	5
金	15	14	石材：其他	14	14
石墨	22	14	锶	22	14
石膏	14	14	硫	22	22
铪	22	14	滑石：块滑石	22	14
钛铁矿	14	14	滑石：其他	14	14
铟	14	14	钽	22	14
碘	14	14	碲	14	14
铁矿石	15	14	铊	14	14
蓝晶石	22	14	钍	22	14
铅	22	14	锡	22	14
褐煤	10	10	钨	22	14
锂	22	14	铀	22	22
镁和镁化物：水镁石	10	10	钒	22	14
镁和镁化物：白云石和碳酸镁	14	14	蛭石	14	14
镁和镁化物：氯化镁	5	5	锌	22	14
镁和镁化物：橄榄石	2	14	锆	22	14
锰	22	14			

资料来源：美国 IRS（国内税务局）资料。

另外，对智利、阿根廷、印度尼西亚、秘鲁、墨西哥、加纳、南非等发展中国家的调查显示，大多数国家都没有实行耗竭补贴制度，上述国家中只有加纳实行了耗竭补贴率为5%的耗竭补贴政策。

二、政府分成

目前世界上有很多政府通过两种直接参与资源开采的方式来获取资源租金，这两种形式就是产品分成和股份参与。

（一）产品分成（Product Sharing）

产品分成在石油开采领域很常见，它是政府和矿业投资者达成的某种协议。产品分成协议的形式有很多种，但是通常所具备的一个特征是资源的所有权仍掌握在政府手里，而企业被合同约定以开采出的资源的一部分作为政府的分成。产品分成通常有三种通用的形式：第一，特许权协议（Concession Agreement）；第二，产品分成合同（Production Sharing Contracts，PSC）；第三，风险服务合同（Risk Contracts）。特许权协议是20世纪50年代在发展中国家比较通行的一种授予探矿权的手段。产品分成合同（PSC）是20世纪60年代印度尼西亚最早提出的一种方法，目前在多个国家采用。产品分成合同最简单的一种形式是政府获得一个固定比例的产出，并且政府有权销售这些产出品。另一种是政府在矿业投资者在覆盖了探矿成本、开采成本、包含折旧的作业成本以后的产品分成。风险服务合同是产品分成合同（PSC）的一个变形，签订合同的一方可以选择一个均一的费金或一个基于利润的费金以获得某种特别服务。

（二）股份参与（Equity Sharing/Equity Participation）

在许多国家，政府对矿业项目的入股代表着一个重要的政治象征。许多非经济因素促使政府要求对矿业项目的入股，例如，对提高资源国家所有权的渴望、促进技术进步、提供对项目发展更直接的控制力等因素，以体现政府积极参与国家的发展。但是政府的股份参与行为是一种带有成本的行为。第一，政府对矿业项目的入股将政府本身暴露在风险之中，因为政府在行使自己的股份权利时，很难确定自己做出了好的投资决策；第二，资源税制是政府收益的一种接近最大化的现金流，而政府的股东权益往往并不能折现；第三，股权要求政府承担一定的财务义务，例如将收益用于项目的再发展；第四，政府作为规制者和股份持有者双重身份之间存在矛盾，作为规制者政府希望矿业项目的所有行为都符合矿业规制措施，而作为股份持有人则关心将投资收益最大化。

股份参与的形式有如下几种：第一，商业条款中的已支付股份形式，政府像私人投资者一样的入股；第二，特许权条款中的已支付股份形式，在这种形式中，政府可以要求一个低于市场价格的股份份额；第三，附带权益形式；第四，以税换股份，政府通过削减税负来获得股份；第五，通过非现金方式交换股份，例如政府通过提供公共基础设施来获得项目的股份；第六，“免费”获得股份。

表 17－11 是部分国家产品分成和股份参与的情况统计。

表 17－11　　部分国家产品分成和股份参与的情况

国别	产品分成（Product Sharing）	股份参与（Equity Participation）
安哥拉*	50%～90%（V）	25%
埃塞俄比亚*	15%～75%	10%
柬埔寨**	40%～65%	无
印度尼西亚*	80%～90%	10%

注：* 代表油气资源，** 代表全部矿产资源，产品分成比例是基于产量计征。

资料来源：Thomas Baunsgaard. A Primer on Mineral Taxation. IMF Working Paper. 2001. 09。

第三节　部分国家企业的矿业税费负担水平

一、加拿大矿业税费负担水平

加拿大的矿业税费制度主要有三个层面构成：联邦所得税、省一级的所得税、基于利润或收益的矿业税、关税和权利金。截止到 2010 年 12 月 31 日，加拿大联邦所得税税率为 18%。省一级的矿业税主要包含三个内容：省一级的公司所得税、省一级的资本税和省一级的矿业税。各省一级税费征收情况如表 17－12 所示。

表 17-12　　各省一级税费征收情况

<table>
<tr><th rowspan="2">省</th><th colspan="3">省一级所得税</th><th rowspan="2">省一级
资本税</th><th rowspan="2">省一级
矿业税</th></tr>
<tr><th></th><th>省一级
税率（%）</th><th>中央和省所得税
税率总水平（%）</th></tr>
<tr><td>阿尔伯塔</td><td rowspan="13">征收</td><td>10</td><td>28</td><td rowspan="2">N/A</td><td rowspan="9">不征收</td></tr>
<tr><td>不列颠哥伦比亚</td><td>10.5</td><td>28.5</td></tr>
<tr><td>曼尼托巴</td><td>12</td><td>30</td><td>不征收</td></tr>
<tr><td>新布伦瑞克</td><td>11</td><td>29</td><td rowspan="3">N/A</td></tr>
<tr><td>纽芬兰和拉布拉多</td><td>14</td><td>32</td></tr>
<tr><td>西北领地</td><td>11.5</td><td>29.5</td></tr>
<tr><td>新斯科舍</td><td>16</td><td>34</td><td>征收</td></tr>
<tr><td>努纳武特</td><td>12</td><td>30</td><td>N/A</td></tr>
<tr><td>安大略</td><td>10</td><td>28</td><td>征收</td></tr>
<tr><td>爱德华王子岛</td><td>16</td><td>34</td><td colspan="2">N/A</td></tr>
<tr><td>魁北克</td><td>11.9</td><td>29.9</td><td colspan="2">征收</td></tr>
<tr><td>萨斯喀彻温</td><td>12</td><td>30</td><td rowspan="2">N/A</td><td rowspan="2">不征收</td></tr>
<tr><td>育空</td><td>15</td><td>33</td></tr>
</table>

资料来源：根据 PWC 资料整理得到。

根据对加拿大各个省的矿业税费实际征收水平的整理，各省的三类税费以及矿业公司股东权益占收益的比重如表 17-13 所示。

表 17-13　　加拿大各省的三类税费以及矿业公司股东权益占收益的比重

省	联邦所得税（%）	省所得税（%）	省矿业税（%）	股东权益（%）
安大略	16.3	4.9	8.6	70.2
萨斯喀彻温	16.4	11.1	8.0	64.5
不列颠哥伦比亚	15.7	8.8	12.8	62.7
西北领地	15.8	10.2	11.6	62.5
努纳武特	15.8	10.6	11.6	62.0
曼尼托巴	15.5	10.5	13.3	60.8
育空	15.9	13.4	10.8	59.9
新布伦瑞克	14.2	9.7	16.7	59.3

续表

省	联邦所得税（%）	省所得税（%）	省矿业税（%）	股东权益（%）
魁北克	15.0	9.9	16.0	59.1
纽芬兰和拉布拉多	14.6	12.1	14.4	58.8
新斯科舍	14.6	13.8	14.8	56.8

注：根据 PWC 资料整理得到。

从以上两表可以看出，第一，加拿大各省的矿业企业所承担的名义税负水平（中央和省一级的所得税综合）根据各省的税率水平的差异而不同，在 28% ~ 34% 波动；第二，在资本税、矿业税等项目上，各省根据其立法的不同，有的开征，有的不开征；第三，加拿大各省在联邦所得税、省所得税和省矿业税三类税费上的实际开征水平波动较大，在 30% ~44% 波动。

二、博地能源公司（Peabody Energy Corporation）在美国境内采煤业税费负担水平

Peabody 能源公司是美国最大的煤炭开采企业，同时在纳斯达克上市，其煤炭开采业务主要集中在美国和澳大利亚。这里对 Peabody 公司在美国境内采煤业的税费负担水平进行定量测算：

（一）Peabody 公司美国煤炭开采业务缴纳的权利金计算

Peabody 公司分地区煤炭销售量和销售收益见表 17 – 14、表 17 – 15。

表 17 – 14　　Peabody 公司 2009 年分地区煤炭销售量　　单位：百万吨

地区	销售量
美国西部采煤业	160.1
美国中西部采煤业	31.8
澳大利亚采煤业	22.3
其他	29.4
合计	243.6

资料来源：Peabody2009 年报。

表 17 – 15　　Peabody 公司 2009 年分地区煤炭销售收益　单位：百万美元

地区	销售收益
美国西部采煤业	2 612. 6
美国中西部采煤业	1 303. 8
澳大利亚采煤业	1 678
其他	418
合计	6 012. 4

资料来源：Peabody 公司 2009 年报。

第一，Peabody 公司 2009 年应交权利金的计算。

由上述两表可以计算出 Peabody 公司 2009 年在美国西部地区和中西部地区采煤业的销售价格，分别为 16. 32 美元/吨和 41 美元/吨。

对美国内政部矿业管理局对美国境内采矿业有偿使用费金的规定进行整理。美国矿业管理局对矿产资源的开采征收税费包括：权利金、红利、地表租和其他矿业收益。其中，权利金从矿产品开采出来时开始逐年征收，代表了一种对矿产品所有权；红利是在对矿业权自由竞价过程中产生的矿业权交易价格，是一次性总付的价格；地表租代表对矿产地表的租金，通常是逐年缴纳，金额固定；其他矿业收益包含最低权利金、移民补偿、天然气储藏费、估计支付、支出补偿（Recoupment），这些税费由其他矿业收益统一代表。表 17 – 16 是征收标准。

表 17 – 16　　美国联邦土地和印第安保留地的煤炭资源权利金、地表租等税费的缴纳标准

<table>
<tr><th>不同类型的土地</th><th>名目</th><th>征收水平</th></tr>
<tr><td rowspan="8">联邦土地的煤炭资源有偿使用收益：1976 年 8 月 4 日以前至今仍在开采的</td><td rowspan="2">权利金率</td><td>地下煤矿，0. 15 美元/吨</td></tr>
<tr><td>露天煤矿，0. 175 美元/吨</td></tr>
<tr><td>年度地表租及其他费用</td><td>地表租：1 美元/英亩</td></tr>
<tr><td>地表租赁时间</td><td>20 年</td></tr>
<tr><td>地表租赁地块大小</td><td>一州范围内，不得超过 46 080 英亩；全国范围内不超过 100 000 英亩</td></tr>
<tr><td rowspan="2">地表租赁的租金标准</td><td>在没有投产时，不论矿山多大，征收 5 000 美元，或每年征收 1 000 美元</td></tr>
<tr><td>在投产时，要至少缴纳三个月的权利金和保证 2 年的地表租义务</td></tr>
</table>

续表

不同类型的土地	名目	征收水平
联邦土地的煤炭资源有偿使用收益：1976 年 8 月 4 日以后至今仍在开采的	权利金率	地下煤矿，从价权利金率 8%
		露天煤矿，从价权利金率 12.5%
	年度地表租及其他费用	地表租：3 美元/英亩
	地表租赁时间	20 年，后续续约以 10 为一期
	地表租赁地块大小	一州范围内，不得超过 46 080 英亩；全国范围内不超过 100 000 英亩
	地表租赁的租金标准	在没有投产时，不论矿山多大，一次性征收 5 000 美元，或每年征收 1 000 美元
		在投产时，要至少缴纳三个月的权利金和保证 2 年的地表租义务
美国印第安保留地的煤炭资源有偿使用收益	权利金率	协商出的权利金率为准，但不能低于地下煤矿 8% 和露天煤矿 12.5%
	年度地表租及其他费用	平均 2 美元/英亩
	地表租赁时间	协商出的地表租赁时间为准
	地表租赁地块大小	无限制
	地表租赁的租金标准	租赁：500 ~ 2 000 美元，由面积决定
		州：75 000 美元，由面积决定
		国家范围：75 000 美元或有政府决定

资料来源：美国内政部统计资料。

由上面的整理分析可以看出，美国对于煤炭开采企业征收权利金和地表租的标准依据煤矿开采时间和赋存条件（地表或地下）而定。下面对 Peabody 公司在美国开采煤矿进行梳理，找出各个煤矿使用的权利金率和应交权利金（见表 17 - 17）。由于 Peabody 公司在美国开采的煤矿矿山都在 1976 年 8 月 4 日之后，因此其权利金率执行的是地下矿山 8%、地表矿山 12.5% 的水平。

表 17－17　Peabody 公司在美国西部和中西部的煤炭矿山的类型、产量、权利金率和应交权利金

地区、矿山		2009 年销售量（单位：百万吨）	矿山类型	对应的权利金率（%）	应交权利金（百万美元）
Powder River Basin 地区	Caballo	23.3	露天煤矿	12.5	47.5
	North Antelope Rochelle	98.3	露天煤矿	12.5	200.5
	Rawhide	15.8	露天煤矿	12.5	32.2
Southwest/Colorado 地区	Kayenta	7.5	露天煤矿	12.5	15.3
	EI Segundo	5.4	露天煤矿	12.5	11.0
	Lee Ranch	2.1	露天煤矿	12.5	4.3
	Twentymile	7.7	地下煤矿	8	10.1
Peabody 公司在美国西部地区煤炭业务权利金合计（百万美元）		160.1			
Illinois 地区	Gateway	3.4	地下煤矿	8	11.2
	Cottage Grove	2.1	地表煤矿	12.5	10.8
	Wildcat Hills	0.7	地下煤矿	8	2.3
	Willow Lake	3.5	地下煤矿	8	11.5
Indiana	Air Quality	1.6	地下煤矿	8	5.2
	Bear Run	—	地表煤矿	12.5	
	Farmersburg	3.6	地表煤矿	12.5	18.5
	Francisco	2.0	地下煤矿	8	6.6
	Miller Creek	2.0	地表煤矿	12.5	10.3
	Somerville Central	3.4	地表煤矿	12.5	17.4
	Somerville North	2.0	地表煤矿	12.5	10.3
	Somerville South	1.7	地表煤矿	12.5	8.7
	Viking	1.6	地表煤矿	12.5	8.2
	Other Midwest	4.2			

续表

地区、矿山	2009 年销售量（单位：百万吨）	矿山类型	对应的权利金率（%）	应交权利金（百万美元）
Peabody 公司在美国中西部地区煤炭业务权利金合计（百万美元）	31.8			
Peabody 公司在全美煤炭业务应交权利金合计（百万美元）	191.9			441.9

注：全美合计的应交权利金不含 Bear Run 和 Other Midwest 的权利金。

通过计算可以发现，Peabody 公司 2009 年应交权利金为 4.419 亿美元。公司 2009 年年报披露的权利金缴纳额为 4.394 亿美元。

第二，Peabody 公司 2009 年应交地表租金的计算。

Peabody 公司 2009 年缴纳的地表租金额：

Peabody 公司 2009 年年报披露的矿地租面积为 860 000 英亩，按照上面提到的地表租的征收单位额 3 美元/英亩，可以推算出，Peabody 公司 2009 年的地表租金为 2 580 000 美元。

因此 Peabody 公司 2009 年权利金和地表租的应交额 = 4.419 + 0.0258 = 4.445 亿美元。

第三，Peabody 公司 2009 年支付的红利。

由于红利是自由竞价产生的，因此，不存在一个支付红利的单位金额，其实际支付金额也就是应交金额。Peabody 公司 2009 年支付的红利是 1.236 亿美元。

第四，Peabody 公司 2009 年有偿使用税费的应交金额总计为 4.419 + 0.0258 + 1.236 = 5.681 亿美元。

Peabody 公司 2009 年在美国煤炭业务的销售收入，根据前文的数据可以算出：26.126 + 13.03.8 = 39.17 亿美元

由此得出，Peabody 公司 2009 年的有偿使用税费占公司收益的比重为（见表 17 - 18）。

表 17 - 18　Peabody 公司 2009 年的有偿使用税费占公司收益的比重

名称	金额（亿美元）	占收益比重（%）
权利金	4.419	11.28
地表租	0.0258	0.07
红利	1.236	3.16
合计	5.681	14.5

（二）Peabody 公司 2009 年度环境税费缴纳金额的估计

美国国内税务局（IRS）“收入统计”（Statistics of Income）规定了四种“环境税”：第一，油气税（Petroleum），收入并入原油溢出责任信托基金（OSLTF）和超级基金（Superfund）；第二，化学品存货税（Chemical Feedstocks），收入并入超级基金；第三，臭氧折耗化学品税（Ozone-depleting Chemicals），收入并入一般基金（General Fund）；第四，机动车燃料税，收入并入泄露的地下储存装置（LUST）基金。

Barthold（1994）对美国 51 种联邦层面的环境税进行了梳理，Don Fullerton（1996）在 Barthold 研究的基础上又加入了几种环境税费，在上述研究基础上，选择其中与煤矿开采相关的环境税费整理如表 17－19 所示。

表 17－19　　　美国煤矿开采相关的环境税费

名称	税率	内容
煤炭税（Coal Tax）	1.1 美元/吨，地下矿	计入黑肺病补偿基金，上限不超过从价 4.4%
	0.55 美元/吨，露天矿	
超级基金（Superfund）	从价 0.12%	对超过 200 万美元营业收入的部分征收

资料来源：Don Fullerton. Why Have Separate Environmental Taxes? [J]. Tax Policy and the Economy, Volume 10. MIT Press. November 7, 1995: 33－70; Thomas A. Barthold. Issues in the Design of Environmental Excise Taxes [J]. The Journal of Economic Perspectives, Vol. 8, No. 1. (Winter, 1994), pp. 133－151.

从表 17－20 中计算出的环境税费总额为 1.1812 亿美元，因此 Peabody 公司承担的环境税费负担占销售收入的比重为 3.02%。

从表 17－20 中的计算，可以发现，Peabody 公司 2009 年在征收环节所交的资源、环境税负总额为 6.86 亿美元，占公司（在美国境内煤炭业务）销售收入的比重为 17.52%。

（三）Peabody 公司一般税费和总体税费占公司销售收入的比重

同时，根据 Peabody 公司 2009 年年报可知，该公司 2009 年的缴纳税费总额为 12.827 亿美元。Peabody 公司（在美国境内煤炭业务）2009 年缴纳的一般税费（不含资源、环境税费的部分）为 5.9648 亿美元，一般税费占公司（在美国境内煤炭业务）销售收入的比重为 15.23%。

Peabody 公司 2009 年（在美国境内煤炭业务）总体税费水平（一般税负和特殊税费）占公司（在美国境内煤炭业务）销售收入的比重为 32.75%。

表 17 - 20 **Peabody 公司 2009 年煤炭税、超级基金的缴纳金额**

地区、矿山		2009 年销售量 单位：百万吨	矿山类型	对应的煤炭税税率（从量：美元/吨）	应交煤炭税 单位：百万美元	超级基金（从价）	应交超级基金 单位：百万美元	环境税费总额
Powder River Basin 地区	Caballo	23.3	地表煤矿	0.55	12.815	0.12%	0.46	13.27
	North Antelope Rochelle	98.3	地表煤矿	0.55	54.065	0.12%	1.93	55.99
	Rawhide	15.8	地表煤矿	0.55	8.69	0.12%	0.31	9.00
Southwest/ Colorado 地区	Kayenta	7.5	地表煤矿	0.55	4.125	0.12%	0.15	4.27
	EI Segundo	5.4	地表煤矿	0.55	2.97	0.12%	0.11	3.08
	Lee Ranch	2.1	地表煤矿	0.55	1.155	0.12%	0.04	1.20
	Twentymile	7.7	地下煤矿	1.1	8.47	0.12%	0.15	8.62
美国西部地区合计		160.1						
Illinois 地区	Gateway	3.4	地下煤矿	1.1	3.74	0.12%	0.17	3.91
	Cottage Grove	2.1	地表煤矿	0.55	1.155	0.12%	0.10	1.26
	Wildcat Hills	0.7	地下煤矿	1.1	0.77	0.12%	0.03	0.80
	Willow Lake	3.5	地下煤矿	1.1	3.85	0.12%	0.17	4.02

续表

地区、矿山		2009 年销售量 单位：百万吨	矿山类型	对应的煤炭税税率（从量：美元/吨）	应交煤炭税 单位：百万美元	超级基金（从价）	应交超级基金 单位：百万美元	环境税费总额
Indiana	Air Quality	1.6	地下煤矿	1.1	1.76	0.12%	0.08	1.84
	Bear Run	—	地表煤矿	0.55		0.12%		
	Farmersburg	3.6	地表煤矿	0.55	1.98	0.12%	0.18	2.16
	Francisco	2.0	地下煤矿	1.1	2.2	0.12%	0.10	2.30
	Miller Creek	2.0	地表煤矿	0.55	1.1	0.12%	0.10	1.20
	Somerville Central	3.4	地表煤矿	0.55	1.87	0.12%	0.17	2.04
	Somerville North	2.0	地表煤矿	0.55	1.1	0.12%	0.10	1.20
	Somerville South	1.7	地表煤矿	0.55	0.935	0.12%	0.08	1.02
	Viking	1.6	地表煤矿	0.55	0.88	0.12%	0.08	0.96
	Other Midwest	4.2						
美国中西部地区合计		31.8						
全美合计		191.9			113.63		4.49	118.12

小　结

第一，就国际矿业企业的税制结构而言，本文对国际矿业企业通行的税费进行了梳理和分析，发现当前国际矿业企业面临的税费主要分为一般性税费、有偿使用费金（权利金）、环境税费。对于一般性税费而言，所得税是各国普遍征收的一个税种，且税率通常不超过35%的水平，而对于进出口关税、销售税、增值税等一般性税费，各国根据各自矿业的政策导向，选择性的开征。对于权利金制度，各国普遍征收矿业权利金、红利、矿业权出让金，而资源租金税和资源耗竭补贴政策仅仅在部分国家实行。对于环境税费，目前各国征收的情况较不一致，以美国为例，从征收环节考察，存在数种名目的税费，且征收的税费并入相关的特别基金，从使用流向考察，美国将所征收的环境税费并入特别基金后，按照专款专用的原则，在严格的预算制度下，对税费的用途做了严格规制，杜绝了在税费使用中可能产生的寻租行为，保证了税费用于当代外部性的补偿，同时美国的权利金在使用流向上也体现出对环境破坏和生态补偿的功能，也就是说美国的权利金不仅仅体现了代际外部性补偿，也体现了当代外部性的补偿，对矿产资源开采活动所带来的特殊的环境破坏进行了补偿。

第二，选取加拿大为研究对象，对国家层面的税费负担水平研究进行了研究，发现：加拿大各省对矿业开征的总体税负水平在30% ~44%之间波动。

第三，选取美国最大的煤炭开采企业 Peabody 公司为研究对象，发现该公司在美国境内所承受的采煤业税费负担水平为32.75%，其中资源的有偿使用费金占销售收入的比重为17.52%，生态环境税费的比重为3.02%，一般性税费的比重为15.23%。

第十八章

采矿活动中负外部成本内部化的税费水平

矿产资源的不可再生性和可耗竭性，使其在开采中面临代际负外部性问题。同时，矿产开采活动不可避免地会对土地、水、大气等生态环境造成污染和破坏，产生生态环境负外部性。本章分别采用使用者成本法和直接市场法测算矿产资源的代际负外部成本（使用者成本）和采矿活动中的生态环境负外部成本，根据两个负外部成本充分内部化的要求，提出了矿产资源开采中税费水平的调整目标。以煤炭资源为例，比较了目前采煤企业实交的资源、生态环境税费额与现行标准下采煤企业应交的资源、生态环境税费额的差距。

第一节　矿产资源开采中资源税费调整的依据

——代际负外部成本充分内部化

一、矿产资源使用者成本测算

（一）煤炭资源的使用者成本

综合考虑按照我国基础储量和储量分别计算的煤炭开采年限，以及我国煤炭探明储量、开采技术水平和实际回采率在未来可能不断提高等因素，将我国煤炭资源的开采年限设定为 100 年。采用使用者成本法计算出 2000 ~ 2008 年 1%、3%、5% 和 7% 折现率下我国煤炭资源的使用者成本，并用 2000 年可比价格进行调整，见表 18 - 1。

表 18 - 1　　2000 ~ 2008 年我国煤炭资源的使用者成本（2000 年价格）

单位：亿元

年份＼折现率	1%	3%	5%	7%
2000	1 058. 16	148. 92	21. 76	3. 30
2001	1 214. 72	170. 96	24. 99	3. 79
2002	861. 48	121. 24	17. 72	2. 69
2003	1 554. 00	218. 71	31. 96	4. 84
2004	3 393. 11	477. 54	69. 79	10. 58
2005	2 837. 44	399. 34	58. 36	8. 84
2006	2 611. 39	367. 52	53. 71	8. 14
2007	3 808. 13	535. 95	78. 33	11. 87
2008	4 582. 60	644. 95	94. 26	14. 28

资料来源：由《中国统计年鉴》（2001 ~ 2009）相关数据整理计算。

2000 ~ 2008 年，1% 折现率下我国煤炭资源的使用者成本在 861. 48 亿 ~ 4 582. 60 亿元之间；3% 折现率下我国煤炭资源的使用者成本在 121. 24 亿 ~ 644. 95 亿元之间；5%、7% 折现率下的使用者成本均在 100 亿元以下。

应该注意的是，测算煤炭资源使用者成本时要考虑到开采过程中所浪费的煤炭资源即资源损耗因素，事实上煤炭资源不仅包括采出的可售煤炭资源，也应包括在开采过程中所浪费的煤炭资源，进而测算出的煤炭资源使用者成本才是真实、完整的。山西省资源型工矿城镇的煤炭资源回收率为 43%，大部分乡镇煤矿资源回收率在 15% 左右。据山西煤炭产业循环经济发展研究课题组估计，改革开放 20 年间，山西省共开采煤炭 80 多亿吨，但是消耗的煤炭资源则高达 200 多亿吨。由此可以估算出，山西省每采出 1 吨可售煤炭，实际上破坏和消耗煤炭资源 2. 5 吨。山西省作为中国的煤炭资源大省，供应了全国 70% 的煤炭需求，以“山西省每采出 1 吨可售煤炭，实际上要破坏和消耗煤炭资源 2. 5 吨”为参数，采用使用者成本法测算了 2000 ~ 2008 年我国煤炭资源的使用者成本，见表 18 - 2。

表 18－2　　2000～2008 年我国煤炭资源使用者成本（2000 年价格）

单位：亿元

年份 \ 折现率	1%	3%	5%	7%
2000	2 547.77	358.57	52.40	7.94
2001	2 896.88	407.70	59.59	9.03
2002	2 016.38	283.78	41.47	6.29
2003	3 855.67	542.64	79.31	12.02
2004	8 224.29	1 157.48	169.16	25.64
2005	6 617.80	931.38	136.12	20.63
2006	6 107.04	859.50	125.61	19.04
2007	9 218.37	1 297.39	189.61	28.74
2008	14 294.59	2 011.81	294.02	44.56

资料来源：由《中国统计年鉴》（2001～2009）相关数据整理计算。

2000～2008 年，1% 折现率下我国煤炭资源的使用者成本在 2 016.38 亿～14 294.59 亿元；3% 折现率下我国煤炭资源的使用者成本在 283.78 亿～2 011.81 亿元；5% 折现率下的使用者成本均在 300 亿元以下；7% 折现率下的使用者成本在 50 亿元以下。

（二）调研企业镍钴矿资源的使用者成本

综合考虑按照中国基础储量和储量分别计算的开采年限，以及我国矿产资源探明储量、开采技术水平和实际回采率在未来可能不断提高等因素，将镍钴矿资源的开采年限设定为 40 年。由于国内外镍钴矿资源价格基本接轨，选取《中国工业企业数据库》中全国镍钴矿采选企业实际销售收入作为镍钴矿石的销售收入，采用使用者成本法计算 2000～2009 年我国镍钴矿资源的使用者成本见表 18－3。进而由 2006～2009 年全国镍钴矿产量，计算出单位镍钴矿资源的使用者成本，见表 18－4。调研企业 2006～2009 年镍钴矿产量分别为 580 万吨、576 万吨、646 万吨和 774 万吨，由此计算出调研企业镍钴矿资源的使用者成本，见表 18－5。

表 18 - 3　　2000～2009 年我国镍钴资源使用者成本（2000 年价格）

单位：亿元

折现率 年份	1%	3%	5%	7%
2000	0. 3842	0. 1754	0. 8123	0. 0382
2001	0. 1659	0. 0757	0. 0351	0. 0165
2002	0. 0712	0. 0325	0. 0151	0. 0071
2003	2. 7179	1. 2405	0. 5748	0. 2702
2004	2. 5775	1. 1764	0. 5451	0. 2563
2005	5. 7544	2. 6264	1. 2170	0. 5721
2006	9. 9464	4. 5398	2. 1035	0. 9889
2007	13. 0579	5. 9599	2. 7616	1. 2983
2008	15. 5763	7. 1094	3. 2942	1. 5487
2009	17. 4819	7. 9791	3. 6972	1. 7382

资料来源：由《中国工业企业数据库》、《中国统计年鉴》相关数据整理计算。

表 18 - 4　　2006～2009 年我国单位镍钴矿资源的使用者成本（2000 年价格）

单位：元

折现率 年份	1%	3%	5%	7%
2006	126. 00	57. 51	26. 65	12. 53
2007	193. 45	88. 30	40. 91	19. 23
2008	232. 75	106. 23	49. 22	23. 14
2009	224. 18	102. 32	47. 41	22. 29

表 18 - 5　　2006～2009 年调研企业镍钴矿资源的使用者成本（2000 年价格）

单位：亿元

折现率 年份	1%	3%	5%	7%
2006	7. 3109	3. 3368	1. 5461	0. 7269
2007	11. 1435	5. 0861	2. 3567	1. 1080
2008	15. 0422	6. 8656	3. 1812	1. 4956
2009	17. 3615	7. 9242	3. 6717	1. 7262

二、实现矿产资源使用者成本充分内部化的资源税费负担水平

矿产资源开采中的资源税费制度是保障资源价值补偿的有效手段。按照我国资源有偿取得和有偿使用的制度要求，矿产资源开采人占有、使用国家、全民所有的资源，应依法缴纳资源税费。将我国矿产资源开采中依法应缴的资源税费与资源的使用者成本进行比较，可以发现我国矿产资源价值损失的补偿状态和差距，进而测算实现使用者成本充分内部化的资源税费负担水平。

（一）实现中国煤炭资源使用者成本充分内部化的资源税费负担水平

目前我国采煤企业依法缴纳的资源税费主要是资源税、资源价款（探、采矿权价款）和资源补偿费。煤炭资源税征收标准因各省区资源开采难易程度、品质不同而不同，各省煤炭资源税平均征收标准见表18－6，本章取各省煤炭资源税征收标准的中位数（即2.50元/吨）作为全国煤炭资源税的平均征收标准，进而根据全国原煤开采量计算出中国采煤企业应缴纳的资源税总额（见表18－7）。根据山西省采煤企业开采单位煤炭缴纳6元资源价款的标准，由全国原煤开采量计算出中国采煤企业应缴纳的资源价款总额（见表18－7）。另外，根据1994年2月国务院发布的《矿产资源补偿费征收管理规定》，矿产资源补偿费＝矿产品销售收入×补偿费费率×开采回采率系数（即实际回采率/核定开采回采率），费率按矿种进行分档，其中煤炭资源补偿费费率为1%。由于各矿区核定回采率和实际回采率数据难以获取，此处假定核定开采回采率和实际开采回采率相等，即将开采回采率系数定为1，进而根据全国原煤销售收入计算出中国采煤企业应缴纳的资源补偿费总额见表18－7。

表18－6　　我国各省煤炭资源税平均征收标准　　单位：元/吨

省（区）	征收标准	省（区）	征收标准
新疆	0.50	贵州	2.50
浙江	0.5	云南	2.50
北京	0.6	辽宁	2.80
黑龙江	2.30	河北	3.00
宁夏	2.30	湖北	3.00
青海	2.30	广西	3.00

续表

省（区）	征收标准	省（区）	征收标准
安徽	2.00	甘肃	3.00
吉林	2.50	内蒙古	3.20
江苏	2.50	陕西	3.20
福建	2.50	山西	3.20
江西	2.50	山东	3.60
湖南	2.50	广东	3.60
重庆	2.50	河南	4.00
四川	2.50		

注：由作者收集整理。

表 18-7　　2000～2008 年我国煤炭开采中应缴的资源税费总额（2000 年价格）

单位：亿元

年份	资源价款	资源税	资源补偿费	资源税费总额
2000	77.94	32.48	12.14	122.56
2001	82.28	34.29	14.93	131.50
2002	87.39	36.41	19.14	142.94
2003	102.92	42.88	24.4	170.20
2004	113.67	47.36	36.69	197.72
2005	125.08	52.12	54.32	231.52
2006	137.80	57.41	68.64	263.85
2007	142.48	59.37	90.18	292.03
2008	150.70	62.79	137.97	351.46

注：由作者整理计算。

将 2000～2008 年我国采煤企业应缴纳的资源税费总额与 1%、3% 折现率下的煤炭资源使用者成本进行比较（见图 18-1）。2000～2008 年 1%、3% 折现率下我国煤炭资源使用者成本的补偿率（见图 18-2）。

结果发现，2000～2008 年我国采煤企业应缴纳的资源税费总额仅能部分补偿 1%、3% 折现率下煤炭资源的使用者成本。以 2008 年为例，我国煤炭开采活动中应缴纳的资源税费总额是 351.46 亿元，远低于 3% 折现率下煤炭资源的使用者成本 2 011.81 亿元，差额 1 660.35 亿元，补偿率仅为 17.47%；更大大低于 1% 折现率下煤炭资源的使用者成本 14 294.59 亿元，差额 13 943.13 亿元，补偿率仅为 2.46%。由此，按照我国采煤企业现行资源价款（吨煤 6 元）、资源税（吨煤 0.3～5 元）和资源补偿费（从价 1%）的征收标准，煤炭资源使用者成本中至少 80% 以上的部分不能得到补偿。

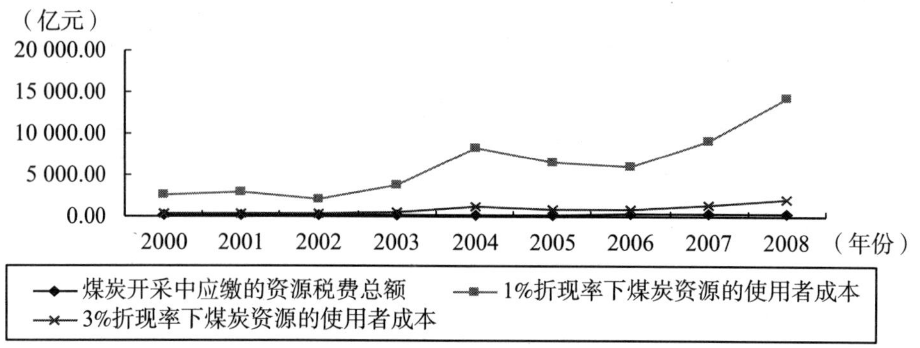

图 18-1　2000～2008 年中国煤炭开采中应缴纳的资源税费总额与煤炭资源使用者成本的比较

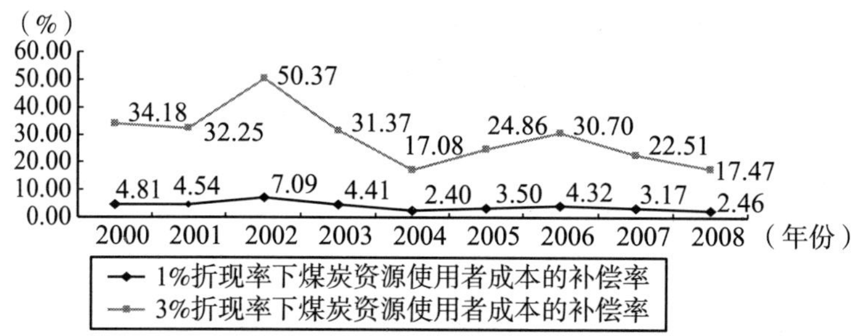

图 18-2　2000～2008 年中国煤炭资源使用者成本的补偿率

若将煤炭资源税征收标准由目前从量 0.3～5 元/吨（相当于从价 1%）提高到从价 13%，以 2008 年为例，我国采煤企业应缴纳的资源税费总额将由 351.46 亿元提高到 2 082.34 亿元，将能够完全补偿 3% 折现率下煤炭资源的使用者成本 2 011.81 亿元，补偿率也相应地由 17.47% 提高到 103.51%；将能够部分补偿 1% 折现率下煤炭资源的使用者成本 14 294.59 亿元，补偿率相应地由 2.46% 提高到 14.57%。可见，若煤炭资源税由目前从量 0.3～5 元/吨（约为从价 1%）计征改为从价 13% 计征，可以有效解决 3% 折现率下我国煤炭资源使用者成本的补偿问题。这是资源税调整的近中期目标，而长期目标是补偿 1% 折现率下煤炭资源的使用者成本。

（二）实现调研企业镍钴矿资源使用者成本内部化的资源税费负担水平

调研镍钴矿开采企业目前应缴纳的资源税费主要有资源税、矿产资源补偿费及资源价款（探、采矿权价款），2006～2009 年调研企业应缴的资源税费总额见表 18-8。

表 18-8　　2006～2009 年调研企业应缴的资源税费总额（2000 年价格）　　单位：亿元

年份	资源价款	资源税	资源补偿费	资源税费总额
2006	0.3975	0.6727	0.1608	1.2310
2007	0.4070	0.6734	0.1733	1.2536
2008	0.3955	0.7407	0.2025	1.3386
2009	0.3792	0.8463	0.2438	1.4693

注：数据来自于调研企业年度财务报告。

2006～2009 年该企业应缴资源税费总额分别为 1.2310 亿元、1.2536 亿元、1.3386 亿元和 1.4693 亿元。将 2006～2009 年调研企业应缴纳的资源税费总额与 1%、3% 折现率下该企业镍钴矿资源的使用者成本进行比较，见图 18-3。2006～2009 年 1%、3% 折现率下调研企业镍钴矿资源使用者成本的补偿率见图 18-4。

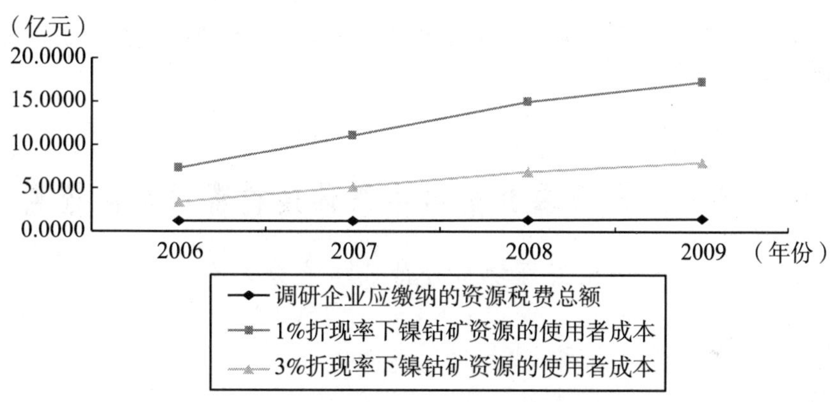

图 18-3　2006～2009 年调研企业应缴的资源税费总额与镍钴矿资源使用者成本的比较

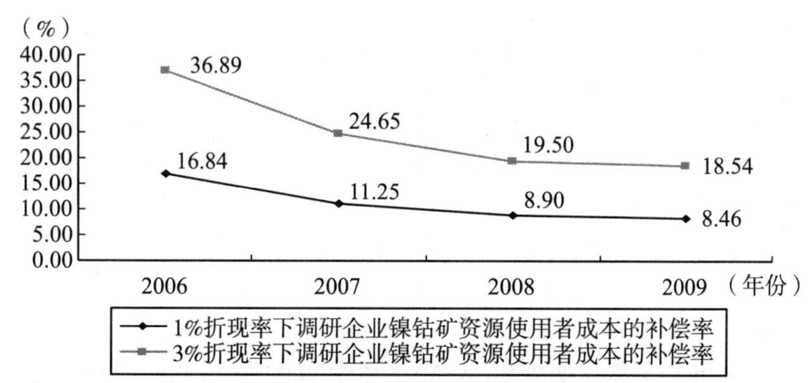

图 18-4　2006～2009 年调研企业镍钴矿资源使用者成本的补偿率

结果发现，该企业应缴的资源税费仅能部分补偿该企业镍钴矿资源的使用者成本，以2009年为例，调研企业应缴纳的资源税费总额是1.4693亿元，远低于3%折现率下企业镍钴矿资源的使用者成本7.9242亿元，差额6.4549亿元，补偿率仅为18.54%；更大大低于1%折现率下调研企业镍钴矿资源的使用者成本17.3615亿元，差额15.8922亿元，补偿率仅为8.46%。由此，按照调研企业目前的资源税费征收标准，企业镍钴矿资源的使用者成本中至少80%部分不能得到补偿。

若将调研企业资源税征收标准由目前12元/吨（约为从价5%左右）提高到从价33%，以2009年为例，该企业应缴纳的资源税费总额将由原来的1.4693亿元提高到8.0557亿元，将能够完全补偿3%折现率下镍钴矿资源的使用者成本7.9242亿元，补偿率相应地由18.54%提高到101.66%；将能够部分补偿1%折现率下镍钴矿资源的使用者成本17.3615亿元，补偿率相应地由8.46%提高到46.40%。可见，镍钴矿资源税若由目前从量12元/吨（约为当年镍钴矿价格的5%）计征改为33%计征，可以有效解决3%折现率下调研企业镍钴矿资源使用者成本的补偿。

第二节　矿产资源开采中生态环境税费调整的依据

——生态环境负外部成本充分内部化

一、矿产资源开采活动中的生态环境负外部成本

（一）煤炭资源开采活动中的生态环境负外部成本

鉴于煤炭开采活动所造成的环境污染与生态破坏问题的严重性，对生态环境价值损失，即生态环境负外部成本进行测算就显得十分重要。目前对生态环境外部成本测算的方法主要有三大类，即直接市场法（Market Value Method，MVM）、替代市场法（Surrogate Market Valuation Method，SMVM）和意愿价值法（CVM）。直接市场法（MVM）是利用市场价格（或影子价格），赋予生态环境损失以成本或价值的一种方法，因其比较直观、易于计算、易于调整等优点而被广泛应用。作者前期采用MVM法测度2003年陕北地区煤炭开采造成的生态环境损失为265 716.68万元，开采单位煤炭造成生态环境损失34.63

元，其中环境污染损失占12.46%，生态破坏损失占87.54%。

2000年以来我国煤炭平均销售价格持续上涨，尤其是2003年以后上涨速度进一步加快（见图18－5）。2003年我国煤炭平均销售价格是142元/吨，2008年已上涨到549元/吨，几乎是2003年平均销售价格的4倍。在煤炭价格飞速上涨的刺激下，煤炭开采企业加大开采力度，生态环境在更大程度上遭到污染和破坏，开采活动所造成的生态环境价值损失程度更大。因此，已有研究结论属于保守估计，表现在：第一，在大气污染的经济损失计算中，主要计算了大气污染对人体健康造成的损失，未计算酸雨给农业造成的损失和增加清洗费用造成的损失。并且，在计算中采用了较高的污染浓度标准，如果按照国际卫生组织的标准计算则经济损失更大。第二，在水污染的损失计算中，主要计算了水污染对人体健康和对农业造成的损失，未计算水质污染所造成的缺水损失。第三，在固体废弃物的损失计算中，仅计算了废弃物的堆存占地损失，没有计算固体废弃物的处理损失。第四，在水资源的破坏计算中，以神木县主要河流的水资源衰减量作为估算对象，实际上神木县有数十条地表径流断流，20多个泉眼干涸。第五，在土地资源破坏的计算中，主要计算了采煤占地损失，采煤造成的水土流失、地表塌陷损失，而没有将所需的复垦费用计算在内。第六，在植被破坏的计算中，计算了采煤直接破坏林地、草地的损失，以及地表沉陷、地水位下降或改向、粉尘对植被的破坏损失，但没有计算对物种资源、生物多样性、湿地生态系统等所造成的破坏损失，而后者的损失一般更大。2003年陕北地区煤炭开采所造成的生态环境价值损失估计值误差分析结果见表18－9。

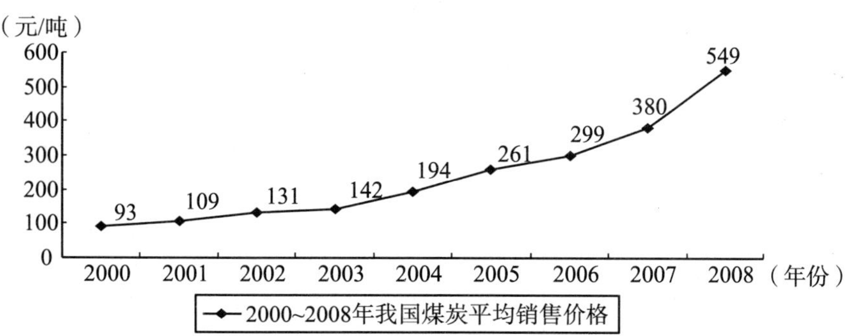

图18－5　2000～2008年国内煤炭平均销售价格

表 18 - 9　　2003 年陕北地区煤炭开采造成的生态环境价值损失估计值误差分析

项目		损失估计值（单位：万元）	误差判断
环境污染损失	大气污染损失	7 401	低估
	水污染损失	25 710	低估
	固体废弃物损失	1	低估
生态破坏损失	水资源破坏	29 503	低估
	土地资源破坏	202 223	低估
	植被破坏	878	严重低估
生态环境污染破坏总损失		265 717	低估

采矿活动带来的生态环境问题主要是由尾矿堆放和采矿塌陷造成的生态损失和环境污染损失，环境污染损失相对小于生态损失。因矿山环境污染损失数据难以采集，此处采用直接市场法，利用《中国国土资源统计年鉴》中山西省矿山生态环境恢复治理费用和生态恢复面积数据，计算山西省开采单位矿产的生态恢复治理成本。公式如下：

$$PC = RC/RA \tag{18-1}$$

$$TRC = PC \times A \tag{18-2}$$

$$PRC = TRC/TE \tag{18-3}$$

PC 为单位面积生态恢复治理费用，RC 为矿山生态恢复治理费用，RA 为生态恢复治理面积，A 为矿山占用破坏的土地面积，TRC 为矿山生态恢复治理总成本，TE 为矿产开采量，PRC 为开采单位矿产的生态恢复治理成本。2003 ~ 2008 年山西省开采单位煤炭的生态恢复治理成本，见表 18 - 10。根据表 18 - 10，2008 年山西省开采单位煤炭的生态恢复治理成本为 54.69 元。需要指出的是，该计算结果只包含了开采单位煤炭的生态恢复治理成本，未包含环境恢复治理成本。

表 18 - 10　　2003 ~ 2008 年山西省开采单位煤炭的生态恢复治理成本

项目＼年份	2003	2004	2005	2006	2007	2008
矿山生态恢复治理投入总资金（万元）	450	2 600	2 151	4 525	42 984	64 536
矿山生态恢复治理总面积（公顷）	85	157	268	847	1 666	1 610

续表

项目 \ 年份	2003	2004	2005	2006	2007	2008
矿山单位面积生态恢复治理资金（万元/公顷）	5.29	16.56	8.03	5.34	25.80	40.09
矿山占用破坏的土地总面积（公顷）	110 392	34 034	83 576	96 926	29 014	50 603
矿山生态恢复治理总成本（万元）	584 428	563 620	670 791	517 816	748 552	2 028 395
原煤开采量（万吨）	29 509	48 393	55 426	58 142	63 021	64 501
开采单位煤炭的生态恢复治理成本（元/吨）	19.81	11.65	12.10	18.91	31.65	54.69

注：矿山生态恢复治理投入总资金、矿山生态恢复治理总面积、矿山占用破坏的土地总面积取自《中国国土资源统计年鉴》（2004～2009）；原煤开采量取自《中国统计年鉴》（2004～2009）。

据山西省环保局《山西省煤炭开采环境污染和生态破坏经济损失评估研究报告》，山西省2003年采煤造成大气、水及固体废弃物污染的环境价值损失62亿元，平均开采1吨煤炭造成环境污染损失13.78元；造成生态破坏价值损失226.77亿元，平均开采1吨煤炭造成生态破坏损失50.45元。也就是说，山西省每开采1吨煤炭，会造成生态环境价值损失64.23元。综合以上结论，估计开采单位煤炭资源将造成生态环境价值损失为64.23～68.47元。

（二）调研企业镍钴矿资源开采中的生态环境负外部成本

利用调研数据，采用直接市场法计算调研企业镍钴矿资源开采中的生态环境恢复治理成本。“十一五”期间，调研企业共投入环保资金21.6亿元，绿化面积达407万平方米，也就是说，恢复治理单位面积需投入环保资金530.71元。该企业三座矿山占用破坏总面积为503.02万平方米，这意味着，“十一五”期间完成全部矿山的生态环境恢复治理工作至少需要投入资金26.6958亿元，每年需投入资金5.3392亿元，才能实现矿山生态环境恢复治理。需要指出的是，由于生态环境累积效应和变动效应的存在，以及矿区居民环保意识的增强，资源开采中的生态环境价值损失从量的方面看是不可精确计算的，这个结果只是大体上反映了调研企业镍钴矿资源开采中的生态环境价值损失状况。

二、实现两个负外部成本内部化的特殊税费负担水平

生态环境税费制度是实现采矿企业履行生态环境保护义务的有效手段。将我国采矿企业在现行税费征收标准下应依法缴纳的生态环境税费额与采矿活动所造成的生态负外部成本进行比较，以考察我国采矿活动中生态环境负外部成本的补偿状态和差距，进而测算实现生态环境负外部成本内部化的生态税费负担水平。

（一）实现我国煤炭开采活动中生态环境负外部成本内部化的生态环境税费负担水平

目前我国采煤企业应缴纳的生态环境税费由两部分构成：一部分是生态环境费用项目，主要有排污费、土地复垦费、水资源补偿费、水土流失防治费及采矿企业环境恢复治理保证金等；另一部分是生态环境税收项目，包括城市维护建设税、土地使用税等。根据作者调研情况，税收部分占生态环境税费总额的比重较小（为10% ~15%），这里暂不予考虑。以山西省为例，比较2008年采煤企业开采单位煤炭应缴纳的生态环境费用额与生态环境价值损失之间的差距，见表18 -11。

表18 -11　2008年山西省采煤企业应缴的生态环境费用额与生态环境价值损失比较

项目		应缴的生态环境费用征收标准（单位：元/吨）
应交的生态环境费用额	采矿企业环境恢复治理保证金	10
	排污费	1
	土地复垦费	0.6
	水土流失防治费	0.7
	水资源补偿费	3
	可持续发展基金（环保部分）	8.5
	林业建设基金	0.2
小计		24
生态环境价值损失		64.23 ~68.47
生态环境价值损失 -应缴的生态环境费额		40.23 ~44.47

注：企业应缴的生态环境费用征收标准由作者搜集，均取征收标准的中间值。

2008年山西省采煤企业开采单位煤炭应缴纳的生态环境费用额是24元，低

于开采单位煤炭所造成的生态环境价值损失 64.23～68.47 元，差额为 40.23～44.47 元，补偿率仅为 35.05%～37.37%。可见，按照现行生态环境费用征收标准，采煤活动所造成的生态环境负外部成本中至少 62% 的部分不能得到补偿。

若将采煤企业开采单位煤炭应缴的生态环境费用标准应由目前的 24 元提至 64.23～68.47 元，即每吨提高 40.23～44.47 元（约为当年煤炭价格的 8%），可以实现采煤活动中生态环境负外部成本的充分补偿。

（二）实现调研企业镍钴矿资源开采中生态环境负外部成本内部化的生态环境税费负担水平

目前调研镍钴矿开采企业缴纳的生态环境税费主要有绿化费、排污费和环保及生态费用三项。2006～2009 年该企业缴纳的生态环境税费总额分别为 0.7439 亿元、4.7458 亿元、1.9137 亿元和 4.5959 亿元，对企业采矿活动造成的生态环境价值损失的补偿率分别为 13.93%、88.89%、35.84% 和 86.08%。

综合以上分析，若要实现煤炭资源使用者成本和开采活动中生态环境负外部成本的充分内部化，以 2008 年为例，采煤企业的资源税征收标准应由目前的从量 0.3～5 元/吨（约为当年煤炭价格的 1%）提至 13%；采煤企业开采单位资源应缴的生态环境费用标准应由目前的 24 元/吨提至 64.23～68.47 元/吨，即每吨提高 40.23～44.47 元（约为当年煤炭价格的 8%）。综合资源税和生态环境费用的提高幅度，采煤企业的税负水平应提高约 20 个百分点，才能实现两个负外部成本的充分补偿。

若要实现调研企业镍钴矿资源使用者成本和开采活动中生态环境负外部成本的充分补偿，以 2009 年为例，调研镍钴矿开采企业的资源税征收标准应由目前的从量 12 元/吨（约为当年镍钴矿石价格的 5%）提至 33%；企业开采单位资源应交的生态环境费用标准应由 59.38 元/吨提至 68.98 元/吨，即每吨提高 9.6 元（约为当年矿石价格的 3%）。综合资源税和生态环境费用的提高幅度，调研镍钴矿开采企业的税负水平应提高约 31 个百分点。

另外，考虑到目前我国环境税迟迟难以推行，以及“费改税”的发展趋势，作为一项过渡政策，可以提高煤炭资源税征收标准 20 个百分点，提高镍钴矿资源税 31 个百分点，以实现两个负外部成本的充分内部化，达到资源节约和环境保护的双重目的。资源税改革，是在前端提高资源的价格，可以迫使开采企业减少对矿产资源的依赖，而环境税反映的是末端治理的理念。因此，若要从源头上解决污染物协同控制的难题，节约污染控制的成本，资源税的影响和意义要大于环境税。

第三节　我国煤炭开采企业实缴税费水平与碳减排

一、2008 年我国煤炭开采企业实缴资源税费

上文提出煤炭开采活动中的税费水平提高 20 个百分点才能满足两个负外部成本充分内部化的要求，这为改革煤炭开采企业的税费征收标准提供了参考。接下来我们要考察煤炭开采企业在现行税费征收标准下的执行状态。

目前煤炭开采企业实缴的资源税费、生态环境费用额与现行标准下开采企业应缴的资源税费、生态环境费用额之间存在着差异。以 2008 年为例，我国煤炭开采企业实际缴纳的资源税费额为 220. 24 亿元（见表 18 – 12），即开采吨煤实际缴纳资源税费 7. 9 元。而按照国家现行标准，应该缴纳的资源税费额为 351. 5 亿元，即开采吨煤应缴资源税费 12. 61 元。实际缴纳的资源税费额低于应缴纳的资源税费额，差额约为 131. 22 亿元，也就是说，每开采 1 吨煤炭，煤炭开采企业实际少缴纳资源税费 4. 71 元。

表 18 – 12　　2008 年我国煤炭开采企业实缴资源税费与应缴资源税费

实缴的资源税费			应缴的资源税费	差额 = 应缴资源税费 – 实缴资源税费
项目（单位：万元）		小计		
资源税	861 406	总额：220. 24 亿元 吨煤：7. 9 元	总额：351. 5 亿元 吨煤：12. 61 元	总额：131. 22 亿元 吨煤：4. 71 元
探矿权申请审批、招拍挂合同金额	79 815. 970			
采矿权申请审批、招拍挂合同金额	627 765. 6			
资源补偿费	633 396. 4			

资料来源：实缴资源税额来自《中国税务年鉴 2009》，探、采矿权合同额来自《中国国土资源年鉴 2009》，实缴资源补偿费额用应交资源补偿费额来代替，即等于煤炭销售收入的 1%。

另外，据山西省社会科学院的研究，山西省国有重点煤炭企业开采 1 吨煤炭

实际缴纳的生态环境费用为 12.6 元。根据作者前面的分析，2008 年山西省开采 1 吨煤炭应该缴纳的生态环境费用为 24 元。也就是说，山西省煤炭开采企业每开采 1 吨煤炭，实际缴纳的生态环境费用比应该缴纳的生态环境费用低约 11.4 元。由此推及全国，2008 年我国原煤开采量 27.88 亿吨，实缴生态环境费用额和应缴生态环境费用额之间相差约 317.83 亿元。

综上，目前我国煤炭开采企业实缴的资源税费、生态环境费用总额低于现行标准下开采企业应缴的资源税费、生态环境费用总额，降低了开采企业的生产成本，实际上是政府对开采企业的隐性税费补贴，2008 年补贴规模达 449.05 亿元，即吨煤补贴 16.11 元。

二、我国煤炭开采吨煤补贴与二氧化碳排放效益

如果政府取消对开采企业的此部分补贴，假设开采企业将此部分成本完全转嫁给煤炭消费者，那么，吨煤的销售价格相应上升 16.11 元，进而会抑制一部分煤炭消费量，我们仍以 2008 年为例运用价差法计算取消此部分补贴后煤炭的消费量，并计算相应的二氧化碳减排效益。

根据 IEA（1999）中的公式进行研究：

$$\ln Q_1 = \varepsilon \times (\ln P_1 - \ln P_0) + \ln Q_0 \tag{18-4}$$

其中：ε 为煤炭长期需求价格弹性；P_0 和 P_1 分别为取消补贴前后的煤炭价格；Q_0 和 Q_1 分别为取消补贴前后的煤炭消费量。

对于煤炭长期需求价格弹性 ε 的计算，由于采用方法与数据的差异，不同学者计算的结果不同。本章选取焦建玲计算的数值 -0.96 作为我国煤炭需求价格弹性。-0.96 的数值说明我国煤炭需求关于煤炭价格变化近似于同比例变化，弹性偏大，原因之一可能在于我国经济仍然属于粗放式增长阶段，资源使用效率较低，浪费现象比较严重。

根据式（18-4）可得式（18-5）：

$$Q_1 = \exp[\varepsilon(\ln P_1 - \ln P_0)] \times Q_0 \tag{18-5}$$

其中，各项参数意义同前，根据上式可以计算取消补贴后煤炭消费的减少量。然后根据煤炭的碳排放系数，利用式（18-6）可以计算取消补贴后二氧化碳的减排量。

$$\Delta CO_2 = \xi \times (Q_1 - Q_0) \tag{18-6}$$

其中，ΔCO_2 是取消补贴后的二氧化碳减排量，ξ 是煤炭的二氧化碳排放系数（t/tce），此处用国家发改委能源研究所的推荐值 0.67。

结果表明，取消此部分税费补贴将可以削减 3 653.69 万吨二氧化碳，尽快

取消我国煤炭税费补贴，对于增加政府的财政收入、转变煤炭开发和消费方式以及我国完成至2020年单位GDP二氧化碳排放降低10%～15%具有积极意义。

小　结

分别运用使用者成本法和直接市场法测算了煤炭开采中的代际负外部成本和生态环境负外部成本，基于两个负外部成本充分内部化的要求，提出煤炭开采中的资源、生态环境税费水平需提高20个百分点；调研镍钴矿采选企业的资源、生态环境税费水平需提高31个百分点。指出目前煤炭开采企业实交的资源、生态环境税费额均低于现行标准下开采企业应交的资源、生态环境税费额，实质上是政府对开采企业进行了税费补贴，2008年的补贴规模达449.05亿元，根据价差法计算得出该项补贴与3 653.69万吨二氧化碳排放有关。

第十九章

矿产资源开采企业税费负担水平的实地调研

课题组分别实地调研了煤炭开采企业与有色金属开采企业的税费负担情况。

我国煤炭资源开采企业现行税费结构是在1994年税制改革后逐步形成的，由普适税费、资源税费和环境税费三部分组成。调查组在2010年5月对四川省南部山区某县进行了为期一周的实地调研，在了解该县煤炭资源开采企业实际缴纳税费情况的基础上，分析对比该县煤炭资源开采企业实缴税费负担水平与全国煤炭采选业应缴税费负担水平。结果表明企业实缴普适税费负担水平高于应缴普适税费负担水平，企业实缴资源税费和环境税费负担水平均低于应缴资源、环境税费负担水平。

为了解地方有色金属矿开采企业资源税费缴纳与负担情况，课题组分别于2010年7月、2011年6月两次深入到西部某大型镍钴矿采选企业，开展实地调研。

第一节　某县煤炭资源开采企业实际缴纳税费情况

随着工业化、城市化的快速推进，我国对煤炭资源的需求和依赖明显增强，煤炭已成为保障国民经济发展和社会稳定的重要战略性资源。由于煤炭资源自身的耗竭性及开采利用对环境不可避免的负经济效应，需要一套完善的税费制度来约束其开采利用行为，从而确保资源开采的有序性及减少对生态环境的破坏。我国煤炭资源开采企业现行税费结构是在1994年税制改革后逐步形成的，由三部分组成：一部分是所有工业企业普遍适用的税费，如增值税、企业所得税、城乡建设维护税、教育附加费和印花税等；另一部分是与资源有偿使用有关的资源税费，如资源税、矿产资源补偿费和探矿权采矿权使用费及价款等；第三部分是与生态环境保护有关的环境税费，如环境恢复治理保证金、排污费、土地复垦费和水土流失防治费等。为了解地方煤炭资源开采企业实际交纳税费与负担情况，调查组一行4人进行了为期一周的实地调查，走访了某县财政局、国税局、地税局、国土局、经商局、统征办、水务局等多个相关部门，并实地考察了当地多家煤炭资源开采企业。

该县地处四川省南部山区，煤硫资源丰富，硫铁矿约13.5亿吨，煤11亿吨。2008年，全县有煤炭资源开采企业52户，年产煤炭119万吨；硫铁矿开采企业20户，年产硫铁矿20万吨。2009年，全县有煤炭资源开采企业45户，年产煤炭167万吨；硫铁矿开采企业因受硫酸价格因素的影响仅2户。调查组通过问卷调查、数据分析以及与各部门相关负责人的深度访谈，获得了该县煤炭资源开采企业实际税费交纳情况的一手资料。

一、普适税费负担水平

调研县煤炭开采企业普适税费实际交纳情况是：

增值税：中国在1994~2008年一直采用的是生产型增值税，根据2008年国家出台《中华人民共和国增值税暂行条例》和《中华人民共和国增值税暂行条例实施细则》，自2009年1月1日起，在全国范围内实施增值税转型改革，将“生产型增值税”转为“消费型增值税”，同时，作为转型改革的配套措施，将矿产品增值税税率由以前的13%恢复到17%。2008年该县煤炭资源开采企业实缴增值税额3 636万元，2009年全县煤炭资源开采企业实缴增值税额5 293万元，并按75%的比例上缴中央国库。增值税转型改革后，尽管煤炭资源开采企业抵扣项多了，但税率也上升了4个百分点，全县煤炭资源开采企业增值税税负水平加重了。实际执行中，该县国税局将增值税征收授权给了县统征办，由统征办按照煤炭资源开采企业销售煤炭的过杆量统一征收，现征收标准为吨煤20元。2008~2009年该县采煤企业实缴增值税额分别为3 636万元和5 293万元。

企业所得税：2007年11月国务院通过了《中华人民共和国企业所得税法实施条例》，自2008年1月1日起，内外资企业统一实行25%的所得税税率，并按60%的比例上缴中央国库。实际执行中，该县地税局将企业所得税征收授权给了县统征办，由统征办按照吨煤15元的标准征收。2008~2009年全县煤炭资源开采企业实缴所得税额分别为 1 060 万元和 1 647.6 万元。

城建税：城乡维护建设税计征依据为纳税人实际缴纳的增值税、消费税、营业税税额。税率为市区 7%；县城、镇 5%；其他地区 1%。实际执行中，该县地税局将城建税征收授权给了县统征办，由统征办按照吨煤 1 元的标准征收。2008 年全县煤炭资源开采企业实缴城建税额 97.2 万元。

教育附加费和地方教育附加费：教育附加费计税依据也为增值税、消费税、营业税之和，征收率为 3%。按照《四川省地方教育附加费征收使用管理办法》，该县地方教育附加费征收率为 1%。实际执行中，该县地税局将教育附加费和地方教育附加费征收授权给了县统征办，由统征办按照吨煤 0.6 元标准征收教育附加费，按照吨煤 0.2 元的标准征收地方教育附加费。2008 ~ 2009 年全县采煤企业实缴教育附加费总额分别为 63.1 万元和 69.6 万元，实缴地方教育附加费分别为 21.6 万元和 33.4 万元。

煤炭价格调节基金：自 2008 年 8 月 1 日起实施的《四川省煤炭价格调节基金征集使用管理办法》规定，在四川省行政区域内的各类煤炭生产企业应按照实际销售数量征收价格调节基金，征收标准为：原煤 40 元/吨、洗精煤 60 元/吨，焦炭 70 元/吨。实际执行中，该县地税局将价格调节基金征收授权给了县统征办，统征办按照吨煤 8 元的标准征收调节基金，并按省 40%、县 60% 的比例分配价格调节基金。

此外，县统征办对该县采煤企业还征收有工会经费（0.60 元/吨），残金（0.20 元/吨）和公路建设资金（10 元/吨）。

该县煤炭资源开采企业普适税费负担水平，表现为全县煤炭资源开采企业交纳的普适税费总额与同期全县煤炭资源开采企业年销售总收入的比值。其中，普适税费含增值税、企业所得税、城市维护建设税、教育附加费、地方教育附加费和公路建设基金等。2007 ~ 2009 年，县煤炭资源开采企业普适税费负担率分别为 11.06%、5.81%、10.90%，具体计算结果见表 19 - 1。

表 19 - 1　　调研县煤炭资源开采企业普适税费负担水平

年份 项目	2007	2008	2009
年销售总收入（万元）	59 700	106 000	95 000
普适税费总额（万元）	6 602.5	6 163.1	10 350.2
普适税费负担率（%）	11.06	5.81	10.90

注：由调研县相关数据整理计算而成。

二、资源税费负担水平

调研县煤炭开采企业资源税费实际交纳情况是：

资源税：按照《中华人民共和国资源税暂行条例》，煤炭资源税征收标准为0.3～5元/吨。实际执行中，该县地税局将资源税征收授权给了县统征办，由统征办按照吨煤2.5元的标准征收。2008～2009年全县煤炭资源开采企业实缴资源税额分别为312万元和368万元，全部纳入县财政统筹使用。

矿产资源补偿费：按照《矿产资源补偿费征收管理规定》，煤炭资源的补偿费率为1%，中央与省、直辖市矿产资源补偿费的分成比例为5∶5；中央与自治区矿产资源补偿费的分成比例为4∶6。实际执行中，该县国土局将矿产资源补偿费征收授权给了县统征办，由统征办按照吨煤5元的标准征收。全县每年实收矿产资源补偿费上千万元，由统征办全额缴县财政。市每年向县国土局下达有70万元左右的任务额，县财政拨款给县国土局后由县国土局如数上缴，市里每年再返还任务额的28%给县财政，2008年和2009年各返还有19万元多。

探矿权采矿权使用费：探矿权采矿权使用费由该县国土局计征并交县财政，其中探矿权使用费收取标准为每平方公里100元，采矿权使用费收取标准为每0.5平方公里递增500元。2009年全县探矿权采矿权使用费共11万元多，县与市分配比例参照矿产资源补偿费的做法执行。另据××实业有限公司负责人介绍，企业在取得探矿权时实际按照每吨0.35元的标准缴纳探矿权使用费。

探矿权采矿权价款：探矿权采矿权价款由该县财政局采用拍卖、聘请专业机构评估等方式形成，2009年全县探矿权采矿权价款共1 030万元。2009年之前，煤硫铁矿按照中央20%、省40%、市8%、县32%的标准分成，由于该县为少数民族比照县、扩权县，中央、省市对其实行了一定的优惠政策，目前分成标准为省36%、县64%。据县财政局相关负责人介绍，由于无合适的项目安排，探矿权采矿权使用费和价款至今尚未使用。

该县煤炭资源开采企业实际资源税费负担水平，表现为全县煤炭资源开采企业交纳的资源税费总额与同期全县煤炭资源开采企业年销售总收入的比值。其中，资源税费包含资源税、矿产资源补偿费、探矿权采矿权使用费及价款。2007～2009年，县煤炭资源开采企业资源税费负担率分别为2.13%、2.19%、2.36%，具体计算结果见表19－2。

表 19-2　　调研县煤炭资源开采企业资源税费负担水平

项目＼年份	2007	2008	2009
年销售总收入（万元）	59 700	106 000	95 000
资源税费总额（万元）	1 272.5	2 322	2 244
资源税费负担率（%）	2.13	2.19	2.36

注：由调研县相关数据整理计算而成。

三、生态环境费用负担水平

调研县煤炭资源开采企业生态环境费用实际交纳情况是：

生态环境恢复治理保证金：2008 年四川省已下发生态环境恢复治理保证金相关文件，目前该县的具体执行标准及细则尚在讨论中。据县国土局负责人介绍，若按四川省规定的每平方米 2 元多的标准征收，2010 年全县应收生态环境恢复治理保证金几千万，应由县国土局计征并交县财政保管。

排污费：该县环保局授权统征办负责对全县煤炭资源开采企业征收排污费，标准为吨煤 1 元，2008～2009 年全县煤炭资源开采企业实缴排污费分别为 119 万元和 167 万元。其中，15%缴中央国库，10%缴省，75%留县，主要用于改建集中污水处理设施及污水处理厂的运行经费。

水资源费：水资源费由该县水务局负责征收并交县财政。其中，煤炭资源开采企业生活用水按每立方 0.05 元标准征收，每家企业年用水量在 1 万～2 万立方，该部分水资源费每年为 5 万多元。煤炭资源开采企业生产用水（含地下抽排水）按每立方 0.075 元标准征收，每家企业年用水量 5 万～10 万立方，该部分水资源费每年为 40 万～50 万元。该县水务局曾多次请示，拟对煤炭资源开采企业按照吨煤 0.25 元的标准征收水资源费，主要用于灾害治理。

水土保持设施补偿费和水土流失防治费：该县水务局授权县统征办负责对全县的煤炭资源开采企业征收水保两费，标准为吨煤 5.20 元，统征办征收后交县财政专款专用。

林业两金：据该县林业局相关负责人介绍，林业两金主要是育林基金，另一个已取消。林业两金由县林业局授权县统征办负责对全县煤炭资源开采企业征收，标准为吨煤 1 元。

该县煤炭资源开采企业实际生态环境费用负担水平，表现为全县煤炭资源开采企业交纳的生态环境费用总额与同期全县煤炭资源开采企业年销售总收入的比值。其中，生态环境费用含水资源费、林业两金、排污费、水土保持设施补偿费和水土流失防治费。2007～2009年，该县煤炭资源开采企业实际生态环境费用负担率分别为1.91%、0.86%、1.32%，具体计算结果见表19－3。

表19－3　调研县煤炭资源开采企业生态环境费用负担水平

项目＼年份	2007	2008	2009
年销售总收入（万元）	59 700	106 000	95 000
环境费用总额（万元）	1 137.5	906.8	1 252.4
环境费用负担率（%）	1.91	0.86	1.32

注：由调研县相关数据整理计算而成。

四、调研县煤炭开采企业税费负担水平与全国的比较

我国煤炭采选业应交普适税费负担水平，表现为煤炭采选业应缴普适税费额与同期行业年销售总收入的比值。其中，应缴普适税费含增值税、企业所得税、城市维护建设税、教育附加费和印花税等。2003～2007年，煤炭采选业应缴普适税费负担率分别为10.08%、11.48%、11.40%、10.93%、10.77%。煤炭采选业应缴资源税费负担水平，表现为煤炭采选业应缴资源税费额与同期行业年销售总收入的比值。其中，应缴资源税费含资源税、矿产资源补偿费、探矿权采矿权使用费及价款。2003～2007年，煤炭采选业应缴资源税费负担率分别为4.07%、2.49%、2.87%、3.04%、2.67%。煤炭采选业应缴环境税费负担水平，表现为煤炭采选业应缴环境税费额与同期行业年销售总收入的比值。其中，应缴环境税费含矿山环境恢复治理保证金、土地复垦费、排污费、水土保持设施补偿费和水土流失防治费。2003～2007年，煤炭采选业应缴环境税费负担率分别为6.19%、4.39%、3.41%、2.91%、2.41%。具体计算结果见表19－4。

表19－4　我国煤炭采选业各项应缴税费额与税费负担率

项目＼年份	2003	2004	2005	2006	2007
年销售总收入（万元）	24 737 279	41 579 749	59 122 071	74 611 518	95 930 804
应缴普适税费额（万元）	2 492 998	4 772 739	6 738 478	8 157 913	10 333 629

续表

年份 项目	2003	2004	2005	2006	2007
普适税费负担率（%）	10.08	11.48	11.40	10.93	10.77
应缴资源税费额（万元）	1 006 807	1 035 336	1 696 803	2 268 190	2 561 352
资源税费负担率（%）	4.07	2.49	2.87	3.04	2.67
应缴环境税费额（万元）	1 531 238	1 825 351	2 016 063	2 171 195	2 311 932
环境税费负担率（%）	6.19	4.39	3.41	2.91	2.41

资料来源：由《中国工业企业数据库》①、《中国国土资源统计年鉴》等相关数据整理计算而成。

该县煤炭资源开采企业实缴普适税费负担水平，表现为全县煤炭资源开采企业实缴普适税费额与同期全县煤炭资源开采企业年销售总收入的比值。其中，应交普适税费含增值税、企业所得税、城市维护建设税、教育附加费、地方教育附加和公路建设基金等。2007～2009年，县煤炭资源开采企业实缴普适税费负担率分别为11.06%、5.81%、10.90%。县煤炭资源开采企业实缴资源税费负担水平，表现为全县煤炭资源开采企业实缴资源税费额与同期全县煤炭资源开采企业年销售总收入的比值。其中，实缴资源税费含资源税、矿产资源补偿费、探矿权采矿权使用费及价款。2007～2009年，县煤炭资源开采企业实缴资源税费负担率分别为2.13%、2.19%、2.36%。县煤炭资源开采企业实缴环境税费负担水平，表现为全县煤炭资源开采企业实缴环境税费额与同期全县煤炭资源开采企业年销售总收入的比值。其中，实缴环境税费含水资源费、林业两金、排污费、水土保持设施补偿费和水土流失防治费。2007～2009年，县煤炭资源开采企业实交环境税费负担率分别为1.91%、0.86%、1.32%。具体计算结果见表19-5。

① 中国工业企业数据库的统计是基于国家统计局进行的“规模以上工业统计报表统计”取得的资料整理而成。

表 19-5　　某县煤炭资源开采企业各项实缴税费额与税费负担率

项目＼年份	2007	2008	2009
年销售总收入（万元）	59 700	106 000	95 000
实缴普适税费额（万元）	6 602.5	6 163.1	10 350.2
普适税费负担率（%）	11.06	5.81	10.90
实缴资源税费额	1 272.5	2 322	2 244
资源税费负担率（%）	2.13	2.19	2.36
实缴环境税费额（万元）	1 137.5	906.8	1 252.4
环境税费负担率（%）	1.91	0.86	1.32

资料来源：由调研相关数据整理计算而成。

通过表 19-4 与表 19-5 数据的对比可以看出，2007 年，该县煤炭资源开采企业实缴普适税费负担率（11.06%）高出全国煤炭采选业应缴普适税费负担率（10.77%）约 0.29 个百分点；该县煤炭资源开采企业实缴资源税费负担率（2.13%）低于全国煤炭采选业应缴资源税费负担率（2.67%）约 0.54 个百分点；该县煤炭资源开采企业实缴环境税费负担率（1.91%）低于全国煤炭采选业应缴环境税费负担率（2.41%）约 0.5 个百分点。

另外，图 19-1 和图 19-2 分别说明了 2009 年全县煤炭资源开采企业实缴各项资源税费占实缴资源税费总额的比重，以及 2009 年全县实缴各项环境税费占实缴环境税费总额的比重。可以看出，各项资源税费中，矿业权价款所占比重最大，其次为矿产资源补偿费和资源税。各项环境税费中，水保两费所占比重最大，其次为排污费和林业两金。

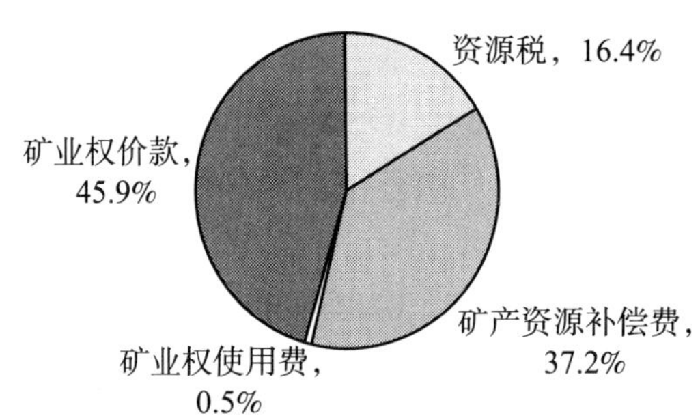

图 19-1　2009 年某县煤炭资源开采企业实缴各项资源税费比重

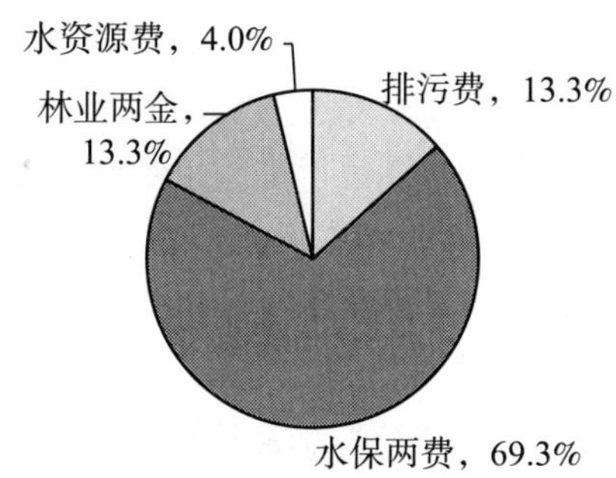

图 19-2　2009 年某县煤炭资源开采企业实缴各项环境税费比重

第二节　调研有色金属矿采选企业税费负担水平

为了解地方有色金属矿开采企业资源税费缴纳与负担情况，笔者分别于2010 年 7 月、2011 年 6 月两次深入到西部某大型镍钴矿采选企业，开展实地调研。

该企业位于中国西部戈壁地区，目前已形成年产镍 15 万吨、铜 40 万吨、钴 1 万吨、铂族金属 3 500 公斤、金 8 吨、银 150 吨、硒 50 吨及 150 万吨无机化工产品的综合生产能力；形成了有色金属采矿、选矿、冶炼、化工以及科研、深度加工、机械制造、工程建设、动力、能源、运输、贸易、综合服务等多种产业共存与发展的布局。矿区累计探明储量 5.37 亿吨，镍金属量 557 万吨，平均品位 1.04%；铜金属 347 万吨，平均品位 0.65%。经过 50 年的开发，截至 2009 年末，已累计消耗资源储量 1.06 亿吨，保有资源储量 4.31 亿吨，保有镍金属量 413 万吨，平均品位 0.96%；保有铜金属量 267 万吨，平均品位 0.62%。该集团公司目前共有三个采矿企业，分别是一矿、二矿和三矿，其中以二矿每年的出采量最大。

一、调研企业税费的征收标准

2009 年，调研企业适用的主要税种及税率如下[①]：

第一，增值税：(1) 金产品免征增值税。(2) 根据《关于铂金及其制品税

① 来自调研企业 2009 年度财务报告。

收政策的通知》（财税［2003］86号）文件，自2003年5月1日起，国内铂金生产企业自产自销的铂金实行增值税即征即退政策。（3）销售其他产品和提供修理修配劳务按产品的适用税率计算销项税，扣除进项税后交纳增值税。①销售气、水分别按13%、6%的税率计算销项税额。②进料加工电钴按简易办法3%的税率计算销项税额。③除以上①②项规定以外的其他产品销售和提供修理修配劳务按17%的税率计算销项税额。

第二，企业所得税：按照《关于西部大开发税收优惠政策问题的通知》（财税［2001］202号）精神，从2001年起享受西部地区的税收优惠政策，税率为15%。企业发生的技术开发费，经税务机关核准，允许按技术开发费实际发生额的150%抵扣当年度的应纳税所得额。公司购置环境保护、节能节水、安全生产等专用设备的投资额，经税务机关批准可按一定比例实行企业所得税额抵免。

第三，营业税：按照应纳税营业额的5%或3%计算缴纳。

第四，城建税及教育费附加：分别按应缴流转税税额的7%和3%缴纳。

第五，资源税：自有矿山镍矿石入选矿量12元/吨，石英石3元/吨计算缴纳。

第六，矿产资源补偿费：根据《矿产资源补偿费征收管理规定》，按矿产品内部销售收入的2%计算缴纳。

二、调研企业的税费负担情况

2009～2010年调研企业的税费负担水平见表19－6。以2010年为例，在企业缴纳的各项税费中，增值税占企业主营业务收入的比重最大，为1.09%；资源税占企业主营业务收入的比重仅为0.15%；土地税占企业主营业务收入的比重仅为0.05%。

表19－6　　2009～2010年调研企业的税费负担水平

项目	2009年		2010年	
	数额（万元）	比重*（%）	数额（万元）	比重*（%）
增值税	77 146	1.25	69 222	1.09
营业税	6 203	0.10	8 182	0.13
所得税	2 541	0.04	7 492	0.12
资源税	9 392	0.15	9 228	0.15
城建税	5 185	0.08	6 253	0.10
房产税	4 054	0.07	4 887	0.08
土地税	2 885	0.05	3 354	0.05

续表

项目	2009 年		2010 年	
	数额（万元）	比重*（%）	数额（万元）	比重*（%）
教育费附加	2 260	0.04	2 708	0.04
其他	5 626	0.09	13 390	0.21
合计	115 292	1.86	130 106	2.05

注：*指调研企业缴纳的各项税费额占当年企业主营业务收入的比重。数据来自调研企业 2009 年、2010 年年度财务报告。

由于调研企业是采矿、选矿、冶炼一体的大型地方国有企业。因此，调研企业矿山的税费负担水平不能完全代表独立矿山的税费负担水平，以上测算结果较为保守，独立矿山的税费负担水平要更大。

第三节　我国采矿业税费制度存在的主要问题

一、普适税费存在的问题

（一）增值税抵扣范围窄

考虑到采矿活动的特殊性，即矿产资源勘探与开采是资本密集型行业，风险性大，世界上多数国家对资源开采企业不设置或免征增值税。与国际上实行增值税的国家相比，中国当前对矿产品设置 17% 的增值税税率是较高的。并且，与国内其他工业行业相比，采矿行业增值税进行抵扣的范围窄，只有辅助材料、电力、维修费、开采器具和设备等，这进一步导致增值税税负加重。过重的增值税税负，严重影响采矿企业，尤其是大中型采矿企业的发展后劲。

（二）企业所得税缺乏优惠设计

由于采矿活动的高风险性和高资本投入性，为了刺激投资者的积极性，各国一般在企业所得税中制定多种多样的特殊优惠政策。这些政策主要体现在前期优惠措施方面，如对勘查与开发费用的特殊处理、加速折旧、延长亏损向前结转年限等。而中国在企业所得税设计中并没有对采矿活动的特殊性加以充分考虑，采矿业适用的企业所得税与工业其他行业的企业所得税并无明显差别。缺乏针对采矿活动特殊性的优惠设计，不利于采矿业发展。

（三）对矿产勘查活动激励不足

矿产勘查活动是矿业的生命线。长期以来，中国的矿产勘查活动以国家投入为主，由国家出资勘查矿产资源，勘查成果无偿提供给采矿企业使用。随着中国市场化改革的推进，这种体制已难以维系，但新的合理机制建设却明显滞后，结果导致：一方面，财政对地质勘查的投入力度逐年下降；另一方面，虽然中国逐步放开了矿产勘查市场，但商业性矿产勘查的开展非常缓慢，总体上矿产勘查多年来处于欠账状态，新增储量增长缓慢，矿产保有储量逐年递减，并日益成为影响中国经济安全的重大问题。对企业进行矿产勘查活动的激励不够，这是导致中国商业性矿产勘查不足的重要原因。

二、资源税费存在的问题

中国采矿业现行资源税费制度与国外采矿业通行的资源税费制度有不少相似之处，如资源税、矿产资源补偿费和矿区使用费都部分具有权利金的性质，矿业权使用费类似于矿地租金，矿业权价款类似于红利，石油特别收益金类似于资源租金税。尽管如此，中国采矿业现行资源税费制度还不够完善，不能很好地发挥其应有的作用。尤其是资源廉价或无偿获取，采矿企业成本不完全，企业并不珍惜到手的资源，造成低下的资源开采利用效率和资源的掠夺式开采。

（一）矿业权价款严重低估

1986年颁布的《中华人民共和国矿产资源法》第五条规定，“国家对矿产资源实行有偿开采。开采矿产资源，必须按照国家有关规定缴纳资源税和资源补偿费。”标志着中国矿产资源有偿使用制度的建立，但只侧重于对获得矿业权后的矿产资源有偿使用作出规定，有偿使用制度的另一个重要组成部分——矿业权有偿取得制度，在当时并没有受到重视。这一不足直到1996年修改《矿产资源法》时才得以弥补，新的《矿产资源法》第五条规定，“国家实行探矿权、采矿权有偿取得的制度。”1998年2月，国务院发布了《矿产资源勘查区块登记管理办法》和《矿产资源开采登记管理办法》，对探矿权、采矿权的有偿取得做出了明确规定。按照这两个法规的规定，探矿权采矿权价款的收取只限于“申请国家出资勘查并已经探明矿产地”所形成的探矿权和采矿权。这意味着资源价款被严重低估：一方面，对于非国家出资勘查探明的矿产资源的矿业权，因法律法规并没有做出相应的规定，采矿企业可以通过法定程序无偿地取得，不用交纳矿业权价款；另一方面，对于国家出资勘查探明的矿业权，因主要用行政手段授予，采矿企业可以通过以申请和协议方式低价地获得。2006 年财政部、国土资源部发布了《关于深化探矿权采矿权有偿取得制度改革有关问题的通知》，规定国家出让新设探矿权、采矿权，除按规定允许以申请在先方式或以协议方式出让的以外，一律以招标、拍卖、挂牌等市场竞争方式出让。这一规定在矿业权市场化配置上前进了一大步，此后通过招拍挂等市场手段进行矿业权出让的做法日渐增多。

矿业权价款的决定因素，不仅包含矿产资源的储量、等级、开采难易程度等，更包含资源经济价值的大小、未来价格变化预期等不容忽视的因素。与国外普遍征收的红利相比，中国的矿业权价款过低，企业以较低的价格获取资源开采权，最终导致“采富弃贫”、“吃菜心”等一系列短视行为。矿业权市场配置化改革滞后，是导致资源价款被严重低估的主要原因。过去中国采取行政手段无偿授予矿业权，目前的实际状况是“双轨制”，矿业权行政审批与市场取得方式并存。改变开采企业资源掠夺式开采行为的有效办法是尽快完善矿业权市场，通过招标、拍卖、挂牌出让等市场化手段来确定矿业权价款，使资源价值在价款中得以充分体现。

（二）资源税收入增长缓慢

资源税是中国采矿业现行资源税费制度中重要的税种之一，也是政府主要的收入来源之一，然而现行资源税偏低的单位税额，对于采矿企业已近乎无关痛痒，无法有效地约束企业的资源浪费行为。中国资源税的税额标准是在 1994 年制定的，最低税额为 0.3 元/吨，最高税额为 60 元/吨。十几年来，随着矿产资源价格市场化改革的逐步推进，矿产资源价格大幅上涨，尽管中国多次提高了部分应税产品适用的税额标准，但相对矿产资源的价格而言，资源税的实际征收标准在不断下降。以山西煤炭资源为例。1994 年山西煤炭平均销售价格为 118 元/吨，资源税单位税额 0.8 元/吨到 2 元/吨，资源税占煤炭价格的比重是 0.68% ~ 1.69%。2004 年山西煤炭资源税单位税额统一调整为 3.2 元/吨，当年的煤炭平均销售价格为 226 元/吨，资源税占煤炭价格的比重为 1.42%。而到了 2010 年 8 月，山西煤炭平均价格已达 676 元/吨，资源税占煤炭价格的比重降至 0.47%。与此同时，中国资源税收入增长缓慢。1994 年全国资源税收入为 45.5 亿元，占全国税收收入的比重为 0.9%。此后，资源税占税收收入的比重逐年下降。2004

年以后，随着中国陆续提高多种应税品资源税的单位税额标准，资源税税收收入较之前有了明显增长。但近几年随着资源价格的飞速上涨，资源税收入占全国税收收入的比重仅有 0.5%。与此形成鲜明对比的是，采矿企业利润额的不断上升，如 2008 年全国石油天然气开采企业利税总额达 5 847 亿元，全国非油气采矿企业利润总额达 2 023 亿元。

（三）资源级差收益调节功能弱

中国采矿业现行税费制度中，具有资源级差收益调节功能的主要是资源税和特别收益金，自资源税开征以来，调节级差收益就是它的一个重要目的。但受制度自身缺陷的约束，资源税调节资源级差收益的作用十分有限。资源税在从量定额计征的基础上，根据矿产资源种类的不同和开采条件的差异，区别不同的开采单位，实行高低不同的税额标准。这种做法在矿产资源价格被国家计划控制、资源产品供求基本平衡、计量单位规范的情况下，可以比较有效地发挥调节资源级差收益的作用。但随着市场化改革的推进，特别是进入 21 世纪以来，矿产资源市场供不应求，价格不断攀升，资源税从量计征的方式使得税款收入与资源品的市场价格变化基本没有任何关联，同时税法规定的幅度税额差距过小，资源税基本无法调节不同采矿企业由于客观存在的“级差地租”因素（与矿山的地段、位置和交通条件、矿产资源丰度、开采难度等有关）而导致的产品利润差距。以煤炭为例。随着煤炭价格一路走高，不同煤种、煤质之间的差距在不断扩大，目前吨煤价格最高差额在千元以上，按税法规定的 0.3～5 元/吨的煤炭资源税额征收标准，已远远不能调节资源级差收益。中国自 2004 年调整煤炭资源税额后，除了价值较高的焦煤资源税额统一定位为 8 元/吨外，各地区其他煤种资源税单位税额多在 3 元/吨左右，资源税调节煤炭级差收益的功能可以说形同虚设。

除资源税之外，国家在 2006 年对石油开采企业开征了石油特别收益金，当年即取得收入 372 亿元，对调节石油行业的超额利润取得了很明显的成效。特别收益金类似于资源租金税，对调节级差收益有着很重要的作用，在征管上也十分简便，但是目前这一手段仍有局限性。其一，只对石油开采企业开征，对其他一些价格暴涨的矿产资源产品则欠缺相应调节措施。其二，设计相对粗糙，特别收益金的调节机制只与资源价格有关，而没有考虑到不同开采单位勘查和经营成本的不同，导致其调节资源级差收益的效果大打折扣。

（四）矿业权使用费标准过低

按照 1999 年财政部、国土资源部发布的《探矿权采矿权使用费和价款管理办法》，矿业权使用费是国家将矿产资源矿业权出让给矿业权人，按规定向矿权人收取的使用费。但从矿业权使用费的具体设计来看，其实质是对企业使用土地而征收的地面租金。随着资源价格和土地价格的上涨，制定于20世纪90年代的标准当前看来明显过低，不论是每年100元的探矿权使用费，还是每年1 000元的采矿权使用费，显然都不足以对企业占有土地的行为起到足够的制约作用，导致一些企业跑马圈地、抢占地皮，不利于矿产资源的合理开发利用。

三、生态环境税费存在的问题

中国采矿业生态环境税费政策的实施，在减轻、消除污染破坏，加强矿区生态环境保护方面发挥了一定作用，基本形成了保护生态环境、遏制污染破坏的政策导向。但相对于西方国家成熟的环境税制、相对于中国经济可持续发展战略目标，目前中国采矿业生态环境税费体系在力度和系统性方面仍不足以形成对矿区生态环境的有力保护，体现在以下几方面。

（一）征收名目与征收标准缺乏规范

中国采矿业现行生态环境税费制度规定常散见于各级政府部门的法规制度中，缺乏统一规范。目前涉及生态环境保护的各费种，如排污费、土地复垦费、可持续发展基金等，虽然旨在促进生态环境保护，但由于各地在实践操作中差异很大，强制力、权威性不够，征收名目与征收标准缺乏统一规范，导致其在削减污染、改善生态环境质量方面的作用十分有限。

（二）征收范围窄，征收标准低

中国现行的生态环境税费，征收对象基本上只局限于会直接产生污染物的物品，并且在征收上与污染同步，缺少前瞻性的预防措施。收费标准较低，征收的实际数额远远低于土地复垦、地下水治理等生态重建工程费用，属欠量补偿而不是等量补偿或带有惩罚性的超量补偿。企业宁愿支付费用而不愿致力于污染治理，更不会自觉控制环境污染与生态破坏行为。

（三）缺少独立的生态环境保护税种

从目前中国生态环境保护的具体实践情况来看，还没有专门的生态环境保护税种，这也部分导致中国生态环境保护方面补偿过低的现实。由于目前的生态环境各费种在征收和使用过程中的随意性太大，既限制了对污染、破坏环境行为的调控力度，也难以形成专门用于环境保护的收入来源。因此，合并现在的环境保护费种，“清费立税”，提升立法层次，采用更具有行为激励功能和资金配置功能的环境税收政策应该是未来完善采矿业生态环境税费制度的选择。

小　结

本章是某县煤炭开采企业与有色金属开采企业税费负担水平的实地调研。研究发现，该县的资源开采业征收的资源税费主要包括资源税、资源补偿费、两权使用费、两权价款。生态环境费主要包括保证金、排污费、水资源费、水土保持设施补偿费与水土流失费、林业两金等。2009 年，该县煤炭资源开采企业资源税费负担率为 2.36%，环境税费负担率为 1.32%。这两个指标均小于全国的平均水平。

调研还发现，我国采矿企业在普适税费制度上存在增值税抵扣范围窄、所得税缺乏优惠设计、对矿产勘查活动激励不足等问题。资源税费存在矿业权价款被严重低估、资源税收入增长缓慢、资源级差收益调节功能弱，以及矿业权使用费征收标准过低等问题。环境税费存在征收名目与标准欠规范、征收范围窄、征收标准低、缺乏独立的生态环境保护税种等问题。

第二十章

我国现行采矿行业税收负担水平研究

从行业的角度出发，测算了我国采矿行业 2004～2008 年的总体税负率以及增值税、所得税和资源税税负率，并将其与制造业和电力、燃气及水的生产供应业进行比较。结果发现：2004～2008 年，采矿行业的总体税负率均大于制造业和电力、燃气及水的生产供应业；采矿行业的增值税税负率略大于电力、燃气及水的生产供应业，二者均远大于制造业；2004～2007 年，采矿行业的所得税税负率小于制造业和电力、燃气及水的生产供应业，2008 年新企业所得税法实施后，采矿行业的所得税税负率上升为 15.02%，高出制造业约 2.7 个百分点。2004～2008 年采矿行业资源税税负率分别为 0.92%、0.95%、1.07%、1.10%和 0.87%。

矿产资源是不可再生性自然资源，是人类社会赖以生存和发展的物质基础。随着工业化、城市化的快速推进，我国对矿产资源的需求和依赖明显增强，采矿行业已成为保障国民经济发展和社会稳定的重要经济部门。目前我国矿产资源开发利用中的资源浪费和生态环境破坏行为十分严重，为保证采矿行业的健康稳定和可持续发展，建设和谐社会，发展低碳经济，必须摒弃目前高投入、低产出的粗放式经营方式，建立矿产资源的有偿使用制度和生态补偿机制。完善采矿行业管理体制和税收制度，确定科学合理的税负水平。

第一节　我国采矿业现行税费体系

我国采矿业现行税费体系是在 1994 年税制改革后逐步形成的，由三部分组成：一部分是所有工业行业普遍适用的税费，含增值税、企业所得税、城乡建设维护税、教育附加费和印花税等；另一部分是与矿产资源有偿使用有关的资源税费，含资源税、矿产资源补偿费和石油特别收益金、矿业权价款及使用费等；第三部分是与生态环境保护有关的生态环境税费，含矿山生态环境恢复治理保证金、排污费、土地复垦费和水土流失防治费等。

本章中，采矿业的总体税费是指在现行税费制度安排下，对采矿企业征收所有税费，即以上三部分税费。采矿业的普适税费是指税费体系中的第一部分税费，即对所有工业企业普遍征收的税费（含增值税、企业所得税、城建税、印花税、契税等）。采矿业的特殊税费是指税费体系中的第二部分与第三部分的税费，即与矿产资源有偿使用有关的资源税费（含资源税、矿产资源补偿费、石油特别收益金和矿业权价款及使用费等）和与矿区生态环境保护有关的生态环境税费（含矿山生态环境恢复治理保证金、排污费、土地复垦费和水土流失防治费等）。

一、普适税费

主要包括增值税、企业所得税、城市建设维护税、教育附加费、房产税、车船使用税、印花税、契税等。

增值税：1993 年 12 月国务院发布的《中华人民共和国增值税暂行条例》及细则规定，采矿企业一般纳税人按 17% 的税率交纳增值税，之后国家根据需要对煤炭、液化石油气、天然气及部分农业用产品征收 13% 的低税率，小规模采矿企业适用 6% 的税率。2008 年之前，中国实行的是生产型增值税，不允许将外购固定资产的价款（包括年度折旧）从商品和劳务的销售收入中抵扣，实际上是对生产过程中的固定资产耗费支出部分进行了重复课税。2008 年 11 月，国务院常务会议要求在全国所有地区、所有行业全面实施增值税转型改革，由原来实行的生产型增值税转变为消费型增值税，允许企业将新购入的机器设备进项税金全额在销项税额中抵扣，以鼓励企业技术改造，减轻企业负担。这样，设备、工具类固定资产投资额比较大的行业、企业将能在较大程度上节约资金，增加利润，扩大生产。同时，作为增值税转型改革的配套措施，将矿产品的增值税税率由之前的 13% 恢复到 17% 。

企业所得税：1993 年 12 月国务院发布的《中华人民共和国企业所得税暂行条例》规定，采矿企业和其他内资企业一样适用 33% 的企业所得税税率。其中部分地区的采矿企业享受了一定的企业所得税税收优惠，这些税收优惠包括西部地区的采矿企业减按 15% 的优惠税率及某些物业、厂房及机器设备可加速折旧等。2007 年 11 月国务院通过的《中华人民共和国企业所得税法实施条例》规定，自 2008 年 1 月 1 日起，内外资企业统一实行 25% 的所得税税率，且规范了税前扣除标准，对企业购置节能、环境保护等专用设备费用的 10% 实行税额抵免。

城建税：1985 年 2 月国务院发布的《中华人民共和国城市维护建设税暂行条例》规定，对城市中交纳增值税、消费税、营业税的单位和个人征收城建税，计税依据为纳税人实际交纳的增值税、消费税、营业税税额之和。城建税税率是：市区 7%；县城、建制镇 5%；其他地区 1%。城建税的应纳税额按以下公式计算：应纳税额 = 实际交纳的“三税”税额之和 × 适用税率。目前对外商投资企业和外国企业暂不征收城建税。

教育附加费：与城建税一样，教育附加费也是对交纳增值税、消费税和营业税的单位和个人征收的一种附加费，以纳税单位和个人实际交纳的增值税、消费税和营业税之和为计征依据，现行教育附加费的征收费率为 3%。目前对外商投资企业和外国企业暂不征收。此外，一些地方政府为发展地方教育事业，根据教育法的规定，还开征有“地方教育附加费”。

此外，采矿企业还需交纳房产税、土地使用税、车船税、耕地占用税、契税、印花税等税种。

二、资源税费

主要包括资源税、矿产资源补偿费、矿区使用费、探（采）矿权使用费和价款和石油特别收益金。

资源税：资源税是为了体现国家权益、促进资源合理开发利用、调节资源级差收入而对开采资源产品征收的一种税。1993 年 11 月国务院通过的《中华人民共和国资源税暂行条例》规定，对原油、天然气、盐等 7 类资源产品征收资源税（在此之前只对原油、天然气、煤炭、铁矿石征收），实行从量定额征收，并规定了单位税额标准：原油 8 ~ 30 元/吨；天然气 2 ~ 15 元/吨；煤炭 0.3 ~ 5 元/吨；非金属矿原矿 0.5 ~ 20 元/吨或立方米；黑色金属矿原矿 2 ~ 30 元/吨；有色金属矿原矿 0.4 ~ 30 元/吨；固体盐 10 ~ 60 元/吨；液体盐 2 ~ 10 元/吨。应交资源税额按照资源的销售数量和适用单位税额标准计算，计算公式为：应交资源税 = 销售数量 × 适用单位税额标准。采矿企业根据核定执行的单位税额标准，以及价格、资源和开采条件等因素的变化情况在所规定的幅度范围内，每隔一定时期调整一次。2010 年 6 月，国家在新疆地区试点资源税改革，规定油气资源税按销售收入的 5% 计征，由从量改为从价，并提高了征收标准。2011 年 11 月，油气资源税改革在全国推广实施，税率由试点时的5%提至5% ~10%，同时提高了焦煤和稀土两种重要稀缺资源品的资源税征收标准。

矿产资源补偿费：为体现国家对矿产资源的所有者权益，调整国家与采矿权人的经济关系，1994 年 2 月，国务院通过了《矿产资源补偿费征收管理规定》，决定征收矿产资源补偿费，主要用于矿产资源勘查和寻找新的矿体，适当用于国有矿山企业为提高矿产资源开采及回收利用水平而进行的技术改造工作和矿产资源补偿费征收部门的经费补助。矿产资源补偿费征收金额 = 矿产品销售收入 × 补偿费费率 × 开采回采率系数（等于核定开采回采率/实际开采回采率），费率按矿种进行分档，大体为矿产品销售收入的 1% ~4%，其中，油气、煤炭资源的补偿费率均为 1%。

石油特别收益金：自 2004 年以来，随着国际市场石油价格的持续大幅度上涨，国内原油开采业利润增加较多，其他行业和社会用油成本加大，造成各行业利益分配不平衡，影响经济平稳运行。2006 年 3 月国务院通过了《关于开征石油特别收益金的决定》，财政部同时下发了《石油特别收益金征收管理办法》，对石油开采企业销售国产原油因价格超过 40 美元/桶所获得的超额收入征收特别收益金。2011 年 11 月，经国务院批准，财政部将石油特别收益金起征点提高至 55 美元/桶，仍实行 5 级超额累进从价定率计征，按月计算、按季交纳。

探（采）矿权使用费和价款：为维护矿产资源的国家所有权，加强探（采）矿权使用费和价款管理，1999 年 6 月财政部、国土资源部通过了《探矿权采矿权使用费和价款管理办法》，规定在中华人民共和国领域及管辖海域勘查、开采矿产资源，均须按规定交纳探（采）矿权使用费、价款。探（采）矿权使用费是国家将矿产资源探（采）矿权出让给探（采）矿权人，按规定向探（采）矿权人收取的使用费。其中，探矿权使用费以勘查年度计算，按区块面积逐年交纳。第一个勘查年度至第三个勘查年度，每平方公里每年交纳 100 元；从第四个勘查年度起，每平方公里每年增加 100 元，但最高不得超过每平方公里每年 500 元。采矿权使用费按照矿区范围的面积逐年交纳，标准为每平方公里每年 1 000 元。探（采）矿权价款是国家将由其出资勘查形成的探（采）矿权出让给探（采）矿权人，按规定向探（采）矿权人收取的价款，价款征收标准以国务院地质矿产主管部门确认的评估价格为依据，一次或分期交纳，但探矿权价款交纳期限最长不得超过 2 年，采矿权价款交纳期限最长不得超过 6 年。

矿区使用费：根据《开采海洋石油资源交纳矿区使用费的规定》和《中外合作开采陆上石油资源交纳矿区使用费暂行规定》，对在中国行使管辖权的海域内依法从事开采海洋石油资源的中国企业和外国企业以及在中国境内从事合作开采陆上石油资源的中国企业和外国企业征收矿区使用费，前者自 1989 年 1 月 1

日起施行，后者自1990年1月1日起施行。矿区使用费按照每个油、气田日历年度原油或天然气总产量计征。为统一各类油气开采企业资源税费制度，2011年11月，国务院修改了对外合作开采海洋石油资源条例和对外合作开采陆上石油资源条例，删去了关于交纳矿区使用费的规定，明确对外合作开采海洋和陆上油气资源不再交纳矿区使用费，统一依法交纳资源税。

三、生态环境税费

主要包括矿山生态环境恢复治理保证金、排污费、土地复垦费、水土流失防治费、水土保持设施补偿费、水资源补偿费、林业建设基金、煤炭价格调节基金、可持续发展基金。

矿山生态环境恢复治理保证金：2005年8月国务院发布了《国务院关于全面整顿和规范矿产资源开采秩序的通知》，提出要“探索建立矿山生态环境恢复补偿制度”。2006年2月财政部、国土资源部、国家环保总局发布了《关于逐步建立矿山环境治理和生态恢复责任机制的指导意见》，提出要“由企业在地方财政部门指定的银行开设保证金账户，并按规定使用资金”。2009年2月国土资源部发布了《矿山地质环境保护规定》（以下简称《规定》），明确矿山环境恢复治理保证金的适用范围是：用于因矿产资源勘查开采等活动造成矿区地面塌陷、地裂缝、崩塌、滑坡，含水层破坏，地形地貌景观破坏等的预防和治理恢复。同时考虑到实践操作过程中，矿山地质环境恢复治理可能会涉及“三废”治理与土地复垦，为避免职能交叉问题，《规定》将“三废”治理与土地复垦排除在适用范围之外。截至2008年，全国已有21个省（市、自治区）建立了矿山环境保证金制度。保证金的收取标准，按照不低于基本治理费的原则，各地大都依据矿种的不同按照采矿许可证登记面积、开采的矿石量及对生态环境的影响程度来确定。以煤炭资源为例，山西省按照吨煤10元的标准提取；河南省部分地区按照每吨原矿5元标准预提；江苏省根据矿区登记面积以及矿山对生态环境的影响程度确定，标准为3~9元/平方米。

排污费：2003年通过的《排污费征收使用管理条例》以及配套的《排污费征收标准及计算方法》规定：粉煤灰、煤矸石、尾矿如果没有专用贮存或处置设施和专用贮存或处置设施达不到环境保护标准，一次性征收固体废物排污费。以煤矸石为例，每吨征收标准为5元。一般每采1吨原煤排矸0.2吨，则对吨煤征收的煤矸石排污费为1元。

土地复垦费：矿产资源开采破坏土地，每年以70万亩左右的速度递增。为加强土地复垦工作，合理利用土地，改善生态环境，1988年11月国务院发布了

《土地复垦规定》，自1989年1月1起施行。《土地复垦规定》明确指出，土地复垦是指对在生产建设过程中，因挖损、塌陷、压占等造成破坏的土地，采取整治措施，使其恢复到可供利用状态的活动。征收对象为因从事开采矿产资源、烧制砖瓦、燃煤发电等生产建设活动，造成土地破坏的企业和个人。土地复垦费用，根据土地被破坏程度、复垦标准和复垦工程量合理确定。部分省份土地复垦费的具体征收标准见表20－1。

表20－1　　　　土地复垦费征收标准

省（市）	名称	征收标准（元/亩）
江苏	土地复垦保证金	1 000～3 000
上海	土地复垦保证金	5 000
河南	土地复垦费	2 000～2 500
山西	土地复垦费	6 666～13 332
辽宁	土地复垦费	6 666

水土流失防治费：工矿企业和从事采矿、冶炼、烧制砖瓦和石灰的个人对其造成的水土流失应积极治理，不能或不便自行治理的，应按下列标准交纳水土流失防治费：采矿、筑路及其他有破坏地貌、植被行为的，按采挖面积和倾倒占地面积，每平方米一次性交纳0.3～0.5元的水土流失防治费。弃土弃渣按实际排放量每立方米一次性交纳2～5元的水土流失防治费。为方便起见，也可按照弃渣量折算的产品产量计收，煤炭为0.5～0.8元/吨。

水土保持设施补偿费：指因从事生产和建设等活动损坏水土保持设施使其水土保持功能丧失或降低所应当为此补偿的费用。其征收标准按损坏水土保持设施的情况确定：新疆、黑龙江、天津、北京、广东等全国主要省（市、自治区）的水土保持设施补偿费收费标准，基本上是一个模式：（1）生物措施补偿费：依据自然资源开发、生产建设占地面积及对水土保持设施的损坏面积，一次性交纳补偿费每平方米1～2元，新疆最低每平方米0.5元，河北最高每平方米3元；（2）工程措施补偿费：对损毁的固定观测设施、塘坝、谷坊坝、护坡、梯田等水土保持工程设施，按其恢复同等标准的工程造价征收。

水资源补偿费：各地对水资源补偿费的征收标准有不同规定。以煤炭资源为例，山西省对于煤炭开采、洗选企业征收水资源费的标准为原煤每吨2元、洗煤每吨3元、焦煤每吨4元。

林业建设基金：以煤炭资源为例，《山西省林业建设基金代征办法》中规定，林业建设基金由地方税务部门代征，代征标准为：国家统配煤矿按原煤开采量每吨0.05元征收；地方国有煤矿、集体、个体开办的煤矿，以及以各种形式投资开办的煤矿，均按原煤开采量每吨0.1元征收，林业建设基金是林业部门发展林业的专项基金，按预算外资金管理，统一安排使用。山西省自2006年开始从每吨煤的销售收入中提取0.15元育林基金用于矿区造林绿化。

煤炭价格调节基金：是政府为调控煤炭价格，防止煤炭市场价格突发性波动，稳定煤炭市场，依法征集的专项基金。目前，全国已有贵州、陕西、重庆、宁夏、四川、湖南、内蒙古、郑州等省（市、自治区）由地方政府出台了煤炭价格调节基金政策。地方政府根据煤炭市场变化情况适时调整基金的征收标准。按照煤种煤质的不同，实行销售量价外征收，征收标准是10~35元/吨。煤炭价格调节基金主要用途包括：稳定煤炭市场价格，缓解市场供求矛盾；矿区经济结构调整和后续非煤产业发展；促进煤炭资源有效利用与生态环境保护建设；矿区沉陷等地质灾害治理补贴。

可持续发展基金：山西省于2007年4月起开征煤炭可持续发展基金。对于各类煤矿按不同煤种和矿井核定产能规模调节系数计征可持续发展基金。其中，动力煤5~15元/吨、无烟煤10~20元/吨、焦煤15~20元/吨。政府征收可持续发展基金后，50%用于单独企业无法进行的大型生态环境治理工程，30%用于发展煤炭接续产业和煤炭工业城市转型，20%用于解决因采煤造成的社会问题。

第二节　我国采矿行业现行税负水平测算

税负是纳税人履行纳税义务所承受的经济负担，反映了税收收入和经济发展之间的关系，是国家税收政策的综合反映。税负可以是税收总额占该部门或该行业相应计税依据的比重，即小口径税负，也可以表示为税费总和占该部门或行业相应计税依据的比重，即大口径税负。一般情况下，费用数据搜集较难，因此统计时，往往选用的是小口径税负。

一、行业总体税负水平

行业总体税负水平，表现为行业应交税收总额与同期行业销售收入的比值。应交税收总额是指企业销售产品和提供工业性劳务等主要经营业务应负担的增值税、企业所得税、城市维护建设税、消费税、资源税、教育费附加和车船税等税（费）种。应交税收总额中既含有纳税人较难转嫁其税负的直接税（如所得税），又含有纳税义务人可通过提高价格或提高收费标准等方法把税负转嫁给消费者的间接税（如增值税等），因此总体税负率只能作为衡量行业间税负水平的参考性指标。但通过测算各行业的总体税负率，可以了解税负的公平程度以及税收政策的实施状态，为完善税制提供依据。

采矿业、制造业、电力燃气及水的生产供应业的总体税负率见表20-2：采矿业2004~2008年的总体税负率（12.42%~13.56%）大于电力、燃气及水的生产供应业（7.74%~8.18%）和制造业（4.81%~5.16%）。其中2008年，采矿行业的总体税负率为12.42%，比制造业的4.97%高出约7.45个百分点，比电力、燃气及水的生产供应业的7.62%高出4.8个百分点。说明中国采矿业的总体税负水平较重。采矿各行业部门中，油气开采业的总体负担率最大（15.20%~16.85%），其次是煤炭采选业（9.97%~12.04%）。其中2008年，油气开采业的总体税负率为16.70%，煤炭采选业为9.97%，有色金属矿采选业为10.32%。

表20-2　采矿业、制造业、电力燃气及水的生产供应业的总体税负率

项目	总体税负率（%）				
	2004年	2005年	2006年	2007年	2008年
采矿业	12.76	13.56	13.32	12.51	12.42
其中：油气开采业	15.20	16.85	16.79	15.42	16.70
煤炭采选业	11.92	12.04	11.67	11.53	9.97
黑色金属矿采选业	12.44	11.73	10.75	11.44	12.39
有色金属矿采选业	6.81	8.18	9.72	9.21	10.32
非金属矿采选业	8.44	9.03	8.32	8.22	7.34
制造业（含烟草制品业）	5.16	4.90	4.81	4.94	4.97
其中：烟草制品业	55.45	55.36	57.23	59.39	59.34
饮料制造业	13.51	12.28	11.46	10.68	6.77
制造业（未含烟草制品业）	4.39	4.21	4.18	4.33	4.39
电力、燃气及水的生产供应业	7.89	7.74	8.05	8.18	7.62
其中：电力、热力生产供应业	8.02	7.91	8.23	8.36	7.73

注：2004~2007年的各项税收总额、销售收入由《中国工业企业数据库》相关数据整理计算；2008年的各项税收总额来自《中国税务年鉴2009》，销售收入来自《中国统计年鉴2009》。

若在采矿业应交税收总额中扣除交纳的资源税额后，采矿业2004~2008年总体税负率分别为11.84%、12.61%、12.25%、11.41%和11.55%，仍远大于制造业和电力、燃气及水的生产供应业的总体税负率。由于数据收集的原因，本章在计算采矿行业总税收负担率时，未考查采矿行业特有税费中的矿产资源补偿费、矿区使用费，矿业权使用费和矿业权价款等，因此所得到的应该是比较保守的结果。

二、行业增值税税负水平

行业增值税税负水平，表现为行业应交增值税税额与同期行业销售收入的比值。增值税是国家利用税收参与产品或盈利的第一次分配，在不考虑其他因素情况下，增值税的高低直接影响行业利润的多少，增值税负担率是考核行业税收负担水平的重要指标。

采矿业、制造业、电力燃气及水的生产供应业的增值税税负率见表 20 - 3：采矿业 2004 ~ 2008 年的增值税税负率（7.40% ~ 8.11%）略大于电力、燃气及水的生产供应业（5.52% ~ 6.14%），二者均远大于制造业（2.80% ~ 3.07%）。其中 2008 年，采矿行业增值税税负率为 7.58%，比制造业的 3.07% 高出约 4.51 个百分点。这说明我国采矿业的增值税税负水平较高，原因在于采矿业属于资本密集型行业，在我国实行生产型增值税情况下，固定资产和投资比重大的行业抵扣不足。采矿业中，以油气开采业 2004 ~ 2008 年的增值税税负率最大（8.90% ~ 9.91%），其次为煤炭采选业（7.32% ~ 7.79%）。其中 2008 年，油气开采业的增值税税率为 9.39%，煤炭采选业为 7.55%，有色金属矿采选业为 4.05%。

表 20 - 3　采矿业、制造业、电力燃气及水的生产供应业的增值税税负率

项目	增值税税负率（%）				
	2004 年	2005 年	2006 年	2007 年	2008 年
采矿业	7.80	8.11	7.91	7.40	7.58
其中：油气开采业	9.12	9.91	9.80	8.90	9.39
煤炭采选业	7.79	7.59	7.43	7.32	7.55
黑色金属矿采选业	6.70	6.60	5.84	6.02	6.28
有色金属矿采选业	3.43	4.13	4.88	4.95	4.05
非金属矿采选业	5.07	5.30	4.72	4.70	4.67
制造业	2.89	2.83	2.80	2.86	3.07
其中：烟草制品业	11.68	11.55	11.74	12.21	12.37
饮料制造业	5.63	5.42	5.09	4.84	5.04

续表

项目	增值税税负率（%）				
	2004 年	2005 年	2006 年	2007 年	2008 年
电力、燃气及水的生产供应业	6.13	5.98	6.09	6.14	5.52
其中：电力、热力生产供应业	6.28	6.13	6.25	6.30	7.10

注：2004～2007 年的应交增值税额、销售收入由《中国工业企业数据库》相关数据测算而成；2008 年的应交增值税额、销售收入取自《中国统计年鉴 2009》。

三、行业所得税税负水平

行业所得税税负水平，表现为行业应交所得税税额与同期行业利润总额的比值。所得税在利润环节征收，税负高低直接决定行业留利的多少，因此所得税税负率就成为衡量行业税收负担状况、正确处理国家同行业分配关系的一个最为直接和重要的指标。一般来说，在其他因素不变的情况下，行业所得税税负率越小，行业税收负担水平就越低，反之则越高。

采矿业、制造业、电力燃气及水的生产供应业的所得税税负率见表 20－4：2004～2007 年采矿业的企业所得税税负率（11.85%～13.57%）小于电力、燃气及水的生产供应业（19.15%～21.43%）和制造业（15.94%～18.76%）。2008 年新企业所得税法实施后，采矿业的企业所得税税负率上升为 15.02%，比制造业的 12.32% 高出约 2.7 个百分点。采矿各行业部门中，2004～2007 年煤炭采选业的企业所得税负担率最大（22.53%～30.77%），其次为黑色金属矿采选业（21.06%～24.41%）。2008 年新企业所得税法实施后，油气开采业的企业所得税税负率为 15.33%，煤炭采选业为 12.96%，有色金属矿采选业为 26.04%。

表 20－4　采矿业、制造业、电力燃气及水的生产供应业的所得税税负率

项目	所得税税负率（%）				
	2004 年	2005 年	2006 年	2007 年	2008 年
采矿业	13.42	13.57	11.85	12.30	15.02
其中：油气开采业	8.81	9.76	7.79	7.75	15.33
煤炭采选业	30.77	28.97	26.24	22.53	12.96
黑色金属矿采选业	23.27	24.41	22.91	21.06	13.41
有色金属矿采选业	17.72	17.46	18.69	17.16	26.04

续表

项目	所得税税负率（%）				
	2004 年	2005 年	2006 年	2007 年	2008 年
非金属矿采选业	23.37	18.42	18.70	16.42	9.02
制造业	18.34	18.76	17.80	15.94	12.32
其中：烟草制品业	29.46	29.41	29.97	32.78	28.70
饮料制造业	27.23	22.35	21.97	18.57	7.40
电力、燃气及水的生产供应业	21.43	20.51	19.15	19.57	64.70
其中：电力、热力生产供应业	20.54	19.96	18.89	19.57	77.07

注：2004～2007 年的应交所得税额，销售收入由《中国工业企业数据库》相关数据测算而成；2008 年的应交所得税额取自《中国税务年鉴 2009》，销售收入取自《中国统计年鉴 2009》。

四、行业资源税税负水平

采矿业资源税税负水平，表现为采矿业应交资源税税额与同期行业销售收入的比值。采矿行业 2004～2008 年资源税税负率分别为 0.92%、0.95%、1.07%、1.10% 和 0.87%。其中 2008 年，油气开采业的资源税税负率为 0.52%，煤炭采选业的资源税税负率为 0.76%。采矿业 2004～2008 年应交资源税额占其应交税收总额的比重分别为 6.32%、6.31%、7.17%、7.91% 和 7.03%，具体见表 20-5。

表 20-5　采矿行业应交资源税占其应交税收总额的比重情况　单位：万元

项目	2004 年	2005 年	2006 年	2007 年	2008 年
应交资源税额	988 035	1 422 030	2 070 151	2 610 244	3 017 600
应交税收总额	15 635 545	22 537 289	28 873 759	33 002 033	42 909 054
比重（%）	6.32	6.31	7.17	7.91	7.03

注：应交资源税额取自《国研网数据库》；应交税收总额取自历年《中国税务年鉴》。

本章另外计算了三家大型上市矿业公司中石油、中石化、神华 2007 年主要税费的负担情况，具体计算结果见表 20-6：在中石油所交纳的税费中，石油特别收益金占其销售收入的比重最高（7.5%），其次为所得税（8.37%），资源税和资源补偿费所占比重分别为 0.54% 和 0.25%。在中石化所交纳的税费中，所得税占其销售收入的比重最高（1.76%），其次为石油特别收益金（1.19%），资源税和资源补偿费所占比重分别为0.09%和0.13%。在神华交纳的税费中，所得税占其销售收入的比重最高（6.42%），资源税和资源补偿费所占比重分别为0.76%和0.29%。三家大型上市矿业公司资源税与资源补偿费占其销售收入的比重均不高。

表20-6　2007年中石油、中石化、神华公司各税费占其销售收入的比值

单位：%

税费企业	资源税	矿产资源补偿费	石油特别收益金	城建税与教育费附加	所得税	其他税费
中石油	0.54	0.25	7.50	1.16	8.37	2.58
中石化	0.09	0.13	1.19	0.52	1.76	1.71
神华	0.76	0.29	—	0.76	6.42	0.98

注：数据由中石油、中石化、神华公司年报整理而成。由于三家上市公司2007年的应交增值税额均为负值，因此上表未测算增值税税负率。

小　结

2004~2008年，采矿行业的总体税负率均大于制造业和电力、燃气及水的生产供应业，若扣除采矿业交纳的资源税额后，采矿业2004~2008年总体税负率分别为11.84%、12.61%、12.25%、11.41%和11.55%，仍远大于制造业和电力、燃气及水的生产供应业的总体税负率。2004~2008年采矿业的增值税税负率略大于电力、燃气及水的生产供应业，二者均远大于制造业的增值税税负率。2004~2007年采矿业的所得税税负率小于制造业和电力、燃气及水的生产供应业，2008年新企业所得税法实施后，采矿业的所得税税负率上升为15.02%，高出制造业约2.7个百分点。2004~2007年采矿业资源税税负率分别为0.92%、0.95%、1.07%、1.10%和0.87%。

本章研究表明，与电力、燃气及水的生产供应业和制造业相比，采矿行业的总体税负水平偏高，其中：增值税税负水平较高，这是由于2009年之前我国实行的是生产型增值税，固定资产投资比重大的采矿行业抵扣不足所致；2008年新企业所得税法实施后，采矿行业的所得税税负水平较以往有所提高，但这是与其实际盈利能力相符合的合理变化；资源税税负水平偏低。当然，本研究只考查到普适税费和资源税税负水平，没有考查与生态环境保护相关的环境税费负担水平。若将此部分环境税费计算在内，采矿业的总体税负水平将更高。如将资源税改革幅度确定在3%～5%①，就资源税单项税收来说是合理的，也符合国际矿业企业与资源有偿使用相关的税费征收标准。但是，我国采矿企业所承担的增值税税负水平偏高，资源税改革实施后，采矿企业的总体税负水平也将相应地提高3%～5%，这不仅会使采矿企业承受更大的压力，整个宏观经济，相关产业势必也会受到深刻影响。因此，实施结构性减税措施，降低采矿企业总体负担水平，冲抵资源税改革初期给采矿业及其相关行业所增加的税负额，缓解对宏观经济所造成的负面影响应该是当务之急。

① 王佑："我国石油资源税或将从价征收"，《第一财经日报》，2009－11－26。

第二十一章

三重约束条件下煤炭采选业税费水平调整的合理幅度

以煤炭采选业为例，分析在价格管制、企业社会责任水平、两个负外部成本内部化后企业的“真实”利润三重约束条件下，煤炭采选业总体税费水平调整的合理幅度。研究表明，煤炭采选业在现行税费制度总体税费水平提升的上限为 8.11%，而煤炭采选业在现行税费制度下实现两个负外部成本充分内部化需要对其现有税费水平提升 20%。因此，急需针对三重约束条件下煤炭采选业现行税费制度的整体架构和结构水平的综合改革方案进行研究。

第一节　两个外部成本内部化与吨煤税费提升水平

一、学术界关于资源特殊税费负担的争议

按照国家的政策倾向及矿产资源有偿使用和生态补偿制度完善的要求，矿产在开发中的资源环境负外部成本必须内部化，而目前矿产开发企业在现行税费制度下所缴纳的资源生态环境税费不能充分补偿资源自身价值损耗和生态环境价值损失。以煤炭采选业为例，结合目前煤炭开发企业的盈利状况，分析在价格管制、企业社会责任水平、两个负外部成本内部化后企业的“真实”利润三重约

束条件下，煤炭采选业总体税费水平调整的合理幅度，这对在煤炭行业可承受范围内调整、完善现行税费制度的整体架构，进行税费综合配套改革具有重要的现实意义。

迄今为止，学术界关于采矿业税费水平的研究，集中在税费负担水平方面：李国平、张海莹的研究表明，2004～2008年采矿业的总体税负率均大于制造业和电力、燃气及水的生产供应业；据工信部的调研，国内冶金矿山企业总体税费负担率在20%以上。部分地区甚至达到30%以上。满燕云的研究表明，OECD30个国家与环境相关的税占税收总收入的比例在3.8%～11.2%，平均为7%，与这个数据比起来，2007年中国12.04%的环境税比例已经非常高。卢业授认为，制约国内铁矿业的最大问题是税费负担。目前学术界关于我国采矿业税费负担水平较重的看法基本一致。

与此同时，国内学术界又认为我国矿产资源开发中的资源浪费和生态环境污染破坏现象严重，倾向于提高资源税和环境税费水平。林伯强、何晓萍的研究结论是，考虑到稀缺性资源耗减问题对后代福利的影响，对油气开发业征收20%以下的资源税，宏观经济负面影响不大；据一份修订后但尚未实施的《中华人民共和国资源税暂行条例》表明，油气资源税将由试点时的5%税率提升为5%～10%，煤炭资源税仍按从量定额征收，税额小幅提高，从原来的每吨0.3～5元提升为每吨0.3～8元；环境税方案的最新进展是1吨煤炭要征43元的环境税。

已有研究对资源税单项改革、环境税单项改革进行了持续的广泛的研究，但缺少将资源税和环境税联系起来进行定性和定量研究。同时，对资源环境税费改革的影响往往考虑宏观经济而忽略矿产资源开发企业的税费负担极限，这使得相关研究结论和建议的适用性不足。由于我国对矿产资源产业和矿产品采取特殊管制，在这种情况下如何根据矿业开发特点和矿产开发可持续发展的要求，研究两个负外部成本充分内部化的税费负担水平、进而研究适合我国矿产开发企业承受力的税费水平的改革标准，就成为我国矿产资源产业的资源税与环境税费改革急需解决的关键问题。

以煤炭采选业为例，分析在价格管制、企业社会责任水平、两个负外部成本内部化后企业的“真实”利润三重约束条件下，煤炭采选行业总体税费水平调整的合理幅度。

二、实现两个负外部成本内部化所要求的税费提升水平

在一定经济技术条件下，人类对矿产资源连续不断的消耗构成一个动态的耗竭过程，当资源储量趋近于零时，或者说，当资源丰裕度不断降低，开发成本不

断上升，以致需求数量趋近于零时，就达到了资源的耗竭状态。按照跨代资源分配理论，每一代人所应消耗的矿产资源数量和开发利用率都存在一个理想值，但人们受短期利益驱使，过度、过早地开发有限的资源，导致资源的实际消耗量和开发利用率往往大于理想值，造成资源价值在代际间的耗损，产生代际负外部成本。因此，对资源的耗损价值即代际外部成本进行补偿就成为资源节约的开发利用与保持代际公平的必要前提。同时，矿产资源在开发利用中，不可避免地会造成生态环境污染和破坏，产生生态环境负外部成本，按照可持续发展理论，要求通过生态环境负外部成本内部化的方式，减少资源开发对生态环境的影响。政府应通过税费征收等方式，促使开发企业因资源开发活动所造成的负外部社会成本内部化，鼓励开发企业以对社会负责的方式进行勘探开发。

目前我国煤炭开发中的两个负外部成本因没有得到充分补偿已出现严重赤字，而要实现煤炭资源耗损、生态环境损失价值的充分补偿，以 2008 年为例，煤炭开发中资源税的征收标准应由目前的从量 0.3～5 元/吨（约从价 1%）提至从价 13%；开发吨煤应交的生态环境费用标准应由目前的 24 元/吨提至 64.23～68.47 元/吨，即每吨提高 40.23～44.47 元（约为当年煤炭价格的 8%）。综合资源税和生态环境税费的提高幅度，煤炭开发活动中的税费水平应在现有税费制度下提升约 20%。

第二节 煤炭采选业税费水平提升的约束条件

一、价格双轨制

我国煤炭开发中的两个负外部成本内部化能否通过价格途径实现，这取决于煤炭价格制度。

从理论上来说，采矿企业成本是否增加主要看企业将增加的税负通过资源产品价格最终转嫁给消费者的能力，以及企业能否通过其他方面成本的降低来对冲税额增加带来的影响。第一种方式是否可行取决于矿产资源产品的价格机制，即采矿业特殊税费的税负转嫁程度取决于矿产资源产品价格的市场化程度，如果资源产品价格已经市场化，则特殊税费能否转嫁就取决于资源开采企业的市场定价能力，定价能力不高，税负转嫁的程度也就不高；如果资源产品的价格更多地取决于国际市场价格，特殊税费也不一定能够进行转嫁，因为资源产品的使用者可以采用进口替代的方式。如果资源产品价格尚未市场化，资源产品价格受到政府的行政干预，特殊税费的转嫁就会在一定程度上受限。

在我国，原油价格已经和国际市场接轨，国内原油价格完全取决于国际市场原油价格，所以特殊税费的税负成本完全由原油开采企业承担，不会转嫁给下游企业以及消费者。天然气的价格则是由政府指导定价，没有完全实现市场化，特殊税费的税负能否转嫁给下游企业涉及天然气企业和政府之间的利益博弈。而占我国能源消耗70%的煤炭资源，尤其是电煤价格还没有实现市场化，因此，煤炭资源特殊税费的税负转嫁在一定程度上受限。

20世纪70年代以来，中国经历了从有计划的商品经济到市场经济的发展转变，与其他多数商品一样，煤炭价格也逐步由“计划价”转向“市场价”。到1994年，全国市场煤炭价格已基本放开。但由于煤炭是关系国计民生的重要战略资源，直接影响居民生活和企业生产活动。尤其是当前中国电力供应以火电为主，每年电煤消费量约占全国煤炭消费总量的50%，燃煤电厂购买的电煤占其成本的70%以上，电煤价格直接影响电力企业的发电量，这决定了电力部门和煤炭行业间极大的关联性。中国的电力价格（包括上网电价和终端用户电价）由政府相关行政部门指导定价，这就要求电煤价格必须控制在一定范围内，电企才不会出现大幅亏损而陷入停产状态。因此，政府为保证国家电力安全，对电煤价格实施了管制。自1996年开始政府对电煤价格实施了管制，规定在1995年煤炭实际结算价格的基础上，1996年每吨电煤平均最高提价额为8元，此后电煤一直实行国家指导价。2002年政府虽宣布不再实行电煤指导定价，提出坚持煤炭价格市场化的改革方向，并于2009年12月宣布退出煤企电企双方谈判过程，电煤价格实行煤电供需双方协商确定政策。但是，由于国内电力价格的严格控制，为防止电煤价格上涨过快，政府仍有出台电煤价格干预政策，不时参与煤企电企双方谈判过程。电煤价格问题成为经济的热点问题之一。实际上，中国目前煤炭价格仍是计划和市场两种方式并行的“双轨制”。国内煤炭价格与国际煤炭价格的差距依然明显[①]，见图21-1。

2000年国内煤炭价格为93元/吨，国际煤炭价格为298元/吨，国内煤炭价格仅为国际煤炭价格的31.21%；自2000年以来国内煤炭价虽有很大幅度上升，但仍小于国际煤炭价格，2008年国内煤炭价格为549元/吨，国际煤炭价格达1 026.31元/吨，前者仅为后者的53.49%。2009年由于全球经济危机的原因，投资者对全球经济发展前景的担忧加剧及金融市场震荡对实体经济影响的显现，

① 国内价格由煤炭采选业销售收入与原煤开采量计算而得；国际原煤价格是西北欧煤炭基准价格，来源于麦克科劳斯基煤炭信息服务中心（McCloskey Coal Information Service）。

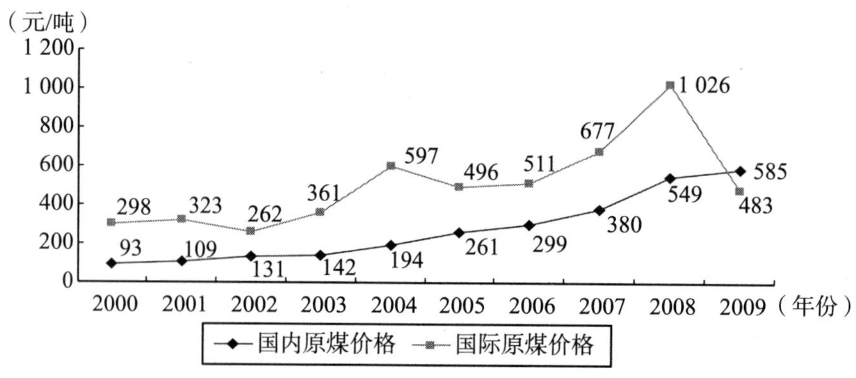

图 21－1　国内外煤炭价格差异

国际煤炭需求大幅下滑，导致国际煤价大跌。而国内煤炭价格不降反而有小幅攀升，更进一步说明国内煤炭价格与国际煤炭价格的脱轨。

神华、中煤是国内发电企业用煤的主要供给者，其国内国外煤炭销售价格差异能够反映当前中国煤炭价格的“双轨制”。2008 年中国神华公司的煤炭出口销售价为 577.2 元/吨，国内销售价仅为 358.8 元/吨，与 2007 年相比，煤炭出口销售价的增幅为 45%，国内销售价的增幅仅有 18.9%。2009 年中国神华公司的煤炭出口销售价为 551.5 元/吨，国内销售价仅为 378.7 元/吨，与 2008 年相比，国际销售价大幅下跌，国内销售价不降反而小幅攀升。2008 年中煤能源公司动力煤出口价为 694 元/吨，内销价仅为 405 元/吨，与 2007 年相比，出口价的增幅达 215%，而内销价增幅仅为 66%；2009 年中煤能源公司动力煤出口价为 522 元/吨，内销价仅为 406 元/吨，与 2008 年相比，出口价大幅下跌，内销价不降反而小幅攀升。两家煤炭公司国内国际售价的反向变动更进一步说明当前中国煤炭价格的“双轨制”，见表 21－1。

表 21－1　　中煤能源、中国神华内外销煤炭价格差异

公司	项目	2007 年（元/吨）	2008 年（元/吨）	2009 年（元/吨）	2008 年较 2007 年增幅（%）	2009 年较 2008 年增幅（%）
中煤能源	动力煤内销价	339	405	406	66	0.25
	动力煤出口价	479	694	522	215	－24.78
中国神华	国内销售价	301.8	358.8	378.7	18.9	5.55
	出口销售价	398.1	577.2	551.5	45	－4.45

注：数据来自 2008 年、2009 年中煤能源、中国神华公司年报。

由此，当前中国的煤炭资源价格体制条件在一定程度上限制了采煤企业的税负转嫁能力，提高煤炭资源特殊税费负担水平后，采煤企业通过价格进行税负转嫁受限。

二、企业社会责任水平

企业社会责任是指企业通过企业制度和企业行为所体现的对所有相关利益群体履行的各种积极义务和责任，是企业对市场和相关利益群体的一种良性反应，也是企业经营目标的综合指标。企业在追求经济利益最大化的同时，还负有维护和增进社会公共利益的义务。企业社会责任水平测度毋庸置疑是企业社会责任研究领域的关键之一。

（一）指标体系

企业的业绩、财富的积累等常以财务指标反映，同样，企业社会责任的履行情况也应以财务指标来衡量。遵循指标选择的 SMART 原则，即简单性、可测性、获得性、可靠性和时效性，依据层次责任理论和利益相关者理论，本部分从企业对股东、员工、顾客、供应商、债权人、政府和社区 7 方面责任内容出发，构建了测度企业社会责任水平的财务指标体系。

反映对股东责任的指标：X1 股东权益报酬率 = 税后利润/股东权益；
X2 资产保值增值率 = 期末所有者权益/期初所有者权益。

反映对员工责任的指标：X3 员工人均收入 = 支付员工的现金/员工数量；
X4 人力资本维持水平 = 员工工资总额/主营业务收入；
X5 全员劳动生产率 = 主营业务收入/员工数量。

反映对顾客责任的指标：X6 主营业务成本率 = 主营业务成本/主营业务收入；
X7 销售增长率
$= \sqrt{\text{本年主营业务收入}/\text{去年主营业务收入}} - 1$；
X8 净资产收益率 = 净利润/净资产。

反映对供应商责任的指标：X9 应付账款周转率 = 主营业务成本/应付账款平均金额。

反映对债权人责任的指标：X10 流动比率 = 流动资产/流动负债；
X11 速动比率 =（流动资产 - 存货）/流动负债；
X12 资产负债比 = 资产总额/负债总额。

反映对政府责任的指标：X13 税费净额 = 支付的各项税费 - 税费返还；
X14 员工数量；
X15 捐款支出总额。

反映对社区责任的指标：X16 捐赠收入比 = 捐赠金额/主营业务收入。

选择 2010 年度沪深两市上市公司为样本，在剔除样本数据中含有缺失数据的个体后，最终获得 1006 家上市公司的资料，数据来自 wind 数据库和巨潮资讯网，各指标原始数据的描述性统计结果见表 21 - 2。

表 21 - 2　　原始数据的描述性统计

	最小值	最大值	均值	标准差
股东权益报酬率	-43.97	2.83	0.03	1.49
资产保值增值率	-16.63	48.15	1.36	2.03
员工人均收入（元）	298.28	72 804 736	566 113.19	38 881 836
人力资本维持水平	0.00	39.49	0.06	1.25
全员劳动生产率	590.62	11 016 045	8 320 634.3	56 700 834
主营业务成本率	0.15	1.52	0.76	0.16
销售增长率	-0.95	355.60	0.77	11.33
净资产收益率	-9.91	28.65	0.11	0.98
应付账款周转率	0.10	412.74	9.80	18.45
流动比率	0.11	88.73	2.29	4.24
速动比率	0.09	76.94	1.80	3.88
资产负债表	0.98	92.36	3.24	4.67
税费净额（元）	-15 964 482	27 020 300	84 608 761	11 296 582
员工总数（个）	9	371 333	5 085	19 002
捐款支出总额（元）	-16 936 765	80 540 000	18 040 206	26 021 080
捐赠收入比	-0.01	3.44	0.01	0.11

（二）测度方法

测度企业社会责任水平的方法主要有两类，一类是主观赋值法，如指数法、层次分析法、模糊综合评价法等；另一类是客观赋值法，如因子分析、TOPSIS法、人工神经网络法等。客观赋值法摆脱了主观赋值法分析评价过程中的随机性和专家主观上的不确定性及认识上的模糊性，根据客观对象构成要素的因果关系设计指标体系，由原始数据计算指标权重，增强了结果的客观性和准确性。本书综合运用因子分析法和 TOPSIS 评价法，赋予各指标变量客观权重，以科学地测度采矿行业的企业社会责任水平。

1. 因子分析法的基本思想与步骤

因子分析法（Factor Analysis Method）的基本思想是依据相关性大小把原来众多的 n 个指标分为 p 组，其中 $p<n$，使同组内指标间的相关性较高，不同组指标间的相关性较低，p 组指标称为 p 个公共因子。这样，对于所研究的问题就可用较少的 p 个公共因子来描述原来观测的 n 个指标。

m 个评测对象 n 个指标的原始数据矩阵如下：

$$\begin{bmatrix} x_{11} & x_{12} & \cdots & x_{1n} \\ x_{21} & x_{22} & \cdots & x_{2n} \\ \cdots & \cdots & \cdots & \cdots \\ x_{m1} & x_{m2} & \cdots & x_{mn} \end{bmatrix} m \times n \tag{21-1}$$

同趋势化和标准化处理。为消除正向指标与逆向指标变化趋势的差异，需要对数据进行同趋势化，一般对逆向指标采取倒数形式进行正向化处理。同时，为消除指标之间量纲、数量级的差异，还需要对数据进行标准化。先求出不同指标下数据的均值 $E(x_j)$ 和标准差 S_j，则 x_i 的标准化值是 $\frac{x_{ij}-E(x_j)}{S_j}$，（$i=1, 2, \cdots, m$；$j=1, 2, \cdots, n$）。

KMO 与 Bartlett 球形检验。KMO 是用于观测相关系数值和偏相关系数值的一个指标，若 KMO 值大于 0.5，说明适合作因子分析，反之说明不适合。Bartlett 球形检验用于验证指标间是否独立，其结伴概率越小，说明适合作因子分析，反之说明不适合。本研究中，KMO 值为 $0.652>0.5$，说明选取的指标变量间存在较强的线性关系，适合因子分析；Bartlett 球形检验的相伴概率为 0.000，小于显著水平 0.05，表明各指标变量间的独立性假设不成立，通过因子分析适用性检验。

计算样本相关系数矩阵 R 的特征值及方差贡献率。方差贡献率 $\lambda_j(j=1, 2, \cdots, n)$ 的大小表示各公因子的相对重要程度。当 p 个公因子的累计方差贡献率 $\sum_{j=1}^{p}\lambda_j$ 达到一定数值时（≥80%），这 p 个公因子就以较少的指标综合体现了 n 个指标。本书中，公因子 1 的方差贡献率是 20.13%，公因子 2 是 16.34%，以此类推，前 10 个公因子的累计方差贡献率达到了 90.08%，说明这 10 个公因子变量能够反映企业社会责任 90.08% 的信息含量。

确定和解释公因子。因子分析采用主成分法，旋转方式为方差最大旋转，旋转后的因子载荷矩阵表示各指标变量与公因子的相关程度，载荷绝对值越大，表明指标变量与公因子的相关度越高。根据各指标变量在公因子上的载荷，即各指标变量与公因子的相关系数，对各公因子进行命名。

综合评价。由 SPSS 软件自动输出的 i 评测对象在 j 公共因子上的得分值 $\widehat{F}_{ij}$（$i=1, 2, \cdots, m$；$j=1, 2, \cdots, p$），可以求得各评测对象的总得分值 $\widehat{F}_i$（$i=1, 2, \cdots, m$），即：

$$\widehat{F}_i = \sum_{j=1}^{p} \alpha_j \widehat{F}_{ij} \ (i=1, 2, \cdots, m; \ j=1, 2, \cdots, p) \qquad (21-2)$$

其中，$\alpha_j = \dfrac{\lambda_j}{\sum_{i=1}^{p} \lambda}$（$i=1, 2, \cdots, p$），由此，各公共因子的权数 α_j（$j=1, 2, \cdots, p$）根据方差贡献率 λ_j 的大小确定，λ_j 越大的因子越重要，应具有较大的权数。这样，就克服了人为确定指标变量权数的缺陷。

2. TOPSIS 评价法的基本思想与步骤

TOPSIS（Technique for Order Preference by Similarity to Ideal Solution）即理想解法，由 Hwang 和 Yoon 于 1981 年首次提出，其基本思想是通过构造问题的正理想解和负理想解，利用各评测对象的综合指标，通过计算各评测对象与理想解的接近程度，作为评测各个对象的依据，是一种多目标决策的方法。其应用方便，对数据分布、样本量、指标多少无严格限制，具有应用范围广、计算量小、几何意义直观以及信息失真小等特点。

m 个评测对象 n 个指标的原始数据矩阵如下：$\begin{bmatrix} x_{11} & x_{12} & \cdots & x_{1n} \\ x_{21} & x_{22} & \cdots & x_{2n} \\ \cdots & \cdots & \cdots & \cdots \\ x_{m1} & x_{m2} & \cdots & x_{mn} \end{bmatrix} m \times n$

规范化。即进行无量纲化处理：设 $\text{Max}x_{ij} = p_j$，$\text{Min}x_{ij} = q_j$，则：$b_i = 0.1 + \dfrac{x_{ij} - q_j}{p_j - q_j} \times 0.9$，$b_{ij} \in [0.1, 1]$，由此得到规范化决策矩阵 B：

$$\begin{bmatrix} b_{11} & b_{12} & \cdots & b_{1n} \\ b_{21} & b_{22} & \cdots & b_{2n} \\ \cdots & \cdots & \cdots & \cdots \\ b_{m1} & b_{m2} & \cdots & b_{mn} \end{bmatrix} m \times n \qquad (21-3)$$

对各指标赋予权重。采用客观赋权的变异系数法来确定指标变量的权重。先求出在不同指标下数据的均值 $E(b_{ij})$ 和标准差 S_j。再求出各指标的变异系数 V_j，最后确定权重 W_j。其中，$V_j = S_j / E(b_{ij})(j = 1, 2, \cdots, n)$，$W_j = \frac{V_j}{\sum_{j=1}^{n} V_j}(j = 1,2,\cdots, n)$。由权重 W_j 与规范化决策矩阵 B，可得到加权的规范化决策矩阵 T = WB，即：$\begin{bmatrix} t_{11} & t_{12} & \cdots & t_{1n} \\ t_{21} & t_{22} & \cdots & t_{2n} \\ \cdots & \cdots & \cdots & \cdots \\ t_{m1} & t_{m2} & \cdots & t_{mn} \end{bmatrix} m \times n$，其中：$t_{ij} = w_j \times b_{ij}$，$i = 1, 2, \cdots, m$；$j = 1, 2, \cdots, n$，$w_j$ 为第 j 个指标的权重。

确定正理想解 T^+ 和负理想解 T^-：$T^+ = \{t_j^+ \mid j = 1, 2, \cdots, n\} = \{\mathrm{Max} t_{ij} \mid j = 1, 2, \cdots, n\}$ $T^- = \{t_j^- \mid j = 1, 2, \cdots, n\} = \{\mathrm{Min} t_{ij} \mid j = 1, 2, \cdots, n\}$。

计算各评测对象与正理想解和负理想解的距离：$D_i = \sqrt{\sum_{j=1}^{n} (t_{ij} - t_j^+)^2}$，$(i = 1, 2, \cdots, m)$，$D_i^- = \sqrt{\sum_{j=1}^{n} (t_{ij} - t_j^-)^2}$，$(i = 1, 2, \cdots, m)$。

计算各评测对象与理想解的相对接近度：$C_i = \frac{D_i^-}{D_i^+ + D_i^-}$，$(i = 1, 2, \cdots, m)$，按 C_i 值的大小进行排序，C_i 值越大，表明越接近理想解，评测对象越接近最优水平。

（三）测度结果与分析

1. 因子分析法测度结果与分析

根据因子综合得分 F_i 值进行排序，2010 年中国上市公司企业社会责任水平最大的 100 家公司和责任水平最小的 100 家公司。有些公司的综合得分是正数，有些是负数，这是将数据标准化的结果，以所有公司的平均水平作为零点，正负仅表示该公司与平均水平的位置关系，并不代表这些公司企业社会责任水平就为负。F_i 值的大小代表企业社会责任水平的大小，例如茂化实华的 F_i 值为 5. 8298，排名第 1，而轴研科技的 F_i 值为 -0. 2343，排名最后，说明茂化实华的企业社会责任水平最高，而轴研科技的企业社会责任水平最低。如果将 1 006 家上市公司 F_i 值的均值设为平均水平，作为衡量企业社会责任好坏的标准，那么，在参评的 1 006 家公司中有 223 家超出了平均水平，占 22. 17%，说明我国上市公司中有 22. 17% 公司的企业社会责任水平“及格”。工业各行业 F_i 值分布情况见表 21 - 3。

表 21-3　　工业各行业 F_i 分布情况

行业代码	行业	总数	大于均值 0 的公司		前 100 家公司		后 100 家公司	
			个数	比例	个数	比例	个数	比例
B	采掘业	37	17	45.95	10	27.03	2	5.41
C	制造业	907	195	21.50	88	9.70	96	10.58
C0	食品、饮料	65	17	26.15	3	4.62	2	3.08
C1	纺织、服装、皮毛	59	11	18.64	3	5.08	4	6.78
C2	木材、家具	7	0	0.00	0	0.00	1	14.29
C3	造纸、印刷	34	5	14.71	2	5.88	2	5.88
C4	石油、化工、塑料塑胶、塑料	165	35	21.21	17	10.30	10	6.06
C5	电子	75	15	20.00	6	8.00	17	22.67
C6	金属、非金属	132	31	23.48	13	9.85	12	9.09
C7	机械、设备、仪表	162	46	17.56	27	10.31	37	14.12
C8	医药、生物制品	92	33	35.87	15	16.30	7	7.61
C9	其他制造业	16	2	12.50	2	12.50	4	25.00
D	电力、燃气、水	62	11	17.74	2	3.23	2	3.23
合计		1 006	223	22.17	100	—	100	—

在超出平均水平的 223 家公司中，有 17 家采矿业公司，占参评采矿业公司总数的 45.95%；有 195 家制造业公司，占参评制造业公司总数的 21.50%；有 11 家电力燃气水的生产供应业公司，占参评电力燃气水的生产供应业公司总数的 17.74%。可见，从大于均值 0 的 223 家公司分布情况来看，采矿业中相对有较多的公司承担的企业社会责任更大。

在企业社会责任水平最大的 100 家公司中，有 10 家采矿业公司，占参评采矿业公司总数的 27.03%；有 88 家制造业公司，占参评制造业公司总数的 9.70%；有 2 家电力燃气水的生产供应业公司，占参评电力燃气水的生产供应业公司总数的 3.23%。可见，从企业社会责任水平最大的 100 家公司分布情况来看，采矿业中相对有较多的公司承担的企业社会责任更大。

在企业社会责任水平最小的 100 家公司中，有 2 家采矿业公司，占参评采矿业公司总数的 5.41%；有 96 家制造业公司，占参评制造业公司总数的 10.58%；有 2 家电力燃气水的供应业公司，占参评电力燃气水的供应业公司总数的

3.23%。可见，从企业社会责任水平最小的100家公司分布情况来看，制造业中相对有较多的公司承担的企业社会责任更小。

另外，通过计算各行业 F_i 值的均值，进一步揭示中国企业社会责任水平的行业差异，工业各行业 F_i 的均值见表21-5。结果发现：采矿业（0.3365）高于参评公司（0）、制造业（-0.0103）及电力燃气水的生产供应业（-0.0494）。可见，中国采矿业的企业社会责任水平高于全国平均水平及制造业、电力燃气水的生产供应业。

2. TOPSIS评价法测度结果与分析

根据相对接近度 C_i 值进行排序，2010年中国上市公司企业社会责任最大的100家公司和责任最小的100家公司。C_i 值的大小代表企业社会责任水平的大小，例如茂化实华的 C_i 值为0.542706，排名第1，而盐湖集团 C_i 值仅为0.494092，排名最后，说明茂化实华的企业社会责任水平最高，而盐湖集团的企业社会责任水平最低。如果将1 006家上市公司 C_i 值的均值设为企业社会责任的平均水平，那么，在参评的1 006家公司中有129家超出了平均水平，占12.82%，这些公司的企业社会责任水平较大。

工业各行业 C_i 分布情况见表21-4。在超出平均水平的129家公司中，有11家采矿业公司，占参评采矿业公司总数的29.73%；有109家制造业公司，占参评制造业公司总数的12.02%；有9家电力、燃气、水的生产供应业公司，占参评电力、燃气、水的生产供应业公司总数的14.52%。可见，从大于均值的129家公司分布情况来看，采矿业中相对有较多的公司承担的企业社会责任更大。此处与因子分析法结论一致。

表21-4　　工业各行业 C_i 分布情况

行业代码	行业	总数	大于均值0.494903的		前100家公司		后100家公司	
			个数	比例	个数	比例	个数	比例
B	采掘业	37	11	29.73	11	29.73	6	16.22
C	制造业	907	109	12.02	81	8.93	89	9.81
C0	食品、饮料	65	9	13.85	6	9.23	17	26.15
C1	纺织、服装、皮毛	59	7	11.86	6	10.17	7	11.86
C2	木材、家具	7	0	0.00	0	0.00	1	14.29
C3	造纸、印刷	34	3	8.82	1	2.94	1	2.94
C4	石油、化工、塑料	165	27	16.36	20	12.12	6	3.64

续表

行业代码	行业	总数	大于均值0.494903的		前100家公司		后100家公司	
			个数	比例	个数	比例	个数	比例
C5	电子	75	9	12.00	8	10.67	7	9.33
C6	金属、非金属	132	32	24.24	22	16.67	5	3.79
C7	机械、设备、仪表	162	18	6.87	15	5.73	12	4.58
C8	医药、生物制品	92	4	4.35	3	3.26	33	35.87
C9	其他制造业	16	0	0.00	0	0.00	0	0.00
D	电力、燃气、水	62	9	14.52	8	12.90	5	8.06
合计		1 006	129	12.82	100	—	100	—

在企业社会责任水平最大的100家公司中，有11家采矿业公司，占参评采矿业公司总数的29.73%；有81家制造业公司，占参评制造业公司总数的8.93%；有8家电力、燃气、水的生产供应业公司，占参评电力、燃气、水的生产供应业公司总数的12.90%。可见，从企业社会责任水平最大的100家公司分布情况来看，采矿业中相对有较多的公司承担的企业社会责任更大。此处与因子分析法结论一致。

在企业社会责任水平最小的100家公司中，有6家采矿业公司，占参评采矿业公司总数的16.22%；有89家制造业公司，占参评制造业公司总数的9.81%；有5家电力、燃气、水的生产供应业公司，占参评电力、燃气、水的生产供应业公司总数的8.06%。可见，从企业社会责任水平最小的100家公司分布情况来看，采矿业中相对有较多的公司承担的企业社会责任更小。此处与因子分析法结论不一致，并且与大于均值的129家公司分布情况和企业社会责任水平最大的100家公司分布情况结论相矛盾。这可以通过各行业 C_i 值的变异系数来解释。变异系数等于样本的标准差除以样本的均值，用来衡量资料中各观测值的变异程度和离散程度，变异系数越大，说明离散程度越大，例如某行业 C_i 值的变异系数越大，则说明该行业企业社会责任水平差异越大。各行业 C_i 值的变异系数见表21-5：采矿业的 C_i 变异系数（0.014343）高于制造业（0.005345）及电力、燃气、水的生产供应业（0.000813），说明采矿业各公司的企业社会责任水平差异较大，离散程度较大。

表 21-5 工业各行业 F_i、C_i 的均值与变异系数

行业代码	行业	均值（因子分析法）	均值（TOPSIS 法）	变异系数（TOPSIS 法）
B	采矿业	0.3365	0.496764	0.014343
C	制造业	-0.0103	0.494841	0.005345
C0	食品、饮料	-0.0382	0.494544	0.000803
C1	纺织、服装、皮毛	0.0002	0.494992	0.005376
C2	木材、家具	-0.1554	0.494511	0.000316
C3	造纸、印刷	-0.0349	0.494740	0.001916
C4	石油、化学、塑料	0.0188	0.495023	0.007619
C5	电子	-0.0624	0.494605	0.000654
C6	金属、非金属	0.0217	0.494979	0.005066
C7	机械、设备、仪表	-0.0377	0.494892	0.006101
C8	医药、生物制品	0.0561	0.494584	0.003549
C9	其他制造业	-0.0757	0.494549	0.000318
D	电力、燃气、水	-0.0494	0.494710	0.000813
参评公司		0	0.494903	0.005827

进一步地，计算各行业部门相对接近度 Ci 值的均值，揭示中国企业社会责任水平的行业差异，工业各行业 Ci 值的均值见表 21-5。结果发现，采矿业（0.496764）高于参评公司（0.494903）、制造业（0.494841）及电力、燃气、水的生产供应业（0.494710）。可见，采矿业的企业社会责任水平高于全国平均水平及制造业、电力燃气水的生产供应业。

三、煤炭开发企业经资源、生态环境耗损价值调整后的“真实”利润

自 2000 年起，中国采煤企业利润总额进入快速增长阶段。2000 年全国规模以上采煤企业实现利润 0.50 亿元，2008 年实现利润 2 348.45 亿元，年均增长 187.72%，而同期规模以上工业企业利润年均增速仅为 37.6%。

采煤企业利润总额的快速增长表明企业盈利规模与能力的提高，但要深入研究企业的盈利能力，还需要采用比率类指标来分析企业盈利与投入之间的关系，可以采用净资产收益率进行分析。净资产收益率有不同的定义方式，本书将公式中的分子定义为利润总额，即式（21-4）：

$$净资产收益率 = 利润总额/净资产 \tag{21-4}$$

图 21-2 是 2000~2009 年中国规模以上采煤企业净资产收益率的变化情况。可见，中国规模以上采煤企业净资产收益率在不断提高，除 2006 年和 2009 年略有下降外，其余年份均呈现出明显的快速增长势头。2000 年为 0.04%，2008 年达到 29.45%。因此，以净资产收益率来看，近年来中国采煤企业盈利能力确实有大幅提高。

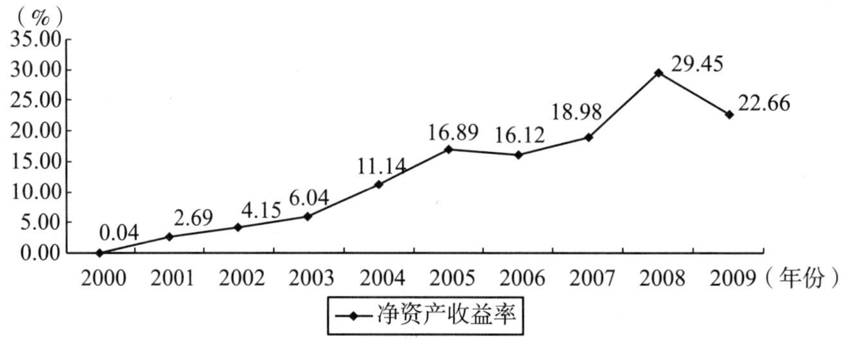

图 21-2　中国规模以上采煤企业净资产收益率的变化

对净资产收益率做进一步分解。将式（21-4）变形，分子分母同除以总资产，得到式（21-5）：

$$净资产收益率=\frac{利润总额/总资产}{净资产/总资产}=\frac{总资产收益率}{（总资产-负债）/总资产}=\frac{总资产收益率}{1-资产负债率} \tag{21-5}$$

由式（21-5）可知，净资产收益率是总资产收益率、资产负债率的增函数，净资产收益率会随着这两个指标中任何一个的增大而增大。采煤企业净资产收益率提高的原因有两个，其一是企业提高自身效率的结果，即总产资产收益率的提高；其二是企业运用财务杠杆的结果，即资产负债率的提高。我们计算了采煤企业资产负债率和总资产收益率的变化情况，见图 21-3 和图 21-4。

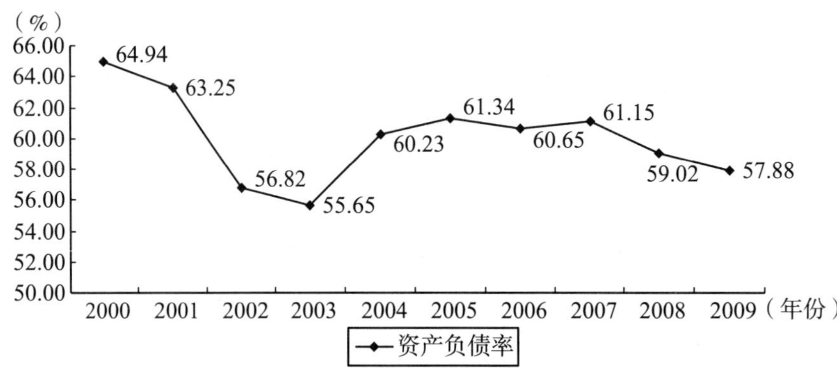

图 21-3　中国规模以上采煤企业资产负债率的变化

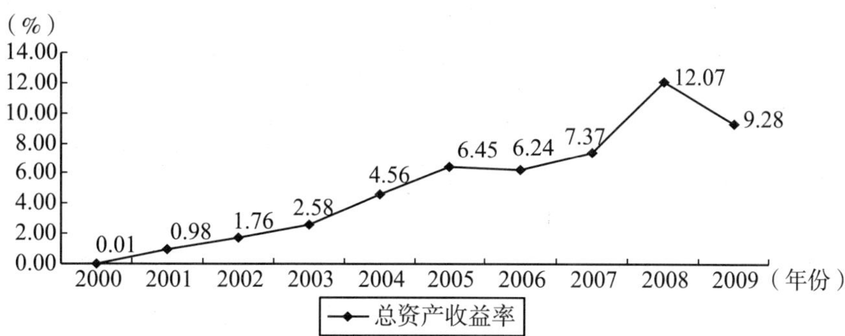

图 21-4　中国规模以上采煤企业总资产收益率的变化

可见，2000～2009 年中国采煤企业的资产负债率不断下降，特别是 2002～2003 年出现了大幅下降。2000～2009 年中国采煤企业的总资产收益率却不断提高，与企业净资产收益率呈现出相同的变化趋势。综合二者的变化情况，可以做出如下判断，采煤企业盈利能力的提升不是企业运用财务杠杆的结果，而是企业真实盈利能力提升的结果。

2000～2009 年我国规模以上煤炭开发企业盈利能力的提升，与国内旺盛的需求、企业以低廉价格获取资源、企业在开发中未充分承担资源、环境负外部成本等因素相关。基于资源节约和生态环境保护的考虑，煤炭资源开发中的资源耗损、生态环境污染破坏损失价值必须实现充分补偿，才能实现经济增长、资源与生态环境的协调发展。

在目前我国煤炭尤其电煤价格“双轨制”的背景下，煤炭开发企业经资源、生态环境耗损价值调整后的“真实”利润如何，我们仍以两大煤炭巨头公司“中煤能源”及“中国神华”为例，考察将资源、生态环境耗损价值纳入利润表后的真实盈利状况。

神华集团是 1995 年经国务院批准组建的国有独资公司，主营煤炭开发与销售业务，是目前我国最大的煤炭企业，经营业绩良好。中煤能源主营煤炭开发与销售业务，产量稳定，在我国煤炭行业中连续多年排名第 2 位。两家公司均是我国煤炭行业的代表性企业。经资源、生态环境耗损价值调整后，2007～2009 年两家公司的“真实”利润见表 21-6。

表 21-6　　经资源、生态环境耗损价值调整后的利润表（万元）

项目	中煤能源			中国神华		
	2007 年	2008 年	2009 年	2007 年	2008 年	2009 年
一、营业收入	1 497 127	2 052 757	2 797 081	6 519 800	8 825 000	10 000 000
减：营业成本	908 063	1 344 815	2 625 369	4 327 000	5 604 400	6 429 400

续表

项目	中煤能源			中国神华		
	2007 年	2008 年	2009 年	2007 年	2008 年	2009 年
营业税金及附加	8 021	8 100	4 930	99 000	182 200	277 800
销售费用	423 062	470 739	76 410.8	44 500	60 600	71 000
管理费用	55 001	77 062	14 815	298 300	426 900	456 600
财务费用	21 139	-142 208	-84 100	45 800	39 900	-37 600
资产减值损失	168	3 270	—	25 400	80 800	23 800
加：公允价值变动收益	169 838	-140 640	—	28 300	47 200	-17 800
投资收益	88 323	275 583	430 060	698 300	309 600	748 300
二、营业利润	339 833	425 922	589 716	2 406 400	2 787 000	3 509 500
加：营业外收入	749	342	42	4 600	7 700	9 000
减：营业外支出	210	2 471	116	34 500	67 600	28 000
三、利润总额	340 372	423 793	589 642	2 376 500	2 727 100	3 490 500
减：所得税费用	74 264	40 001	43 305	293 700	453 400	533 400
四、净利润	266	384	546 337	2 082 800	2 273 700	2 957 100
商品煤销量（万吨）	8 494	8 870	9 725	20 910	23 270	25 430
未补偿的资源、生态环境耗损价值①	865 539	903 853	990 978	2 130 729	2 371 213	2 591 317
耗损价值调整后的利润总额	-525 167	-480 060	-401 336	245 771	355 887	899 183
耗损价值调整后的净利润	-865 273	-903 469	-444 641	-47 929	-97 513	365 783

注：数据来自 2008 年、2009 年中煤能源、中国神华公司年报。

结果发现，2007～2009 年，两家公司的利润总额、净利润经资源、生态环境耗损价值调整后，均出现显著下降。以 2009 年为例，经耗损价值调整后，“中国神华”的利润总额较调整前下降 74.24%，净利润较调整前下降 87.63%。“中

① 未补偿的资源、生态环境耗损价值 = 单位煤炭未补偿的资源、生态环境耗损值 × 商品煤销售量。2008 年 3% 折现率下的煤炭资源使用者成本为 2 011.81 亿元，减去当年应交资源税费 351.46 亿元，得到当年未补偿的全国煤炭资源折耗价值为 1 660.35 亿元。再除以 2008 年全国煤炭产量 27.88 亿吨，得出单位煤炭未补偿的资源折耗值 59.55 元；2008 年单位煤炭未补偿的生态环境损失值为 40.23～44.47 元，取中位数 42.35 元。二者相加得出 2008 年单位煤炭未补偿的资源、生态环境耗损值 101.9 元。2007 年、2009 年单位煤炭未补偿的资源、生态环境耗损值假设与 2008 年的相同。

煤能源”经耗损价值调整后的利润总额、净利润均出现负值，说明公司由调整前的盈利转为亏损。

据测算，油气资源税在新疆地区试点改革后，中石油的原油和天然气分别减利20亿元和40亿元左右，中石化分别减利3.5亿元和7亿元左右。国泰君安研究报告指出，若由2010年年初在新疆地区从价5%计征油气资源税，按原油价格80美元/桶计算，2010年中石油、中石化税前利润分别下降2.21%和1.28%。高盛的报告更是明确指出，新疆地区从价5%计征油气资源税，2010～2012年，中石油每年每股盈利将减少4%，中石化每年每股盈利将减少1%～2%；如果资源税改革由新疆推向全国，2012年中石油每股盈利将减少17%，中石化将减少8%。两大油气生产商的盈利能力均将受到明显冲击。2009年，我国共生产原油1.89亿吨，净进口原油却高达1.99亿吨，原油进口依存度首次超过50%的警戒线，达到51.29%。中石油、中石化是保障我国油气生产供应的主力军，担负着重大的国家战略责任。国内大型油气生产商只有具备足够的实力和再发展能力，才能保障油气资源的安全，才能实施海外收购。另外，随着经济的发展和政策的完善，企业还将面临劳动力要素成本上升以及开采成本、加工成本上升等因素。两个负外部成本内部化后，采矿业的特殊税费负担水平进一步提升，必然加大采矿企业成本，对企业未来盈利造成不小压力。

因此，在煤炭价格尤其电煤价格受政府限制短期不会改变的背景下，一旦要求煤炭开发企业实现煤炭资源耗损、生态环境损失价值的充分补偿，煤炭开发企业将由盈转亏，无法承受代际负外部成本和生态环境负外部成本充分内部化的负担。

第三节　煤炭采选业总体税费水平的调整与合理幅度

一、工业行业的平均利润率

按照工业行业平均盈利水平的要求，煤炭采选业的盈利水平不能低于工业行业的平均盈利水平，这是煤炭采选业生存的基本条件，也是煤炭采选业在现行税费制度下总体税费水平调整的限制条件。

主营业务净利润率是反映行业盈利水平的一项重要指标，主营业务净利润率越大，反映行业盈利水平越好；反之，盈利水平越差。主营业务净利润率等于行业净利润总额与同期行业主营业务收入额的比值。

2005~2009年我国工业各行业的主营业务净利润率见表21-7。工业各行业的平均主营业务净利润率是4.90%~5.73%，其中以采矿业的主营业务净利润率最大，为12.60%~22.71%，远远大于制造业的3.67%~5.40%和电力、燃气及水的生产供应业的0.71%~5.98%，说明采矿行业的实际盈利水平好于制造业和电力、燃气及水的生产供应业。采矿业中，油气开发行业的主营业务净利润率最大，为21.10%~43.30%，其次分别是黑色金属矿采选业9.66%~16.68%，有色金属矿采选业9.55%~16.86%，煤炭采选业6.74%~13.35%和非金属矿采选业6.46%~8.43%。

表21-7　　2005~2009年工业各行业的主营业务净利润率

项目	主营业务净利润率（%）				
	2005年	2006年	2007年	2008年	2009年
采矿业	22.71	22.55	20.13	20.24	12.60
其中：油气开发业	43.30	43.21	38.37	35.25	21.10
煤炭采选业	6.74	6.83	8.25	13.35	10.33
黑色金属矿采选业	10.49	9.66	13.30	16.68	10.55
有色金属矿采选业	15.44	16.86	15.84	11.13	9.55
非金属矿采选业	6.55	6.46	7.03	8.43	7.76
制造业	3.67	3.86	4.71	4.39	5.40
其中：饮料制造业	5.63	5.97	7.26	8.43	9.04
烟草制品业	10.07	10.28	10.94	11.93	9.75
电力、燃气及水的生产供应业	4.72	5.84	5.98	0.71	2.97
其中：电力、热力的生产和供应业	4.99	6.07	6.08	0.39	2.74
工业行业的平均水平	4.90	5.18	5.73	5.24	5.69

资料来源：2005~2007年的应缴所得税额、利润总额、主营业务收入由《中国工业企业数据库》相关数据测算而成；2008~2009年应缴所得税取自《中国税务年鉴》，利润总额与主营业务收入取自《中国统计年鉴》。

二、煤炭采选业总体税费水平调整的合理幅度

采矿业及其各部门平均利润率调整的下限标准即是当年工业行业的平均利润率，也就是说，采矿业及其各部门主营业务利润率最低不能低于工业行业的平均主营业务利润率，前者一旦低于后者，采矿企业就会选择退出采矿行业。以

2008 年为例，工业行业的平均主营业务净利润率为 5.24%，采矿业的主营业务净利润率为 20.24%，其中：油气开发业 35.25%、煤炭采选业 13.35%、黑色金属矿采选业 16.68%、有色金属矿采选业 11.13%、非金属矿采选业 8.43%。依据式（21－6）～（21－9），可以计算出在工业行业平均主营业务净利润率要求下，煤炭采选业在现行税费制度下总体税费水平调整的上限，见表 21－8。

$$\text{主营业务净利润率} = \text{净利润额}/\text{主营业务收入额} \qquad (21-6)$$

$$\text{净利润额} = \text{利润总额} - \text{所得税额} \qquad (21-7)$$

$$\text{利润总额}^{①} = \text{产品销售利润} + \text{其他业务利润} + \text{投资净收益} + \text{营业外净收入} \qquad (21-8)$$

$$\text{产品销售利润} = \text{产品销售收入} - \text{产品销售成本} - \text{产品销售费用} - \text{产品销售税金及附加} \qquad (21-9)$$

表 21－8　2008 年煤炭采选业在现行税费制度下总体税费水平调整的上限

	采矿行业					
	平均	油气开发业	煤炭采选业	黑色金属矿采选业	有色金属矿采选业	非金属矿采选业
总体税费水平调整的上限	15%	30.01%	8.11%	11.44%	5.89%	3.19%

对采矿业而言，税费水平提高程度在 15% 以下可以保证采矿业获得工业行业的平均盈利水平，我们称该提高幅度为税费水平调整的合理幅度，15% 为调整的上限。具体来看，油气开发业税费提高的上限是 30.01%，煤炭采选业是 8.11%，黑色金属矿采选业是 11.44%，有色金属矿采选业是 5.89%，非金属矿采选业为 3.19%。

小　结

我国矿业企业税费制度的调整受到三重约束，一是资源价格的双轨制；二是矿业企业社会责任负担水平；三是资源开发企业经资源、生态环境耗损价值调整后的“真实”利润约束。

① 按收益总括观点损益表中所计列的收益额，既包括营业收入，也包括营业外收入。与当期经营观点只强调反映本期经营管理成果，并且以此预测企业未来收益能力相比，收益总括观念更着重企业的长期盈利能力。

本章的分析表明，在三重约束条件下，煤炭采选业若要实现两个负外部成本充分内部化，其税费水平需要在现有（现行税费制度规定的）水平上提高20%，该提高幅度远高于煤炭采选业税费水平提升的上限8.11%，在煤炭采选业价格管制的约束下，20%的税费提升幅度是不能承受的。因此，我国煤炭采选业现行税费制度的改革需要在三重约束条件下进行整体架构的综合配套改革设计。

第二十二章

中国采矿业税费负担合理化的途径

为实现两个负外部成本内部化，实现税费负担合理化，煤炭采选业的资源、生态环境税负水平要提高20个百分点；镍钴矿采选业的资源、生态环境税负水平要提高31个百分点。通过前面对采矿业总体税负水平以及采矿业税费负担合理化约束条件的研究，我们发现，内部化两个负外部成本后，采矿业的总体税负水平将进一步提高，在采矿企业社会成本支出、矿产资源价格机制、工业平均利润率等约束条件下，企业不仅要承受更大的盈利压力，整个宏观经济、相关产业也将受到深刻影响。而基于可持续发展的要求和国家的政策倾向，两个负外部成本必须内部化，资源税费、生态环境税费负担水平必将进一步提高。因此，本章提出结构性减税措施，降低增值税、企业所得税等普适税费标准，冲抵由于资源、生态环境税费成本的增加给企业带来的压力，缓解对宏观经济所造成的负面影响。

第一节　实施结构性减税

一、结构性减税的内涵

2008年，为应对国际金融危机的负面影响，中央经济工作会议首次提出运用“结构性减税”来刺激经济增长。2009年的政府工作报告中强调，“要实行结构性减税和推进税费改革。采取减税、退税或抵免税等多种方式减轻企业和居民税负，促进企业投资和居民消费，增强微观经济活力。”2010年的政府工作报告中指出：“要继续实施结构性减税政策，进一步促进经济结构调整。目前已采取的结构性减税政策措施，应进一步细化优化和贯彻落实。如增值税由生产型转为消费型后，仍需要完善资源综合利用、废旧物资回收等增值税优惠政策；企业所得税‘两法合一’[①]后，应进一步鼓励企业在节能降耗、技术利用等方面的优惠减免规定。出口退税方面，应继续鼓励高科技产品、成套设备出口，对高耗能、高污染、资源型产品，继续不予退税”等。实施以来，结构性减税政策在优化产业结构、经济结构，鼓励资源综合利用、节能减排等方面均发挥了重要作用。实施结构性减税，首先须明确结构性减税的内涵。

钟油子（2001）认为，结构性减税应具有两层含义，第一层是有选择、有侧重点地减税，不能搞平均主义；第二层是在优化税制结构基础上实施，而优化税制结构包括增税因素。陶学荣和史玲（2002）认为，结构性减税是基于调动投资积极性，提高企业国际竞争力，而实施的适当调减税收的措施。李大明和廖强（2004）认为，结构性减税是有增有减、结构调整的税收政策，只要方向正确、轻重适度，就能够实现经济增长、税制完善与财政增收的良性互动。王月娥（2004）认为，结构性减税是指适度地、有选择地减税，而不是全面减税。孙钢和邢丽（2004）认为，结构性减税就是“有增有减，结构性调整”的一种税制改革方案，应根据经济发展形势的需要，在优化税制结构的同时，开征一部分新税种，降低一部分税种的税负，相应地调整税收政策，以达到经济调整的目的。安体富和王海勇（2004）认为，结构性减税是指结合税制调整，把一些主体税种和重要税种的税率适当降低，同时辅以开征一些新税种和调高一些税种的税率。财政部税政司司长史耀武认为，结构性减税是在实施积极财政政策中通过有增有减的税收制度安排和税收政策调整，以达到促进经济平稳较快发展的宏观调控手段。他认为对结构性减税的理解应注重以下几点：一是，结构性减税的核心是减税；二是，结构性减税是有增有减的税收政策；三是，结构性减税配合税制改革实施；四是，结构性减税是积极财政政策的重要组成部分。

综上所述，结构性减税是指“有增有减，结构性调整”的一种税制改革方案。其内涵包含两方面：一是“减税”，降低税负水平；二是“结构性调整”，既涉及一定条件、环境下的“减税”，又有一定条件、环境下的“结构性增税”，

---

① 根据2008年1月起在全国正式实施的新企业所得税法，内外资企业适用统一税率25%。该法结束了中国原有的内外资企业两部所得税税法的状况。

不是全面的减税，而是有选择的、带有结构优化意图的减税安排，减税同时不排斥增税。结构性减税政策在税收上会有增有减，其追求的是通过结构性增减税对创新型、集约型的生产和消费行为减税，对粗放型、资源消耗型、环境污染型的生产和消费行为增税。可见，结构性减税强调调节税种和税率的选择性，通过针对特定经济主体、特定税种的有增有减，达到特定经济目标的税制改革方案。

二、实施结构性减税政策的必要性

结构性减税不仅要降低一些不合理的税负，注重短期内对经济增长的促进作用，更注重对长期经济、社会和谐与可持续发展的促进作用，即考虑增税。结构性减税并不排斥增税，通过有减有增，服务于经济增长和经济发展方式转变，推进税制结构的调整与完善。针对中国采矿业而言，“增税”是指提高资源税负、生态环境税负水平，“减税”是指降低增值税、企业所得税等普适税费的负担水平。

同国外相对完善的资源、生态环境税收体系相比，中国的资源、生态环境税费制度存在征收标准过低，这是导致采矿企业资源浪费、生态环境污染破坏行为严重的根本原因。为限制采矿企业的破坏性开采行为，形成节约资源、保护生态环境的良好局面，提高资源、生态环境税费征收标准是大势所趋。资源税改革的最新实施进展说明了这一点。2010 年新疆油气资源税改革，大大提高了油气开采企业的税负水平，改变了以往资源税税负水平过低问题。资源税改革试点之前，新疆地区原油资源税的征收标准为 30 元/吨，按原油 4 000 元/吨的平均价计算，从价 5% 的资源税征收标准相当于从量 200 元/吨征收，是原征收标准的 6 ~7 倍。2009 年，中石油在新疆地区共生产原油 1 800 万吨、天然气 230 亿立方米，分别占其总产量的 17. 92% 和 35. 36% 。新标准实施后，中石油每年在新疆地区要分别交纳 36 亿元的原油资源税和 10. 35 亿元的天然气资源税。一方面，按照国家未来的政策倾向，采矿业的资源、生态环境税负水平必然要提高，在现有税费制度安排下，必然进一步加大采矿业的总体税负水平。过重的税负负担，容易打击采矿企业投资开采的积极性，不利于资源供给，进一步加大资源供需矛盾，也不利于采矿企业参与国际竞争，削弱企业实力。中国石油经济技术研究院测算，油气资源税改革在全国范围内实施后，资源税率提高至 5% ~10% ，按照 80 美元/桶进行初步测算，中石油上游板块综合税负将增加 4. 2 ~8. 3 个百分点。因此，在提高采矿业特殊税费负担水平的同时，降低增值税、企业所得税等普适税费的负担水平。

另外，中国目前缺少针对生态环境污染破坏行为的环境税种，不利于生态环境保护。根据“收入中性”原则以及环境税的“双重红利”效应，应适时开征独立的环境税，这也是未来结构性减税政策中“增税”措施的一项重要内容。

“收入中性”原则。环境税的目的是通过内化生态环境成本，建立一个合理价格来调整市场主体的行为，矫正市场失灵。国外发达国家在环境税改革中均不同程度地遵循了“收入中性”原则。收入中性原则是指在一定程度上将税基由劳动、资本所得转向环境污染，纳税人不会由于环境税的调整而增加额外负担。表现在：环境税收入用于降低个人所得税收入，如瑞典和芬兰；环境税税收返还用于降低企业应缴纳的养老保险费，如德国；环境税税收返还用于降低企业和职工的其他税收负担。在总体税负水平较高的情况下，遵守“收入中性”原则可以减小开征环境税可能遇到的阻力，不至于给企业带来较大的负担。

环境税的“双重红利”效应。双重红利（Double Dividend）效应是环境税的主要特点，即以环境税替代扭曲性税收①，最终实现改善生态环境质量和降低超额税负、增加就业的双重收益。Pearce（1991）最早使用“双重红利”这一术语，认为征收的环境税收入应被用来降低现有税收如所得税的税率，这一税收转移可以以零福利成本获得生态环境收益。20 世纪 90 年代中后期，Goulder、Bovenberg、Parry 等学者对环境税的“双重红利”理论进行了更为深入地阐述。目前学术界对环境税“双重红利”观点主要有以下三种：一是用环境税收入取代原有的扭曲性税收收入，减少税收额外负担，称为“弱式双重红利论”；二是通过环境税既实现生态环境收益，又改进现行税收制度效率，称为“强式双重红利论”；三是通过环境税在提高环境质量的同时促进就业，称为“就业双重红利论”。目前对于环境税的“强式双重红利”和“就业双重红利”尚存在较大争论，但对环境税的“弱式双重红利”大多数学者认为还是存在的。实际上，欧盟国家立足于“双重红利”的环境税改革已经取得了非常显著的效果。因此，可以考虑把环境税的推出设计与整体税制改革结合起来，将环境税与结构性减税联动起来，完善和优化当前的税制结构，从而实现既有利于环境保护，又有利于经济发展的环境税“双重红利”效应。独立的环境税主要是将目前排污收费中比较稳定的，比较容易监测的项目“费改税”，初期征收标准与排污费基本相当，变化不大。另外，环境税作为结构性增税措施与其他结构性减税措施搭配出台，在财政收入总体上是有增有减，可以对冲一部分财政压力。

---

① 西方经济学家认为，对所得征税，会影响人们和组织努力工作的积极性，抑制储蓄和投资，把对所得征税称为“扭曲性税收”。

第二节　改进普适税费制度

改进采矿业普适税费制度，主要指通过扩大增值税抵扣范围，进行企业所得税优惠设计来降低增值税、企业所得税负担水平。根据本文的分析，煤炭采选业普适税费负担水平应至少降低11.89%，有色金属矿采选业中的镍钴矿采选业的普适税费负担水平应至少降低25.11%，才能既实现采矿活动中两个负外部成本内部化，又使采矿企业获得工业行业的平均利润率。

一、调整增值税

增值税是对从事货物销售或加工、修理修配劳务及进口货物的单位和个人取得的增值额为课税对象征收的一种税。按对外购固定资产处置方式的不同，划分为生产型增值税、收入型增值税和消费型增值税。具体来说，生产型增值税指不允许对外购固定资产的进项税额进行抵扣；收入型增值税指允许按折旧方法对外购固定资产进项税额逐年进行抵扣；消费型增值税指允许对外购固定资产进项税额当年一次性扣除。中国在1994~2008年间一直采用生产型增值税。根据国务院第34次常务会议审议并通过的《增值税暂行条例》，自2009年1月1日起，全国所有地区、所有行业实施增值税转型改革，将“生产型增值税”转为“消费型增值税”，主要内容包括：允许企业抵扣新购入设备所含的增值税，将小规模纳税人的增值税征收率统一调低至3%，将82种矿产品增值税率从原来的13%调整为17%。

2009年增值税转型改革及税率调整是国家为鼓励固定资产投资和税率统一而做出的一项重要举措。但是在中国，采矿企业增值税抵扣范围较窄，只有辅助材料、电力、维修费、开采器具和设备等，这部分消耗在整体成本投入中所占比例小，而对于占成本比例较大的土地补偿、青苗补偿、塌陷治理和采矿权以及煤矿的矿井与巷道等费用，由于无法取得抵扣凭证，不能抵扣进项税额。因此，采矿企业从增值税转型改革中的受惠并不明显。特别是对开发周期长，矿井已经进入稳产或产量下降周期的采矿企业而言，其大规模的规定资产投入已经基本结束，可供抵扣的进项增值税额更少。另外，将矿产品增值税税率由以前的13%恢复到17%，采矿企业的实际增值税税负进一步提高。对采矿企业来说，由于矿产品价格通常是国际性定价或政府管制价格（如电煤），企业向下游转嫁增值税的能力有限，增值税税率的提高必然增加采矿企业的成本。据测算，此次增值税转型改革使煤炭采选业增值税税负水平提高2.5～3.5个百分点。

公开数据资料显示，2009年前5个月，中国规模以上煤炭企业应交增值税额491亿元，同比增加109亿元，增长28.5%。"增值税转型改革对加工制造等行业起到积极的减负作用，但对采矿业不仅没有减负反而在增负。"调研采矿企业负责人如是说。由于进项增值税税额允许抵扣，加工贸易企业有进项税也有销项税，两项抵扣，实际增值税税负显然降低；而采矿企业，其产品是资源品，销项税多，进项税少，基本无法抵扣，受惠于增值税转型的程度不明显。据全国人大代表耿加怀公开的数据，2007年中国规模以上工业企业实际增值税税率为3.41%，调研的10家煤炭企业2007年、2008年平均实际增值税负则分别高达为10.4%、10.7%。而2009年，增值税名义税率提高到17%后，煤炭企业的增值税税负进一步加重。

国际上大多数国家对采矿企业不设置或免征增值税，以石油为例，世界主要石油生产国设置增值税的有7个，但其中只有3个国家对石油上游征收增值税。其原因是考虑采矿活动的特殊性，即勘探与开采是资本密集型行业，风险性大，且矿产资源由地下采掘出来其增值尺度难以确定。增值税的计征办法，除芬兰和瑞士采用含税价格计算增值税外，其他设置增值税的国家均按不含税价格计征。这种方法简便易行，国外普遍的最终货物售价为不含税价格加上增值税。与国际征收增值税的矿产资源国相比，中国采矿业的增值税税率是较高的。调研数据显示，增值税占采矿业总体税费的60%左右，是采矿企业税费负担过重的最主要因素。过重的税负，严重影响了采矿企业，尤其是大中型采矿企业的国际竞争力和发展后劲。因此，根据采矿活动特点，应扩大采矿业增值税抵扣范围，降低增值税税负水平。以煤炭开采为例，可以考虑将煤矿的矿井与巷道、附属设备和配套设施纳入增值税抵扣范围，将无法取得增值税发票的"大自然"成本，即土地塌陷补偿费、青苗补偿费、征地迁村费、探矿权价款、采矿权价款、"三废一沉"治理等，比照交通运输费或采购农产品等进行定率抵扣，这不仅有利于降低采矿企业增值税税负，提高企业竞争力，而且有利于调动采矿企业开展环境恢复治理的积极性。

二、减轻企业的所得税负担

企业所得税是世界各国最普遍设置的税种，在各国税制中均占有重要地位，同时基于采矿活动的高投资和高风险性，各国均在减少税基和亏损"移后"等方面给予优惠，降低企业所得税实际负担水平。税基的减少是指在核定税收时，对于生产中所必需的经营成本、权利金、利息以及其他税费支出全部扣减。例如，有些开采合同规定，勘探费用在采矿后一次性作为成本扣除，开发费用原则上在发生的当年扣除等，这就大大减轻采矿企业的所得税负担。同时很多国家实行亏损“移后”的政策，也就是可将亏损年的亏损向后有限期或者无限期推移。通过这些特殊优惠政策，最大限度地保证投资者的利益，从而吸引投资，增加资源开采供给。而中国采矿业的企业所得税设计并没有对采矿活动的特殊性加以考虑，采矿企业适用的企业所得税制与其他类型的企业并无差别，没有实行针对性地降低采矿企业所得税税负水平的必要调节，不利于采矿业的投资。

中国采矿企业的企业所得税税负仅次于增值税税负，调研数据显示，企业所得税占采矿企业全部税费总额的20%左右，是企业除增值税外的另一项重要税费负担。2004~2006年，山西省煤炭企业所得税税负分别是25.56%、27.5%和33.86%。进行采矿企业的企业所得税优惠设计，降低采矿企业所得税负担，缓解开采企业因资源、生态环境税费进一步提高所带来的负担，既保证采矿企业资金流，又分担企业的投资风险，进而提升采矿企业在全球市场的竞争力。可行的政策选择包括：允许采矿企业对固定资产进行加速折旧；允许企业在开始生产后将勘查支出一次性摊销或在3年内予以摊销；将企业亏损向前结转年限由现行的5年延长到10~15年等。通过降低采矿企业的企业所得税负担水平，有助于降低采矿企业的投资风险，加快企业回收资本的速度，有效地刺激投资者的积极性，促进采矿业健康持续发展。

第三节　完善资源税费制度

在扩大增值税抵扣范围，减轻企业的所得税负担的同时，应完善采矿业资源税费制度，提高资源税费负担水平，增强资源税费调节资源开采利用效率的作用。合理配置矿业权，提高矿业权人获取资源的成本，提高各类资源税费征收标准，是补偿使用者成本的关键所在。根据本章的分析，煤炭采选业的资源税费负担水平应提高12%，有色金属矿开采业中的镍钴矿开采业的资源税费负担水平应提高28%。在付出成本取得和使用资源之后，企业对整个矿山资源的开采都要进行整体设计，将资源全部利用起来，珍惜开采资源。

一、合理配置矿业权

合理配置矿业权，对新设的探矿权和采矿权，应全部通过招标、拍卖、挂牌等市场配置手段出让。开采企业只有通过公开的公平竞争招投标程序，才能取得矿产资源的矿业权。通过市场化配置矿业权，能使国家和矿业权人双方的权益都得到最好的保障。一方面，通过竞争性出价，政府可以获得所有投资者愿意支付的最高额价款，从而最大化地实现国家的经济利益。另一方面，矿业权人在交纳价款后，取得了排他的矿业权，其开采行为将受到法律保护，这也有助于维护矿业权人的合法权益并培育其长期行为。

更重要的是，通过市场化配置矿业权，可以使矿业权特别是采矿权价款的确定直接与矿藏的储量等客观因素相关，提高矿业权人获取资源的成本。企业取得矿业权后，在利益驱动下将尽力采取各种手段，如优化开采设计方案、改进开采方法、加强资源探采管理，以取得最大产出，从而有效地提高资源开采过程中的回采率，节约开采利用资源。为此，需要建立科学合理的矿产资源评估机制和竞争性定价机制，制定完善的矿业权招投标程序和标准，在此基础上加快矿业权一级市场的建设。同时，要进一步放开、发展和规范矿业权二级市场，保障矿业权依法有序流转。

市场化配置矿业权，不等于自由放任，同时需要加强国家的管理。要想从国家这一所有者那里得到矿业权，必须通过竞争。就一般商品而言，在招标拍卖过程中，出价最高的人获胜，保证了把资源运用到价值最高的用途上。但矿产资源使用者的社会性质，决定了矿业权拍卖不能单纯遵循“价高者得”的原则。一方面，要依靠独立的评估机构确定公正合理的矿业权评估价值；另一方面，须加强对业主资质及资金等方面的审查，确保将矿业权配置给最有勘查开发经验及能力的业主。

二、提高资源税费征收标准

合并资源税费。对中国采矿企业课征的资源税，按目前框架，实质上可认为是国家以矿产资源所有者身份所征收的权利金，其目的是从矿产资源开采中分享收益，体现矿产资源所有者的权益。而矿产资源补偿费正是为体现国家对矿产资源的所有者权益，调整国家与采矿权人的经济关系而征收的。因此，鉴于资源税和矿产资源补偿费在性质上的重合，可考虑将矿产资源补偿费合并到资源税之中。

提高资源税征收标准。现行的矿产资源法律、法规所确定的资源税标准基本都是在 20 世纪末制定的，随着经济社会的发展，价格的变动，原来的标准在今天看来已处在一个较低的水平。较低的资源税征收标准，已与开采企业层面“无关痛痒”，不能有效约束采矿企业的破坏性开采行为。未来资源税改革的趋势是提高税率，并从价计征，即由矿产资源销售收入乘以一个较高的税率来计算税额。提高资源税税率后，资源折耗价值在开采企业成本中得以体现，可以有效约束企业资源浪费行为，节约开采使用资源，提高资源回采率。资源税从价计征后，应纳税额与矿产资源价格直接挂钩，随着资源产品价格的上涨，税收收入也将增加。当然，这一改革并不一定要囊括全部的矿产种类。对市场价格涨价趋势明显或高价值的矿产资源产品需要尽快实行从价计征。

2011 年 4 月 1 日，财政部、国家税务总局调整了稀土矿原矿资源税税额标准：轻稀土包括氟碳铈矿、独居石矿，60 元/吨；中重稀土包括磷钇矿、离子型稀土矿，30 元/吨。而在此之前，稀土金属矿属于“其他有色金属矿原矿”税目，按“0. 50 ~3. 00 元/吨或立方米”交纳资源税。此次稀土资源税上调幅度逾 10 倍。根据国务院发布的《关于修改〈中华人民共和国资源税暂行条例〉的决定》：自 2011 年 11 月 1 日起，将原油天然气资源税税率从 2010 年新疆试点时的 5% 提升为 5% ~10%，在全国推广实施；焦煤资源税单位税额由每吨 0. 3 ~5 元提升为每吨 8 ~20 元。可见，国家提高资源税税率的趋向非常明显。前文以两个负外部成本内部化为视角，指出若将煤炭资源税由目前从量 0. 3 ~5 元/吨（约为从价 1%）计征改为从价 13% 计征，可以有效解决 3% 折现率下中国煤炭资源使用者成本的补偿问题。将调研镍钴矿开采企业的资源税征收标准由目前 12 元/吨（约为从价 5%）提高到从价 33%，企业应交纳的资源税费总额将能够完全补偿 3% 折现率下企业开采的镍钴矿资源的使用者成本。

资源税由从量计征改为从价计征后，资源税税收收入将会有较大幅度提高。油气资源税试点改革实施半年，新疆地区的油气资源税收入就猛增 5. 68 倍。专家测算，如果国际油价维持当前水平，资源税改革向全国推开后，油气资源税收入将从现在的每年 60 亿元左右提高到 300 亿元以上。可见，提高资源税税率，不仅有利于遏制当前采矿活动中开采企业的资源浪费行为，同时将有利于增强地方政府保障和改善民生以及治理生态环境等方面的能力。

三、完善特别收益金制度

中国采矿业现行税费制度不能有效起到调节资源级差收益的作用。矿业权价款虽然在一定程度上反映了不同矿产资源的级差收益，但由于其是在事前根据对资源预期价格的变化为基础确定的，在出现超预期的价格暴涨情况下，矿业权价款将不足以有效调节资源的级差收益。从国际经验来看，资源租金税可以实现对开采企业超额利润的事后调节。中国的石油特别收益金已初具资源租金税雏形，可考虑进一步加以完善，作为调节资源级差收益的重要手段。具体来说，首先要扩大覆盖范围，将近几年价格暴涨的资源纳入其中，如稀土等资源。其次改革征收方式，税基可以设计为开采企业的净利润，并采用超率累进方式征收，以更好地调节资源级差收益。

四、建立资源耗竭补贴制度

耗竭补贴与权利金设立基础相同，即矿产资源是一种不可再生的可耗竭资源。其不同点在于，权利金是补偿给资源所有人（一般是国家），而耗竭补贴是补偿给矿权人，以鼓励他们更积极地从事矿产资源勘查开发工作，相当于一种负权利金。中国多数大型采矿企业是在计划经济体制下由国家通过重点项目的集中投资形成，没有建立资源耗竭补贴制度。国际主要矿业国家为激励采矿企业投资于矿产资源勘查，允许开采企业在税前按销售收入的一定百分比计提耗竭准备金，建立了耗竭准备金制度。作为企业的一项专用基金，规定耗竭准备金在一定的年限内，比如10年内必须用于矿产勘查投入，逾期不使用则需要补缴企业所得税。此外，随着国内更多的大型采矿企业“走出去”，到海外去寻找新的矿产资源，耗竭准备金也可以作为企业到海外找矿的资金来源之一。

第四节　矿产资源税计征公式的改革研究

新疆资源税改革试点，掀开了我国新时期矿产资源税改革的序幕，但新疆资源税改的计征公式难以推广到矿产资源其他种类，亟须研究适合我国国情的、具有普适意义的矿产资源税计征公式的新方案。本章回顾了我国矿产资源税改的历史，梳理了矿产资源税计征的理论依据和计征方式，评价了新疆资源税改的进步和存在的主要问题。基于我国国情和矿产资源有偿使用制度的理论基础，重新设计了覆盖我国矿产资源不同种类的资源税从价计征公式，期望对即将在西部地区并最终扩展到全国的矿产资源税从价计征的改革提供理论依据。

2010年6月，新疆资源税改革的目的是矫正资源价值被严重低估的现状，扭转资源开采的负外部性，加大资源税对经济的调控力度，引导经济发展由以“高投入、高消耗、高污染、低效益”为特征的粗放型方式向“低投入、低消耗、低排放、高效率”的节约型可持续发展的轨道上来。中共中央、国务院7月5～6日召开的西部大开发工作会议上，温家宝总理明确指出，西部地区的煤炭、原油、天然气等资源税由从量征收改为从价征收。

资源税（Resource Tax），是我国矿产资源税费中的一个重要组成部分。资源税的计征依据、计征公式是资源税的核心构成要件，这些内容的变化，将对资源税的相关经济效应带来影响，从中长期看，在我国矿产资源有偿使用税费趋向权利金制度的改革背景下，亟须从理论上系统地探讨资源税计征公式的改革。

一、我国矿产资源税的沿革

资源税作为我国矿产资源有偿使用制度的一个重要组成部分，经历了近30年的发展。我国的资源税改革是一个渐进的过程，期间经历了几个阶段，逐渐完善。

（一）第一阶段（1982～1993年），按销售利润率为计征依据的资源税

新中国的第一部《矿产资源法》出台，明确了矿产资源的国家所有权及国家采取有偿开采的制度，建立了以资源税为主的矿产资源税费制度。

这一时期的几项重要改革措施有：

1982年5月，原地质部改为地质矿产部，承担了“对矿产资源的合理开发利用进行监督管理，对地质勘查全行业的活动进行协调”的职能，新的地质矿产部设立了矿产开发管理局，各个地方机构也设立相应矿产开发管理部门；1982年1月，国务院参照市场经济国家权利金制度，发布了《中华人民共和国对外合作开采海洋石油资源条例》，规定了开采我国海洋石油资源的中外企业都应缴纳矿区使用费（Royalty）；1984年9月，发布了《中华人民共和国资源税条例（草案）》，开始对石油、天然气、煤炭等开采企业征收按销售利润率为计征依据的资源税，利润率在12%以下的不征收资源税，在12%以上的按累进税率计算缴纳。其实施完全是调节资源的级差收益，类似于国外的资源租金税，即暴利税；1986年3月，全国人大通过了我国第一部矿产资源法，即《中华人民共和国矿产资源法》，从法律上明确了国家对矿产资源的所有权，以及矿产资源所有者的利益实现方式——有偿使用制度。规定：“开采矿产资源，必须按照国家有关规定缴纳资源税和资源补偿费。”但在1994年之前，除对外合作开发的海洋石油资源以外，我国的矿产资源补偿费的征收一直没有实行。

这一阶段由于是改革开放初期，我国为了吸引外资，简单参照了国外基于利润征收权利金的做法，对我国海洋石油资源征收矿区使用费，对石油、天然气、煤炭行业设置了第一代基于利润征收的资源税。这种基于利润的计征方式，奠定

了我国矿产资源有偿使用制度的基础。这是与当时国内对矿产资源有偿使用的理论基础研究尚处于初步阶段相适应的。

（二）第二个阶段（1994～2009年），实行按销售量从量计征的资源税

1994年，在全国财税体制改革中，对第一代资源税制进行了重大改革，1994年国家颁布了新的《中华人民共和国资源税暂行条例》，资源税是“普遍征收，级差调节”。“普遍征收”是指对在我国境内开发的，纳入资源税征收范围的一切资源征收资源税；“级差调节”是运用资源税对因资源赋存状况、开采条件、资源品位、地理位置等客观存在的差别而产生的资源级差收入进行调节，具体表现为实施差别税额标准。

这一阶段的资源税制，由按超额利润征税改为按销售量征税，实行固定税率。这种计征形式具有操作简便，征收成本较低的好处，并且也考虑到了“级差调节”的功能，但是从量计征的先天缺陷就是，对于矿产品价格的涨落，反应不明显，不能对矿产品价格上涨和下跌做出有弹性的变化。近年来矿产品价格飞涨，而我国资源税费变化幅度跟不上价格的变化，实际上是一种对国家所拥有的资源产权价值的损失，是国家所拥有的矿产资源价值向开采企业的转移。

实行按销售量从量计征的资源税更多地依据了马克思主义的级差地租和绝对地租理论。其指导思路是“租税分流”，在征收目的、征收主体、征收对象、征收水平、使用流向等方面都存在较大的问题，使得资源税同矿产资源补偿费存在定位上的混淆。从征收目的来看，我国的资源税是针对所谓的级差地租和绝对地租；征收的主体不是矿产资源部门，而是税务部门；征收的对象既包括盈利较好的企业，也包含盈利水平较差、处于边际开采条件的企业；征收的水平明显低于其他国家的权利金率；在使用上是纳入财政统筹使用，实际上是作为一种财税收入使用。没有很好地反映对资源的代际补偿功能，与国外通行的权利金制度存在较大的制度落差。

概括起来，第一代资源税制照搬了西方市场经济国家经验（如澳大利亚、英国的资源租金税），简单清晰地反映了对级差地租的调节，但是整个有偿使用税费体系没有建立起来，大量的矿业企业实行的还是计划经济特色的对矿产资源的无偿开采和使用；而第二代资源税名义上调节级差地租，可是又普遍征收，使得对于没有达到平均利润的企业也要征收资源税，实际上资源税还承担了矿产资源补偿费的一部分功能，即反映了一种资源的稀缺性价值。同时，随着矿业权使用费、矿业权价款制度和矿业权一级市场的逐步确立，矿产资源有偿使用税费体系在逐步完善起来（类似美国）。但在这个过程中，由于我国矿业理论界在认识上的不统一以及对市场经济发达国家矿业制度理解的不充分，使得我国的矿产资

源有偿使用税费在征收目的、征收主体、征收对象、征收水平、使用流向等方面与真正的市场化的矿业税费存在差距，同时又不能很好地反映我国的矿业产权制度特征，各个矿业权主体的利益关系顾此失彼，不能满足代际补偿、资源节约、环境保护的要求。

（三）第三个阶段（2010年），实行按销售量从价计征的资源税

进入21世纪以后，伴随国际矿产品价格上涨和我国对矿产品需求的快速上升，国内矿产品价格也快速上涨，加剧了与矿产品税费相关的利益分配的矛盾。同时，矿业开采与取得方面的相关问题也日益突出。在这样的背景下，国家对与矿业有关的相关税费制度开始进行调整。

实际上从1997年开始，国家就开始调整新疆地区的石油资源税税额，2000年、2004年又调整了长庆、胜利、吉林、东北老工业基地油气田企业的资源税额。2005年，出台了《关于调整原油天然气资源税税额标准的通知》，全面调整了各种不可再生资源的资源税税额。2010年6月发布了《新疆原油、天然气资源税改革若干问题的规定》，对该地区的石油天然气开采企业的资源税实行从价计征，税率为5%，重新调整政府与企业的利益分配关系，由此掀开了我国新时期资源税费改革的序幕。

二、资源税的计征依据

资源税的计算公式承担的是对资源税的经济、政策内涵的具体实现。因此，资源税计算公式设置的理论依据应当涉及如下几个方面：资源税设置的产权依据、由产权制度安排衍生出来的经济租金依据、资源税的社会福利依据等。

（一）产权依据

矿产资源产权的特点是矿产资源作为一种“资产”，通常是埋藏于地下，矿产资源产权中涉及地表权利和地下权利两个方面。以普通采邑制为例，这种土地所有权制度是一种完全所有权（Complete Ownership）制度，英美法系规定在普通采邑制下，所有权人拥有了地表（Surface），同时就拥有了对地下（Subsurface）和地上空间（The Air Above Property）的所有权，这种所有权包括销售、租赁、赠与和遗赠等自由的权利。所有权人既可以是联邦政府，也可以是州政府、自治地区政府、企业、私人等。英美法系下的矿业权（Mineral Rights），以美国为例，其矿业权建立在普通采邑制的基础上，探矿或采矿人为获得地下矿产

资源的相关权利，向所有权人缴纳权利金（Royalty），递延租（即矿业权出让金、矿业权租金，Delay Rental），红利（即租赁定金，Lease Bonus）及其他税费（Other Revenue）。这其中，递延租（矿业权出让金）是为了保有租赁的矿业权而向所有权人缴纳的费用，且是逐年缴纳；红利是为了赢得租赁的矿业权而通过市场定价方式，矿业权租赁人向所有权人缴纳的费用，属于一次性总付的价格，也可分有限的几次缴纳；权利金则是在产生矿产品后，每一年由矿业权租赁人向所有权人缴纳的费用。这就是在普通采邑制下所形成的美国等国家权利金制度架构的产权依据。

我国的矿业权制度与英美法系下的普通采邑制差别很大。我国矿产资源属于国家所有，且土地资源也属于国家和集体所有。因此，我国的"权利金"征收单位就应当是政府。这种"权利金"必然带有"税"的性质。同样的，不论我国《矿产资源法》及相关法规如何界定资源税、矿产资源补偿费和矿区使用费，它们都体现的是国家作为财产的所有权人向使用权人征收的费用，这种费用既带有租的性质，也带有税的特点。

（二）经济租金依据

根据 Cordes（1995，1998），Cawood（1999），Otto（2006），Tilton（2004）等学者的研究，矿产资源主要的经济租金由稀缺租和李嘉图的级差地租构成，权利金、红利、资源租金税、耗竭补贴都是针对矿产资源本身来征收的，因此都体现了这两种租金。而矿业权出让金是矿业权租赁人为保有租赁的矿业权缴纳的费用，是一种对矿产资源所依附的地表（Surface）缴纳的租金，是一种矿地租。因此，在矿业权制度安排基础上衍生出来的矿业税费实际上体现了这三种租金，即矿产资源本身体现的稀缺租和李嘉图级差地租，以及保有矿业权所缴纳的矿产资源地表租金——矿地租。

红利和权利金的数量与矿产资源市场价值呈正相关关系，只是红利是一次性总付，而权利金是在产出后的逐年支付。矿业权出让金是不论有没有产出的逐年支付。

相应的，我国的矿业权价款、资源税以及矿业权使用费也分别是一次性总付、采矿后的逐年支付和对矿地租的逐年支付。

（三）社会福利依据

Otto（2006）等学者最新的研究表明，权利金计征形式和计征公式的确定，不但要考虑到对经济租金的捕捉，更重要的是考虑全面的社会福利目标。包括企业的税负负担水平、企业的公平竞争环境、企业竞争力的健康发展、矿产资源产地的社会发展、国家利益的补偿和体现等。

（四）我国资源税计征公式设置应考虑的因素

第一，由于我国矿业产权制度安排的特殊，因此我国矿产资源税计征公式应当充分考虑资源税承担权利金职能的可能性，将权利金的代际补偿功能考虑进资源税的计征公式当中。

第二，资源税计征公式不但要考虑使用者成本，还要考虑在不同丰度、品位、开采条件下，矿山的级差地租不同导致的应税额不同，实现矿山开采企业间的公平竞争。

第三，为了促进矿山开采企业提高资源利用效率，应当将现行矿产资源补偿费中有关回采率系数的因素考虑进新的资源税计征公式。

第四，根据南非、澳大利亚等国经验，以利润为基础的征收是目前国际上逐渐流行的做法，但由于这种计征方式对税务部门的要求较高，其监督和执行成本较高，因此在近期我国还不适宜引进这种计征方式，在未来对我国资源税的改革中，这也可以作为我国资源税改革的一个方向。

三、我国资源税计征公式的总体设计

自 1994 年以来，实行的从量资源税公式：应纳税额 = 课税数量 × 单位税额，单位税额见表 22 - 1。

表 22 - 1　　资源税税目税额幅度表

税目	税额幅度
一、原油	8 ~ 30 元/吨
二、天然气	2 ~ 15 元/千立方米
三、煤炭	0.3 ~ 5 元/吨
四、其他非金属矿原矿	0.5 ~ 20 元/吨或者立方米
五、黑色金属矿原矿	2 ~ 30 元/吨
六、有色金属矿原矿	0.4 ~ 30 元/吨
七、盐	
固体盐	10 ~ 60 元/吨
液体盐	2 ~ 10 元/吨

如果要考虑到资源税对资源的合理开采和利用，应当将现有矿产资源补偿费中的回采率系数考虑进去，同时，对于不同品位的矿产资源，应当根据其具体品位，设置相应的单位税额。

改进后的资源税计算公式：

从量计征：

$$\text{应纳税额}=\text{课税数量}\times\text{单位税额}=\text{课税数量}\times f_1(\text{开采回采率系数，矿山品位，税额幅度}) \quad (22-1)$$

从价计征：

$$\text{应纳税额}=\text{销售收入}\times\text{税率}\times f_2\ (\text{开采回采率系数，影响级差收益的因素}) \quad (22-2)$$

其中，影响级差收益的因素包含了品位、储量、开采条件等。

（一）新疆资源税改的资源税计算公式

财政部颁布的新疆资源税改的计算公式为：应纳税额 = 销售额 × 税率。同时规定，有三种情形是减征资源税的：

第一，油田范围内运输稠油过程中用于加热的原油、天然气，免征资源税；

第二，稠油、高凝油和高含硫天然气资源税减征 40%；

第三，三次采油资源税减征 30%，三次采油，是指二次采油后继续以聚合物驱、三元复合驱、泡沫驱、二氧化碳驱、微生物驱等方式进行采油。

第二种和第三种减征措施和保护资源及环境，切实提高资源的回采率和利用效率有关。

对开采稠油、高凝油、高含硫天然气和三次采油的纳税人按以下办法计征资源税：根据纳税人以前年度符合减征规定的减税条件的油气产品销售额占其全部油气产品总销售额的比例，确定其资源税综合减征率及实际征收率，计算资源税应纳税额。计算公式为：

$$\text{综合减征率}=\sum(\text{减税项目销售额}\times\text{减征幅度}\times 5\%)\div\text{总销售额} \quad (22-3)$$

$$\text{实际征收率}=5\%-\text{综合减征率} \quad (22-4)$$

$$\text{应纳税额}=\text{总销售额}\times\text{实际征收率}=\text{总销售额}\times(5\%-\text{综合减征率}) \quad (22-5)$$

$$=\text{总销售额}\times\left[5\%-\sum(\text{减税项目销售额}\times\text{减征幅度}\times 5\%)\div\text{总销售额}\right] \quad (22-6)$$

综合减征率和实际征收率由财政部和国家税务总局确定，并根据原油、天然气产品结构的实际变化情况每年进行调整。

国家税务总局已出台：纳税人具体的综合减征率和实际征收率暂按以下额度执行，即中国石油天然气股份有限公司新疆油田分公司综合减征率为0.37%，实际征收率为4.63%；中国石油天然气股份有限公司吐哈油田分公司综合减征率为0.25%，实际征收率为4.75%；中国石油天然气股份有限公司塔里木油田分公司综合减征率为0.04%，实际征收率为4.96%；中国石油化工股份有限公司西北分公司综合减征率为1.73%，实际征收率为3.27%。中国石油化工股份有限公司河南油田分公司新疆勘探开发中心综合减征率为0，实际征收率为5%。

（二）新疆资源税计算公式存在的问题

新疆自2010年6月开始实行的新的资源税方案，提高了资源税率，从价计征方式基于销售收入，使得资源税对价格的变化更加灵敏，能够更好地反映矿产品价格的波动，更好地实现对经济租金的捕捉。但也存在一些问题：一是该公式仅适用于油气类资源税的征收，无法反映其他矿产资源税征收的特殊性；二是从价计征公式是将销售收入（包含成本和利润两个因素）作为计征的依据，增加了企业的税负水平，如果没有相关税费的结构调整，可能会对矿业企业带来生存压力；三是没有将现行的处于边际开采条件的企业的成本压力考虑进去，而这一类企业在我国并不是少数；四是计算公式的各参数，没有考虑不同企业的开采条件、技术效率、节约资源等的差异，有失公平，不利于企业提高资源利用效率和长期发展。

为了鼓励一些低品位和难采资源的开采，提高资源回采率，新疆的资源税新政策中规定了三种情形的减征条件，但在实际征税操作中，面临执行成本高、政策落实难的问题。

对于减征的第一条而言，新规定是纳税人开采的原油、天然气，自用于连续生产原油、天然气的，不缴纳资源税；自用于其他方面的，视同销售，依照规定计算缴纳资源税。对于清楚界定企业的油气资源是否用于连续生产，存在界定的困难。

对于减征的第三条，如何确定企业产油属于三次采油，也存在确认上的难度，容易产生寻租行为，使企业没有真正做到提高回采率，而逃避了应纳资源税。

根据已出台的纳税人具体的综合减征率和实际征收率，可以看出，各公司的实际税率较以往有所提高，根据国际上近年的权利金改革讨论可以看出，实际资源税率的提高，最直接的影响是提高矿产品成本，进而提高矿产资源开采的边际品位，使低品位的矿产资源退出开采范围，从而减少产量和可开采储量。以南非为例，南非政府拟定加征的权利金导致南非1920盎司的黄金变为不经济，产量和储量的减少又会引发一系列问题。

（三）资源税从价计征公式方案的新设计

新疆资源税的计算公式主要是针对油气资源，而油气资源的矿产品特点与其他矿产资源（包括有色金属、黑色金属、煤炭以及非燃料和非金属矿产资源）不同，因此不能将新疆资源税的改革方案简单地推广到全国其他矿产资源上去。需要提出更具普适意义的矿产资源税计算公式的新方案。

借鉴式（22－2），我国的资源税从价计征公式设计如下：

$$
\begin{aligned}
\text{应纳税额} &= \text{销售收入} \times \text{税率} \times f_2\text{（开采回采率系数，影响级差收益的因素）} \\
&= \text{销售收入} \times \text{税率} \times \text{开采回采率系数} \times f_3(X_1) \times f_4(X_2) \times \cdots \times f_n
\end{aligned}
\tag{22-7}
$$

其中，开采回采率系数＝核定回采率系数/实际回采率系数；影响级差收益的因素包含矿山品位、储量、开采条件等，用 X_1、$X_2 \cdots X_n$ 等表示。

式（22－7）借鉴了矿产资源补偿费中关于开采回采率系数的有益部分，并引入了矿产品位等影响级差收益的因素，目的是提高矿山开采中的资源利用效率，从而克服现有矿产资源补偿费计征公式中存在的对富矿掠夺的机会主义行为。

现有的矿产资源补偿费计征公式中，开采回采率系数和销售收入的同时引入，使得“吃菜心”行为加剧。这是因为，对于“吃菜心”的开采企业，当它只开采品位好、易开采的富矿时，即便其实际回采率系数低，但由于品位的原因，使得它的利润水平仍很高。因此，在新的资源税设计方案中，必须引入影响级差收益的因素来抑制这种机会主义行为。将矿山品位、开采条件等因素引入进来。以矿山品位为例，如果开采的矿产品品位较高，则缴纳的税负相应提高，开采的品位越低，则缴纳的税负越少，相应的就提高了利润水平，在一定程度上遏制了“吃菜心”的行为。

在此要说明的是资源税改革的前提条件：应根据“整体税负中性”和“税费改革同步”的原则，在增加资源税实际税负水平的情况下，相应降低其他税种税负，调整矿产资源补偿费、矿区使用费、石油特别收益金、增值税、所得税等普适税费和环境税费的税负结构，保持现有整体税负水平基本不变，采取先易后难、逐步推进的战略，最终建立支撑科学发展的财税政策体系。

第五节 健全生态环境税费体系

健全生态环境税费体系，采取有效的经济激励和约束手段，督促采矿企业依法履行生态环境保护义务。采矿企业是生态环境恢复治理的主体，企业在竞标时就必须承诺将来在资源开采完后恢复生态，在开采前就应对矿山闭坑后的土地利用进行详细的规划，在开采生产中将生态环境恢复治理、地质灾害防治费用等生态环境税费列入企业的生产经营成本，是补偿采矿活动中生态环境损失的关键。根据前文的分析，煤炭采选业的生态环境税费负担水平应提高8%，有色金属矿开采业中的镍钴矿开采业的生态环境税费负担水平应提高3%。

一、提取生态环境恢复治理保证金

对于采矿活动造成的环境污染、土地塌陷、山体滑坡等生态环境负外部问题，2006年财政部、国土资源部、环保总局制定出台了《关于逐步建立采矿企业环境治理和生态恢复责任机制的指导意见》（财建［2006］215号），要求采矿企业按销售收入分年预提生态环境恢复治理保证金，保证金按“企业所有、政府监管、专项专用”的原则进行管理。通过收取生态环境保证金，将开采企业因采矿活动所造成的生态环境负外部成本内部化，使其负担起真实成本。一方面可确保采矿企业在履行生态环境恢复治理义务时有稳定的资金来源；另一方面能够促进采矿企业主动地去开展生态环境恢复治理工作，激励采矿企业尽可能减少对生态环境的污染和破坏。

从体制上配套和完善生态环境恢复治理保证金制度：一是基于各种可能的情况来估算生态环境恢复治理资金数额，并定期审查和修正，使得所交资金数额与恢复治理所需的费用一致；二是管理部门定期检查和验收，并按验收情况返还（阶段性或一次性）保证金；三是需要规定详细的恢复治理标准，还应有科学、详细、可操作的恢复治理保证金的规定，包括对保证金计算、保证金形式、保证金例外、保证金返还、保证金审查、保证金罚没等方面的具体规定。计提生态环境恢复治理保证金可以实现即时的生态环境负外部成本内部化，操作上比较简单，适合我国目前的国情。也可以借鉴日本的做法，保证金交纳后，在矿山生态环境恢复过程中，由保证金管理机构担保，采矿企业可以申请银行优惠贷款，以确保生态环境恢复治理的费用。

对于生产开采阶段矿山的生态环境恢复治理，由采矿企业来承担。而对旧中国遗留下来的、新中国计划经济时期建设的，以及已无法寻找到原矿主的废弃矿山的生态环境恢复，应由政府或社会来承担。建议借鉴国外经验，建立“废弃及老矿山环境治理基金”。“废弃及老矿山环境治理基金”的资金可以通过多种途径进行筹集。其中中央和地方财政，应是“废弃及老矿山环境治理基金”的主渠道之一。其他资金来源包括从国家和地方征收的资源税、矿产资源补偿费、排污费、水保两费等税费中划出的部分，以及社会捐助资金、国际资助资金等。

二、完善生态补偿费方案

作为一项生态保护的重要环境管理经济手段，生态补偿制度的建立是对生态保护制度的完善和发展。长期以来，中国的生态环境问题主要突出表现在环境污染以及由此带来的公众健康、经济损失等负面影响，而土地塌陷、水土流失等生态破坏问题因对经济发展的影响具有时滞性等特征，短期内表现不明显。因此，无论中央政府，还是地方政府对生态环境的管理更多集中在环境污染问题上。然而，随着经济的快速发展，资源开发的深入，生态环境的历史累积性影响日益显现，大规模生态灾难爆发，带来了不可估量的经济损失。建立生态补偿制度将有助于遏制生态破坏的纵深发展，缓解经济发展和资源开发带来的生态压力，为中国社会经济持续发展提供良好的生态保障。生态补偿收费政策是建立生态补偿制度的一个重要组成部分。

（一）确定生态恢复目标和征收对象

根据矿产资源开采区主生态服务功能来确定生态环境恢复目标，而主生态服务功能依原有生态系统的构成确定。比如，矿区开采前为草地，生态恢复应恢复为草地形态的系统。所谓生态服务功能，就是指“人类从生态系统获得的效益”，生态系统给人类提供各种效益，包括供给功能、调节功能、文化功能以及支持功能。供给功能是指生态系统为人类提供各种产品如食物、燃料、纤维、洁净水，以及生物遗传资源等的效益；调节功能是指生态系统为人类提供诸如维持空气质量、调节气候、控制侵蚀、控制人类疾病，以及净化水源等调节性效益；文化功能是指通过丰富精神生活、发展认知、休闲娱乐，以及美学欣赏等方式而使人类从生态系统获得的非物质效益；支持功能是指生态系统生产和支撑其他服务功能的基础功能，如初级生产、制造氧气和形成土壤等。不同类型生态系统有着不同的主服务功能。如果原有生态系统的主服务功能得到恢复或者主生态服务功能没有得到破坏，那么矿区的生态环境就处于一个良好的水平。

根据“谁开发，谁受益，谁破坏，谁补偿”原则，确定生态补偿费的征收对象。在矿产资源开采过程中，开采企业是首要受益者。因此，生态补偿费的首要征收对象应该是矿产资源开采者。当然，根据经济学上的税收转嫁原理，开采者能够把征收的生态补偿费通过销售价格转移一部分到使用者身上，使用者也将间接承担一部分补偿费。

（二）生态破坏特征及补偿内容

目前，矿产资源开采所带来的生态问题主要集中在煤矿、黑色金属矿、有色金属矿和非金属矿等资源的开采。总体来看，中国矿产资源开采造成的生态破坏问题表现为以下三个方面：第一，采矿占用和破坏土地。包括露天矿开采挖损土地，废石场、尾矿场、矸石山压占土地和地下开采造成的地面塌陷。第二，造成水土流失、滑坡、泥石流、崩塌等次生地质灾害。第三，改变了原来的地表景观，破坏原有的地表植被，导致土地退化和荒漠化的扩展。

矿产资源开采所造成的生态破坏情况在不同地区，由于储藏条件、地质结构等原因，主要破坏的表现也有所差异。在生态补偿收费的设计时应考虑该地区的特殊破坏内容，根据破坏内容合理设计收费水平。还要考虑矿产资源所在地的经济发展水平。如果收费水平太高，就会给开采企业造成负担，不利于矿产资源开采，对相关产业发展也会产生不利影响；如果收费水平太低，对开采企业的生态破坏行为起不到有效地约束和经济刺激作用，就难以实现这项收费政策预计的控制矿产资源开采生态破坏恶化的效果。一般来说，东中西部地区经济发展水平不同，生态补偿收费应有一个梯度差距。

（三）适时推出环境税

解决生态环境污染破坏问题，还应研究构建一种使生态环境负外部成本内部化的独立税种，发挥税收对生态环境保护的促进作用。中国首次明确提出环境税，是在2007年6月国务院颁布的《节能减排综合性工作方案》。2007年10月，党的十七大报告提出要“实行有利于科学发展的财税制度，建立健全资源有偿使用制度和生态补偿机制”，清费立税。

中国采矿业环境税的具体设计：（1）立法宗旨。中国对采矿业开征环境税的目的应在于保护环境，限制环境污染行为，将在中国境内开采并造成环境污染的矿产资源全部纳入环境税的征税范围，征税时根据环境污染程度设计税率，税款由各级税务部门负责征收，各级环保部门参与管理，征收的环境税由中央和地方共享，专款专用于矿产资源开采中的环境保护。（2）纳税人。凡在中国境内开采矿产资源并因此造成环境污染的企业，都必须交纳环境税。企业包括国有企业、私有企业、股份制企业及其他企业。（3）税率及计税依据。对矿产资源开采环节的环境税应按照资源开采回收率的不同，以及在开采中运送、堆放等环境污染程度的不同设计差别比例税率，以矿产资源的售价为计税依据。（4）环境税的减免优惠。对在开采过程中节约资源，减少环境污染的矿产资源开采者，应予以奖励。税务部门可以参照国际同行业的平均水平、中国目前的技术条件及国家节能环保相关政策，确定一个起征标准，开采企业的综合回收率达到该标准后可予以免税，低于这个标准的要全额征税。

环境税的设计既要理论上合理，又要实践中可行，征管效率、成本在很大程度上影响着环境税的成败。中国仍处在市场经济体制改革完善过程中，在税收征管经验和技术仍存在不少缺陷的情况下，可以考虑先从重点污染源和易于征管的污染对象入手，将目前排污收费中比较稳定的、比较容易监测的项目“费改税”，采取循序渐进的方式，待掌握经验、条件成熟后再扩大征收范围，尽可能减少实施的阻力和负面效应。此外，开征环境税，还需要多种配套改革的推进，对环境税收入的使用进行监督和管理。解决好环境税税款收入的使用去向问题，能够让税款专款专用于环境保护。

小　结

内部化两个负外部成本后，采矿业的总体税负水平将进一步提高，在采矿企业社会成本支出、矿产资源价格机制、工业平均利润率等约束条件下，企业不仅要承受更大的盈利压力，整个宏观经济、相关产业也将受到严重影响。在三重约束条件下要完全内化两个外部成本，必须对矿业企业进行结构性减税措施，降低增值税、企业所得税等一般税费标准，冲抵由于资源、生态环境税费成本的增加给企业带来的压力，缓解对宏观经济所造成的负面影响。

我国现行的资源税计征公式没有考虑回采系数，也没有考虑资源品位。本章提出了全新的资源税计征公式。在环境税费方面，提出了通过提取生态环境恢复治理保证金、完善生态补偿费方案等措施健全生态环境税费体系。

第二十三章

矿产资源有偿使用制度的国内外比较

矿产资源有偿使用制度是人类可持续利用耗竭资源的一项先进制度，反映了国家作为矿产资源所有者的代表，在矿产资源的所有者与开采者之间进行利益分配的制度设计。发达国家经过上百年的发展建立起来的矿产资源有偿使用制度，为我国相关制度的建设提供了很好地参考价值。本章对国内外矿产资源的有偿使用制度进行比较。第一节分析了我国矿产资源有偿使用制度的演变与特点；第二节分析了国外矿产资源的有偿使用制度，即权利金制度的构成要素；第三节以煤炭资源为例，探讨了美国的矿产资源税费对两个外部成本的补偿情况；第四节对中美两国矿产资源有偿使用税费征收与流向进行了比较。

第一节　我国矿产资源有偿使用制度的演变与特点

一、我国矿产资源有偿使用制度的演变历程

我国矿产资源管理体制改革的重要内容是矿产资源有偿使用制度的建立与完善。矿产资源有偿使用制度包含两个重要方面：一是矿产资源的有偿开采；二是探矿权、采矿权的有偿取得（赵凡，2008），即开采制度与取得制度。我国的矿产资源有偿使用制度改革是一个渐进的过程，从计划经济的矿产资源无偿使用到现在的

有偿使用，期间经历了几个阶段，我国矿产资源有偿使用制度的内容在逐渐完善。

第一阶段，1982～1993年，新中国的第一部《矿产资源法》出台，明确了矿产资源的国家所有权及国家采取有偿开采的制度，这一时期的矿产资源税费表现为以资源税为主的特征。

这一时期的几项重要改革措施有：

1982年5月，原地质部改为地质矿产部，承担了“对矿产资源的合理开发利用进行监督管理，对地质勘查全行业的活动进行协调”的职能，新的地质矿产部设立了矿产开发管理局，各个地方机构也设立相应的矿产开发管理部门。

1982年1月，国务院参照市场经济国家权利金制度，发布了《中华人民共和国对外合作开采海洋石油资源条例》，规定了开采我国海洋石油资源的中外企业都应缴纳矿区使用费（Royalty）。

1984年9月，发布了《中华人民共和国资源税条例（草案）》，开始对石油、天然气、煤炭等开采企业征收按销售利润率为计征依据的资源税，利润率在12%以下的不征收资源税，在12%以上的按累进税率计算缴纳。其实施完全是调节资源的级差收益，类似于国外的资源租金税，即暴利税。

1986年3月，全国人大通过了我国第一部矿产资源法，即《中华人民共和国矿产资源法》，从法律上明确了国家对矿产资源的所有权，以及矿产资源所有者的利益实现方式——有偿使用制度。规定：“开采矿产资源，必须按照国家有关规定缴纳资源税和资源补偿费。”但在1994年之前，除对外合作开发的海洋石油资源以外，我国的矿产资源补偿费的征收一直没有实行。

第二阶段，1994～2000年，矿产资源的有偿使用得到落实。同时，矿业权有偿取得开始搭建，矿产资源有偿使用制度实现较大地推进。

这一时期的几项重要改革措施有：

1994年，在全国财税体制改革中，对第一代资源税制进行了重大改革，形成了第二代资源税制，即现行的资源税制。由按超额利润征税变成了按销售量征税，第一代资源税制照搬了西方市场经济国家经验，简单清晰地反映了对级差地租的调节，而第二代资源税名义上调节级差地租，可是又普遍征收，使得对于没有达到平均利润的企业也要征收“级差地租”的资源税。

1994年，《矿产资源补偿费征收管理规定》（以下简称《征收管理规定》）。《征收管理规定》明确资源补偿费征收是凭借资源财产所有权，是对已消耗资源的货币补偿，调节的是资源所有者和采矿权人之间的产权关系。《征收管理规定》宣告了我国无偿开采矿产资源历史的结束，真正体现矿产资源有偿使用的时代的到来。矿产资源补偿费在中央与地方之间按5∶5分成（自治区4∶6），资源补偿费专项用于矿产资源勘查。

1996 年，修订后的《中华人民共和国矿产资源法》规定，我国实行矿业权有偿取得制度，包括探矿权的有偿取得和采矿权的有偿取得，但同时又对矿业权的转让做出了限制。

1998 年，国务院出台了《矿产资源勘查区块登记管理办法》和《矿产资源开采登记管理办法》，确定了矿业权有偿取得的具体形式是：矿业权使用费——探矿权使用费、采矿权使用费，矿业权价款——探矿权价款、采矿权价款。

1999 年出台的《探矿权采矿权使用费和价款管理办法》，规定我国的矿业权有偿使用是维护矿产资源的国家所有权，由各级矿业管理部门征收，缴纳到"探矿权采矿权使用费和价款财政专户"，并做到专款专用。

2000 年，国土资源部出台了《矿业权出让转让管理暂行规定》，取消了矿业权转让的限制条件。上述相关法规的出台，使得矿业权有偿取得和依法转让成为可能，为我国矿业权市场的建立提供了基础。

第三阶段，进入 21 世纪以后，由于国际矿产品价格上涨，同时随着我国经济的发展，对矿产品需求也快速上升，在这样的背景下，国内矿产品价格快速上涨，与矿产品税费相关的利益分配矛盾日益加剧。同时，矿业开采与取得方面的相关问题也日益加剧。在这样的背景下，与矿业有关的相关税费制度开始进行调整。

实际上从 1997 年开始，国家就开始调整新疆地区的石油资源税税额，2000 年、2004 年又调整了长庆、胜利、吉林、东北老工业基地油气田企业的资源税额。2005 年，出台了《关于调整原油天然气资源税税额标准的通知》，全面调整了各种不可再生资源的资源税税额。

2006 年，我国开始征收石油特别收益金，类似于国外的"暴利税"或"资源租金税"，我国的石油特别收益金作为国家非税收入，纳入预算管理，相关部分用于消费者补贴。

2006 年，发布了《国务院关于加强地质工作的决定》，明确规定一律采用市场方式出让矿业权，结束了申请审批、无偿授予与市场化获得矿业权并存的局面。2006 年 8 月发布的《关于探矿权采矿权价款收入管理有关事项的通知》规定了矿业权价款在中央和地方之间的分成比例为 2:8。

2010 年 6 月，发布了《新疆原油、天然气资源税改革若干问题的规定》，对新疆地区的石油天然气开采企业的资源税实行从价计征，税率为 5%。新疆地区的从价资源税改革，将对我国今后资源税改革提供有益的借鉴。

通过以上对我国矿产资源有偿使用制度建设历程的分析，可以看出，主要有两条发展的主线，一条是矿产资源的有偿开采税费制度建设；另一条是矿产资源的探矿权、采矿权有偿取得制度建设。相应地，我国矿产资源有偿使用制度由有偿开采和有偿取得两部分构成。

二、我国矿产资源有偿取得制度与有偿开采制度

我国矿产资源有偿取得制度与有偿开采制度都反映的是国家作为矿产资源所有者，向资源开采者转让财产权利获得的相应收益，是矿产资源所有者利益的实现方式。

从前面对我国矿产资源有偿使用制度演变历史的梳理可以看出，我国矿产资源有偿取得制度的构成主要是基于探矿权和采矿权的有偿取得。矿业权有偿取得的具体形式是矿业权使用费和矿业权价款。一律采用市场方式出让矿业权。矿业权有偿取得的收益在中央、省、市、县按比例分成。矿业权使用费和矿业权价款进入"财政专户"，做到专款专用。

我国矿产资源有偿开采制度主要是反映企业的开采权利在代际成本内部化约束下的税费实现形式，包括资源税、矿产资源补偿费、矿区使用费和石油特别收益金，主体是资源税和矿产资源补偿费，见表 23 - 1。

表 23 - 1　　我国矿产资源有偿使用制度税费构成

	有偿取得	有偿开采
构成	矿业权使用费、矿业权价款	资源税、矿产资源补偿费、矿区使用费和石油特别收益金

第二节　国外矿产资源权利金制度

一、国外矿产资源权利金制度的内容

当代大多数国家矿产资源的税费制度主要内容包括：矿业权利金（Mineral Royalty）、资源租金税（Resource Rent Tax）、矿业权出让金（Rents，Delay Rental）、红利（Bonus）、耗竭补贴（Depletion Allowance）等。这些征收类别组成了权利金制度，围绕着矿业权利金（Mineral Royalty），结合其他的矿业税费，形成了大多数国家现行的现代矿业税费制度体系。

二、矿业权利金（Mineral Royalty）

权利金（Royalty）这一概念同股份（Dividend）等概念一样，都源于西方国

家数百年的历史。权利金代表的是一种基于所有权（Ownership）或者君权（Sovereign）或者特权（Franchise）的收益形式，因此权利金不仅存在于矿业部门，还存在于专利、知识产权等领域，在当代经济学文献中，Royalty一词出现在知识产权领域的频率甚至比矿产资源领域的频率还高。因此，本章特别将矿业部门的权利金称为矿业权利金（Mineral Royalty）。下面是全球通行的矿业权利金的一般特征。

（一）矿业权利金的定义

作为一种非常古老的矿业税费，矿业权利金是从农业地租理论发展而来的。

现代经济学对矿业权利金的定义有两个典型的视角，一个是从矿业权利金体现的所有权角度，另一个是从权利金的数量、征收特点的角度。

从所有权的角度，Otto等人（2006）定义矿业权利金是一种“关于所有权人在交换开采矿产品权利的有偿支付”。

从数量和征收特点的角度看，Cawood（2009）指出“从本质上讲，矿业权利金是资源所有者在财产使用权与所有权被让渡给其他方而获得的现金与利润的总和”。Cordes（1998）指出，矿业权利金的数量就是系统地补偿发生在代际之间的资源耗竭。他明确指出在矿山生命周期内各个时期缴纳的矿业权利金应当恰好等于资源的净现值。

从上面两种定义可以看出，矿业权利金一方面体现了财产权让渡带来的收益，另一方面又体现了代际补偿的功能。

（二）矿业权利金的计征形式

陈丽萍（2004）在整理世界上主要矿业国家矿业权利金内容的基础上，指出矿业权利金的计征方式有三种，分别是从量计征、从价计征以及以利润为基础计征。

Cawood（2009）将矿业权利金的计征方式分为三类，分别是产品权利金（Production Royalties，即从量权利金），从价权利金（Ad-valorem Royalties）和半权利金（Quasi-royalties）。其中的半权利金指的是双方在市场安排之外形成的权利金，例如固定费、产品分享协议等。

（三）矿业权利金的分配

目前主要有四种形式，见表23-2。

表 23 - 2　　矿业权利金的分配形式

内容	代表国家
中央政府征收并用于全国	南非、巴布亚新几内亚
各省（州）征收并用于区域地方	加拿大
中央政府与州政府按不同分成比例征收	印度尼西亚
政府与私人同时征收，分配使用覆盖面狭窄	美国

资料来源：Cawood. F. The south African mineral and petroleum resources royalty act—Background and fundamental principles. Resources Policy（2010）；Nellie James. An overview of Papua New Guinea's Mineral Policy. Resources Policy. 1997. 23（1/2）. 98。

（四）矿业权利金的替代措施

第一个是用建立国有矿业公司来代替矿业权利金制度，这种措施往往应用于战略性矿产资源。

第二个是用资源租金税来代替矿业权利金。通过设置门槛利润率来征收超额利润税。

第三个是服务协议。就是用矿产品的部分利润回报进行基础设施建设来弥补权利金损失的方法。

（五）资源税与权利金的关系

在这里要特别提到我国的资源税，国内外很多学者在讨论我国权利金时，往往将矿产资源补偿费视为我国的权利金（矿区使用费数额较小，可以忽略不计），而并未将资源税看作是权利金的一种表现形式，究其原因主要在于我国资源税是一种国家凭借政治权力征收的税，而非权利金所代表的财产所有权人与使用权人之间的使用权让渡关系。本书认为，这种观点没有全面考察国内外在土地和矿产资源所有制方面的异同，因而会得出两者本质不同的结论。

以美国为例，美国目前在土地、矿产资源所有制上实行的是“普通采邑制”（Fee simple estate），即地表（Surface）所有权人同时对地表、地表以下、地表以上的所有资源拥有所有权，“普通采邑制”是美国的一种最基本的所有制形式，所有权人在这种制度下，具有销售、租赁、赠与等基本自由。同时，美国的土地所有权人包括政府、集体和私人，在这种所有制下，权利金的获得体现的是拥有地表权（Surface Rights）的人转让矿业权（Mineral Rights）的收益。

当然，除美国以外，世界上只有少部分国家采用同样的“普通采邑制”。世界上大多数国家仍只承认集体或私人仅拥有地表权，而不连带获得矿业权，矿业权通常是属于国有的。

但中国的情形则处于另一个极端，中国不但矿产资源属于国有，而且土地资源一样属于国有。因此，中国的权利金在这样的所有制基础上，必然是上交给国家，且全国只有政府这一个单一所有权人有资格获得权利金，不难发现，在这种情形下，权利金必然带有“税”的性质。反过来说，我国面向矿产资源所征收的有偿使用“税”必然带有权利金的性质，因此我国的资源税应当属于权利金的一种形式。

这种认识上的转变在国外的研究文献中已有反映，例如 James Otto 教授在 2000 年对中国权利金的统计中采用的矿产资源补偿费，而到了 2006 年，他所参与的世界银行的研究报告已经将中国的权利金视为矿产资源补偿费和资源税的和。

（六）矿业权利金与我国矿产资源有偿使用制度的对应关系

从前面对矿业权利金一般特征的描述，可以看出虽然各国矿业权利金不尽相同，但由于矿业权利金遵从的一些一般性特征，因此可以根据这些一般性特征来判断各个国家相关的特殊税费是否属于权利金的范畴。

以我国的矿产资源有偿使用制度的实践来看，我国的资源税、矿产资源补偿费、矿区使用费都属于矿业权利金的范畴，只是各自之间存在计征方式、依据等方面的差别，但不影响它们归属于矿业权利金的基本特性。

三、资源租金税（Resource Rent Tax）

（一）资源租金税的一般特征

它是对超过矿企正常收入以上的利润征收的税收，是一种意外利润税。资源超额利润税的征收包含三个基本要素，即门槛利润率、税率和可扣减支出，最主要的是前两个因素（晁坤，2002），R. Fraser 和 R. Kingwell（1988、1993、1999、2001、2002、1997）等学者研究认为门槛利润率、税率的共同作用及事前风险评估对设计最优资源租金税至关重要，并比较了英国和澳大利亚两个不同结构的资源租金税体系。单从三个基本要素来看，我国 1994 年以前实行的资源税以及目前所实行的石油特别收益金实际上就是一种资源租金税。

（二）国外有代表性的资源租金税实践

根据资源租金税以一定门槛利润率为起征点，结合一定税率进行征收，资源租金税可以看作是一种以利润为计征依据的矿业权利金。国内有学者从这一特性出发，将资源租金税定义为一种“超权利金”（张新安、张迎新，2006）。资源租金税特别适用于如下两种情况：大型矿业项目和油气资源开发等。以澳大利亚为例，资源租金税适用于海岸线3海里以外的海上油气资源以及几个具体的项目：Roxby Downs工作合同和西澳洲巴罗岛的油气资源。表23-3列出了英国、澳大利亚、巴布亚新几内亚等国的资源租金税门槛利润率和税率：

表23-3　英国、澳大利亚和巴布亚新几内亚资源租金税的门槛利润率和税率比较

国名	门槛利润率	税率
英国	Exceed 30%	45% ~75%
澳大利亚	15% ~25%	40%
巴布亚新几内亚	20%或美国AAA级长期商业债券利率加12%	Na

注：Na表示数据未找到。

资料来源：R. Fraser. An evaluation of the relative performance of alternatively structured resource rent taxes. 2002. 28；晁坤：“矿产资源有偿使用制度架构及评估方法研究”，中国矿业大学，2002年。

表23-4列出了英国从1980~2007年的北海油田缴纳的资源收益税（Petroleum Revenue Tax）及资源租金税占整个北海油田税费的比重。

表23-4　英国北海油田资源收益税PRRT（资源租金税PRT）相关数据（1980~2007年）

年份（单位：百万英镑）	资源租金税（单位：百万英镑）	北海油田总的税费额（单位：百万英镑）	资源租金税/总税费额（%）
1980	2 410	3 963	60.81
1981	2 390	6 506	36.74
1982	3 274	7 868	41.61
1983	6 017	8 817	68.24
1984	7 177	12 171	58.97
1985	6 375	11 371	56.06
1986	1 188	4 804	24.73
1987	2 296	4 645	49.43
1988	1 371	3 193	42.94
1989	1 050	2 401	43.73

续表

年份（单位：百万英镑）	资源租金税（单位：百万英镑）	北海油田总的税费额（单位：百万英镑）	资源租金税/总税费额（%）
1990	850	2 343	36.28
1991	-216	1 016	-21.26
1992	69	1 338	5.157
1993	359	1 266	28.36
1994	712	1 683	42.31
1995	968	2 338	41.40
1996	1 729	3 351	51.60
1997	963	3 331	28.91
1998	504	2 514	20.05
1999	853	2 563	33.28
2000	1 521	4 457	34.13
2001	1 307	5 429	24.07
2002	958	4 968	19.28
2003	1 179	4 281	27.54
2004	1 284	5 172	24.83
2005	2 016	9 380	21.49
2006	2 155	9 072	23.75
2007	1 680	7 835	21.44

注：英国油气资源的特殊税费包括资源租金税、权利金、补充性油气资源税、许可证费用、补充税等。

资料来源：Hafez Abdo. The taxation of UK oil and gas production：Why the windfalls got away. Energy Policy. 2010. 05。

（三）资源租金税与我国矿产资源有偿使用制度的对应关系

从门槛利润率与税率以及资源租金税多用于油气资源领域的世界实践经验可以看出，我国1994年以前的资源税由于其对石油、天然气、煤炭等开采企业征收按销售利润率为计征依据的资源税，利润率在12%以下的不征收资源税，在12%以上的按累进税率计算缴纳，实际上就类似于澳大利亚征收的资源租金税（Petroleum Resource Rent Tax，PRRT）和英国征收的资源收益税（Petroleum Revenue Tax，PRT）。同时，我国于2006年开始针对油气开采企业征收的“石油特别收益金”，由于其对石油开采企业销售国产原油因价格超过一定水平所获得的超额收入按比例征收的收益金，门槛价格为40美元/桶，税率在20%～40%之间，因此我国的石油特别收益金也属于典型的资源租金税的范畴。

四、矿业权出让金（Rents，Delay Rental）

（一）矿业权出让金的一般特征

矿业权出让金又称为矿业权租金、递延租金（Delay Rental）等。通常意义上的矿业权出让金反映的是在矿业活动中，对“以某种方式使用土地的经济活动”的收费，体现的是一种矿地租。这一类的收费通常是逐年征收，并且按照在土地上的活动，将其分为探矿权出让金和采矿权出让金，根据探矿权出让金和采矿权出让金对应的不同费率乘以土地面积来具体计算矿业权出让金的大小。这一基本特征说明，矿业权出让金的一个重要目的是开采企业为了保持合同有效而按年支付给出租者的费用，是一种开采企业为保有其探矿、采矿权利而缴纳的费用。

各国征收矿业权出让金的另一个重要目的是起到阻止投机者占有土地和排斥合法勘察/采矿公司的作用，使矿业权人尽可能少地占用矿产地，尽可能快地退出没有开发远景的地区。

矿业权出让金虽然按照土地面积征收，但是它与土地权无关，而是对地下含矿空间的征收，源于矿产资源的所有权。因此矿业权出让金不同于地租，而是一种矿地租金。

（二）国外有代表性的矿业权出让金征收实践

表23-5是世界上有代表性的矿业国家的矿业权出让金费率：

表23-5　　各国矿业权使用费统计

国家（地区）	探矿权使用费	采矿权使用费
加纳	1.20美元/平方公里	2.90美元/年·平方公里
智利	103美元/年·平方公里	520美元/年·平方公里
坦桑尼亚	150美元/年·平方公里	150美元/年·平方公里
加拿大（安大略省）	500加元/平方公里	400加元/平方公里
澳大利亚（西澳洲）	80澳元/区块（约3平方公里）	9.3澳元/公顷

续表

国家（地区）	探矿权使用费	采矿权使用费
澳大利亚昆士兰州	81.25 澳元/区块	31.4 澳元/公顷
澳大利亚南澳洲	3 澳元/平方公里	21 澳元/公顷

资料来源：美国科罗拉多矿业学院全球资源政策和管理学院，国土资源部信息中心译：《全球矿业税收比较研究》（第 2 版），地质出版社 2006 年版。晁坤："矿产资源有偿使用制度架构及评估方法研究"，中国矿业大学，2002 年。

（三）矿业权出让金与我国矿产资源有偿使用制度的对应关系

从矿业权出让金的一般特征可以看出，矿业权出让金是一种类似于地租而又不同于地租的矿地租，是按照土地面积和一定的单位费率，逐年征收的费用，是为了保持矿业权所缴纳的费用。矿业权出让金的上述性质、计征依据、缴纳方式等同我国的矿业权使用费类似，因此我国现行的矿业权使用费类似于国外的矿业权出让金。

五、红利（Bonus）

（一）红利的一般特征

当前世界上只有部分国家实行红利（Bonus）制度，其中有代表性的是美国，这里主要介绍美国的红利制度。

红利又称为租赁红利、租赁定金（Lease Bonus）或现金红利（Cash Bonus）（蒲志仲，1997；李燕花，2006）。红利是承租人为获得矿业权，向出租人缴纳的报酬，一般以面积计价，由双方通过市场行为进行交易，是一种讨价还价的结果。红利反映的是矿业权出租者向矿业权承租者转让矿业权所获得的报酬，从所反映的产权关系上看，红利与矿业权利金类似。因此，在美国，红利也被视为一种预先权利金（Advance Royalty）。但它又不同于矿业权利金和矿业权出让金，红利的目的是获得矿业权，因此其缴纳时间较短，通常是在获得矿业权时，一次性缴纳或分成几次缴纳，而矿业权利金则是在矿业权承租人开采过程中向矿业权出租人分享的开采收益，矿业权出让金的目的则在于保有矿业权，矿业权出让金的缴纳时间往往伴随于整个探矿、采矿周期。

（二）美国的红利征收实践

美国联邦政府负责资源管理、矿业权管理和权利金等矿业特殊税费征收工作的是内政部，其中和矿产资源管理直接相关的下设部门是矿产管理局（MMS）、土地管理局（BLM）和地质调查局（USGS）。

矿产管理局负责征收来源于联邦所有和印第安保留地上的矿业权利金（Royalty）、矿业权出让金（Rent）、红利（Bonus）以及其他特殊税费。表23－6是矿产管理局（MMS）统计的1982～2012年美国联邦政府及印第安保留地的红利缴纳情况。

表23－6　美国联邦政府及印第安保留地的红利、矿业权出让金及红利缴纳占比

单位：美元

年份＼名称	红利	矿业权出让金	矿产管理局（MMS）征收的全部矿业税费总额	红利/(红利＋矿业权出让金)(%)	红利/总额(%)
1986	217 303 809	126 737 723	3 688 991 892	63.16	5.89
1987	531 999 720	136 426 389	3 843 437 499	79.59	13.84
1988	1 318 943 576	127 990 570	4 316 399 239	91.15	30.56
1989	739 107 764	144 070 952	3 914 970 752	83.69	18.88
1990	647 921 490	141 606 541	4 556 696 646	82.06	14.22
1991	381 144 875	136 510 793	3 926 358 907	73.63	9.71
1992	142 970 711	96 837 548	3 689 322 679	59.62	3.88
1993	203 573 631	74 751 577	4 072 320 370	73.14	5.00
1994	428 821 887	72 924 538	4 222 357 444	85.47	10.16
1995	501 035 526	121 668 163	3 829 672 611	80.46	13.08
1996	965 734 373	197 135 800	5 493 985 052	83.05	17.58
1997	1 496 659 928	266 017 564	6 721 786 634	84.91	22.27
1998	1 454 514 764	298 645 651	5 611 424 959	82.97	25.92
1999	439 316 723	248 995 621	4 560 192 217	63.83	9.63
2000	576 174 527	253 059 006	7 123 762 816	69.48	8.09
2001	798 851 858	232 499 288	10 002 788 339	77.45	7.99
2002	330 979 528	188 599 060	5 873 533 197	63.70	5.64
2003	1 398 772 712	309 394 719	8 267 237 613	81.89	16.92
2004	708 560 481	264 341 965	8 127 879 800	72.83	8.72
2005	1 298 142 514	283 901 707	10 292 803 109	82.05	12.61
2006	1 585 601 245	285 324 618	12 616 328 035	84.75	12.57

续表

名称 年份	红利	矿业权出让金	矿产管理局（MMS）征收的全部矿业税费总额	红利/(红利+矿业权出让金)(%)	红利/总额（%）
2007	902 636 218	267 186 001	11 428 640 050	77.16	7.90
2008	10 145 062 109	304 030 259	24 080 015 775	97.09	42.13
2009	1 980 925 442	294 325 484	9 904 629 524	87.06	20.00
2010	1 301 971 793	300 697 799	9 484 611 015	81.24	13.77
2011	467 566 353	274 784 560	11 216 781 058	62.98	4.17
2012	1 508 300 904	278 228 156	11 976 472 570	84.43	12.59

注：内政部矿产管理局征收的全部税费分为四类：矿业权出让金、权利金、红利以及其他矿业特殊税费，原文为 Rents、Royalties、Bonus、Other Revenues。其中 Other Revenues 包括：最低权利金（Minimum Royalties）、定居点补偿（Settlement Payment）、天然气存储费（Gas Storage Fees）、评估费用（Estimated Payments）、损失赔偿（Recoupment），同时以上数据充分考虑了海上资源和路上资源缴纳税费的情况。1998 年的其他矿业特殊税费（Other Revenues）统计数据缺失。

资料来源：Mineral Revenues 2000。

（三）红利与我国矿产资源有偿使用制度的对应关系

由于美国的矿产资源所有制还包含私人所有，并且美国实行的“普通采邑制”，因此其矿业权与土地所有权紧密相连，美国的土地由四大类主体所有，分别是联邦政府、州政府、印第安保留地、私人。这一点同我国的情况截然不同，因此本书考虑将剔除了州政府所有和私人所有以外的部分，即由联邦政府所有以及联邦政府代管的印第安保留地的矿产资源的相关有偿使用税费，同我国矿产资源有偿使用税费进行比较。这样中美两国相关税费的比较就建立在相似的所有制成分基础上。

表 23－7 是我国矿业权价款历年数据。

表 23－7　　　　我国矿业权价款历年征收情况

年份	矿业权价款（万元）	矿业权使用费（万元）	总额（万元）	矿业权价款/总额（%）
1999	14 888	10 237	25 125	59.26
2000	9 066	4 237	13 303	68.15
2001	11 465	52 737	64 202	17.86
2002	69 119	3 114	72 233	95.69

续表

年份	矿业权价款（万元）	矿业权使用费（万元）	总额（万元）	矿业权价款/总额（%）
2003	468 879	35 656	504 535	92.93
2004	675 398	75 877	751 275	89.90
2005	667 880	90 316	758 196	88.09
2006	527 480	122 298	649 778	81.18
2007	1 039 705	31 720	1 071 425	97.04

资料来源：《中国国土资源年鉴》。

从表 23－7 可以看出，虽然我国矿业权价款征收时间较短，但我国矿业权价款的增长势头迅猛，这一方面反映了近年来我国矿业权市场交易活跃，另一方面反映了我国相关政府职能机构对矿业权价款征收力度的加强。

从理论上和实践上对红利的介绍可以看出，我国当前所实行的矿业权价款制度，虽然规定中指明是补偿国家出资勘探的矿产资源，但由于这一价款发生在矿业权的取得阶段，并且这种价款反映的是矿业权出租人（政府）向矿业权承租人转让相关产权所获得的报酬。因此，不论这一价款设置的最初目的是什么，仅仅从产权角度来看，矿业权价款反映的是同矿业权利金类似的内容，而红利本身又被看作是一种预先权利金（Advance Royalty），反映的同样是与矿业权利金类似的产权关系，因此我国的矿业权价款类似于美国等国实行的红利（Bonus）。

我国矿业权价款与红利（Bonus）主要的区别体现于以下几个方面。

第一是我国的矿业权价款，在法律上规定是补偿国家的地勘劳动，因此我国的矿业权价款仅适用于国家地勘形成的矿业权，而美国的红利制度则没有相关规定，仅仅是矿业权出租人同矿业权承租人之间简单的产权转让的报酬问题，不论矿业权出租人是联邦政府、州政府还是私人等其他实体，美国的红利制度对产权的反映非常清晰。

第二是在第一个基础上延伸出来的，由于我国矿业权价款制定的初衷并不是反映一种市场讨价还价下的产权转让关系，而是反映一种对国家地勘投入的补偿，因此我国矿业权价款的征收标准缺乏市场化的机制，这与建立一个完整的矿业权市场的目标存在差距。

第三也是在第一个基础上延伸出来的，由于我国的矿业权价款仅与国家地勘劳动挂钩，因此对于非国家地勘劳动形成的矿业权出让活动，并没有矿业权价款这一支出，而目前我国矿产资源勘探的现状是国家出资形成的地勘成果比重在快速下降。因此，在可以预见的时期，矿业权价款的上升有瓶颈，而矿业权价款反映的是产权转让关系，而其数量被一个与产权并无直接关系的因素所制约，在未来国家地勘形成的矿业权下架的情况下，这必然是一种租金的流失。当然，我国在制定这一制度之初，由于国家地勘形成的矿业权占绝对比重，因此这一政策在当时是适应形势的，但随着我国矿业权市场的发展，国家对非国有资本投入地勘，分担地勘风险政策的实施，与此密切相关的矿业权价款政策应当做出调整，其目的不应是带有计划经济色彩的补偿“国家地勘投入”，而应是反映在普通法（Common Law）的“普通采邑制”精神上的市场经济产权关系。并且我国目前明文规定禁止以盈利为目的进行矿业权的转让活动，而这一规定明显与建立市场化矿业权交易市场的精神相违背。

六、耗竭补贴（Depletion Allowance）

（一）耗竭补贴的一般特征

由于矿产资源开采行业是高风险行业，因此耗竭补贴制度建立的目的在于鼓励矿业承租人或矿山经营者寻找新的矿体，以替代正在折耗的资源，保持和扩大探明储量，保证矿山尽可能长地经营下去。这是一种负的权利金。与权利金的不同之处是，权利金补偿给矿产所有人（一般是国家），而耗竭补贴补偿给矿权人，鼓励其积极从事矿产勘查。资源耗竭补贴的计算方法有两种，一是成本耗竭补贴（按勘查成本计算），二是百分比耗竭补贴。

（二）国外有代表性的耗竭补贴的实践

目前世界上有部分国家实行了耗竭补贴制度，包括美国、加拿大、澳大利亚、南非等。其中具有代表性的是美国。

表 23 －8 是按矿种划分的美国百分比耗竭补贴率。

表 23 －8　　美国百分比耗竭补贴率　　单位：%

矿产资源		国内公司	国外公司	矿产资源		国内公司	国外公司
锑		22	14	汞		22	14
砷		14	14	云母	碎片及薄片	22	14
石棉		22	10		薄板	22	14
重晶石		14	14	钼		22	14
铝土		22	14	镍		22	14
铍		22	14	油页岩		15	15

续表

矿产资源		国内公司	国外公司	矿产资源		国内公司	国外公司
铋		22	14	泥炭		5	5
硼（硼砂）		14	14	珍珠岩		10	10
溴（卤水井）		5	5	磷酸盐岩		14	14
镉		22	14	铂族金属		22	14
铯		14	14	碳酸钾		14	14
铬		22	14	轻石		5	5
粘土	高岭土、块状粘土、膨润土、漂白土、耐火土	14	14	石英晶体，电子能		22	14
	排污管用粘土或页岩，轻骨料	7.5	7.5	稀土元素和钇	独居石	22	14
	铝矾土或铝化合物的粘土	14	14		其他	14	14
	排水和盖屋板用粘土等	5	5	铼		14	14
煤		10	10	铷		14	14
钴		22	14	金红石		22	14
钶		22	14	盐（氯化钠）		10	10
铜		15	14	沙和砾石	常用品种	5	5
金刚砂		22	14		石英砂或水晶	14	14
钻石（工业用）		14	14	硒		14	14
硅藻土		14	14	硅	石英岩	14	14
长石		14	14		砂砾	5	5
萤石		22	14	银		15	14
石榴石		14	14	碳酸钠		14	14
宝石		14	14	芒硝		14	14

续表

矿产资源		国内公司	国外公司	矿产资源		国内公司	国外公司
锗		14	14	石材	筑基用石材、道渣用石材、道路材料用石材等	5	5
金		15	14		其他	14	14
石墨		22	14	锶		22	14
石膏		14	14	硫		22	22
铪		22	14	滑石	块滑石	22	14
钛铁矿		14	14		其他	14	14
铟		14	14	钽		22	14
碘		14	14	碲		14	14
铁矿石		15	14	铊		14	14
蓝晶石		22	14	钍		22	14
铅		22	14	锡		22	14
褐煤		10	10	钨		22	14
锂		22	14	铀		22	22
镁和镁化物	水镁石	10	10	钒		22	14
	白云石和碳酸镁	14	14	蛭石		14	14
	氯化镁	5	5	锌		22	14
	橄榄石	2	14	锆		22	14
锰		22	14				

资料来源：美国 IRS（国内税务局）。

第三节　美国矿产资源税费对两个外部成本的补偿

一、美国煤炭资源开采活动的代际外部成本和环境成本

Paul Epstein（2011）测算出美国 2008 年煤炭开采业的两个外部总成本为 1 000 亿美元左右，主要由矿产资源的折耗、环境的破坏、政府补贴、资源衰退区的价值损失构成，见表 23－9。

表 23-9　　美国煤炭资源两个外部性成本估算　　单位：亿美元

	代际外部性	当代外部性（环境成本）				合计
	矿产价值折耗等	重金属影响	健康负担	政府补贴	资源枯竭地的损失	
总量（最优估计）	22	55	746	32	88	943

资料来源：Mining Coal，Mounting Costs：The Life Cycle Consequences of Coal；http：//chge. med. harvard. edu/programs/ccf/documents/MiningCoalMountingCosts. pdf。

2008 年美国的煤炭产量为 10.63 亿吨①，结合表 23-9 的估算值可以得到美国煤炭资源开采的单位代际外部成本为 2.07 美元/吨，单位环境成本为 86.64 美元/吨。

二、美国煤炭资源的一般性税费、有偿使用费金和环境税费对两个外部成本的补偿

（一）美国政府通过煤炭资源企业缴纳的一般性税费对两个外部成本的补偿

根据前面的分析可以知道，美国矿产资源开采企业缴纳的一般性税费主要是公司所得税。美国政府在矿产资源企业的公司所得税的征收和使用两个环节都对两个外部性的给予补偿，分别以百分比耗竭补贴和资源与环境保护的支出体现。

1. 征收阶段的补偿：百分比耗竭补贴——隐性的补偿

基于矿产资源的可耗竭性，美国建立了矿产资源耗竭补贴制度，即政府在每个纳税年度从矿山净利润中扣除一部分金额返还给矿山经营人或矿业权人，用于寻找新矿体，以替代正在耗竭的储量，目的在于保持和扩大资源存量，保证持续或扩大矿山生产经营，延长矿山服务年限。可以看出，耗竭补贴实质上是一种出于保证资源永续利用的政策，是一种对代际成本的补偿。

耗竭补贴分为成本耗竭补贴和百分比耗竭补贴两种类型。美国采用的是百分比耗竭补贴，即依据不同的矿种，矿权人可将其作为纳税基础的毛收入少申报 5%～22%。根据美国国内税务局（IRS）的相关规定，煤炭资源的百分比耗竭补贴为 10%，2008 年美国煤炭资源开采企业的耗竭补贴额见表 23-10。

① 资料来源：BP statistical review of world energy。

表 23-10　　2008 年美国煤炭开采业耗竭补贴

年份	煤炭开采业缴纳的税收总额（百万美元）	煤炭开采矿业企业公司所得税占税收总额的比例（%）	百分比耗竭补贴率（%）	耗竭补贴（百万美元）
2008	16 456	8.9	10	163

注：相关数据根据美国矿业协会报告整理和计算得到。NMA. The Economic Contributions of U. S. Mining in 2008. 2010. 10。

2. 预算支出阶段的补偿：用于资源和环境保护的支出——显性补偿

美国白宫行政管理和预算办公室（Office of Management and Budget）对各个财年的美国政府预算支出进行了统计，其中对自然资源保护以及自然资源开采有关的环境保护的历年支出金额如图 23-1 所示。

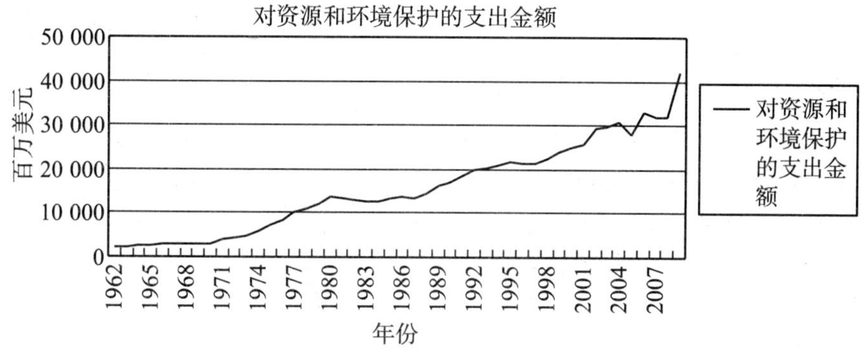

图 23-1　美国财政预算中对资源和环境保护的历年支出金额（1962~2009）

资料来源：Office of Management and Budget. Historical Tables Budget of the U. S. Government. Fiscal Year 2010。

在 2008 年财政预算中对资源和相关环境保护支出的具体金额和比例见表 23-11。

表 23-11　　资源和环境保护支出的比例

流向	对资源保护的支出金额（百万美元）	资源保护的支出占资源环境保护支出的比例（%）	对相关环境保护的支出金额（百万美元）	环境保护的支出占资源环境保护支出的比例（%）
	5 741	18	26 142	82

资料来源：Office of Management and Budget. Historical Tables Budget of the U. S. Government. Fiscal Year 2010。

那么，2008 年煤炭开采企业缴纳的一般性税费（公司所得税）用于煤炭资源开采和环境保护方面的支出是多少呢？

根据美国矿业协会（NMA）的统计，2008 年美国煤炭开采活动带来的总价值占整个资源开采行业的比重为 36%；煤炭业对资源和环境保护的预算支出金额 = 资源和环境保护的预算支出总金额 ×36% = 57.41 ×36% = 20.7 亿美元。

根据表 23 - 10 中“煤炭开采矿业企业公司所得税占税收总额的比例”得到煤炭行业公司所得税占全部税收的比重为 8.9%，进而得到联邦层面的煤炭行业公司所得税对资源和环境保护的支出金额 = 20.7 ×8.9% = 1.8 亿美元。再根据表 23 - 11 中的支出流向比例，可以得到联邦层面的煤炭公司所得税在资源保护和环境保护的分配金额为 0.324 亿美元和 1.476 亿美元。

假设州和地方政府对资源和环境保护的支出占总支出的比重与联邦政府相似，则依据上述计算方法和州与地方层面的数据，可以估算州与地方政府层面的煤炭行业公司所得税对资源和环境保护的支出金额为 0.11 亿美元。假设州和地方政府对资源和环境保护的支出流向上的比例与联邦政府相似，其征收的煤炭行业公司所得税在资源保护和环境保护的分配金额约为 0.02 亿美元和 0.09 亿美元。

综合上面的计算可以得到，2008 年煤炭行业用于资源和环境保护的美国联邦、州与地方的预算支出总额为 1.8 + 0.11 = 1.91 亿美元。将 2008 年美国政府对两个外部性的隐性补偿和显性补偿加总：1.63 + 1.91 = 3.54 亿美元，其中，对代际外部性的补偿为 1.63 + 0.324 + 0.02 = 1.974 亿美元，对当代外部性的补偿为 1.476 + 0.09 = 1.566 亿美元。

（二）美国煤炭资源企业通过缴纳有偿使用费金和环境税费对两个外部成本的补偿

2008 年美国境内的煤炭开采企业缴纳的权利金中实现代际补偿功能的税费是州分成、联邦财政和印第安分成，三者之和为 4.8 亿美元，实现生态环境外部性补偿的税费包括复垦基金、历史保育基金、水土保育基金，2009 年的三项之和为 13.2 亿美元。

美国煤炭资源企业缴纳环境税费主要由煤炭税和企业环境所得税构成。其中，煤炭税专门用于黑肺病补偿基金，因此又称为煤炭黑肺病税，2008 财年美国公布的黑肺病补偿基金显示：煤炭税的征收金额为 6.53 亿元①；按照表 15 - 2 的从价税率 0.12%，2008 年美国境内开采的煤炭总价值为 1 262.74 亿美元②，可以估计出 2008 年美国煤炭企业缴纳的企业环境所得税的总金额为 1.52 亿美

① 资料来源：Office of Management and Budget. Historical Tables Budget of the U. S. Government. Fiscal Year 2010。

② 资料来源：根据 BP statistical review of world energy 统计数据得到。

元。2008 年美国在煤炭开采阶段向企业征收的环境税费总额为 8.05 亿美元，这一数据代表了煤炭资源企业承担的环境税费水平。

2008 年美国煤炭资源开采行业中执行代际补偿功能的有偿使用费金征收水平为 4.8 亿美元左右，美国对煤炭开采的环境外部成本进行补偿的税费包括企业缴纳的权利金中流向复垦基金、历史保育基金、水土保育基金三部分以及企业环境所得税和计入黑肺病补偿基金的煤炭税，征收水平为 21.25 亿美元左右。同表 23 -9 数据进行比较可以发现，美国煤炭资源开采行业有偿使用费金对代际外部成本实际补偿水平大致为 21.8%，有偿使用费金中的复垦基金、历史保育基金、水土保育基金和环境税费对环境外部成本的实际补偿水平为 2.31%。

可以看出有偿使用费金和环境税费措施对两个外部成本的补偿水平总体偏低，这主要体现了政府作为执行两个外部性成本补偿的主体所承担的补偿水平，但并不能由此得出结论说美国煤炭资源开采的两个外部性成本没有得到充分的补偿，美国的资源开采是一种掠夺性的开采活动。实际上从美国对两个外部性成本补偿的制度安排角度看，企业本身是执行补偿重要的主体，企业承担了绝大部分的外部性成本补偿。具体来讲，对代际外部性成本而言，企业通过技术进步、探明新的矿藏等手段，达到提高耗竭性资源的可开采生命周期的目的以降低代际成本（或使用者成本），因此美国煤炭资源开采中的代际成本除了通过税费形式由政府承担的补偿以外，开采企业自身的技术进步等活动实际上也承担了相当大的一部分代际成本。美国政府对采矿企业技术进步和探明新矿藏活动采取百分比耗竭补贴给予激励。

对环境外部性成本而言，美国采矿企业在开采过程中产生的环境破坏的恢复治理责任由该企业来承担，根据《复垦法》的要求，企业以保证金的形式对采矿活动带来的环境破坏给予补偿的保证，每个开采企业缴纳的保证金根据各采矿区的地理、水文、地质、植被的具体情况而确定，以现金、存款单、存款账户，履约担保，不可撤销信用证，信托基金、公司担保和自我担保等形式存在的保证金必须存放在有关管理机构，以确保复垦工作的完成，如果企业没有履行复垦计划，则政府将用这笔保证金来复垦，若企业复垦且验收合格，则予以返还。所以美国政府以税收形式所承担的矿业环境外部性的补偿仅是矿业环境外部性补偿中很小的一部分。同样，本书所考察的美国政府承担的代际成本的补偿部分是美国矿业以有偿使用费金对矿业代际成本补偿的一部分。

三、对政府层面美国煤炭资源、环境税费的两个外部性补偿

前面从美国煤炭资源、环境税费对两个外部性补偿程度的计算，分别考虑了

如下几个维度，联邦和州与地方的分税制对税费补偿外部性能力区别、税费征收后反映在使用流向上的区别、税收征收中的隐性补偿措施等，小结见表 23－12。

表 23－12　　2008 年美国煤炭资源开采行业缴纳税费对两个外部成本补偿的统计

单位：亿美元

<table>
<tr><th rowspan="2"></th><th colspan="4">一般税费（公司所得税）</th><th colspan="3" rowspan="2">有偿使用费金</th><th rowspan="2">环境税费</th><th rowspan="2">合计</th></tr>
<tr><th colspan="2">联邦</th><th>州和地方</th><th>合计</th></tr>
<tr><td rowspan="3">代际外部性补偿</td><td rowspan="2">隐性补偿：耗竭补贴</td><td rowspan="2">1.63</td><td rowspan="3">0.02</td><td rowspan="3">1.974</td><td rowspan="3">流向代际补偿</td><td>州分成</td><td>3.3</td><td rowspan="3">Na</td><td rowspan="3">6.774</td></tr>
<tr><td>联邦财政</td><td>0.7</td></tr>
<tr><td>显性补偿：预算中对资源保护的支出</td><td>0.324</td><td>印第安保留地返还</td><td>0.8</td></tr>
<tr><td rowspan="3">当代外部性补偿</td><td rowspan="3">显性补偿：预算中对资源保护的支出</td><td rowspan="3">1.476</td><td rowspan="3">0.09</td><td rowspan="3">1.566</td><td rowspan="3">流向当代补偿</td><td>土地复垦基金</td><td>2.7</td><td rowspan="3">8.05</td><td rowspan="3">22.816</td></tr>
<tr><td>历史保育基金</td><td>1.5</td></tr>
<tr><td>水土保育基金</td><td>9.0</td></tr>
</table>

注：Na 表示数据缺省。

美国煤炭资源开采行业缴纳的全部税费中，对两个外部成本的补偿分别是 6.774 亿美元（代际外部性成本）和 22.816 亿美元（当代外部性成本）。将上述数据同表 23－9 中美国煤炭开采业的两个外部成本比较，得到两个外部成本的补偿程度分别为：代际补偿程度为 30.79%，当代外部性成本补偿程度为 2.48%。可见美国矿业对当代外部成本的补偿是保证金＋基金的模式，对代际外部成本的补偿是权利金＋耗竭补贴的模式，这种制度安排使得美国矿业开发过程中的两个负外部性能够得到充分补偿。

第四节　中美两国矿产资源有偿使用税费征收与流向比较

一、美国矿产资源有偿使用税费的征收与流向

表 23－13 是 1982～2012 年美国联邦政府及印第安保留地的矿业权出让金、

权利金、红利以及其他矿业特殊税费：

表 23-13　美国联邦政府及印第安保留地的矿业权出让金、权利金、红利及其他矿业特殊税费（美元）

年份＼名称	权利金	矿业权出让金	红利	其他矿业特殊税费	总计
1982～1985	19 403 811 367	258 629 721	15 508 076 023	28 697 015	35 199 214 126
1986	3 329 159 704	126 737 723	217 303 809	15 790 656	3 688 991 892
1987	3 138 362 618	136 426 389	531 999 720	36 648 772	3 843 437 499
1988	2 840 419 213	127 990 570	1 318 943 576	29 045 880	4 316 399 239
1989	2 977 090 743	144 070 952	739 107 764	54 701 293	3 914 970 752
1990	3 743 724 858	141 606 541	647 921 490	23 443 757	4 556 696 646
1991	3 381 795 421	136 510 793	381 144 875	26 907 818	3 926 358 907
1992	3 399 013 251	96 837 548	142 970 711	50 501 169	3 689 322 679
1993	3 641 478 156	74 751 577	203 573 631	152 517 006	4 072 320 370
1994	3 456 089 810	72 924 538	428 821 887	264 521 209	4 222 357 444
1995	3 183 063 771	121 668 163	501 035 526	23 905 151	3 829 672 611
1996	4 268 738 802	197 135 800	965 734 373	62 376 077	5 493 985 052
1997	4 819 183 021	266 017 564	1 496 659 928	139 926 121	6 721 786 634
1998	3 858 264 544	298 645 651	1 454 514 764	Na	5 611 424 959
1999	3 804 062 268	248 995 621	439 316 723	67 817 605	4 560 192 217
2000	5 896 809 596	253 059 006	576 174 527	397 719 687	7 123 762 816
2001	8 966 762 676	232 499 288	798 851 858	4 674 516	10 002 788 339
2002	5 338 906 481	188 599 060	330 979 528	15 048 129	5 873 533 197
2003	6 551 341 037	309 394 719	1 398 772 712	7 729 145	8 267 237 613
2004	7 136 139 984	264 341 965	708 560 481	18 837 370	8 127 879 800
2005	8 705 924 051	283 901 707	1 298 142 514	4 834 838	10 292 803 109
2006	10 731 532 649	285 324 618	1 585 601 245	13 869 523	12 616 328 035
2007	10 251 843 696	267 186 001	902 636 218	6 974 135	11 428 640 050
2008	13 619 179 531	304 030 259	10 145 062 109	11 743 874	24 080 015 775
2009	7 613 112 092	294 325 484	1 980 925 442	16 266 505	9 904 629 524

续表

年份＼名称	权利金	矿业权出让金	红利	其他矿业特殊税费	总计
2010	7 548 049 184	300 697 799	1 301 971 793	333 892 239	9 484 611 015
2011	10 410 263 391	274 784 560	467 566 353	64 166 754	11 216 781 058
2012	10 104 805 994	278 228 156	1 508 300 904	85 137 516	11 976 472 570

注：Na 表示数据未找到；矿业权出让金、权利金、红利以及其他矿业特殊税费，原文为 Rents、Royalties、Bonus、Other Revenues。其中 Other Revenues 包括：最低权利金（Minimum Royalties）、定居点补偿（Settlement Payment）、天然气存储费（Gas Storage Fees）、评估费用（Estimated Payments）、损失赔偿（Recoupment），同时以上数据充分考虑了海上资源和路上资源缴纳税费的情况。

资料来源：美国内政部统计资料。

由于美国的矿产资源所有制还包含私人所有，因此本书考虑将剔除了私人所有以外的部分，即由联邦政府所有以及联邦政府代管的印第安保留地的矿产资源的相关有偿使用税费，同我国矿产资源有偿使用税费进行比较。

从表 23 – 13 可以看出，上升较快的是权利金和矿业权出让金，这得益于美国本国矿产资源开采与销售量的上升，以及近 30 年来，矿产开采面积的扩大。红利和其他矿业特殊税费虽然波动较大，但上升趋势不明显。

从总量上看，美国联邦政府财政分享的矿产资源有偿使用税费最多，历史保护基金和水土保育基金近 30 年来没有太大变化，而在利用基金、印第安配额和州分成虽然在某些年份有波动，但总体趋势是增加的。从比例上看，联邦政府财政分享的税费占全部税费的比例在 20 世纪 80 年代到 90 年代中期呈下降趋势，90 年代中期以后，又呈现出上升的趋势。而这种属于联邦政府分享的有偿使用税费并不是专项用于矿产资源的保护、勘探、技术升级等方面，因此这种比例变化可以反映出美国政府对于矿产资源有偿使用税费的政策取向（见表 23 – 14、图 23 – 2）。

表 23 – 14　　美国矿产资源有偿使用税费的历年流向统计　　单位：千美元

年份	HPF	L&WCF	RF	IT&A	SS	U. S. T	Total
1982	150 000	825 950	435 688	203 000	609 660	5 476 020	7 700 318
1983	150 000	81 693	391 891	169 600	454 359	9 582 227	11 562 770
1984	150 000	789 421	414 868	163 932	542 646	5 848 044	7 908 911
1985	150 000	784 279	415 688	160 479	548 937	4 744 317	6 803 700

续表

年份	HPF	L&WCF	RF	IT&A	SS	U. S. T	Total
1986	150 000	755 224	339 624	122 865	1 390 632	4 983 055	7 741 400
1987	150 000	823 576	265 294	100 499	990 113	4 030 979	6 360 461
1988	150 000	859 761	317 505	125 351	767 623	2 627 721	4 847 961
1989	150 000	862 761	337 865	121 954	480 272	2 006 837	3 959 689
1990	150 000	843 765	353 708	141 086	501 207	2 102 576	4 092 342
1991	150 000	885 000	368 474	164 310	524 207	2 291 085	4 383 076
1992	150 000	887 926	328 081	170 378	500 866	1 624 864	3 662 115
1993	150 000	900 000	366 593	164 385	543 717	1945730	4 070 425
1994	150 000	862 208	410 751	172 132	606 510	2 141 755	4 343 356
1995	150 000	896 987	367 284	153 319	553 012	1 541 048	3 661 650
1996	150 000	896 906	350 264	145 791	547 625	2 866 509	4 957 095
1997	150 000	896 979	442 834	196 462	685 554	3 867 865	6 239 694
1998	150 000	896 978	421 149	191 484	656 225	3 663 532	5 979 368
1999	150 000	898 978	368 604	163 493	576 878	2 504 053	4 362 006
2000	150 000	892 021	537 710	235 646	843 546	5 147 394	7 806 317
2001	15 000	896 493	822 315	325 102	1 194 295	6 407 065	9 660 270
2002	15 000	897 980	544 826	176 024	717 924	2 934 486	5 286 240
2003	15 000	899 000	753 374	224 799	1 019 980	5 183 271	8 095 424
2004	15 000	899 000	924 485	344 255	1 248 694	4 663 553	8 094 987
2005	15 000	898 870	1 287 972	419 793	1 705 016	5 477 357	9 804 008
2006	15 000	898 304	1 649 066	641 409	2 210 258	7 432 289	12 846 326
2007	15 000	899 000	1 469 924	464 999	1 972 322	6 715 095	11 536 340
2008	15 000	896 940	1 961 680	533 951	2 593 759	17 312 535	23 313 865
2009	15 000	899 000	1 454 102	449 462	1 995 083	5 737 073	10 549 720
2010	15 000	899 000	1 363 951	407 559	1 832 225	4 516 917	9 034 652
2011	15 000	891 975	1 532 623	538 344	1 999 058	6 050 240	11 027 240
2012	15 000	897 141	1 646 314	717 556	2 125 288	6 615 350	12 016 649

注：HPF 表示 Historic Preserve Fund，L&WCF 表示水土保育基金，RF 表示再利用基金，IT&A 表示印第安配额，SS 表示州分成，U. S. T 表示美国联邦政府财政。

资料来源：MMS。

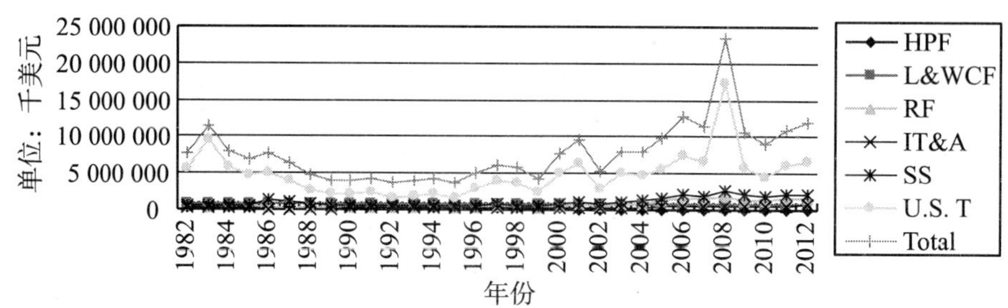

图 23－2　美国矿产资源有偿使用税费的具体流向与变化趋势

再考察美国的有偿使用税费在分配流向上的比例，以 2008 年数据为例，见图 23－3、23－4、23－5、23－6。

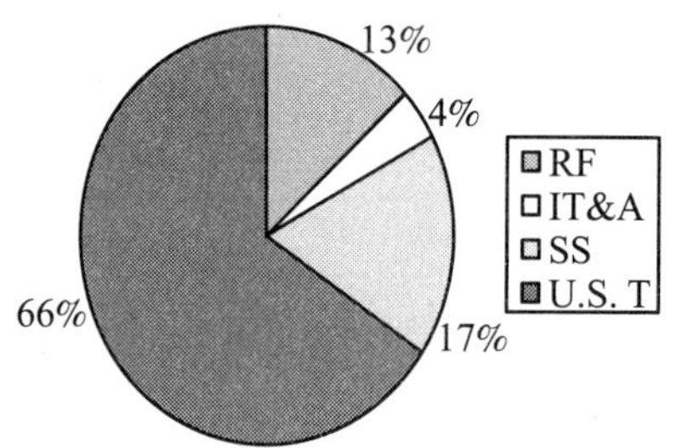

图 23－3　权利金在各个流向上的比例

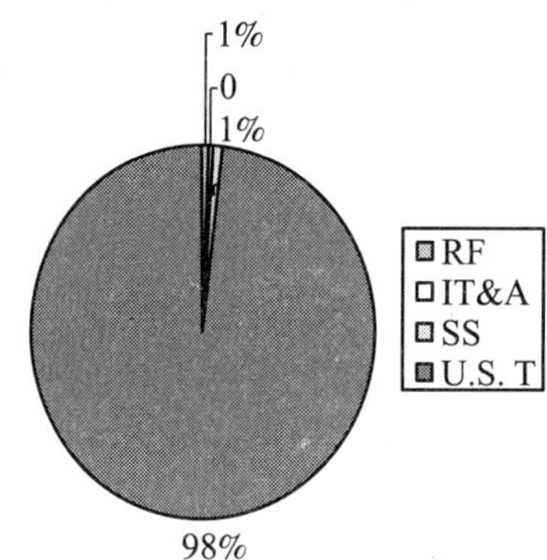

图 23－4　矿业权出让金在流向上的分配比例

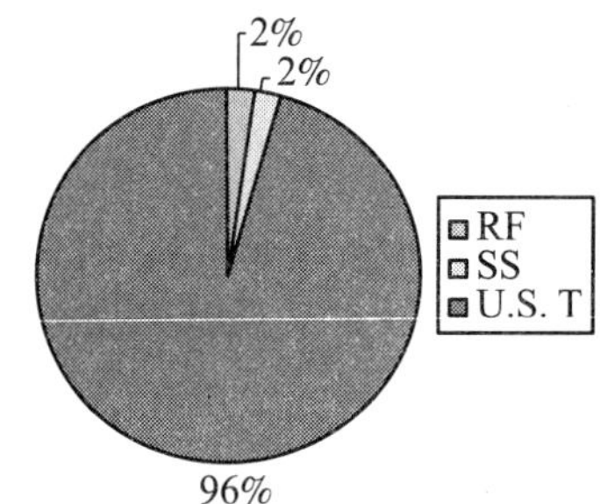

图 23－5　红利在流向上的分配比例

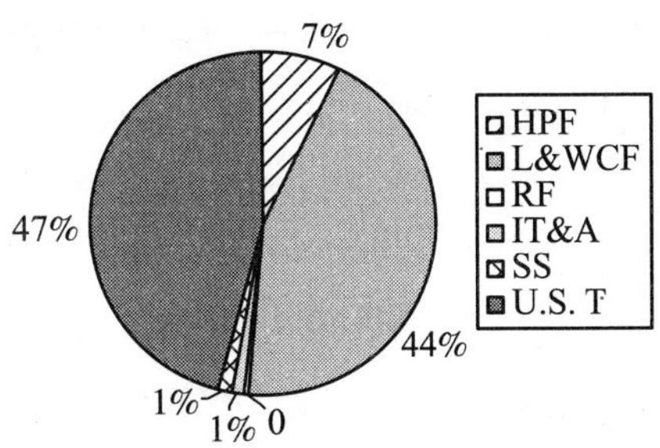

图 23-6　其他特殊税费在各个流向上的分配比例

二、中国矿产资源有偿使用税费的征收和流向（以陕西省为例）

（一）陕西采矿业特殊税费的征收

特殊税费是指我国矿产资源开采中为保护资源和环境而征收的税费。包括反映稀缺性和耗竭性的资源税、资源补偿费、两权使用费、两权价款、矿区使用费、石油特别收益金等；与生态环境治理和补偿有关的矿山环境治理保证金（土地复垦费）、水资源费、水土流失费（水土防治费）、维检费、水利基金、环境检测费、超标排污费、计量费、煤炭价格调节基金等。

首先，资源税费按全国统一标准征收，以煤炭为例，资源税费的征收标准及方式见表 23-15。

表 23-15　　　　煤炭资源税费征收标准及方式

税费种类	征收标准	征收方式
资源税	2~4 元/吨	从量征收
煤炭资源补偿费	1% 销售额	按销售额征收
探矿权使用费	最高不超过 500 元/平方公里	按矿区面积征收
采矿权使用费	1 000 元/平方公里	按矿区面积征收
探矿权、采矿权价款	2~4 元/吨	从量征收
合计	合计 6~10 元/吨	

资料来源：资源税征收标准来自《国家税务总局关于调整陕西省煤炭资源税税额标准的通知》。资源补偿费征收标准来自《陕西省矿产资源补偿费征收管理实施办法》。两权使用费与价款征收标准来源于《陕西省探矿权采矿权使用费和价款管理办法》。

陕西省榆林地区煤炭资源税按 3.2 元/吨的标准征收，探矿权、采矿权价款取中值3元/吨，那么，榆林地区煤炭资源税费征收标准约8.2元/吨。2009年榆林煤炭价格（不含税）为551元/吨，资源税费与（不含税）煤炭价格之比约1.49%。

（二）陕西省矿产资源特殊税费流向

第一，资源税。除海上石油、天然气的资源税收入归属中央财政外，其他资源税收入归属地方政府。陕西省资源税按照3∶7的比例在省、市县之间分成。2010年，陕西省实现资源税额为22.3亿元，其中归属省级财政6.69亿元，其余15.61亿元归属市县地方财政。

第二，资源补偿费。中央与省按照5∶5的比例分成。陕西省2010年实缴非再生能源资源补偿费合计5.7亿元，归属中央财政2.85亿元，陕西省地方财政2.85亿元。

第三，两权使用费和价款。两权价款的20%归中央所有，80%归地方所有。两权使用费为地方收入。2010年陕西省征收两权价款合计86.08亿元，归属中央财政16.12亿元，省级财政64.48亿元。

第四，石油特别收益金。实行5级累进从价计征，属中央财政非税收入，纳入中央财政预算管理。2010年陕西境内共生产原油3 017.24万吨，应缴中央财政石油特别收益金37.53亿元。

综合各种资源税费，2010年陕西省采矿业资源税费收入合计约151.58亿元，其中上缴中央财政57.07亿元，占37.65%，陕西地方财政收入94.5亿元，占62.35%。

小　　结

我国矿产资源的有偿取得制度包括两个方面，即资源的有偿开采以及探矿权与采矿权的有偿取得。而西方发达国家形成了以权利金为主要内容，包括了资源租金税、矿业权出让金、红利、耗竭补贴等在内的完整的资源有偿使用制度。美国主要通过缴纳有偿使用费和环境税的形式实现对两个外部成本的补偿。实证研究发现，美国煤炭开采业对使用者成本的补偿高达30.79%，对环境外部成本的补偿率为2.48%。

中美两国的比较研究发现，我国采矿业的资源税费负担水平偏低，资源税费与环境税费不能充分补偿两个外部成本。

第二十四章

基于矿产资源租的国内外矿产资源有偿使用制度比较

本章从稀缺租和李嘉图的级差地租的视角出发，对国内外矿产资源有偿使用制度的经济学基础进行了分析，指出了国内外各种矿产资源税费所代表的矿产资源租的含义，进而梳理出国内外矿产资源税费的对应关系，为我国矿产资源有偿使用制度的改革提供了理论支撑。

在我国的市场经济建设进程中，产品领域已建立起相对成熟的市场制度，而在要素领域，尤其是矿产资源领域的制度建设严重滞后。市场经济国家上百年的发展，逐步形成并完善了一套相对有效的矿业有偿使用制度，在建立和改革我国矿产资源有偿使用制度的过程中，需要借鉴西方市场经济国家的矿产资源制度的经验。

目前理论界对我国现行矿产资源税费制度的理论依据进行探讨时，采用的视角有马克思政治经济学的地租理论、李嘉图的级差地租理论、霍特林的资源耗竭理论等，往往将绝对地租、级差地租、垄断地租、霍特林租（又称稀缺租）等概念混合起来解释。上述各种不同范式的理论交叉影响着我国矿产资源税费制度改革的理论依据的讨论，并对我国的矿产资源有偿使用制度改革取向产生重要的影响。那么，矿产资源税费制度的经济学基础是什么，如何建立一个统一的分析框架，对国内外制度进行比较，得到有共同逻辑基础的结论，这是急需解决的问题。

本章基于新古典经济学的范式，从矿产资源租即稀缺租和李嘉图级差地租的思路出发，对国内外矿产资源有偿使用制度进行比较，试图厘清国际有代表性的权利金制度和国内矿产资源税费制度背后的经济学基础，考察我国矿产资源的税费制度同世界主流的权利金制度的差异，进而为揭示我国矿产资源有偿使用制度改革的可能取向提供理论依据。

第一节 矿产资源租的构成

矿产资源租由级差地租和稀缺租两部分构成。

一、级差地租

李嘉图最早对级差地租进行了研究。他在研究土地问题时发现，对于不同肥力的土地，具有不同的地租，这种地租称为级差地租。当开垦肥力不尽相同的土地时，肥力最差的土地仅仅收回生产成本，而其他肥力较高的土地获得不同程度的级差地租。

李嘉图以农业土地为研究对象，将农业土地按肥力的高低，划分为 A、B、C、D 等几类（见图 24－1）。如果人口数量少，最有肥力的土地就能满足人们需要的时候，市场价格是 P_1，所有者得不到租金。当人口数量上升时，最肥沃的土地已不能完全满足人们的需要，于是人们逐渐开垦到比较贫瘠的土地，例如 G。当开采贫瘠土地的时候，开垦的成本也在上升，为了补偿开垦贫瘠土地的成本，价格上升到 P_2。这时，对于比 G 等级高的土地而言，就获得了级差地租。图 24－1 说明了李嘉图对土地征收级差地租的问题。

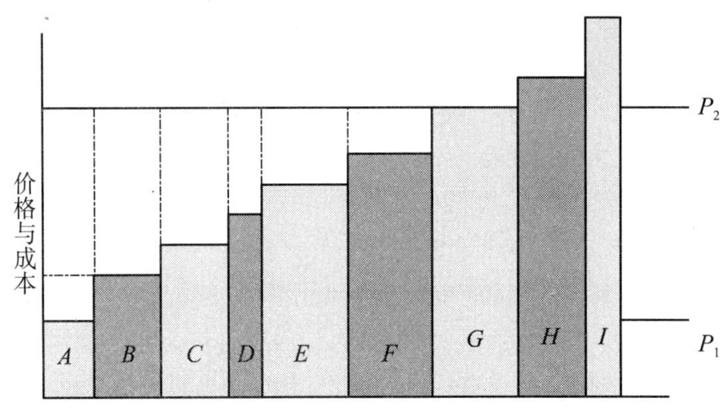

图 24－1 李嘉图的农业土地级差地租示意图

注：图 24－1 中，A 到 I 为肥力不等的土地，各柱状图的高度表示各土地的生产成本，P_1 和 P_2 代表市场价格，各柱状图的宽度代表各土地的面积。

与农业土地类似，矿产资源也因为丰度、开采条件、资源品位、交通便利性等因素，具有开采成本上的差异，从而形成矿产资源的级差地租。

二、稀缺租

稀缺租即霍特林租，其表现形式就是使用者成本。

1931 年，霍特林在他的论文中指出，矿产品生产企业的成本包括一个机会成本，它意味着今天增加产出，而减少了未来资源的开采量，这种机会成本是今天开采的资源量导致未来利润减少量的折现值，因此利润最大化企业的成本中要考虑这一机会成本，也就是使用者成本。这个使用者成本还被称为霍特林租或稀缺租。

下面用图 24－2 来表示级差地租加上使用者成本后的价格变化。

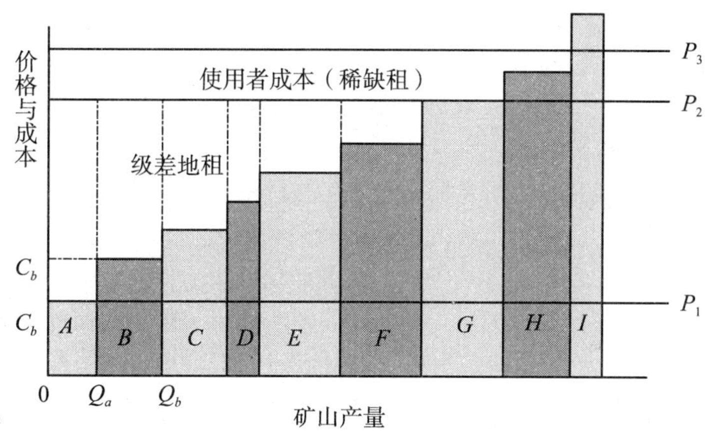

图 24－2　矿业中的使用者成本

资料来源：1. James Otto etc. , Mining Royalties: A Global Study of Their Impact on Investors, Government, and Civil Society [M]. The World Bank. 2006;

2. John E. Tilton. Determining the optimal tax on mining. Natural Resources Forum. 2004. 28。

图 24－2 中，当价格为 P_2 时，可开采矿山为 A、B、C、D、…、G。每一个矿山的产量用各自柱形图的底部长度表示，例如，矿山 A 的产量为（$Q_a - 0$），矿山 B 的产量为（$Q_b - Q_a$），依次可以类推出各个矿山的产量，且每个矿山的产量并不一定相等。每一个矿山的级差地租为 P_2 到各自成本之间的差额与各自产量的乘积，例如，矿山 B 的级差地租 $= (P_2 - C_b) \times (O_b - O_a)$，各个矿山的级差地租可以照此推出。所有该矿种矿山这部分租金总和就是该矿种的级差地租。

当考虑到使用者成本的存在时，开采矿产资源的企业所面临的价格要高于

P_2，而达到 P_3。

当价格为 P_3 时，意味着在原有级差地租的基础上考虑到使用者成本的存在，每一个开采的矿山面临的价格水平从 P_2 增加到 P_3。这带来两个结果，一个结果是，对于每一个可开采的矿山而言，租金总量增加了，由单纯的级差地租变为级差地租与稀缺租的和，总的租金量是原先的级差地租加上稀缺租；另一个结果是，对于每一个可开采的矿山而言，都存在稀缺租，稀缺租的大小由 P_3 与 P_2 之差同各个矿山的产量乘积决定，以矿山 B 为例，B 的稀缺租为 $(P_3 - P_2) \times (O_b - O_a)$。因此，稀缺租可理解为，每增加一个单位的资源开采时，采矿权人必须支付给资源所有权人的"绝对地租"或使用费。

三、矿产资源租

图 24-2 中，可开采的矿山是 A 到 G，对于可开采的各个矿山，其租金量为价格 P_3 到各自成本之间的差额与各自产量的乘积。这些差额与产量的乘积就是矿产资源租，由李嘉图级差地租和稀缺租（又称霍特林租）组成。以矿山 B 为例，它的矿产资源租 = 级差地租 + 稀缺租 = $(P_2 - C_b) \times (O_b - O_a) + (P_3 - P_2) \times (O_b - O_a) = (P_3 - C_b) \times (O_b - O_a)$。

从图 24-2 中得到一个重要的结论，就是稀缺租对于开采的各个矿山 A 到 G 而言，是全部存在的，每一个可开采矿山的稀缺租大小仅由其产量所决定。而级差地租则不同，由于丰度、开采条件、资源品位、交通便利性的不同，各个矿山的级差地租不仅由其产量所决定，还与各自成本同市场价格之间的差异有关。对于矿山 A，可以征收较多的级差地租，而对于边际上的矿山 G，若对其征收的资源税费高于稀缺租，则对其产量将产生重要的影响，甚至倒闭。那么在对矿产资源租征税时，就要充分考虑到这种稀缺租的普遍性和级差地租的分布不均性。

第二节　矿产资源税费制度体系

一、西方市场经济国家矿产资源税费制度体系

（一）当代大多数国家矿产资源的税费制度

主要内容包括权利金、资源租金税、红利、矿业权出让金、耗竭补贴等。这

些征收类别组成了权利金制度，围绕着权利金，结合其他的矿业税费，形成了大多数国家现行的现代矿业税费制度体系。

（二）西方市场经济国家的权利金制度内容及矿产资源租的含义

1. 权利金

世界上大多数国家都建立起了以权利金制度为主体的矿产资源有偿使用制度。权利金是不可再生资源所有权人向矿业权人（采矿权人）因开采不可再生资源所收取的费用，它调整的是不可再生资源所有权人同矿业权人之间的法律关系和经济关系，不管资源条件优劣矿业权人必须缴纳费用。由于大多数国家的矿产资源属国家所有，因此权利金由政府的矿业法而不是税法所规定，对权利金的征收往往是矿业主管部门而非税务部门。

虽然权利金不分优劣一律征收，但各国的权利金率与计征办法不同，主要的类型有：（1）从量权利金；（2）从价权利金；（3）以利润为基础的权利金。针对不同的矿产资源的种类，也有不同的权利金的税基和税率。

表 24－1 列出了一些国家在某些矿产品上的权利金率。

表 24－1　　一些国家（地区）的权利金率

<table>
<tr><td rowspan="2">国家（地区）</td><td colspan="2">金</td><td colspan="2">煤</td><td colspan="2">铜</td><td colspan="2">铁矿石</td></tr>
<tr><td>税基</td><td>税率</td><td>税基</td><td>税率</td><td>税基</td><td>税率</td><td>税基</td><td>税率</td></tr>
<tr><td>阿根廷</td><td colspan="8">不同地方税率不同，但是符合矿业投资法规定的矿区征收权利金不能超过3%，税基为采出矿产第一手销售价格，减去矿产运离矿山后所发生的全部直接成本</td></tr>
<tr><td rowspan="3">玻利维亚</td><td>1. 价格/盎司 > 700 美元：总销量</td><td>7%</td><td rowspan="3">n/a</td><td rowspan="3">n/a</td><td rowspan="3">总销量</td><td rowspan="3">价值的1%</td><td rowspan="3">总销量</td><td rowspan="3">1%</td></tr>
<tr><td>2. 价格/盎司 400 ~ 700 美元：金属量的伦敦金属交易所价值</td><td>伦敦金属交易所的1%</td></tr>
<tr><td>3. 价格/盎司 < 400 美元：总销量</td><td>4%</td></tr>
</table>

续表

国家（地区）	金		煤		铜		铁矿石	
布基纳法索	离岸价值	3%	离岸价值	4%	离岸价值	4%	n/a	n/a
中国	销售收入	4%	销售收入	1%	销售收入	2%	销售收入	3%
加纳	总价值	3% ~12%，以边际利润为基础	n/a	n/a	n/a	n/a	n/a	n/a
格陵兰	目前不征收权利金，如果征收会在开采执照上注明。							
印度尼西亚	1. 如果产量小于2 000千克	225美元/千克	1. 如果产量小于40 000吨	0.50美元/吨	1. 如果产量小于80 000吨	45美元/吨	1. 如果产量小于100 000吨	270美元/吨
	2. 如果产量大于2 000千克	235美元/千克	2. 如果产量大于40 000吨	0.55美元/吨	2. 如果产量大于80 000吨	55美元/吨	2. 如果产量大于100 000吨	290美元/吨
科特迪瓦	收入减去运输成本和加工成本	3%	收入减去运输成本和加工成本	2.5%	收入减去运输成本和加工成本	2.5%	收入减去运输成本和加工成本	2.5%
哈萨克斯坦	遵循政府规定的程序，税率通过合同双方依据项目经济可行性，成本和技术投入等进行谈判。							
巴布亚新几内亚	实际离岸价格	2%	n/a	n/a	净冶炼回收	2%	n/a	n/a
菲律宾	总产量的市场价值	2%			总产量的市场价值	2%	总产量的市场价值	2%

从权利金对所有矿山不分优劣征收，可以看出权利金包含了典型的对矿山的稀缺租的征收；而根据各国权利金计征类型的不同、一国之内同一矿种的不同矿山之间权利金率的不同，可以看出有些国家的权利金征收中还包含对李嘉图级差地租的征收。

2. 资源租金税

又称"资源超额利润税"、"超权利金"、"特别收益税"、"暴利税"等。它是对超过矿企正常收入以上的利润征收的税收，是一种意外利润税。因为资源租金反映的也是一种基于所有权的经济关系，所以又被称为超权利金。对它的征收主体同样也是矿业部门，性质相当于级差地租，征收的目的是促进矿产资源开发的公平竞争。

3. 红利

它是一种与矿业权的取得有关的税费。从产生的过程上来讲，红利是在矿业权招标、拍卖过程中形成的矿业权出让费，由中标人向矿产资源所有权人一次性支付或分期支付。从征收的目的而言，红利针对矿业权人因开采丰度好、品位高或外部条件（位置、交通等）优越的非再生能源资源所产生的超额利润而征收的。它体现的是一种与采矿者无关的级差收益，将其收归所有权人是符合公平原则的。对它的征收体现了一种级差地租。开采未达工业品位的矿产资源则可以减免该部分税费。从结果上来讲，这使得企业自觉地关心和提高资源回收率。

4. 矿业权出让金

又称为矿地租金、矿业权租金、矿业权使用费、矿业权有偿使用费，是矿业权人为保有矿业权而向矿产所有者支付的费用，目前大多数国家都征收矿业权出让金。矿产资源是赋存于地表或地下的，对矿产的勘探与开发同时也意味着对所依附的土地的使用。矿地在其他可能的用途中所能获得的最高收益，就是使用矿地的机会成本。矿业权人必须将其交给土地所有者，这就是矿地租金的征收依据。它是权利金的一种类型，类似对稀缺租的征收。

5. 资源耗竭补贴

在每个纳税年度，从净利润中扣除一部分给所有权人或矿业权人，用于勘探新矿体，作为一种补偿，它降低了矿业权人的税负。权利金是补偿给所有权人的，而耗竭补贴是补偿矿业权人的，因此可以说耗竭补贴与权利金是截然相反的。耗竭补贴被视为一种负权利金，它与权利金的差别仅在于给付双方是相反的，所以从矿产资源租的角度，它所反映的租金含义应当同权利金一致，可以将其视为一种负的稀缺租和级差地租。

二、我国现行矿产资源税费制度体系

（一）我国当前矿产资源税费的构成

资源税、矿产资源补偿费、石油特别收益金、矿业权价款、矿业权使用费、矿区使用费以及一些行政事业性收费。

（二）我国主要的矿产资源税费制度内容及矿产资源租的含义

1. 矿产资源税

1994年国家颁布了新的《中华人民共和国资源税暂行条例》，资源税是“普遍征收，级差调节”。“普遍征收”是指对在我国境内开发的，纳入资源税征收范围的一切资源征收资源税；“级差调节”是运用资源税对因资源赋存状况、开采条件、资源品位、地理位置等客观存在的差别而产生的资源级差收入进行调节，具体表现为实施差别税额标准。

从李嘉图级差地租和稀缺租的视角来看，“普遍征收”体现的是对稀缺租的征收，“级差调节”体现的是级差地租。所以资源税既包括了对稀缺租的征收，也包括了对级差地租的征收。

2. 矿产资源补偿费

1994年实行的《矿产资源补偿费征收管理的规定》第三、第四条明确规定“矿产资源补偿费由采矿权人缴纳”，征收对象为“矿产资源经过开采或者采选后，脱离自然赋存状态的产品。”

根据国务院《矿产资源补偿费征收管理规定》，我国政府收取的矿产资源补偿费的目的是“维护国家对矿产资源的财产权益”，在《矿产资源补偿费使用管理暂行办法》中，也明确说明“矿产资源补偿费是国家对矿产资源的财产权益，是国有资产的合法收益”。经济资源对所有权人而言，是能为所有权人带来利益的物品或权利。当所有权人直接利用经济资源进行生产经营活动时，那么收益就是经营收入或利润，如果不进行直接的生产经营活动，其所有权经济上的实现就将以租的形式体现。

矿产资源补偿费体现的是在矿产资源的所有权同使用权分离的情况下，作为矿产资源所有者的国家对矿产开采企业所征收的一种租值。

从矿产资源租的角度来分析矿产资源补偿费，可以看出，由于矿产资源补偿费具有普遍征收的特征，可以将其视为对稀缺租的征收。

3. 矿业权价款——采（探）矿权价款

我国现行矿业权价款征收的法律法规依据是《中华人民共和国矿产资源法》（1997年）第五条明确规定，“国家实行探矿权、采矿权有偿取得制度”；国务院240号令和241号令分别规定了缴纳探矿权价款和采矿权价款的条件：（1）对由国家投资勘查形成的矿产地，矿业权有偿取得的费用是两部分，即矿业权使用费和矿业权价款；（2）对非国家投资勘查形成的矿产地，无须缴纳矿业权价款；而《探矿权采矿权价款招标拍卖挂牌管理办法（试行）》规定了在我国，缴纳矿产资源采（探）矿权价款采用一次性缴纳或分期缴纳的方式，探矿权价款缴纳时间最长不超过2年，采矿权价款缴纳时间最长不超过6年。

对矿业权价款的含义，一种观点从法律的规定而来，认为矿业权价款是对国家地勘投入的收益；另一种观点则为越来越多的学者所认可，认为矿业权价款既包含了对国家地勘投入的收益，也包含了矿产资源所有权收益，这种所有权收益是由于资源的丰度高、品位好、开发利用条件优越而产生的，实际上这种所有权收益可以理解为一种级差地租。

由于矿业权价款在征收上采用的是招标拍卖挂牌方式，一次性缴纳或分期缴纳，同时，在经济内涵上，矿业权价款又体现了级差地租的特点，所以我国的矿业权价款类似于国外的红利。

4. 矿业权使用费——采（探）矿权使用费

矿业权使用费同矿业权价款的一个重要区别在于，不论矿产地是否是由国家投资勘查形成，都需缴纳矿业权使用费。另一个区别在于，矿业权使用费是逐年缴纳的，而不是像矿业权价款那样一次缴纳或在2～6年内分期缴纳。

由于矿业权使用费是根据矿业权人得到的矿区面积为依据来征收（见表24－2），是一种普遍征收的使用费，可以将其视为一种对稀缺租的征收。

表24－2　　　　各国矿业权使用费统计

国家（地区）	探矿权使用费	采矿权使用费
加纳	1.20美元/平方公里	2.90美元/年·平方公里
智利	103美元/年·平方公里	520美元/年·平方公里
坦桑尼亚	150美元/年·平方公里	150美元/年·平方公里
加拿大（安大略省）	500加元/平方公里	400加元/平方公里

5. 石油特别收益金

《石油特别收益金征收管理办法》，规定石油特别收益金是指国家对石油开采企业销售国产原油因价格超过一定水平所获得的超额收入按比例征收的收益金。石油特别收益金实行5级超额累进从价定率计征。按石油开采企业销售原油的月加权平均价格确定，起征点为40美元/桶，征收比率为20%～40%，是一种调节级差收益的超额利润税。

6. 矿区使用费

目前矿区使用费只对开采海洋油气资源的企业和在我国境内从事合作开采陆上石油、天然气资源的国内企业和外国企业征收。计费依据为油气产量，开采原油的使用费率为0～12.5%，开采天然气费率为0～12.5%。

矿区使用费体现的是油气资源的所有权人同矿业权人之间的财产权关系，其内涵与国外的权利金类似，可以看作是对稀缺租和级差地租的征收。20 世纪 80 年代，在吸引外资开发国内海洋油气资源的背景下，我国政府对相关企业开始征收矿区使用费，这也就决定了我国矿区使用费同国外权利金的最大区别在于，我国矿区使用费仅仅针对开采海洋油气资源的企业和合作开采国内油气资源的国内外企业，而国外的权利金的征收主体和矿种要广泛得多。

小　　结

首先，指出了国内在矿产资源税费理论依据的探讨上之所以众说纷纭，难以形成一致意见，就在于研究者往往将马克思政治经济学的地租理论同新古典经济学基础上建立的资源耗竭理论糅合在一起，没有区分开马克思地租理论中绝对地租、级差地租同新古典经济学中所谓的级差地租、霍特林租等概念。实际上，马克思地租理论是基于劳动价值论和平均利润理论的，而新古典经济学则不同。两者的范式截然不同，而将两种不同范式下的概念糅合在一起解释矿产资源税费基础，不可避免会造成讨论的混乱和理解的偏差。

其次，对国内外现行矿产资源有偿使用制度进行了梳理，指出其代表的矿产资源租的含义，见图 24－3。同时，基于对矿产资源租含义的分析，指出了国内矿产资源税费制度与国外权利金制度的对应关系，见图 24－4。

再次，从稀缺租和级差地租的角度，比较了我国同国外的矿产资源税费制度差别，可以看出：国外的矿产资源税费主体是权利金，权利金体现了对稀缺租和级差地租的征收，我国的矿产资源补偿费从征收主体、征收对象、征收的用途来看，类似于权利金，但是矿产资源补偿费更多的像一种反映普遍征收稀缺租的权利金，资源税更好地反映了权利金对稀缺租和级差地租的征收。但是，从矿产资源补偿费和资源税所反映的所有权来看，资源税则体现了我国的特色，即将税的政治权力同租的财产权利结合，而这是资源税非常不同于权利金的一点。从反映的所有权人对使用权人所征收的税费来看，矿产资源补偿费同权利金更接近，所以国外的研究机构大都在研究我国矿产资源税费体制时，简单地将资源补偿费视为权利金。但是，正如前面所分析的，从矿产资源租的角度来看，资源税同权利金在很大程度上有重合的部分。

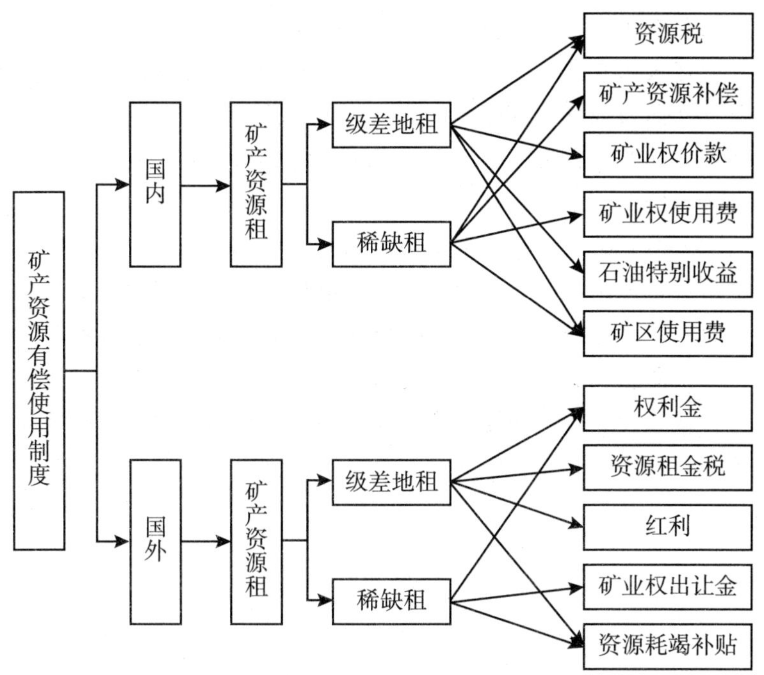

图 24-3 国内外矿产资源有偿使用制度比较

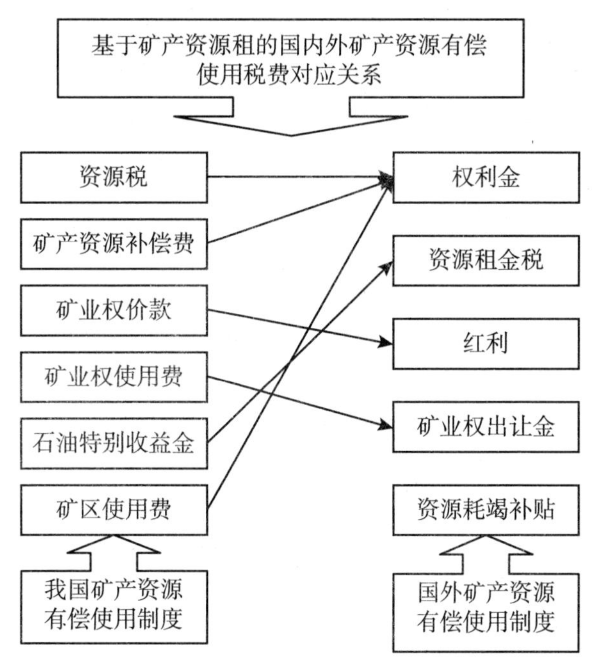

图 24-4 基于矿产资源租的国内外矿产资源有偿使用税费对应关系

最后，当前对矿产资源税费体制改革的呼声很高，众多学者建议合并资源税和补偿费，或者取消资源税，留下补偿费，或者留下资源税，取消补偿费，或者两者都保留，从前面的分析可以看出，不管采用哪种方案，选用哪种名称，关键是新的方案要达到两点：第一，将现行资源税代表的国家征税的政治权力同所有权与使用权分离的财产权利并存的局面打破，借鉴国外的权利金制度，理顺租、税、费之间的关系；第二，建立在对国有矿山和集体所有矿山的矿产资源租金分析基础上的新税费体制，应当理顺对级差地租和稀缺租的征收，在新古典经济学的框架下，寻求一个对级差地租和稀缺租征收的最优水平，使得对企业而言有一个合理的、不扭曲其决策行为的矿产资源税费水平。对国家而言，有一个实现资源所有权益、减小社会收入分配不公、补偿外部性和代际成本的税负水平，体现现代矿产资源有偿使用制度的公平与效率兼顾的原则。

第二十五章

国内矿产资源有偿使用制度改革取向和争论

基于前文对矿产资源有偿使用制度的国内外比较，本章研究我国矿产资源有偿使用制度的改革取向及其争论。第一节分析了我国矿产资源有偿使用制度改革的原因及理论基础；第二节是现行矿产资源有偿使用制度的内容和争论；第三节对我国现行矿产资源税费制度存在的问题进行探讨；第四节提出了我国矿产资源税费未来的改革方向。

第一节　改革的原因与理论基础

一、改革的原因

改革开放30年来，我国的价格体制、财税体制等发生了巨大的变化。当前改革面临多种挑战，林毅夫（2008）指出资源税改革的滞后是当前中国经济内外部不均衡的一个主要原因，张卓元（2008）指出当前经济发展的根本性瓶颈在于资源与体制。樊纲（2007）、盛洪（2008）、张曙光（2010）等都从资源产权的角度指出，要对现有资源税费体制进行改革，考虑对“资源租”或称“经济租”进行征收，实现要素市场的市场化改革，真正做到让市场来配置资源。盛洪和张曙光都强调改变现行国有企业免费或低价占有资源，成为国有自然资源

“食租者”的现状。他们强调现行国有自然资源开采企业的利润除了能用一般产业经济学和管制经济学解释的部分外，另一个重要的部分就是具有中国特色的，免费占用的自然资源租金，根据盛洪（2008）的估算，每年可计算出的被无偿占用的租金有 3 796 亿元，总体估计则超过万亿元人民币，形成了大大小小的既得利益集团。蒲志仲（2008）指出，目前我国税收以流转税为主，生产要素税，尤其是资源税所占税收比重与其在社会经济中的重要性极不相称，导致我国严重的收入分配问题和可持续发展问题，正是因为如此，改变流转税为主导的现行税制，向生产要素征税才成为我国税收改革的长期取向，而普遍征收资源税、提高资源税征收标准已成为税制改革的重要举措。2006 年，时任财政部副部长的楼继伟也明确指出，我国当前税收结构是对生产和流通环节征税（又称为流转税，以增值税为主）为主，对要素征税（以所得税、资源税等为代表）为辅，美国的征收比例是对要素征税占 80% 多，欧洲则是流转税和对要素征税比例基本持平，我国未来税收改革将改善这个结构，加大对要素征税的力度。

二、租金理论

从樊纲、盛洪、张曙光等的研究可以看出，征收资源税费的理论基础来自于租金理论。从古典经济学到新古典经济学，矿产资源租金理论经历了一个漫长的发展过程。

早期古典经济学家对租金的研究主要集中于地租理论。威廉·配第（William Petty）最早提出了地价可从土地获得的地租资本化后得出，配第还首次提出了级差地租的思想，指出由于土壤肥力、距离市场远近以及耕作技术等差异而造成地租上的差异。斯密（1776）提出了谷物地租决定其他耕地地租的思想，即边际上的土地或成本最高的土地决定了边际内土地所获得的地租。斯密的这一思想非常接近现代西方经济学中对矿产资源租金的定义（Cawood，1999；J. Tilton，2004）。大卫·李嘉图（David Ricardo）在土地肥力和位置差异的基础上，综合考虑人口增加和经济增长带来的对耕地的需求，提出了级差地租理论，又称李嘉图级差地租理论。马克思在李嘉图的基础上，从土地所有权的视角出发，提出在土地所有权的地主阶级垄断条件下的绝对地租概念（蒲志仲，2008）。虽然李嘉图和马克思对矿产资源租金没有作深入的研究，但是都认为其与地租是一样的。约翰·穆尔则对矿山地租做了研究，不仅指出了由矿山丰饶程度的不同而使较优条件矿山具有级差租，还分析了由于矿山数量较少、不同矿山品质差异不相连和需求巨大等原因，使矿产品具有稀缺性价格，从而使最坏矿山也产生稀缺租（蒲志仲，2008）。约翰·穆尔也几乎讲到了可耗竭资源租金问题。

随着现代经济学的发展和英美等西方国家在矿产资源开采中的实践，经济学对地租和矿租的认识更加深入，马歇尔指出“从某种意义上说，所有地租都是稀有地租，所有地租又都是级差地租”，此外马歇尔还专门区分了地租与矿租，前者是对土地服务的支付，后者是对矿山矿产资源消耗的支付（蒲志仲，2008）。Carey（1837）在斯密工作的基础上，解释了技术进步和资本投资如何保证未来矿业产出和矿业租金。Gary（1914）在可耗竭性的前提下对矿产资源租金的性质做了分析，并尝试探讨了利率和价格对矿租的影响、矿业权利金（Royalties）和经济租金（Economic Rent）与价格的关系等问题。Orchard（1922）从地表权对应的矿产资源地表租金的角度，对矿产资源对应的地表租金的性质做了分析，并实证考察了不同品位或禀赋的煤矿所决定的地表租金的大小。Orchard 的研究已经将地下权和地表权的产权制度以及矿山级差性租金纳入对矿产资源租金的考察范围。

随着外部性问题受到经济学的关注以及动态最优分配的数学方法引入经济学，以霍特林开创性文章为代表的最优耗竭理论开启了现代不可再生资源经济学的新时代。霍特林在资源同质性、不存在技术进步、社会折现率与私人折现率一致等假设前提下，以社会福利最大化为目标，提出在有效开采和竞争性资源产业均衡条件下的资源价格动态路径，即霍特林规则（Hotelling Rule）。霍特林理论的一个重要贡献就是从逻辑上证明了矿产资源由于可耗竭性和稀缺性所带来的稀缺性租金（稀缺租，又称 Hotelling 租金或使用者成本租金）是矿产资源价格中的一个重要组成部分。在李嘉图和霍特林等学者关于资源租金研究的基础上，J. Tilton（2004）详细分析了矿产资源租金的构成，即矿产资源租金 = 霍特林租 + 李嘉图级差地租。Otto（2006）等人进一步指出，西方矿产资源权利金制度及相关税费制度的设计建立在对矿产资源租金的征收基础之上，在征收的同时，尽量做到对经济行为的扭曲效应最小，并以此分析了全球矿业税费制度的发展规律。

第二节　现行矿产资源有偿使用制度内容和争论

一、狭义与广义的权利金制度

现代西方市场经济国家矿业法中权利金的定义是：矿产开采人向矿产资源所有权人因开采矿产资源的支付。权利金同所有制紧密联系，矿产资源归国家所有，则权利金归国家，矿产资源归私人所有，则权利金归私人。权利金向矿产资源所有权人缴纳，是所有者经济权益的体现。

矿产资源权利金制度是市场经济国家矿产资源有偿取得和有偿使用制度的核心，也是市场经济条件下矿业税收制度的核心（张新安、张迎新，2006）。目前世界上大多数国家都建立了以权利金制度为核心的矿业税费制度。

这里要明确一个概念，就是狭义的权利金与广义的权利金。

狭义的权利金即通常所称的权利金（Royalty），又称为基础权利金或一般权利金。国内大多数学者的研究也多是指狭义的权利金，例如王甲山等（2007）提出利用权利金改革油气资源税费，傅英（2006）等提出建立以权利金为核心的矿产资源使用付费制度，徐文全等（2009）建议以权利金取代资源税和资源补偿费等。

广义的权利金即权利金制度，通常认为包括权利金、资源租金税、矿业权出让金、红利和耗竭补贴。张新安（2006）等学者对权利金制度从动态的角度，即矿业权的取得、持有和使用等三个环节，考察了权利金制度所包含的权利金、资源租金税、矿业权出让金、红利和耗竭补贴的特点，指出权利金相当于基础权利金，资源租金税相当于超权利金，矿业权出让金相当于最低权利金，红利相当于一次性权利金，耗竭补贴相当于负权利金。如图 25－1 所示。

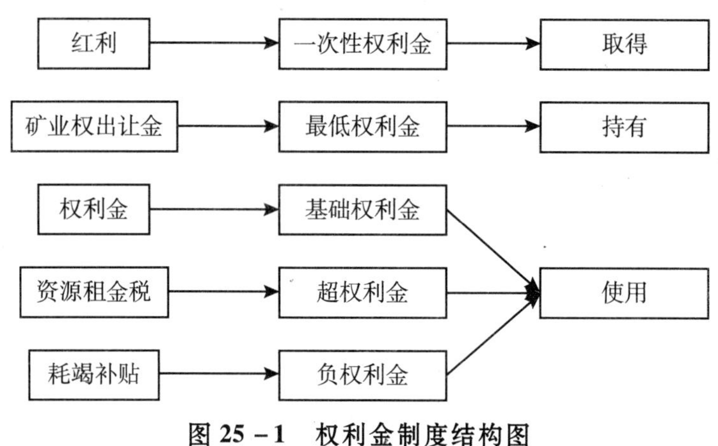

图 25－1　权利金制度结构图

如无特别说明，一般所称的权利金即狭义权利金。

从产权的角度考察权利金，权利金反映的是所有者的经济权益（关凤峻，2001）。从租金的角度看，权利金反映的是矿产资源租，根据计征方式不同，分为定额租和比例租（蒲志仲，2008）。另外，权利金是税还是费的争论由来已久，一种观点认为，权利金其实就是一种税，至少是一种广泛意义上的税，但是，权利金与一般的“税”也有区别，是由矿业管理部门收取，另一种观点认为，权利金是一种费，例如，在美国认为权利金是美国财政最大的一笔非税收入，但权利金是来源于国家的财产所得，其收缴后进入国家财政，因此权利金与一般的“费”有所区别。蒲志仲（2008）认为权利金带有矿产资源税的特点。从税费征收对象考察权利金可以发现，权利金属于一种对要素征收的税。

二、我国矿产资源专门税费制度的相关内容

我国矿产资源专门税费制度构成如图25－2所示。

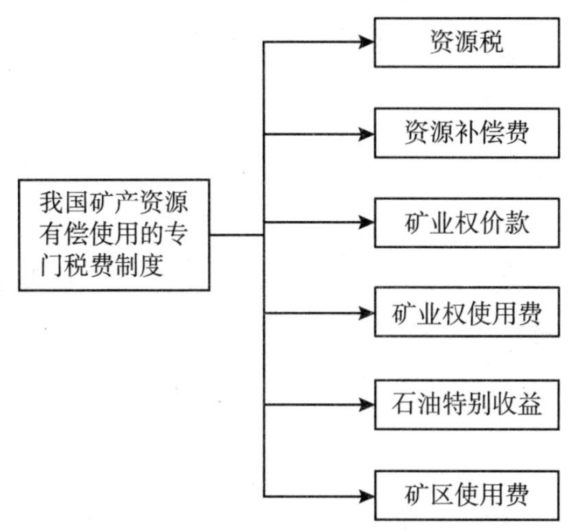

图25－2　我国矿产资源专门税费制度

我国现行矿产资源专门税费制度的主体是资源税和资源补偿费。

从所反映的权力的角度考察，资源税反映的是政府作为管理者的政治权力（关凤峻，2001），而资源补偿费类似于权利金，反映的是政府作为所有者的财产权利。

从租金的角度看，很多学者都指出，矿产资源补偿费从本质上说是更广泛意义上的矿山绝对地租，而资源税则包含着矿业级差地租（陈文东，2006；张亚明，2008），但也有不同意见认为资源税是对级差收益和绝对收益，及资源价值总和的征税，资源补偿费是“绝对矿租、级差矿租”及矿产价值和附加值的价值总和的价格表现，补偿费补偿的是所有者某种权利的丧失，对矿产资源而言是使用权利的丧失（关凤峻，2001），还有一种意见（杨晓萌，2007）认为资源补偿费的经济依据是地租理论，而资源税仅仅是一种公共产品的成本补偿，而不是级差地租。

从我国的资源税与资源补偿费同国外权利金的关系考察，绝大多数学者都认

为我国的资源补偿费和矿区使用费在含义上是类似于国外权利金的。但是对于资源税，Otto等（2006）在其世界银行的报告中计算我国权利金时，已将资源补偿费和资源税作为我国权利金数据的来源，即认为资源税也属于我国权利金的一部分，蒲志仲（2008）考察了国有矿产权利金的资源税性质，发现国有矿产资源的权利金，与向私有矿产资源租金征税的矿产资源税一样，都具有税收性质，也就解释了一些国家也以税（租金税，或收益税或利润税）的形式获得国有矿产资源租金，而国外对资源税的研究也将国有资源权利金纳入资源税范畴的原因。但是国内的有些研究中，并不完全认同资源税是权利金的一部分，有学者认为资源税同权利金有交叉的部分，陈文东（2006）认为，将资源税中包含的国有资源级差收益并入权利金或新的矿产资源补偿费，原有的矿产资源税应当转型为环境资源税，也有学者（徐文全等，2009）认为应当取消资源税，同时将资源补偿费改为权利金和矿业权租金。

第三节　对现行矿产资源税费制度存在问题的探讨

当前理论界对现行矿产资源税费制度存在问题的探讨较多，多集中于以下几个方面。

一、我国现行矿产资源专门税费存在的问题

第一，税费制度设计的理论依据不充分，设计思想与科学发展观的要求尚有差距。马衍伟（2009）回顾了我国资源税制度设计的理论初衷，指出税制设计初始源于收益原则、公平原则和效率原则，马克思地租理论完全能够说明当时的征收依据。但是按照补偿环境外部性和使用者成本的原则，现有资源税制在反映可持续发展上是不充分的。这种资源税制既不利于按社会成本定价，也不利于按可持续成本定价。马克思地租理论不能够从量的角度说明应该按什么来征税，其目标是有偏差的。

第二，税费关系混淆。关凤峻（2001）从对土地的剩余征税说起，说明了由于资源（土地、矿产）所有者不同，决定的地租（矿租）和土地税（矿产税）的征收主体、征收对象、征收依据、征收目的存在与否及其差异。明确指出资源税没有立税的理论依据，补偿费理论解释存在错误。蒲志仲（2008）指出资源税属于国家凭借政治权力征收，但其目的却是调节“级差收益”，用政治权力来调

节反映财产权利的"级差收益"是一种错位,"级差收益"的调节应通过矿业权的市场竞争来调节而非政治权力;资源补偿费是为维护国家对矿产资源的财产权益,调节的是国家作为矿产资源所有者与矿业权人之间的利益关系;矿业权价款调节的是国家作为探明矿产地的地质勘查投资者与其他勘探开发投资者间的利益关系,而现行规定的内容与其性质相违背,2001 年新的《矿产资源补偿费使用管理办法》进一步混淆了这种关系。徐瑞娥(2008)指出我国的资源税与资源补偿费性质趋同,资源税已不再是单纯的调节级差收入的性质,还具有"资源补偿费"的性质。这种具有相近的性质和作用,却采取不同征收形式的做法,造成资源税费关系紊乱。

特别要指出的是对资源税是否属于矿产资源有偿使用制度内容的讨论。由于资源税所代表的是国家的政治权力,而其内容上又规定了反映财产权利的"级差地租"内容,所以,对国内有关资源税是否属于矿产资源有偿使用制度提出了疑问。唱润刚等(2005)基于税收具有的"强制性"和"无偿性"的特点,认为资源税提出现行资源税不应属于矿产资源有偿使用制度的内容。而杨晓萌(2007)从资源税体现的是对公共产品的成本补偿角度的论述,实际上是否定了资源税的"级差收益"功能,间接地否定了资源税作为有偿使用制度的依据。但是蒲志仲(2008)从现代税收的视角考察了矿产资源权利金的资源税性质,指出在市场经济体制下,税收和收取国有产权收益的目的都是为补偿公共产品和服务的成本,国家以所有者身份向矿业企业收取的国有矿产资源租金,本身就具有税收性质。应该说,蒲志仲的解释能更好地诠释资源税与权利金的关系,即权利金虽然属于有偿使用制度,但在矿产资源国有的条件下,权利金也带有资源租金税的性质。对于这一点,马克思早已讲得很明白,"国家作为土地所有者,同时又作为主权者而同生产者直接对立,那么,地租和地税就会合为一体,或者不如说,不会再有什么同这个地租形式不同的税赋"。现在全世界许多国家对资源税的研究也将国有资源权利金纳入资源税范畴,认为权利金属于一种税,但是美国是较典型的例外,美国认为权利金是其一笔非常重要的非税收入。美国对权利金税收性质认识的差异也许来源于美国是世界上不多的几个市场矿产资源二元所有制(国有和私人所有)的国家。

第三,矿产资源专门税费水平低,计征依据不合理。众多研究者对我国现行矿产资源专门税费水平的高低基本形成共识,就是认为目前的矿产资源专门税费水平较低,对相关利益关系的调节没有实质意义。盛洪(2008)通过计算,估计出 2007 年我国石油企业在国内少上缴 321 亿元的矿区使用费,2006 年煤炭企业少缴纳 952 亿元资源租金。马衍伟(2009)计算了资源税的法定税率与实际税率,发现我国资源税实际税率偏低且增长缓慢。蒲志仲(1997、1999、2008)

比较了我国石油资源补偿费同美国、加拿大的石油矿区使用费的高低，以及我国石油特别收益金与国外暴利税的高低，发现我国矿产资源有偿使用税费的水平非常低。

第四，利益分配不合理。利益分配不合理最直接的一个原因与矿产资源专门税费水平过低有关，由于专门税费的水平低，导致属于国家的自然资源租金被大量的“食租者”占用，形成大大小小的既得利益集团，尤其以国有垄断资源开采企业为代表。这些既得利益集团又在政策改革中，“与国家人民利益博弈”，认为国家的自然资源租金就是他们的，在“光天化日之下颠倒了一个社会的基本产权原则（盛洪，2008）”。目前在矿产资源税费政策实施、税费水平确定和收入分配使用等方面都无不具有强势利益集团的深刻影响（蒲志仲，2008）。

利益分配不合理的另一个方面是土地权人同开采受益人之间的利益协调不合理。现行矿产资源制度缺乏对收益者与土地权人之间的协调机制，造成弱势群体利益得不到保障，开采成本的外部化，以及地方政府对矿业企业的非法但却有些合理的乱收费。

第五，除了上述问题以外，另外还有计征范围过窄的问题，但由于计征范围过窄涉及矿产资源税费的另一个方面，即生态补偿，而本书仅讨论矿产资源税费有偿使用功能，故略去不讲。

二、我国矿产资源开采企业的整体税费问题

楼继伟（2006）已明确指出，今后我国税制改革的目标之一是改变流转税比重高、对要素征税的比重低的局面。盛洪（2008）强调在宪政的框架下对解决资源租问题，建立市场化的要素市场。而租的实现是靠税，所以我国在矿产资源领域税制改革的大方向就是加大对要素征税的力度。

目前国际通行的矿业税费结构是由两部分构成：一个是企业通行的税费，例如所得税、增值税（销售税）；另一个是矿业专门税费。根据 Otto（2000）等人的整理，以及国内国土资源部经济研究院专家的整理，发现世界各国一个普遍的规律是：在矿产资源领域，倾向于征收所得税，不征收或少征收增值税，大多数国家征收权利金。我国矿产资源开采企业的整体税费情况如下：

第一，流转税——增值税比重过大。

在考察我国矿产资源税费水平时，目前得到大多数学者承认的是现行矿产资源税费水平过低，但是还有很多研究认为现有矿产资源税费水平过高，而且双方都拿出了数据，结论都是有根据的。为什么会产生这样的不同？关键就在于，前者往往是考察了我国的矿产资源专门税费，并将其同国外权利金等税费研究进行

比较，发现我国的资源税、资源补偿费、矿区使用费、矿业权价款等都低于国外同类标准，因而会得出结论，认为我国矿产资源产业的税负水平过低，大量的所有者权益流失，得出的一个自然而然的结论就是提高我国矿产资源税费水平，加强征收力度。后者则往往是从企业所面对的全部税费角度考察，发现我国矿产开采企业所面对的税费水平并不低。刘羽弈（2004）、张所续等（2007）、徐文全等（2009）考察了我国矿产资源税费的整体情况，发现我国矿产资源开采企业的增值税水平过高，所得税水平过低，导致增值税逐渐体现出了负面效应，主要是对同一类企业征税方式类似，征收额度变化太小，不能调节各行业之间巨大的利润差异，同时也不能调节同类企业中的利润差异。进一步讲，1994 年税改，矿山企业税负重的原因是将产品税改成了增值税，并且实行的是“生产型”的增值税，“生产型”增值税一方面带来的重复征税问题严重；另一方面固定资产不能作为进项税抵扣，其税负重；再一方面矿产品属于初级产品，只有少量的进项税额可以抵扣，因而矿业产值的绝大部分都要作为增值部分而缴纳增值税，致使矿业的税负比一般的工业企业高出许多。

祝遵宏（2009）还注意到一个相关的问题就是现行的增值税过高的税制结构下，单纯地对矿产资源专门税费进行改革，提高税费水平，可能带来更加严重的资源浪费，提高矿产的开采品位，鼓励“吃菜心”，以及矿产品税负向下游转嫁等问题。陈丽萍（2004）通过对南非权利金提案所带来影响的分析，发现某一矿种的权利金水平（税费水平）的提高将带来该矿种某些蕴藏量开采的不经济，减少矿产的产量和储量。

第二，对要素的征税——所得税、资源税比重过低。

我国矿产资源开采企业的所得税适用税率为 25%，低于全世界 159 个实行企业所得税的国家（地区）平均税率为 28.6% 和中国周边 18 个国家（地区）的平均税率为 26.7%，而低的所得税税率也符合国际主要矿业大国所得税改革的趋势（见表 25－1）。

表 25－1　　国际主要矿业大国所得税改革的趋势

国家	美国	加拿大	澳大利亚	智利	阿根廷	南非
调整前	46%	36%	39%	49%	32%	62%
调整后	34%	28%	36%	35%	30%	40%

资料来源：张所续、张悦：“国外矿业税费制度对我国的借鉴”，《西部资源》，2007 年第 2 期。

目前我国增值税占矿产资源开采企业税费水平的 66% 左右，资源税只占 11% 左右，即使再加上资源补偿费等税费，对要素征税的比重也不高，而矿产资源企业税费的大头由流转税所占据。这种税费结构对矿产企业税费反映资源租金实现收入分配公平、消除既得利益集团的不良影响，对税费适应矿业价格涨落、促进矿业健康发展，对利用税费提高资源利用效率、节约资源，对利用税费实现矿产资源的可持续开发以及生态补偿将不会起到积极作用。

第四节　未来的改革方向

根据前面对已有研究的梳理，可以看出我国矿产资源有偿使用制度的改革，重点不在资源税、资源补偿费等制度向权利金制度的改革，第一位重要的是改革现有矿产资源开采企业的增值税。

一、资源税费制度改革的起因

现在对资源税费制度改革的起因在于：第一，理顺我国资源价格，解决我国面临的资源稀缺同时又资源浪费的局面，提高我国资源利用效率，如提高单位资源消耗等；第二，在于对我国存在的大量低价或免费使用国有资源，占用资源租金的现象进行调整，消除“食租者”。总之，矿产资源税费改革的根本动因在于对要素征税或者说加大对要素征税的力度，以理顺现有的资源利用体制。

矿产资源税费的理论根源在于租金理论。包括地租理论和霍特林租等。对租金的征收要靠税来实现。税收实际上分为两类，一类是对生产和流通领域征税（流转税），代表是增值税；另一类是对要素征税，代表是所得税，在矿产资源领域还有另一个代表，就是矿产资源专门税费。

我国目前在矿产资源税费研究上面临着一个矛盾，就是从国家的角度看，往往发现租金在被无偿占用，同时，因为国外的权利金率比国内高，就认为我国的矿产资源税费水平低，而从企业的角度考察，往往发现我国的矿产资源开采企业的税负水平过高。从国家的角度考察，往往会指出要调整资源税和资源补偿费，提高资源税费水平，而从企业角度考察问题的结论认为我国应适当减免部分税费。

产生这种认识的根源在于，从国家的角度看问题，往往发现租金的流失，忽略了企业整体所面对的税费，而从企业的角度看问题，是全面考察企业所面对的税费，更加全面、客观地讲，我国矿产开采企业的税负水平应该是较高的。但这个高并不表现在资源税和资源补偿费上，而是表现在一般税费上，更具体地讲就是增值税。看一看 Otto 等人的数据总结可以发现，国外之所以权利金水平高，是因为他们的增值税水平低，所得税水平也不高，所以国外矿产资源税费的真实情况是实行对要素的征税，用权利金来体现，增值税名义上有，但在优惠措施的抵消下，影响较小。

二、资源税费改革的方向

第一，今后对于矿产资源开采企业，对要素征税应当占主要部分，而非对生产和流通领域的征税；第二，对要素的征税，所得税发挥的作用有限，将主要依靠矿产资源专门税费；第三，改革我国现有矿产开采企业税费制度的首要一步在于改革矿产开采企业所面对的增值税，接下来才是改革资源税和资源补偿费；第四，到底改不改资源税和资源补偿费不但要考虑理论上权利金制度的优点，还要考察我国现实的执行能力和行政成本问题。考虑采用从价、从量还是以利润为基础，也要考虑现实的执行能力和行政成本。

另外补充一点就是，根据南非改革权利金制度的经验，不管是采用从价还是从量还是其他方法，只要企业的整体税率上升，边际开采品位都有可能会提高，导致更严重的“吃菜心”问题。所以，在不改革增值税，甚至是强化增值税作用的条件下，单纯地改革矿产资源税费，有可能恶化矿产资源开采行业环境，导致更大的资源浪费等问题。

新的矿产资源税费体系应当是这样的，所得税发挥的作用有限，增值税可以模仿国外，用优惠措施等抵消或将其减免，主要的税费发生在矿产资源专门税费上，专门税费采用何种形式，可以再探讨。但首先要解决增值税问题。

另外，在改革矿产资源开采企业的整体税负时，要充分考虑这些企业对技术进步、鼓励开采边际矿藏行为、就业等方面的影响，再做调整税率的措施。

小　结

当前，我国矿产资源的专门税费存在税费设计的理论依据不充分、税费关系混淆、征收标准过低、计征依据不合理、利益分配关系不合理等弊端。而整体税费制度存在增值税比重过大、对要素征收的所得税与资源税又过低等结构性矛盾。要理顺我国资源价格、提高资源利用效率，亟须进行配套改革。

资源税改革的方向一是要以对要素征税变为主体；二是对要素征税主要依靠

专门税费；三是从改革矿业企业的增值税开始，然后是资源税和资源补偿费；四是税费改革要考虑在我国的执行能力和执行成本等问题。对矿业企业的整体税费制度改革，要考虑矿业企业对技术进步、鼓励开采边际矿产行为、就业等方面的综合影响。

第四篇

我国矿产资源开发的土地复垦制度研究

生态补偿制度包括开采矿产资源的生态补偿标准的内涵和数量水平、补偿对象（包括：地上生态系统、地表的附着物、地下水资源、塌陷等地质破坏等）、补偿主体（包括：矿业企业、当地政府、其他地方政府、中央政府）、补偿渠道[外部成本内部化、财政转移支付（跨区政府的财政转移支付和中央对资源所在地政府的转移支付）、社会补偿等]、补偿的法律制度（环境税费的补偿标准，土地复垦保证金的标准、监管机制等）。

科学完善的土地复垦制度，不可能一蹴而就，在土地复垦制度还不健全的条件下，我国矿产资源开发的生态补偿需要除土地复垦制度之外的其他补偿形式，如环境税费、财政转移支付、政府补偿等。建立健全矿产资源开发的土地复垦制度应该是我国矿产资源开发的生态补偿的目标模式。

从我国对土地复垦和土地复垦制度内涵的理解出发，拓展土地复垦的内涵，认为土地复垦不仅要注重经济价值，更应该注重生态价值和社会价值，并首次对土地复垦制度的内涵进行了界定。在此基础上，深入分析了我国的土地复垦制度实施现状，分类、总结、借鉴国外已经成熟的土地复垦制度，指出我国土地复垦制度所存在的问题，如法律法规设置不健全，《土地复垦条例》（2011）依然存在诸多局限，矿业用地方式单一、缺乏一个有效的土地复垦成本内部化的途径、复垦意识淡薄等。鉴于复垦保证金制度在土地复垦制度中的核心地位，本篇重点研究了矿区的土地复垦保证金制度，主要采取了对比研究法，首先从保证金的形式、收缴模式、返还模式、征收标准等方面对国外的土地复垦保证金制度进行了梳理和归纳，然后重点研究了我国各省的土地复垦保证金制度的实施现状并从同样的角度对我国各省矿区土地复垦保证金制度进行了详细的论述及评价。然后，对采矿事前约束的许可证制度进行了初步的探讨，进一步明确了采矿许可与采矿权的关系。最后对土地复垦成本内部化的两种途径：生态补偿税费制度和保证金制度进行了对比，得出了在我国矿区应该实行土地复垦保证金制度，从而完善生态补偿税费制度。

针对以上存在的问题，为了构建适合我国国情的土地复垦制度框架，本篇提出了相关的政策建议，第一要制定《土地复垦法》，提高土地复垦的法律层级，并将土地复垦保证金制度写入其中；第二要创新矿业用地方式，实行复合矿业用地制度，加快研究解决矿权与地权的矛盾解决方案；第三要建立健全覆盖采矿前、中、后的土地复垦全过程的土地复垦激励约束制度体系，如许可证制度、保证金制度和奖惩机制；第四针对历史废弃矿地和自然灾害损毁土地，实行土地复垦基金制度和激励制度。最终形成一套适合中国国情的土地复垦制度体系，以推进我国的土地复垦工作，为建设资源节约型、环境友好型社会和实现科学发展贡献力量。

第二十六章

土地复垦制度的理论基础及研究综述

土地复垦制度是对矿区生态环境污染和破坏进行管制的一项制度安排，体现了矿产资源开采对生态环境污染和破坏由事后管理向事前管理的转变，是矿产资源有偿使用制度和生态补偿的重要制度安排。本章梳理了国内外土地复垦的类型、法律规定的内涵、矿区土地复垦的理论依据，以及土地复垦制度实现方式的研究文献。第一节对国内外土地复垦的类型、内涵与法律规定进行综述；第二节回顾了土地复垦制度的理论基础，包括公共物品理论、经济外部性理论和生态系统服务功能价值理论；第三节是土地复垦制度实现方式的文献综述。

第一节　土地复垦的内涵

一、国外土地复垦的类型、内涵与法律规定

土地复垦一词是从国外翻译过来的，因此对土地复垦的理解应建立在对外文翻译理解的基础之上。以美国为例，美国联邦法典和美国内政部露天开采与复垦执法办公室都将其定义为："将已经采完矿后的土地恢复成管理当局所批准使用的土地的各种活动。"美国科学院（National Academy of Science）在 1974 年将复垦定义为三个类型，类型一是"Restoration"，可译成复原。指复原破坏前存在

的状态，包括复原破坏前的地表水和地下水、重新修复地形，以及重新建立原有植物和动物群落。类型二是“Reclamation”，可译成恢复。指将已经破坏的地区恢复到近似破坏前的状态，包括近似恢复破坏前的植物、动物群落和地形。类型三是“Rehabilitation”，可译成重建。指根据采矿前制定的规划将破坏土地恢复到稳定的和永久的用途。复原是在土地复垦初期提出的，实践证明难以实现，美国常常用恢复和重建这两个类型，更多的是用“恢复”（Reclamation）。美国土地复垦的目标主要是改善矿区的生态环境，对于土地复垦后的土地是否作为农用土地并不做具体要求，而是在区划法的框架下决定其复垦后的具体用途。

英国著名生态复垦专家 Bradshaw 指出，“土地复垦就是将被破坏的土地恢复或重建到有益的用途，并使土地的生物能力得到恢复，复垦土地的最终利用方式应符合当地的实际需要并与附近其他土地利用方式相适应。”

德国《矿产资源法》对复垦定义如下：“重建（Rehabilitation）是指在顾及公众利益的前提下，对因采矿活动占用、损害的土地进行有规则的治理。”重建未必是把土地恢复到开采前的状况，而是恢复成规划所要求的状况。德国《景观与露天采矿复垦的生态指南》一书中把“复垦”定义为：使破坏的土地景观恢复生产力和视觉吸引力的各种措施。

总之，从国外对“复垦”的定义及目标中，可以发现“复垦”都十分重视生态原则，他们普遍把生态重建作为土地复垦的主要目标，可以说国外土地复垦的目的是恢复矿区的生态功能。

二、国内土地复垦的内涵与法律规定

我国对土地进行复垦的实践比较晚，对土地复垦的理解也一直处于不断的探索之中，20 世纪 50 年代一直被称为“造地复田”或者“复田”等名称，1988 年《土地复垦规定》对“土地复垦”做出了明确的界定：土地复垦是指在生产建设过程中，因挖损、塌陷、压占等造成破坏的土地，采取整治措施，使其恢复到可供利用状态的活动。

上述定义在很长一段时间内一直得到社会的普遍认可，但是随着我国土地复垦实践的增多，以及中国 2001 年加入世贸组织后国际交流的日益频繁，我国渐渐认识到现有的土地复垦定义很难适应实践需要，例如，定义中土地复垦的对象是“在生产建设过程中，因挖损、塌陷、压占等造成破坏的土地”，那么因自然灾害造成的土地破坏呢？以及历史废弃矿山的土地怎么办？又如，定义中把复垦目标理解为“恢复到可供利用的状态”，强调“利用”，只重视土地复垦的经济价值，而忽视了土地复垦的生态价值，如果说只恢复土地的生产力而忽视了生态重建，那么矿区又如何实现可持续发展，《土地复垦规定》中土地复垦的定义不够全面，只是国外土地复垦内涵中的一部分，不符合我国建设环境友好型社会的要求。伴随着国内学术界对土地复垦内涵的不断研究以及我国土地复垦工作的不断实践，人们对土地复垦的目标和对象有了重新认识，即目标不仅仅局限于恢复土地的经济价值，对象也不仅仅是因生产建设活动导致的土地破坏。2009 年 7 月 2 日，国务院法制办公布《土地复垦条例（征求意见稿）》，该条例已经于 2011 年 3 月 5 日颁布实施，此条例将土地复垦定义为：对生产建设过程中因挖损、塌陷、压占等造成破坏的土地以及自然灾害损毁的土地，采取整治措施，使其恢复到可供利用状态或者恢复生态的活动。这是我国第一次明确地把土地复垦与生态重建结合起来。结合中国对土地复垦内涵的界定，可以看出中国土地复垦的目标是珍惜和合理利用土地、切实保护耕地以及改善生态环境，比较注重土地复垦的经济价值，而对土地复垦的生态价值的重视还有待加强。在当今的中国，粮食问题已不再是制约经济和社会发展的根本问题，当前最主要的问题应该是如何实现经济的可持续性发展，也就是科学发展的问题，土地复垦应该与生态重建紧密联系，土地复垦的目标应该更加倾向于重建生态平衡。

第二节　土地复垦制度的理论基础

环境不仅是人类赖以生存的物质基础，也是经济运行的物质基础。矿区环境问题的实质是人类社会经济发展与环境保护之间的矛盾，是人与自然关系的失调，环境问题不只是自然问题，更重要的是一种经济社会问题。土地复垦是改善矿区生态环境的重要步骤，也是实现矿区经济可持续发展的必要手段。生产环境的公共性及其影响的外部性和生态系统服务价值功能是生态环境的基本特征。这些经济理论关于环境问题的性质、产生根源和解决措施都有比较深刻地揭示，可以为土地复垦工作和解决环境问题提供理论指导。

一、公共物品理论

古典经济学家亚当·斯密、穆勒等人早就注意到公共产品的特殊性，而公共产品的严格定义是由萨缪尔森给出的，他最早对公共产品做出规范性分析。萨缪尔森在 1954 年“公共支出的纯理论”一文中，定义公共产品为：消费上具有非竞争性和非排他性的产品。即一个人消费该种产品不会导致其他人对该产品的消费的减少。此后他在《经济学》中对公共物品的定义又作了完善，在《经济学》第18版中认为："公共物品是指将效用扩展与他人的成本为零，并且无法排除他人参与共享的一种商品。"公共物品具有非排他性和非竞用性。非竞用性是指一个对产品的消费不会影响到其他人对该产品的消费。非排他性是指对该产品的消费无需支付价格，或者说在技术上无法将那些不愿为消费买单的人排除在外或者排除成本太高以至于不经济。

许多西方经济学家认为，由于单个消费者并不清楚自己对公共物品的需求价格，也不会如实回答自己对公共物品的偏好程度，为了支付低价或者不支付价格，消费者会低报或者隐瞒自己对公共物品的偏好，他们都想充当"免费乘车者"。土地复垦的结果就是生态环境的改善，人们都想消费清洁的空气、干净的水源，却不愿意为此支付价格，当每个人都采用自己的最优选择时，土地便不会被复垦，或者说极缺动力，便会产生土地破坏和生态恶化。公共物品的两种特性决定了公共物品往往会被过度消费，从而导致"公地悲剧"，即每个人追求个体利益导致集体利益无效的一种现象，市场机制此时失灵。

土地复垦的结果是土地生态环境的改善，而土地生态环境的公共物品特性就决定了土地复垦的供给不足、土地生态的相对过度消费和"搭便车"行为，这便进一步加深了土地破坏和环境污染。因此，为了防止"公地悲剧"的发生，鼓励土地复垦，改善土地生态环境，必须进行相应的制度安排，以此来遏制土地破坏行为并鼓励土地复垦行为，土地生态环境的公共物品特性是在矿区建立土地复垦制度的一个理论依据。

二、经济外部性理论

外部性的研究从古典经济学家开始，马歇尔最早从经济学角度对外部性作了界定，他指出："我们可以把因任何一种货物的生产规模扩大而发生的经济分为两类：第一类是有赖于这一工业的一般发达的经济；第二类是有赖于从事这一工业的个别企业的资源、组织和经营效率的经济。"之后，庇古第一个对外部性作了系统性分析。由马歇尔提出、庇古做出重要贡献的外部性理论，为资源经济学奠定了理论基础。在自然资源利用中，当一种消费或者生产活动产生不反映在市场价格中的直接效应时，就存在外部性。资源开采的外部性表现为外部经济性和外部不经济性。所谓外部经济性，是指由于矿产资源作为准公共物品属性给其他工业带来的收益；而外部不经济性，是指资源开采过程中给矿区带来的污染，以及对生态环境的破坏。主要表现在：随着煤炭开采强度和延伸速度的不断提高，可能导致沉降和地面塌陷、矿区水位大面积下降；各种废气、废水、矿渣可能会损害矿区居民的身体健康。

具体来讲，资源开采所造成的土壤、大气和水污染的成本是由全社会共同承担的，而资源开采的收益却被造成破坏的市场主体矿山企业所独享，由于私人成本小于社会成本，私人活动的水平会高于社会所要求的最优水平，其直接表现就是污染产品的过多生产，生态环境遭到破坏。如图 26 - 1 所示。

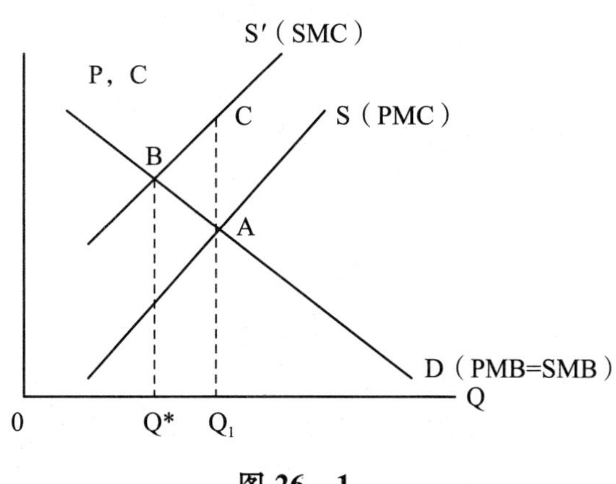

图 26 - 1

如果某矿山企业在资源开采过程中污染了矿区土地和水源，对周围群众造成了损害，即具有负的外部性，私人成本小于社会成本。在图 26 - 1 中，PMC 为私人边际成本曲线，表示矿山企业开采矿产的资源成本，SMC 为社会边际成本曲线。我们进一步假定，不存在消费的社会溢出现象，因此，PMB = SMB，需求曲线 D 既是 PMB 曲线，也是 SMB 曲线。而衡量社会成本的供给曲线 S′高于衡量私人成本的供给曲线 S，二者之间的垂直距离即为单位产量所造成的外部损失。该企业进行资源开采所造成的福利损失为图中三角形 ABC 的面积。此外，从社会角度考虑，社会福利最大化所要求的产量是 Q^*，而企业所生产的产量却是 Q_1，$Q_1 > Q^*$，企业出现了过度生产的行为，造成了社会福利的净损失。土地破坏是一种外部不经济行为，市场机制不能使生态环境在此类生产活动中得到保障，出现了“市场失灵”现象，解决此类问题的常用手段有直接控制和间接控制。直接控制就是让政府禁止污染活动或取消污染单位，或者采取警告、罚款、吊销执照、责令停业等行政措施对污染企业进行惩罚。间接控制常常为经济手段，主要有“科斯手段”和“庇古手段”，科斯手段就是通过界定产权使财产权明确并得到充分保障，则产权各方会自动进行交易使污染者支付代价，进而消除外部不经济。庇古手段通过征税使外部成本内部化，消除社会成本和私人成本之间的不一致，进而消除外部不经济。在有些情况下，污染也可以通过污染权市场得到解决，如企业可以购买和出售政府印发的污染许可证，以节约成本方式实现污染控制的最优水平。

我国的矿产资源价格并不是完全的市场价格，未能反映环境治理成本、安全成本以及代际补偿成本，诸多外部成本被企业转嫁给了全体社会，造成社会福利的大量损失。相反，一方面，土地复垦会带来外部经济行为，企业的复垦行为会改善生态环境，从而使整个社会受益；另一方面，土地复垦制度的建立，如保证金的预缴会内部化环境成本，形成企业自觉履行复垦义务的激励机制。

三、生态系统服务功能价值理论

该理论概念最早产生于20世纪70年代，而受到中国国内学者的关注是在20世纪90年代Costanza等（1997）对全球生态生态系统服务与自然资本价值估算的研究工作之后。生态系统服务功能包括生态系统服务和生态系统功能两个部分，是指生态系统及其过程所形成的，以及所维持的人类的自然环境的条件与效用。生态系统服务功能价值包括可利用价值和非利用价值两部分，前者包括直接实物价值、生态功能价值和潜在价值，后者包括遗产价值和存在价值。由于遗产价值和存在价值难以量化且存在重叠，现有对生态服务价值的评估集中于可利用价值的估算，主要的方法有市场价格估算法、替代市场法和支付意愿法。随着人口、资源与环境之间矛盾的日益尖锐和人类对生态环境的日益重视，在众多专家和学者对不同的空间层次的生态系统的恢复与重建探讨之后，国内生态经济学家普遍相信，生态系统服务研究能为有效分配自然资源提供帮助，为采用经济手段调控人类对生态环境施加的影响，以及如何有效地保护生态系统实现人与自然和谐发展提供决策依据。

土地资源是生态系统的重要组成部分，在一定的投入与约束条件下，对土地资源进行科学的数量组合和空间布局，并选取最优的土地利用方式，对实现土地资源可持续发展，维持生态系统相对平衡意义重大。土地复垦是土地利用规划的一个重要步骤。同时，土地复垦的实施过程中必须遵循土地利用规划，把土地复垦达到按照生态系统服务价值功能理论所要求的规划水平，从而实现土地资源的可持续发展，维持稳定且平衡的生态系统。

第三节　土地复垦制度研究文献综述

不管是国外还是国内，对土地复垦制度的理论研究都滞后于实践，土地复垦制度的灵感更多地来源于当地的实践经验的总结，并没有做到理论去指导实践，这一点与人类经济社会的发展和对生态环境的认识有一定关系，当人类还在为能否填饱肚子、能否为经济发展提供足够能源发愁时，很难想象他们会主动进行土地复垦，保护生态环境。国外对土地复垦制度的研究不是很多，集中于土地复垦保证金的研究，如 Barbara S. Webber（1985）对美国矿区的土地复垦保证金制度的设计和运行情况进行了研究，并提出相关建议。R. Costanza 等（1990）对土地复垦保证金的征收标准这一关键问题进行了研究，认为征收额应该是最坏情况下的土地复垦费用。Hogren（1993）等对土地复垦保证金制度的缺陷及可能带来的问题进行了研究。David Gerard（2000）对土地复垦保证金的征收标准进行了反思，认为征收比复垦费用低的保证金也可以保证矿山企业履行复垦义务。David Prentice（2001）通过案例分析及数据研究探讨了投资与保证金制度的关系，研究了保证金制度是否为矿山企业带来经济压力。

国内对土地复垦制度的研究非常少，并且研究都比较初级。马恩琳编译的《露天矿地复垦》与林家聪等人翻译的苏联的《矿区造田复垦中的矿山测量工作》最早介绍了国外土地复垦的经验或做法。煤炭科学院唐山分院在 20 世纪 80 年代完成了我国第一个土地复垦课题“煤矿塌陷地造地复田综合治理研究”。我国第一位中美联合培养的土地复垦学博士胡振琪（2001）基于本人的国外学习与实践，继 1995 年从学科建设角度探讨了土地复垦之后，又从土地复垦政策和管理体制等方面，详细介绍了美国矿区土地复垦的实践经验。胡振琪、赵艳玲、程玲玲等（2004）通过比较分析国内外土地复垦工作的差别，对我国土地复垦的概念和内涵进行了扩展，建议把土地复垦的对象从过去的各种因挖损、塌陷被破坏的土地扩展为各种人为活动和自然灾害损毁的土地；并且将复垦目标分为八大类，强调注重生态恢复功能。国内学者对土地复垦制度的研究集中在对土地复垦保证金的研究上，但是研究层次很低，局限于对国外矿区土地复垦保证金制度或者土地复垦制度的简单介绍。如潘明才（2002）介绍了德国的土地复垦经验。于左（2005）介绍了美国矿区的土地复垦制度及对中国的启示，严格区分了我国的土地复垦费和美国的土地复垦保证金，指出我国的土地复垦费用各地征收标准不同不利于公平竞争，他同时呼吁出台专门的矿地复垦法律。金丹、卞正富（2009）借鉴了国外主要国家的土地复垦政策法规先进经验，为中国修订和完善《土地复垦条例》提出了建议，认为我国应从法律体系、组织机构、资金渠道、复垦技术标准等多方面进行完善。骆云中等（2004）采用资源与环境经济学的方法，建立了社会福利和重建生态系统的生态服务之间的一种简单函数关系，并以一个实例应用了矿区土地复垦执行保证金制度的经济模型。程琳琳等（2009）从经济学视角分析了矿区土地复垦保证金征收标准和确定过程，从理论上为保证金的征收奠定了一个初步的基础。国内对土地复垦制度的研究基本上处于介绍国外经验和宏观上描述我国实践的初级层面，在介绍国外经验的同时，却没有深入了解我国各个省份的具体实践情况，而只是停留在法律政策层面的研究。对保证金几乎没有定量研究，对土地复垦保证金的征收标准这一核心问题没有涉及，这与我国土地复垦实践的过于滞后有密切关系，可喜的是，在2002年以后，关于土地复垦的研究文献增长较快且平稳增加，这与我国对土地复垦工作的重视和人们复垦意识的增强密切相关。

总体来看，国内外对土地复垦制度的理论研究都很薄弱，远远落后于土地复垦实践，尤其是国内的研究非常初步，层次很低，严重滞后于实践工作，更无法指导实践，实际上，与众多学者的理论研究成果相比，我国各个省份的土地复垦的实践工作已经相当完备，分析各个省份的具体实践有助于我们认识实际，只有对自身情况足够了解才能制定出符合国情的制度，这也是本书的目的所在。

小　　结

土地复垦制度的理论基础是公共产品理论、外部性理论和生态系统服务功能的价值理论。国外对“复垦”的定义及目标中，十分重视生态原则，他们普遍把生态重建作为土地复垦的主要目标，可以说国外土地复垦的目的是恢复矿区的生态功能。中国土地复垦的目标是珍惜和合理利用土地、切实保护耕地以及改善生态环境，比较注重土地复垦的经济价值，而对土地复垦的生态价值的重视还有待加强。

第二十七章

国内外矿区土地复垦制度实施现状及存在问题

本章对国内外土地复垦制度的实施状况进行了比较分析，并系统地总结了我国土地复垦制度存在的主要问题。第一节从我国土地复垦制度的演进、新《土地复垦条例》的实施两个方面阐述了国内矿区土地复垦制度的实施现状；第二节从许可证制度、土地复垦保证金制度、土地复垦监督制度、土地复垦基金制度、矿业用地制度、法律法规设置等六个方面探讨了国外矿区土地复垦制度的主要内容；第三节对我国土地复垦制度从立法、"土地复垦条例"的局限、矿业用地制度、土地复垦成本内部化的途径、复垦意识和法制观念淡薄五个方面分析了我国土地复垦存在的现实问题。

第一节　我国矿区土地复垦制度实施现状

一、我国土地复垦制度的演进

我国现代土地复垦始于20世纪50年代。1957年，辽宁桓仁铅锌矿将废弃尾矿地采取工程措施覆田造土；1958年，郑州铝厂小关矿利用碎石废土造地

$70km^2$；1964 年，广东坂潭锡矿利用剥离废土边采边回填空区造地[①]。在《土地复垦规定》实施之前，没有相应的制度安排作为鼓励复垦或者约束土地破坏，土地复垦一直处于一个自发的无组织的复垦阶段。

中国的土地复垦工作开始得到重视是在 20 世纪 80 年代，此时土地复垦进入有目的、有组织的阶段。1989 年 1 月 1 日生效实施的《土地复垦规定》（以下简称《规定》）标志着中国土地复垦走上法制轨道。从 20 世纪 90 年代开始，我国开始进行大面积的土地复垦试验推广工作，当时的国家土地管理局在全国先后设立了 12 个土地复垦示范点。1995 年国家环保局组织关于矿区生态环境破坏与恢复重建的调查研究，土地复垦开始成为研究热点。1998 年国家颁布《土地管理法》，相关条款涉及土地复垦。2001 年"国家投资开发整理项目"开始实施，标志着国家投资土地复垦的开始。2006 年是土地复垦事业关键的一年，国土资源部等 7 部委颁发《关于加强生产建设项目土地复垦管理工作的通知》（国土资发［2006］225 号），标志着土地复垦进入开采许可、用地审批程序中，即审批开采和建设用地的许可时必须要编制土地复垦方案。2007 年《关于组织土地复垦方案编报和审查有关问题的通知》（国土资发［2007］81 号）出台，进一步明确了土地复垦方案的编制内容和审批要求等。

除了以上法规政策外，《中华人民共和国环境保护法》、《矿产资源法》、《煤炭法》、《铁路法》等专门法律也对土地复垦作了规定，2009 年 5 月 1 日实施的《矿山地质环境保护规定》的某些条款也涉及土地复垦。但是，这些法律的侧重点均不是土地复垦问题，不可能涉及土地复垦的具体问题。一个非常值得关注的现象是，截至 2010 年底，全国已经有 29 个省（区、市）实行了"矿山环境恢复治理保证金制度"，出台了本省的管理办法，而这一制度被认为是土地复垦制度的核心和制胜法宝。随着国家对耕地保护的要求越来越严格，尤其是确保 1.2 亿公顷耕地的要求，土地复垦事业越来越受到国家的重视，我国的土地复垦正呈现出欣欣向荣的喜人景象。

在表 27－1 提及的种种法规中，只有《规定》是有关土地复垦的专门法规。《规定》于 1989 年 1 月 1 日起施行，之后全国 25 个省级政府针对该规定制订了实施办法，截至 1992 年底，全国绝大多数省（区、市）相继发布了"土地复垦实施细则"。1995 年国家又颁布了《土地复垦技术标准》（试行）。《规定》是我国矿区土地复垦制度的核心，以其为中心的有关土地复垦的各种法规构筑了我国现行矿区土地复垦制度的法律基础。

---

① 吴斌、秦富仓、牛健植：《土地资源学》，中国林业出版社 2010 年版。

表 27-1　　我国土地复垦法规一览

年份	1986	1988	1991	1994	1996	1996	1999	2002	2011
法律	环境保护法	土地复垦规定	水土保持法	矿产资源法实施细则	煤炭法	矿产资源法	土地管理法	水法	土地复垦条例
条款	19 条	全文	18 条 2 款	34 条	32 条	32 条 1 款	42 条	31 条 2 款	全文

二、《土地复垦条例》的进步

《规定》为我国土地复垦事业奠定了良好的基础。但是《规定》出台的时代背景是由计划经济向市场经济过渡的年代，且以计划经济为主体，很多条文已不适合当今的经济形势，很多地方缺乏可操作性。有了这些法律法规和制度的保障之后，20 年来，我国土地复垦取得了一定成效，但是，目前我国的土地复垦率也只有 15% 左右，85% 的土地仍旧没有得到复垦①。国土资源部希望可以通过法规的升级来改变土地复垦工作的被动局面。2009 年 7 月 2 日，国务院法制办公布了《土地复垦条例（征求意见稿）》（以下简称《条例》）②，开始公开征求社会各界意见。2011 年 3 月 5 日，国务院总理温家宝签署国务院第 592 号令，公布《土地复垦条例》，该《条例》是针对土地复垦工作的专门法规，比《规定》出台日期晚了 20 多年，这期间正是中国经济快速发展的时期，人口、资源与环境之间的矛盾也变得日益尖锐，伴随着可持续发展观念的深入人心和我国土地复垦实践的增多，我国的立法实践取得了进步，这集中表现在《条例》与《规定》的区别中（见表 27-2）。

表 27-2　　《土地复垦规定》与《土地复垦条例》比较

	内容比较	
	《土地复垦规定》	《土地复垦条例》
实施日期	1989 年 1 月 1 日	2011 年 3 月 5 日
立法宗旨	加强土地复垦工作，合理利用土地，改善生态环境	加强土地复垦管理，提高土地利用的社会效益、经济效益和生态效益

① 中国《法制日报》2010 年 11 月 21 日。

② 实际上，从 2001 年起国土资源部就组织将《土地复垦规定》修订为《土地复垦条例》。直到 2011 年 3 月 5 日才正式公布，历时 10 年时间。“条例”是具有法律性质的文件，只有国务院有权使用，而“规定”只是一个配套性的法规，“条例”的法律层级比“规定”高。

续表

	内容比较	
	《土地复垦规定》	《土地复垦条例》
复垦对象	生产建设活动损毁土地	生产建设活动损毁土地；自然灾害损毁土地；历史遗留损毁土地
复垦目标	恢复土地生产力	恢复土地生产力或者恢复生态
复垦标准	原则性规定	依据《土地复垦技术标准》（试行）
复垦主体	生产建设活动损毁土地的企业和个人	新破坏土地：生产建设活动损毁土体的企业和个人；历史遗留损毁土地和自然灾害损毁土地：县级以上人民政府
监督机制	未作规定	进行土地复垦监督、监测、验收、复垦后跟踪评估等，同时要求相关权利人参与
激励机制	未作规定	表彰、奖励、补贴、税收优惠等措施
资金来源	企业从成本中列支	企业自行复垦：企业从成本中列支； 企业未复垦：土地复垦费； 废弃地和自然灾害损毁土地：社会和政府多元投资，谁投资，谁受益

资料来源：《土地复垦规定》、《土地复垦条例》。

毋庸置疑，《条例》与《规定》相比具有很大的进步性，这主要体现在以下几个方面：

第一，《条例》扩大了复垦对象。《条例》把土地复垦的对象进行了扩展，把因自然灾害损毁的土地和历史遗留损毁土地也纳入其中，这主要是针对我国“旧账未还清，新账又增加”的问题。

第二，《条例》明确了复垦责任人。新破坏土地的责任人是造成破坏的企业或者个人，而历史废弃地和自然灾害损毁土地由县级以上人民政府组织复垦。

第三，《条例》建立了一套激励制度。针对矿山企业，《条例》规定土地复垦义务人在规定期限内将生产建设活动损毁的耕地、林地、牧草地恢复原状的，退还已缴纳的耕地占用税。针对社会投资者，《条例》规定社会投资复垦的土地经县级以上政府批准后可以给投资者使用。针对土地权利人，《条例》规定土地权利人自行复垦历史遗留损毁土地和自然灾害损毁土地的，县级以上政府给予补贴。针对地方政府，《条例》规定政府组织复垦历史废弃地和自然灾害损毁土地为耕地的，可以作为当地非农建设占用耕地的补充耕地指标。

第四，《条例》建立了一套监督制度。《条例》明确规定各地国土资源部门负责土地复垦的监督管理工作，要求复垦义务人必须编制土地复垦方案，未编制或编制不符合要求的，有关部门不得批准建设用地和采矿许可证，同时规定复垦义务人定期报告土地复垦情况，复垦验收阶段必须接受相关权利人的监督，首次要求公众参与监督。

第五，《条例》的惩罚措施更加严厉。《条例》第六章专章制定了违反条例所需承担的法律责任，违法事项分类更为详细，针对不同事项有针对性地作出规定，第一次对国家监管人员不履行监管职责明确了责任；对复垦义务人未补充编制土地复垦方案、不按照规定缴纳土地复垦费、拒绝或阻碍监管人员监督检查等行为加大了惩罚力度。

第二节　国外矿区土地复垦制度实施现状

一些资源丰富的发达国家历来重视矿区的土地复垦，在长期的复垦实践中摸索出了一些行之有效的制度，这些制度从不同方面保证了当地土地复垦率的提高，总结分析这些国家的土地复垦制度对于建立我国的土地复垦制度框架具有重要的借鉴意义。我们将这些制度分类如下。

一、严格的许可证制度

许可证制度是一种事前约束制度。土地破坏具有外部不经济性，相反，土地复垦则具有很大的外部经济性。因此，如何在土地破坏之前约束破坏行为，在土地破坏发生后鼓励复垦行为就显得非常重要。

在美国，矿山企业只有在获得开采许可证之后才具备开采活动的资格，申请许可证是进行矿山开发的必经法律程序，许可证一般都附有相关文件规定矿山企业在土地复垦方面的责任和义务，文件除附有申请人的姓名和住址外，还包括以下内容：第一，许可证所申请地区及其相邻地区的地表情况；第二，提供从事煤炭开采的作业地图及各种法律文契；第三，含有环境评价和工艺的开采计划；第四，采矿和复垦对矿区及其所在水域的影响的评价；第五，采矿后的复垦计划。许可证的审批按土地归属分别予以审批，属于联邦政府的公有土地由联邦政府批准后颁发许可证，属于州政府的土地由地方、市、县政府颁发许可证。

澳大利亚的矿山企业在申请采矿活动时，管理部门要对其生产能力、生产规模、销售状况及企业的生产活动对环境可能造成的影响等进行严格审查。矿山企业在开采前必须制定并提交“开采计划与环境影响评价报告”，内容包括采矿活动对周边地区的经济、环境、安全、社会等方面的影响，以及针对噪音污染、空气污染、土地污染、地下水污染所采取的恢复措施。该报告先由专家组进行认真审核，审核通过后才能由州政府予以批准。加拿大规定矿山企业在申请采矿权时，应该同时提供包括闭坑方案、复垦措施及其他后续处理措施的矿山复垦环境恢复方案以及环境影响评价报告，该方案和报告一旦通过，企业必须严格执行。

二、土地复垦保证金制度

科学的激励约束制度可以促使矿山企业自觉履行复垦义务，土地复垦保证金制度就是这样一种制度，该制度在国外已经被运用得相当成熟，有效推动了当地的土地复垦工作。

美国规定矿山企业的许可证在得到批准但是还没有颁发之前，必须在有关机构存入一定数额的资金，以确保土地复垦的完成。若企业按计划进行复垦并且经验收合格，则政府会返还该笔资金；如果企业没有按计划履行复垦义务，政府就会动用这笔资金进行复垦，保证金的具体征收数额以许可证所包含的复垦要求为依据，可因各采矿区的地理、水文、地质、植被的不同而有所差异，一般做法是先由矿山企业按照在最坏的情况下对完成土地复垦所需的费用提出预算，然后在许可证审批的时候由相关机构对预算进行核实，美国规定单个许可证提交的保证金数额必须大于1万美元，土地复垦保证金的数额应该略大于实际治理费用。加拿大各省都规定矿山企业在获得第一笔矿产收益时，必须从该笔收益中提取一部分资金作为保证金交由第三方存管，通常为银行或复垦公司，闭矿后若没有复垦，那么复垦公司会在政府的监督下动用该笔资金进行复垦。矿山企业在采矿前必须提交复垦报告，交纳保证金是矿山企业获得土地的先决条件，保证金的数额由政府和企业商定，并可根据情况进行调整。

在澳大利亚，矿山企业在采矿前必须缴纳复垦抵押金，该笔抵押金应足以保证土地复垦的顺利完成。如果矿山企业不交纳抵押金，其必须向银行等金融机构申请担保并交纳担保费，银行会根据矿山的利润、价值及复垦手段等综合因素考虑担保风险，进而确定担保费用，这是一种激励约束制度，如果矿山企业不进行复垦及相关治理活动，政府就会动用该笔抵押金让复垦公司进行复垦。如果矿山企业既不交纳抵押金或者担保费，也不进行复垦，政府将会终止矿山企业的开采许可。环境保护局审核土地复垦的费用时会考虑矿山企业在上年度土地复垦方面的表现，并最终确定抵押金的缴纳数额。矿山企业必须制定《开采计划与开采环境影响评价报告》，矿业主管部门会根据报告中的环境治理协议，组织相关专家和部门分阶段进行验收。如果矿山企业顺利完成土地复垦任务，并取得较好效果，政府会降低以后的抵押金要求，政府会向取得较大成绩的矿山企业颁发奖章以激励其继续复垦。

三、土地复垦监督制度

健全的监督机制是土地复垦实施的保证。国外矿业发达国家的土地复垦监督制度主要有公众参与制度、环境报告书制度和巡视员制度等。

在美国，矿山企业在制定土地复垦计划、申请许可证、执行复垦保证金以及复垦验收等过程都要向公众开放，通过公示、听证等方式接受监督。例如，新墨西哥州允许公众对保证金的征收标准、审批、返还等环节进行审查和监督。在日本，矿山企业制定复垦计划不仅要接受监督，复垦完成后还要接受农林水产大臣的验收并接受广大公众监督，验收不合格或者公众不满意的，企业须承担相关责任。在澳大利亚，根据《矿山环境管理规范》，矿山企业必须每年在特定时间向矿业主管部门提交“年度环境执行报告书”，对本年度的环境工作进行总结，如果矿山企业不提交报告，矿业主管部门会再次通知其提交，再次通知后还不提交，矿业主管部门就会考虑收回该矿山企业的采矿权。矿山企业在资源开采和土地复垦方面以整个矿区为中心及时和当地居民进行协商和沟通，让区内公众共同参与。此外，矿业主管部门除了对“年度环境执行保证书”进行审查外，还会派监察员去现场进行抽查，发现情况不实或者当地群众不满意的，影响小的会通知其进行整改，严重的须向上级反映直至勒令其停止工作、罚款或者收回矿权。在南非，《矿产资源政策白皮书》规定政府在矿业活动所有阶段都有监督检查、环境保护的责任，政府有义务运用各种手段，包括保证金制度和灵活的监督检查制度，确保矿区环境的有效治理。

四、土地复垦基金制度

土地复垦的对象包括三部分：新破坏土地、历史废弃地和自然灾害损毁土地。由于种种原因，各国基本都存在着很多废弃矿山及自然灾害损毁土地，其中以历史废弃地为主，这些废弃矿地基本是在相关复垦法规出台之前形成的，这就是历史欠账问题。为了应对这些问题，美国、加拿大、澳大利亚和马来群岛相继建立了土地复垦基金制度作为保证金制度的补充。以美国为例，美国设置土地复垦基金制度的主要目的是为老矿区的复垦工作筹集资金，复垦基金的50%交国库后由内政部使用，50% 由州政府专款使用，复垦基金按季度上交（见表 27 -3）。复垦基金的来源主要有三方面：第一，矿山企业交纳；第二，罚款和滞纳金；第三，企业、个人和社会的福利捐款。截至 2007 年底，美国已经使用该基金复垦了 1/5 以上的废弃矿地，1977 年《复垦法》颁布前形成的废弃地的复垦资金来源就是该笔基金，由政府组织复垦。

表 27 -3　　美国矿区土地复垦基金征收标准

开采类型	复垦基金（$/t）
露天开采	0.35
井工开采	0.15
褐煤	0.1

资料来源：Annandale，D. Mining company approaches to environmental approvals regulation：A survey of senior environment managers in Canadian firms［J］. Resources Policy，2000，26（1），51 -59。

在德国，对于历史废弃矿区，政府成立专门的复垦公司承担土地复垦工作，复垦资金由政府全额拨款，并按联邦政府占 75%、州政府占 25% 的比例分担①。

五、科学的矿业用地制度

由于土地与矿产资源天生联系紧密，开采矿产资源必须获得矿业用地，所以矿业用地的获得是土地复垦的核心问题之一，科学的矿业用地制度对于提高土地复垦的效果意义重大。在美国，矿产资源被视作土地的组成部分，土地所有人享有其土地中蕴藏的矿产资源所有权。美国的矿产开采准入证就是“采矿租约”，因为矿产资源依附于土地并作为土地的组成部分而统一为权利的客体，所以，要获取矿产权就只需获取土地权。获取土地权的目的是为了从土地中分离矿产而不是利用土地本身。因此，为矿而租土地，矿产分离完了以后返回土地，这是一种分离式出租，由美国特定的资源体制所决定的。

在澳大利亚，《西澳大利亚采矿》第 19 条规定：“根据申请，公共事业部部长可授予他决定的采矿租地”；第 28 条规定：“经许可授权可在特定采矿租用的土地进入或停留”；第 29 条至第 39 条规定：“采矿租用地的持有人必须承担各项义务，事先向土地权人通知所要行使的权利及支付约定的土地租金等。进入土著人土地进行矿业活动首先要征得土著人同意，然后再进行赔偿商议，同意进入

① 德国的生态环境保护：http：//www. envir. gov. cn/info/2002/4/417113. htm，2002 -04 -17。

并就赔偿商议达成一致后，矿业权者才可以进入土地。约有一半北方领土和南澳州 20% 土地的土著人区不能进行矿业勘探。澳北方土地申请的勘探项目得到批准的不足 5%，国家自然保护区一般不允许进行采矿活动。”

此外，国外值得借鉴的矿业用地制度还有等量替换制度、临时用地制度和土地入股制度。等量替换制度是指矿山企业将已征用、破坏的土地进行复垦，然后用来交换新的土地而无需征用新土地，土地置换应该遵循等价等质的交换原则。临时用地制度指矿业企业仅对其将要破坏的土地经济收益进行动态的补偿，而不征用该土地，并在与土地使用权人约定的期限内，将复垦后的土地重新交还原使用者使用。土地入股制度是指土地权益人把占有、使用的土地作价入股，获得收益，用地企业获得土地的制度。

六、健全的法律法规设置

美国的西弗吉尼亚州 1939 年颁布了第一个土地复垦的专门法律——《复垦法》（Land Reclaim Law），到 1975 年已有 34 个州制定相关的土地复垦法规。其后在 1997 年 8 月 3 日颁布第一个全国性土地复垦法律——《露天采矿管理与复垦法》（Surface Mining Control and Reclamation Act，SMCRA），从此美国建立了统一的露天管理和复垦标准，使美国露天采矿管理和土地复垦走上法制化轨道。美国联邦《复垦法》的地位相当于土地复垦的宪法。

德国的第一部复垦法规是 1950 年 4 月 25 日颁布的《普鲁士采矿法》。此外，既有专门的立法如《废弃地利用条例》，又有其他相关立法如《土地保护法》、《水保护法》、《城乡规划条例》、《矿山采石场堆放条例》、《控制污染条例》和《矿山采石场堆放法规》。这些法律法规对土地复垦的程序、内容、操作步骤都进行了详尽的规定，同时规定了矿业主的法律责任，使土地复垦有了法律保障。德国主要是露天煤矿复垦，非常注重矿区的景观生态重建，政府颁布的《联邦采矿法》、《矿产资源法》等就是德国矿区景观生态重建的重要法律依据。

加拿大在 20 世纪 70 年代后期颁布实施了《露天矿和采石场控制与复垦法》，为土地复垦制定了严格而又科学的法律依据，各省也有相关法律，如不列颠哥伦比亚省的《矿山法》、《环境评价法》、《废料管理法》和《水管理法》等，安大略省《矿业法》中有专门与矿山恢复有关的章节，规定所有生产和新建矿山必须提交矿山闭坑阶段将要采取的恢复治理措施和步骤。此外，加拿大联邦政府还通过《领区土地法》和《加拿大采矿条例》对 3 个少数民族地区国有土地的矿产开发活动进行管理，而各省区分别就各自领区内的采矿活动制定了相关法律法规。

英国于1944年颁布《城乡规划法》，规定地方政府有权要求恢复荒芜的土地。1951年《矿物开采法》规定应提供资金用于因地面剥离而造成的荒地复原工作，通过方便的拨款以满足土地复垦的需要。1969年颁布《矿山采矿场法》，要求矿业主开矿时必须同时提出采后的复垦和管理工作，并明确按农业或林业复垦标准复垦。1990年颁布了《环境保护法》，该法是一个分水岭，首次将污染行为界定为犯罪，并规定了土地复垦抵押金制度。

总之，凡是在土地复垦方面取得卓越成绩的国家都有科学、完备、严格的法律体系。他们都制定了专门的法律体系来保障矿区土地复垦工作的顺利开展，而且执法都很严格。

第三节　我国矿区土地复垦制度存在的主要问题

根据上文对我国矿区土地复垦制度实施现状的分析，并学习、领会、借鉴国外矿区土地复垦制度，分析我国土地复垦制度存在的主要问题。

一、土地复垦立法方面的问题

（一）立法理念落后

无论是《土地复垦规定》还是《矿产资源法》，以及《土地管理法》，立法者将复垦目标定位在恢复土地的经济功能上。在我国，土地复垦的目标被认为是恢复土地的生产能力，因此土地要求优先复垦为耕地，特别注重土地复垦的经济价值，从可行性上讲，有些土地恢复到可供利用的状态难度很大，需要耗费的成本较大，与其投入巨额成本恢复到可供利用状态，不如恢复到发挥生态功能的状态。而国外土地复垦的目标主要是恢复生态环境，复垦后的土地用途也是因地制宜。我国土地资源危机的认识根源在于没有正确界定土地资源的价值，认为土地资源只有经济价值。实际上，土地资源是一个由地形、气候、土壤、植被、岩石和水文等因素组成的自然综合体，是人类过去和现在的生产劳动的产物，既有自然属性，也有社会属性；既包含经济价值，也包含生态价值和社会价值。那么恢复土地资源的价值就应该既恢复土地的经济价值，又恢复土地的生态价值和社会价值。相比较而言，《土地复垦条例》的立法理念就有了较大进步，其第一章第一条的规定，强调土地复垦的“社会效益、经济效益和生态效益”，应予以肯定。

（二）立法分散，层次低

我国目前尚未制定土地复垦的专门法律，土地复垦的主要依据是《土地复垦规定》和散见于《煤炭法》、《矿产资源法》、《土地管理法》等法律法规中的土地复垦规定，没有形成协调统一的法律体系。在这种条件下，最易出现政出多门、各行其是的情况。首先，法律落后于实践。《土地复垦规定》和《土地复垦条例》之中，均没有涉及土地复垦保证金制度，而在实践中，我国许多省份都已经实行了保证金制度，并且效果很显著。但是由于该制度没有法律依据，导致矿山企业积极性不高。其次，法律冲突。《土地管理法》规定"复垦土地应当优先于农业"，而《土地复垦规定》第七条规定复垦后的土地用途"应根据经济合理原则和自然原则确定"。此外，"可供利用的状态"的复垦目标与"优先用于农业"在具体操作上也会产生矛盾，最新出台的《土地复垦条例》对复垦后土地的用途也没有做相关规定。最后，法律层次低。《土地复垦规定》和《土地复垦条例》都属于行政法规，依然缺乏权威性，并且存在与其他高层次的法律冲突问题，其效果已经大打折扣。

二、《土地复垦条例》存在局限

不可否认，与《土地复垦规定》相比，《土地复垦条例》已经取得了很大进步，但是依然存在问题。

（一）缺乏事前约束机制

条例规定复垦义务人复垦验收不合格应当缴纳土地复垦费，然后由国土资源部门代为复垦。这种事后收费的制度不利于企业积极履行复垦义务，因为土地复垦是一项耗资大、投资周期长、收益不确定的工作，矿山企业一般宁可缴纳土地复垦费而不去复垦，因为只要其缴纳了复垦费用，就可以获得采矿许可证，就可以把时间和精力集中在开新矿上。

（二）一些规定过于原则

条例规定复垦义务人除复垦土地外，还应该向遭受损失的单位和个人支付损失补偿费，但是对补偿费的补偿标准却没有作具体规定。虽规定了相关权利人可以参与复垦验收工作，但是没有规定公众参与土地复垦监督的具体方式。此外，条例只字未提土地复垦保证金制度，也没有设置一个统一的土地复垦费的征收标准范围，虽然土地复垦费的数额要依据土地类型、损毁面积、复垦标准、复垦后土地费用途等确定，但是应该像资源税那样先设定一个全国统一的征收范围，然后各个地方可在此范围内根据当地情况确定具体数额，以防地方乱收费。

（三）与地方法规冲突

我国绝大部分省份在实践中都已经实行了土地复垦保证金制度，不管矿山企业复垦还是不复垦土地都要预缴土地复垦保证金，而条例规定矿山企业在不复垦的时候需要缴纳土地复垦费。因此，如果矿山企业无力进行复垦，那么他们面临保证金被没收和缴纳土地复垦费的双重压力，这显然是不合理的。

三、矿业用地制度不合理

我国工矿用地的 76.7% 是农村集体所有。我国《土地管理法》第 43 条规定：“凡建设用地必须统一申请使用国有土地；在集体土地上进行建设的必须先征收为国有土地后再依法获取。农村矿业用地，只能由国家强制征收以后再通过‘出让’方式取得。”我国这种单一的用地方式导致土地复垦出现很多问题。

（一）“以租代征”的问题

我国《宪法》、《物权法》以及《土地管理法》均规定只有为了公共利益需要才能征收土地，而实际上矿山企业开采矿山并不是为了公共利益。因此，征收矿地本身就存在法律障碍，农村实践中出现了以租代征的矿地取得方式。“以租代征”逃避了耕地开垦费、耕地占用税和土地出让金等税费的缴纳，只支付很低的租金，导致国有资产流失；逃避了土地市场的监督管理，扰乱了土地秩序；由于土地出租合同因“以租代征”的行为违法而无效，这样就将农民的权益置于一种不受法律保护的境地，可能会损害农民利益，危及土地安全。

（二）矿业用地的取得方式使企业缺乏复垦动力

矿山企业所需的矿业用地是通过政府征为国有土地后再出让给矿山企业的，其所有权要么是国有的，要么是集体的，矿山企业只拥有土地的使用权。然而，当矿产资源被开采殆尽后，矿地的使用价值对矿山企业来说已经不复存在，此时矿山企业虽然拥有矿地的使用权，但已经没有动力去进行复垦了，这导致很多矿地在采矿结束后因无人复垦而成为荒芜的废弃地。

（三）矿业用地的取得方式使企业任务过重

我国法律规定采矿企业以出让方式取得土地使用权，而且采矿结束后还必须承担矿区的复垦任务，如果没有进行复垦，必须缴纳土地复垦费。当企业以征用而非租用的方式取得土地时，企业所交纳的征地费中已经包含了耕地占用税等具有土地复垦性质的费用，这样再让企业交纳专门的土地复垦费就会加重企业负担，企业往往不乐意拿双份的钱来完成一份钱应该完成的土地复垦，结果导致政府与企业在土地复垦问题上互相推诿。

（四）矿地供地方式导致矿权与地权不能够同时取得

在我国，取得矿业权并不以取得土地使用权为前提，然而，矿产资源的自然属性决定了矿业权的行使必须以取得土地使用权为前提。这导致了在现实中矿山企业已经取得了矿业权，却不一定取得土地使用权的情况。一方面，由于原土地使用权人与矿山企业往往就经济补偿等问题难以达成一致，导致土地使用权难以获得；另一方面，由于我国的矿业管理部门和土地管理部门已经合并为国土资源部门，矿山企业要去同一部门先后取得矿业权和土地使用权，这增加了企业的办事成本，也降低了政府的办事效率。

（五）矿地供地方式导致复垦后土地产权纠纷

采矿结束后，矿山企业出资复垦后的土地的使用权仍然归企业所有，但对于企业来说，一是不需要该土地，因为对他们来说已经毫无使用价值；二是企业大都无力承担复垦后的农业种植。从情感上讲，用该复垦后土地换取农民的新土地应是可行的，但是当地农民不愿换地，企业也不会轻易放弃该片土地，因为他们已为征地和复垦投入大量资金。由于此类土地大都处于偏僻地区，企业难以将其出租，按当前法律规定，土地闲置 2 年以上就会被当地县级以上人民政府收回，这导致复垦后的土地常常被政府无偿收回，矿山企业的合法权益得不到保障。

四、缺乏有效的土地复垦成本内部化途径

我国矿区土地复垦制度最主要的缺陷是缺乏一个有效的土地复垦成本内部化的途径，现行的管理手段是一种“命令管制型”的管理手段，即通过法规要求矿山企业从更新改造费和发展基金中列支土地复垦费用，这种成本内部化途径从理论和实践上均难以落实，理由如下：

首先，企业更新改造费和发展基金在企业经费中所占的比例很小，再加上矿山企业投资巨大，并且往往依靠银行贷款进行资金周转，常常出现土地复垦资金被挤占的现象，致使复垦资金难以真正落实。

其次，我国实行的是社会主义市场经济体制，应坚持市场在资源配置中的基础性作用，政府应该是一种“服务型”政府而非“强制管理型”政府，该途径在计划经济条件下是可行的，因为计划经济条件下的一切支出都是国家规定的，但在市场经济条件下这最多只能作为企业土地复垦资金来源的可选方式，不宜以法律的形式确定。

最后，企业以追求利润最大化为目的，不会自觉承担复垦责任，缺乏严密的复垦成本内化途径，并且容易导致难以落实土地复垦资金的局面。

五、复垦意识和法制观念淡薄

新制度经济学家代表人物诺斯将制度分为三种类型，即正式规则、非正式规则和这些规则的执行机制。其中，非正式规则是人们在长期实践中无意识形成的，具有持久的生命力，并构成世代相传的文化的一部分，包括价值信念、伦理规范、道德观念、风俗习惯及意识形态等。非正式规则的重要性由此可见一斑。我国各级政府以 GDP 的增长率为政绩考核唯一指标，矿山企业也一味地追求自身经济效益，只发展经济而忽视了环境保护，导致土地破坏严重。在 2010 年陕西省神木县的调研中，我们发现，绝大部分当地群众根本就没听说过土地复垦，更不用说主动参与到土地复垦中去了。目前，在我国的土地复垦技术工艺已具有相当水平的条件下，全民的土地复垦意识已成为阻碍土地复垦工作开展的一个重要因素。由于复垦意识的淡漠，不论是小的个体私营企业，还是大的国有企业，在他们因生产建设活动破坏土地以后，很少有单位和个人主动地进行破坏土地的复垦工作。然而，国外很多国家都非常重视“观念”和“意识”的培养。例如，在澳大利亚，国家要求矿业公司对职工进行环境意识培训，通过沟通、紧迫感、领导、配合、理解、承认、授权等方式来进行环境意识培训，其目的是形成一种持久的、广泛的、有力的改进环境的氛围，这样伴随着企业和民众环境意识的不断增强，国家、企业、公众更能够团结一致来应对大家共同面临的环境问题。在美国，民众尤其是矿业主的环境意识和法律意识非常强，土地复垦的一切人、财、物全部由矿方承担，虽然加重了矿方负担，但他们都能自觉履行复垦义务。这一方面源于美国比较健全的土地复垦法律体系和执法力度；另一方面源于美国公众的法制观念和土地复垦意识。在美国相关法律的约束下和公众、企业较强的环境意识的引导下，美国公众，特别是矿业主认为他们有责任按照联邦和州的计划，按照标准进行土地复垦，于是这种良好的非正式规则为美国的土地复垦工作的顺利进行奠定了基础。我国尚处于工业化加速发展阶段，在实现科学发展的过程中，如果缺乏环保意识和法制观念，一切都是免谈。

小　结

我国土地复垦存在的问题是立法理念落后、《土地复垦条例》制度本身存在缺陷、矿地用地制度不合理以及缺乏有效的土地复垦成本内部化的途径等。由于这些缺陷导致目前我国的土地复垦率也只有15%左右，85%的土地仍旧没有得到复垦。

国土资源部希望可以通过法规的升级来改变土地复垦工作的被动局面。一些资源丰富的发达国家历来重视矿区的土地复垦，在长期的复垦实践中摸索出了一些行之有效的制度，这些制度从不同方面保证了当地土地复垦率的提高，总结分析这些国家的土地复垦制度，对于建立我国的土地复垦制度框架具有重要的借鉴意义。

第二十八章

国内外矿区土地复垦保证金制度评析

土地复垦保证金制度处于土地复垦制度的核心，它能在很大程度上促使、保证复垦责任人有效地完成复垦任务，提高土地复垦率。本章第一节从保证金的形式、征收模式、征收标准、返还或者罚没四个方面论述了国外矿区土地复垦保证金制度，并对其进行评析；第二节从我国保证金制度的实施现状、保证金的形式、收缴模式、我国各省区土地复垦保证金的征收标准、返还模式五个方面分析了我国各省矿区土地复垦保证金制度现状；第三节在回顾国内外土地复垦保证金测算方法的基础上，讨论了我国矿区土地复垦保证金测算方法的选取问题，并对我国土地复垦保证金的收取标准进行了测算。

第一节　国外矿区土地复垦保证金制度分析

发达国家矿区环境问题得到重视是在20世纪50年代，20世纪70年代之后，各主要矿业发达国家相继进行环境立法，都把土地复垦保证金制度写入环境保护法律之中，各国均把该制度作为土地复垦制度的核心制度。到了20世纪90年代，巴西、中国、菲律宾、马来西亚等一些发展中国家也开始实施土地复垦保证金制度。1977年美国的《复垦法》确立了该制度，是世界上最早实施土地复垦保证金制度的国家。经比较，各国对土地复垦制度的规定大同小异，只是在操作细节上存在差异，美国的土地复垦保证金制度最为完善、最具代表性。“他山之石，可以攻玉”，本章将重点分析美国的土地复垦保证金制度，同时与其他发达国家进行比较，以期为我国建立该制度提供有益启示。

一、保证金的形式

美国土地复垦保证金的形式多种多样，常见的有复垦履约担保债券、不可撤销信用证、信托财产证书、存款单和现金、公司担保和政府债券等。

（一）履约担保债券

履约担保是最常见的保证金形式，由担保公司把担保债券卖给矿山企业，矿山企业支付一定的担保费用，一般为担保金额的1%～3.5%，如果矿山企业没有根据法规要求履行复垦义务，那么这笔资金将被用于土地复垦。

（二）不可撤销信用证

信用证实质是一种银行信用。信用证的发行银行要求矿山企业有较好的财务质量和财政信誉。信用证包含如果矿山企业没有完成复垦将支付费用给政府的条款，该信用证实质也是一种担保。

（三）信托财产证书

该方式要求矿山企业拥有可以销售的财产，并且将其冻结直至保证金返还，矿山企业必须将信托财产证书受让政府，把政府视为受益人直至复垦完成。如果没有可销售财产，那么矿山企业可以在信托机构存入一定的资金（信托基金），直至复垦完成。此种方式由于要求冻结矿山企业的财产，故而很少被用于复垦保证。

目前，美国、澳大利亚、加拿大等国主要使用履约担保方式（见表28－1），由于公司担保将复垦保证所需费用降至极低，绝大多数州也不接受公司担保和自我担保。不可撤销信用证也是一种常见的担保方式，常用于数额较大的保证金。对于一些违约风险高或者短期生产作业的矿山企业，采用现金、存款单等硬性约束方式效果会更好。

表 28-1　　世界主要矿业国家保证金的形式

国家	保证金的主要形式
美国	履约保证、信托基金、信用证
加拿大	现金、公司担保、信用证、矿山复垦信托基金、签发的可流通债券
澳大利亚	现金、不可撤销信用证、无条件银行保函、保险债券
日本	现金存款
印度尼西亚	现金存款、公司担保
博茨瓦纳	没有法律规定矿业公司必须交纳保证金
加纳	现金、银行保函、信托基金、保险
瑞典	现金存款、公司担保
印度	信用证、债券、信托基金、金融担保等

资料来源：International Council on Mining & Metals. Financial assurance for mine closure and reclamation [R]. London, UK, 2005。

二、保证金的征收模式

国外矿区土地复垦保证金的收缴一般都存在第三方，第三方的介入使担保作用机制发挥作用，三方相互制约，保证合同的最终履行。通过银行、信托公司、保险公司等金融机构把风险由公众转移到了商业企业，这种三元模式的保证金征收模式一方面活跃了金融市场；另一方面也减轻了企业的资金压力。一种方式是矿山企业向银行及非银行金融机构获取土地复垦信用担保，再由该金融机构向政府管理机关提供担保；另一种是由矿业公司直接向政府管理机关提供现金担保，再通过银行实现对保证金的使用及返还，如图 28-1 所示。

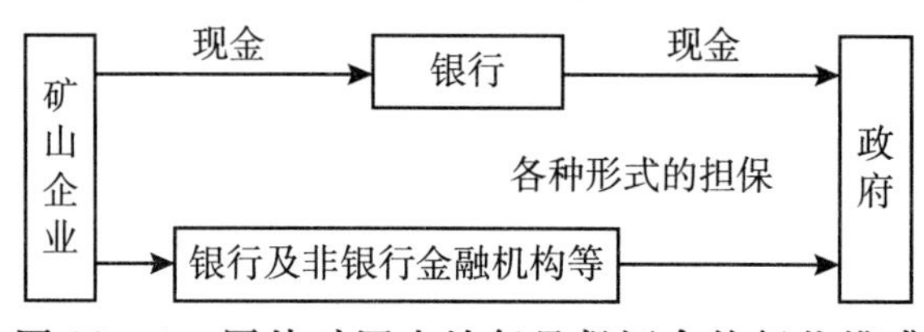

图 28-1　国外矿区土地复垦保证金的征收模式

三、保证金的征收标准

美国规定保证金的数额的决定必须考虑到矿山种类、地质状况、水文等反映复垦难度的因素，不低于申请者估算的复垦成本，保证金的数额应该随着采矿计划、复垦后土地用途等影响复垦成本因素的变化而变化。同时规定，任何区域的保证金数额均不得低于 10 000 美元。根据美国《复垦保证金数额计算手册》，保证金的计算步骤依次为：确定复垦要求，估算直接复垦成本，估算间接复垦成本，确定意外费用。保证金的具体数额必须根据矿山企业提交的复垦计划详细估算，再加上意外费用构成最终数额（见表 28－2）。

表 28－2　　美国矿区土地复垦保证金意外费用计算表

总的复垦成本（美元）	意外费用占比（%）
0～50 万	10
50 万～500 万	7
500 万～5 000 万	4
大于 5 000 万	2

澳大利亚将受影响土地区域简单化为低风险和高风险区域，再根据受影响土地面积确定征收标准，如表 28－3 所示。

表 28－3　　澳大利亚环境恢复保证金收取缴存标准　　单位：AUD

干扰区域	低风险	高风险
	简单措施即可达复垦目标	复杂的地形、敏感区域
≤1hm²	2 500	5 000
1～4 hm²	10 000	20 000
4～10 hm²	20 000	40 000

资料来源：Government Accountability Office. Hardrock mining：BLM needs to better manage finacial assurances to guarantee coverage of reclamation costs [R]. Government Report，2005。

四、保证金的返还或罚没

根据美国《复垦法》，矿业公司在提出保证金返还申请后，应在 30 日之内在当地规定的报纸上发布公告，包括许可证号码及批准日期、返还数额及比例、复垦规划、受影响土地面积及位置等信息，这被认为是保证金返还申请的一部分。接到申请后，复垦管理机关应在 30 日之内对复垦土地进行检查和评价，并且要举行公众听证。如果复垦工作得到肯定，达到第一阶段要求时，管理机关将首先返还适用区域 60% 的保证金，当复垦土地进一步恢复了土地生产力，矿业公司可提出第二阶段验收，经验收合格后，管理机关返还 25% 的保证金。第二阶段要求一般为：根据复垦规划，建立了相应的植被，复垦土地再无泥沙入河流，复垦土地的生产力已与基本农田土地生产力一致。当所有复垦工作完成后，矿山企业的5～10年的责任期届满后，并且矿山企业达到了复垦规划和复垦法所要求的所有标准之后，返还剩余保证金。

当矿山企业没有按照复垦规划复垦时，州政府会通知矿山企业进行整改，并规定整改期限，如果矿山企业仍未按要求复垦并超过一段时间后，政府会从保证金中提取复垦费用，进行必要的复垦工作。

第二节　我国各省矿区土地复垦保证金制度评价

一、保证金制度的实施现状

到目前为止，法律层面还没有一项全国性专门法律涉及“矿区土地复垦保证金制度”，法律规定非常落后。实践层面，从20世纪90年代开始，我国有些省份就已经开始摸索着建立了矿山环境恢复保证金制度。最早制定该制度的是1998年的《浙江省矿产资源管理条例》，规定矿山企业采矿前要缴纳环境治理备用金。2000年实施的《矿产资源管理条例》规定，矿山企业应在领取许可证的同时签订环境治理责任书，并分期缴纳备用金。2000年9月山西省通过《山西省地质环境灾害防治条例》，规定采矿实行地质灾害防治保证金制度。2001年浙江省正式实行矿山自然生态环境治理备用金制度。

从21世纪开始，中央及各部委领导在媒体前高调宣布将借鉴国外的做法，逐步建立保证金制度。同时，国家也开始下发一系列文件，规定要建立该制度。2005年国务院下发《关于全面整顿和规范矿产资源开发秩序的通知》，提出各级政府要按照“谁破坏，谁恢复”的原则，明确恢复责任，探索建立“环境恢复补偿制度”。2006年《国民经济和社会发展第十一个五年规划纲要》提出，要加强资源管理，建立生态补偿机制，并健全环境恢复补偿机制。2006年2月10日，财政部、国土资源部、环保总局联合下发《关于逐步建立矿山环境治理和生态恢复责任机制的指导意见》，指出从2006年起在全国范围内要逐步建立矿山环境治理和生态恢复责任机制，鼓励各地区根据当地实际进行试点，首先在煤炭企业中试点，条件允许可在所有矿山企业普遍推开。要求各地按照“企业所有、政府监管、专款专用”的原则使用和管理资金，由地方财政部门会同国土资源、环境保护行政主管部门对矿山环境治理恢复保证金进行监管。此后，河南、山东、天津、山西等十几个省市相继实行了保证金制度。山西省作为我国煤炭大省，2006 年开始开展煤炭可持续发展试点，政策措施的重点就是规定企业要依据矿井设计年限或剩余服务年限，按照销售收入的一定比例预提保证金。

截至 2010 年底，除了吉林、湖北两省，我国已有 29 个省（区、市）实行了矿山环境恢复治理保证金制度（见表 28 - 4）。截至 2005 年底，浙江省有 3 636 个持证矿山交纳备用金，占应收取治理备用金矿山的 90% 以上，共收取备用金 298 亿元，累计已治理矿山总数为 706 个[①]。截至 2006 年底，江苏省共收缴保证金 3 089. 2 万元，各地市在关闭禁采区内开山采石企业的同时，全面启动了露采矿山生态复绿工程[②]。截至 2008 年底，黑龙江省全省共收缴矿山地质环境恢复保证金 9 435. 23 万元，新建矿山企业缴纳率达到 100%[③]。该制度的实施有效地促进了当地矿业的可持续发展，促进了矿区生态环境的改善，为在全国范围建立统一的矿山环境恢复保证金制度奠定了基础。

表 28 - 4　　我国已实行矿山环境恢复治理保证金制度省份一览

序号	地区	法规	保证金名称	实施日期
1	浙江	浙江省人民政府关于矿山自然生态环境治理备用金收取管理办法的通知	矿山自然生态环境治理备用金	2001 - 12 - 19
2	西藏	西藏黄金矿山地质环境恢复保证金制度	矿山环境恢复保证金	2003 - 11 - 12
3	湖南	湖南省矿山地质环境治理备用金管理暂行办法	矿山地质环境治理备用金	2004 - 09 - 01
4	山东	山东省矿山地质环境治理保证金管理暂行办法	矿山地质环境治理保证金	2006 - 01 - 01
5	云南	云南省矿山地质环境恢复治理保证金管理暂行办法	矿山地质环境恢复治理保证金	2006 - 07 - 02
6	天津	天津市矿山复垦保证金或景观协调保证金收缴及使用管理暂行办法	矿山复垦保证金	2006 - 07 - 14
7	河北	河北省矿山生态环境恢复治理保证金管理暂行办法	矿山地质环境恢复治理保证金	2006 - 12 - 25

① 袁航："浙江省矿山生态环境整治工作进展"，《中国水土保持科学》，2006 年第 1 期，第 116 ~ 121 页。

② 中国环境报 http：//news. sina. com. cn/c/2006 - 02 - 09/09308160420s. shtml。

③ 中国矿业网 http：//app. chinamining. com. cn/focus/green_mines/2010 - 03 - 19/1268961268d36867. html。

续表

序号	地区	法规	保证金名称	实施日期
8	福建	福建省矿山生态环境恢复治理保证金管理办法	矿山生态环境恢复治理保证金	2007－01－01
9	辽宁	辽宁省矿山环境恢复治理保证金管理暂行办法	矿山环境恢复治理保证金	2007－05－17
10	贵州	贵州省矿山环境治理恢复保证金管理暂行办法	矿山环境治理恢复保证金	2007－05－21
11	海南	海南省矿山地质环境保护与治理暂行规定	矿山地质环境治理保证金	2007－08－01
12	甘肃	甘肃省矿山环境恢复治理保证金管理暂行办法	矿山环境恢复治理保证金	2007－08－09
13	青海	青海省矿山环境治理恢复保证金管理办法	矿山环境治理恢复保证金	2007－09－07
14	重庆	重庆市矿山环境治理和生态恢复保证金管理暂行办法	矿山环境治理和生态恢复保证金	2007－10－1
15	山西	山西省矿山环境恢复治理保证金提取使用管理办法	矿山环境恢复治理保证金	2007－10－01
16	陕西	陕西省煤炭矿山环境恢复治理保证金管理暂行办法	矿山环境恢复治理保证金	2007年底
17	安徽	安徽省矿山地质环境治理恢复保证金管理办法	矿山地质环境治理恢复保证金	2008－01－01
18	黑龙江	黑龙江省矿山地质环境保证金管理暂行办法	矿山地质环境保证金	2008－01－16
19	四川	四川省矿山地质环境恢复治理保证金管理暂行办法	矿山地质环境恢复治理保证金	2008－05－01
20	江西	江西省矿山环境治理和生态恢复保证金管理暂行办法	矿山环境治理和生态恢复保证金	2008－07－11
21	宁夏	宁夏回族自治区矿山环境治理和生态恢复保证金管理暂行办法	矿山环境治理和生态恢复保证金	2008－07－17
22	内蒙古	内蒙古自治区矿山地质环境治理保证金管理办法	矿山地质环境治理保证金	2008－08－01

续表

序号	地区	法规	保证金名称	实施日期
23	新疆	新疆维吾尔自治区矿山地质环境治理恢复保证金管理办法	矿山地质环境治理恢复保证金	2008 - 10 - 01
24	河南	河南省矿山环境治理恢复保证金管理暂行办法	矿山环境治理恢复保证金	2009 - 05 - 01
25	广西	广西壮族自治区矿山地质环境恢复保证金管理办法	矿山地质环境恢复保证金	2009 - 06 - 01
26	北京	北京市矿山生态环境恢复治理保证金管理暂行办法	矿山生态环境恢复治理保证金	2009 - 08 - 13
27	上海	上海市矿区生态环境恢复治理保证金制度	矿区生态环境恢复治理保证金	2009 - 08 - 26
28	广东	广东省矿山自然生态环境治理恢复保证金管理办法	矿山自然生态环境治理恢复保证金	2010 - 08 - 10
29	江苏	江苏省矿山地质环境恢复治理保证金收缴及使用管理办法	矿山地质环境恢复治理保证金	2010 - 11 - 03

从表 28 -4 可以看出，在已经实行保证金制度的省份中，各个省份的保证金名称中都突出“环境”一词，大部分为“矿山环境恢复治理保证金”，暗含了该制度的目的是改善矿区的生态环境，虽然各个省份的名称不一，但无一例外地都将其简称为“保证金”，从内容中也可以看出其内涵是一致的，即通过保证金的预缴将矿山企业的外部环境成本内部化，进而激励作为市场主体的矿山企业在追求利润的同时自觉履行环境治理义务。此外，前文已经指出，由于矿产资源是土地资源的一部分，开采矿产资源必然使土地资源遭到破坏，矿区的生态环境问题其实质就是土地资源的破坏问题，因为土地资源是一个由地形、气候、土壤、植被、岩石和水文等因素组成的自然综合体，而土地复垦的过程就是环境恢复的过程。

所以本书认为“矿山环境恢复治理保证金”与“土地复垦保证金”的内涵是一致的，只是在操作层面上，各地均不采用“土地复垦保证金”的名称，征收“矿山环境恢复治理保证金”，我们建议各省应统一保证金的名称为“土地复垦保证金”，一方面是与国际接轨；另一方面是有助于构建全国统一的矿区土地复垦保证金制度。

二、保证金的形式

从全国已实行土地复垦保证金制度的29个省（区、市）的法规文件来看，所有省份保证金的形式均是现金，没有对其他形式作出规定。保证金就是矿山企业为履行环境恢复义务而预先将一部分现金作为备用资金放在专门的银行账户里。目前实践上是将这这笔资金当作活期存款，存在两种计息模式：第一种是湖南模式，利息按银行活期存款利率计算；第二种是安徽模式，利息按国土资源部门与银行签订的协议确定。例如，2008年3月安徽省确定保证金存管银行为工商银行，双方协议约定年利率为5.41%，就高于同期活期存款利率[①]。现金形式的保证金可以使管理机构使用资金时立即变现，管理也很方便，在当前我国金融市场不健全及保证金制度实施初期的这个阶段是符合实际的。随着我国金融市场的不断发展和保证金制度的不断实践，应该学习国外，实行多种形式的保证金，让这部分资金活起来。虽然保证金是备用资金，最后会连本带息返还给矿山企业，但是矿山企业需要缴纳的税费种类达十多项，负担已经很重，这笔资金限制了企业的现金流，加大了企业的生存压力，不利于企业的持续发展。应该借鉴国外，发展保险、担保、信托等多种形式的保证金。

三、保证金的收缴模式

在“企业所有、政府监管、专款专用”的原则下，我国目前保证金的收缴模式主要有两种模式，第一种模式是二元模式（见图28－2），即保证金由政府部门直接收取，存入同级财政专户，如山东、浙江、湖南等地。第二种模式是三元模式（见图28－3），即矿山企业将保证金存入政府指定的某一个商业银行[②]，政府通过银行进行保证金的收缴、使用及返还，在该模式下，银行作为第三方独立出现，如云南、贵州、安徽、重庆等地。由此可见，我国矿区保证金的收缴模式是二元模式与三元模式并存，即同时存在山东等地直接将现金支付给政府的二元模式以及安徽等地将现金存入银行，政府通过银行使用该笔资金的三元模式。

---

① 李邵辉：“保证金应归谁所有?”，《国土资源导刊（湖南）》，2010年第3期，第58~61页。

② 实践中，部分国有重点企业在达到一定条件后可以自设账户存储。

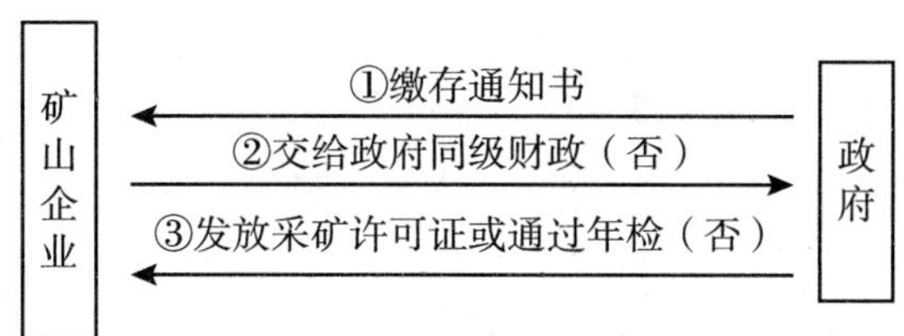

图 28－2　我国矿区土地复垦保证金二元模式收缴图

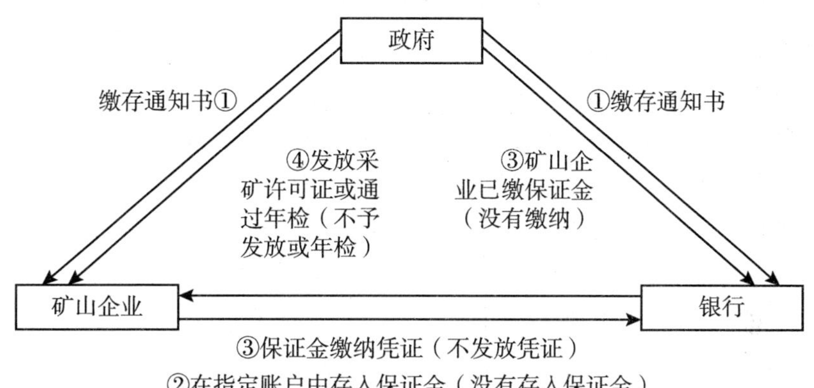

图 28－3　我国矿区土地复垦保证金三元模式收缴图

二元模式与三元模式的根本区别在于是否存在独立第三方。首先对二元模式进行分析。在该模式下，矿山企业将保证金直接存入财政专户，该笔资金变成了政府的财政收入，在转型期的中国，政治体制不健全，矿山企业和监管者的勾结情况比较多，所以容易产生保证金挪用和腐败等寻租行为。实行保证金制度的初衷是激励企业进行土地复垦和约束企业的土地破坏行为，因此寻租风险的防范将关系到保证金制度的成败，进而关系到我国的生态环境能否改善。二元模式的弊端由此可见一斑。

在三元模式下，如图 28－3 所示，首先，由土地复垦管理机关根据当地保证金征收标准测算出保证金的应缴数额，并向矿山企业和银行分别下发《土地复垦保证金缴存通知书》，规定保证金的应缴数额及缴纳时间。其次，代理银行根据缴存通知书为保证金开设银行账户，进行总户管理，分户核算。并将矿山企业的企业名称、保证金数额及开户行等详细信息反馈给国土资源部门及银行省级分行进行备案。最后，已缴纳保证金的矿山企业凭保证金缴纳凭证、土地复垦规划及相关材料到地矿权审批部门领取采矿许可证，未按规定缴纳保证金的，不许发放采矿许可证或者不予年检。在该模式下，第三方的介入使该笔资金的合理使用有了保障，银行将会为了取得收益将这笔资金用于放贷，政府部门使用这笔资金要受到银行的监管，这笔资金变得很安全。实际上，在国外，这个第三方不只是银行，还包括保险公司、信托公司等金融机构，这些金融机构是保证金的担保主体，它们使这笔资金灵活地渗透到经济活动的各个领域，不仅保障了保证金制度的实施效力，也促进了我国金融市场的发展。因此，我国应该根据国情，循序渐进地、有步骤地全面推行三元模式，并且不断丰富和完善第三方。

关于保证金的收缴方式，各省也作了相关规定。各省均规定保证金既可以一次性缴纳也可以分期缴纳，几乎所有省份都规定采矿许可证在3年以下（包括3年）的，应当一次性缴纳，采矿许可证超过3年的，则允许矿山企业分期缴纳，但各省对于如何分期缴纳也作了不同的规定。如内蒙古规定分期缴存保证金的矿山企业每期缴纳额不低于3年的保证金数额，福建省规定首次缴纳的保证金应不少于总额的20%；余额每年度按一定比例缴纳，但在采矿许可证期满前1年，应缴纳全部保证金。江西省规定首次应当缴存保证金总额的30%，余额可按年度平均缴存，但必须在采矿许可证有效期满前1年全部缴清。总之，各个省对于分期缴纳都针对自身情况规定了首次缴纳比例和最后缴清期限，缓解了企业的资金压力，当然，分期缴纳对政府的管理能力也要求较高。

四、目前我国各省土地复垦保证金的征收标准

矿区土地复垦保证金的征收标准是保证金制度的核心和关键，保证金标准如果定得过高，就会对企业形成巨大财务负担，损害企业的利益，不利于经济的健康发展；如果标准过低，则无法对企业形成约束，实现不了土地复垦的目标。理论界一直没有对此问题进行深入研究，由于我国地域差异较大，矿种繁多，各个地区不可能执行统一的保证金标准。然而在实践中，我国已经实行保证金制度的29个省（区、市）中都有详细具体的保证金征收标准和测算方法，对这些具体征收标准进行归纳、梳理和比较有助于更深入地了解我国各个省的具体实践情况，进而分析其存在的问题并寻找对策。

目前我国各省土地复垦保证金的征收标准和测算方法各不一致，大致可以分为以下几种（见表28-5）。

表28-5　　我国各省矿区土地复垦保证金征收标准及测算方法一览

缴纳标准确定依据	总额测算方法	代表地区
矿种	由缴纳标准、面积或规模和影响系数等确定	山东、云南、贵州、黑龙江、安徽、甘肃、广东、新疆、广西
采矿许可证面积	由缴纳标准、面积和影响系数等确定	湖南、浙江、江苏、内蒙古、四川、河北、福建、辽宁

续表

缴纳标准确定依据	总额测算方法	代表地区
矿区面积和开采方式	由缴纳标准、矿区面积和影响系数综合确定	天津、江西、青海、宁夏、西藏
矿种和开采规模	按销售收入的一定比例确定	重庆
矿产品的单位产量	产量	山西、河南
矿种	由缴纳标准、可采资源储量和影响系数确定	陕西

第一，由矿种确定缴纳标准，再由该标准和采矿许可证面积或规模和影响系数确定保证金总额。代表地区有山东、广西、云南、贵州、新疆、甘肃等地。

如广西壮族自治区的保证金测算方法如下：

矿山地质环境恢复保证金 = 收缴标准 × 采矿许可证登记面积（含尾矿库、堆渣场等）× 采矿许可证有效期年限 × 影响系数。具体的征收标准见表 28 – 6。

表 28 – 6　广西壮族自治区矿山地质环境恢复保证金收缴标准和影响系数

<table>
<tr><td colspan="3">收缴标准</td><td colspan="4">影响系数</td></tr>
<tr><td colspan="2">矿种</td><td>收缴标准（元/平方米·年）</td><td colspan="2">露天开采</td><td colspan="2">地下开采</td></tr>
<tr><td rowspan="3">能源矿产</td><td>煤</td><td>0.2</td><td>采矿方法</td><td>影响系数</td><td>采矿方法</td><td>影响系数</td></tr>
<tr><td>石油、天然气、煤成气</td><td>0.01</td><td rowspan="3">自上而下水平分层采矿法</td><td rowspan="3">1</td><td>充填采矿法</td><td>0.5</td></tr>
<tr><td>其他矿种</td><td>0.15</td><td>空场采矿法</td><td>0.8（不允许地表塌落）</td></tr>
<tr><td>金属矿产</td><td></td><td>0.2</td><td>空场采矿法</td><td>1.2（允许地表塌落）</td></tr>
<tr><td colspan="2">非金属矿产</td><td>0.4</td><td rowspan="2">其他采矿法</td><td rowspan="2">1.5</td><td>其他采矿法</td><td>1</td></tr>
<tr><td colspan="2">水气矿产</td><td>0.02</td><td>崩落采矿法</td><td>1.5</td></tr>
</table>

第二，由采矿许可证登记面积确定缴纳标准，再由该标准、影响系数等确定保证金总额。代表地区有湖南、浙江、江苏等地。

如湖南省的土地复垦保证金征收标准和测算方法如表 28 – 7、表 28 – 8 所示。

表 28－7　　湖南省矿山地质环境治理备用金收存标准

采矿许可证登记面积 S（单位：km^2）	收存标准（单位：元/m^2）
S≤0.1	2
0.1＜S≤0.5	0.6
0.5＜S≤1	0.3
1＜S≤5	0.1
S＞5	0.05

注：备用金按采矿许可证登记面积分段累计计算，如某矿山采矿许可证登记面积为 $0.5km^2$，则备用金缴存额＝［$0.1km^2$×2 元/m^2＋（$0.5km^2$－$0.1km^2$）×0.6 元/m^2］×采深系数×采矿许可证有效期（年限）。

表 28－8　　湖南省矿山地质环境治理备用金采深系数

矿山开采深度 H（单位：m）	采深系数
露天开采	1.6
H≤50	1.4
50＜H≤100	1.2
H＞100	1

注：矿山开采深度按照矿山开发利用方案中矿区开采加权平均深度取值。

第三，由矿区面积和开采方式确定缴纳标准，再由该标准和影响系数确定保证金总额。代表地区有天津、江西、青海、西藏等地。如天津市的保证金征收标准和测算方法如下：保证金预缴额＝矿区面积×收缴标准×影响系数（见表 28－9）。

表 28－9　　天津市矿山复垦保证金预缴标准

开采方式	矿区面积（平方米）	收缴标准（元/平方米）	影响系数
露天开采	＞5 000～30 000	10	1
	＞30 000～100 000	10	0.8
	＞100 000～300 000	10	0.65
	＞300 000～500 000	10	0.45
	＞500 000	10	0.3
地下开采	矿区面积	10	0.03

注：1. 面积 5 000 平方米以下的一次性缴存 5 万元。

2. 相邻档次面积相同的保证金缴存额，按照高一档影响系数计算。

第四，由矿种、开采规模和开采方式确定缴纳依据，按照销售收入的一定比例提取。目前只有重庆市采用该种测算方法（见表28－10）。

表28－10　重庆市矿山环境恢复治理保证金部分矿种征收标准

年缴存比例系数							
矿种		10万吨以下		11万～30万吨		30万吨以上	
		露天开采	地下开采	露天开采	地下开采	露天开采	地下开采
能源矿产	煤	5%～7%	2%～4%	4%～5%	0.8%～1.2%	2%～4%	0.3%～0.5%
	石油、天然气	0.4%～0.6%					
	地热	0.1～0.15元/吨					
金属矿产	锰、铁	5%～7%	3%～4%	4%～5%	2%～3%	3%～4%	1%～2%
	铝土矿	4%～5%	2%～4%	3%～4%	1%～1.5%	2%～3%	0.5%～0.8%
	其他矿种	5%～7%	3%～5%	4%～6%	1.5%～3%	2%～3%	1%～2%

同时，重庆市规定了保证金的最高限额。保证金缴存到一定额度后，可暂停缴存，待恢复治理时多退少补（见表28－11）。

表28－11　重庆市矿山环境恢复治理保证金缴存额度

矿山规模	5万吨以下	5万～10万吨	11万～30万吨	31万～50万吨	50万吨以上
缴存额度	150万元	200万元	500万元	800万元	1 000万元

第五，根据矿产品的单位产量确定缴纳标准。代表地区有山西和河南。如山西省规定保证金的缴纳标准为每吨原煤产量10元，按月提取。河南省也是采取这种方法（见表28－12）。

表28－12　河南省矿山环境恢复治理保证金提取标准　　单位：元/吨

矿种	地下开采	地表开采
煤	5	8
石油（天然气）	0.1元/m^3	
金属	5	8
非金属	2	3
建材	1	2

第六，采用矿山可采资源储量确定缴纳标准，再由该标准和影响系数确定保

证金总额。如陕西省保证金收缴总额 = 可采资源储量 × 收缴标准 × 影响系数。具体征收标准见表 28 - 13。

表 28 - 13　　陕西省煤炭保证金收费标准

矿种	收缴标准（元/吨）	影响系数		
		地下开采（综、普采）	地下开采（其他）	露天开采
煤	3	1.2	1	1.5
保证金收缴总额 = 可采资源储量 × 收缴标准 × 影响系数				

此外，海南省没有出台具体的保证金征收标准，规定根据审批的治理方案确定。上海市规定保证金缴纳标准为，按矿区土地使用权权属证明文件记载确认的土地使用面积，以每平方米 1.0 元的标准缴纳。

综上所述，我国没有一个统一的保证金征收标准，存在六种不同的保证金的测算方法。所有省份都认识到不同的开采方式对环境的影响程度不同，都把开采方式作为确定征收标准的一个重要依据。上海市的征收标准最为简单，即为土地使用面积乘以 1 元/平方米。河南和山西的征收标准也比较简单，直接根据单位矿产品产量计算。江苏、云南等地的采矿方式分类很详细，不同的开采方法适用不同的影响系数，这样的计算方法比较科学，体现不同的开采方法、矿区地质地貌、矿种等对当地生态环境造成的不同影响。重庆市的征收标准考虑得最为全面，不仅考虑到了矿种、开采方式等其他省份考虑到的因素，而且还增加了价格因素，保证金的缴纳额将伴随着矿产品的价格进而矿产品的收入的变动而变动，这样保证金数额的市场化程度就会提高，当然这种方法的计算相当复杂。此外，各省针对同一矿种的征收标准也存在很大差异，例如山西省煤炭每吨提取 10 元保证金，陕西省每吨提取 3 元（地下开采），河南省则每吨提取 5 元。再比如同样一个 1 平方千米的铁矿，如果露天开采，在安徽每年需缴纳保证金 230 万元，而在河北仅需缴纳 67 万元，这样就存在一个不同省份矿山企业不公平的竞争问题。

理论界已经基本认同，保证金征收标准应该不低于环境治理费用，因为如果保证金征收数额低于治理费用，则矿山企业宁可不要保证金都不去履行环境恢复义务。国外也征收略大于环境治理费用的保证金。

保证金征收标准的确定需要核算环境资源的价值及其恢复成本，这些成本的核算需要大量专业人员、较全面的环境会计和环境审计，这在短期内还难以实现。然而国内大部分学者认为我国各省份保证金的征收标准过低，没有正确反映环境资源的价值和恢复成本，无法激励矿山企业进行土地复垦。此外，保证金的征收标准应该对应相应的复垦标准，复垦标准低，保证金征收标准可以适当降低；复垦标准高，那么保证金的征收标准就应该提高。

五、保证金的返还模式

保证金的返还是实施矿区土地复垦保证金制度的最后一个环节，这个环节将最终决定保证金制度的成果。我国大部分地区实行一次性返还和阶段性返还相结合的返还方式，如贵州省规定采矿许可证有效期为3年以下的矿山，可在有效期满时，一次性对矿山环境实施治理恢复，之后便可向国土资源行政主管部门申请工程验收，经国土资源行政主管部门会同同级财政、环境保护行政主管部门组织专家进行验收合格并经3年检验无问题的，一次性返还矿山企业全部保证金及利息。采矿许可证有效期3年以上的矿山应该分期治理并分期返还保证金。浙江省规定治理备用金在采矿权许可证有效期内一般不予返还，分期治理确需返还的，首次返还额度不超过已缴纳总额的30%。天津、甘肃等地实行一次行返还保证金。湖南等地规定按许可证有效期进行保证金的结算工作。在实行分期返还的省份中，绝大部分省份规定了首期返还额占已缴纳保证金的比例限额。如广西规定首期返还的保证金不得超过已缴纳保证金总额的85%，上海市规定首次返还的额度一般不得超过已缴纳总额的30%，四川省规定首期提取保证金数额应不超过已缴纳保证金总数的50%。也有省份针对分期返还对保证金余额占比作了规定，如云南省规定保证金余额不得少于保证金总额的15%。

分期返还保证金是以“边开采，边治理”为前提的，此种方法有很多好处。首先，保证了环境恢复的时效性，减少了环境污染，防止积重难返。其次，分期返还保证金可以减轻矿山企业的经济负担，因为一次性缴纳保证金是一笔巨大的资金，可能会使企业没有资金进行土地复垦。再次，分期返还保证金的实行有利于管理机构进行监管，当企业没有履行复垦义务时，管理当局就可以吊销其许可证。最后，环境治理工作周期很长，有时需要数年才能最终完成，分期返还保证金可使复垦工作有序推进，逐步完成。

从返还模式来看，对应收缴模式的二元模式和三元模式，返还模式也就存在二元模式和三元模式。二元模式就是当矿山企业复垦验收合格之后，政府直接将保证金及利息从财政专户拨给企业。三元模式就是当矿山企业复垦验收合格之后，政府将返还通知书递交给银行，再由银行把应返还保证金数额从保证金账户转给企业账户。如果矿山企业未履行复垦义务或者复垦验收不合格，保证金及利息将作为财政非税收入，由国土部组织恢复治理，治理费用超过保证金部分，由矿山企业承担，剩余部分返矿山企业。

保证金返还最重要的环节是验收工作，矿山企业破坏的是矿区的生态环境，那么最终的验收工作必须让矿区居民参与，严格地讲，只有他们满意，复垦工作才算合格。然而不管在法律法规层面还是在实践层面，我国的土地复垦工作很少有当地群众真正参与其中，在已实行保证金制度的29个省（区、市）中，各省无一例外地强调专家在复垦验收工作中的作用，而没有涉及让当地群众参与到复垦验收工作中。我国矿农矛盾本来就很突出，保证金制度中公众声音的缺失又进一步加剧了这种矛盾，增加了不稳定因素。应该学习国外的做法，必须让公众参与到土地复垦的验收工作中去。

第三节　我国矿区土地复垦保证金收取标准的测算

纵观国内外的土地复垦制度，保证金制度无疑是一项成功的经验借鉴，它能在很大程度上促使、保证复垦责任人有效地完成复垦任务，提高土地复垦率。我国要使矿山地质环境和矿区土地复垦状况在“十二五”期间得到明显改善，就必须建立全国层面、统一的、具有较高法律约束力的土地复垦保证金制度。而在保证金制度的设立过程中，其征收标准直接决定着复垦责任人是选择复垦、取回保证金，还是放弃保证金、不予复垦。可见，保证金标准的确立是该项制度成功与否的关键。

一、国内外土地复垦保证金测算方法综述

美国是土地复垦保证金制度实施较为成熟的国家之一，其保证金的收取按照内政部露天采矿区复垦管理办公室制定的《Handbook for Calculation of Reclamation Bond Amounts》① 来执行，大体步骤依次为：确定复垦要求、估算直接复垦成本、根据通货膨胀调整直接成本、估算间接复垦成本、确定意外费用并计算总的保证金数额。可以看出，美国复垦保证金征收标准的实质是复垦成本的计算；换言之，就是以复垦成本为基础来确定土地复垦保证金的征收标准。加拿大估算复垦活动实际成本的保证金计算方法同美国煤矿区的复垦保证金计算方法相似。印度尼西亚根据第三方复垦矿区的成本，确定保证金数量等。

在已有的关于土地复垦成本测算的文献中，其测算方法主要有：（1）卞正

① Office of Surface Mining U. S. Handbook for Calculation of Reclamation Bond Amounts. 2000.

富、张国良从矿山土地复垦费用（分为工程复垦费用、生物复垦费用及其他费用）的角度出发将土地复垦成本分为两类：Ⅰ类成本，从矿山企业角度评价，往往要核算因土地复垦而使每吨矿石成本增加的费用：公式为 $\sum_{t=1}^{n} C_k T(1+i)^t = P$；Ⅱ类成本，从土地生产力恢复角度评价，用单位面积、单位农产品产量需要投入的复垦费用表示：面积成本为 $C_S = \sum_{i=1}^{m} C_i + \sum_{j=1}^{n} C_j + C_0$。① 产量成本为 $C_y = \{P \cdot [\sum_{t=1}^{n}(1+i)^{-t}]^{-1} + C_a\} \cdot r^{-1}$。此外，合理的面积成本和年经营投入应满足净现值 $NVP = \sum_{t=1}^{n}[(E_a - C_a \cdot A^{-1}) \cdot (1+i)^{-t}] - C_s = \max$，其中 E_a 为单位面积年收益。在卞正富、张国良的计算模型中运用了大量数据，较为复杂，且其涉及的费用和投资数据大多是在复垦结束时才能具体得到，年均数据也要待复垦开始时才能平均，这与保证金的事前缴纳性质不符。因此，不建议采取此种模型的复垦成本测算方法进行保证金标准的设立。（2）毛勇、胡振琪将土地复垦工程分为挖掘、装载、运输、卸土和平整土方五个部分，复垦成本也由这五部分构成，$C_0 = C_w + C_z + C_y + C_x + C_p$，由于挖、装、运、卸均由机械完成，所以可设其总成本为 C_0，则 $C_0 = C_0' + C_p$。假定复垦耕地与水面比为 r，复垦单位面积耕地所需挖塘面积为 $S(m^2)$，则复垦总面积 $A = 1 + S = 1 + 1/r = (1+r)/r(m^2)$；设复垦耕地填土厚度平均为 h，单位土方复垦成本为 C_0'，那么单位面积复垦成本 $C = (T \times C_0)/A = (h \times C_0 \times r)/(1+r)$，其中 T 为单位面积土方量。可见，该模型较为简单，但其把复垦效果限定为耕地、复垦材料只是土方，这与实际情况不符，用其测算复垦成本比较单一。（3）秦格等将煤炭矿区分为恢复到原有使用价值和转换使用价值两类进行成本核算，只是简单地汇总加减，较为笼统，也具有事后性，因此，不适合作为保证金设立的辅助工具。（4）肖武等确定矿区复垦成本为 $E = M \cdot S \cdot R_i$，其中 M 为矿区面积，S 为当地土地复垦标准投资水平，R_t 为修正参数；宋蕾在其博士论文中将复垦工程费用分为土方工程、植被修复和其他，土方工程费用 $ER = m \times AEPF \times \prod_{i=1}^{n} R_i$（其中 ER 为土方工程费用，m 为开采面积，$AEPF$ 为标准土方工程单位面积费用，R_i 为待评估土方工程费用修正系数），植被修复费用 $VR = \eta \times m \times \sum VF_i$（其中 VR 为植被重建总费用，η 为矿区

① 第 i 项公共工程（如道路、排水系统等）的面积成本 $C_i = \frac{P_i}{S_i}$，第 j 项纯为复垦区域服务工程的面积成本 $C_j = \frac{P_j}{A}$，C_0 为其他费用。

开采所在“域”的权重系数，m 为植被修复矿区的面积，VF_i 为单位面积的草籽费/播种施肥费/管护费），其他费用设定为土方工程和植被修复的线性函数。肖武和宋蕾均采用了层次分析法对影响土地复垦的各因素进行了赋值，且其计算公式大体相似，均是利用面积、单位费用和参数的乘积来确定复垦成本。但是肖武的方法基于GIS环境，不利于经济学计算；宋蕾的方法要使用一系列权重参数，而这些参数在计算时主观性较大，影响测算结果。（5）程琳琳、万红梅等基于复垦费用的复垦成本测算在实际中具有可操作性：$C=(C'_1+C''_1)+C_2=C_1+C_2$，其中 C 为总复垦成本，C_1 为总的复垦费用，包括工程复垦费用 C'_1（占95%）和生物复垦费用 C''_1（占5%），C_2 为其他费用。程琳琳利用我国20多年不同地区的复垦工程直接成本的经验值总结，按照3倍标准得到不同地区煤矿土地复垦保证金的计提标准；万红梅等通过将上式变形为 $C=C_1+C_1\times r_1\times r_2=(1+r_1\times r_2)\sum_{i=1}^{N}P_i\times S_i$（$r_1$ 为工程复垦费用占总复垦费用的百分比，r_2 为其他费用占工程复垦费用的百分比，P_i 为第 i 种复垦模式的单位费用，S_i 为第 i 种复垦模式的复垦面积，N 为复垦模式总数），按照地区经验平均得到 P_i，计算了保证金的数额。该方法主要依托矿区所处地原有复垦费用的数据，具有应用性和一致性，但其也存在不能根据实际情况及时调整的缺点。

二、适合我国国情的矿区土地复垦保证金方法的选取

要确定土地复垦保证金科学合理的征收标准，就必须从理论与实践两方面出发，具体分析适合我国的土地复垦保证金标准。

首先，土地复垦保证金是一种经济担保手段，其标准的确定，也应该从经济学角度出发。根据经济学的“理性人”假设，可以得出：（1）若保证金数额 B 大于预期复垦成本 EC。矿业企业肯定会选择复垦，但是过多地缴纳保证金会加重企业负担同时也不利于保证金的收取和管理。（2）若保证金数额 B 小于预期复垦成本 EC。此时，矿业企业不复垦的损失为 $B+CI$（无形的声誉成本），当 $B+CI<EC$ 时，矿业企业肯定不复垦；只有当 $B+CI>EC$ 时，企业才会复垦，而要想其成立，那声誉成本 CI 就必须足够大，但是，对于造成矿山破坏的主体——小矿企来说，其规模和资产都相对较小，CI 不足以对其形成约束力。换言之，在此种情况下，大多数企业都是不复垦的。（3）若保证金数额 B 等于预期复垦成本 EC。对于一些环境保护意识薄弱或认为复不复垦都须支付相同 B 的企业来说，其很可能选择不复垦，但是，开采许可证制度、公众参与等的设计，必然会对不复垦的企业形成名誉损失、开采许可证申请障碍等，企业损失 $B+CI$

就远远超过复垦成本 EC。因此，在这种情况下，企业也会选择复垦，而对于管理机关，在这种情况下其同时使自身福利和社会福利达到了最大化，所以 $B=EC$ 是最优选择。综上分析，理论上，合理的保证金数额应该等于预期的复垦成本，即 $B=EC$。其次，实践中美国、加拿大等矿业大国和土地复垦保证金制度实施较好的国家，也均是以"土地复垦成本"来确定土地复垦保证金。因此，无论是从理论上，还是从实践上，最优的土地复垦保证金数额就是土地复垦的成本，确定保证金的标准必须以复垦成本为基础。

本书认为以第⑤种方法中的 $C=C_1+C_1\times r_1\times r_2=(1+r_1\times r_2)\sum_{i=1}^{N}P_i\times S_i$ 为基础进行土地复垦成本测算最为可行，但是还需模型改进。其中，主要涉及以下问题：①工程复垦费用 C_1' 和生物复垦费用 C_1'' 合并为 C_1。上述研究中，只有宋蕾将生物复垦费定为植被修复单独列出计算，公式为 $VR=\eta\times m\times\sum VF_i$，其中 VR 为植被重建总费用，η 为矿区地形地貌的权重系数，m 为植被修复矿区的面积，VF_i 为单位面积的草籽费/播种施肥费/管护费。但是，相较于生物复垦费的概念，植被修复就显得过于狭窄，一定程度上会低估复垦成本。而其他研究中均将工程复垦费与生物复垦费纳为一体，统一为工程施工费研究，也就是程琳琳、万红梅研究公式中的 C_1。在崔艳、王金满的研究中，都认为生产建设项目土地复垦费用中的工程施工费包括工程措施施工费和生物措施施工费。因此，把两者统一估算具有可行性。②工程复垦费用占总复垦费用的百分比 r_1 及其他费用占工程复垦费用的百分比 r_2。上述研究均将复垦的主要费用分为工程复垦费和生物复垦费，要计算 r_1 就必须知道工程复垦费与生物复垦费的比例。认为工程复垦费用占95%、生物复垦费用占5%最早出现在李根福的论文《土地复垦费用估算取值及有关术语释义》中，随后程琳琳、万红梅等继续沿用此比例，三者均没有提出该比例具体来源，所以，这一比例的使用还待商榷。但是，无论是露天矿山复垦还是地下开采矿山复垦，无论是采用充填法复垦还是采用非充填复垦，工程复垦费用总是占相对较大比重。我们可以通过调研已复垦矿区的费用构成情况或根据已有的复垦费用数据，得到工程复垦费用与生物复垦费用的平均比例。关于其他费用占工程复垦费用的百分比 r_2，可根据2005年《土地开发整理项目预算编制暂行规定》中关于其他费用各组成费用的计算公式间接得到。如前期工作费不超过工程施工费的6%，工程监理费不超过工程施工费的1.5%等。③C_1 的测算，即 P_i 的测算。根据《土地开发整理项目预算编制暂行规定》和《开发建设项目水土保持工程概（估）算编制规定》，生产建设项目土地复垦工程费用可由工程措施与生物措施施工费、设备费、其他费用、基本预备费、风险金和价差预备费组成，而我们的研究把工程措施与生物措施施工费、设备费称为

C_1，把其他费用、基本预备费、风险金和价差预备费称为 C_2，可见，在进行 C_1、C_2 测算时，参照《土地开发整理项目预算编制暂行规定》是合适的。④数据问题。模型中所需数据可参考历史数据、经验数值和现行市场价格等得到，且能根据矿区所处地的不同而进行调整等，对矿业企业来说具有公平性。其中，历史数据可通过调研一些土地复垦主管部门来得到我国过去几十年来的复垦工程成本的数据汇总；可通过访问一些土地复垦领域的专家或执行土地复垦的第三方公司来得到复垦工程成本的经验值总结；在参考生产建设项目土地复垦费用计算方法计算工程施工费时，其中的基本工资、辅助工资、材料费等可依照当地现行市场价格。⑤其他因素。在计算复垦成本时要考虑复垦期间发生自然灾害、设计变更等对工程费用的影响，对不同工期长短的工程要分别计提预备费；对于复垦之初就可预见但技术上又无法避免的可能风险，如地下开采矿的沉陷、煤矸石的自燃等要按可能性大小以复垦工程费为基数计取；而在施工过程中遇到的工资、材料费、设备费上涨等问题可借鉴价差预备费模型 $W_i = a_i \times [(1+r)^{i-1} - 1]$（$W_i$ 为第 i 年的价差预备费，a_i 为第 i 年的静态投资费，r 为年均价格上涨率）来消除等。

三、我国各地区矿区土地复垦保证金测算方法的比较

我国的矿区土地复垦保证金征收标准各不相同，大体可分为以下几种（见表 28－14）。

表 28－14　我国各省矿区土地复垦保证金征收标准及测算方法一览（不含北京）

缴纳标准确定依据	年缴存额测算方法	代表地区
矿种	由缴纳标准、面积或规模和影响系数等确定	山东、云南、贵州、黑龙江、安徽、甘肃、广东、新疆、广西、陕西
采矿许可证面积	由缴纳标准、面积和影响系数等确定	湖南、湖北、浙江、江苏、内蒙古、四川、河北、福建、辽宁、上海
矿区面积和开采方式	由缴纳标准、矿区面积和影响系数综合确定	天津、江西、青海、宁夏、西藏
矿种和开采规模	按销售收入的一定比例确定	重庆
矿产品的单位产量	产量	山西、河南
依据矿山企业所提交的治理方案确定		吉林、海南

第一，由矿种确定缴纳标准，以陕西省为例，测算方法和标准如下（见表28－15）。

年缴存额＝缴存标准×开采影响系数×矿山设计开采规模

缴存总额＝年缴存额×采矿许可证有效期

表28－15　　陕西省矿山地质环境治理恢复保证金缴存标准和影响系数

<table>
<tr><td colspan="3">缴存标准</td><td colspan="5">影响系数</td></tr>
<tr><td colspan="2">矿种</td><td>缴存标准单位（元/吨，元/立方米）</td><td colspan="2">露天开采</td><td colspan="3">地下开采</td></tr>
<tr><td rowspan="4">能源矿产</td><td>煤</td><td>4</td><td>采矿方法</td><td>影响系数</td><td colspan="2">采矿方法</td><td>影响系数</td></tr>
<tr><td>石油、天然气煤气</td><td>0.1</td><td rowspan="4">自上而下水平分层采矿法</td><td rowspan="4">1.5</td><td colspan="2">充填采矿法</td><td>0.3</td></tr>
<tr><td>地热</td><td>0.2</td><td rowspan="3">空场采矿法</td><td>不允许地表塌落</td><td>0.8</td></tr>
<tr><td>石煤、油页岩</td><td>1</td><td rowspan="2">允许地表塌落</td><td rowspan="2">1</td></tr>
<tr><td colspan="2">金属矿产</td><td>3</td></tr>
<tr><td colspan="2">非金属矿产</td><td>1.5（其中建筑用砂、砖瓦粘土0.5，地下卤水0.2）</td><td rowspan="2">其他采矿法</td><td rowspan="2">1.8</td><td colspan="2">崩落采矿法</td><td>1.2</td></tr>
<tr><td colspan="2">水气矿产</td><td>0.01</td><td colspan="2">其他采矿法</td><td>1</td></tr>
</table>

第二，由采矿许可证登记面积确定缴纳标准，以浙江为例，测算方法和标准如下（见表28－16）。

治理备用金应缴纳标准＝采矿许可证登记面积×缴纳标准×影响系数

表28－16　　浙江省矿山自然生态环境治理备用金收取标准

<table>
<tr><td colspan="2">采矿许可证面积及各档标准</td><td colspan="5">影响系数</td></tr>
<tr><td rowspan="2">面积（平方米）</td><td rowspan="2">缴纳标准（元/平方米）</td><td colspan="2">露天开采</td><td rowspan="2"></td><td colspan="2">地下开采</td></tr>
<tr><td>开采标高差（米）</td><td>影响系数</td><td>采矿方法</td><td>影响系数</td></tr>
<tr><td>2 000～50 000</td><td>6.0</td><td>20米以下</td><td>1.1</td><td rowspan="5">空场采矿法</td><td>允许地表塌陷</td><td>1.4</td></tr>
<tr><td>50 000～300 000</td><td>5.0</td><td>20～40</td><td>1.2</td><td>不允许地表塌陷</td><td>1.3</td></tr>
<tr><td>300 000～1 000 000</td><td>3.5</td><td>40～60</td><td>1.3</td><td>崩落采矿法</td><td>1.5</td></tr>
<tr><td>1 000 000以上</td><td>1.5</td><td>60～80</td><td>1.4</td><td>充填采矿法</td><td>1.1</td></tr>
<tr><td></td><td></td><td>80以上</td><td>1.5</td><td></td><td></td></tr>
</table>

第三，由矿区面积和开采方式确定缴纳标准，以天津为例，测算方法和标准如下（见表28－17）。

保证金预缴额＝矿区面积×收缴标准×影响系数

表 28－17　　天津市矿山复垦保证金预缴标准

开采方式	矿区面积（平方米）	收缴标准（元/平方米）	影响系数
露天开采	>5 000～30 000	10	1
	>30 000～100 000	10	0.8
	>100 000～300 000	10	0.65
	>300 000～500 000	10	0.45
	>500 000	10	0.3
地下开采	矿区面积	10	0.03

第四，由矿种、开采规模和开采方式确定缴纳标准，以重庆为例，测算方法和标准如下（见表 28－18）。

表 28－18　　重庆市矿山环境恢复治理保证金部分矿种征收标准

年缴存比例系数							
矿种		10 万吨以下		11 万～30 万吨		30 万吨以上	
		露天开采	地下开采	露天开采	地下开采	露天开采	地下开采
能源矿产	煤	5%～7%	2%～4%	4%～5%	0.8%～1.2%	2%～4%	0.3%～0.5%
	石油、天然气	0.4%～0.6%					
	地热	0.1～0.15 元/吨					
金属矿产	锰、铁	5%～7%	3%～4%	4%～5%	2%～3%	3%～4%	1%～2%
	铝土矿	4%～5%	2%～4%	3%～4%	1%～1.5%	2%～3%	0.5%～0.8%
	其他矿种	5%～7%	3%～5%	4%～6%	1.5%～3%	2%～3%	1%～2%

第五，由矿产品的单位产量确定缴纳标准，以河南为例，测算方法和标准如下（见表 28－19）。

保证金预缴额＝矿产品产量×缴存标准

表 28－19　　河南省矿山环境恢复治理保证金提取标准　　单位：元/吨

矿种	地下开采	地表开采
煤	5	8
石油（天然气）	0.1 元/m^3	
金属	5	8
非金属	2	3
建材	1	2

第六，吉林、海南两省均没有制定具体的保证金测算方法，而是规定“由矿山所在地的市、县国土环境资源行政主管部门根据审批的治理方案确定”。

综上所述，我国没有一个统一的保证金测算标准，各地不仅依照不同的因素确定缴纳标准（矿种、面积等），且即使是对同一矿种其提取的缴纳标准也不尽相同（如山西、河南吨煤的提取标准分别为10元、5元等）。这种缴纳标准的不同确定方法和同一矿种不同缴纳数额，势必会造成行业内不同省份企业间的不公平竞争，不利于矿业企业的平衡、稳定发展。此外，一方面，虽然各省在制定缴纳标准时都遵循“不低于治理费用”的前提，但无论是以何种方式来确定的缴纳标准（矿种、采矿许可证面积、矿种和开采规模、矿产品的单位产量等）均是简单的采用一确定的数额，没有考虑在具体的复垦活动中成本的差别，这在一定程度上存在主观性，造成保证金数额收取的偏差，不能达到最优的收取、治理效果；另一方面，其标准和影响系数的制定方法都没有言明，测算方法也没有体现出“以土地复垦成本”为基础的理论依据。因此，要利用土地复垦保证金制度解决矿区的土地资源破坏问题，就必须建立全国范围内、统一的、科学合理的矿区土地复垦保证金收取标准。

四、我国矿区土地复垦保证金收取标准的测算

本书基于土地复垦费用来进行复垦成本测算：

$$\begin{aligned} C &= (C_1' + C_1'') + C_2 + C_0 \\ &= C_1 + C_2 + C_0 \end{aligned} \tag{28-1}$$

$$C_1 = \sum_{i=1}^{N} P_i \times S_i \qquad S = \sum_{i=1}^{N} S_i$$

其中：C 为总复垦成本，S 为总复垦面积，C_1 为总的复垦费用，包括工程复垦费用 C_1'（占95%）和生物复垦费用 C''_1（占5%），C_2 为其他费用，C_0 为预备费和风险金（复垦期间发生自然灾害，设计变更，工资、材料费、设备费上涨等对复垦费的影响），P_i 为第 i 种复垦模式的单位费用，S_i 为第 i 种复垦模式的复垦面积，N 为复垦模式总数。

对于 P_i，可通过对典型矿区土地复垦所需费用的统计、分析得到；S_i 可通过矿区规划直接测算；其他费用 C_2 是指没有发生在复垦阶段的费用，包括复垦的前期规划设计费用、复垦后的科研试验费等。根据《土地开发整理项目预算编制暂行规定》中关于其他费用各组成费用的计算公式，除拆迁补偿费外，各费用均可通过工程施工费得到，而工程施工费一般占总费用的95%，所以，其他费用可根据工程施工费和总费用间接得到（拆迁补偿费可看作是企业与居民

间的经济关系，在测算复垦成本时可不予考虑）。那么，式（28－1）可变为：

$$C = C_1 + C_1 \times r_1 \times r_2 + C_0$$
$$= (1 + r_1 \times r_2) \sum_{i=1}^{N} P_i \times S_i + C_0 \qquad (28-2)$$

其中：r_1 为工程复垦费用占总复垦费用的百分比，r_2 为其他费用占工程复垦费用的百分比。随着复垦技术等的发展，r_1、r_2 也要酌情进行调整。对于 C_0，其中的基本预备费和风险金可按 C_1、C_2 之和的 6%～10% 提取，由于工期时间跨度长而造成的价差预备费可按 $W_j = a_j \times [(1+r)^{j-1} - 1]$（$W_j$ 为第 j 年的价差预备费，a_j 为第 j 年的静态投资费，r 为年均价格上涨率）计算。那么，式（28－2）可进一步变为：

$$C = (1 + r_3 + r_1 \times r_2 + r_1 \times r_2 \times r_3) \sum_{i=1}^{N} P_i \times S_i + \sum_{j} W_j \qquad (28-3)$$

在最终的模型式（28－3）中，包含了以下理念：（1）根据最终复垦土地的用途，即复垦的要求确定单位复垦成本 P_i；（2）工程复垦费用 C_1' 和生物复垦费用 C_1'' 合并后的 C_1，按照《土地开发整理项目预算编制暂行规定》包括直接成本、间接成本等；（3）其他费用转换为用 P_i、S_i 表示；（4）包含价格影响因素 W_j。与美国的测算方法相比，本书的模型包括了其计算的五个关键因素，在一定程度上是全面的、客观的、合理的；与我国实践中的测算方法相比，本书的模型是具有针对性的，即可根据具体的复垦模式、复垦目标来测算成本，也消除了通货膨胀等意外因素对保证金数额的影响。因此，本书的测算方法能够作为保证金标准的基础模型（在立法中要考虑矿种、开采模式等对单位保证金数额 P_i 的影响，可采用层次分析法来确定影响系数。本书旨在讨论出保证金收取标准的支柱模型，影响系数的确立具有一定主观性，不在本书讨论范畴内），可为保证金收取标准的确立提供参考。

以 A 煤矿为例，我们运用新的测算方法来计算其保证金缴纳额：

A 煤矿地质环境破坏状况简介：A 煤矿由于受历史上“有水快流”资源开发观念的影响和资源无序开发及缺乏整体规划因素所致，导致了矿区范围内大面积破坏严重，浅部块段资源相继遭到毁灭性破坏，由此引发了地质灾害频繁发生，地质环境趋于恶化，不同程度地制约了煤炭资源的开发进程。因此，通过土地适宜性评价，确定复垦可利用耕地 2 316 亩（154.4 公顷），恢复植被 402 亩（26.8 公顷），修建水库及道路用地 372 亩（24.8 公顷）。

根据 A 煤矿土地复垦的基本模式，我们可以将复垦后土地的用途分为耕地、林业用地和建设用地三类，分别确定其单位复垦费用。以复垦耕地为例，A 矿区拟移动土石方后再进行 1 米厚的土层覆盖，最终通过配土、施肥等沃土措施达到改良土壤质地的目标，并建设灌溉系统等将废弃地复垦为可利用土地。本案例中，由于数据可得性等限制，我们依据已有文献的研究结果，经过数据处理得到耕地的复垦费为50.38元/平方米、林业用地为20.17元/平方米、建设用地为8.64元/平方米。我们参照已有文献取r_1为95%，根据《土地开发整理项目预算编制暂行规定》中关于其他费用各组成费用的计算公式得到r_2为12.71%，带入式（28-2）得到总复垦成本为9 563.88万元，计提基本预备费和风险金（按8%）后，总复垦成本为10 328.99万元。由于无法得知A煤矿的复垦年限，因此不能计算出W_j，但是我们可以确定A煤矿至少应缴纳保证金10 328.99万元。

综上所述，本书从多个方面对我国的矿区土地复垦保证金制度进行了设计，较之现行的各地方制度，它更具约束力、更全面、更细致，系统的制度安排将对我国在建或在运行矿区的土地复垦进程产生有效地推动作用。

小　结

国外的土地复垦制度以保证金制度为主，在保证金的缴纳形式上主要有履约担保债券、不可撤销信用证、信托财产证书等。在保证金的征收模式上，国外一般通过第三方为担保方，以及由矿业企业与政府共同组成三元的保证金征收模式。国外保证金的征收标准不低于复垦成本。对于保证金的返还或罚没均有详细的规定。

我国的土地复垦保证金制度的法律法规还较落后，实践中，截至2010年大多数省份已经建立了土地复垦保证金制度。在保证金的缴纳方式上主要以现金为主，收缴模式主要是由矿业企业和政府组成的二元模式，以及由企业、政府、商业银行组成的三元模式。在计征标准上因各地规定的不同而不同，目前存在六种保证金的征收标准。在返还模式上主要采用一次性返还与阶段性返还相结合的方式。以A煤矿为例，测算了矿区土地复垦保证金收取的标准。

第二十九章

我国矿产资源税费的性质及其与保证金制度比较

本章将矿区土地保证金制度与我国矿产资源税费制度进行比较。第一节探讨了我国矿产资源税费由资源税、矿产资源补偿费、探矿权采矿权使用费和价款、石油特别收益金、煤炭可持续发展基金、环境治理补偿费等构成制度安排及其特征；第二节从征收标准设定、举证责任、监督成本三方面将生态补偿税费与保证金制度进行比较；第三节对我国采矿许可证制度的法律规定和实施现状进行分析；第四节指出我国采矿许可证制度存在混淆采矿权与采矿许可的关系、法律规定模糊、行政权力扩张与滥用的问题。

第一节　我国矿产资源税费的性质探讨

1994 年我国对企业的税费体制进行了改革，之后我国的矿产资源税费主要由三部分组成：第一部分是所有工商企业都要缴纳的税费，即普适税，如增值税、企业所得税、营业税、消费税、城市建设维护税、教育费附加、土地使用税、印花税等；第二部分是矿山企业需缴纳的资源税费，如资源税、矿产资源补偿费、探矿权采矿权使用费和探矿权采矿权价款、石油特别收益金；第三部分是环境税费，主要包括土地复垦费、环境恢复治理保证金、排污费、水土流失防治费、水资源费等，还有针对中外合作企业征收的矿区使用费和山西省的煤炭可持续发展基金。

对于这些税费是否具备生态补偿的性质至今没有统一，我们以各种税费的设置目的和资金用途为标准，去判断各种税费的性质，以明确我国目前生态补偿的现状，并与保证金制度进行比较，分析二者的利弊，以期为后续环境政策的制定提供一种制度选择的导向。我们认为，具有生态补偿性质的税费是指全部或者部分用于恢复、治理、校正生态环境的税费形式。普适税的征收主要是为了增加财政收入，进而使政府有资金去发展公共事业，增进社会福利，不涉及生态补偿的性质，我们这里主要讨论矿山企业的特殊税费是否具备生态补偿性质[①]。

一、资源税

我国现行资源税是根据1994年实施的《中华人民共和国资源税暂行条例》，是在我国境内开采应税矿产品的企业个人应缴纳的资源税，是一种从量税[②]。根据国家税务局最新规定的单位税额：原有：8～30元/吨；天然气：2～15元/千立方米；煤炭：0.3～5元/吨。根据条例，我国征收资源税的目的是促进资源合理开发，调节自然资源的级差收入，原则是“普遍征收，级差调节”。其性质是国家凭借政治权力取得的体现国家所有权的财产性收入，是有偿使用制度的重要组成部分，其目的是给企业创造公平的竞争环境，补偿资源的代际外部性，收入用于研发或者寻找新资源，从而使资源可持续性、理性地被开采。国内众多学者认为资源税的目的是发现资源的合理价格，体现资源生产的外部性，保证资源的可持续发展。由于资源税由国家税务机关负责征收，并纳入国家财政总体预算，而不是将其单独作为补偿环境污染和生态破坏，因此我们认为资源税的性质是体现国家对资源的财产权，不具备生态补偿的性质。

二、矿产资源补偿费

1994年我国实施《矿产资源补偿费征收管理规定》，开始征收矿产资源补偿费，采矿权人是征收主体，以矿产品的销售收入为征收依据。矿产资源补偿费收入中央与省、直辖市按5:5分配，中央与自治区按4:6分配。收入所得的70%

---

① 国内有些学者把具有生态补偿的性质税费称为“生态税费”，“生态税费”与“环境税”不一样，前者是税费混杂的一种形式。见郑玲微、张凤麟：“论我国矿产资源生态税费体系的构建”，《中国矿业》，2010年第7期，第25～27页。

② 2010年6月1日，新疆进行资源税改革试点，原油、天然气资源税实行从价计征，税率为5%。

用于矿产勘查，20%用于环境保护支出，10%为征收部门经费补助。矿产资源补偿费虽然体现的是矿产资源所有者的财产权益，但是其1/5的资金用于环境保护支出，因此其具有生态补偿的性质。

三、探（采）矿权使用费和价款

在中国境内探测和开采矿产资源都需要缴纳探（采）矿权使用费或探（采）矿权价款。对于由国家出资形成的探（采）矿权的转让，需要缴纳探（采）价款；如果是国家将矿产资源的转让探（采）矿权转让，国家并没有出资，则接收人需要按照相关规定缴纳探（采）使用费。我国从1998年开始征收探（采）矿权使用费和探（采）矿权价款，根据1998年2月12日发布的《矿产资源勘查区块登记管理办法》的相关规定，国家实行探（采）矿权的有偿取得制度。其中探矿权使用费以勘查年度计算，逐年缴纳，探矿权使用费在第一个勘查年度至第三个勘查年度，每平方公里每年缴纳100元，从第四个勘查年度起，每平方公里每年增加100元，但是最高不得超过每平方公里每年500元。对于采矿权使用费则按照矿区范围的面积逐年缴纳，标准为每平方公里每年1 000元。由于勘探矿产资源和开采矿产资源，都必须占有使用一定范围的土地，探矿权采矿权使用费的性质同土地使用费相同，即土地租金，类似于发达国家的矿业权租金。

对于由国家出资形成的探（采）矿权，则采矿人除了缴纳探（采）矿权使用费外，还应当补偿国家出资部分，即探（采）矿权价款。为了避免在探（采）权款转让过程中国有资产的流失，国土资源部2006年10月发布的《关于深化探矿权采矿权有偿取得制度改革有关问题的通知》规定：“国家出让新设探矿权、采矿权价款，除按规定允许以申请在先方式或协议出让的方式以外，一律以招标、拍卖、挂牌等市场方式出让。”

这两部分收入均是资源有偿使用制度的重要组成部分，资金用于地质勘查，不具备生态补偿的性质。

四、石油特别收益金

我国从2006年3月26日起对石油开采企业销售国产原油因价格超过一定水平所获得的超额收入按比例征收“收益金”，国际惯例被称为“暴利税”。石油特别收益金属中央财政非税收入，纳入中央财政预算管理。目前，特别收益金的起征点是40美元/桶，该笔资金大部分用于消费者补贴，不具备生态补偿性质。

五、煤炭可持续发展基金

2006 年 4 月国务院以山西省作为煤炭工业可持续性发展试点，批准征收可持续发展基金，提取保证金和建立煤矿转产发展基金。目前只有山西省设置可持续发展基金，2011 年“两会”期间内蒙古申请征收该笔基金，但没有被批准。2011 年 3 月 1 日起山西省提高了征收标准，调整后的适用煤种征收标准为：动力煤最高每吨 18 元，无烟煤最高每吨 23 元，焦煤最高每吨 23 元，提高煤炭可持续发展基金征收标准增加的基金收入用于解决引黄入晋工程及配套工程建设。可持续发展基金的使用方向是以 5∶3∶2 的比例分配使用，即 50% 用于环境治理、30% 用于煤矿转产、20% 用于社会稳定，最大的投入是环境治理。该笔基金目的在于建立煤炭开采综合补偿和生态环境恢复补偿机制，具有生态补偿的性质。

六、其他

我国还征收地质塌陷补偿费、环境治理补偿费、环境监测费、污染物排放费、煤炭检验费、土地复垦费、土地复垦保证金等，部分地区还征收针对性很强的生态补偿费，如云南省 1983 年以昆阳磷矿为试点征收每吨 0.3 元的生态补偿费，20 世纪 90 年代广西、福建、江苏等 14 个省 145 个县开始征收生态补偿费。2010 年环保部政策研究中心课题组建议全面开征生态补偿费，或在现有资源补偿费的基础上增加一个生态补偿费，以应对矿产资源开发造成的严重生态环境问题，但是在国内政府和学者近年来把焦点集中在环境税的征收上时，生态补偿费的出台前景尚不明朗，上述这些税费均具有生态补偿的性质。

评价：第一，我国矿产资源税费种类繁多而混杂，但是其中具有生态补偿性质的税费种类很少，矿山企业的总体税负很重，李国平和张海莹（2010）研究发现，我国采矿行业普适税费负担水平偏重，资源税税负水平偏轻。这样一种局面虽然有助于我国财政收入的增加，但是无益于我国资源有偿使用制度和生态补偿机制的建立，实施结构性减税应是当务之急。

第二，从前文可以看出，我国生态税费政策“重费轻税，费挤税”现象严重。应该减少“费”的种类，合并或者增加为“税”，因为“费”基本由地方政府负责征收管理，可以随意设置征收标准，资金去向难以接受有效监督，导致很多地方出现“小金库”，给地方政府创造机会寻租，滋生腐败。而税收需要上缴国库，资金的收支容易接受监督，效率会更高，应该尽快研究建立环境税制，征收环境税，可喜的是，我国的环境税研究已取得阶段性成果，实施之日不再遥远。明确哪些税费具有生态税费性质有助于我国为环境税的开征提供经验，进而为生态补偿机制的建立奠定基础。

第二节　生态补偿税费与保证金制度的比较

目前国际上对土地破坏的外部成本进行内部化的途径主要有两种，一种是生态补偿税费制度；另一种是土地复垦保证金制度。经济转型国家普遍采取生态补偿税费制度，而发达国家则普遍采取保证金制度。对这两种制度进行比较分析有助于为政府的政策制定提供有意义的导向，我们将从以下几个角度进行比较分析。

一、征收标准设定

生态补偿税费属于一次性事后行为，如果标准低于社会边际恢复成本，则无法完全内部化损毁土地的外部性；如果征收标准高于边际社会恢复成本，一方面会扭曲市场；另一方面也会失去政府的公正性。由于矿区土地复垦的成本与矿区类型、气候、采矿量、采矿技术与生态重建技术密切相关，导致矿区土地复垦成本差异很大，这样如果收取统一的生态补偿税费是缺乏合理性的。然而保证金制度在设计上具有很强的灵活性，允许不同的矿区根据矿种或者矿区面积设计不同的标准，这样就给所有类型矿区的土地复垦工作以很好的激励。

二、举证责任

在生态补偿税费制度下，以土地复垦费为例，企业不需要提交已完成土地复垦的证明，而由主管部门按照企业提交的复垦计划与标准进行核查，如发现证据证明企业违规，才能征收土地复垦费，其他行政处罚与此类似，故举证责任主体是政府，这样导致企业以逸待劳，少数执法人员也因执行成本高而疲于检查，从而导致执行效率差。然而在保证金制度下，企业为了取回预先缴纳的保证金，必然会主动向主管部分提供已经完成复垦的证明，举证责任主体在企业，这使多数企业的土地复垦行为和信息更为公开透明化，政府也无须不断监视企业的土地复垦行为。

三、监督成本

由于企业的目的是追求最大利润，企业会存在瞒报土地破坏面积、破坏程度等决定补偿税费缴纳数量指标的动机，再加上补偿税费存在一次性和事后性的特点，导致补偿税费制度会付出高昂的稽查成本，而保证金制度基本不存在逃逸生态重建责任的稽查成本，故监督成本比较低。

此外，企业一旦缴纳生态补偿税费后，组织复垦的任务就转移到了政府，企业就没有了动力去改进采矿技术，降低了土地复垦的激励；然而，保证金制度会激励企业为了节约复垦资金，改进采矿和复垦技术，使企业一直有一种复垦责任人意识，进而增加了复垦的激励。

总之，保证金制度与补偿税费制度①的根本区别在于前者是一种激励约束制度，后者是一种强制管理型制度；前者是一种事前管理方式，后者是一种事后管理方式。保证金制度能够给企业提供一种激励，激励企业认真履行复垦义务，进而得到保证金及相应的奖励，同时也提供一种约束，约束企业逃逸复垦责任，以使其得不偿失。综上分析，保证金制度的执行效果更为显著，成本也更低，从管理角度和经济角度考虑，我国当前应该主要采取以土地复垦保证金制度为主的经济激励性手段。

然而，应该明确的是，环境税和土地复垦保证金是一种互补的关系。保证金作为一笔抵押资金最终会有条件地归还矿山企业，功能定位在于“激励约束”，而环境税的资金最终将用于环境保护，体现“谁污染，谁付费”的原则。由于矿区的环境问题不仅体现为环境污染，还有生态破坏，而生态破坏的恢复周期长、恢复难度大，甚至有些生态破坏是不可逆转的，矿区的环境问题是最严重的环境问题，其特殊性决定了政策必须严厉。因此，在矿区必须在环境税的基础上继续实行土地复垦保证金制度。

第三节　我国采矿许可证制度初探

采矿许可作为一种行政许可，是国家管理矿产资源开发利用活动的重要措施。前文已经指出，国外矿业发达国家都把严格的许可证制度视为土地复垦制度

① 这里的补偿税费制度特指我国当前“重费轻税”的生态税费制度，不包括环境税。

的重要组成部分，我国也很早就实施该制度，但理论研究很滞后，许可证制度存在诸多不足，因此对此进行初步探讨很有必要。

一、许可证制度的内涵解读

由于许可证制度是一种行政许可，因此应首先对行政许可进行探究。《行政许可法》第二条规定："行政许可是指行政机关根据公民、法人或者其他组织的申请，经依法审查，准予其从事特定活动的行为。"其实质是国家为了实现一定的社会公共利益而采取的一种保护性的行政手段，该手段是通过对特定行为人的资格条件审查体现出来的。由此可以看出，行政许可是一种公权批准行为，其本质是一种资格审查和确认。

根据《矿产资源开采登记管理办法》第三条的规定，颁发采矿许可证的行政机关是国务院以及地方地质矿产主管部门，即国土资源部门。同样根据该办法第五条规定，采矿权申请人申请采矿许可时应该向登记机关提供依法设立矿山企业的批准文件，也就是说，许可证申请人必然为矿山企业。结合行政许可法的规定，我们认为，采矿许可是国家为了防止或者减少矿山企业采矿活动中所产生的负外部性而对矿山企业的资格进行审查，进而准许或者禁止其采矿的一种行为。因为，如果矿山企业没有相应的资格、条件，很有可能造成采矿过程中的资源浪费、安全事故和不可控的环境污染和生态破坏等问题，许可证制度在事前就将这些隐患发生的可能性降至最小。实际上，在采矿之前对矿山企业的资质进行严格审查是国际上一种通行的做法。

二、我国采矿许可证制度现状

首先来梳理一下我国关于采矿许可的各种法律法规。1986 年的《矿产资源法》第十三条规定："国务院和国务院有关主管部门批准开办的国营矿山企业，由国务院地质矿产主管部门在批准前对其开采范围、综合利用方案进行复核并签署意见，在批准后根据批准文件颁发采矿许可证。"这是我国最早关于采矿许可证的规定。1994 年的《矿产资源法实施细则》第六条规定："采矿权是指在依法取得的采矿许可证规定的范围内，开采矿产资源和获得所开采的矿产品的权利。取得采矿许可证的单位或者个人称为采矿权人。"该规定把采矿许可证视为获得采矿权证的一个必要条件。1996 年修正的《矿产资源法》第十五条规定："设立矿山企业必须符合国家规定的资质条件。"认为行政许可针对的是企业的资质而并非采矿权。1998 年的《矿产资源开采登记管理办法》第六条规定："采矿权申请人应当自收到登记通知之日起30日内，依照本办法第九条的规定缴纳采矿权使用费，并依照本办法第十条的规定缴纳国家出资勘查形成的采矿权价款，办理登记手续，领取采矿许可证，成为采矿权人。”2003年的《探矿权采矿权招标拍卖挂牌管理办法》第二十五条规定：“主管部门应当按照成交确认书所约定的时间为中标人、竞得人办理登记，颁发勘查许可证、采矿许可证。”此外，我国的《公司法》第二章对有限责任公司的注册资本最低限额进行了规定，采矿业正是需要设置较高准入门槛的行业。截至2008年底，我国有效采矿许可证10.06万个，当年新立有效采矿许可证8 352个，2009年我国新立有效采矿许可证6 851个，我国的许可证制度取得了比较快速的发展，矿业权市场也随之更加规范。

采矿许可证的核心内容是对矿山企业的审查，也就是矿山企业符合什么样的条件才可以颁发采矿许可证。根据《矿产资源开采登记管理办法》第五条规定，我国矿山企业申请采矿许可需要提交的文件如下：

(1) 申请登记书和矿区范围图；(2) 采矿权申请人资质条件的证明；(3) 矿产资源开发利用方案；(4) 依法设立矿山企业的批准文件；(5) 开采矿产资源的环境影响评价报告；(6) 国务院地质矿产主管部门规定提交的其他资料。

由这些条件可以看出，我国的采矿许可证制度集中于对矿山企业规模和生产能力进行资质审查，而忽视了矿山企业的环境恢复能力以及在这方面的历史表现，仅仅让矿山企业提交环境影响的评价报告，并没有涉及“土地复垦”，即没有相关的复垦规划和环境保护的要求，也就是说，我国的采矿许可证制度并不是土地复垦制度的一个组成部分，而是仅仅作为采矿权证取得的一个资格确认的程序。

采矿权人变更矿区范围、矿种、开采方式和企业名称的，可以向登记管理机关申请变更许可证；采矿权人在许可证期内或者届满停办、关闭矿山的，应当自决定之日起30日内申请办理注销登记手续。

第四节　我国采矿许可证制度存在的问题

一、混淆采矿权与采矿许可的关系

我国2003年《探矿权采矿权招标拍卖管理办法》第二十五条规定：“行政

主管部门应该按照成交确认书约定的时间为中标人办理登记，颁发采矿许可证。”按照该规定，采矿许可证是采矿权证取得的一个产权登记证，是一种物权证书，本质是一种私权。然而，行政许可的实质是一种特定活动权，是一种行政批准行为，本质是一种公权。作为行政许可的采矿许可既是公权又是私权，这是因我国对此问题认识有误所产生的矛盾。

此外，在我国设立矿山企业需要对矿区范围进行审查，如果没有“采矿权”而又哪来的“矿区范围”呢？我国将矿业经营权的审批和矿产资源财产权的出让合并处置了，希望二者同时发生，这是很幼稚的想法，很多学者用“先有鸡还是先有蛋”来质疑这些不合理的设计，也是不无道理的。

二、法律规定模糊

第一，《矿产资源法》第十五条规定：“设立矿山企业，必须符合国家规定的资质条件。”从字面意思理解，设立矿山企业是有一定门槛的，符合国家规定的条件是设立矿山企业的一个前提。但是这个“资质条件”具体是什么却没有相关的法律规定，也没有明确由哪个国家机关制定该条件。这导致在实践中出现依靠关系和权利取得采矿权和采矿许可，或者就是一些垄断企业垄断了这些特权，或者是一些矿业的资格门槛极高。

第二，国家对矿山企业的审查内容以生产能力和规模为主，没有涉及对矿山企业的复垦规划进行审查，采矿许可证的审查过程忽视了环境和生态问题，从六条审查内容来看，几乎所有的采矿权人都可以获得采矿许可，采矿许可证被视为一种登记程序，形式远大于实质。我们认为，采矿许可证的审查内容没有涉及复垦规划等土地复垦方面的内容是我国采矿许可证制度最主要也是最严重的缺陷。因为，采矿许可的初衷是防止采矿的负外部性，因此资格审查内容应该集中体现在防止产生负外部性的条款上。

三、行政权力的扩张、滥用

2004 年我国《行政许可法》颁布之后，行政审批行为得到改善，许多不合法的许可项目已被取消，但仍有一些历史遗留许可，以“审批”、“核准”、“确认”等形式实际存在，巧立名目变相设立许可的情况时有发生，地方越权设定许可、通过增加许可的条件要求、收取高额费用的情况也屡见不鲜。《矿产资源开采登记管理办法》规定了办理采矿登记的资料只有五项，而地方上通过制定条例、规则额外要求增加办理登记资料的现象很多，滋生了地方腐败行为。

此外，各地的实际情况是要开采矿产资源，均要涉及矿产资源所在的村、乡镇、县、市、省，经过的行政部门都要提要求和意见，造成采矿权许可的环节多，影响了办事效率，也延长了审批时间。这是由于我国采矿许可政府层级权限不明晰造成的。

小　结

我国矿产资源税费主要由普适税、资源税费与环境税费组成。普适税费主要是为了增加政府的财政收入，不具有生态补偿的性质。资源税费中资源税、两权使用费与价款、石油特别收益金不具有生态补偿性质。资源补偿费、煤炭可持续发展基金与环境税费等具有生态补偿性质。

将环境外部成本内部化的途径主要有两种：生态补偿税与土地复垦保证金制度。由于这两种内部化的途径具有互补关系。当前，我国矿区应该采用税与保证金相结合的混合型政策工具。我国采矿许可证存在采矿权与采矿许可关系之间的混淆、法律规定模糊、行政权力的扩张和滥用等问题。

第三十章

完善我国矿区土地复垦制度的基本框架

本章讨论我国矿区土地复垦制度的基本框架及完善。第一节是对我国矿区土地复垦制度缺陷的分析；第二节从立法、激励制度体系、矿业用地制度创新、废弃矿地土地复垦、采矿许可证制度的完善五个方面提出了构建我国矿区土地复垦制度新框架的总体思路和政策建议。

第一节　我国矿区土地复垦制度的缺陷

根据对我国当前土地复垦制度、土地复垦保证金制度和采矿许可证制度的实施现状的分析，通过与国外的土地复垦制度和土地复垦保证金制度进行比较，提出了两种制度在我国存在的问题。

一、土地复垦制度没有形成体系

我国矿区土地复垦制度没有形成体系。从人们众议的《土地复垦规定》（1989）不适应时代要求到《土地复垦条例》（2011）的最终出台，我国的土地复垦制度永远只是就事论事，没有一个健全的制度框架体系。如法律法规设置、事前约束机制、激励约束机制、矿业用地制度、历史欠账问题、复垦意识及法制观念等，这些问题的解决都需要相应的制度保障，因而我国的土地复垦制度应该是一个体系，这个体系是一个由众多制度组成的一个制度框架，这是需要我国从宏观层面把握的。

二、缺乏土地复垦成本内部化途径

我国矿区土地复垦制度的主要缺陷是缺乏一个有效的土地复垦成本内部化途径。经分析，现行的“命令管制型”管理手段，通过法规要求企业从更新改造费和发展基金中列支土地复垦费是难以落实的，应该全面实行土地复垦保证金制度，并从法律层面予以保障，实行经济激励性的管理手段。

三、单一的“出让”矿业供地方式

我国单一的“出让”矿业供地方式及矿权与地权之间的矛盾是制约我国矿区土地复垦的深层次原因。出让的供地方式不利于土地的可持续利用，制约了土地的投入力度，并诱发产权纠葛。矿业用地制度除了存在上述问题外，还与矿业权制度相互冲突和矛盾，主要表现为：矿业权与矿业用地使用权设置上的矛盾；矿业权与矿业用地使用权取得程序上的矛盾；土地使用权的设置与矿业权行使的矛盾。

四、单一的“出让”矿业供地方式起步较晚

我国矿区单一的“出让”矿业供地方式已经基本在全国范围内实施，但是其起步较晚，仍处于摸索阶段。保证金的形式、收缴模式、征收标准、管理体制都存在很多问题，应该借鉴国外的经验，结合我国的实际情况，全面取消土地复垦费的缴纳，实行经济激励型的土地复垦保证金制度。

第二节　构建我国矿区土地复垦制度新框架的政策建议

基于土地复垦的理论基础，针对我国土地复垦率低下的现状，结合国外矿业发达国家的土地复垦制度的经验，我国应实施以下措施，以提高我国矿区土地复垦率并改进我国土地复垦工作绩效。

一、法律方面，制定土地复垦的专门法律

立法模式是我们在讨论立法对策时首先应该考虑的，即当我们要规制某一项法律关系时，我们是制定专门的法律还是分散于相关规范之中。我们认为，应当制定专门的土地复垦法律，因为我国的土地复垦法律法规过于分散以致出现土地复垦“无法可依”和“有法难依”的现象。此外，土地复垦是一个关系到我国农业、资源的可持续发展，生态平衡和子孙后代福祉的重大问题，以前的土地复垦法律法规基本是计划经济的产物，应尽快建立层次较高的，适应社会主义市场经济的专门的《土地复垦法》，专章专节专款制定土地复垦的相关制度，以提高土地复垦的权威性和科学性。由于矿区是土地复垦的主要领域，在法律性质上，矿业权的权利客体与矿产资源所在的土地的权属可能处于分割状态，虽然矿地复垦属于土地复垦的范畴，但因其具有特殊性，由此决定了矿地复垦需要在土地复垦的立法中专章规定，为避免土地复垦保证金无法可依的现象，应当将实行土地复垦保证金制度写入专门法律制度，建议取消土地复垦费的缴纳。

同时，关于土地复垦非正式规则的意识问题，国家应该做好打持久战的思想准备，大力加强媒体宣传和教育工作，提高公众的环保意识、法制意识和复垦意识，将生态重建理念贯穿土地复垦全过程，使“科学发展观”落在实处。

二、建立健全贯穿土地复垦全过程的激励约束制度体系

首先，采矿开始前，实行严格的许可证制度。虽然我国按照土地用途在一定程度上已经实行了许可证制度，但是我国的许可证制度仍不够重视土地复垦，相关规定也很空乏。如很多许可证审批时没有考虑到采矿者的复垦计划、复垦资金、环境保护等规定。实际上，企业在获得采矿权之前许可证制度就应当将复垦计划、矿床说明、破坏土地赔偿等考虑在其中，只有当复垦计划经审批合格之后才可能拿到许可证。这种严格的准入制度，把土地破坏的可能性降到最小，进而为保证土地复垦的顺利进行创造前提。

其次，采矿过程中，全面实行土地复垦保证金制度，建立“命令管制型”与“经济激励型”相结合的“混合型”矿区土地复垦制度体系，继续研究土地复垦成本内部化的最佳途径。复垦保证金制度几乎是所有发达国家土地复垦制度的核心制度，并且已经通过实践检验，获得了很好的效果。这一制度很好地约束了矿业公司的违约行为。关于复垦保证金的类型、形式、管理、返还等要素环节，发达国家也已经摸索出了一系列正确的经验，基本已经形成了成熟的制度，

遗憾的是，最近出台的我国土地复垦的专门性法规《土地复垦条例》（以下简称《条例》）没有规定实行该制度，使得该制度的实行缺乏依据。我国应当把实行土地复垦保证金制度写入土地复垦的立法之中，保证该制度有法可依。经前文分析，我国应当丰富保证金的形式，实现保证金的“三元收缴模式”，适当提高保证金的征收标准，应该在全国范围内制定一个保证金征收标准幅度，保证金的征收标准应当灵活对应土地复垦的技术标准。

最后，采矿结束后，建立合理的奖惩制度。对于复垦不达标的矿山企业以及对周围第三者造成损害的企业，不仅责令责任人给予受害人补偿性赔偿，也应该实行惩罚型赔偿，以提高矿山企业的违约成本，约束其违约动机。同时如果矿山企业按计划完成复垦任务并且验收合格，国家除了返还所有保证金之外，还应给予奖励，提高其声誉，以增强企业土地复垦的积极性。完善激励和奖惩机制可以借鉴美国的经验，在一定期限后，减免矿企的废弃矿山治理费；把废弃矿区土地复垦和复垦后的土地使用权捆绑，允许复垦人使用和流转，获取收益以弥补复垦亏损等。

三、创新矿业用地制度

矿业用地制度及矿权与地权之间的矛盾是我国土地复垦效率低下的一个深层次原因。土地破坏主要是矿业用地的破坏，由于矿产资源与土地天生就具有不可分割的联系，创新矿业用地制度势必会成为我国土地复垦制度取得创新突破的一个重要方面。结合前文分析及我国实际，借鉴西方矿业用地制度，试点以下制度：

（一）实行临时用地制度

该制度指矿山企业无需征用所需矿地，而只需对其将要破坏的土地进行动态补偿，并在与土地权人约定的期限内复垦土地，之后将复垦后土地还给原土地权人。该制度的关键点是“补偿加复垦”，补偿是矿山企业根据土地占用年限逐年给原土地使用权人补偿费。该制度有利于减轻企业负担，提高经济效益，经研究，补偿加复垦两项资金总和一般仅为征地费的1/3①，这样就保证企业有足够资金支付复垦费用。该制度也有利于企业边破坏边复垦，按照合同，如果企业不及时复垦被破坏土地，企业不仅支付更多的补偿费，也会因未按约定期限复垦而遭到惩罚，这就促使企业在采矿的同时复垦土地。

① 刘金平：“土地复垦投资机制及其制度”，《中国人口资源与环境》，2002年第2期，第101～106页。

（二）实行土地入股制度

该制度按以下方式进行：当矿山企业进行基础设施建设时，农民可以把企业使用的土地作价入股建设项目，进而按股份获得收益。采矿完成后，企业将复垦好的土地按所占农民多少土地可以配股给农民，也可以依据农民的意愿，转包给种田大户或涉农企业，实行规模经营，该制度有利于缓解矿农利益和集约化、市场化经营的矛盾。

（三）实行等量土地置换制度

矿山企业可以将已被破坏的土地进行复垦，复垦完成后用以交换新的所需矿地，而不需对新土地进行征用，该制度必须遵循等价交换原则，如果复垦后土地不如新土地的质量，可采取经济补偿的手段解决。该制度由于“只赔不征”，“复垦一块，替换一块”，因此有利于减轻企业的总体成本，提高其复垦积极性；有利于实现土地占补平衡。

（四）正确处理矿权与地权之间的矛盾

第一，在招标拍卖时，可将土地使用权与矿业权合二为一进行处置。这样矿山企业在取得矿业权的同时就取得了土地使用权，可避免企业与农民长时间的纠缠。在具体操作时，政府应将有矿产资源的土地的使用权预先征用，然后与矿业权合二为一进行拍卖。

第二，实行矿业权对抗土地使用权。关于矿业权与土地使用权关系的法律效力问题在我国法律中是个空白，由于探矿权对土地的影响较小，期限也较短，最长也不超过三年，也是一种对国家有益的活动，一直受到国家的鼓励。因此，对一些关系国家命脉、在国民经济中具有重要地位的矿产资源，应赋予探矿权甚至采矿权对抗原土地使用权的权利，即一旦取得了探矿权，并按规定缴纳了补偿费，矿业权人就可以实施探矿权。

四、针对废弃矿地，实行土地复垦基金制度和激励制度

第一，实行土地复垦基金制度。由于各种原因，我国尚有相当数量的历史遗留损毁土地和自然灾害损毁土地未能及时得到复垦，其中大部分是《土地复垦规定》实施之前存在的问题。这些老矿山在计划经济时期为我国做出了巨大贡献，现今大都无力复垦，应当由政府、企业和社会共同承担起复垦此类土地的任

务。可以借鉴发达国家经验，设立“废弃矿山土地复垦基金”用以解决历史废弃矿地及自然灾害损毁土地，基金的来源应当包括政府拨款、企业自筹、企业罚款、社会福利捐款、税收比例提取等。基金应当由商业银行进行托管，由专业金融机构进行基金管理，保证基金资产的升值。土地复垦基金与社保基金具有类似的性质，后者关系到老百姓的“养命钱”，而前者则关系到人类的生存环境及未来命运，可以借鉴社会保险基金的运营模式进行操作，务必做到专款专用，禁止挪用等。

建立我国自己的废弃矿区土地复垦基金。该基金不仅用于废弃矿区的土地复垦，还可用于修复废弃矿区的生态环境等因采矿而受影响的方面。废弃矿区治理基金应整合现有的废弃矿区治理资金，主要渠道来源：(1) 对企业开征废弃矿山治理费，治理废弃矿山。由于废弃矿区所处位置和土地类型的不同，土地复垦的成本也就不同。在收取废弃矿山治理费时应参照各地的土地复垦费收取标准，考虑企业负担和积极性，向正在开采企业征收的治理费不宜过高。如在不高于土地复垦费的情况下，煤矿区按售价的1%或每吨3～7元收取废弃矿山治理费。(2) 探矿权、采矿权价款。在矿业权价款中提取一部分纳入废弃矿区土地复垦基金。(3) 开采许可证申请费。对于矿企开采许可证的申请费应多数或全部用于涉矿问题的处理，且应提取部分进行废弃矿区复垦。(4) 矿山开采违规罚款。《矿产资源法》在第六章法律责任中，对各违法行为进行了界定，规定了处罚条款。废弃矿区土地复垦基金应包含部分罚款。(5) 废弃矿山修复治理后产生的新增土地收益。(6) 部分涉矿收费。(7) 政府财政转移支付。(8) 社会捐款等。

第二，建立一套土地复垦激励制度。针对废弃矿地，应当拓展投资渠道，实行“谁投资，谁受益”的原则，给予投资者以激励。主要包括土地产权激励、投资补贴和税费激励三种可选措施，其主要目的是吸引社会资本投入已废弃土地的复垦，从而减轻国家负担，加快废弃土地的复垦。比如土地产权激励，如果社会投资者投资复垦历史废弃及自然灾害损毁土地的，可给予投资者在此类土地从事农业种植、渔业生产等激励。又如当县级政府复垦历史废弃地及自然灾害损毁土地，可作为当地进行非农建设用地的补充耕地指标等。可喜的是，2011年3月11日出台的《土地复垦条例》的第五章专章制定了土地复垦的激励措施，应予以肯定。

五、完善我国的采矿许可证制度

第一，务必明确采矿权与采矿许可的关系。采矿权是一种物权证书，采矿许可是一种资格证书，相关法律必须对两者进行严格区分。我国的现行立法没有进行相关区分，导致在实践中许可证的颁发是矿山企业取得采矿权后的附属交易，使许可证的功能名存实亡，看上去好像减少了政府的交易成本，实际上是降低了资源开采的门槛，增加了环境污染和生态破坏的隐患，使政府的公法效率和公信力降低。应该给予采矿权证和采矿许可证二者完全的独立性，当矿山企业以招标拍卖的方取得采矿权时，给予其采矿权证，当矿山企业的采矿许可经过严格审查并通过之后，给予其采矿许可证。借鉴我国的房地产市场的土地使用权和房地产开发资格的关系，即企业取得了土地使用权之后，其房地产开发资格还需经过严格审查，没有资格则不能进入市场。

第二，完善采矿许可的审查内容。前文已经指出，我国采矿许可的审查内容没有土地复垦方面的相关规定，许可证制度并不是土地复垦制度的一个组成部分，这是该制度的最大缺陷。审查内容不应是《矿产资源开采登记管理办法》中所规定的最基本的模糊的五条，审查这些内容意义不大，我们建议针对矿山企业除了最基本的审查之外，政府应该主要针对以下条件审查：（1）矿山企业的开采方案是否合理，资源回采率是否达到规定水平；（2）矿山企业必须提交采矿过程中的环境保护计划和闭坑后的复垦方案，该方案是否合理；（3）矿山企业是否缴足了复垦保证金；（4）安全生产和突发事故善后处理是否有保障。

总之，许可证制度是土地复垦制度的重要组成部分，应充分发挥许可证制度的事前约束功能，尽最大努力降低矿山企业生产负外部性的可能性。

小　　结

前文已经指出，《条例》既存在进步性又存在局限，为了给专门的《土地复垦法》提供立法基础，首先对《条例》进行修改是有必要的。

第一，《条例》应该明确规定实行土地复垦保证金制度。前文的研究已经证明了土地复垦保证金制度的科学性和有效性，政府也多次表示要在全国范围内推广该制度，但是该制度缺乏法律保障使得制度的实施效果打了折扣，《条例》对此制度只字未提，我国至今尚没有一部全国性的法律法规进行规定，只是各个地方出台了相应的管理办法。既然该制度是土地复垦制度的核心制度，《条例》应该明确规定矿区土地复垦必须实行土地复垦保证金制度，对保证金的形式、征收标准、收缴模式、返还模式作一个统一的规定。退一步讲，就目前征收的土地复垦费而言，《条例》第十八条也没有一个统一的征收标准，土地复垦费的数额要依据土地类型、损毁面积、复垦标准、复垦后土地费用途等确定，至少应该先设定一个全国统一的征收范围，然后各个地方可在此范围内根据当地情况确定具体数额，以防地方乱收费。当然我们的建议是取消土地复垦费的缴纳。

第二，《条例》应该对矿业用地制度做出灵活性的规定。前文指出，我国单一的矿业用地制度是制约土地复垦的深层次原因，《条例》对我国的矿地取得方式未做规定，也没有对矿权与地权的关系做出规定，我们建议在矿区应该实行多种矿地取得方式，“征地加出让”的矿地取得方式是违背我国宪法的，我国《宪法》第一章第十条规定，国家为了公共利益需要，可以征收农民土地，并给予补偿。但是矿山企业征地根本就不是为了公共利益，清华大学教授蔡继明指出“改革开放以来政府90%征地行为违宪”。《条例》应该突破单一的矿地供给方式“出让”，根据前文，实行灵活的复合式的矿业用地制度。

总之，作为当前我国土地复垦领域的专门性的法规，《条例》应该从事前约束、激励约束、监督机制、矿业用地制度、复垦意识及公众参与等方面做出具体规定，从法律上保障我国的土地复垦制度的实施效力。

第五篇

矿产资源开发的生态补偿制度研究

生态补偿是近几年来炙手可热的词语，频繁出现于政府工作报告、政策文件以及学术界的文章之中。不过，由于该词的独创性以及国内尚没有正式的法律文件对其进行界定，生态补偿的内涵与外延存在很大的争议，无论是国外的生态服务付费还是生态效益付费都无法与之形成一一对应关系，从而进一步加剧了生态补偿概念的争议性。不过，概念的争议并没有影响生态补偿的实践和发展。从地方的试点到中央的指导性文件，生态补偿已经从理论走向了实践并取得了一定的成效。2010年4月26日，由国家发改委牵头，联合国家相关部委正式成立生态补偿条例起草专家组，计划当年予以出台（未果）。

第三十一章

现行矿产资源开发中生态补偿相关规范性文件的分析

本章是对现行矿产资源开发中生态补偿的相关规范性文件进行梳理和分析。第一节对国内外文献对矿区生态补偿的理论基础、立法制度、补偿方式、环境治理专项资金的研究进行回顾；第二节从法律制度的视角，分析我国现行矿产资源开采的环境治理与恢复相关法律法规的形式、内容及缺陷。

第一节　研究现状

一、国内外研究现状

在国外，20 世纪 40 年代以来，以美国、欧盟成员国及日本等国为代表的发达国家已先后建立起相对完善的矿产资源生态补偿法律体系，以法律手段控制矿产资源开采中生态破坏取得明显成效。环境运动的兴起和 19 世纪 70 年代以来日益强化的环境立法，明确了矿产企业负有环境损害补偿的义务。目前在各国普遍推行的综合环境管理措施规定，在矿山开发的计划阶段就要系统地考虑各种环境问题，包括从源头上减少污染排放、对固体废弃物进行回收利用、对矿山闭坑后的土地利用进行详细规划。环保、安全、生态重建诸事项被作为矿业权审批的一个重要审查因素。围绕矿产资源开发中生态补偿的法律研究非常活跃，主要有以下几种：

（一）矿产资源生态补偿的理论基础

J. M. Epps（1996）认为，应当使受矿业影响的矿区居民的永久生计得到保障；D. I. Stern（1995）、L. E. Sanchez（1998）等认为，矿产资源的开发与利用应当“产生新的财富并使这种财富能够以有益且长久的资本形式惠及当代人与后代人”，通过此种方式使矿产资源的“消耗”得到替代和补偿；P. Gutman 和 S. Davidson（2007）提出该种生态补偿是“外部正效应”内部化，即为改善生态环境做出贡献者应当得到相应的补偿；K. Brewer（2005）指出矿产资源的开发利用不仅仅是个体通过投资获取利润回报或获得就业机会的手段，更是一项既能使投资者获益，又能使受损者得到补偿的具有社会意义的活动。

（二）矿产资源生态补偿立法制度

J. Donihee、A. R. Lucas.（2005）研究了加拿大北部省份普遍鼓励矿业开发商与当地矿区签署矿业开发“损益协议书（IBA）”制度；C. Filer（2005）研究了巴布亚新几内亚的矿业权所有人与土地所有人订立补偿协议制度；R. A. Bassett 和 R. I. Becker（2005）详细研究了美国的《露天采矿控制与复垦法》（SMCRA）；S. Gitler（2008）则详细研究了美国的《综合环境效应、赔偿与责任法》（又称《超级基金法》，CERCLA）；P. B. Meyer、R. H. Williams、K. R. Yount（1995）和 D. Burtraw、P. R. Portney（1993）研究了废弃矿区的溯及既往原则；Webber、B. S.、Webber、D. J.（1985）、J. Boyd.（2005）研究了美国的《露天采矿控制与复垦法》（SMCRA）的复垦保证金和复垦备用金制度。

为保证矿山生态重建计划的执行，同时设置了一系列相关的制度，其核心是复垦执行保证金制度。日益增多的采矿法要求采矿公司在被授予生产许可证之前就建立起生态重建的金融安排。1977 年，美国国会通过了《联邦露天采矿控制和复垦法案》（SMCRA）。根据这一法案，任何一个企业进行露天矿的开采，都必须得到有关机构颁发的许可证；矿区开采实行复垦抵押金制度，若完成复垦则如数返还，若没有完成复垦计划，其押金将被用于资助第三方进行复垦；采矿企业每采掘 1 吨煤，要缴纳一定数量的废弃老矿区的土地复垦基金，用于 SMCRA 实施前老矿区土地的恢复和复垦。英国 1995 年出台的环境保护法、德国的联邦矿产法等也作了类似的生态补偿保证金规定。美国的复垦保证金形式有：履约担保、不可撤销信用证、信托基金和契据或各种形式的现金与存款等。预先支付大额的保证金对于中小矿业公司是个很大的经济负担，而若无经济手段的制约又极易导致矿业公司逃避复垦责任。为了解决这一矛盾，美国、澳大利亚、加拿大和马来群岛相继建立了复垦基金（或称储备金）制度，作为保证金制度的补充。在美国，复垦基金制度要求每个参加者每年支付一定数量的资金到储备金机构，以便从理论上使复垦基金能自我维持。马来群岛于1989年建立了矿区复垦基金，对于小型矿山，则建立了普通复垦基金，矿业主根据复垦计划中的复垦成本每年支付一次年费，而且基金的部分资金由中央政府提供。

在市场经济国家，公众参与从项目申请、效益—成本分析到营业许可证审批的全过程，并实行环境信息公开制度。美国新墨西哥州允许公众对复垦保证金的计算和审批以及保证金返还等问题进行评价。公众参与不但能够利用最广泛的信息，降低监管成本，而且从程序上维护了公共利益。在补偿的范围上，除了对土地、水和其他“显在”资源的补偿外，一些国家的矿产企业还会对周围社区传统生活方式以及休闲性的损失提供一些隐含的补偿。斐济采矿部门补偿政策（1999）将文化的、休闲的和保存价值的损失，都作为需补偿的一种成本形式加以正式确认。

（三）环境损害的补偿方式

环境损害补偿的方式有两种：

一是由矿产企业与私人土地所有者和其他利益相关者之间进行谈判，在产权界定清晰和完全信息的理想条件下，通过谈判能够合乎逻辑地达到帕累托效率结果。例如，美国SMCRA的Section 522（e）部分规定，除非煤炭所有权人可以建立对煤炭的“有效的存在权”，否则不准在环境脆弱土地的地表上采煤。煤炭所有权人（拥有矿产契约）可以同住户（拥有地表契约）就保护和恢复问题进行谈判，取得住户的弃权声明书后，方可在地表上采煤。针对受偿方的补偿预期随采矿过程而可能发生的变化，斐济等国政府允许建立反馈程序，使补偿协议具有灵活性和现实性。

二是由专门机构制定统一的补偿标准与政策。当受环境损害的主体众多或任意一方的策略性行为使谈判变得冗长艰难时，各国通常会设定一个统一的补偿政策，通过尽可能简单精确的外部成本计算公式来确定补偿数额。如果实际补偿接近于理论上最合适的补偿数额——补偿剩余（CS），那么在采矿活动开始后，土地所有者或其他利益相关者就可以获得与之前一样好的境况。如果采用的是一次总付款来补偿未来收入流的损失，那么需要折现来估计每单笔支付的数量。在发达国家，金融市场接近于完全竞争，私人折现率等于市场折现率。发展中国家的金融市场较缺乏竞争，需通过CVM法来评估各国的私人折现率。

目前在发达国家，社会公众环保意识的提高，矿产企业的集团化与跨国经营，以及市场竞争的压力，使企业的社会责任日益强化。大型矿业公司纷纷执行 ISO14000 环境管理体系，以及职业健康管理体系等标准化管理模式，特点是将过去注重“末端”治理转向全过程的污染控制，强调以预防为主，持续改进；在风险评价时，首要考虑的是公众的健康和安全，而不是给企业自身造成的经济损失。在这些企业，环境管理及补偿已不再是被迫付出的经营成本，而成为企业自觉选择的一种投资行为，这表明外部损害的补偿进入到企业自我约束的最高级形式。

在国内，检索中国知网（www. cnki. net）发现，自 1997 年以来，共有 27 篇关于矿产资源开发中生态补偿的成果，多集中发表于 2006 年以后，其中涉及法律制度的只有 3 篇。与本课题相关的研究成果集中于以下方面：（1）矿产资源生态补偿的内涵。宋蕾、李峰、燕丽丽等（2006）指出，矿产资源生态补偿是生态补偿的一种特定类型，它的性质、补偿目的及补偿原则的明确为国家建设矿产资源开发生态补偿政策和措施奠定了理论基础。黄锡生（2006）认为矿产资源生态补偿除了经济价值外，还强调补偿的环境价值和公平价值。李冰、胡盾（2008）指出生态补偿的核心是对生态价值的补偿。（2）具体制度的建构。曹明德（2007）提出设立权利金制度，取消资源税和资源补偿费；采用探矿权、采矿权合一制度，促进其流转；重视政府在环境损害和矿业城市生态补偿领域的作用。王世进、孟春阳（2008）对矿山环境治理恢复保证金制度的完善进行了论述。宋蕾（2010）对矿山资源保证金征收模式进行了分析。朱桂香（2010）提出区别不同情况征收恢复治理资金和修复准备金。贺红艳（2010）从政府和企业两方面提出了矿产资源生态补偿资金保障的措施。

上述研究为本章的启动提供了有益的帮助。但是，无论是矿产资源开发中生态补偿的立法实践还是理论研究，国内外都存在明显的差距。国内不仅缺少对矿产资源开发中生态补偿立法的专门研究，而且研究成果基本停留在对外国法律进行框架性介绍，揭示我国相关立法空白，呼吁加强立法，提出概括性立法建议阶段，对现实国情的了解也极为不够，明显缺乏研究深度和实证支撑。

根据官方对矿区生态环境污染与破坏的权威统计数据分析，目前矿产资源开采过程中造成的环境污染和破坏已经非常严重，而相关的生态补偿方面的立法却严重滞后，散见于国家各部委和地方省市出台的效力层次较低的法律文件，缺乏国家层面统一的法律，致使目前的立法有越权之嫌，迫切需要立法。本章通过实证研究寻找我国矿产资源开发中生态补偿立法的真实需求，通过理论研究回答如何满足立法需求，最终以立法建议提供解决立法需求的现实途径和手段，其主要意义是：

第一，为环境法规制负外部性的生态补偿提供理论支撑，填补研究空白。

第二，为实现生态补偿转型（从政府主导到市场主导，从权利补偿到权利与能力补偿并重，从地方补偿到区域补偿与个体补偿）提供国家和地方立法建议，为政府科学决策提供服务，解决实践难题。

二、生态补偿费的试行与终止、矿山地质环境治理专项资金的探索

我国的生态补偿费最早于1983年在云南省开始试点，其后，广西、江苏、福建、陕西榆林、山西、贵州、新疆、内蒙古、包头和晋陕蒙接壤地区等地陆续开展生态补偿费征收的试点。各地征收的生态补偿费主要用于辖区的生态环境治理，但上述试点无上位法依据，在1996年国家治理乱收费当中被取消。

此外，各地还进行了具有地方特色的立法尝试，比如陕西省的《煤炭石油天然气资源开采水土流失补偿费征收使用管理办法》针对资源开采行业采取特别法的形式征收水土流失补偿费，而不再依据水土保持法的规定征收。甘肃省石油开发生态环境补偿费征收办法正在拟定之中。

自1996年以来，国家和地方开始新的矿山环境生态补偿的探索，2001年财政部批准设立矿山地质环境治理专项资金，同年，浙江省颁布出台了《浙江省矿山自然生态环境治理备用金收取管理办法》，这是全国第一个关于矿山环境治理恢复的规范性文件。随后各省相继制定了类似的规范性文件。同时在国家层面也陆续出台了一批行政规章和规范性文件［《国务院关于全面整顿和规范矿产资源开发秩序的通知》（国发［2005］28号）、《财政部、国土资源部、环保总局就逐步建立矿山环境治理和生态恢复责任机制提出指导意见》（财建［2006］215号）、《国家环保总局关于开展生态补偿试点工作的指导意见》（环发［2007］130号）以及《矿山地质环境保护规定》（国土资源部令第44号［2009］）］。基本形成了较完整的矿山生态补偿法规体系（法律文件见附件）。

第二节　现行矿产资源开采的环境治理与恢复相关的法规形式、内容与缺陷

对问题的解析有两种路径，一种是演绎法，就是以概念为原点，层层剖析；另一种是归纳法，以事实入手，深入分析，找出问题的症结。既然生态补偿的概念存在较大的不确定性，不宜武断地确定生态补偿的内涵与外延。采取反向操作

的方法得出的结论更具有可靠性。所以姑且将生态补偿的概念放在一边，而是将实践中矿产资源开发中的环境治理与恢复相关的内容进行分析，从而为准确界定生态补偿的范围奠定基础。

一、法规形式不统一

从法律渊源上来看，既有法律（如矿产资源法和土地管理法），又有行政法规（如矿产资源法实施细则和土地复垦条例等）；既有部门规章（如矿山地质环境保护规定），又有规范性文件（如《财政部、国土资源部、环保总局就逐步建立矿山环境治理和生态恢复责任机制提出指导意见》财建［2006］215号，《关于开展生态补偿试点工作的指导意见》环发［2007］130号等）；既有地方性法规（如《湖南省地质环境保护条例》），又有地方规章和其他规范性文件（如《湖南省矿山地质环境治理备用金管理暂行办法》和陕西省实施《土地复垦规定》办法等）。

二、环境治理和土地复垦，并没有明确的生态补偿的实质规定

从内容上来看，法律层面的规范仅仅提到了环境治理和土地复垦，并没有明确的生态补偿的实质规定。而真正提出实质性内容的是在国家部委的其他规范性文件之中，不过从它的形式来看，是法律法规和规章之外的其他规范性文件，其效力级别较低。名称是指导意见，没有形成真正的法律制度。事实上，正是该其他规范性文件的出台，加速了行政规章和地方性法规和地方性规章的出台，当然也有不少省份在之前就制定了矿山环境治理和恢复保证金制度。该地方性法规和规章的立法权限来源于《立法法》第六十四条和第七十三条的规定。

内容主要集中在矿山环境治理恢复保证金制度和土地复垦制度的建立，明确了矿山环境治理的主体为采矿权人，保证金按矿产品销售收入的一定比例，由矿山企业分年预提并列入成本。企业和政府共同负担，实行企业所有、政府监管、专款专用的原则。从目前现行的规范性文件来看，该保证金用于运营中的矿山企业对矿山环境的治理，而对废弃矿山等历史遗留问题没有涉及（山西省可持续发展基金主要用于该问题的解决）。

三、矿山环境治理恢复保证金的适用范围与土地复垦规定存在交叉和重合

由于没有上位法的依据，各地的相关立法虽然主要内容相似，但仍然存在不少差异。比如规范性文件的名称不同，比如吉林省的规范性文件为《吉林省矿山生态环境恢复治理备用金管理办法》，湖北省的规范性文件为《湖北省矿山地质环境恢复治理备用金管理办法》，青海省的规范性文件为《青海省矿山环境治理恢复保证金管理办法》。也就是说，有的针对的是矿山生态环境，有的针对的是矿山地质环境，还有的针对的是矿山环境；该资金的名称也不统一，有的称为备用金，有的称为保证金，还有的称为基金。征收的标准不同，主要考虑矿山的规模、采深系数、开采年限、开采方法、对环境的影响等因素来确定，但各地方确定的因素各不相同（可参见湖北省、吉林省和青海省的规定）。该保证金与土地复垦费或土地复垦保证金的关系上不甚明了。根据矿山环境治理恢复保证金或备用金的管理办法，其适用范围与土地复垦规定存在交叉和重合，那么，两种保证金或费用该如何征收，大部分规范没有明确。只有浙江省根据浙江省人民政府《关于第三批取消暂停征收部分行政事业性收费项目和降低部分收费标准的通知》（浙政发［2009］48号）取消了土地复垦保证金。而《青海省矿山环境治理恢复保证金管理办法》第四条规定，开采矿产资源，涉及土地复垦、污染防治、水土保持、占用或征用林地、草地的，依照有关法律、法规的规定办理，并不免除相关的法律责任。而《深圳市关于调整深圳市自然生态环境治理保证金标准的通知》则明确该保证金同时也是土地复垦保证金。浙江省根据浙江省人民政府办公厅关于《矿山自然生态环境治理备用金收取管理办法有关问题的通知》（浙政办发［2002］48号）缴纳矿山自然生态环境治理备用金，不缴纳水土流失防治费。

四、各地土地复垦制度执行的差异

对于在上位法指导下的各地制定的土地复垦实施办法也各不相同。《土地管理法》和《土地复垦条例》明确缴纳土地复垦费，各地的实践中，有的是土地复垦费，更多实行的是土地复垦保证金制度，且缴存的标准相差悬殊。

小 结

通过对上述法律法规和规章及其他规范性文件的分析，可以得出以下结论：

第一，各地的试点确实取得了一定的效果，对当地的矿山环境的治理和恢复起到了显著的作用，不过问题也大量存在：一是标准不一，企业的负担不均；二是收费存在重复征收现象；三是国有大型企业征收困难。问题的根源在于法律的不统一。需要国家层面的法律或者行政法规对此予以规范。

第二，矿山环境治理与恢复是综合性工程，不能人为地将生态破坏与水土保持、土地复垦以及污染治理分割，实行条块分割，部门分割，应该作为一个整体来治理。

因此，生态补偿的概念应该包括对环境正外部性的补偿，同时也包括对环境负外部性的补偿。国家的立法应当将矿区作为一个特殊区域来对待，将该区域相关的部门分割进行整合，征收的费用整合，形成统一性的法律机制。

第三十二章

我国矿产资源开发生态补偿政策的回顾

以我国生态补偿的四大重点领域之一的矿产资源开发中的生态补偿政策的发展为主线，指出我国矿产资源开发生态补偿大体经历了三个阶段：征收生态补偿费阶段、缴存环境治理保证金阶段和综合治理阶段；体现了我国环境政策从命令—控制模式向经济激励模式转变的进程，行政管理手段从以行政征收为主向行政指导和行政合同为主转型的过程，实施依据从非规范性文件向法规（行政、地方）、规章转化的方向。在试点推行的过程中，地方政策的正当性和合理性值得怀疑，地方政策的差异性不可避免地造成市场竞争的不公平；国家层面法律规范的缺失是目前乱象的主因。

本章指出，统一立法是生态补偿机制有效推进的基础和前提；矿产资源开发的生态补偿不等于生态补偿费，生态补偿是个内涵丰富的概念，既包括物质层面的补偿，也包括政策补偿以及能力补偿；补偿原则既遵循污染者负担原则（广义），同时以集体负担和共同负担为补充；矿区环境是整体性区域，应打破条块分割、部门分立的模式，以流域治理的理念理顺补偿机制，建立协调性机构，统合各相关性的规费，统一纳入环境治理保证金和环境治理基金之中。其理想的模式就是目前保证金加基金的模式，而不是环境税的思路，这种点对点的模式市场导向更明确，激励机制更有效，与行政许可的结合也可以更好地达到事前预防的目的。

第一节 我国矿产资源开发生态补偿政策回顾

我国矿产资源生态补偿形式的发展变化，大体可以分为三个阶段：

一、征收生态补偿费阶段（1983～2001 年）

早在 1983 年，云南省环保局以昆阳磷矿为试点，对每吨矿石征收 0.3 元，用于采矿区植被及其他生态环境恢复的治理，取得了良好效果。1989 年我国环保部门会同财政部门，在广西、江苏、福建、陕西榆林、山西、贵州和新疆等地试行生态环境补偿费。1993 年，内蒙古的包头和晋陕蒙接壤地区等 17 个地方，试行征收生态环境补偿费，其征收依据大多都是政府的红头文件。随后部分地方政府出台了地方规章和其他规范性文件，如《陕西榆林、铜川地区征收生态环境补偿费管理办法（试行）》、《铜川市征收生态环境补偿费实施办法（试行）》。但因无上位法依据涉嫌乱收费而于 1996 年被取消。1989 年江苏省人民政府实施了《江苏省集体矿山企业和个体采矿业收费试行办法》，规定对集体矿山和个体采矿业开始征收矿产资源费和环境整治资金，征收标准为销售收入的 2% ~4%，并规定由环保部门管理和征收。1992 年，广西壮族自治区政府发布《广西壮族自治区集体矿山企业和个体采矿、选矿环境管理办法》，对采选矿产和煤炭征收排污费（实质为生态补偿费），标准为 5% ~7%。1999 年，贵州省从每吨煤炭中收取 5 元用于植被恢复。至 2002 年生态补偿费全部停征。

这一阶段是我国正式开始对矿产资源生态补偿的实践。20 世纪 80 年代是我国改革开放的初期，是我国由计划经济向有计划的市场经济转变的非常时期，整个的经济、财政、环保政策都是处于试点和探索阶段，此时的政策出台大多是以红头文件的形式出现，法律法规严重滞后于经济社会的现实。所以很多政策事实上是违法的，没有上位法的依据，同时也没有法律法规的授权，虽然在实践中发挥了一定的作用，其试验性的性质非常明显，注定了该政策过渡性的命运。

这一阶段生态补偿实践法律依据是 1986 年的《矿产资源法》和 1989 年的《环境保护法》。《矿产资源法》第三十二条的规定：开采矿产资源，必须遵守有关环境保护的法律规定，防止污染环境。开采矿产资源，应当节约用地。耕地、草原、林地因采矿受到破坏的，矿山企业应当因地制宜地采取复垦利用、植树种草或者其他利用措施。但事实上并无生态补偿费的规定和授权。代表性的规范性文件为《陕西榆林、铜川地区征收生态环境补偿费管理办法（试行）》、《铜川市征收生态环境补偿费实施办法（试行）》。

这一阶段矿产资源生态补偿的政策实践呈现以下特点：

第一，生态补偿的形式为生态补偿费。不同地方，其名称略有不同，如江苏省的环境整治资金，广西的排污费（但其实质是生态补偿费，因为根据排污费征收管理规定，排污费是按照污染物的种类和浓度征收）征收的标准不尽相同，有的按照销售收入，有的按照销售量；征收的对象有的仅限于开采企业，有的包括开采、加工、运输等行业。

第二，生态补偿的性质为行政征收。通过创设新的收费项目，采取专项资金的形式用于矿区环境整治；征收的机关为环保机关。行政征收带有强制性，并往往有法律责任措施。

第三，生态补偿的依据为规范性文件。无论是中央的试点还是地方的试点，都没有法律上的依据，规范性文件的效力处于立法法中法律系文件的最低层级，其本身并不能设定行政性收费、行政许可、行政强制以及行政处罚。

第四，矿山环境治理的形式为政府治理为主，矿山企业治理为辅。

第五，生态补偿的试验性、临时性。生态补偿费的征收本身是中央和地方对矿山环境治理的一种试验和探索。

二、缴存保证金阶段（2001～2007 年）

1999 年宁夏回族自治区和黑龙江省地矿部门分别制定了《宁夏回族自治区小型矿山闭坑保证金管理办法（试行）》（宁地法［1999］34 号）（于 2008 年被《宁夏回族自治区矿山环境治理和生态恢复保证金管理暂行办法》取代）和《黑龙江省小型矿山闭坑抵押金管理办法》（黑地发［1999］40 号）（于 2007 年被《黑龙江省矿山地质环境恢复保证金管理暂行办法》取代），开始对小型矿山的环境治理恢复采取收取保证金或者抵押金的形式来督促矿山企业自行对闭坑后的矿区进行环境的治理恢复。2001 年财政部批准设立矿山地质环境治理专项资金，同年，浙江省颁布出台了《浙江省矿山自然生态环境治理备用金收取管理办法》，这是我国第一个关于矿山环境治理恢复的规范性文件。随后各省相继制定了类似的规范性文件。

同时，在国家层面也陆续出台了一批行政规章和规范性文件：国务院关于全面整顿和规范矿产资源开发秩序的通知（国发［2005］28 号）首次提出了矿山生态环境恢复保证金制度，要求新建和已投产矿山企业要制订矿山生态环境保护与综合治理方案，报经主管部门审批后实施。对废弃矿山和老矿山的生态环境恢复与治理，按照“谁投资、谁受益”的原则，积极探索通过市场机制多渠道融资方式，加快治理与恢复的进程。财政部、国土资源部等部门应尽快制定矿山生态环境恢复的经济政策，积极推进矿山生态环境恢复保证金制度等生态环境恢复补偿机制。

《财政部、国土资源部、环保总局就逐步建立矿山环境治理和生态恢复责任机制提出指导意见》（财建［2006］215号）规定：从2006年起要逐步建立矿山环境治理和生态恢复责任机制；根据矿山设计年限或者剩余年限确定按矿产品销售收入的一定比例，由矿山企业分年预提矿山环境治理恢复保证金，并列入成本；按照“企业所有、政府监管、专款专用”的原则，由企业在地方财政部门指定的银行开设保证金账户，并按规定使用资金；对本《意见》发布前的矿山环境治理问题，按企业和政府共同负担的原则加大投入力度；对不属于企业职责或责任人已经灭失的矿山环境问题，以地方政府为主根据财力区分重点逐步解决。

《国家环保总局关于开展生态补偿试点工作的指导意见》（环发［2007］130号）规定：现有和新建矿山建立矿产资源开发环境治理与生态恢复保证金制度，按照企业和政府共同负担的原则建立矿山生态补偿基金，解决矿产资源开发造成的历史遗留和区域性环境污染、生态破坏的补偿问题，以及环境健康损害赔偿问题。

《矿山地质环境保护规定》（国土资源部令［2009］第44号）规定：采矿权人应当依照国家有关规定，缴存矿山地质环境治理恢复保证金。矿山地质环境治理恢复保证金的缴存标准和缴存办法，按照省、自治区、直辖市的规定执行。

随后，地方政府出台了关于保证金管理的实施意见及实施细则，如《河南省矿山生态环境恢复治理保证金管理暂行办法实施细则》，《云南省关于贯彻矿山地质环境恢复治理保证金管理暂行办法的实施意见》等。其中有些省份的地市、县也先后制定了相关的实施办法；中央和地方同时出台了相关的配套矿山环境恢复治理方案的编制指导意见及验收标准或国家的行业性标准，如湖南省2007年制定了《湖南省矿山地质环境恢复治理验收办法（试行）》和《湖南省矿山地质环境恢复治理验收标准（试行）》；北京市2008年出台了《固体矿山生态修复标准》（北京市地方标准），开展《北京市山区关停废弃矿山植被恢复规划》（2007～2010）制定工作，指导2007年北京市重点地区废弃矿山植被恢复工程项目的实施；广西则颁布了DB45/T 701－2010《矿山地质环境治理恢复要求与验收规范》地方标准。国土资源部2007年制定了DZ/T0223－2007《矿山环境保护与综合治理方案编制规范》推荐性行业标准，后于2011年将其修改为DZ/T0223－2011《矿山地质环境保护与恢复治理方案编制规范》，并于2011年4月发布了TD/T1031.1－2011《土地复垦方案编制规程　第1部分：通则》；TD/

T1031.2－2011《土地复垦方案编制规程　第2部分：露天煤矿》；TD/T1031.3－2011《土地复垦方案编制规程　第3部分：井工煤矿》；TD/T1031.4－2011《土地复垦方案编制规程　第4部分：金属矿》；TD/T1031.5－2011《土地复垦方案编制规程　第5部分：石油天然气（含煤层气）项目》；TD/T1031.6－2011《土地复垦方案编制规程　第6部分：建设项目》；TD/T1031.7－2011《土地复垦方案编制规程　第7部分：铀矿》等7项关于土地复垦类的推荐性行业标准。

这一阶段的生态补偿的实践相较于2000年以前有了较大的进步并取得了较大的实效。无论是中央还是地方都开始采取立法的形式将生态补偿政策予以固定化、法制化。虽然立法的依据依然模糊、甚至是空缺，但是已经开始从国家层面列入国民经济和社会发展规划，相对来说有了一定的法律依据，同时从国家层面发布了一些指导意见，制定了部分行政规章，授权地方根据当地实际制定相应的办法。对于新设矿山和已投矿山基本上建立起比较完整的矿山环境治理恢复制度，从资金的筹集、监管、使用到治理方案的编制、治理恢复的验收以及相应的法律责任都有了相对完整的体系；对于责任人不明和废弃的矿山也明确了政府和企业共同负担的原则，并初步尝试建立矿山生态补偿基金制度。从矿产资源费和矿权价款及矿产资源税等专项资金中以项目的形式由中央与地方配套对历史遗留问题进行治理。

这一阶段生态补偿呈现以下特点：

第一，生态补偿的形式为保证金。不同的地方、不同的中央文件名称略有不同，如浙江省为矿山自然生态环境治理备用金，湖南省为矿山地质环境治理备用金，其他省份大都以矿山环境（地质）治理恢复保证金命名。中央层面，《国务院关于全面整顿和规范矿产资源开发秩序的通知》（国发［2005］28号）中为矿山生态环境恢复保证金，《矿山地质环境保护规定》（国土资源部令［2009］第44号）中为矿山地质环境恢复保证金。征收的对象基本是采矿权人，只是实行的范围有所差异，比如山西省仅适用于煤炭企业；征收标准有的按照产量缴存，更多是依照采矿许可证的年限和矿区面积、一定的系数及缴存基准来确定。

第二，生态补偿的性质为行政指导或行政合同。保证金实行“企业所有、政府监管、专款专用”的原则，保证金的缴存并不是物权的转移，只是以担保的形式保证专款专用，并没有改变资金的所有权。往往采取签订矿山环境治理承诺书或者合同书（广东）的形式，作为担保合同有效履行的一种方式。

第三，生态补偿的依据为行政规章（地质环境保护规定）或者地方规章（新疆、安徽），但主要是规范性文件（中央的指导意见及其余省份保证金的法律形式都是规范性文件），相较于2000年以前，有了较大的进步。并且制定了相关的配套性文件。

第四，矿山环境治理以矿山企业治理为主，政府治理为辅，只有矿山企业不治理或者治理达不到验收标准时，才由政府代执行。当然对于历史遗留矿山问题仍采用政府治理为主、社会多渠道融资治理为辅的方式，不过，对于历史遗留问题不是这一阶段的重点。

第五，保证金制度同时构成行政许可的条件。缴存保证金和编制矿山环境治理方案及签订承诺书或者合同书成为新设采矿权的前置条件，同时也是矿山企业通过年检、注册、采矿权变更、转让的条件。

第六，生态补偿的实验性。仍然是中央和地方对矿山环境治理恢复实施生态补偿政策的一种试点。仍然欠缺法律、法规层面的支持。各地标准的不统一，势必造成矿企之间负担的不平衡，从而影响企业的市场竞争力。

三、综合生态补偿阶段（2007年至今）

该阶段以《国务院关于同意在山西省开展煤炭工业可持续发展政策措施试点意见的批复》（国函［2006］52号）为起点，山西省相继出台了《山西省煤炭工业可持续发展政策措施试点工作总体实施方案》、《山西省煤炭可持续发展基金征收和使用管理实施办法（试行）》、《山西省煤炭可持续发展基金安排使用管理实施细则（试行）》、《山西省煤炭可持续发展基金分成入库与使用管理实施办法》、《山西省煤炭可持续发展基金征收使用管理实施办法（试行）》、《山西省矿山环境恢复治理保证金提取使用管理办法》、《山西省煤矿转产发展资金提取使用管理办法（试行）》、《山西省人民政府关于印发山西省煤炭开采生态环境恢复治理规划的通知》等规范性法律文件。对山西省境内所有煤炭生产企业统一征收煤炭可持续发展基金，设立矿山环境治理恢复保证金和煤矿转产发展资金。煤炭可持续发展基金主要用于单个企业难以解决的跨区域生态环境治理、支持资源型城市转型和重点接替产业发展、解决因采煤引起的社会问题，基金用于以上三个方面的支出，原则上按50%、30%、20%的比例安排；矿山环境治理恢复保证金用于矿区生态环境和水资源保护、地质灾害防治（含村庄搬迁）、污染治理和环境恢复整治（土地复垦、矿山绿化）；煤矿转产发展资金的使用实行项目管理制度，主要用于煤炭企业转产、职工再就业、职业技能培训和社会保障等。

这一阶段的生态补偿呈现出综合化趋势，对于矿区环境治理恢复采取一揽子的治理政策和措施，且不仅仅限于生态补偿，并且将范围扩展到整个矿区的生产转型、社会问题的解决上。体现了系统性的方法和思路。同时，此时的生态补偿不再是地方的自行其是，而是有了国务院的授权，也就是说该政策和制度有了法律上的正当性和合法性。势必会成为今后矿山环境治理恢复和矿区治理的标本和参照。针对不同的矿山环境问题采取了不同的治理制度：对于历史遗留问题采取行政征收方式征收可持续发展基金，对于现有生态环境问题采取目前较为成熟的矿山环境治理恢复保证金制度，但采取了相对较为简便的缴存标准——从量计征。而对于其他资源枯竭社会问题也进行了规定。可以说完成了对矿山生态环境问题全面覆盖。

这一阶段生态补偿呈现如下特点：

第一，生态补偿的形式为基金和保证金。针对不同时期的矿山环境问题采用不同的方式和资金渠道，彻底治理矿山生态环境问题。

第二，生态补偿的性质为行政征收和行政指导或行政合同。既有强制性的可持续发展基金的征收，又有矿山环境治理恢复保证金的缴存，针对不同的问题适用不同的行政措施。

第三，生态补偿的依据为国务院的授权。综合生态补偿的依据来源于国务院的授权，根据国务院的授权制定了一系列的规范性法律文件。

第四，对于现有矿山环境问题以企业治理为主，政府治理为辅，只有企业不作为或治理不当时，政府才代执行；对于历史问题和区域性的环境问题以政府治理为主，企业治理为辅。

第五，生态补偿的试验性。

第六，生态补偿模糊性。生态补偿是作为整个山西省可持续发展试点政策的一部分，是整个政策系统中的一环，但各个事项之间的关系不易理清，势必影响到生态补偿资金的分配和环境治理的效果。可持续发展基金的用途虽然有大致比例的划分，但是每一部分里面又含有不同性质的内容，如何合理分配有待进一步细化。

第二节　我国矿产资源开发生态补偿法律政策评析

一、从法律渊源上来看不统一

既有法律（比如《矿产资源法》和《土地管理法》）（规定并不明确），又有行政法规（如《矿产资源法实施细则》和《土地复垦条例》等）；既有部门规章（如《矿山地质环境保护规定》），又有规范性文件［如《财政部、国土资源部、环保总局就逐步建立矿山环境治理和生态恢复责任机制提出指导意见》（财建［2006］215号）、《国家环保总局关于开展生态补偿试点工作的指导意见》（环发［2007］130号）等］；既有地方性法规（比如《湖南省地质环境保护条例》），又有地方规章和其他规范性文件（如《湖南省矿山地质环境治理备用金管理暂行办法》和陕西省实施《土地复垦规定》办法等）。

总的来看，生态补偿的法律依据并不充分，中央层面的仅仅是国务院组成部门的指导意见，并无直接的法律规定。

地方层面虽然全国30个省、市、自治区都制定了关于保证金的管理办法，但是仅有安徽和新疆采取的是地方规章的形式，其余都以规范性文件的形式实施，这势必大大削弱了保证金的实施效果。

从名称来看，可以说也是五花八门，中央出台的四个规范性法律文件就有四个不同的称谓。地方出台的大体存在两种类型：备用金、保证金；但是其前缀却各不相同，大体又可分为三种类型：矿山环境、矿山地质环境、矿山复垦或景观协调。名称的不同事实上很大程度上注定了内容不同。

从立法的时间来看，主要集中于2004～2007年，中央文件的指导文件的出台并没有起到引导地方立法的作用，仍然有不少地方立法没有采用中央的指导意见（从名称上可以看出）。

二、从内容上来看没有明确的生态补偿的实质规定

法律层面的规范仅仅提到了环境治理和土地复垦，并没有明确的生态补偿的实质规定。而真正提出实质性内容的是在国家部委的其他规范性文件之中，不过从其形式来看，是法律法规和规章之外的其他规范性文件，其效力级别较低。名称是指导意见，没有形成真正的法律制度。

事实上，正是该其他规范性文件的出台，加速了行政规章和地方性法规和地方性规章的出台，当然也有不少省份在之前就制定了矿山环境治理和恢复保证金制度。该地方性法规和规章的立法权限来源于《立法法》第六十四条和第七十三条的规定。

内容主要集中在矿山环境治理恢复保证金制度和土地复垦制度的建立，明确了矿山环境治理的主体为采矿权人，保证金按矿产品销售收入的一定比例，由矿山企业分年预提并列入成本。企业和政府共同负担，实行企业所有、政府监管、专款专用的原则。

从目前现行的规范性文件来看，该保证金用于运营中的矿山企业对矿山环境的治理，而对废弃矿山等历史遗留问题没有涉及（山西省可持续发展基金主要

用于该问题的解决)。

由于没有上位法的依据，各地的相关立法虽然主要内容相似，但仍然存在不少差异。如规范性文件的名称不同，例如吉林省的规范性文件为《吉林省矿山生态环境恢复治理备用金管理办法》，湖北省的为《湖北省矿山地质环境恢复治理备用金管理办法》，青海省的为《青海省矿山环境治理恢复保证金管理办法》。从适用范围看，有的针对的是矿山生态环境，有的针对的是矿山地质环境，还有的针对的是矿山环境；征收的标准不同，主要考虑矿山的规模、采深系数、开采年限、开采方法、对环境的影响等因素来确定，但各地方确定的因素各不相同(可参见湖北省、吉林省和青海省的规定)。该保证金与土地复垦费或土地复垦保证金的关系上不甚明了。

保证金的缴存时间有的是一次缴存，有的是分期缴存；缴存的数额，有的是1亿元封顶，大部分不封顶。

保证金的使用大都规定治理验收后返还，也有规定治理时申请审批然后提取；监管机关有的是国土部门，有的是国土、环保、财政共同监管，还有的竟然是物价部门。

该保证金与土地复垦费或土地复垦保证金的关系上不甚明了。根据矿山环境治理恢复保证金或备用金的管理办法，其适用范围与土地复垦规定存在交叉和重合，那么，两种保证金或费用该如何征收，大部分规范没有明确。

只有浙江省根据浙江省人民政府《关于第三批取消暂停征收部分行政事业性收费项目和降低部分收费标准的通知》（浙政发［2009］48号）取消了土地复垦保证金。浙江省根据《浙江省人民政府办公厅关于矿山自然生态环境治理备用金收取管理办法有关问题的通知》（浙政办发［2002］48号）规定：缴纳矿山自然生态环境治理备用金，不缴纳水土流失防治费。

而《青海省矿山环境治理恢复保证金管理办法》第四条规定，开采矿产资源，涉及土地复垦、污染防治、水土保持、占用或征用林地、草地的，依照有关法律、法规的规定办理，并不免除相关的法律责任。

而《深圳市关于调整深圳市自然生态环境治理保证金标准的通知》则明确该保证金同时也是土地复垦保证金。

另外，矿山环境治理保证金的用途明显与矿山企业的排污费的用途产生了交叉和重合，在山西省体现得尤其明显。

其他省的该保证金仅仅用于矿山生态破坏，而不涉及矿山的污染治理。当然事实上二者在矿山环境中是难以截然分开的。环境的整体性决定了环境治理模式的综合性。

此外，矿山的环境治理与水土保持、植被的绿化、地质灾害的治理同样存在交叉，如何处理它们之间的关系，势必影响到该制度的实效。

三、山西可持续发展基金、矿山环境治理恢复保证金、与转产发展资金并存的缘由与问题

山西省对矿山环境问题在国务院的批复下进行了最为完整的地方立法试点工作，先后出台了《山西省煤炭可持续发展基金征收使用管理实施办法》、《山西省煤炭可持续发展基金分成入库与使用管理实施办法（试行)》、《山西省煤炭可持续发展基金安排使用管理实施细则（试行)》、《山西省矿山环境恢复治理保证金提取使用管理办法（试行)》、《山西省煤矿转产发展资金提取使用管理办法(试行)》等规范性文件。

可持续发展基金主要用于企业难以解决的跨区域生态环境治理、支持资源型城市（地区）转型和重点接替产业发展、解决因采煤引起的相关社会问题。

山西省矿山环境恢复治理保证金用于：（1）矿区生态环境和水资源保护。(2）矿区废水、废气、废渣等污染源治理、废弃物综合利用。(3）采矿引发的崩塌、滑坡、泥石流、地面塌陷、地裂缝等地质灾害的预防、治理及受灾村庄搬迁。(4）矿区自然、生态和地质环境的恢复，包括国土整治、土地复垦和矿山绿化。(5）与矿区生态保护、治理和恢复直接相关的其他支出。

山西省煤矿转产发展资金主要用于：(1）发展循环经济的科研和设备支出。(2）发展第三产业的投资支出。(3）破产企业的职工安置支出。(4）煤矿转岗失业工人转产就业支出。(5）自谋职业、自主创业转岗失业人员的创业补助支出。(6）职工技能培训支出。(7）接续资源的勘察、受让支出。(8）迁移异地相关支出。(9）发展资源延伸产业支出。(10）其他社会保障支出。(11）其他直接与接续发展相关的支出。

事实上，山西省矿山环境治理保证金的用途明显与矿山企业的排污费的用途产生了交叉和重合，与其他省份的该保证金的用途明显不同。其他省的该保证金仅仅用于矿山生态破坏，而不涉及矿山的污染治理。

此外，山西省对于探矿权、采矿权使用费和价款的使用上也不同于其他各省，其主要用于环境治理，其他省份是部分用于矿山环境的治理。

小　结

第一，从我国矿山生态补偿的历史发展来看，大体经历了从行政管制到市场

导向的过程，其表现形式为从生态补偿费到保证金，行政手段从过去的命令控制式转向经济政策导向的经济手段，由过去的行政征收演化为行政指导、行政合同到现在的行政征收与行政指导、行政合同并重。

第二，生态补偿不等于生态补偿费。生态补偿是个系统性工程，不能简单地理解为征收生态补偿费，应当通过多种制度和手段，动员社会各方主体参与其中。

第三，生态补偿不是什么都补偿。生态补偿有其特定的范围，有明确的补偿对象和补偿标准、补偿主体。不是与矿产资源开采相关的事项都纳入进来。对于已有的制度仍然采用，对于环境侵权不宜纳入生态补偿，而是形成协调性的对接。

第四，各地的试点着实取得了一定的效果，对当地的矿山环境的治理和恢复起到了显著的作用，不过问题也大量存在：标准不一、企业的负担不均、收费存在重复征收现象、国有大型企业征收困难等。问题的根源在于法律的不统一，需要国家层面的法律或者行政法规对此予以规范。

第五，矿山环境治理与恢复是综合性工程，不能人为地将生态破坏与水土保持、土地复垦以及污染治理分割，实行条块分割，部门分割。应该作为一个整体来治理。

第六，生态补偿的概念应该包括对环境正外部性的补偿，同时也包括对环境负外部性的补偿。国家的立法应当将矿区作为一个特殊区域来对待，将该区域相关的部门分割进行整合，征收的费用整合，形成统一性的法律机制。

第七，规范性文件的形式限制了生态补偿的实效。根据规范性文件的相关规定，一般有效期为 5 年，含有暂行、试行字样的规范性法律文件有效期为 2 年。

第三十三章

建立我国矿产资源开发生态补偿的基本架构与政策展望

本章从政策法规体系和管理体制的视角探讨建立我国矿产资源开发生态补偿的基本架构和政策建议。第一节从立法体系、立法模式、管理体制、核心制度和立法建议五个方面提出构建我国矿产资源开发生态补偿的基本架构；第二节的政策展望从统一立法、生态补偿的原则与方式、政府部门的监管与协调、矿产资源的定价机制改革、整合相关税费、加大生态环境投入等方面进行探讨。

第一节　基本架构

完善矿产资源生态补偿法律制度的主要目标，思路如下：

一、我国矿产资源开发中生态补偿的立法体系

立法体系的选择以立法需求为前提。通过对我国有关矿产资源开发中生态环境破坏的权威统计数据，以及公众关于矿产资源开发中生态破坏危害性、现行生态补偿政策和立法的认知及满意程度调查数据进行计量经济分析的基础上，发现群众对我国矿产资源开发中生态补偿立法的真实需求及需求的轻重缓急，在寻找和甄别我国矿产资源开发中生态补偿立法有效需求基础上，借鉴美国、欧盟、澳

大利亚等代表发达国家和地区矿产资源开发中生态补偿的立法体系的经验，从基本法与配套法设计、中央立法与地方立法关系、分阶段立法等三方面，提出关于我国矿产资源开发中生态补偿立法体系的建议。

二、我国矿产资源开发中生态补偿的立法模式

立法模式反映立法的价值取向。矿产资源开发中生态补偿以建立市场导向的补偿机制为目标，以区域发展权和个体发展权的满足为基准。不同的立法模式对各方利益主体的影响不同，运用意愿调查法，深入了解各利益主体的参与意愿，分析影响个体利益主体参与意愿的因素。运用环境公平理论、参与式治理理论，探索调动各方利益主体参与生态补偿的现实和法律障碍，从主体、途径、程序等方面优化立法要素，探索平衡企业利益、区域利益、个体利益与社会公共利益，兼顾公平与效率的参与式立法模式。

三、我国矿产资源开发中生态补偿的管理体制

管理体制是立法的关键问题。在矿区生态环境治理中多头管理体制对生态环境治理产生重要影响。以北美的五大湖流域为样本，与我国现行法律规定的流域管理体制相结合进行分析比较，从管理机构、政府间、部门间协作机制、区域综合管理等方面，提出关于我国矿产资源开发中生态补偿综合管理体制的建议。

四、我国矿产资源开发中生态补偿的核心制度

制度体系是立法的主要内容。我国矿产资源开发中生态补偿制度以推动企业作为生态补偿的主体为主要目标。通过分析在典型矿区调查现行矿区生态补偿主要制度对企业的影响，发现影响企业参与的制度原因。借鉴国外相关制度设计，运用发展中的“污染者负担原则”，从教育与技术帮助、财政刺激和成本分担、市场激励、命令—控制等方面，探索有利于改善矿区生态环境的生态补偿核心制度。

五、我国矿产资源开发中生态补偿的立法建议

立法建议是立法研究的现实目标。在国家层面，国务院的相关决定和国家部

委的相关规章对矿产资源开发中的生态补偿已经有原则性规定，现阶段宜在现行法律框架下，制定《中华人民共和国生态补偿条例》和《矿产资源生态补偿办法》；中长期应推行统筹立法，修改《矿产资源法》、《土地管理法》、《土地复垦条例》，加强单行配套。在地方层面，各省抓紧制定和修改矿山环境治理保证金管理办法等配套规定，立足于目前国家及地方的立法现状，提供《矿产资源生态补偿办法》的建议稿。

第二节　政策展望

一、统一立法，以法律的形式将相关的政策法制化，建立完整的法律体系和政策体系

目前的生态补偿政策都是处于一种摸索阶段，采取的是各地试点的形式，由此势必造成法律的不统一，市场准入和企业的竞争条件的差异，影响到整个行业的发展和矿山环境的治理恢复。随着《生态补偿条例》立法的启动，应当加快我国在生态补偿领域方面的立法和政策的统一。事实上，即使《生态补偿条例》的出台，也不能解决生态补偿领域中所有问题。由于生态补偿领域的复杂性必然要求对不同的补偿领域采取不同的制度和措施，正外部性的补偿不同于负外部性的补偿，流域性的补偿不同于区域性的补偿，国家层面的补偿不同于市场机制的补偿。所以，《生态补偿条例》是一种原则性的法律框架，它的有效实施仍需配套的法规体系予以配合，就矿产资源开发领域而言，需要在国家层面分别制定《矿山环境治理恢复保证金管理办法》、《矿产资源可持续发展基金征收与使用管理办法》、《矿产资源转产发展资金提取使用管理办法》、《资源型城市可持续发展条例》等单行立法及实施细则，以及地方结合各地的实际情况具体制定各地的实施办法。目前的当务之急是在中央层面将目前成熟的制度予以立法，而后再逐步将相关制度统合，成熟一个立一个。或者尽快修改《矿产资源法》，将相关的生态补偿内容予以规定，以使生态补偿的试点获得正当性和合法性。

二、明确矿产资源开发生态补偿的原则和补偿的方式

矿产资源生态补偿的原则是生态补偿制度确立和运行的基本准则，决定了生

态补偿的内容、范围和价值取向，并为日后矿产资源开发中生态补偿制度和政策的完善确立了方向。一般而言，其首要原则或者说主导原则是“污染者负担原则”，当然，“污染者负担原则”是在广义上使用的，不是简单的仅仅针对污染者的设定，其内含了环境的使用者、开发者、破坏者等所有使用环境的人。这是环境法的基本原则，当然也是生态补偿的基本原则。在我国现行的制度实践中表现为矿山企业缴纳的矿山环境治理保证金以及水土流失补偿费、排污费、土地复垦费、植被恢复费、矿产资源补偿费等相关费用。但事实上，这个原则在我国并没有很好得到执行，矿企所缴纳的上述各种费用远远小于其所造成的环境损害，而真正的承担者是地方政府和中央政府，在建立矿山环境治理保证金制度之后略有好转，该制度的设计正是“污染者负担原则”的完整体现，是真正的环境公平的体现，也是市场导向机制的体现。

“污染者负担原则”并不能解决所有的矿山环境问题，对于历史遗留问题和区域性的环境问题，由于责任主体已经灭失或者单个矿企无力承担的情况，就需要由集体负担和共同负担原则予以补充。“集体负担原则”是指同行业的矿企建立一种基金，用以解决历史遗留和区域性问题，美国的超级基金是典型的集体负担，目前在我国的典型实例为山西省的可持续发展基金。“共同负担原则”是环境问题的最后一道防线，只有在前二者对环境问题解决不力或者资金不足时，共同负担才会启用，也就是政府投入来治理环境问题。事实上，该原则来源于“受益者负担原则”，矿产资源的开发，受益人不仅仅是矿企和投资人，其带来的税收和地方经济发展和就业的增加等事实上使所有人受益，基于公平的原则，由中央和地方负责一部分矿山环境问题是正当的、合理的。

矿产资源开发生态补偿的形式不是简单的生态补偿费的征收，而应当采取多元化的补偿模式，以实现矿区的可持续发展。如上所述，矿区的生态补偿的目的是要实现该区域的可持续发展，要求除去传统的货币补偿模式，更应当尝试建立该区域的可持续发展能力的补偿。可持续发展的内涵就是既满足当代人的需求，又不对后代人满足其需求的能力构成威胁。货币补偿可能能满足一时或者一代人所需，但是区域的可持续发展能力并不能满足，“授人以鱼不如授人以渔”，阿马蒂亚森在发展经济学中创立了能力方法的分析框架，指出贫困不是由于收入的不足而是由于能力的缺失。能力建设和能力补偿才是生态补偿的重中之重，通过各种措施和制度以及政策来加强矿区的可持续发展能力，实现其自身的造血功能。现在在资源枯竭型城市实施的引导性、扶持性政策以及对当地居民的培训就是政策补偿和能力补偿的表现。

三、建立矿山环境治理和生态恢复政府部门之间的协调机制和监管体制

我国行政管理机构设置中存在按资源要素分工的部门管理模式，这会强化部门利益、弱化统一管理，很容易出现部门分割，难以形成一个有机联系的整体。

为了建立符合我国国情的矿山环境治理与生态恢复的行政部门间的协调机制，建议采取如下措施：

第一，打破条条分割和条块分割，建立部门之间的协调机制。可仿效水资源流域设立的流域管理机构设立矿区的区域协调机构，协调不同部门、不同地方之间的利益冲突，监督矿山环境治理恢复资金的有效使用。

第二，监管体制就是机构的设立和职权的划分。无论是按照事权还是按照地权的划分，行政监管之条条矛盾、条块矛盾永远无法避免，在环境领域尤其明显。资源与环境的二分化管理模式更是加剧了资源部门与环境部门之间的冲突，环境主管机关的统一管理与资源部门之间的分别管理事实上很难统一起来，由此更加强化了部门利益，难以形成一个有机联系的整体。在矿山环境治理领域同样存在“九龙治水”的困境，除国土资源部门之外，还有环保部门、水利部门、综合经济部门等多个部门。国外的大部制不失为一种解决办法，但是在目前我国尚未建立大环境部的现实下，打破条条分割和条块分割，建立部门之间的协调机制仍不失为一种可行的思路。明确协调机构的组成和职权，对于协调的程序和方法予以制度化，对于协调的会议纪要，应明确法律效力，实施严格的法律责任保障协调及制度的运行。

四、改革矿产资源价格机制，整合相关税费，加大生态环境投入

创新矿产资源及产品价格形成机制，使之真实体现矿产资源开发过程中产生的生态环境损失。改革现行矿产品价格形成机制，将适当的生态环境成本纳入矿产资源价格构成（约占矿产资源各阶段产品市场销售价格的15% ~30%），为矿山环境治理和生态修复集聚更多的资金。

大幅度提高矿产资源税费中用于矿山环境治理和生态修复工程支出比例。以克服资金投入不足，治理步伐缓慢的问题。

矿山资源开发生态补偿制度的建立不是简单的一项法律的出台，它是一项系统工程，涉及矿产资源生产、流通、消费的一切领域，所以，政策的出台必须与其他已有法律政策进行衔接，既不能加重矿企的负担，又不能降低社会的总体效

益。目前实施的矿产资源税改革旨在调整中央与地方、资源与环境之间的矛盾，资源税费比例向资源所在地倾斜，扩展地方尤其是资源所在地政府的生态环境治理资金的来源渠道。

整合各种资源税费资金，扩展政府资金来源渠道。现实中，林业部门收取了植被恢复费、环境保护部门收取了排污费、水利部门收取了水土流失防治费与水土流失补偿费、土地部门收取了土地复垦费用等。而这些规费事实上在功能上是重复的，更多体现了环境的不同功能，但没有考虑到环境的整体性。在目前试点的矿山环境治理保证金中已经包含了上述规费的用途。所以，可仿效浙江省的做法以文件的形式免征部分规费或在立法中明确免征重复性的规费。或者，在坚持"专款专用，专款定向专用"的原则下，规定各部门收费中用于矿山环境治理和生态修复资金开支比例，以此整合部门资金，作为中央政府和地方政府环境治理和生态修复政府专项基金的补充。

小　结

本章从五个方面提出了完善矿产资源生态补偿法律制度的主要目标和思路。在矿区生态补偿的立法架构上，一是基于对矿区生态补偿立法需求，从基本法与配套法设计、中央立法与地方立法关系、分阶段立法等三方面，完善生态补偿立法；二是要根据各利益主体的参与意愿，探索平衡企业利益、区域利益、个体利益与社会公共利益，监管公平与效率的参与式立法模式；三是从管理机构、政府间、部门间协作机制、区域综合管理等方面，提出关于我国矿产资源开发中生态补偿综合管理体制的建议；四是基于"污染者付费原则"，从教育与技术帮助、财政刺激和成本分担、市场激励、命令—控制等方面，探索有利于改善矿区生态环境的生态补偿核心制度；五是中央政府层面，在现行法律框架下，制定《生态补偿条例》和《矿产资源补偿办法》。地方政府应制定和修改矿山环境治理保证金管理办法等配套规定。

后续政策调整主要是以下几项：一是要统一立法，以法律形式将相关政策法制化；二是明确矿区生态补偿的原则与方式；三是建立矿山环境治理与生态恢复政府部门之间的协调机制和监管体制；四是改革矿产资源价格机制，整合相关税费，加大生态环境投入。

附件

附件一　矿产资源有偿使用和生态补偿相关法律法规

（一）矿山环境治理恢复保证金类

1. 湖北省矿山地质环境恢复治理备用金管理办法
2. 吉林省矿山生态环境恢复治理备用金管理办法
3. 湖南省矿山地质环境治理备用金管理暂行办法
4. 青海省矿山环境治理恢复保证金管理办法
5. 浙江省矿山自然生态环境治理备用金收取管理办法
6. 重庆市矿山环境治理和生态恢复保证金管理暂行办法
7. 江苏省矿山环境恢复治理保证金收缴及使用管理暂行办法
8. 山西省矿山环境恢复治理保证金提取使用管理办法（试行）
9. 贵州省矿山环境治理恢复保证金管理暂行办法
10. 云南省矿山地质环境恢复治理保证金管理暂行办法
11. 新疆维吾尔自治区矿山地质环境治理恢复保证金管理办法
12. 四川省矿山地质环境恢复治理保证金管理暂行办法
13. 山东省矿山地质环境治理保证金管理暂行办法
14. 内蒙古自治区矿山地质环境治理保证金管理办法
15. 河北省矿山生态环境恢复治理保证金管理暂行办法
16. 安徽省矿山地质环境治理恢复保证金管理办法
17. 河南省矿山环境治理恢复保证金管理暂行办法实施细则
18. 甘肃省矿山环境恢复治理保证金管理暂行办法
19. 江苏省矿山环境恢复治理保证金收缴及使用管理暂行办法
20. 辽宁省矿山环境恢复治理保证金管理暂行办法
21. 黑龙江省矿山地质环境保证金管理暂行办法
22. 福建省矿山生态环境恢复治理保证金管理办法（试行）
23. 广西矿山地质环境恢复保证金管理办法
24. 宁夏回族自治区矿山环境治理和生态恢复保证金管理暂行办法

25. 北京市矿山生态环境恢复治理保证金管理暂行办法
26. 陕西省煤炭矿山环境恢复治理保证金管理暂行规定
27. 广东省矿山自然生态环境治理恢复保证金管理办法（试行）
28. 上海市矿区生态环境恢复治理保证金制度
29. 天津市矿山复垦保证金或景观协调保证金收缴及使用管理暂行办法

目前全国30个省市自治区开征矿山环境治理恢复保证金，省政府地方规章收集26个，此外还有若干设区的市及县制定的实施办法，内容雷同，不再列明。

（二）水土流失保持类

1. 水土保持法
2. 水土保持法实施条例
3. 水土保持法实施细则
4. 开发建设项目水土保持设施验收管理办法
5. 开发建设项目水土保持方案编报审批管理规定
6. 开发建设项目水土保持监测实施细则
7. 山东省实施《水土保持法》办法
8. 河北省实施《水土保持法》办法
9. 河南省实施《水土保持法》办法
10. 辽宁省实施《水土保持法》办法
11. 云南省实施《水土保持法》办法
12. 浙江省实施《水土保持法》办法
13. 海南省实施《水土保持法》办法
14. 江苏省实施《水土保持法》办法
15. 甘肃省实施《水土保持法》办法
16. 江西省实施《水土保持法》办法
17. 湖南省实施《水土保持法》办法
18. 湖北省实施《水土保持法》办法
19. 贵州省实施《水土保持法》办法
20. 山西省实施《水土保持法》办法
21. 广东省实施《水土保持法》办法
22. 北京市实施《水土保持法》办法
23. 重庆市实施《水土保持法》办法
24. 宁夏回族自治区实施《水土保持法》办法
25. 内蒙古自治区实施《水土保持法》办法

26. 新疆维吾尔自治区实施《水土保持法》办法

27. 陕西省实施《水土保持法》办法

28.《陕西省煤炭石油天然气资源开采水土流失补偿费征收使用管理办法》实施细则

29. 陕西省煤炭石油天然气资源开采水土流失补偿费征收使用管理办法

30. 关于进一步明确陕西省境内从事煤炭石油天然气资源开采企业缴纳水土流失补偿费有关问题的通知（陕水发［2010］4号）

31. 陕西省水土流失补偿费、防治费计征标准和使用管理暂行规定

（三）综合指导类

1. 财政部、国土资源部、环保总局关于逐步建立矿山环境治理和生态恢复责任机制的指导意见

2. 国家环保总局关于开展生态补偿试点工作的指导意见（环发［2007］130号）

3. 浙江省人民政府关于进一步完善生态补偿机制的若干意见

4. 绍兴市人民政府关于进一步完善生态补偿机制的实施意见

5. 中共杭州市委办公厅、杭州市人民政府办公厅关于建立健全生态补偿机制的若干意见

6. 温州市人民政府关于建立生态补偿机制的意见

7. 衢州市人民政府关于建立健全生态补偿机制的实施意见（试行）

8. 台州市人民政府关于建立健全生态补偿机制的若干意见

9. 宁波市人民政府关于建立健全生态补偿机制的指导意见

10. 舟山市人民政府关于进一步完善生态补偿机制的实施意见

11. 海南省人民政府关于印发建立完善中部山区生态补偿机制试行办法的通知

12. 辽宁省东部重点区域生态补偿政策实施办法

（四）土地复垦类

1. 土地复垦条例

2. 关于加强生产建设项目土地复垦管理工作的通知

3. 关于组织土地复垦方案编报和审查有关问题的通知

4. 中华人民共和国行业标准——土地复垦技术标准

5. 矿产资源规划管理暂行办法

6. 地质灾害防治管理办法

7. 中华人民共和国土地管理法

8. 中华人民共和国土地管理法实施条例

9. 中华人民共和国矿产资源法实施细则
10. 矿山地质环境保护规定
11. 中华人民共和国煤炭法
12. 中华人民共和国草原法
13. 中华人民共和国森林法
14. 中华人民共和国矿产资源法

（五）地方特色类

1. 山西省煤炭可持续发展基金征收使用管理实施办法
2. 山西省煤炭可持续发展基金分成入库与使用管理实施办法（试行）
3. 山西省煤炭可持续发展基金安排使用管理实施细则（试行）
4. 山西省矿山环境恢复治理保证金提取使用管理办法（试行）
5. 山西省煤矿转产发展资金提取使用管理办法（试行）
6. 铜川市征收生态环境补偿费实施办法（试行）
7. 《陕西省煤炭石油天然气资源开采水土流失补偿费征收使用管理办法》实施细则
8. 陕西省煤炭石油天然气资源开采水土流失补偿费征收使用管理办法
9. 关于进一步明确陕西省境内从事煤炭石油天然气资源开采企业缴纳水土流失补偿费有关问题的通知（陕水发［2010］4号）

（六）探矿权采矿权使用费和价款类

1. 《探矿权采矿权使用费和价款管理办法（试行）》（财建［2003］530号）
2. 关于探矿权采矿权使用费和价款管理办法的补充通知
3. 探矿权采矿权使用费减免办法
4. 关于国家紧缺矿产资源探矿权采矿权使用费减免办法的通知
5. 中央所得探矿权采矿权使用费和价款使用管理暂行办法
6. 探矿权采矿权价款转增国家资本管理办法
7. 陕西省探矿权采矿权使用费和价款管理办法（陕财办建［2007］181号）
8. 云南省探矿权采矿权管理办法
9. 云南省探矿权采矿权使用费和价款收缴使用管理暂行办法
10. 青海省探矿权采矿权使用费和价款管理暂行规定
11. 湖南省探矿权采矿权使用费和价款管理办法
12. 河南省探矿权采矿权使用费和价款使用管理暂行办法
13. 安徽省探矿权采矿权使用费和价款使用管理暂行规定

14. 江苏省省级探矿权采矿权使用费和价款使用管理办法
15. 广东省探矿权采矿权使用费和价款使用管理暂行办法
16. 北京市探矿权采矿权出让价款缴纳办法
17. 郴州市探矿权采矿权使用费和价款管理办法的实施意见
18. 南京市市级探矿权使用费和价款使用管理办法

附件二　全国各省矿山生态补偿一览表

全国各省矿山生态补偿一览

	规范性法律文件名称	法律依据	征收对象	用途
山西省（2007）矿山环境恢复治理保证金	山西省矿山环境恢复治理保证金提取使用管理办法（试行）	《国务院关于同意在山西省开展煤炭工业可持续发展政策措施试点意见的批复》（国函［2006］52号）	境内从事煤炭开采的各类企业	矿区生态环境和水资源保护、地质灾害防治（含村庄搬迁）、污染治理和环境恢复整治（土地复垦、矿山绿化）
浙江省（2001）矿山自然生态环境治理备用金（全国第一个）	《浙江省人民政府关于矿山自然生态环境治理备用金收取管理办法》（浙政发［2001］81号）	《浙江省矿产资源管理条例》	采矿权人	开采矿产资源过程中及其在闭坑、停办、关闭矿山后为保护矿山自然生态环境，防治地质灾害和水土流失、恢复植被等工作应缴纳的备用治理费
湖南省（2004）矿山地质环境治理备用金	湖南省矿山地质环境治理备用金管理暂行办法（湘政发［2004］21号）	《湖南省地质环境保护条例》	采矿权人	因矿产开发引发的崩塌、滑坡、泥石流、地面塌陷、地裂缝等地质灾害的预防、治理和被破坏的矿山地质环境的恢复

续表

	规范性法律文件名称	法律依据	征收对象	用途
湖北省（2006）矿山地质环境恢复治理备用金	湖北省矿山地质环境恢复治理备用金管理办法	《湖北省地质环境管理条例》	采矿权人	在开采矿产资源过程中及其在闭坑、停办、关闭矿山后为保护矿山地质环境，防治地质灾害和恢复植被等
云南省（2006）矿山地质环境恢复治理保证金	云南省矿山地质环境恢复治理保证金管理暂行办法（云政发［2006］102号）	（国务院关于全面整顿和规范矿产资源开发秩序的通知）（国发［2005］28号）	采矿权人	预防和治理矿山地质灾害、保护矿区自然地质地貌景观成珍稀地质遗迹、开展土地复垦等
四川省（2008）矿山地质环境恢复治理保证金	《四川省矿山地质环境恢复治理保证金管理暂行办法》（川府函［2008］75号）	《四川省地质环境管理条例》和国家有关规定	采矿权人	无具体规定
山东省（2005）矿山地质环境治理保证金	《山东省矿山地质环境治理保证金管理暂行办法》（鲁财综［2005］81号）	《山东省地质环境保护条例》	采矿权人	无具体规定
安徽省（2007）矿山地质环境治理恢复	《安徽省矿山地质环境治理恢复保证金管理办法》令2007年第206号	《安徽省矿山地质环境保护条例》	采矿权人	无具体规定

续表

	规范性法律文件名称	法律依据	征收对象	用途
黑龙江省（2007）矿山地质环境恢复保证金	《黑龙江省矿山地质环境恢复保证金管理暂行办法》（黑财建［2007］85号）	《矿产资源法》、《环境保护法》、《国务院关于全面整顿和规范矿产资源开发秩序的通知》（国发［2005］28号）和《财政部、国土资源部、环保总局关于逐步建立矿山环境治理和生态恢复机制的指导意见》（财建［2006］215号）	矿山企业	破坏或废弃土地恢复；探槽、钻孔等进行封闭或回填；地质灾害隐患治理；处置固体废弃物；采场和矿山固体废弃物堆放场的植被得到恢复
新疆（2008）矿山地质环境治理恢复保证金	《新疆维吾尔自治区矿山地质环境治理恢复保证金管理办法》（令155号）	《新疆维吾尔自治区地质环境保护条例》和有关法律、法规	采矿权人	无具体规定
内蒙古（2008）矿山地质环境治理保证金	《内蒙古自治区矿山地质环境治理保证金管理办法》（内政发［2008］43号）	《中华人民共和国矿产资源法》、《中华人民共和国环境保护法》、《内蒙古自治区地质环境保护条例》	采矿权人	无具体规定
宁夏（2008）矿山环境治理和生态恢复保证金	《宁夏回族自治区矿山环境治理和生态恢复保证金管理暂行办法》（宁政发［2008］100号）	《矿产资源法》、《环境保护法》、《宁夏回族自治区矿产资源管理条例》《财政部、国土资源部、环保总局关于逐步建立矿山环境治理和生态恢复责任机制的指导意见》（财建［2006］215号）	采矿权人	复垦、回填、地质灾害的治理、尾矿、固废的治理

续表

	规范性法律文件名称	法律依据	征收对象	用途
广西（2009）矿山地质环境恢复保证金	《广西壮族自治区矿山地质环境恢复保证金管理办法》（桂国土资发［2009］24号）	《广西壮族自治区地质环境保护条例》和国家其他有关规定	采矿权人	第十二条主要是复垦、植被、地质灾害的治理
辽宁省（2008）矿山环境恢复治理保证金	《辽宁省矿山环境恢复治理保证金管理暂行办法》（辽财经［2007］98号）	《国务院关于全面整顿和规范矿产资源开发秩序的通知》（国发［2005］28号）和《财政部、国土资源部、环保总局关于逐步建立矿山环境治理和生态恢复责任机制的指导意见》（财建［2006］215号）	采矿权人	无具体规定
吉林省（2006）矿山生态环境恢复治理备用金	《吉林省矿山生态环境恢复治理备用金管理办法》（令第184号）	《吉林省矿产资源开发利用保护条例》	采矿权人	开采矿产资源引发的崩塌、滑坡、泥石流、地面塌陷、地裂缝等地质灾害的治理和被破坏的矿山生态环境的恢复
青海省（2007）矿山环境治理恢复保证金	《青海省矿山环境治理恢复保证金管理办法》（青财建［2007］517号）	《中华人民共和国矿产资源法》及其实施细则、《财政部、国土资源部、环保总局关于逐步建立矿山环境治理和生态恢复责任机制的指导意见》（财建［2006］215号）和《青海省地质环境保护办法》	采矿权人	因开采矿产资源引发的崩塌、滑坡、泥石流、地面塌陷、地裂缝等地质灾害的防治和被破坏的矿山自然环境的恢复

续表

	规范性法律文件名称	法律依据	征收对象	用途
贵州省（2007）矿山环境治理恢复保证金	《贵州省矿山环境治理恢复保证金管理暂行办法》（黔府办发［2007］38号）	《中华人民共和国矿产资源法》、《中华人民共和国环境保护法》、《地质灾害防治条例》、《贵州省地质环境管理条例》	矿山企业	无具体规定（主要是地质灾害）
河北省（2007）矿山生态环境恢复治理保证金	《河北省矿山生态环境恢复治理保证金管理暂行办法》（冀国土资发［2006］15号）	《河北省地质环境管理条例》和国务院《全面整顿和规范矿产资源开发秩序的通知》（国发［2005］28号）	采矿权人	因矿产资源开发引发的崩塌、滑坡、泥石流、地面塌陷、地裂缝等地质灾害的预防、治理和被破坏的矿山生态环境的恢复
河南省（2007）矿山环境治理恢复保证金	《河南省矿山环境治理恢复保证金管理（暂行）办法》（豫财办建［2007］204号）《河南省矿山环境治理恢复保证金管理（暂行）办法》实施细则（豫财办建［2009］162号）	《中华人民共和国矿产资源法》、《中华人民共和国环境保护法》等有关规定和《财政部、国土资源部、国家环保总局关于逐步建立矿山环境治理和生态恢复责任机制的指导意见》（财建［2006］215号）	采矿权人	1. 环境污染的治理及矿山绿化； 2. 环境地质灾害的治理； 3. 国土整治和土地复垦；矿区地貌景观破坏、水土流失、土地沙化和地下水均衡破坏的治理； 4. 与矿区生态保护、治理和修复直接相关的其他支出

续表

	规范性法律文件名称	法律依据	征收对象	用途
福建省（2006）矿山生态环境恢复治理保证金	《福建省矿山生态环境恢复治理保证金管理办法（试行）》（闽国土资文［2006］195号）	《中华人民共和国矿产资源法》及其实施细则、《财政部、国土资源部、国家环保总局关于逐步建立矿山环境治理和生态恢复责任机制的指导意见》（财建［2006］215号）	采矿权人	无具体规定
重庆市（2007）矿山环境治理和生态恢复保证金	《重庆市矿山环境治理和生态恢复保证金管理暂行办法》（渝财建［2007］41号）	《矿产资源法》、《环境保护法》等法律法规，以及《国务院关于全面整顿和规范矿产资源开发秩序的通知》、《财政部、国土资源部、环保总局〈关于逐步建立矿山环境治理和生态恢复责任机制的指导意见〉》	矿山企业	因开发矿产资源造成的危害人民生命财产安全的崩塌、滑坡、泥石流、地裂缝、地面沉降和地面塌陷等地质灾害及其隐患的治理项目，以及因开发矿产资源造成的植被、地层、岩石、土壤、地质遗迹、地下水、地表水、地形地貌等矿山环境破坏的恢复保护项目
江苏省（2010）矿山地质环境恢复治理保证金	《江苏省矿山地质环境恢复治理保证金收缴及使用管理办法》（苏政办发［2010］132号）	《江苏省地质环境保护条例》、《矿山地质环境保护规定》（国土资源部令第44号）等法规规章	采矿权人	无具体规定

续表

	规范性法律文件名称	法律依据	征收对象	用途
广东省（2011）矿山自然生态环境治理恢复保证金	《广东省矿山自然生态环境治理恢复保证金管理办法（试行）》（粤国土资地环发［2011］49号）	《广东省矿产资源管理条例》和国土资源部《矿山地质环境保护规定》	采矿权人	无具体规定
上海市（2009）矿区生态环境恢复治理保证金	《上海市矿区生态环境恢复治理保证金制度》	财政部、国土资源部和环保总局《关于逐步建立矿山环境治理和生态恢复责任机制的指导意见》（财建［2006］215号）	采矿权人	保护自然生态环境，防止地质灾害和水土流失、恢复植被和土地复垦等
北京市（2009）矿山生态环境生态恢复治理保证金（未见原文）	《北京市矿山生态环境恢复治理保证金管理暂行办法》（京国土环［2009］77号）	—	—	—
西藏（2003）矿山环境恢复治理保证金（未见原文）	《黄金矿山地质环境恢复保证金制度》另，2007年全面实行矿山地质环境恢复保证金（网上新闻）	—	—	—
海南省（2009）矿山地质环境保护与治理恢复保证金	《海南省矿产资源条例》（2009年颁布2010年施行）	—	—	—

续表

	规范性法律文件名称	法律依据	征收对象	用途
天津市（2006）矿山复垦保证金或景观协调保证金（未见原文）	《天津市矿山复垦保证金或景观协调保证金收缴及使用管理暂行办法》（津政发［2006］74号）	《天津市矿产资源管理条例》	采矿权人	1. 对塌陷、毁损、占压的土地已进行回填、平整至可供利用的状态； 2. 探槽、探井、钻孔等已进行封闭或者回填； 3. 各类岩土体边坡有效治理。诱发山体崩塌、滑坡、泥石流等地质灾害隐患已消除； 4. 尾矿、废石、废渣、剥离表土等固体废弃物堆放场选择合理，安全稳定； 5. 露天采场边坡和固体废弃物堆放场种草植树

注：“—”表示材料缺失。

续 A：

标准	账户管理	缴存时间	财务会计制度
每吨原煤产量10元，按月提取； 原煤产量以征收煤炭可持续发展基金核定的产量为准	属地管理，由当地地税部门监督缴入同级财政部门专户储存。省属国有重点煤炭企业经省财政部门同意并报经省人民政府批准可以自设账户储存	每月10日前缴存上月保证金；困难的国有重点煤炭开采企业经省政府批准两年试点期内分年逐步提取到位，但第一年不得低于应提取标准的50%	计入煤炭开采企业生产成本，在所得税前列支

续表

标准	账户管理	缴存时间	财务会计制度
采矿许可证登记面积×缴纳标准×影响系数。登记面积2 000平方米以下的一次性缴纳总额为1万元	收取的治理备用金统一纳入同级财政专户，实行专户存储、专款专用	2002年1月1日开始收取。采矿权人原则上应一次性缴纳治理备用金；颁发采矿许可证的地质矿产主管部门批准，可分期缴纳。首期不低于应缴总额的30%	无
收存标准（累进制）×采矿许可证登记面积×采深系数×采矿许可证有效期（年限）	同级财政部门开设的“矿山地质环境治理备用金专户”	采矿许可证有效期在3年以内（含3年）的，应当一次性全额缴存备用金；采矿许可证有效期在3年以上且应缴数额较大，一次性缴存确有困难的，经主管部门批准，可以分期缴存，但首次缴存额度不得低于应缴总额的50%	无
收存标准（累进制）×采矿许可证登记面积×采深系数×采矿许可证有效期（年限）	国土资源行政主管部门收存备用金，统一纳入同级财政专户	采矿许可证有效期在3年以下（包含3年）的，应当一次性全额缴存备用金；采矿许可证有效期在3年以上的，可以分期缴存备用金，第一次缴存的数额不得少于备用金总金额的30%，余额按剩余期限年均数在采矿权人年检时缴存	无
收存标准（元/平方米·年）×影响系数	保证金必须存入各级国土资源行政主管部门指定的银行专户，集中管理，专款专用	15个工作日内，到指定银行交存保证金。凭保证金交存凭证及相关材料，到采矿权审批机关签订矿山地质环境保护与恢复治理责任书，领取采矿许可证	无
采矿许可证登记面积×缴纳标准×开采方式影响系数×矿种影响系数。可视情况每3年调整一次	保证金由矿区所在地县级财政行政主管部门负责收取，县级国土资源行政主管部门负责具体收取，并共同管理	采矿许可证有效期3年（含3年）以内的，采矿权人应当在2年内缴清保证金。 采矿许可证有效期4～10年（含10年）的，首次缴纳保证金的数额不得低于应缴总额的30%，	无

续表

标准	账户管理	缴存时间	财务会计制度
		余额应每年缴纳1次，每次缴纳数额不得低于余额的25%；11～20年（含20年）的，首次缴纳保证金的数额不得低于应缴总额的20%，余额应每年缴纳1次，每次缴纳数额不得低于余额的20%；20年以上的，首次缴纳保证金的数额不得低于应缴总额的20%，余额应每年缴纳1次，每次缴纳数额不得低于余额的15%。剩余保证金必须在采矿许可证有效期满1年前全部缴清	无
采矿许可证批准面积、采矿许可证有效期、开采矿种、开采方式以及对矿山生态环境影响程度等因素确定	保证金按采矿许可证登记发证权限，由矿区所在地的县级以上国土资源行政主管部门负责收取	采矿许可证有效期3年（含3年）以内的，采矿权人应当一次性全额缴纳保证金。 采矿许可证有效期超过3年的，采矿权人可以分期缴纳保证金。首次缴纳数额不得低于应缴总额的30%，余额可每3年缴纳一次，每次缴纳数额不得低于余额的50%，但在采矿许可证有效期满前一年应当全部缴清	无
单位面积缴存标准×矿区登记面积×采矿方式影响系数×面积影响系数（按照累进制计算）×采矿许可剩余年限（剩余年限不足1年的，按1年计算）	保证金账户，由采矿权人在负责缴存工作的国土资源行政主管部门同级的财政行政主管部门指定的银行开设	采矿许可证有效期3年（含3年）以下的，采矿权人应当一次性全额缴存保证金。采矿许可证有效期3年以上的，可以分期缴存保证金，其中10年（含10年）以下的，首次缴存的数额不低于应缴存总额的40%；10年以上的，首次缴存的数额不低于应缴存总额的20%；余款逐年平均缴存，并在采矿许可年限届满前1年全部缴足	无

续表

标准	账户管理	缴存时间	财务会计制度
保证金总额 =（采矿许可证登记面积 + 企业能力建设影响面积）× 单位面积缴纳标准 × 影响系数	保证金应由负责收缴管理工作的县级以上财政部门在指定银行设立专户存储，由财政部门会同国土资源、环保部门共同监管	保证金原则上应当一次性预缴。一次性预缴确有困难的，应当向收取部门提出申请，经批准后可分期预缴，但第一次缴纳不得低于应缴额的 30%，其余部分须在 5 年内缴清	计入成本
依据采矿许可证批准面积、有效期、开采矿种、开采方式以及对矿山地质环境影响程度等因素确定	缴存保证金的代理银行，由本办法第三条规定的国土资源行政主管部门的同级财政部门确定	采矿许可证有效期 3 年（含 3 年）以内的，采矿权人应当一次性全额缴存。采矿许可证有效期 3 年以上的，可以分期缴存。其中 10 年（含 10 年）以下的，首次缴存金额不少于保证金总额的 40%；10 年以上的，首次缴存金额不少于保证金总额的 30%；余额部分逐年平均缴存，并在采矿许可证届满前 1 年全部缴足	无
保证金年存储额 = 存储标准 × 矿山年开采面积 × 矿山分类系数 × 矿山开采方式系数	保证金由采矿权人在财政部门指定的银行专户存储。国土资源行政主管部门与存储保证金的银行签署协议，以协议的约定对保证金进行存储、返还、支取、结算	采矿许可证有效期在 3 年以下的，保证金一次性全额存储。 采矿许可证有效期 4 年以上的，保证金可以一次性全额存储或者分期存储；分期存储的，采矿权人应向国土资源行政主管部门提供保证金存储计划，每期存储额度不低于 3 年的保证金数额	无
依据新矿山设计年限或已服务矿山的剩余年限、环境治理和生态恢复所需的费用以及批准登记的矿区面积、年开采量、对生态环境的影响程度等因素确定	保证金实行专户管理	采矿许可证有效期在 3 年以内（含 3 年）的，应当一次性全额缴存保证金。采矿许可证在 3 年以上的，可分期缴存，第一次缴存的数额不得少于保证金总额的 20%，余额根据剩余的服务年限按年度平均缴存	计入成本

续表

标准	账户管理	缴存时间	财务会计制度
收缴金额 = 收缴标准×采矿许可证登记面积（含尾矿库、堆渣场等）×采矿许可证有效期年限×影响系数	保证金直接存入同级财政部门指定的账户	采矿权有效期在3年（含3年）以内，或者保证金总额在5万元以内的（含5万元），采矿权人必须一次性全额缴纳保证金。 采矿权有效期超过3年和保证金总额超过5万元的，经负责缴纳核定工作的国土资源管理部门批准，首次缴纳数额不得低于应缴纳总额的30%，余额可分年度平均缴纳，但在采矿权有效期届满前一年应当全部缴清。 采矿权有效期在3年以上，按照开采设计分期开采的，经负责缴纳核定工作的国土资源管理部门同意，可以先缴纳首采地段的保证金。首采地段的矿山地质环境恢复治理工作验收合格后，已缴纳的保证金可以结转为下一矿段的保证金，各矿段保证金的数额可以分别核定。 经批准分期缴纳的，采矿权人应当在当年的6月30日前缴纳该年度应缴的保证金	无
保证金缴存总额 = 单位面积缴存标准×影响面积×有效年数×影响系数 影响面积包括采矿许可证登记面积、登记面积之外对矿山环境的影响面积（包括因矿山建设运输的道路、排土排岩场、尾矿库等，应实际测量。新设立、延续、变更登	保证金存入同级财政部门指定专户	采矿许可证有效期在3年以内（含3年）的，或影响面积在5 000平方米以下（含5 000），或应缴保证金在50万元以下（含50万），必须一次性全额缴存保证金。 采矿许可证有效期在3年以上的，保证金可以一次性全额缴存或分期缴存；分期缴存的，可依据采矿许可剩余年限分次缴存。有效期前1年应当全部缴清	无

续表

标准	账户管理	缴存时间	财务会计制度
记的采矿权人在划定矿区范围时确定）有效年数指新颁发采矿许可证的许可年限，或者已颁发采矿许可证的许可剩余年限		3年以上至6年的：分2次缴存； 6年以上至10年的：分3次缴存； 10年以上的：为5年缴存一次	无
治理备用金应存储的标准=采矿许可证登记面积×基础标准×影响系数	采矿权人可以自由选择银行存储备用金。采矿权人存储备用金，应当与发放采矿许可证的地质矿产主管部门和银行共同签署协议，按照协议的约定，对该项资金进行监管和支取	采矿权人存储备用金在100万元（含本数）以下的，应当一次性存储；超过100万元的，在采矿权人向地质矿产主管部门出具分期存储保证书后，可以分期存储。 分期存储备用金的，首次存储的数额不得低于应存储总额的40%，其余部分平均分为3份，按照采矿许可证的有效期限平均分3期存储	无
根据矿区登记面积、开采方式及其对矿山环境的影响程度确定。按矿产品销售收入确定一定比例		矿山环境治理恢复保证金实行分期存储。首次存储的保证金数额不得低于应存储总额的50%，余额可分年度平均存储，出让期将满的在期满前一年全部存储完毕。采矿权人应当将分年度应存储的保证金在当年的12月31日前存储	由矿山企业一次性或分年预提，并列入成本
年缴存额=基价×开采影响系数×矿山设计开采规模。 缴存总额=年缴存额×采矿许可证有效期	在财政部门指定银行缴存保证金 各市（州、地）财政部门指定一家银行负责本地区内矿山企业缴存保证金的代理	采矿许可证有效期在3年以下（含3年）的，一次性全额缴存保证金；采矿许可证有效期超过3年的，按年度分期缴存。矿山企业年度缴存额不足5万元的，按5万元缴存。在银行缴存保证金达到1亿元的矿山企业，可不再缴存保证金	计入成本

续表

标准	账户管理	缴存时间	财务会计制度
依据采矿许可证批准面积、采矿许可证有效期限、开采矿种、开采方式以及对矿山生态环境影响程度等因素确定	统一纳入同级财政专户，专户存储，专账核算	采矿许可证有效期3年以下（含3年）的，采矿权人应当一次性全额缴纳保证金。 采矿许可证有效期3年以上的，采矿权人可以分期缴纳保证金。首次缴纳保证金数额不得低于应缴总额的30%，余额可每2年缴纳一次，每次缴纳数额不得低于余额的50%，但在采矿许可证有效期满前1年应当全部缴清	无
按吨产品分年按月预提矿山环境治理恢复保证金，煤炭企业暂按每吨原煤产量5元的标准预提	同级财政部门指定的银行（简称代理银行）开设企业保证金账户	于每月10日前，将按上月矿产品产量计算提取的保证金存入保证金账户	计入成本
保证金＝矿区面积×收取标准（累进制）×影响系数。登记面积2 000平方米以下（包括2 000平方米）的，一次性缴纳保证金总额10万元	保证金纳入同级财政监督管理，实行专户存储、专户管理	采矿许可证有效期3年以下（包括3年）的，采矿权人应在领取采矿许可证时一次性全额缴纳保证金 采矿许可证有效期超过3年的，保证金可一次性全额缴纳，也可以每年度按一定比例缴纳。每年度按一定比例缴纳的，首次缴纳的保证金应不少于总额的20%；余额每年度按一定比例缴纳，但在采矿许可证期满前1年，应缴纳全部保证金	计入成本

续表

标准	账户管理	缴存时间	财务会计制度
依据矿山企业开采矿种、开采规模和开采方式等制定保证金预提比例计算基价；依据基价，综合考虑新建矿山设计年限和已开采矿山的剩余年限，以及矿山生态环境保护评估结论等，按开采原矿产品年销售收入的一定比例提取保证金	矿山企业在当地财政部门指定的银行开设保证金账户，并报当地财政、国土部门备案	新建矿山企业建设期不计提保证金，投产期首年按批准的年开采规模确定当年保证金计算基数，次年起按上一年度的原矿销售收入确定保证金计算基数（分期缴纳）	计入成本
保证金总额 = 采矿许可证登记面积 × 缴纳标准 × 开采方式影响系数 × 矿种影响系数	收取的保证金直接缴入国土资源部门在同级财政部门开设的保证金专户	采矿许可证有效期3年以下（含3年）的，应当一次性全额缴存。 采矿许可证有效期为3年以上的，可分期缴存。首次应当缴存保证金总额的30%，余额可按年度平均缴存，但必须在采矿许可证有效期满前1年全部缴清	计入成本
保证金总额 = 开采矿种缴存标准 × 矿区登记范围面积 × 开采方式影响系数（其中露天开采和允许地表塌落的地下开采为1.2，不允许地面塌落的地下开采为0.5）× 地区影响系数	保证金存入矿山所在地县级以上财政部门开设的财政专户	保证金总额在200万元以内的，按一次性全额缴存方式缴存。保证金总额在200万元以上的，可分期缴存；首期缴纳金额按以下方式计算，200万元为基本缴纳数，保证金200万元至1 000万元部分，按50%计缴；保证金1 000万元至1亿元部分，按40%计缴；保证金超过1亿元以上部分，按20%计缴。余款逐年缴存，并在采矿权许可证有效期内提前2年完成缴纳	无

续表

标准	账户管理	缴存时间	财务会计制度
采矿权人保证金应缴纳数=矿区土地使用权权属证明文件记载确认的土地使用面积乘以1.0元/平方米	在矿区所在区县规土局（浦东新区建交委）指定的银行开设保证金账户	采矿权人原则上应一次性缴纳保证金，如确有困难的，由采矿权人提出申请，经矿区所在区县规土局（浦东新区建交委）签署意见，并报市规划和国土资源管理局批准，可分期缴纳。但首期缴纳的保证金不得低于应缴纳总额的50%	无
按照植被和土壤类型，将矿山环境恢复保证金标准划分为五个等级。一级植被的保证金达每平方公里1 000万元，以下等级依次递减200万元，最低的五级植被保证金为每平方公里200万元（黄金）	—	—	—
保证金预缴额=矿区面积×收缴标准×影响系数	收缴的保证金直接存入保证金专户，专储专用	采矿证有效期在3年以下的（含3年）应当一次性缴清。 采矿证有效期在4年以上的，根据具体情况可以分期缴存，但首次缴存的金额不低于全部保证金的50%，余额应当分年平均缴存，每年的12月31日前缴齐当年应当预缴的保证金，凭缴存凭据办理采矿证年检。采矿证到期前1年，将全部保证金缴齐	无

续 B：

治理方案审批验收	监管	使用	（代治理）结余
环保部门要牵头组织同级国土资源、水利、林业等部门对生态环境恢复治理实施方案进行会审批复	财政、地税、审计部门（详见山西省矿山环境恢复治理保证金行政管理机制图）	县（市、区）财政部门依据环保及相关部门审批通过的治理方案，按项目将环境恢复治理保证金直接拨付企业	达标的，返还企业。未达标的，由同级政府招标治理，结余资金继续用于环境恢复治理方案的实施
地质矿产、水利、环境保护、林业等部门验收	由矿区所在地的县级地质矿产主管部门负责收取和管理。财政、审计、物价、地质矿产等行政主管部门对收取、使用、管理情况的监督检查	治理备用金在采矿权许可证有效期内一般不予返还，分期治理确需返还的，首次返还额度不超过已缴纳总额的30%	治理备用金及其利息返还采矿权人（无规定结余）
国土资源部门	国土资源行政主管部门应建立相应的备用金收存台账、备用金往来账和备用金管理制度，接受财政、审计部门对备用金收存、处置、返还和管理情况的检查和审计监督	分期恢复与治理工程验收合格后，采矿权人可申请部分返还备用金及利息	验收合格的，备用金及利息全额返还采矿权人（无规定结余）
国土资源部门	财政和审计部门应当加强对治理项目资金使用情况的监督检查	分期治理验收合格的，可适当抵缴备用金数额	剩余部分返还采矿权人
国土资源部门组织，环境保护、林业、水利等有关行政主管部门按照各自职责配合	保证金的收取、使用及本息返还，按采矿权审批权限，由县级以上国土部门分级负责；各级审计、财政等部门负责对保证金实施监督	分期治理验收合格的，可根据开采年限，按一定比例逐步返还保证金本金及利息。但保证金余额不得少于保证金总额的15%	保证金及利息有结余的，其余额返还采矿权人

续表

治理方案审批验收	监管	使用	（代治理）结余
国土资源行政主管部门会同环境保护等有关行政主管部门	保证金由矿区所在地县级财政行政主管部门负责收取，县级国土资源行政主管部门负责具体收取，并共同管理	分期治理验收合格的，按已恢复治理的面积计算返还应返还的保证金本金及利息；采矿权人边开采边治理的，可以按治理工程进度向收取保证金的有关行政主管部门申请使用保证金，但申请使用的保证金数额应不超过已缴纳保证金总额的 50%。赔偿费用不得从保证金中支付	保证金及利息有结余的，其余额返还采矿权人
国土资源部门	财政和审计部门应加强对治理项目资金使用情况的监督检查	采矿权人在采矿过程中应当边开采边治理。经验收合格的，由负责收取保证金的国土资源行政主管部门签发矿山地质环境治理工程验收合格通知书，并及时将已缴纳保证金的 50% 返还采矿权人，剩余部分抵交下期应缴保证金数额	无
国土资源部门	县以上地方人民政府国土资源行政主管部门应当会同财政行政主管部门建立保证金监督管理制度，接受审计、监察等部门的监督、检查	分段、分期治理且验收合格的工程，将已治理面积应缴存的保证金及利息返还采矿权人；治理过程中可申请提取：（一）一次性治理，治理费用超过 1 000 万元的，可以提取的保证金金额不超过已缴存总额的 50%；（二）按照批准的矿山地质环境保护与综合治理方案分段、分期治理，治理费用超过 500 万元的，可以提取的保证金金额不超过已缴存总额的 65%	无

续表

治理方案审批验收	监管	使用	（代治理）结余
省国土资源行政主管部门组织财政、环保等有关方面的专家，或委托有资质的中介机构，实地进行检查验收	保证金由财政部门会同国土资源、环保部门共同监管	无治理中的返还、提取规定	无
验收工作由国土资源行政主管部门会同同级财政、环保、监察、煤炭等行政主管部门和有关矿山主管部门进行	财政、国土资源行政主管部门应当建立保证金监督管理制度，接受审计、监察部门的监督检查	分阶段治理的验收合格的，由国土资源行政主管部门会同同级财政部门按治理面积向采矿权人返还保证金及孳生利息	返还
采矿权人终止采矿活动或矿山闭坑，由盟市国土资源行政主管部门会同有关部门对矿山地质环境治理工程进行初步验收，1 年后由自治区国土资源行政主管部门会同相关部门进行最终验收	各级财政部门对保证金的管理情况进行监督。保证金的存储、返还、支取、结算由各盟市国土资源行政主管部门组织实施	每期矿山地质环境治理工程验收合格后，签订矿山地质环境治理责任书的国土资源行政主管部门应当自验收合格之日起 30 日内，为采矿权人办理本期保证金及利息的结算和转存手续	无
国土资源、财政和环境保护行政主管部门按照国家有关法律法规和本办法的规定组织验收	各级财政部门会同国土资源、环境保护行政主管部门对保证金预提、缴存和使用实行监督。 由市、县（市）以上国土资源行政主管部门负责监督缴纳	分期治理验收合格的，将保证金的相应部分返还采矿权人（不超过 50%）	无

续表

治理方案审批验收	监管	使用	（代治理）结余
负责缴纳核定工作的国土资源管理部门应当自收到申请之日起20个工作日内，会同同级财政、环保部门组织有关专家完成验收工作	各级财政、国土资源管理部门应当接受监察、审计部门对保证金收缴、返还、使用和管理等情况的监督和检查	分期治理验收合格的，根据开采年限和治理程度经审核后按照一定比例逐步返还保证金本息，但返还的保证金不得超过已缴纳保证金总额的85%	无
国土资源行政主管部门会同环保等有关部门对其矿山环境恢复治理工作进行验收	财政部门要会同国土资源、环境保护主管部门加强保证金的财务管理和监督，定期检查保证金的缴存情况	对剩余服务年限超过10年的矿山，可以根据矿山环境恢复治理情况，申请提前返还一定比例的保证金，或者将缴存的保证金结转为下一期次的保证金。 治理完成验收合格的保证金的85%及全部利息返还采矿权人。 采矿权人应对治理成果进行为期两年的后期管护。两年后，经国土资源行政主管部门、环保部门二次验收合格，将剩余的15%保证金及利息全额返还采矿权人	返还
地质矿产主管部门	应当与发放采矿许可证的地质矿产主管部门和银行共同签署协议，按照协议的约定，对该项资金进行监管和支取（无财政、环保部门）	提取部分备用金的，提取的数额应当是与其恢复治理的面积相应的备用金数额	无

续表

治理方案审批验收	监管	使用	（代治理）结余
分别由国土资源部门、环保部门负责组织批复方案和验收（国土、环保、财政、农牧、林业、水土保持等相关部门专家、代表）	矿山环境治理恢复保证金的管理，由与采矿权登记机关同级的财政部门负责。 各级财政、国土资源和环境保护部门要加强对矿山环境治理恢复保证金的监管，专款专用	分期治理验收合格的，可提取部分保证金	无
方案应经国土会同环保组织审查批准。国土会同同级财政、环保组织验收合格并经3年检验无问题的，一次性返还矿山企业全部保证金	由矿山所在地的县级以上国土资源行政主管部门和财政部门监督缴存。 保证金实行专户管理，由县级以上财政部门会同国土资源、环境保护行政主管部门对企业缴存的保证金进行监管	分期治理验收合格的，将已缴纳保证金的相应部分退还采矿权人，但退还额度不超过已缴纳总额的50%	无
负责收取保证金的国土资源行政主管部门应当在收到采矿权人书面验收申请20个工作日内组织有关专家会同财政、安监等部门进行验收	保证金的收缴及本息返还工作由国土资源部门负责。 财政和审计部门应加强对恢复治理项目资金使用情况的监督检查	分期治理验收合格的，应及时将已缴纳保证金的相应部分（不超过50%）返还采矿权人，剩余部分抵缴下期应缴保证金数额	无
经国土资源行政主管部门会同环境保护、财政部门组织专家对方案进行评审，国土、环保、财政部门联合验收	同级财政部门应建立保证金台账，并会同国土资源、环境保护行业主管部门对保证金进行监管	矿山企业按完成工作量占治理工作总量的比例，填报《河南省矿山环境治理恢复保证金使用审批表》（格式附后），按批准的数额到代理银行办理资金使用手续。（使用保证金治理而不是事后的返还）	返还

续表

治理方案审批验收	监管	使用	（代治理）结余
国土资源行政主管部门应当自接到申请之日起30日内组织同级财政、环保、林业、水行政等有关主管部门进行验收	审核认可矿山生态环境恢复治理方案和牵头组织矿山生态环境恢复治理以及验收工作由收取保证金的国土资源行政主管部门负责	分期实施矿山生态环境恢复治理的，可以申请使用已缴纳的保证金，但经国土资源行政主管部门批准返还部分保证金后，专户中保证金的余额应不少于总额的20%	无
林业、水利等有关行政主管部门按照各自职责，配合同级国土资源行政主管部门共同做好矿山环境治理和生态恢复工作	保证金的提取、使用，由区县财政、国土资源行政主管部门具体承担监督责任，市财政局、市国土房管局加强指导和监督	区县国土资源行政主管部门商财政、环保部门，可以在项目立项后同意矿山企业按不超过设计概算的30%使用保证金；在治理过程中，可以根据项目进度按工程结算价款同意矿山企业使用保证金；治理工程验收检查合格后，可以按工程决算价款同意使用保证金 （可使用保证金治理）	余额返还
《矿山地质环境保护与综合治理方案》，按照采矿权批准权限报县级以上地方人民政府国土资源行政主管部门审批	各级财政、国土资源行政主管部门要严格执行专户存储和专款专用制度	由负责收取保证金的国土资源行政主管部门按治理面积占矿区范围面积的比例返还保证金，也可将返还的保证金结转为分期缴纳的保证金	治理费用如有结余，由矿区所在地县级人民政府统筹用于责任主体灭失的废弃矿山治理
国土批准的《矿山地质环境保护与治理恢复方案》，并有水利、环保、林业等部门批准的相关治理方案	省国土资源部门会同省财政部门负责保证金管理协调工作，地级以上市、县（市、区）国土资源部门会同级财政部门负责核定、收缴、提取、退还保证金等具体工作	投入治理恢复资金超过1 000万元的，可申请提取总额不超过已投入资金50%的保证金	无

续表

治理方案审批验收	监管	使用	（代治理）结余
县级以上国土资源部门会同级环境保护、财政、水利、林业等部门，按照《矿山自然生态环境治理恢复合同书》组织验收	接受审计、监察等部门的监督检查	投入治理恢复资金超过1 000万元的，可申请提取总额不超过已投入资金的50%的保证金	无
矿区所在区县规土局（浦东新区建交委）检查验收	区县规土局（浦东新区建交委）对辖区内采矿权人缴纳、使用的保证金进行监管	确因分期恢复治理（即确保恢复治理部分不再发生开采、使用矿产资源行为）需要返还的，须提出申请，经矿区所在区县规土局（浦东新区建交委）批准，视恢复治理的具体情况予以返还。但首次返还的额度一般不得超过已缴纳总额的30%	无
	国土、环保		
	保证金按发证权限由市、区（县）国土资源行政主管部门分级收缴		

附件三　生态补偿规范性文件简表（中央、陕西、山西）

规范性文件名称	制定部门	主要内容
财政部、国土资源部、环保总局就逐步建立矿山环境治理和生态恢复责任机制提出指导意见（财建［2006］215号）	财政部、国土资源部、环保总局	1. 按矿产品销售收入的一定比例，由矿山企业分年预提矿山环境治理恢复保证金，并列入成本； 2. 企业和政府共同负担的原则； 3. 企业所有、政府监管、专款专用
关于开展生态补偿试点工作的指导意见（环发［2007］130号）	国家环保总局	1. 重点领域开展试点工作； 2. 建立矿产资源开发环境治理与生态恢复保证金制度、矿山生态补偿基金将环境治理与生态恢复费用列入矿山企业的生产成本； 3. 在开展煤炭工业可持续发展政策措施试点和深化煤炭资源有偿使用改革试点工作的地区开展煤矿等矿产资源开发的生态补偿试点工作，各试点地区要结合本地实际，在立法、行政权限许可范围内制订或完善相关规章制度
矿山地质环境保护规定（国土资源部令［2009］第44号）	国土资源部	1. 采矿权人应当依照国家有关规定，缴存矿山地质环境治理恢复保证金； 2. 缴存标准和缴存办法，按照省、自治区、直辖市的规定执行。矿山地质环境治理恢复保证金的缴存数额，不得低于矿山地质环境治理恢复所需费用； 3. 企业所有、政府监管、专户储存、专款专用

续表

规范性文件名称	制定部门	主要内容
陕西省探矿权采矿权使用费和价款管理办法（陕财办建［2007］181号）	陕西省财政厅、陕西省国土资源厅	1. 矿业权价款实行中央与地方按2∶8比例进行分成，其中中央分成占20%，地方分成80%。按规定上缴中央后，留成地方80%部分实行省、市、县按比例分成，分成比例为省级50%、市级20%、县级30%； 2. 支出包括跨区域生态环境治理，含采矿引起水系破坏、水资源损失、水体大气污染、植被破坏、水土流失和地面塌陷等地质灾害；由本省各级登记管理机关颁发采矿许可证的矿山企业的矿山地质环境和地质灾害治理； 3. 市县用于解决因采矿引起的相关社会问题的资金总额不得高于市县可使用价款的40%
探矿权采矿权使用费和价款使用管理办法（试行）（财建［2003］530号）	财政部、国土资源部	1. 本办法适用于中央收取的探矿权采矿权使用费和价款使用的管理； 2. 由中央登记管理机关颁发采矿许可证的矿山企业的矿山地质环境治理支出
国务院关于全面整顿和规范矿产资源开发秩序的通知（国发［2005］28号）	国务院	1. 按照“谁破坏、谁恢复”的原则，明确治理责任； 2. 新建和已投产生产矿山企业要制订矿山生态环境保护与综合治理方案，报经主管部门审批后实施； 3. 对废弃矿山和老矿山的生态环境恢复与治理，按照“谁投资、谁受益”的原则，积极探索通过市场机制多渠道融资方式； 4. 积极推进矿山生态环境恢复保证金制度等生态环境恢复补偿机制
关于进一步明确我省境内从事煤炭石油天然气资源开采企业缴纳水土流失补偿费有关问题的通知（陕水发［2010］4号）	陕西省水利厅、陕西省财政厅、陕西省物价局	1. 煤炭石油天然气资源开采企业统一原煤、原油和天然气的实际开采量计征水土流失补偿费； 2. 煤炭石油天然气资源勘探及石油天然气管道建设企业从事煤炭石油天然气资源勘探或输油输气管道建设（不从事开采）而损坏原地貌植被、水土保持设施的，仍按照（陕水发［1994］69号）文件规定计征水土流失补偿费

续表

规范性文件名称	制定部门	主要内容
陕西省水土流失补偿费、防治费计征标准和使用管理暂行规定	陕西省物价局、陕西省财政厅、陕西省水利厅	水土流失补偿费按下列标准征收： 1. 侵占或损坏水土保持设施的，应按当年恢复同等数量和质量的水土保持设施所需的实际费用征收； 2. 损坏地貌、植被的，应依据破坏面积，按每平方米0.2～0.5元的标准征收。 水土流失防治费按下列标准征收： 1. 破坏地貌、植被的，按每平方米0.4～0.7元的标准征收； 2. 排放废弃固体物的，按每立方米5～10元的标准征收； 3. 不便以1、2两项方法计算缴纳的，可按生产产品实际售价的3%～5%征收。其中部分产品按以下标准征收：天然气0.0015～0.003元/立方米；石油10～15元/吨；石料1.0～1.5元/立方米；铅锌矿3.0～5.0元/吨；金1.0～2.0元/克；石灰0.3元/吨；砖瓦3.0～5.0元/千块； 4. 神府榆地区的国家、地方及个体私营煤矿，统一按吨煤1元的标准征收。 县（市、区）收缴的水土流失补偿费、防治费，70%留县（市、区）使用，上缴省、地（市）各15%； 地（市）收缴的水土流失补偿费、防治费，80%留地（市）使用，上缴省20%； 省上收缴的水土流失补偿费、防治费，归本级管理使用。该项资金的70%用于第1～2款
铜川市征收生态环境补偿费实施办法（试行）	铜川市政府	征收的生态环境补偿费，作为铜川市生态环境保护基金，纳入财政预算，按专项资金管理。 生态环境补偿费，由市环境保护行政主管部门会同财政部门统筹安排使用。 纳费单位缴纳生态环境补偿费，并不免除其缴纳超标排污费和所应承担的其他法律责任。 生态环境补偿费总额的90%以上作为生态环境保护专项基金，全部用于我市生态环境的恢复和整治。 省环保局、省财政厅、省物价局（陕环计发［1996］147号）后省政府常务会议取消

续表

规范性文件名称	制定部门	主要内容
陕西省煤炭石油天然气资源开采水土流失补偿费征收使用管理办法（陕西省政府2008）	陕西省政府2008	1. 原煤陕北每吨5元、关中每吨3元、陕南每吨1元，原油每吨30元，天然气每立方米0.008元； 2. 水土流失补偿费按照征收总额省40%、市县两级60%的比例划解使用，省财政直管县征收总额的50%留本级使用； 3. 地税计征
山西省煤炭可持续发展基金征收使用管理实施办法	山西省政府	动力煤5～15元/吨、无烟煤10～20元/吨、焦煤15～20元/吨。2010年征收标准为13～20元/吨。 矿井基金月征收额=适用煤种征收标准×矿井核定产能规模调节系数×矿井当月原煤产量。 属国有重点煤炭开采企业和中央（或中央控股）企业在本省境内出资设立的煤炭开采企业，其缴纳的基金全部缴入省级；其他煤炭开采企业缴纳的基金实行省、市、县三级按比例分成，分成比例为省级60%、市级20%、县级20%。 基金主要用于企业难以解决的跨区域生态环境治理、支持资源型城市（地区）转型和重点接替产业发展、解决因采煤引起的相关社会问题。基金用于第十八条中三个领域的支出，原则上按50%、30%、20%的比例安排
山西省煤炭可持续发展基金分成入库与使用管理实施办法（试行）39号	山西省政府	省属国有煤炭开采企业和中央（或中央控股）企业在本省境内出资设立的煤炭开采企业： 1. 其所属矿在基金开征前为中央矿或省属矿的：其矿井所在地在县或县级市的，缴纳的基金由省、市、县（县级市）三级按8:1:1比例分成；其矿井所在地在市辖区的，缴纳的基金由省、市两级按8:2比例分成（区的分成由市确定）。 2. 其所属矿在基金开征前为地方矿的：①属市级矿的，其矿井所在地在县或县级市的，缴纳的基金由省、市、县（县级市）三级按6:2:2比例分成；其矿井所在地在市辖区的，缴纳的基金由省、市两级按6:4比例分成（区的分成由市确定）。②属县（县级市、市辖区）级矿的，缴纳的基金由省、市、县（县级市、市辖区）三级按6:2:2比例分成；③属除上述①②两种情况以外的所有矿，缴纳的基金按其矿井所在地由省、市、县（县级市、市辖区）三级按6:2:2比例分成

续表

规范性文件名称	制定部门	主要内容
山西省矿山环境恢复治理保证金提取使用管理办法（试行）（晋政发［2007］41号）	山西省政府	每吨原煤产量10元，按月提取。 原煤产量以征收煤炭可持续发展基金核定的产量为准。 1. 矿区生态环境和水资源保护； 2. 矿区废水、废气、废渣等污染源治理、废弃物综合利用； 3. 采矿引发的崩塌、滑坡、泥石流、地面塌陷、地裂缝等地质灾害的预防、治理及受灾　村庄搬迁； 4. 矿区自然、生态和地质环境的恢复，包括国土整治、土地复垦和矿山绿化； 5. 与矿区生态保护、治理和恢复直接相关的其他支出
山西省煤矿转产发展资金提取使用管理办法（试行）40号	山西省政府	转产发展资金的提取标准为每吨原煤产量5元，按月提取。 原煤产量以征收煤炭可持续发展基金核定的产量为准； 1. 发展循环经济的科研和设备支出； 2. 发展第三产业的投资支出； 3. 破产企业的职工安置支出； 4. 煤矿转岗失业工人转产就业支出； 5. 自谋职业、自主创业转岗失业人员的创业补助支出； 6. 职工技能培训支出； 7. 接续资源的勘察、受让支出； 8. 迁移异地相关支出； 9. 发展资源延伸产业支出； 10. 其他社会保障支出； 11. 其他直接与接续发展相关的支出

附件四　保证金缴存管理流程图

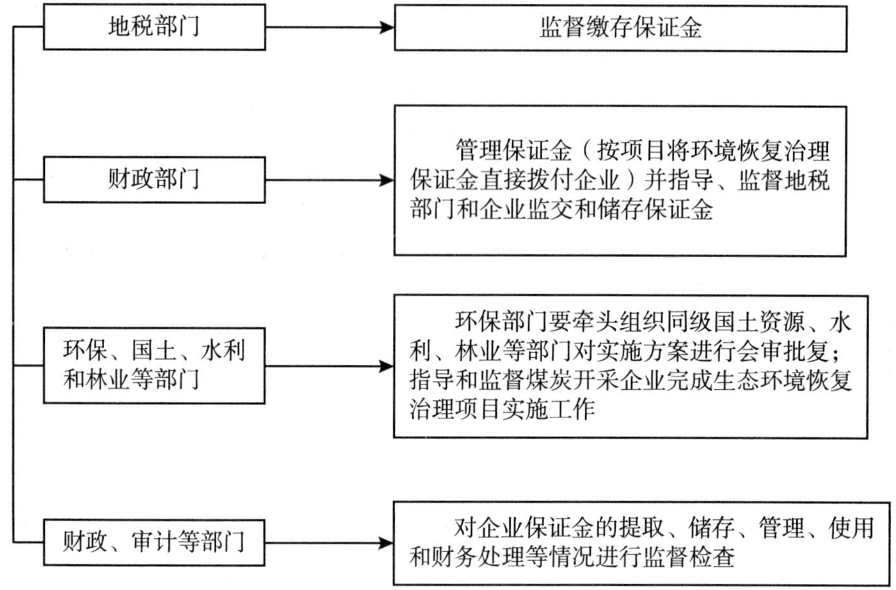

附件五　保证金缴存、支取流程图

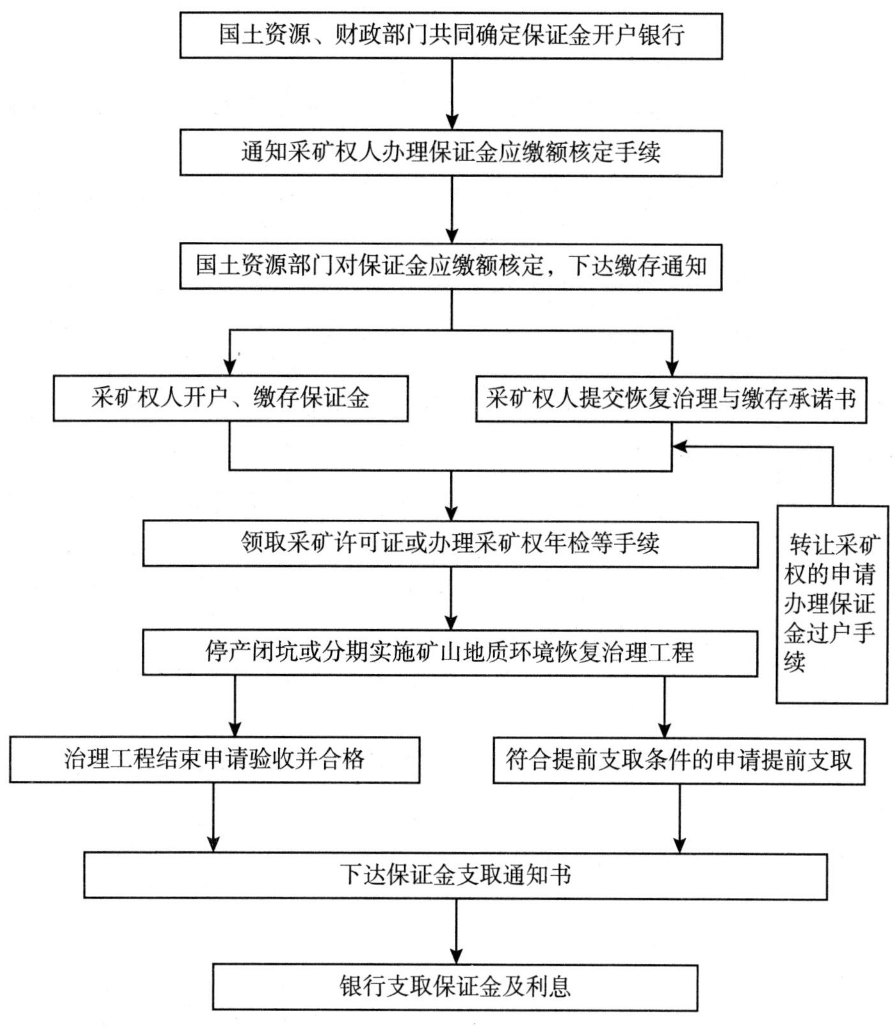

参考文献

［1］罗强、王成善：《中国的能源问题与可持续发展》，石油工业出版社2001年版，第5～16页。

［2］孙剑平：《经济学：从浪漫到科学——可持续发展议题的经济学深思》，经济科学出版社2002年版，第50～62页。

［3］张敦富等：《环境经济》，人民出版社1994年版，第45～53页。

［4］王广成：《煤炭资源资产评估理论和方法研究》，中国经济出版社2000年版，第111～142页。

［5］王立杰：《煤炭资源经济评价的理论与方法研究》，煤炭工业出版社1996年版，第43～95页。

［6］汪丁丁："资源经济学若干前沿课题"，《现代经济学前沿专题》，商务印书馆1999年版。

［7］中国矿产资源税费制度改革研究课题组：《中国矿产资源税费制度改革研究》，中国大地出版社2008年版。

［8］张帆：《环境与自然资源经济学》，上海人民出版社1998年版，第80～95页。

［9］安体富、孙玉栋：《中国税收负担与税收政策研究》，中国税务出版社2006年版。

［10］许善达：《中国税收负担研究》，中国财政经济出版社1999年版。

［11］王宏英：《山西能源开发战略与可持续发展》，经济管理出版社2003年版，第204～214页。

［12］胡国强、于向英：《投入产出法》，中国科学技术出版社2003年版。

［13］萨缪尔森、诺德豪斯：《经济学》，人民邮电出版社2008年版。

［14］阿尔弗雷德·马歇尔：《经济学原理》，北京出版社2007年版。

［15］诺斯：《经济史中的结构与变迁》，上海三联书店1994年版，第226页。

［16］吴斌、秦富仓、牛健植：《土地资源学》，中国林业出版社2010年版。

[17] 约翰·伊特韦尔、默里·米尔盖特、彼得·纽曼：《新帕尔格雷夫经济学大辞典》，中译本，经济科出版社 1996 年版，第 825 ~ 827 页。

[18] 刘诗白：《主体产权论》，经济科学出版社 1998 年版。

[19] 刘灿：《中国自然资源产权制度构建研究》，西南财经大学出版社 2009 年版，第 119 ~ 176 页。

[20] 丹尼尔·W·布罗姆利：《经济利益与经济制度——公共政策的理论基础》，上海三联书店、上海人民出版社 2006 年版。

[21] 阿维纳什·K·迪克西特：《经济政策的制定：交易成本政治学的视角》，中国人民大学出版社 2004 年版。

[22] 阿兰·斯密德：《制度与行为经济学》，中国人民大学出版社 2004 年版。

[23] 高鸿业：《西方经济学（第二版）》，中国人民大学出版社 2000 年版，第 97 ~ 121 页。

[24] 卢现祥：《西方新制度经济学》，中国发展出版社 2003 年版。

[25] 柯武刚、史漫飞：《制度经济学——社会秩序和公共政策》，商务印书馆 2000 年版，第 114 ~ 148 页。

[26] 诺斯：《制度、制度变迁与经济绩效》，上海三联书店 1994 年版。

[27] 埃里克·弗鲁博顿、鲁道夫·芮切特：《新制度经济学：一个交易费用分析范式》，上海三联书店、上海人民出版社 2006 年版。

[28] [美] 丹尼尔·F·史普博，余晖等译：《管制与市场》，上海三联书店 2008 年版。

[29] [美] 阿兰·尼斯、詹姆斯·L·斯威尼，李晓西等译：《自然资源与能源经济学手册》，经济科学出版社 2009 年版。

[30] 江平：《中国矿业权法律制度研究》，中国政法大学出版社 1991 年版，第 56 页。

[31] [英] 朱迪·丽丝：《自然资源：分配、经济学与政策》，商务印书馆 2002 年版，第 246 页。

[32] 陈希廉：《矿产经济学》，中国国际广播出版社 1992 年版，第 56 页。

[33] [冰岛] 思拉恩·埃格特森，吴经邦等译：《经济行为与制度》，商务印书馆 2004 年版，第 217 页。

[34] [英] 沃克，李双元等译：《牛津法律大辞典》，法律出版社 2003 年版，第 98 页。

[35] [瑞典] 托马斯·思德纳，张蔚文等译：《环境与自然资源管理的政策工具》，上海三联书店 2005 年版，第 83 页。

[36] J. M. 伍德里奇：《计量经济学导论：现代观点（第四版）》，中国人民

大学出版社 2003 年版，第 521 ~ 522 页。

[37] 李国平、刘治国、赵敏华：《中国非再生能源资源开发中的价值损失测度及补偿》，经济科学出版社 2009 年版，第 128 ~ 133 页、第 158 ~ 161 页。

[38] 徐国栋：《绿色民法典草案》，社会科学文献出版社 2004 年版。

[39] 梁慧星：《中国物权法研究（上）》，法律出版社 2002 年版，第 348 ~ 350 页。

[40] 谢在全：《民法物权论（上）》，中国政法大学出版社 1999 年版，第 340 ~ 350 页。

[41] 德姆塞茨："关于产权的理论"，《财产权利与制度变迁》，三联书店 1994 年版，第 99 ~ 107 页。

[42] 柳正："中国矿产资源税费改革进程、面临问题及相关建议"，《中国地质矿产经济学会资源管理专业委员会 2006 年学术交流论文汇编》。

[43] 克劳德·梅纳尔、罗纳德·H·科斯："新的经济学分析方法的产生"，《制度、契约与组织——从新制度经济学角度的透视》，经济科学出版社 2003 年版，第 69 页。

[44] 奥利弗·E·威廉姆森、罗纳德·H·科斯："制度经济学家和制度的建设者"，《制度、契约与组织——从新制度经济学角度的透视》，经济科学出版社 2003 年版，第 64 ~ 65 页。

[45] 丁宁："我国资源企业税收结构对比及影响因素实证研究"，成都理工大学，2011 年。

[46] 武淑贤："我国煤炭行业税收负担研究"，天津财经大学，2011 年。

[47] 王文平："我国煤炭资源税费合理性研究"，中国矿业大学，2008 年。

[48] 冯菱君："矿山企业税费结构优化研究"，中南大学，2004 年。

[49] 程琳琳："我国矿区土地复垦保证金制度模式研究"，中国地质大学，2009 年。

[50] 吴顺发："矿区生态重建保证金制度研究"，陕西师范大学，2008 年。

[51] 许妮："榆林市煤炭资源开采生态保证金制度研究"，陕西师范大学，2010 年。

[52] 宫照魏："我国矿山环境恢复治理保证金制度研究"，山西财经大学，2008 年。

[53] 刘洪源："矿区土地复垦保证金制度研究"，中国政法大学，2006 年。

[54] 潘仁飞："煤矿开采生态环境综合评价及生态补偿费研究"，中国矿业大学，2010 年。

[55] 吴垠："我国矿产资源产权制度改革研究"，西南财经大学，2009 年。

[56] 胡文国："煤炭资源产权与开发外部性关系及我国资源产权改革研究"，清华大学，2009 年。

[57] 张牧霞、谢旭人："未来五年全面实施资源税改革"，《上海证券报》，2011－1－25。

[58] 张牧霞："稀土资源税下月起上调逾 10 倍"，《上海证券报》，2011－3－25。

[59] 章轲："三部委酝酿环境税开征，4 省有望试点"，《第一财经日报》，2010－8－5。

[60] 王长勇："环境税势在必行，三部委研究起步"，《财经杂志》，2008－1－7。

[61] 郑春峰、贾康："我国开征环境税条件已基本成熟"，《南方日报》，2008－3－16。

[62] 陈其珏："资源税改革后税率最高为 10%，全国推广或推迟"，《上海证券报》，2011－5－5。

[63] 席斯："1 吨煤将征 43 元环境税引发争议，或拉高 CPI"，《经济观察报》，2010－9－4。

[64] 魏文彪："资源税改革须防负担转嫁"，《中国工业报》，2009－7－23。

[65] 周文渊："资源税改革对石油上游行业影响中性"，《中国证券报》，2010－5－24。

[66] 雷美珍："高盛料新疆资源税改革将令中石油每股盈利每年减少 4%"，《路透香港》，2010－5－24。

[67] 周娟娟："煤炭资源税费应整体改革"，《中国煤炭报》，2009－8－17。

[68] 周呈思等："'化税为薪'还是'提薪让税'?"，《21 世纪经济报道》，2010－6－4。

[69] 王秀强："两桶油提议调高暴利税起征点至 70 美元每桶"，《21 世纪经济报道》，2011－11－11。

[70] 何涛等："稳定物价是今年头等大事 CPI 控制目标 4%"，《广州日报》，2011－3－6。

[71] 张艳："发改委约谈神华中煤等 4 大煤炭企业"，《京华时报》，2011－4－28。

[72] 袁怀雨、陈希廉："矿产资源有偿开采中若干问题的思考"，《中国地质矿产经济》，1995 年第 2 期，第 18～23 页。

[73] 韩劲、雷霆、吴文盛："矿产资源价值的构成及其实现"，《石家庄经济学院学报》，1997 年第 1 期，第 38～41 页。

[74] 王四光、刘忠珍："矿产资源资产的价值及其评估"，《国有资产管理》，1997 年第 7 期。

[75] 沈振宇、朱学义："国有矿产资源总价值计量模型"，《中国地质矿产经济》，1999 年第 2 期，第 7 ~ 11 页。

[76] 芮建伟等："矿产资源价值动态经济评价模型"，《中国矿业》，2001 年第 2 期，第 31 ~ 33 页。

[77] 王金洲、杨饶忠："矿产资源的耗竭补偿原理的探讨"，《生产力研究》，2002 年第 3 期，第 182 ~ 184 页。

[78] 余振国："矿业权市场化配置中的环境权利保障制度研究"，《中国矿业大学学报》，2005 年第 2 期，第 60 ~ 65 页。

[79] 张德明、王荃："我国矿山环境治理资金的来源及影响因素分析"，《国土资源情报》，2004 年第 4 期，第 50 ~ 54 页。

[80] 李国平、华晓龙："我国非再生能源资源定价改革构想"，《华东经济管理》，2008 年第 6 期，第 33 ~ 38 页。

[81] 王延明："上市公司所得税负担研究——来自规模、地区和行业的经验证据"，《管理世界》，2003 年第 1 期，第 115 ~ 122 页。

[82] 贺正楚等："有色金属矿山主要税费负担研究"，《金属矿山》，2003 年第 10 期，第 1 ~ 5 页。

[83] 刘羽弈："我国矿业税费现状及其改善措施"，《资源研究与开发》，2003 年第 5 期，第 57 ~ 60 页。

[84] 段治平、周传爱、史向东："中外资源税收制度比较与借鉴"，《煤炭经济研究》，2005 年第 11 期，第 13 ~ 22 页。

[85] 李雁争："工信部专项治理国内矿山过重税费负担"，《上海证券报》，2009 - 12 - 29。

[86] 邹敏珍："中国电力行业税收负担及税收政策研究"，长沙理工大学，2009 年。

[87] 王甲山、李绍平："新税制实施后陆上石油企业税负加重的原因"，《税务与经济》，1999 年第 1 期，第 11 ~ 13 页。

[88] 尚胜利："浅析石油行业税收负担及其对策"，《税务纵横》，2003 年第 11 期，第 58 ~ 60 页。

[89] 庞世君、陈梓萍："论中石油税收负担对其价格的影响"，《现代商贸工业》，2010 年第 20 期，第 33 ~ 34 页。

[90] 余文杰："对有色矿业税费负担问题的探讨"，《铜业工程》，2004 年第 4 期，第 81 ~ 82 页。

［91］中国煤炭工业协会、中国煤炭经济研究会："关于煤炭企业税收负担的调研报告"，《煤炭经济研究》，2003 年第 4 期，第 17～21 页。

［92］邱中义、冯莉："对沁水县煤炭企业税收负担的调查与思考"，《税收与企业》，2003 年第 S1 期，第 25 页。

［93］刘宏："煤炭企业税收负担过重的原因分析与建议"，《山西建筑》，2007 年第 7 期，第 241～242 页。

［94］梁燕："浅析煤炭企业税费负担现状"，《会计之友》，2011 年第 5 期，第 71～72 页。

［95］常克诚："关于降低煤炭企业税费负担的建议"，《煤炭经济研究》，2001 年第 8 期，第 26～27 页。

［96］尹丽坤、马永延、曹海："如何减轻煤炭企业税费负担"，《黑龙江财会》，2003 年第 11 期，第 36 页。

［97］陈甲斌："论矿产资源税费政策调整研究"，《中国地质矿产经济学会资源管理专业委员会 2006 年学术交流论文汇编》。

［98］石红红、汪红："煤炭企业税收负担与优惠政策分析"，《现代营销》，2011 年第 7 期，第 187～188 页。

［99］郭敏："关于铁矿企业税收负担问题的思考"，《安徽冶金科技职业学院学报》，2011 年第 10 期，第 72～74 页。

［100］鲍荣华、杨虎林："我国矿产资源税费征收存在的问题及改进措施"，《地质技术经济管理》，1998 年第 4 期，第 21～22 页。

［101］关凤峻、苏迅："关于矿产资源补偿费的几个观点"，《资源·产业》，1999 年第 8 期，第 12～13 页。

［102］朱振芳："对我国矿业税费制度的思考"，《中国地质》，2000 年第 8 期，第 24～26 页。

［103］袁怀雨、李克庆："资源税与矿产资源补偿费制度改革"，《资源·产业》，2000 年第 Z1 期，第 64～65 页。

［104］关凤峻："资源税和补偿费理论辨析"，《中国地质矿产经济》，2001 年第 8 期，第 1～3 页。

［105］殷燚："建立权利金制度是我国矿产资源税费改革的必然结果"，《资源·产业》，2001 年第 3 期，第 22～26 页。

［106］刘权衡、贺有："矿产资源税费改革的正确方向"，《西部资源》，2006 年第 6 期，第 31～34 页。

［107］张举钢、周吉光："中国矿产资源税问题的理论与实践研究"，《石家庄经济学院学报》，2007 年第 4 期，第 57～60 页。

[108] 肖兴志、李晶："我国资源税费改革的战略选择"，《社会科学辑刊》，2006 年第 3 期，第 100～105 页。

[109] 傅鸣珂："理顺矿业经济关系，积极稳妥推进资源有偿制度改革"，《中国矿业》，2006 年第 4 期，第 1～2 页。

[110] 叶建宇："浅议资源税'税费合一'"，《科技咨询导报》，2007 年第 2 期，第 182～184 页。

[111] 侯晓靖："资源税费制度的国际比较及对我国的借鉴——以资源节约性经济为视角"，《特区经济》，2007 年第 12 期，第 128～130 页。

[112] 高凌江、李广舜："完善我国石油天然气资源税费制度的建议"，《当代财经》，2008 年第 5 期，第 34～37 页。

[113] 李广舜、刘海庆："我国油气开发的税费制度设计思路"，《山东经济》，2008 年第 1 期，第 88～93 页。

[114] 殷燚、苏迅："资源税改革势在必行"，《中国国土资源经济》，2006 年第 1 期，第 17～19 页。

[115] 陈文东："论矿产资源税费改革"，《中央财经大学学报》，2006 年第 4 期，第 11～16 页。

[116] 樊明武等："基于价值分级的级差式石油资源税制研究"，《经济管理》，2007 年第 4 期，第 49～54 页。

[117] 孙钢："我国资源税费制度存在的问题及改革思路"，《税务研究》，2007 年第 11 期，第 41～44 页。

[118] 杨晓萌："论资源税、资源补偿费与权利金的关系"，《煤炭经济研究》，2007 年第 12 期，第 44～49 页。

[119] 张贡生、马衍伟："我国石油资源税费存在的问题与改革思路"，《兰州商学院学报》，2007 年第 6 期，第 27～37 页。

[120] 肖洪生、李祥仪："我国矿山企业税负问题探讨"，《中国矿业》，1998 年第 3 期，第 10～13 页。

[121] 张举钢、周吉光："矿山企业综合税费负担的实证研究——基于河北省典型矿山企业的调研数据"，《中国矿业大学学报（社会科学版）》，2011 年第 1 期，第 67～71 页。

[122] 李自如、冯菱君："降低有色矿山企业税费负担的探析"，《税务与经济》，2003 年第 1 期，第 69～71 页。

[123] 山西省地方税务局课题组："改革和完善煤炭资源税的研究"，《税务研究》，2004 年第 12 期，第 48～53 页。

[124] 张晓东等："谈煤炭资源税适用税额的调整"，《山西财税》，2004 年

第3期，第34~35页。

[125] 张婕："我国资源税改革设计"，《税务研究》，2007年第11期，第45~47页。

[126] 陆宁等："资源税改革的公共经济学分析——基于生产外部性的内部化问题研究"，《中国行政管理》，2008年第5期，第72~74页。

[127] 安体富、蒋震："我国资源税：现存问题与改革建议"，《涉外税务》，2008年第5期，第10~14页。

[128] 杨军："资源税改革峰回路转"，《南风窗》，2009年第17期，第69~70页。

[129] 林伯强、何晓萍："中国油气资源耗减成本及政策选择的宏观经济影响"，《经济研究》，2008年第5期，第94~104页。

[130] 林伯强、刘希颖、邹楚沅、刘霞："资源税改革：以煤炭为例的资源经济学分析"，《中国社会科学》，2012年第2期，第58~78页。

[131] 赵重女："我国绿色税收制度的建立与完善"，《理论界》，2005年第3期，第49~50页。

[132] 徐华清："发达国家能源环境税制特征与我国征收碳税的可能性"，《环境保护》，1996年第11期，第35~37页。

[133] 许文："中国环境税制度设计相关问题分析"，《地方财政研究》，2010年第9期，第8~12页。

[134] 王金南等："环境经济学在中国的最新进展与展望"，《中国人口资源与环境》，2004第5期，第27~31页。

[135] 王金南等："打造中国绿色税收——中国环境税收政策框架设计与实施战略"，《环境经济》，2006年第9期，第10~20页。

[136] 汪丁丁："资源的开采、定价和租"，《管理世界》，1991年第3期，第168~172页。

[137] 刘治国、李国平："陕北地区非再生能源资源开发的环境破坏损失价值评估"，《统计研究》，2006年第3期，第61~66页。

[138] 李国平、刘治国："我国能矿资源价格改革的构想"，《西北大学学报（哲学社会科学版）》，2006年第4期，第61~66页。

[139] 段宙耀："山西资源型工矿城镇转型研究"，《山西省十一五规划课题》，2006年。

[140] 刘作舟："山西煤炭产业循环经济发展研究"，《山西煤炭产业循环经济发展研究课题》，2006年。

[141] 山西省统计局："山西煤炭外运再创新高，过剩压力或将加大"，《山

西省统计报告》，2007 年。

[142] 赵建平："建设可持续发展的中国煤炭工业——安全、经济和环保"，《中国煤炭工业可持续发展课题》，2008 年。

[143] 李虹："中国化石能源补贴与碳减排——衡量能源补贴规模的理论方法综述与实证分析"，《经济学动态》，2011 年第 3 期，第 92 ~ 96 页。

[144] 焦建玲："中国煤炭需求的长期与短期弹性研究"，《工业技术经济》，2007 年第 4 期，第 108 ~ 110 页。

[145] 任玉良："浅论增值税转型对煤炭企业的影响及建议"，《会计之友（下旬刊）》，2009 年第 5 期，第 88 ~ 89 页。

[146] 钟油子："构建反通货紧缩的税收政策体系"，《税务研究》，2001 年第 4 期，第 50 ~ 51 页。

[147] 陶学荣、史玲："我国结构性减税的空间与可行性分析"，《财经理论与实践》，2002 年第 3 期，第 69 ~ 71 页。

[148] 李大明、廖强："进一步扩大内需的税收政策研究"，《中南财经政法大学学报》，2004 年第 1 期，第 72 ~ 78 页。

[149] 王月娥："正确评价税负，实施结构性减税"，《财会月刊》，2004 年第 4 期，第 54 ~ 55 页。

[150] 孙钢、邢丽："目前我国应选择结构性减税"，《税务研究》，2004 年第 5 期，第 8 ~ 12 页。

[151] 安体富、王海勇："结构性减税：宏观经济约束下的税收政策选择"，《涉外税务》，2004 年第 11 期，第 7 ~ 12 页。

[152] 中国国际税收研究会课题组："关于当前实施结构性减税的若干政策建议"，《涉外税务》，2009 年第 4 期。

[153] 陈丽萍、兰月："增值税转型及税率调整对矿业的影响"，《国土资源情报》，2009 年第 8 期，第 9 ~ 12 页。

[154] 张永胜等："对我省煤炭企业所得税税负的典型调查"，《山西财税》，2008 年第 2 期，第 34 ~ 35 页。

[155] 何书金、苏光全："中国采矿业的发展与矿区土地损毁预测"，《资源科学》，2002 年第 2 期。

[156] 胡振琪、毕银丽："试论复垦的概念及其与生态重建的关系"，《煤矿环境保护》，2000 年第 5 期，第 14 ~ 16 页。

[157] 吴克宁、赵柯："基于生态系统服务功能价值理论的土地利用规划环境影响评价——以安阳市为例"，《中国土地科学》，2008 年第 2 期，第 24 ~ 27 页。

[158] 胡振琪："美国矿区土地复垦"，《域外土地》，2001 年第 6 期，第 43 ~

44 页。

[159] 胡振琪、赵艳玲、程玲玲："中国土地复垦目标与内涵扩展"，《中国土地科学》，2004 年第 3 期，第 4～7 页。

[160] 潘明才："德国土地复垦和整理的经验与启示"，《国土资源》，2002 年第 1 期，第 50～51 页。

[161] 于左："美国矿地复垦法律的经验及对中国的启示"，《煤炭经济研究》，2005 年第 5 期，第 9～13 页。

[162] 金丹、卞正富："国内外土地复垦政策法规比较与借鉴"，《中国土地科学》，2009 年第 10 期，第 67～72 页。

[163] 骆云中、何江、谢德林："矿区土地复垦执行保证金制度的经济模型及应用"，《西南农业大学学报（社会科学版）》，2004 年第 1 期，第 2～15 页。

[164] 程琳琳、李丽英："矿区土地复垦保证金征收标准的经济学分析"，《煤炭经济研究》，2009 年第 7 期，第 30～32 页。

[165] 郑礼全："国内土地复垦文献的定量分析"，《能源环境保护》，2008 年第 3 期。

[166] 骆云中、谢德体："国外矿区土地复垦执行保证金制度的比较研究"，《西南农业大学学报》，2009 年第 4 期，第 2 页。

[167] 马克伟、张巧玲："认清土地国情，珍惜有限国土"，《中国农业资源与区划》，2001 年第 3 期，第 20～24 页。

[168] 石佑启、苗志江："我国农村土地'以租代征'问题探析"，《湖北民族学院学报》，2009 年第 2 期，第 129～133 页。

[169] 袁航："浙江省矿山生态环境整治工作进展"，《中国水土保持科学》，2006 年第 B12 期，第 116～121 页。

[170] 李邵辉："保证金应归谁所有?"，《国土资源导刊（湖南）》，2010 年第 3 期，第 58～61 页。

[171] 郑玲微、张凤麟："论我国矿产资源生态税费体系的构建"，《中国矿业》，2010 年第 7 期，第 25～27 页。

[172] 计金标："论生态税收的理论基础"，《税务研究》，2000 年第 9 期。

[173] 张亚明、夏杰长："我国资源税费制度的现状与改革构想"，《税务研究》，2010 年第 7 期，第 58 页。

[174] 李国平、张海莹："我国采矿行业税收负担水平研究"，《税务研究》，2010 年第 7 期，第 48～51 页。

[175] 李国平、刘涛、曾金菊："土地复垦制度的国际比较与启示"，《青海社会科学》，2010 年第 4 期，第 28～32 页。

[176] 康纪田："对农村矿业用地首选租赁制的质疑"，《中国煤炭》，2009年第11期，第32~33页。

[177] 周一平："论我国矿地复垦的立法现状及其完善"，《理论导刊》，2010年第11期，第97~99页。

[178] 邢丽："谈我国生态税费框架的构建"，《税务研究》，2005年第6期，第42~44页。

[179] 张媛媛、姚飞、俞珠峰："矿区土地复垦投资的制度经济学分析"，《环境与可持续发展》，2006年第5期，第1~3页。

[180] 马衍伟：《中国资源税制改革的理论与政策研究》，人民出版社2009年版。

[181] 孙贵尚："我国矿山环境恢复治理保证金制度体系构成研究"，《现代矿业》，2009年第5期，第10~13页。

[182] 矿山环境恢复治理保证金制度研究课题组："应建立矿山环境恢复治理保证金制度"，《国土资源通讯》，2005年第18期，第40~41页。

[183] 沈滢："国外矿产资源产权制度比较"，《经济研究参考》，1996年第16期。

[184] 李国平、吴迪："使用者成本法及其在煤炭资源价值折耗测算中的应用"，《资源科学》，2004年第3期，第123~129页。

[185] 李国平、杨洋："中国煤炭和石油天然气开发中的使用者成本测算与价值补偿研究"，《中国地质大学学报（社会科学版）》，2009年第5期，第36~42页。

[186] 李怀："制度生命周期与制度效率递减"，《管理世界》，1999年第3期，第68~77页。

[187] 朱善利："资源配置的效率与所有权"，《北京大学学报（哲学社会科学版）》，1992年第6期，第47~54页。

[188] 袁庆明："制度效率的决定与制度效率递减"，《湖南大学学报（社会科学版）》，2003年第1期。

[189] 胡川："产权制度的分层、构成及其多维度变迁研究"，《中国工业经济》，2006年第2期，第52~59页。

[190] 林毅夫："我国经济改革与发展战略选择"，《经济研究》，1989年第3期，第78~86页。

[191] 赵德起、林木西："制度效率的'短板'理论"，《中国工业经济》，2007年第10期，第53~62页。

[192] 钭晓红："生态文明演进中《环境保护法》修改的几个基本问题"，

《管理世界》，2011 年第 2 期，第 169～170 页。

[193] 樊纲："两种改革成本和两种改革方式"，《经济研究》，1993 年第 1 期，第 47～56 页。

[194] 杨瑞龙："论制度供给"，《经济研究》，1993 年第 8 期，第 53～64 页。

[195] 何忠伟、王有年、李华："基于 CVM 方法的京北水资源涵养区建设研究"，《农业经济问题》，2007 年第 8 期，第 76～80 页。

[196] 吴佩瑛、郑琬方、苏明达："复槛式决策过程模型之建构——条件评估法中抗议性答复之处理"，《农业与经济（台湾）》，2004 年第 33 期，第 1～29 页。

[197] 张志强、徐中民、龙爱华等："黑河流域张掖市生态系统服务恢复价值评估研究"，《自然资源学报》，2004 年第 2 期，第 230～239 页。

[198] 赵军、杨凯、刘兰岚等："环境与生态系统服务价值的 WTA/WTP 不对称"，《环境科学学报》，2007 年第 5 期，第 854～860 页。

[199] 张翼飞："居民对生态环境改善的支付意愿与受偿意愿差异分析"，《西北人口》，2008 年第 4 期，第 63～68 页。

[200] 李选举："Tobit 模型与税收稽查"，《统计研究》，2000 年第 1 期，第 46～50 页。

[201] 王瑞雪、颜廷武："条件价值评估法本土化改进及其验证"，《自然资源学报》，2006 年第 11 期，第 879～887 页。

[202] 钱玉好、李伟："关于矿产资源主要产权性质的讨论"，《国土资源科技管理》，2004 年第 3 期，第 14、18、20～24 页。

[203] 李裕伟："关于矿产资源资产和产权问题的若干思考"，《中国国土资源经济》，2004 年第 6 期，第 13 页。

[204] 汪小英、成金华："基于产权约束的中国矿产资源管理体制分析"，《中国人口资源环境》，2011 年第 1 期，第 160 页。

[205] 徐嵩龄："论市场和自然资源管理的关系"，《科技导报》，1995 年第 2 期，第 32 页。

[206] 熊艳："矿产资源产权认识的进展"，《科技进步与对策》，2000 年第 2 期，第 117 页。

[207] 许抄军、罗能生、王良健："我国矿产资源产权研究综述及发展方向"，《中国矿业》，2007 年第 1 期，第 21 页。

[208] 吴垠："矿产资源产权制度的性质、结构与改革取向"，《中国发展观察》，2009 年第 5 期，第 23 页。

[209] 赵凡："中国矿业改革 30 年——从计划走向市场的矿产资源使用制度建设"，《国土资源》，2008 年第 12 期，第 16 页。

[210] 王万山、廖卫东："中国自然资源产权市场应如何转轨"，《改革》，2002年第6期，第29页。

[211] 蒲志仲："资源产权制度：作用、绩效、问题与改革"，《西安石油大学学报》，2007年第3期，第5~10页。

[212] 李胜兰、曹志兴："构建有中国特色的自然资源产权制度"，《资源科学》，2000年第5期，第12页。

[213] 刘灿、吴垠："分权理论及其在自然资源产权制度改革中的应用"，《经济理论与经济管理》，2008年第11期，第7~10页。

[214] 田峰："论矿业权的主体"，《中国国土资源经济》，2010年第2期，第10~13页。

[215] 曹虹剑、罗能生："我国矿产资源产权改革的探讨——以湖南省为例"，《上海经济研究》，2008年第3期，第90~91页。

[216] 崔建远、晓坤："矿业权基本问题探讨"，《法学研究》，1998年第4期，第83页。

[217] 朱晓勤、温浩鹏："对矿业权概念的反思"，《中国地质大学学报（社会科学版）》，2010年第1期，第82页。

[218] 丁乐群等："基于寻租理论的官煤勾结行为博弈分析"，《煤炭经济研究》，2006年第6期，第44~46页。

[219] 金碚："资源环境管制与工业竞争力关系的理论研究"，《中国工业经济》，2009年第3期，第5~17页。

[220] 刘香玲、魏晓平："矿山资源整合的三方博弈及其策略研究"，《技术经济与管理研究》，2010年第6期，第27~30页。

[221] 刘香玲、魏晓平："寻租影响区域矿山资源开采时序的动力学模型"，《软科学》，2010年第12期，第66~69页。

[222] 张复明："矿业寻租的租金源及其治理研究"，《经济学动态》，2010年第8期，第41~49页。

[223] 邓炜："国际经验及其对中国争夺稀土定价权的启示"，《国际经贸探索》，2011年第1期。

[224] 郭茂林、贾志琦、刘翠玲、董建忠、张纯："中国稀土产业现状及战略安全的几点建议"，《科技情报开发与经济》，2009年第19期。

[225] 李文龙："我国稀土产业可持续发展问题研究"，《科学管理研究》，2011年第2期。

[226] 齐兰："垄断资本全球化对中国产业发展的影响"，《中国社会科学》，2009年第2期。

[227] 张平："世界稀土市场现状分析及我国的对策"，《国际贸易问题》，2006 年第 10 期。

[228] 苏振锋："我国大宗商品国际定价权困境成因及解决路径探析"，《经济问题探索》，2011 年第 4 期。

[229] 王利明："空间权：一种新型的财产权利"，《法律科学（西北政法学院学报）》，2007 年第 2 期，第 117 ~128 页。

[230] 李敏："农地制度改革的一种选择——新型永佃权制的思考"，《农业经济问题》，2007 年第 8 期，第 45 ~48 页。

[231] 马士国："基于效率的环境产权分配"，《经济学（季刊）》，2008 年第 1 期，第 431 ~446 页。

[232] 彭运朋："环境权辨伪"，《中国地质大学学报（社会科学版）》，2011 年第 3 期，第 49 ~55 页。

[233] 张志强、徐忠民、程国栋、陈冬景："中国西部 12 省（区市）的生态足迹"，《地理学报》，2001 年第 9 期。

[234] 景普秋、范昊："基于矿产开发的区域经济发展模式：理论假说与个案研究"，《中国软科学》，2010 年第 10 期。

[235] 徐康宁、王剑："自然资源丰富程度与经济发展水平关系的研究"，《经济研究》，2006 年第 1 期。

[236] 邵帅、齐中英："资源输出型地区的技术创新与经济增长——对'资源诅咒'现象的解释"，《管理科学学报》，2009 年第 12 期。

[237] 威廉·J·鲍莫尔、华莱士·E·奥茨，严旭阳等译：《环境经济理论与政策设计》，经济科学出版社 2003 年版，第 16 页。

[238] 汤姆·泰坦伯格，严旭阳等译：《环境与自然资源经济学》，经济科学出版社 2003 年版，第 140 页。

[239] 沈满洪、何灵巧："外部性的分类及外部性理论的演化"，《浙江大学学报（人文社会科学版）》，2002 年第 32 期，第 152 ~160 页。

[240] 鲁传一：《资源与环境经济学》，清华大学出版社 2004 年版，第 29 页。

[241] 徐桂华、杨定华："外部性理论的演变与发展"，《社会科学》，2004 年第 3 期，第 26 ~30 页。

[242] 黄敬宝："外部性理论的演进及其启示"，《生产力研究》，2006 年第 7 期，第 22 ~24 页。

[243] 田清旺、董政："关于庇古与科斯外部性校正理论初探"，《国家行政学院学报》，2005 年第 2 期，第 77 ~78 页。

[244] 张宏军："外部性理论发展的基本脉络"，《生产力研究》，2008 年第

13 期，第 20 ~ 22 页。

［245］李世涌、朱东恺、陈兆开："外部性理论及其内部化研究综述"，《学术研究》，2007 年第 8 期，第 117 ~ 119 页。

［246］中国环境与发展国际合作委员会：《中国自然资源定价研究》，中国环境科学出版社 1997 年版。

［247］章铮："边际机会成本定价——自然资源定价的理论框架"，《自然资源学报》，1996 年第 2 期，第 107 ~ 112 页。

［248］雷明：《可持续发展下绿色核算》，地质出版社 1999 年版。

［249］迈里克·弗里曼，曹贤刚译：《环境与资源价值评估》，中国人民大学出版社 2002 年版。

［250］冯宗宪、姜昕、王青："可耗竭资源价值理论与陕北能源价值补偿的实证研究"，《资源科学》，2010 年第 11 期，第 2200 ~ 2209 页。

［251］肖庆辉、施俊法、刘权臣："国外矿产资源研究的主要发展趋势"，《国土资源情报》，2003 年第 12 期。

［252］牛文元：《中国可持续发展战略领导干部读本》，西苑出版社 2003 年版，第 272 ~ 292 页。

［253］马珺："资源税与区域财政能力差距"，《税务研究》，2004 年第 1 期，第 62 ~ 63 页。

［254］白彦锋："我国石油'暴利税'的开征与和谐社会的构建"，《经济视角》，2006 年第 10 期，第 59 ~ 60 页。

［255］陈丽萍："从南非对权利金提案的异议探讨我国资源税和资源补偿费的改革方向"，《中国矿业》，2004 年第 7 期，第 12 ~ 14 页。

［256］刘劲松："中国矿产资源补偿机制研究"，《煤炭经济研究》，2005 年第 2 期，第 10 ~ 15 页。

［257］袁怀雨、刘宝顺、李克庆："尽快实现向资产性矿产资源管理体制的转变"，《中国矿业》，2003 年第 3 期，第 10 ~ 13 页。

［258］宋冬林、赵新宇："不可再生资源生产外部性的内部化问题研究——兼论资源税改的经济学分析"，《财经问题研究》，2006 年第 1 期，第 28 ~ 32 页。

［259］袭燕燕、李晓妹、李慧："我国矿产资源税费制度体系存在的主要问题及改进方案"，《中国国土资源经济》，2006 年第 8 期，第 13 ~ 15 页。

［260］中国生态补偿机制与政策研究课题组：《中国生态补偿机制与政策研究》，科学出版社 2007 年版，第 136 ~ 138 页。

［261］张云："非再生能源资源开发中的价值补偿模式研究——以陕北地区为例"，西安交通大学，2006 年。

[262] 冷淑莲、冷崇总："自然资源价值补偿问题研究"，《价格月刊》，2007 年第 5 期，第 3 ~ 10 页。

[263] 刘玉龙、马俊杰、金学林："生态系统服务功能价值评估方法综述"，《中国人口资源与环境》，2005 年第 1 期，第 88 ~ 92 页。

[264] 王学军、李健、高鹏等："生态补偿费征收的若干问题与实施效果预测研究"，《自然资源学报》，1996 年第 1 期，第 1 ~ 7 页。

[265] 李爱年："关于征收生态效益补偿费存在的立法问题及完善的建议"，《中国软科学》，2001 年第 1 期，第 30 ~ 34 页。

[266] 贺秋华："征收生态效益补偿费的理论依据和现实意义"，《贵州师范大学学报（自然科学版）》，2003 年第 2 期，第 36 ~ 38 页。

[267] 黄锡生："矿产资源生态补偿制度探索"，《煤炭经济研究》，2005 年第 2 期，第 10 ~ 15 页。

[268] 欧阳慧："完善石油资源开发的资源和生态环境经济补偿体系建议"，《经济研究参考》，2007 年第 17 期，第 17 ~ 22 页。

[269] 马国霞等："基于矿产资源价值核算的中国真实国民储蓄及其区域分异"，《自然资源学报》，2009 年第 1 期，第 104 ~ 114 页。

[270] 王佑："我国石油资源税或将从价征收"，《第一财经日报》，2009 - 11 - 26。

[271] 吕阳、郎福宽："我国能源类矿产资源价格管制问题研究"，《财政研究》，2008 年第 12 期，第 26 ~ 28 页。

[272] 邢丽："开征环境税——结构性减税中的加法效应研究"，《税务研究》，2009 年第 7 期，第 9 ~ 13 页。

[273] 张晓艳："环境税'双赢'效应对我国环境税制设计的启示"，《环境保护》，2008 年第 1 期，第 12 ~ 14 页。

[274] 环保部建议征收生态补偿费：http：//www. oc. com. cn/free/201005/huanbao050857. html。

[275] 中国国矿业网：http：//app. chinamining. com. cn/focus/green_mines/2010 - 03 - 19/1268961268d36867. html。

[276] 李宪文，刘仁芙：赴美国土地复垦考察报告 [EB/OL]. http：//www. zgtdxh. org. cn/pub/clss/exchange/t20050419_67185. htm#，2005 - 08 - 01。

[277] Brundland Our Common Future，WECD，1987.

[278] D. Pearce，Economics of Natural Resources and Environment，1990.

[279] EL Serafy. The Proper Calculation of Income from Depletable Natural Resources [A]. Chapter 3，In Y. J. Ahmad，El Serafy and E Lutz. Environmental Ac-

counting for Sustainable Development [C]. A UNEP2World Bank Symposium. Washington DC: The World Bank, 1989.

[280] Hotelling H. A General Mathematical Theory of Depreciation [J]. Journal of American Statistical Association, 1925: 340 - 353.

[281] Dales J H. Pollution, Property and Prices [M]. Toronto: University of Toronto Press, 1968.

[282] Guido Calabresi & A. Douglas Melamed. Property Rules, Liability Rules, and Inalienability: One View of the Cathedral [J]. Harvard Law Review, 1972, 85 (6): 1089 - 1128.

[283] Siegfried. J. Effective Average U. S. Corporation Income Tax Rates [J]. National Tax Journal, 1974 (27): 245 - 259.

[284] Stickney, C. and V. Mc Gee, Effective Corporate Tax Rates the Effect of Size, Capital Intensity, Leverage, and Other Factors [J]. Journal of Accounting and Public Policy, 1982 (1): 25 - 152.

[285] Hotelling, H. The Economics of Exhaustible Resources [J]. Journal of Political Economy, 1931.

[286] Dasgupta, P.; Heal, G. M. Stiglitz, J. E. The Taxation of Exhaustible Resources [J]. Public Policy and the Tax System, 1980.

[287] Foley and Clark. The Effects of State Taxation on United States Copper Supply [J]. Land Economics. 1982 (5).

[288] Villamor Gamponia. The Taxation of Exhaustible Resources [J]. The Quarterly Journal of Economics, 1985 (2): 165 - 181.

[289] Margaret E. Slade. Exogeneity Tests of Market Boundaries Applied to Petroleum products [J]. The Journal of Industrial Economics, 1986 (3): 291 - 303.

[290] Reyer Gerlagh and R. C. C. van der Zwaan. Long Term Substitutability between Environmental and Man - Made Goods [J]. Journal of Environmental Econimics and Management, 2002, 44 (2): 329 - 345.

[291] Word Bank. World Bank Develops New System to Measure Wealth of Nations [M]. Washington, D. C: World Bank, 1995: 5 - 20.

[292] El Serafy. Absorptive Capacity, the Demand for Revenue and the Supply of Petroleum [J]. Journal of Energy and Development, 1981, 7 (1): 73 - 88.

[293] Jakobsson, Christin M, Eglar E. Contingent Valuation and Endangered Species: Methodological Issues and Applications [M]. Cheltenham: Edward Elgar Press, 1996: 32.

[294] Thompson E. , Berger M. Blomquist G. , Allen S. Valuing the Arts: A Contingent Valuation Approach [J]. Journal of Cultural Economics, 2002 (26): 87 – 113.

[295] Choe K. A. , Whittington D. , Lauria D. T. The Economic Benefits of Surface Water Quality Improvements in Developing Countries: A Case Study of Davao, Philippines [J]. Land Economics, 1996 (72): 107 – 126.

[296] Leontief, Wassily. Environmental Repercussions and the Economic Structure: An Input – Output Approach [J]. The Review of Economics and Statistics, 1970, 52 (3).

[297] (Second Edition) [C]. Oxford: Oxford University Press, 1972.

[298] Schaller, F. W. and P. Sutton, Reclamation of Drastically Disturbed Lands, American society of Agronomy, Madison, Mis. 1978.

[299] A. D. Bradshaw and M. J. Chadwiek. The Restoration of Land. The ecology and reclamation of derelict degraded land. Balckwell Scientific Publication. 1980.

[300] Samuelson. The Pure Theory of Public Expenditures [J]. The Review of Economics and Statistics. 1954 (36): 387 – 389.

[301] Costanza et al. The Value of the World's Ecosystem Services and Natural Capital. Nature, 1997 (387): 253 – 260.

[302] DailyGC, eds. Nature's Services: Societal Defence on Natural Ecosystems [M]. Island Press, WashingtonD. C, 1997.

[303] Barbara s. Webber, David J Webber. Promoting Economic Incentives for Environmental Protection in the Surface Mining control and Reclamation Act of 1977: An Analysis of the Design and Implementation of Reclamation Performance Bonds [J]. Natural Resource Journal. 1985, 25: 389 – 414.

[304] Costanza R. , Perrings, C. A Flexible Assurance Bonding System for Improved Environmental Management. Ecological Economics [J]. 1990, 2: 57 – 75.

[305] Hogren, J. F. , Herriges, J. A. , Govindasamy, R. , Limits to Environmental Bonds [J]. Ecological Economics, 1993, 109 – 133.

[306] David Gerard. The Law and Economics of Reclamation Bonds [J]. Resources policy, 2000, 26: 189 – 197.

[307] Clark, Allen, L&Integra privacy, Duangjai. Ming and Environment: Land Reclamation Policies and Options for South – East ASIA. Economic and social Commission for Asia and Pacific: Part One. Mineral Resources Assessment, Development and Management Series Volume 8. United Nations New YorK, 2002.

[308] F. T. Cawood. The South African Mineral and Petroleum Resources Royalty

act—Background and Fundamental Principles. Resources Policy. 2010. 03.

[309] Otto, J., Andrews, C., Cawood, F., Doggett, M., Guj, F., Stermole, F., Stermole, J., Tilton, J., 2006. Mining Royalties: a Global Study of their Impact on Investors, Government and Civil Society. The World Bank, Washington DC.

[310] Cordes, J. A., 1998. Negotiating Sustainable Development in Resource Based Industries. Manual on Mining, Environment and Development (Part 2), Institute for Global Resources Policy and Management, Colorado School of Mines, USA.

[311] MMS. Mineral Revenues 2000: Report on Receipts From Federal and American Indian Leases. 2000.

[312] C A Vilhena Filho. Brazil's Mineral Policy. Resources Policy. Vol. 23, No. 1/2, pp. 45 – 50. 1997.

[313] Lindsay Hogan. Mineral Resource Taxation in Australia: an Economic Assessment of Policy Options. Australian Bureau of Agricultural and Resource Economics. Pp13 – 14. 2007. 1

[314] R. Fraser. An Evaluation of the Relative Performance of Alternatively Structured Resource Rent Taxes. 2002. 28.

[315] Zweigert, K, Kötz, H (1998) An Introduction to Comparative Law [M]. Third Edition. Clarendon Press, Oxford, P. 70.

[316] Van Hoecke, M., Warrington, M. (1998) Legal Cultures, Legal Paradigms and Legal Doctrine: Towards a New Model for Comparative Law [J]. International and Comparative Law Quarterly, Vol. 47. 1998. pp. 502, 536.

[317] Eva Liedholm Johnson. Mineral Rights—Legal Systems Governing Exploration and Exploitation [D]. Doctoral Thesis in Real Estate Planning, Royal Institute of Technology (KTH), Sweden, 2010.

[318] Neubauer, David W., and Stephen S. Meinhold. Judicial Process: Law, Courts, and Politics in the United States [M]. Belmont: Thomson Wadsworth, 2007, pg. 28.

[319] Elizabeth Bastida (2004), Mineral Law: New Directions? [M] – Chapter 1. 18 –, in Bastida, E., Wälde, T. and Warden – Fernández, J. (eds.), International and Comparative Mineral Law & Policy: Trends and Prospects (The Hague: Kluwer Law International, 2004, pp. 409 – 425.

[320] Hoover and Hoover, 1950, P. 82. De Re Metallica is a Major Treatise of Metallurgy [M]. Book IV of which tackles questions of acquisition of mineral rights and

methods of delimiting them.

[321] Eva Liedholm Johnson. Rights to Mineral in Sweden: Current Situation from a historical Perspective [J]. Journal of Energy & Natural Resources Law. V19, No. 3, Aug, 2001.

[322] Gavin Jahn. Offshore and Onshore Petroleum Laws [J]. Legal Issue in Business, Vol. 8, 2006: 1 – 8.

[323] Iran F. Machado, Silvia F. de M. Figueirôa. 500 Years of Mining in Brazil: a Brief Review [J]. Resources Policy 27 (2001) 9 – 24.

[324] F. T. Cawood and R. C. A. Minnitt. A Historical Erspective on the Economics of the Ownership of Mineral Rights Ownership [J]. The Journal of The South African Institute of Mining and Metallurgy. 1998. 11, pp. 369 – 376.

[325] Adelman, M. A., Silva, H., Koehn, M. F., 1990, "User Cost in Oil Production". MIT CEPR Working Paper Series Number 90 – 020WP.

[326] Young, C., and Motta, R., 1995, "Measuring Sustainable Income from Mineral Extraction in Brazil", Resources Policy, Vol. 21, No. 2, pp. 113 – 125.

[327] Blignaut, J. N., Hassan, R. M., 2002, "Assessment of the Performance and Sustainability of Mining Sub-soil Assets for Economic Development in South Africa", Ecological Economics, Vol. 40, Jan, pp. 89 – 101.

[328] Liu, X., 1996, "Adjusted Coal Accounts in China", Resources Policy, Vol. 22, No. 3, pp. 173 – 181.

[329] Hartwick, J. M., and Hageman, A., 1993, "Economic Depreciation of Mineral Stocks and the Contribution of El Serafy", Chapter 12, in Lutz, E., (editors), "Toward Improved Accounting for the Environment", An UNSTAT – World Bank Symposium, Washington DC: The World Bank, pp. 211 – 235.

[330] Rubio, M., 2005, "Value and Depreciation of Mineral Resources Over the Very Long Run: An Empirical Contrast of Different Methods", Department of Economics and Business, Universitat Pompeu Fabra in its series Economics Working Papers with number 867.

[331] Neumayer, E., 2000, "Resource Accounting in Measures of Unsustainability", Environmental and Resource Economics, Vol. 15, No. 9, pp. 257 – 278.

[332] Cairns, R., 1982, "The Measurement of Resource Rents—An Application to Canadian Nickel", Resources Policy, Vol. 8, Jun, pp. 109 – 116.

[333] Aggregate Economic Growth in Africa, Ecological Economics, Vol. 17,

Apr, pp. 21 - 32.

[334] Adelman, M. A., 1986, "Oil Producing Countries Discount Rates", Resources and Energy, Vol. 8, Dec, pp. 309 - 329.

[335] Weitzman, M. L., 1976, "On the Welfare Significance of National Product in a Dynamic Economy", The Quarterly Journal of Economics, Vol. 90, Feb, pp. 156 - 162.

[336] Zhuang, J. Z., Liang, Z. H., Lin, T., Guzman, F. D., 2007, "Theory and Practice in the Choice of Social Discount Rate for Cost-benefit Analysis: A Survey", Asian Development Bank ERDWorking Paper No. 94.

[337] Kula, E., 2004, "Estimation of a Social Rate of Interest for India", Journal of Agricultural Economics, Vol. 55, March, pp. 91 - 99.

[338] Evans, D., Sezer, H., 2004, "Social Discount Rates for Six Major Countries", Applied Economics Letters, Vol. 11, No. 9, pp. 557 - 560.

[339] Evans, D., Sezer, H., 2005, "Social Discount Rates for Member Countries of the European Union", Journal of Economic Studies, Vol. 32, No. 1, pp. 47 - 59.

[340] Evans, D., 2004, "A Social Discount Rate for France", Applied Economics Letters, Vol. 11, No. 13, pp. 803 - 808.

[341] Lopez, H., 2008, "The Social Discount Rate: Estimates for Nine Latin American Countries", Policy Research Working Paper 4639, World Bank. 2008.

[342] Pigou, A. C. "The Economics of Welfare", London, Macmillan, 1920.

[343] Buchanan, James M., "External diseconomies and corrective taxes and market structure", American Economic Review, 1969 (59), pp. 174 - 177.

[344] Barnett, A. H., "The Pigouvian Tax Rule Under Monopoly", American Economic Review, Dec. 1980, 70 (5), pp. 1037 - 1041.

[345] Bovenberg, L., and Goulder, L. H., "Cost of Environmentally Motivated Taxes in the Presence of Other Taxes: General Equilibrium Analyses", National tax Journal 1997, 50 (1), pp. 59 - 87.

[346] Parry, I. W. H., and A. Bento, "Tax Deductions, Environmental Policy, and the 'double dividend' Hypothesis", Journal of Environmental Economics and Management, 1994, 39 (1), pp. 67 - 96.

[347] Bovenberg, L., and Goulder, L. H., "Environmental Taxation and Regulation", NBER Working Paper 8458. in: Auerbach, A., Feldsein, M. (Eds.), Handbook of Public Economics, Second ed. North - Holland, New York, USA. 2002.

[348] Pearce, David, "The Role of Carbon Taxes in Adjusting to Global Warming", Economic Journal, 1991 (101), pp. 938 – 948.

[349] Schneider, K. "Involuntary Unemployment and Environment Policy: the Double Dividend Hypothesis", Scandinavian Journal of Economics, 1997 (99), pp. 45 – 59.

[350] Bayindir – Upmann, T., and Raith, M. G., "Should High Tax Countries Pursue Revenue-neutral Ecological Tax Reforms?" European Economic Review, 2003, 47 (1), pp. 41 – 60.

[351] Goulder, L. H., I. W. H. Parry and D. Burtraw, " Revenue-raising vs. other Approaches to Environmental Protection: the Critical Significance of Pre-existing Tax Distortions", RAND Journal of Economics, 1997, 28 (4), pp. 708 – 731.

[352] Hahn, R. W., "Market Power and Transferable Property rights", Quarterly Journal of Economics, 1984 (99), pp. 753 – 765.

[353] Misiolek, W. S., and H. W. Elder, "Exclusionary Manipulation of Markets for Pollution Rights", Journal of Environmental Economics and Management, 1989 (16), pp. 156 – 166.

[354] Disegni Eshel, D. M., "Optimal Allocation of Tradable Rights and Market Structures", Journal of Regulatory Economics. 2005, 28 (2), pp. 205 – 223.

[355] Cropper, Maureen L. and Wallace E. Oates, "Environmental Economics: A Survey", Journal of Economic Literature XXX, 1992, pp. 675 – 740.

[356] Parry, I. W. H., Williams, R. C. and Goulder, L. H., "When Can Carbon Abatement Policies Increase Welfare? The Fundamental Role of Distorted Factor Markets", Journal of Environmental Economics and Management, 1999 (37), pp. 52 – 84.

[357] OECD, "Pollution Control and Abatement Expenditure in OECD Countries", Evnironment Monograph OECD/GD (96) 50, Paris, 1996.

[358] Martin L. Weitzman, "Prices vs. Quantities", The Reviews of Economic Studies, 1974, 41 (4), pp. 477 – 491.

[359] Stavins, R. N. "Correlated Uncertainty and Policy Instrument Choice", Journal of Environmental Economics and Management, 1996 (30), pp. 218 – 232.

[360] Pindyck R. S., "Uncertainty in Environmental Economics", Review of Environmental Economics and Policy, 2007, 1 (1), pp. 45 – 65.

[361] Pizer, W. A., "Combining Price and Quantity Controls to Mitigate Global Climate Change", Journal of Public Economics, 2002, 85 (3), pp. 409 – 434.

[362] Jacoby, H. D. and A. Denny Ellerman, "The Safety Valve and Climate

Policy", Energy Policy, 2004, 32 (4): 481 -491.

[363] R. Schwindt, "Report of the Commission of Inquiry into Compensation for The Taking of Resource Interests", West Coast Environmental Law Association, 1992.

[364] Cragg, J. G. Some Statistical Models for Limited Dependent Variable with Application to the Demand for Durable Goods. Econometrica [J]. 1971 (39): 829 - 844.

[365] Blackwell, R. D, P. W. Miniard and J. F. Engel, Consumer Behavior. Ft. Worth [M]. Tex: Harcourt College Publishers, 2001: 13 -25.

[366] Eulàlia, D. M. Alternative Approaches to Obtain Optimal Bid Values in Contingent Valuation Studies and to Model Protest Zeros: Estimating the Determinants of Individuals' Willingness to Pay for Home Care Services in Day Case Surgery [J]. Health Economics, 2001 (10): 101 -118.

[367] Salvador del Saz - Salazar, Pau Rausell - Koster. A Double - Hurdle Model of Urban Green Areas Valuation: Dealing with Zero Responses [J]. Landscape and Urban Planning, 2008 (84): 241 -251.

[368] Margaret E. Slade. Trends in Natural - Resource Commodity Prices: An Analysis of the Time Domain [J]. Journal of Environmental Economics and Management, 1982 (9): 122 -137.

[369] Bengt Kriström. Spike Models in Contingent Valuation [J]. American Journal of Agricultural Economics. 1997 (3): 1013 -1023.

[370] Freeman. A. M. The Measurement of Environmental and Resource Values: Theory and Methods [M]. Washington, D. C, Resources for the Future, 1993: 52 - 200.

[371] L. Venkatachalam. The Contingent Valuation Method: a Review [J]. Environmental Impact Assessment Review. 2004, 24: 89 -124.

[372] Jones, A. M. A Note on Computation of the Double - Hurdle Modle with Ependce with An Application to Tobacco Expendediture [J]. Bulletin of Economic Research, 1992 (44): 67 -74.

[373] Teklewold H, Dadi, L N Dana. Determinants of Adoption of Poultry Technology: A Double - Hurdle Approach [J]. Livestock Research for Rural Development, 2006, 18 (3): 40 -45.

[374] Willig, R. D. Consumer's Surplus Without Apology [J]. American Economic Review. 1976, 66 (4): 589 -597.

[375] Hanemann MW. Willingness to Pay and Willingness to Accept: How Much

Can They Differ? American Economic Review. 1991, 81 (3): 635 -647.

[376] Brookshire DS, Coursey DL. Measuring the Value of a Public Good: an Empirical Comparison of Elicitation Procedures [J]. American Economic Review. 1987, 77 (4): 554 -566.

[377] Horowitz J K, McConnell. A Review of WTA/WTP Studies. Journal of Environmental Economics and Management. 2002, 44 (3): 426 -447.

[378] Shogren JF, Shin SY, Hayes DJ, Kliebenstein JB. Resolving Differences in Willingness to Pay and Willingness to Accept [J]. American Economic Review. 1994, 84 (1): 255 -269.

[379] Harold Demsetz, Toward a Theory of Property Rights [J]. American Economic Review, 1967, (5): 349 -359.

[380] Barzel, Y. Economic Analysis of Property Rights [M]. Cambridge: Cambridge University Press, 1997: 90.

[381] Anthony Scott. Conceptual Origins of Based Fishing [A]. Right Based Fishing [C]. Dordrecht: Kluwer Academic Publishers, 1988: 1 -14.

[382] Edella Schlager, Elinor Ostrom. Property Rights Regimes and Natural Resources: A Conceptual Analysis [J]. Land Economics, 1992 (8): 256.

[383] Ciriacy - Wantrup, Siegfried V. , and Richard C. Bishop. . Common Property as a Concept in Natural Resource Policy [J]. Natural Resources Journal, 1975 (10): 713 -727.

[384] Anthony Scott. The Evolution of Resource Property Rights [M]. Oxford University Press, 2008: 5 -7.

[385] Barnes, Richard. Property Rights and Natural Resources [M]. Oxford: Hart Publishing, 2009: 35, 55.

[386] Daniel Cole and Elinor Ostrom. The Variety of Property Systems and Rights in Natural Resources [J]. http: //ssrn. com/abstract = 1656418. 2010: 5.

[387] Enrique Ortega Girones, Alexandra Pugachevsky, Gotthard Walser. Extractive Industries for Development Series 4: Mineral Rights Cadastre [R]. Washington, D. C. The World Bank, 2009 (6): 8.

[388] R. H. Coase. The Problem of Social Cost [J]. Journal of Law and Economics, 1960 (10): 12.

[389] Fabian Clausen, Maria Laura Barreto, Amir Attaran. Property Rights Theory and the Reform of Artisanal and Small - Scale Mining in Developing Countries [J]. Journal of Politics and Law, 2011 (3): 15 -24.

[390] Gary D. Libecap. Economic Variables and the Development of the Law: The Case of Western Mineral Rights [J]. The Journal of Economic History, 1978 (6): 338 – 362.

[391] Anne O. Krueger. The Political Economy of the Rent Seeking Society [J]. The American Economic Review, Vol. 64, No. 3. Jun. , 1974.

[392] Gary D. Libecap, Steven N. Wiggins. Contractual Responses to the Common Pool: Prorationing of Crude Oil Production [J]. The American Economic Review, Vol. 74, No. 1. Mar. , 1984.

[393] Gary D. Libecap. State Regulation of Open – Access, Common – Pool Resources [M]. C. Menard and M. M. Shirley (eds.), Handbook of New Institutional Economics. 2005.

[394] Harald Bergland, Derek J. Clark, Pal Andreas Pedersen. Rent seeking and the regulation of a natural resource [J]. Marine Resource Economics, Vol. 16, 2002.

[395] James F. Dewey. More is Less? Regulation in a Rent Seeking World [J]. Journal of Regulatory Economics, 18, 2000.

[396] John R. Boyce. Rent-seeking in Natural Resource Quota Allocations [J]. Public Choice Vol. 96, 1998.

[397] Roger D. Congleton, Arye L. Hillman, and Kai A. Konrad. Forty Years of Research on Rent Seeking: An Overview [J]. June 16, 2008.

[398] Blair & Harrison, Monopsony: Antitrust Law and Economics [M]. Princeton University Press, 1993.

[399] Chen, Z. Q. , Buyer Power: Economic Theory and Antitrust Policy, Research in Law and Economics [J]. 2007, 22 (2): 17 – 40.

[400] Kirkwood, J. B. , Buyer Power and Exclusionary Conduct, Antitrust Law Journal [J]. 2005, 72 (2): 625 – 668.

[401] Kogut B. Designing Global Strategies: Comparative and Competitive Value-added Chains [J]. Sloan Management Review, 1985, (26).

[402] Noll, R. G. , Buyer Power and Economic Policy, Antitrust Law Journal [J]. 2005, 72 (2): 588 – 624.

[403] Porter, M. Competitive Advantage: Creating and Sustaining Superior Performance [M]. Net York: The Free Press, 1985.

[404] Schumacher, U. P, Buyer Structure and Seller Performance in US Manufacturing Industries, Review of Economics & Statistics [J]. 1991, 73 (2): 277 – 284.

[405] J. Hartwick. Intergenerational Equity and The Investing of Rents from Exhaustible Resources [J]. Review of Economic studies, 1974 (41).

[406] Robert M. Solow. On the Intergenerational Allocation of Natural Resources [J]. The Scandinavian Journal of Economics, Vol. 88, No. 1, Growth and Distribution: Intergenerational Problems (Mar., 1986), pp. 141 – 149.

[407] Cappelen, A. Mjøset, L. Can Norway Be a Role Model for Natural Resource Abundant Countries [R]. UNUWIDER Research Paper 23, 2009.

[408] J. P. Deason, W. R. Taylor. Natural Damage Assessment and Restoration: The Outlook for Federal Facilities [J]. Federal Facilities Environmental Journal, 1998, 8 (4).

[409] K. J. Brewer. Managing Canada's Mineral Resource Revenues for Sustainable Development [EB/OL]. UNCTADXII, http://www.unctad.org/sections/wcmu/docs/ditc_comb_08brewer_en.pd.

[410] J. V. Krutilla. Conservation Reconsidered [J]. The Economic Review, 1967, 57 (4).

[411] R. Arezki, F. V. Ploeg. Can the Natural Resource Curse be Turned into a Blessing? The Role of Trade Policies and Institutions [Z]. IMF Working Paper, WP/07/55, 2007.

[412] R. Torvik. Natural Resources, Rent Seeking and Welfare [J]. Journal of Development Economics, 2002, 67 (2).

[413] E. Papyrakis, R. Gerlagh. The Resource Curse Hypothesis and Its Transmission Channels [J]. Journal of Comparative Economics, 2004, 32 (1).

[414] J. D. Sachs, A. M. Warner. Natural Resource Abundance and Economic Growth [Z]. NBER Working Paper No. 5398, 1995.

[415] P. Collier, B. Goderis. Commodity Prices, Growth and the Natural Resource Curse: Reconciling a Conundrum [Z]. MPRA Paper No. 17315, 2009.

[416] Fare. R., Grosskopf. S., Norris M, et. al.: Productivity Growth, Technical Progress and Efficiency Changes in Industrialized Countries, American Economic Review, 84: 66 – 831, 1994.

[417] Wackernagel M, Rees W E. Our Ecological Foot Print: Reducing Human Impact on the Earth [M]. Gabriola Island: New Society Publishers, 1996.

[418] Wackernagel M, Onisto L, Bello Pet al. Ecological Footprints of Nations: How much nat ure do they use? How much nature do they have? [R]. Commissioned by the Earth Council for the Rio +5 Forum. International Council for Local Environment

al Initiatives, Toronto. 1997.

[419] World Wide Fund for Nature (WWWF), National Footprint Accounts [R]. Http: //www. Footprint net work. org/Academic Edition2006 – World. xls.

[420] Marshall A. Principles of Economics [M]. London: Macmillan, 1920: 266 – 268.

[421] Allyn A. Young. Increasing Returns and Economic Progress [J]. The Economic Journal, 1928, 38 (152): 527 – 542.

[422] J. E. Meade. Poverty in the Welfare State Poverty in the Welfare State [J]. Oxford Economic Papers, 1952, 4 (3): 289 – 326.

[423] A. C. Pigou. The Economics of Welfare [M]. London: MacMillan, 1920.

[424] Ronald H. Coase. The problem of social coast [J]. Journal of Law and Economics, 1960 (3): 1 – 41.

[425] Hotelling, H. The Economics of Exhaustible Resources [J]. Journal of Political Economy, 1931 (39): 137 – 175.

[426] Hicks, J. R. Value and Capital [M]. Oxford: Oxford University Press, 1946: 172.

[427] El Serafy. Absorptive Capacity, the Demand for Revenue and the Supply of Petroleum [J]. Journal of Energy and Development, 1981, 7 (1): 73 – 88.

[428] John Dixon, Kilk Hamilton. Expanding the Measuring of Weath-indicators of Environmentally Sustainable Development [M]. Environmental Department, The World Bank, Washington, D. C., 1997: 19 – 30.

[429] Herfindahl O C, Gaffney M. Depletion and Economic Theory: Exeractive Resources and Taxation [M]. Madison University of Wisconsin Press, 1967: 23 – 34.

[430] Dasgupta, P. Heal, G. M. Stiglitz, J. E. The Taxation of Exhaustible Resources [J]. Public Policy and the Tax System, 1980.

[431] Slade M. E. Trends in Natural Resource Commodity Prices an Analysis of the Time Domain [J]. Environmental Economics and Management, 1982 (9): 122 – 137.

[432] Villamor Gamponia etc.. The Taxation of Exhaustible Resources. The Quarterly Journal of Economics, 1985 (2): 165 – 181.

[433] Margaret E. Slade. Exogeneity Tests of Market Boundaries Applied to Petroleum Products. The Journal of Industrial Economics, 1986 (3): 291 – 303.

[434] J. N. Blignaut, R. M. Hassan, Assessment of the Performance and Sustainability of Mining Sub-soil Assets for Economic Development in South Africa [J]. Ecological Economics, 2002 (40): 89 – 101.

[435] J. A Dixon et al. Economic Analysis of Environmental Impacts [M]. London: Earthscan Publication Ltd, 2001.

[436] Michell, R. C. and Richard T. Carson. Using Surveys to Value Public Goods: the Contingent Valuation Method [R]. Washington, D. C. : Resources for the future, 1989: 74 -87.

[437] Richard T. Carson, Michell, R. C. Hanemann W. M, Kopp, R. J. , Presser S, Ruu P. Contingent Valuation and Lost Passive Use Damage from the Exxo Valdez disuss [R]. Washington, D. C. : Resources for the future, 1994: 15 -30.

[438] Wiktor L. Adamowicz. What's it worth? An Examination of Historical Trends and Future Directions in Environmental Valuation [J]. The Australian Journal of Agriculture and Resource Economics, 2004, 48 (3): 419 -443.

[439] Goulder Lawrence. Environmental taxation and the Double Dividend: a Reader's Guide [J]. International tax and public finance, 1995, 2 (2): 157 -183.

[440] Jorgensen, Dale and Peter J. Wilcoxen. Reducing U. S Carbon Emission: an Econometric General Equilibrium Assessment [C] //Darius Gaskins and John Weyan. Reducing Global Carbon Dioxide Emissions: Costs and Policy Option. Energy Modeling Forum, Stanford University, 1996.

[441] Siegfried. J. Effective Average U. S. Corporation Income Tax Rates [J]. National Tax Journal, 1974 (27): 245 -259.

[442] Jakobsson, Christin M, Eglar E. Contingent Valuation and Endangered Species: Methodological Issues and Applications [M]. Cheltenham: Edward Elgar Press, 1996: 32.

[443] Thompson E. , Berger M. Blomquist G. , Allen S. Valuing the Arts: A Contingent Valuation Approach [J]. Journal of Cultural Economics, 2002 (26): 87 -113.

[444] Choe K. A. , Whittington D. , Lauria D. T. The Economic Benefits of Surface Water Quality Improvements in Developing Countries: A Case Study of Davao, Philippines [J]. Land Economics, 1996 (72): 107 -126.

教育部哲学社會科学研究重大課題攻關項目
成果出版列表

书　名	首席专家
《马克思主义基础理论若干重大问题研究》	陈先达
《马克思主义理论学科体系建构与建设研究》	张雷声
《马克思主义整体性研究》	逄锦聚
《改革开放以来马克思主义在中国的发展》	顾钰民
《新时期　新探索　新征程 ——当代资本主义国家共产党的理论与实践研究》	聂运麟
《当代中国人精神生活研究》	童世骏
《弘扬与培育民族精神研究》	杨叔子
《当代科学哲学的发展趋势》	郭贵春
《服务型政府建设规律研究》	朱光磊
《地方政府改革与深化行政管理体制改革研究》	沈荣华
《面向知识表示与推理的自然语言逻辑》	鞠实儿
《当代宗教冲突与对话研究》	张志刚
《马克思主义文艺理论中国化研究》	朱立元
《历史题材文学创作重大问题研究》	童庆炳
《现代中西高校公共艺术教育比较研究》	曾繁仁
《西方文论中国化与中国文论建设》	王一川
《楚地出土戰國簡册[十四種]》	陳　偉
《近代中国的知识与制度转型》	桑　兵
《中国抗战在世界反法西斯战争中的历史地位》	胡德坤
《京津冀都市圈的崛起与中国经济发展》	周立群
《金融市场全球化下的中国监管体系研究》	曹凤岐
《中国市场经济发展研究》	刘　伟
《全球经济调整中的中国经济增长与宏观调控体系研究》	黄　达
《中国特大都市圈与世界制造业中心研究》	李廉水
《中国产业竞争力研究》	赵彦云
《东北老工业基地资源型城市发展可持续产业问题研究》	宋冬林
《转型时期消费需求升级与产业发展研究》	臧旭恒
《中国金融国际化中的风险防范与金融安全研究》	刘锡良
《中国民营经济制度创新与发展》	李维安
《中国现代服务经济理论与发展战略研究》	陈　宪

书　名	首席专家
《中国转型期的社会风险及公共危机管理研究》	丁烈云
《人文社会科学研究成果评价体系研究》	刘大椿
《中国工业化、城镇化进程中的农村土地问题研究》	曲福田
《东北老工业基地改造与振兴研究》	程　伟
《全面建设小康社会进程中的我国就业发展战略研究》	曾湘泉
《自主创新战略与国际竞争力研究》	吴贵生
《转轨经济中的反行政性垄断与促进竞争政策研究》	于良春
《面向公共服务的电子政务管理体系研究》	孙宝文
《产权理论比较与中国产权制度变革》	黄少安
《中国企业集团成长与重组研究》	蓝海林
《我国资源、环境、人口与经济承载能力研究》	邱　东
《“病有所医”——目标、路径与战略选择》	高建民
《中国加入区域经济一体化研究》	黄卫平
《金融体制改革和货币问题研究》	王广谦
《人民币均衡汇率问题研究》	姜波克
《我国土地制度与社会经济协调发展研究》	黄祖辉
《南水北调工程与中部地区经济社会可持续发展研究》	杨云彦
《产业集聚与区域经济协调发展研究》	王　珺
《我国民法典体系问题研究》	王利明
《中国司法制度的基础理论问题研究》	陈光中
《多元化纠纷解决机制与和谐社会的构建》	范　愉
《中国和平发展的重大前沿国际法律问题研究》	曾令良
《中国法制现代化的理论与实践》	徐显明
《农村土地问题立法研究》	陈小君
《知识产权制度变革与发展研究》	吴汉东
《中国能源安全若干法律与政策问题研究》	黄　进
《城乡统筹视角下我国城乡双向商贸流通体系研究》	任保平
《产权强度、土地流转与农民权益保护》	罗必良
《矿产资源有偿使用制度与生态补偿机制》	李国平
《生活质量的指标构建与现状评价》	周长城
《中国公民人文素质研究》	石亚军
《城市化进程中的重大社会问题及其对策研究》	李　强
《中国农村与农民问题前沿研究》	徐　勇
《西部开发中的人口流动与族际交往研究》	马　戎

书　名	首席专家
《现代农业发展战略研究》	周应恒
《综合交通运输体系研究——认知与建构》	荣朝和
《中国独生子女问题研究》	风笑天
《我国粮食安全保障体系研究》	胡小平
《中国边疆治理研究》	周　平
《边疆多民族地区构建社会主义和谐社会研究》	张先亮
《中国大众媒介的传播效果与公信力研究》	喻国明
《媒介素养：理念、认知、参与》	陆　晔
《创新型国家的知识信息服务体系研究》	胡昌平
《数字信息资源规划、管理与利用研究》	马费成
《新闻传媒发展与建构和谐社会关系研究》	罗以澄
《数字传播技术与媒体产业发展研究》	黄升民
《互联网等新媒体对社会舆论影响与利用研究》	谢新洲
《教育投入、资源配置与人力资本收益》	闵维方
《创新人才与教育创新研究》	林崇德
《中国农村教育发展指标体系研究》	袁桂林
《高校思想政治理论课程建设研究》	顾海良
《网络思想政治教育研究》	张再兴
《高校招生考试制度改革研究》	刘海峰
《基础教育改革与中国教育学理论重建研究》	叶　澜
《公共财政框架下公共教育财政制度研究》	王善迈
《农民工子女问题研究》	袁振国
《当代大学生诚信制度建设及加强大学生思想政治工作研究》	黄蓉生
《从失衡走向平衡：素质教育课程评价体系研究》	钟启泉　崔允漷
《处境不利儿童的心理发展现状与教育对策研究》	申继亮
《学习过程与机制研究》	莫　雷
《青少年心理健康素质调查研究》	沈德立
《WTO 主要成员贸易政策体系与对策研究》	张汉林
《中国和平发展的国际环境分析》	叶自成
*《中国政治文明与宪法建设》	谢庆奎
*《非传统安全合作与中俄关系》	冯绍雷
*《中国的中亚区域经济与能源合作战略研究》	安尼瓦尔・阿木提
*《冷战时期美国重大外交政策研究》	沈志华
……	

*为即将出版图书